淮安市保险志

HUAIANSHIBAOXIANZHI

《淮安市保险志》编纂委员会 编

方志出版社
Publishing House of Local Records

图书在版编目（CIP）数据

淮安市保险志 / 《淮安市保险志》编纂委员会编
. —北京：方志出版社，2017.9
ISBN 978-7-5144-2535-2

Ⅰ.①淮… Ⅱ.①淮… Ⅲ.①保险业—概况—淮安
Ⅳ.①F842.753.3

中国版本图书馆CIP数据核字（2017）第235314号

淮安市保险志

编　　者：《淮安市保险志》编纂委员会
责任编辑：刘　珊
出 版 人：冀祥德
出 版 者：方志出版社
　　　　　地址　北京市朝阳区潘家园东里9号（国家方志馆4层）
　　　　　邮编　100021
　　　　　网址　http://www.fzph.org
发　　行：方志出版社图书经销中心
　　　　　电话（010）67110500
经　　销：各地新华书店
印　　刷：江苏农垦机关印刷厂有限公司
开　　本：889×1194　　1/16
印　　张：36.5
字　　数：537千字
版　　次：2017年9月第1版　　2017年9月第1次印刷
印　　数：0001～1000册
ISBN 978-7-5144-2535-2　　定价：280.00元

《淮安市保险志》编纂委员会

主任委员 陈涤非

委　　员 赵　林　王彬森　卢勇其　钟小白　唐　冬

程　功　王　华　王百勇　王森林　汤步淮

《淮安市保险志》编纂人员

主　　编 陈涤非

执行主编 赵　林

副 主 编 王彬森　郑永兵

总　　纂 唐振明

编纂人员 唐振明　晋玉培　陈广成　朱　宁　唐正奎

汤春祥　刘亚非　邱文梅

《淮安市保险志》专家评审组

赵志鹏　朱　洁　周　平　方宏伟　王信波　张学勤　徐洪高

审　　定　淮安市市志编纂委员会办公室

中国人民财产保险股份有限公司淮安市分公司办公楼
（淮安市健康东路67号）

中国人寿保险股份有限公司淮安市分公司办公楼
（淮安市淮海东路20号）

中国太平洋 财产 人寿 保险股份有限公司淮安中心支公司办公楼
（淮安市淮海东路118号）

中国平安财产保险股份有限公司淮安中心支公司办公场所
（淮安经济技术开发区厦门西路16-1）

中国平安人寿保险股份有限公司淮安中心支公司办公场所
（淮安市万达中心19-20楼）

天安财产保险股份有限公司淮安中心支公司办公场所

（淮安市健康东路30号联通大厦16楼）

中华联合财产保险股份有限公司淮安中心支公司办公场所

（淮安市西安路168号）

中国大地财产保险股份有限公司淮安中心支公司办公场所

（淮安市淮海北路50-1三楼）

泰康人寿保险股份有限公司淮安中心支公司办公场所

（淮安市淮海北路50号）

太平财产保险股份有限公司淮安中心支公司办公场所
（淮安市厦门西路28号）

太平人寿保险股份有限公司淮安中心支公司办公场所
（淮安市厦门西路28号）

华安财产保险股份有限公司淮安中心支公司办公场所
（淮安市健康东路35号中鑫商城二楼）

安邦财产保险股份有限公司淮安中心支公司办公场所
（淮安市清河区中鑫上城E327、E328楼）

阳光财产保险股份有限公司淮安中心支公司办公场所

（淮安市黄河西路五洲龙湾B区23-3、23-5）

中国人寿财产保险股份有限公司淮安中心支公司办公场所

（淮安市健康东路55号创业大厦）

合众人寿保险股份有限公司淮安中心支公司办公场所

（淮安市淮海北路38号乐园大厦17楼）

渤海财产保险股份有限公司淮安中心支公司办公场所
（淮安市淮海北路50号清江中学北楼6层）

都邦财产保险股份有限公司淮安中心支公司办公场所
（淮安市海口路9号综合楼1楼）

中银保险有限公司江苏省分公司淮安中心支公司办公场所
（淮安市健康东路73号）

长安责任保险股份有限公司淮安中心支公司办公场所

（淮安市淮海北路50号清江中学南楼6层）

新华人寿保险股份有限公司淮安中心支公司办公场所

（淮安市淮海东路142号新亚国际大夏27楼）

中国人民人寿保险股份有限公司淮安中心支公司办公场所

（淮安市解放东路111号河畔花城1号楼11层）

利安人寿保险股份有限公司淮安分公司办公场所

（淮安市淮海南路65号4楼）

阳光人寿保险股份有限公司淮安中心支公司
（淮安市淮海东路1号丰惠广场9楼）

富德生命人寿保险股份有限公司淮安中心支公司
（淮安市淮海东路1号丰惠广场29楼）

英大泰和财产保险股份有限公司淮安中心支公司
（淮安市淮海东路1号丰惠广场10楼）

和谐健康保险股份有限公司淮安中心支公司
（淮安市淮海东路1号丰惠广场29楼）

东吴人寿保险股份有限公司淮安分公司
（淮安市淮海东路1号丰惠广场7楼）

中国人民健康保险股份有限公司淮安中心支公司办公场所
（淮安市淮海北路19号）

英大泰和人寿保险股份有限公司淮安中心支公司办公场所
（淮安市翔宇中路169号万达广场一期3-10、3-11商铺）

紫金财产保险股份有限公司淮安中心支公司办公场所
（淮安市翔宇中道55号）

信泰人寿保险股份有限公司淮安中心支公司办公场所

（淮安市淮海北路43号金马广场南楼第七层）

华夏人寿保险股份有限公司淮安中心支公司办公场所

（淮安市淮海北路39号新华书城商务大厦9楼）

浙商财产保险股份有限公司淮安中心支公司办公场所

（淮安市海口路9号留创园综合楼5楼）

信达财产保险股份有限公司淮安中心支公司办公场所

（淮安市淮海东路132号曙光国际大厦7楼）

华泰人寿保险股份有限公司淮安中心支公司办公场所

（淮安市淮海东路136号淮汽大厦12楼）

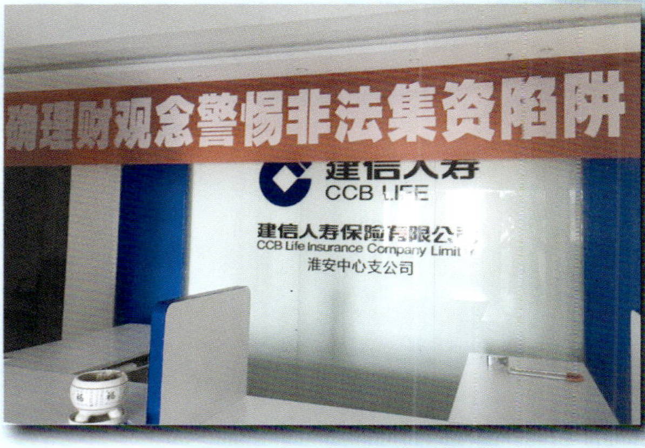

建信人寿保险有限公司淮安中心支公司办公场所

（淮安市健康东路30号联通大厦1501–1502）

2011年1月17日，江苏省保监局局长谢宪（前排左1）参加淮安保险业举办的2011年迎新春联谊会

2011年4月27日，国家卫生部农村卫生管理司司长杨青（左3）一行在淮安召开创新新农合经办服务模式座谈会

2012年8月1日，中国人寿保险股份有限公司江苏省分公司总经理刘安林（右2）一行在淮安调研指导工作

2012年11月21日，江苏省保监局在淮安召开苏北片区稽查工作座谈会

2016年7月6日，利安人寿保险股份有限公司总裁刘政焕（前右2）在淮安进行业务调研

2009年6月4日，中共淮安市委书记刘永忠（前排左2）一行在马明哲董事长（前排左3）的陪同下，考察中国平安保险（集团）有限公司

2013年6月中旬，江苏省保监局局长宋志华（前排左4）参观市中华联合财产保险公司三农服务站

2012年7月6日，太平洋产险总公司销售总监孙海洋（左）与淮安市委书记刘永忠（右）亲切交谈

2010年8月，天安财产保险公司总裁张宇生（中）到淮安盱眙调研

2011年8月17日，紫金财产保险股份有限公司副总裁赵颖（左3）、副书记崔瑞华（右2）到淮安调研视察，受到中共淮安市委常委、常务副市长王正喜（右3）、金融办主任吴振华等热情接待

2013年7月23日，天安财产保险股份有限公司江苏省分公司总经理兼党委书记吴永平（左3）到淮安进行业务调研

2002年10月1日，全市保险系统在新亚广场举行保险宣传咨询活动。市政府副市长李荣荣（前排左3）在市保协张学勤（左2）秘书长的陪同下亲临现场

2013年8月30日，市人大常委会副主任陈洪玉（右2）、副市长王正喜（左4）一行在市人民财产保险公司总经理王胜陪同下，调研财产保险工作

2008年4月9日，淮安市人民政府副市长戚寿余（前排左1）一行在市中国人寿保险公司调研

2007年5月11日，全国人大代表在市人民财产保险公司总经理王胜（前排左3）陪同下深入乡村田头调研农险工作

2011年3月12日，中国人寿保险股份有限公司江苏省分公司总经理刘安林（左6）慰问市中国人寿保险公司个险团队

2016年6月7日，江苏省保监局副局长刘昇（正面左1）一行在淮督导商务车改革工作

2016年3月23日，市中华财产保险公司总经理王森林（正面左1）就现代保险服务地方经济发展问题向市人行行长陈涤非（正面右1）一行作专题汇报

2015年7月22日，市人民财产保险公司总经理卢勇其与市公安、交通部门共同为“淮安市人伤交通事故一体化服务中心”成立揭牌

2016年6月18日，市太平洋财产保险公司启动“保险诚信建设工程”。总经理唐冬（前排右1）带领队伍向社会宣誓

2015年9月2日，市太平洋人寿保险公司总经理程功（正面）解答客户咨询

2016年6月12日，市华夏人寿保险公司总经理邢伟（正面）就公司发展问题听取职工意见

2016年3月11日，市保协秘书长王彬森（左1）和市中华财产保险公司总经理王森林（右1）参加政（行）风热线，现场解答听众提问

2014年9月16日，市平安财产保险公司总经理王华（左1）为获得营销能手职工颁奖

2012年5月8日，市平安人寿保险公司召开高峰表彰会

2015年6月1日，市泰康人寿保险公司总经理张伟（正面）与各部门经理一起分享“金泰杯”业务竞赛的收获与经验

2015年6月9日，市华安财产保险公司总经理高健（正面）和中层干部研究公司发展问题

2015年7月8日，市中银财产保险公司总经理盛才双（后排右3）带领职工献爱心履行社会义务。职工献血后合影

2016年8月10日，市东吴人寿保险公司总经理万银标（中）主持召开党员干部“两学一做”（学党章、学习主席系列讲话，做合格党员）专题会

2012年7月16日，市信泰人寿保险公司举行开业典礼

2015年12月28日，市新华人寿保险公司总经理嵇剑波发表“2016年开门红”活动动员讲话

2016年2月6日，市天安财产保险公司总经理黄伯军（右1）赴辖区金湖县看望困难职工姚彦佳夫妇

2015年3月15日，全市保险业机构在淮安市大运河广场进行保险知识宣传，副市长唐道伦（左1）到现场视察

2011年10月28日，中共淮安市委副书记练月琴（右3）在洪泽县委书记王兴尧（右1）陪同下，考察洪泽县农村保险工作

2012年11月4日，市人民保险公司总经理王胜（前排左2）陪同市委副秘书长、市农工部长单康明（前排左1）调研农险业务工作

2012年11月6日，中国太平洋财产保险公司销售总监孙海洋（前排左2）参观江苏淮阴发电有限公司

2011年1月17日，淮安市人民政府召开全市保险工作会议。江苏省保监局局长谢宪（主席台左5）、市政府副市长戚寿余（主席台右4）、市政协副主席朱友冬（主席台左4）、市政府副秘书长兼金融办主任吴振华（主席台右3）、市政府金融办副主任彭少卿（主席台左3）及各县区分管副县（区）长参加会议

2012年9月6日，淮安市保险行业协会召开四届八次理事会

2015年9月17日，大地保险公司江苏分公司副总经理朱金和（正面左2）一行到淮安调研

2010年1月8日，市中国人寿保险公司召开2010年全市系统工作会议

2014年10月5日，市中华联合财产保险公司与市政府以联办共保模式开办农业保险，成为全国农业保险三个试点地区之一。图为签约仪式现场

2011年2月23日，淮安保险行业协会召开行风监督员座谈会

2013年8月9日，淮安市保险行业协会组织召开反保险欺诈工作会议

2016年10月28日，市生命人寿保险公司工作人员在职场宣传反洗钱知识

2010年6月12日，济南·淮安保险行业交流座谈会在淮安召开

2013年11月29日，市东吴人寿保险公司开业，东吴人寿保险公司董事长黄建林（右1）、总裁徐建平（左1）、苏州市政府副秘书长兼金融办主任周勤弟（右3）、淮安市政府副秘书长殷强（左2）、淮安市政府金融办主任吴振华（右2）等出席开业仪式

2008年12月13日，淮安市人民政府召开保险诚信建设工作会议

2008年7月25日，淮安市保险行业协会组织召开农业保险试点工作座谈会

2014年3月12日，市人民财产保险公司总经理王胜就大病保险特色接受电视台记者采访

2007年8月18日，苏北鲁南保险协会秘书长联席会议在淮安召开

2008年5月22日，淮安市保险纠纷仲裁调解中心成立

2012年6月19日，淮安市保险行业协会召开保险信息统计工作表彰会

2009年3月15日，淮安市保险行业协会组织全市保险机构在大运河广场开展保险宣传活动

2016年5月21日，市大地财产保险公司举办保险客户服务节进社区活动

2008年6月16日，市中国人寿保险公司在市大运河广场举办“国寿客户节”活动

2003年2月28日，市太平洋财产保险公司副总经理钱小倩一行在扶贫挂钩乡村开展结对帮扶活动

2012年8月25日，市中国人寿保险公司在市博物馆召开“雷霆之战”业务启动大会，个险渠道管理人员及相关业务主管以上人员450余人参加会议

2013年2月18日，市太平洋人寿保险公司研究全年工作部署，并接受省公司考察调研

2012年3月6日，市平安财产保险公司夏善忠（左5）获“省用户满意服务明星”称号

2013年2月28日，市天安保险公司研究落实省公司三级机构总经理例会精神

1998年3月7日，市中保人寿保险公司举办新险种知识电视大奖赛活动

2013年1月，市中华联合财产保险公司在淮安人民大会堂举办迎春晚会

2007年11月7日，市泰康人寿保险公司组织青年职工开展“学雷锋，见行动”活动

2011年6月18日，市太平人寿保险公司举办员工技能培训

2013年中秋，市合众人寿保险公司慰问低保家庭，并进行理赔宣传

2012年12月1日，市渤海财产保险公司组织员工开展拓展训练

2016年初，市浙商财产保险公司召开2015年总结大会并开展2016年开门红激励方案宣导活动

2014年12月16日，市阳光人寿保险公司举办“2015年开门红启动暨首爆誓师大会”

2012年11月22日，市都邦财产保险公司组织员工开展业务技能竞赛活动

2012年7月28日，市中银保险公司依托市中国银行业务板块，举办代理中银财产保险推动会

2013年11月14日，市安邦财产保险公司为客户提供保险业务咨询服务现场

2012年7月24日，市阳光财产保险公司开展员工现场礼仪示范培训活动

2014年11月25日，市阳光人寿保险公司开展“外树形象，内强素质”拓展训练活动

2015年10月9日，市人民健康保险公司总经理袁金龙（左侧中）在“三严三实”座谈会上发言

2015年12月8日，市人民财产保险公司信守契约，及时为客户兑现理赔金

2012年7月5日，市中国人寿保险公司及时向客户兑付理赔金

2009年4月5日，淮汽集团向市太平洋财产保险公司赠送锦旗

2009年8月9日，盱眙县市民周艳柱（右3）、程永艳（左3）向太平洋保险公司盱眙县支公司赠送锦旗

2015年7月8日，市和谐健康保险公司深入社区开展“7·8”全国保险公众宣传日活动

2016年1月12日，市东吴人寿保险公司向客户马某赔付重大疾病保险理赔金10万元整。图为客户家属（左1）向保险公司赠送锦旗

2009年3月11日，市太平人寿保险公司为出险客户一次性赔付36.2万元，这是该公司开业后办理的最大单笔理赔案件

2011年5月24日，市人民财产保险公司组织青年职工参观盱眙县黄花塘“新四军革命纪念馆”，并现场进行新党员入党宣誓活动

2012年10月19日，市平安财产保险公司举办平安健步行活动

2013年7月15日，市中华联合财产保险公司与淮安电视台联合举办"不让垃圾飞"公益宣传活动

2006年2月23日，市人民财产保险公司青年志愿者开展"爱老敬老"活动

2012年3月14日，市泰康人寿保险公司加入明星俱乐部，并赴宜兴分公司取经

2013年5月31日，市人民财产保险公司员工开展无偿献血活动

2006年1月1日，市人民财产保险公司总经理王胜（右2）慰问“淮安身边好人”现场

2012年11月6日，市平安财产保险公司员工开展公益献血活动

2011年4月28日，市阳光财产保险公司组织员工开展爱国主义教育活动——瞻仰周总理纪念馆

2013年7月8日，根据江苏保监局要求，淮安市保险行业协会开展“7·8”首届保险公众宣传日活动

2001年7月13日，市太平洋人寿保险公司员工和淮阴师范学院大学生上街庆祝中国申奥成功

2010年5月1日，市中国人寿保险公司举办“欢乐五一”赛歌会活动

2011年，市太平洋人寿保险公司开展“三下乡”活动，向涟水县红窑乡村贫困失学儿童和贫困家庭赠送200万元保险保障

2002年11月5日，市中国人寿保险公司捐助建立“希望小学”春蕾班

2001—2006年,市太平洋财产保险公司连续6年和团市委联手举办"手拉手"活动，帮助特困儿童解决上学困难的问题

市平安保险公司（寿险）于1998年捐建的淮阴区新渡乡平安希望小学

2014年1月20日，市中华联合财产保险公司举办"情系雅安，奉献爱心"赈灾捐款活动。图为总经理助理胡建国（右1）为特困户送温暖

2012年1月，市中华联合财产保险公司吉晓霞（左1）获得淮安市道德模范荣誉称号

1993年7月26日，市人民保险公司清浦支公司业务人员查勘水灾现场

2012年7月26日，淮汽集团为了感谢市大地财产保险公司的快速理赔和优质服务，向该公司赠送锦旗

2009年7月8日，市中国人寿保险公司副总经理钟小白（前排左1）慰问清河区淮三路社区困难户

2013年9月8日，市阳光人寿保险公司向淮阴区赵集乡希望小学学生捐献学习用品

2016年3月15日，市安邦财产保险公司、和谐健康保险公司员工在金鹰购物广场接受广大消费者咨询

2012年6月1日，市新华人寿保险公司前往自闭症儿童康复训练中心看望自闭症儿童，给孩子们送去书包、书本、玩具等学习用品，荣获“爱心大使”称号

2007年5月，市保协秘书长张学勤（右1）与市棉纺厂财务总监王爱民（右2）在特大火灾现场查勘

2015年5月29日，为了推进保险企业文化建设工作，市保险行业协会向社会聘任首届保险理论研究员

2016年度淮安市保险信息及理论研究工作会议颁奖现场

参加《淮安市保险志》专家评审会的全体人员合影

2016年12月12日，《淮安市保险志》专家评审会现场

周平（左1）、赵志鹏（左2）、朱洁（左3）、张学勤（左4）等专家正在对《淮安市保险志》进行评审

《淮安市保险志》编写组召开专题会议，研究落实专家评审意见

2012年，市保险行业协会获江苏省放心消费创建活动“示范行业”奖牌。图为市保险行业协会秘书长顾志明（右1）领牌现场

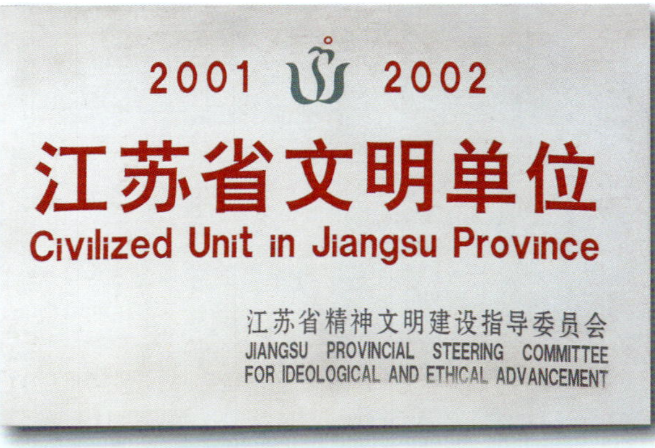

2001—2002年度，市人民财产保险公司获“江苏省文明单位”称号

市中国人寿保险公司评为“2008—2010年江苏省平安金融创建活动先进集体”

市中国人寿保险公司被评为“江苏消费者信得过AAAAA级品牌企业”

市太平洋人寿保险公司获“全国用户满意企业”奖牌

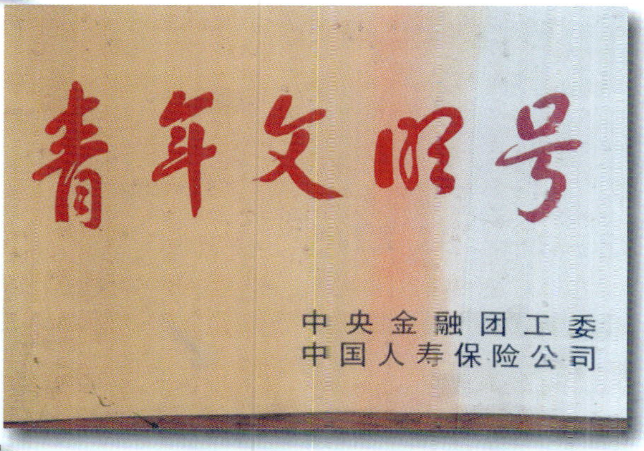

2001年，市中国人寿保险公司获中央金融团工委、总公司“青年文明号”称号

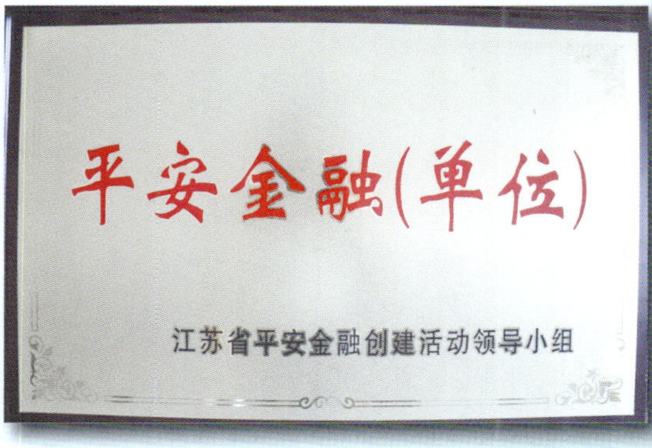

2008年度，市太平洋财产保险公司获“平安金融（单位）”称号

市平安人寿保险公司获“2008年度江苏优秀柜面淮安混合柜面”称号

2013年5月1日，市渤海财产保险公司总经理曹乃鋆（左1）获2013年系统内“五一劳动奖章”

2012年3月，市紫金财产保险公司道路救助基金服务中心为淮安路救办颁发“和谐路救奖”

2013年5月，市新华人寿保险公司荣获总公司颁发的开门红“百强中文奖”

市天安财产保险公司被评为2009年淮安市放心消费创建达标单位

1990—2008年淮安市保险业务发展示意图

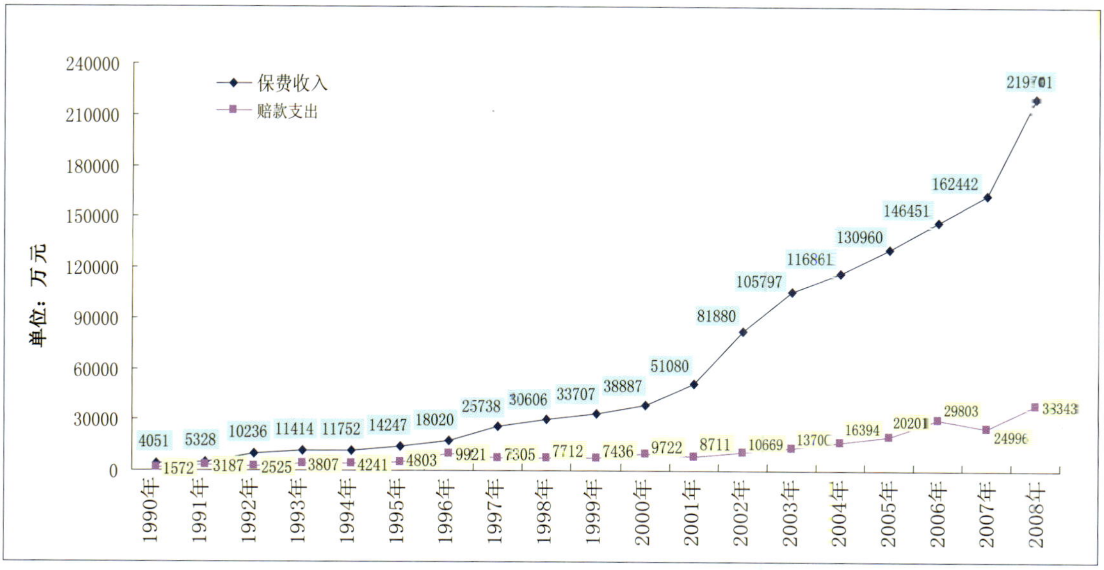

说明：2005年后寿险营销业务大部分是长期险种，有10年、20年甚至30年，到目前为止大多数没有达到满期给付

1990—2008年淮安市保费收入示意图

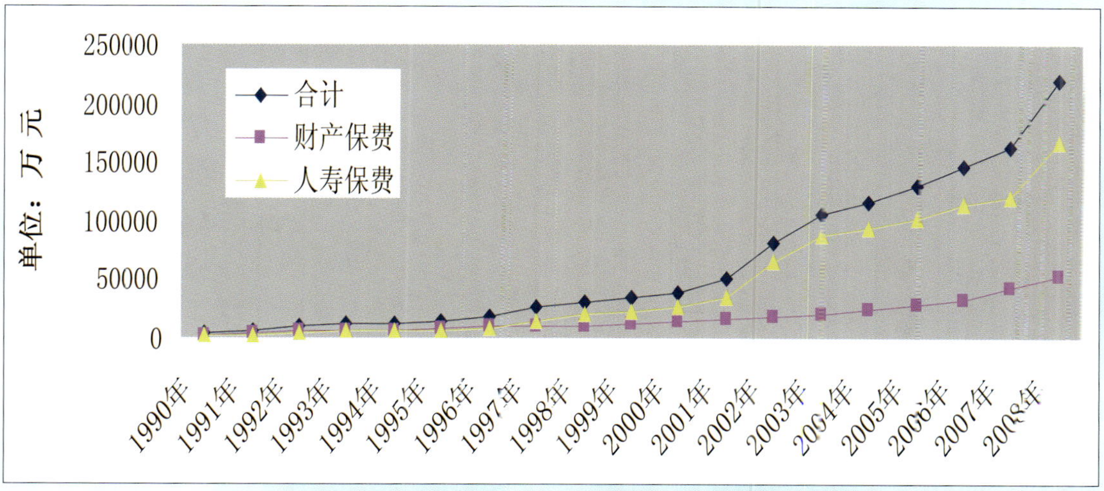

1990—2008年淮安市保险理赔（给付）示意图

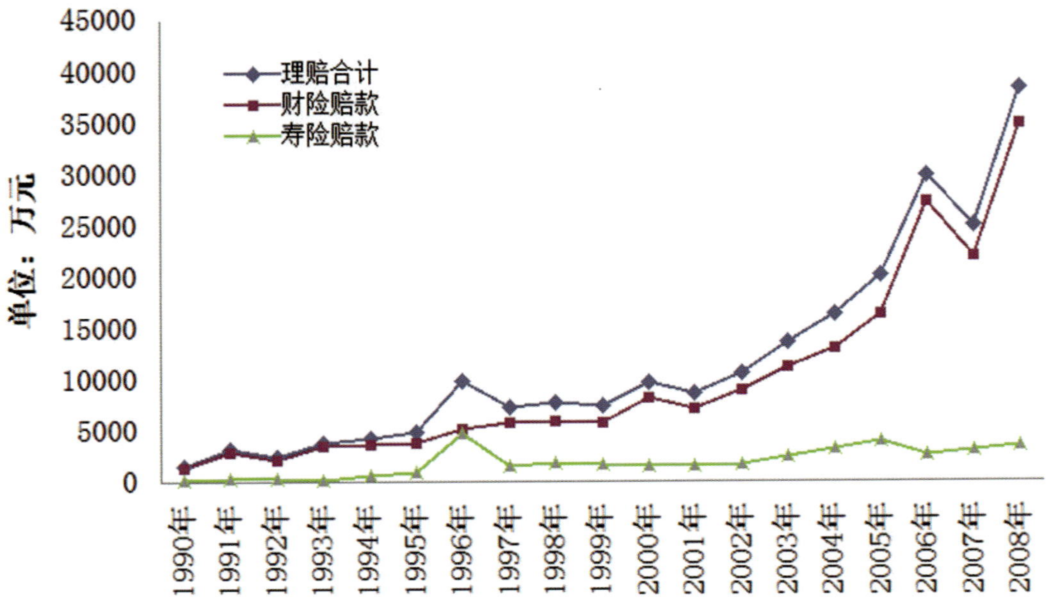

1990—2008年淮安市保险密度示意图

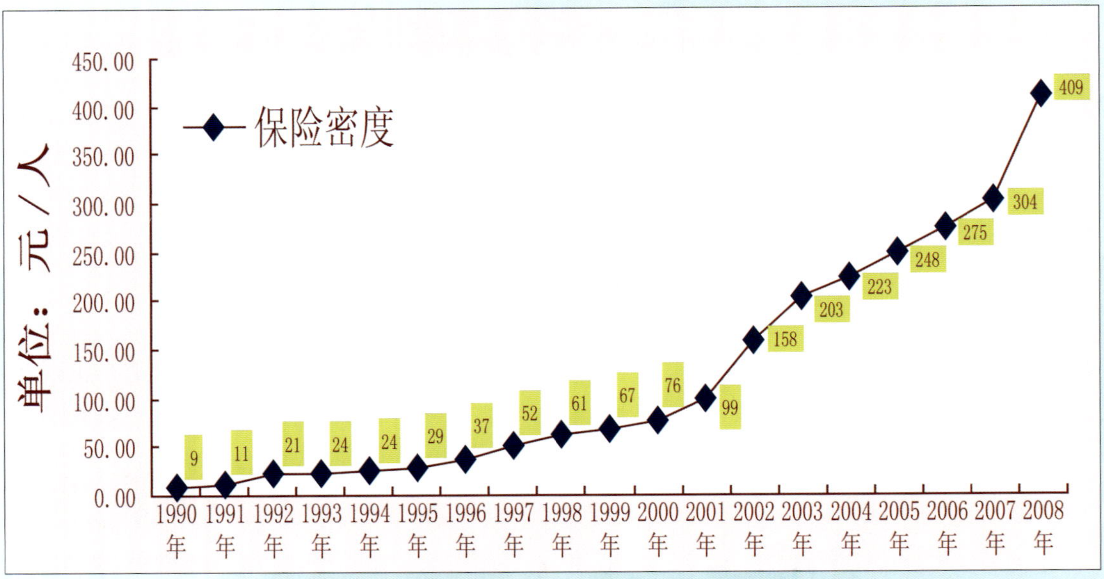

1990—2008年淮安市保险深度示意图

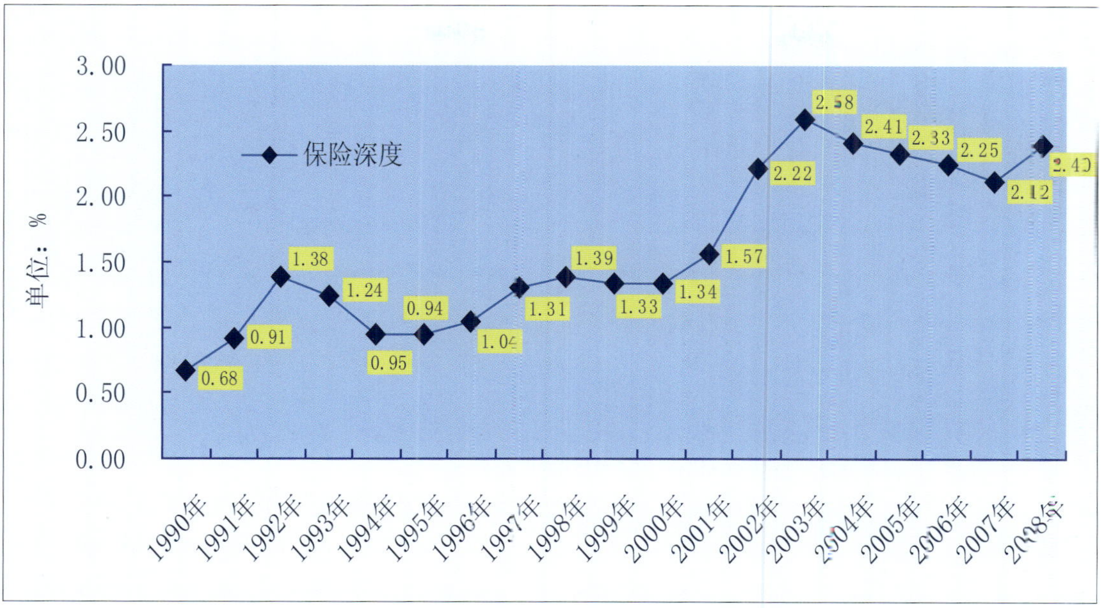

2008年淮安市财产保险保费收入市场份额示意图

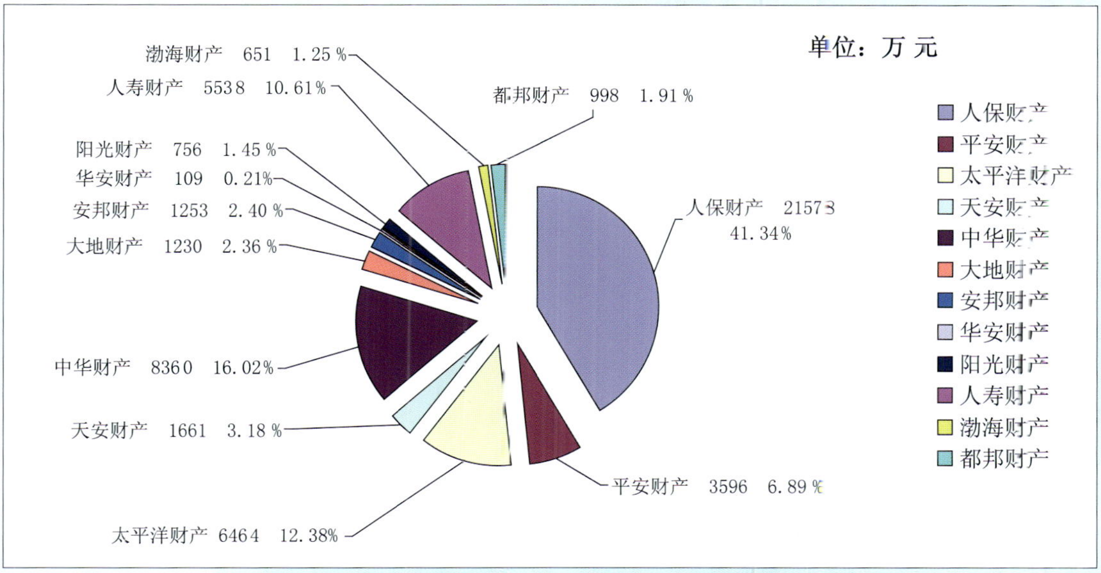

2008年淮安市人寿保险保费收入市场份额示意图

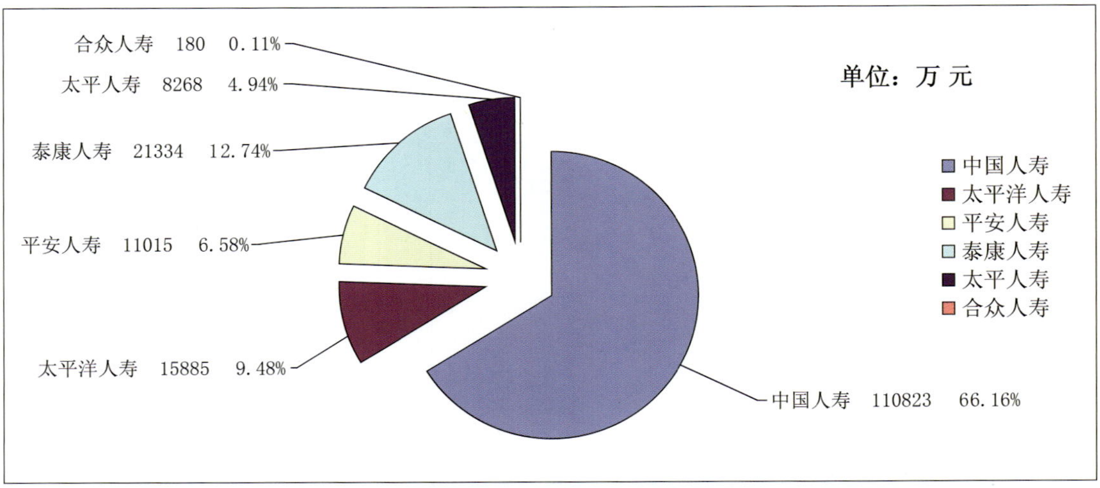

2008年淮安市保费收入分地区示意图

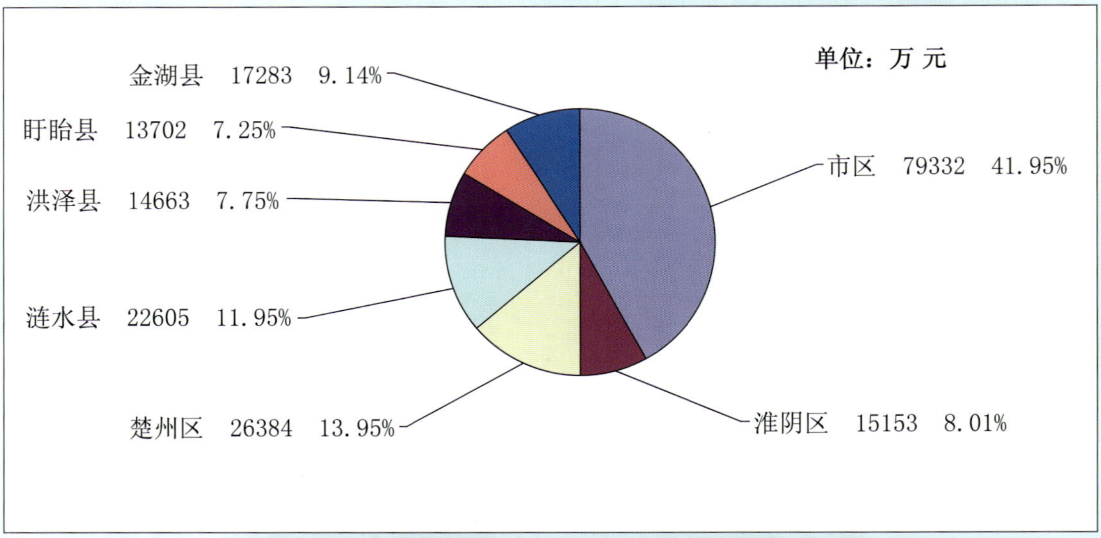

淮安市保险机构　标识/公司名称/客服电话

淮安市保险行业协会	中国人民财产保险股份有限公司 PICC PROPERTY AND CASUALTY COMPANY LIMITED 淮安市分公司 95518	中国人寿保险股份有限公司 China Life Insurance Company Limited 淮安市分公司 95519
中国太平洋财产保险 CHINA PACIFIC LIFE INSURANCE CO.,LTD. 淮安中心支公司 95500	中国太平洋人寿保险 CHINA PACIFIC LIFE INSURANCE CO.,LTD. 淮安中心支公司 95500	中国平安财产保险股份有限公司 PING AN PROPERTY INSURANCE COMPANY OF CHINA, LTD. 淮安中心支公司 95511
中国平安人寿保险股份有限公司 PING AN LIFE INSURANCE COMPANY OF CHINA, LTD. 淮安中心支公司 95511	天安保险 TIANAN INSURANCE 天安保险股份有限公司 淮安中心支公司 95505	中华保险 CHINA INSURANCE 中华联合财产保险股份有限公司 淮安中心支公司 95500
CHINA RE 中国大地财产保险股份有限公司 淮安中心支公司 95590	泰康人寿 TAIKANG LIFE 泰康人寿保险股份有限公司 淮安中心支公司 95522	中国太平 CHINA TAIPING 太平人寿保险有限公司 淮安中心支公司 95589
中国太平 CHINA TAIPING 太平财产保险有限公司 淮安中心支公司 95589	华安财产保险股份有限公司 SINOSAFE GENERAL INSURANCE CO., LTD. 淮安中心支公司 95556	安邦保险 ANBANG INSURANCE 安邦财产保险股份有限公司 淮安中心支公司 95569
阳光保险集团 Sunshine Insurance Group 阳光财产保险股份有限公司 淮安中心支公司 95510	阳光保险集团 Sunshine Insurance Group 阳光人寿保险股份有限公司 淮安中心支公司 95510	中国人寿财险 CHINA LIFE P&C 中国人寿财产保险股份有限公司 淮安中心支公司 95519
Union Life 合众人寿 合众人寿保险股份有限公司 淮安中心支公司 95515	渤海财产保险股份有限公司 淮安中心支公司 4006116666	都邦保险 DU-BANG INSURANCE 都邦财产保险股份有限公司 淮安中心支公司 95586

淮安市保险机构 标识/公司名称/客服电话

中银保险 BOC INSURANCE 中银保险有限公司 淮安中心支公司 95566	长安保险 CHANG AN INSURANCE 长安责任保险股份有限公司 淮安中心支公司 95592	NCI 新华人寿保险股份有限公司 NEW CHINA LIFE INSURANCE. CO., LTD. 淮安中心支公司 95567
PICC 中国人民人寿保险股份有限公司 淮安中心支公司 4008895518	生命人寿 SINO LIFE INSURANCE CO., LTD. 富德生命人寿保险股份有限公司 淮安中心支公司 95535	紫金保险 ZKING INSURANCE 紫金财产保险股份有限公司 淮安中心支公司 95511
华夏人寿 HUAXIA LIFE 华夏人寿保险股份有限公司 淮安中心支公司 95500	信达财产保险股份有限公司 CINDA PROPERTY AND CASUALTY INSURANCE CO., LTD. 淮安中心支公司 4008667788	信泰人寿 SINATAY LIFE INSURANCE CO., LTD. 信泰人寿保险股份有限公司 淮安中心支公司 4006008890
华泰人寿 Huatai Life 华泰人寿保险股份有限公司 淮安中心支公司 4008895509	利安人寿 LIAN LIFE 利安人寿保险股份有限公司 淮安分公司 4008080080	和谐健康保险股份有限公司 HEXIE HEALTH INSURANCE CO.,LTD. 淮安中心支公司 95569
PICC 中国人民健康保险公司 PICC HEALTH INSURANCE COMPANY 淮安中心支公司 95591	东吴人寿保险股份有限公司 淮安分公司 4008256789	英大泰和财产保险股份有限公司 淮安中心支公司 4000188688
英大泰和人寿保险股份有限公司 淮安中心支公司 4000188688	建信人寿 CCB LIFE 建信人寿保险股份有限公司 淮安中心支公司 95331	浙商保险 ZHESHANG INSURANCE 浙商财产保险股份有限公司 淮安中心支公司 4008666777

序　一

2016年,淮安金融修志工作喜事连连。继首部淮安银行专业志书——《淮安市银行志》公开出版后,首部淮安保险专业志书——《淮安市保险志》即将与世人见面,它承载了全市保险人的殷切期盼,凝聚了全体编纂人员的辛勤劳动,是淮安金融研究领域取得的又一项重要成果。

在首轮修志中,市金融志编纂委员会编纂出版了《淮阴市金融志》,综合反映了1990年以前全市银行、保险等金融业发展状况。1990年以后,随着金融改革创新的不断深化,全市金融业取得了长足发展,其规模、内涵和功能作用发生了巨大变化。银行、保险、证券等行业分别成为人们生活中不可或缺的重要内容。对此,二轮修志启动后,市金融志编纂委员会决定,在完成地方志编纂任务的基础上,分别编纂出版《淮安市银行志》《淮安市保险志》和《淮安市证券志》。

淮安保险业经历了长期曲折的发展历程,并在艰难前行中不断发展壮大。《淮安市保险志》以改革开放为主线,坚持实事求是原则,与《淮阴市金融志》保险内容相衔接,全面、客观地记述1991年至2008年淮安保险事业发展状况，留下了淮安保险人在保险体制机制创新、管理方法和手段创新，以及业务产品创新等方面不断探索的足迹。它的面世，对于了解淮安保险历史、引领和促进今后淮安保险事业健康发展有着重要意义。

昨天，淮安保险人用聪明的智慧和勤劳的双手创造了骄人业绩；今天，淮安保险人肩负新的历史使命，开始向更高的目标前进。我们坚信，凭借深厚的历史底蕴和保险人自强不息、追求卓越的奋斗精神，淮安保险事业必将再现辉煌，淮安保险人追求的国强民富、共享太平的梦想一定能够实现！

淮安市金融志编纂委员会主任

2016年12月

序　二

在淮安市有关领导和部门的关心、指导下，经过淮安市金融编纂委员会办公室和各保险公司的共同努力，《淮安市保险志》终于面世了。

淮安保险事业的发展有着悠久的历史。新中国成立前，原淮阴地区就有交通银行代理的“中国保险公司”保险业务及由国民银行代理的“宝丰保险公司”保险业务等，但这些保险业务均为国内外资本家所垄断，成为掠夺人民的工具之一。1928年，当时华安合群保寿股份有限公司营业点进入了原淮阴地区灌云县板浦镇。以后又有7家保险公司在板浦及原淮阴境内设立分支机构或代理处。抗日战争爆发后，原淮阴保险业全部歇业。

新中国成立后，保险公司几经设立、撤销，保险业时办时停。1949年12月，中国人民保险公司淮阴代理处成立。1958年“大跃进”，全国金融工作会议决定立刻停办国内保险业务。十一届三中全会后，中央政府做出了逐步恢复国内保险业务的重大决定，淮安保险业进入了一个崭新的发展时期。1995年6月，新中国成立以来的第一部保险法《中华人民共和国保险法》颁布。它的实施，标志着我国保险市场逐步走上法制化轨道，并逐步加快改革开放步伐。淮阴保险市场原由中国人民保险公司独家经营时代不复存在，分业经营已成趋势，各产、寿险公司纷纷登陆淮阴市场，竞争的序幕逐步拉开。

“十五”“十一五”期间，淮安保险业各项工作都取得突破性进展。至2008年年末，全市保险业务保费总收入达22.01亿元，较1990年3594万元净增加21.65亿元，承保量125亿件，承保金额3160亿元，其中产险保费收入5.26亿元，承保件数71.42亿件，承保金额3160亿元，从业人员达7291人，正式机构为372个。一个由多种所有制形式并存、有序良性公平竞争、共同发展的市场格局逐步形成，为地方经济的发展起到了助推器和社会稳定器作用。

《淮安市保险志》运用历史唯物主义和辩证唯物主义观点，客观、公正、严谨、真实地反映了淮安保险史的发展历程，是新中国成立以来淮安市首部介绍现代保险事业沿革与发展的、较为全面与系统的史志。在写作上它体现了专志信、简、实、雅的特点，即科学严谨、简明扼要、真实可靠，及艺术品位与教育特性的有机结合，真正起到了“存史、资政、育人”的作用。它的出版将为加强淮安市保险事业基础建设、弘扬保险企业文化、促进现代保险服务事业的发展发挥积极的作用。

淮安现代保险服务业取得的不菲成绩，已成为淮安市国民经济建设的重要组成部分，它将为推动淮安经济的繁荣和发展做出积极的贡献。以史为鉴，继往开来，加强保险基础工作研究，寻找事物发展规律，从历史经验教训中汲取营养，对加速现代保险服务业的发展、更好地服务地方经济建设大有裨益。

淮安市保险行业协会会长 郑文治

2016年12月

凡　例

一、《淮安市保险志》(以下简称“本志”)以中国特色社会主义理论、“三个代表”重要思想和科学发展观为指导，贯彻习近平系列重要讲话精神和治国理政新理念新思想新战略，坚持辩证唯物主义和历史唯物主义立场观点和方法，客观记述淮安市保险业发展状况。

二、本志时间断限：原则上上限为1991年，下限为2008年，图片、大事记、附录等资料下延至2015年，人物章上溯下延不受限制。

三、本志采取以事分类、以时叙事，横排竖写、纵横结合的编写方法，设章、节、目三个层次，章下设序，用以概述和统领全章内容。

四、本志采用语体文、记述体。体裁上以志为主，根据编写需要，适当运用记、传、图、表、录等各体。

五、本志记述对象：以辖内各类保险机构及其监管协调机构有关业务为主。

六、本志政区、地名、机构名称，均依历史正称。地名、机构名视需要括注现名。从2001年2月起，原地级淮阴市更名为淮安市，原县级淮安市更名为楚州区。机构名称首次出现时用全称，以后用全称或简称。

七、本志数字及标点符号用法，按照2011年发布的《出版物上数字用法》《标点符号用法》国家标准执行。涉及数据比较均依可比口径计算。

八、本志计量单位，以国家技术监督局1993年发布的《国家标准量和单位》的规定执行。

九、本志资料来自辖内有关保险机构及其监管协调部门文书档案、统计报表及政府部门公开资料等，志中一般不注明出处。

十、本志中有关机构排列顺序依惯例排列。人物排序依出生时间或获表彰时间先后排列。

目　录

概 述

1980年10月1日，中国人民保险公司清江市支公司正式挂牌营业，恢复办理国内保险业务，标志着休眠了22年的辖内保险业重复生机。1983年，中国人民银行淮阴地区中心支行保险科与中国人民保险公司清江市支公司合并组建中国人民保险公司淮阴市支公司。行政隶属市人民银行领导。1984年12月，市人民保险公司独立，并升格为市局级机构。至1990年年末，市人民保险公司下辖11个支公司和一个办事处，共有职工390人。1991年至2008年，随着保险业市场化改革的逐步深化，淮安保险业组织体系逐步健全，运行机制逐步成熟，管理手段不断完善，业务品种不断丰富，内在活力不断增强。保险已成为推动淮安经济和社会发展不可或缺的保障力量。2008年年末，辖内保险机构由1990年年末产寿险综合经营的1家发展到产、寿险分业经营的28家，其中产险14家，寿险6家，中介代理机构8家；产险保费收入由1990年的2234万元增加到2008年的5.26亿元，赔付金额由1360.6万元增加到3.49亿元；人身险保费收入由1990年的1360万元增加到2008年的16.75亿元，赔(给)付金额由211.4万元增加到3.63亿元；产、寿险保险金额由1990年的30亿元增加到2008年的5000多亿元。18年间，淮安保险业经历了由弱到强、由粗放发展到科学发展的光辉历程。

一

1991年至1995年，辖内保险市场基本属于中国人民保险公司淮阴分公司独家经营，由于受计划经济体制的影响，企业注重行政化管理，在调动员工积极性方面，比较重视思想教育和精神鼓励，而对职工的物质刺激方面主要实行“包费用率指标”和降低赔付率给予一定费用奖励的办法，刚成立的保险公司开始实行包保费指标、包利润指标及利润的增长。在分配上平均主义、“大锅饭”思想仍较普遍，职工个人收入与对企业的贡献不匹配，企业内部创新意识和竞争意识不强，保险品种稀少，产险品种主要有企财险、家财险、机动车险、货运险、船舶险和农业险，寿险品种主要有简易人身险、团体人身险、养老金险、意外伤害险和子女婚嫁教育险。这一时期，由于基数低，保险业务规模呈快速增长态势。1995年，全市保险费收入1.46亿元，较1990年增长306.6%，其中产险保费收入8942.6万元，增长300.3%，寿险保费收入5669万元，增长316.8%；保险理赔支出4803万元，较1990年增长197%，其中产险理赔支出3871.9万元，增长184.6%，寿险理赔支出931.1万元，增长340.4%。

二

1995年6月30日，新中国成立以来的第一部保险法——《中华人民共和国保险法》颁布实施，标志着保险市场逐步走上法制化轨道。也标志着保险业市场化改革步伐加快。是年，实行产、寿险业务分设，市人民保险公司的人身险业务，划给南京人寿保险公司淮阴代理处经营。同年底，中国太平洋保险公司淮阴办事处和中国平安保险公司淮阴办事处先后成立。1996年，市人民保险公司正式实施分业经营后，全市保险市场已有产、寿险公司5家，拉开了保险市场专业竞争的序幕。至2000年，全市保险公司已发展到6家，保险市场多元化竞争格局初步形成。这一时期，各保险机构根据上级部署和要求，结合自身实际情况，加快保险体制改革步伐，对不符合市场经济要求，不适应保险竞争要求的经营管理体制进行全面改革，各公司特别注意在经营机制、营销模式、管理方式、分配制度等方面进行探索创新。逐步发展个人营销、代理机构营销等新的营销模式，尝试和推行干部员工招聘、竞争上岗制度，建立目标绩效考核制度，逐步拉开分配差距，不正当竞争也随之日益加剧。各公司开始重视企业文化建设，根据市场环境和企业本身状况，以创新精神提出了“信誉第一，效率第一，客户至上，服务至上”，以及“在竞争中求生存、在创新中求发展”等经营管理理念。在保险企业的形象塑造上，注重树立各自公司的个性品牌。展示各家特色文化礼仪，制定保险“CI”系统工程规划，并吸取国外成功企业的文化管理经验，形成了各具特色的保险企业文化，以提高各自竞争的软实力，给淮安保险行业注入了新的活力，有力地促进了淮安保险业的发展。2000年，市国有保险公司均以会计核算系统及辅助账务系统为基础，利用SAS财务分析系统，建立了各项财务指标，对公司经营状况和财务状况进行监控。其他保险公司也建立了财务分析和财务预警机制，并通过预算管理，建立财务决策和财务控制机制。2000年，全市实现保险费收入4.06亿元，赔款及满期给付1.2亿元，分别比1995年增长192.9%和150%。其中产险保费收入1.5亿元，赔款8178万元，分别比1995年增长74.4%和111.2%；寿险保费收入2.55亿元，赔款及满期给付3786万元，分别比1995年增长347.7%和306.6%。

三

2001年至2005年，淮安保险业逐步与国际规则接轨，行业进入成熟发展时期，各保险公司不断培育和完善保险市场，建立区域性的保险服务中心，保险机构、人员、保费收入等都取得了突破性发展。截至2005年年末，市级保险机构已从2000年年末的6家增加到19家，其中保险公司14家(财险公司7家、寿险公司7家)，保险中介机构从无到有，发展到5家。保险从业人员从2000年年末的4505人增加到7308人。一个多种组织形式、多种所有制成分并存，公平竞争、强化自律、共同发展的市场格局基本形成。

2001年6月29日淮安市保险行业协会成立后，紧紧围绕“一个核心、五个基本点”，在积极发挥“自律、维权、协调、交流、宣传”等职能作用的同时，积极协助江苏保监局搞好辖内保险市场监管，有力地维护了辖内保险行业协调健康发展。2001—2005年，淮安保险业保持了年均31%的增长速度。2005年全市保费收入13.11亿元(全省438亿元),保险深度(保费收入占GDP的比重)2.33%(全省2.4%),保险密度(人均保费)250元(全省588元),是2000年的3.8倍,位居全省第11位,排名向前提升了一位,比上年同期增长13.2%,增长速度位居全省第二,是全市国民经济中增长最快的行业之一。

保险的功能和作用得到有效发挥。2001—2005年五年间,共为全市400多万人(次)、5000多户企业、4.7万户家庭提供了20多亿元的灾后经济补偿和给付,保障了社会经济稳定运行;积极支持"三农"服务地方经济发展,试办农民、非公有经济、贫困大学生的贷款保证保险,在解决社会突出矛盾和问题方面进行了有效的尝试;服务社会主义新农村建设,积极参与新型农村合作医疗保险、农业保险试点工作。截至2005年,全市已有金湖、淮阴、涟水、楚州4个县(区)222万农民参加了市中国人寿保险公司新型农村合作医疗保险,累计缴纳保费7237万元,获得赔付5419万元。市中华联合财产保险公司与淮安市政府联办共保的农业保险模式,受到广大农民的欢迎和积极参与,并在全国推广。

积极参与社会公益活动。淮安保险业一方面用自己的本职工作积极服务于地方经济的发展和人民的生活,另一方面积极参与地方的经济建设和公益活动,表现出了应有的行业风范和强烈的社会责任意识。五年间,在抗击非典型肺炎,在抗击洪涝灾害,在扶贫助学等活动中,淮安保险业先后捐款近千万元,为社会公益事业做出了积极贡献。

服务水平进一步提升。各公司纷纷推出自己的特色服务,为客户提供周到便捷的服务。各公司全部开通了全国统一的客户服务热线,成立专门的客户服务部门,对购买保险的客户进行100%的回访,强化售后服务尤其是理赔服务,推行限时赔付、当场兑现举措,有些产险公司还开通了车险全国网上通赔通付专线,使得在外地出险的车辆能够及时得到查勘和赔付。

四

2006年至2008年,淮安保险业发展进入数量和质量双飞跃的时期。

全市各保险公司贯彻落实上级公司的发展战略，主动抢抓机遇，趁势而上，以做大做强淮安市保险市场为目标，揭开了淮安保险业发展史上新的篇章。

机构体系更加完备。截至2008年年末，淮安市保险市场共有28家保险主体，其中产险公司14家、寿险公司6家、保险中介代理机构8家。全市共有305家营销服务部，从业人员7291人，其中营销员6475人。

业务发展持续快速。2008年，全市保费收入22.01亿元，比上年同期增长35.3%。其中，财产险保费收入5.26亿元，比上年同期增长23%；寿险保费收入16.75亿元，比上年同期增长40.0%。保险深度2.42%，保险密度409.87元。

保险的保障功能明显增强。2008年，全市保险业累计承担各类风险保障总额约5000多亿元，保险赔付及满期给付10.61亿元，提供就业岗位7291个，累计缴纳营业税金5000多万元。在江苏石油勘探局机器设备被地震损坏、河贝克电池电源有限公司火灾等一些重大灾害事故发生后，保险公司及时赔付，为灾后重建、维护社会和谐稳定发挥了重要作用。

业务结构更加合理。随着市场化经营理念的增强，保险公司的经营机制得到进一步转换，产品、服务和销售模式创新逐步推进，业务结构不断优化。从财产险市场来看，财产险公司在努力调整车险业务结构的同时，大力发展效益好、前景广的分散性业务。人意险、健康险、保证险和工程险增速分别达到71%、60%、56%和43%。全市非车险业务快速增长，车险与非车险比例为75∶25。从寿险市场来看，新型寿险业务发展较快，2008年，分红险保费收入10.44亿元，比上年增长57.6%；万能寿险保费收入1.49亿元，比上年增长了466.3%；投连险实现保费收入8492万元，而上年仅为6万元。银邮代理业务保费收入7.64亿元，占寿险保费收入的46%，较上年增长了120.4%。

服务领域进一步拓展。农业保险、新型农村合作医疗保险、能繁母猪保险、奶牛保险等服务和支持“三农”的险种取得实效。2008年，全市农业保险保费收入6226.8万元，共承保了三麦、水稻657.15万亩，为全市80多万农户，提供了12.45亿元的农业风险保障；新型农村合作医疗保险保费收入1.72亿元，共有249.61万农民参保，参合率达99%；能繁母猪保险保费收入873.95万元，共为14.57万头能繁母猪提供了1.46亿元的风险保障；奶牛保险保费收入84.4万元，共为3517头奶牛提供了1342万元的风险保障。“三农”保险服务实现全覆盖。

诚信体系建设取得成效。从2006年年初开始，淮安市保险行业全面开展诚信建设活动。淮安市政府召开了全市保险诚信建设动员会议，成立了淮安市保险诚信建设领导小组；印发了《淮安市“十一五”保险诚信建设规划》《淮安市“保险诚信年”创建方案》和《淮安市保险诚信单位创建考核办法》等文件；市级保险机构各位负责人共同签订了《淮安市保险诚信创建公约》；江苏保监局李劲夫局长和淮安市委常委李荣荣副市长分别就淮安保险诚信建设活动做了重要讲话。经过三年的诚信创建工作，淮安保险业内外部环境进一步改善，涌现了一大批先进单位和个人，在市行风办全程参与和验收下，全市共评出保险诚信单位33家，评选出优秀保险代理人101名和首届星级诚信营销员247名。

监管方式进一步完善。保险监管工作由人民银行移交保监会后，由于市以下基层没有监管机构，市保险行业协会配合江苏保监局积极探索有效的保险业监管方式。一是坚持科学监管。在吸收借鉴国际保险监督管理协会的核心监管原则的基础上，推动偿付能力监管进入实质性实施阶段。引入保险公司治理结构监管。构筑了以公司治理和内控为基础，以偿付能力监管为核心，以现场检查为重要手段，以资金运用监管为关键环节，以保险保障基金为屏障的五道防线。二是坚持有效监管。在权衡监管成本和监管效益基础上，积极发挥市场机制的作用，增强股东约束和市场约束。三是坚持依法监管。在大力加强保险监管规章制度建设的同时，狠抓保险监管的执行力建设，提高了监管队伍依法行政的能力。四是坚持寓监管于服务之中。市保协作为受托肩负基层保险业监管职责的部门，正确处理监管与服务的关系，通过完善精算制度、推进行业信息化建设等基础性工作，为行业发展搭建起高速公路，为淮安保险业健康快速发展创造了良好环境。

大 事 记

1991年

6月 淮安市普降大雨，盱眙、金湖、淮安、洪泽等地遭受百年未遇的特大洪水灾害，市人民保险公司及时支付赔款2148.49万元，并组织员工向灾区捐款15.6万元。

7月1日 市人民保险公司开始实行职工医疗费用制度改革。

11月20日 中国人民保险公司副总经理茆华到淮阴市调研。

11月27日 市人民保险公司设立“人身保险部”，专营辖区寿险业务。

12月 市人民保险公司建立电台，方便全辖机构的通信联络。

1992年

5月6日 市人民保险公司被总公司授予“一九九一年度抗洪救灾查勘理赔先进集体”称号。

9月19日 由中国人民保险公司清河办事处委托市妇联代办的市“三八保险服务所”开业。

10月22日 市人民保险公司与市信托公司及香港华俞公司合资兴办的“淮阴市宝兴商业网点开发总公司暨中外合资淮阴宝兴房地产开发有限公司”开业。

12月28日 江苏省人民保险公司任命史才干为淮阴市人民保险公

司经理(市局级)。

1993年

3月9日 淮阴电化厂发生重大爆炸事故,损失严重,市人民保险公司介入查勘。

4月12日 金湖县精细化工厂发生特大爆炸(裂)事故,市人民保险公司依据保险合同进行了赔偿。

7月15日 市人民保险公司首次进行系统内工人聘干考试。

1994年

3月 平安保险公司淮阴办事处正式成立。赵广忠任首席代表。

4月7日 市人民保险公司与市工商银行签订合作协议,由市工商银行代办保险业务。

10月17日 市人民保险公司召开庆祝人民保险公司成立45周年大会,市四套班子领导等参加会议。

12月18日 由市人民保险公司投资的吉祥大酒店开业。

12月27日 南京人寿保险公司淮阴市代理处成立。张学勤任负责人。

是年 中国金融工会、中国人民保险公司分别授予中国人民保险公司清河办事处"金融系统职工后勤工作先进单位"和"全国人保系统后勤工作先进单位"称号。

1995年

1月1日 根据江苏省政府、淮阴市政府、中国人民保险公司江苏省分公司和南京人寿保险股份有限公司文件精神,中国人民保险公司淮阴分公司的寿险业务,划归南京人寿保险公司淮阴市代理处。

1月 市人民保险公司顺利完成寿险机构体制改革，辖内分别成立南京人寿保险股份有限公司市、县（区）代理处。市人民保险公司180名干部职工被转换到寿险机构工作。

8月28日 太平洋保险公司淮阴办事处（处级）正式成立，徐明才任负责人。

10月 南京人寿淮阴代理处在全省地级市中率先推出人身保险营销业务。

1996年

4月 张学勤任市中保人寿保险公司总经理，史才干任市中保财产保险公司总经理。

8月10日 淮阴市行政区划调整，市人民保险公司下辖的宿迁、泗洪、泗阳、沭阳支公司划归新成立的地级宿迁市管辖；灌南支公司划归连云港市管辖。

9月8日 市人民保险公司一分为二，正式成立“中保财产保险有限公司淮阴分公司”和“中保人寿保险有限公司淮阴分公司”。

10月 平安保险公司淮阴办事处在内部实行产、寿险机构、人员分设。平安保险公司淮阴办事处专门从事财产险业务，刚成立的寿险部正式对外开办个人寿险业务。

是年 市中保人寿保险公司初步建立了一套完整的业务运营体系和业务经营机制。并对人事用工制度进行改革，实行干部聘任制、领导任期目标责任制，干部和职工实行双向选择，竞争上岗。

1997年

5月25日 市中保财产保险公司进行机关“三项制度”（人事、用工和分配制度）改革。

7月 太平洋保险公司淮阴办事处更名为中国太平洋保险公司淮阴

支公司。徐明才任总经理。

9月9日 市中保财产保险公司在全辖开展“大干一百天,提前跨进1998年”劳动竞赛活动。

10月 太平洋保险公司淮阴支公司总经理徐明才离任,孟善彬任副总经理并主持工作。

12月29日 中国平安保险公司淮阴办事处更名为中国平安保险股份有限公司淮阴支公司。

是年 中保人寿保险公司改造传统险种,推出“66鸿运保险(A、B型)”“88鸿利终身保险”等7个营销新险种和团体福利、福寿安康保险等6个直销新险种。同时全面引入营销机制,实行营销员上门宣传、收费、送赔款。

1998年

3月10日 市中保财产保险公司向市“见义勇为”基金会捐款1万元。

3月25日 淮阴电视台拍摄的《为了美好的明天——中保财产保险有限公司淮阴分公司掠影》在市电视台播出。

5月 中国平安人寿保险公司淮阴支公司(寿险)正式成立,翟家峰任副总经理并主持工作。

5月 中国平安保险公司淮阴支公司(产险)正式成立,潘传峰任总经理。

6月29日 省中保财产保险公司在淮阴市中保财产保险公司召开车险创名优工程现场会。

6月 市中保人寿保险公司成立市区业务处理中心和财务结算中心,试行财务收支两条线管理。实施内部改革,全辖按上年经营实绩分三类公司进行考核,采取绩效挂钩的分配办法,拉开分配档次。

11月 全市各保险公司与所下辖的经济实体脱钩。

1999年

1月6日 市中保人寿保险公司总经理张学勤离任，徐洪戎任总经理。

3月30日 中国保监会第一副主席吴定富一行5人到淮阴市调研苏北保险市场情况。

3月 中保人寿保险公司淮阴分公司更名为中国人寿保险公司淮阴分公司。

4月1日 全市各财产保险公司统一启用由保监会制定的机动车保险条款以及由保监会监制的防伪车险保单。

4月 市中保财产保险公司总经理史才干离任，徐万林任总经理。

5月21日 中国保监会及中保财产保险公司到淮阴检查保险兼业代理及中介市场整顿情况。

6月16日 市人民保险公司举行“中国人民保险公司淮阴分公司名称恢复暨向市解困与再就业办公室捐款10万元仪式”。市委副书记、市长陈从亮，市委常委、秘书长朱慈尧，市政协副主席杨基厚，省人民保险公司副总经理薛仁云，及市各部、委、办、局、大中型企业负责人、新闻记者等150人出席仪式。陈从亮、薛仁云为公司揭牌。

6月 市中国人寿保险公司成立辖内系统财务结算中心，集中财务管理权，并推行财务“收支两条线”管理。

10月 市平安保险公司率先加入总公司建立的全国性电话咨询中心。

11月 市太平洋保险公司推出“机动车险急难救助服务卡”服务，持卡人在省内任何地方发生事故，都可通过电话报案，并及时得到救助。

12月 市平安保险公司（寿险）总经理潘传峰离任，陈正银任总经理。

是年 全市各保险公司开始解决电脑“千年虫”问题。

2000年

1月 全市保险机构全面推进分配制度改革，普遍实行经营目标业绩考核，拉开单位与单位之间、员工与员工之间收入差距；全面推进人事制度改革，实行双向选择、竞聘上岗、末位淘汰制；在服务上推行“首问责任制”；实行限期结案制、客户回访制、公开服务承诺，推广服务规范等。

8月31日 市人民保险公司以及所辖清浦支公司分别被中共淮阴市委、市政府授予“1998—1999年淮阴市文明单位”称号。

9月30日 市人民保险公司及涟水县人民保险公司在江苏今世缘酒业有限公司召开“8·31”水灾赔付现场会，向该公司兑现水灾理赔款234.5万元。

11月27日 市太平洋保险公司完成产、寿险分设工作。市太平洋财产保险公司正式成立。孟善彬任副总经理并主持工作。

12月25日 市太平洋人寿保险公司正式成立。夏晓东任副总经理并主持工作。

2001年

2月6日 市各保险公司参加市金融系统联合举办的“携手迈向新世纪”大型文艺会演活动。

2月10日 因行政区划调整和更名，中国人民保险公司淮阴分公司更名为中国人民保险公司淮安分公司，所辖分支机构相应更名。随后，市中国人寿、市太平洋财产、市太平洋人寿、市平安等保险公司亦更名。

5月18日 中国保险监督管理委员会南京特派员办事处批复同意设立淮安市保险行业协会。

6月29日 淮安市保险行业协会成立，选举徐万林为理事长，张学勤为秘书长。

7月1日 经6家会员单位协商一致，市保险行业协会制定淮安市保险业公约并正式施行。

8月 市平安保险公司(寿险)负责人翟家峰离任,徐有林任总经理助理并主持工作。

8月 市人民保险公司及市平安、太平洋财产保险公司等先后与市工、农、中、建4家银行签约,合作开办分期付款购车履约保证保险业务。

10月 市平安保险公司总经理陈正银离任,仇为民任总经理。

12月 市人民保险公司总经理徐万林离任,赵凉任总经理。

是年 全市寿险业机构大力发展新型营销业务,新创建营销部57个,发展营销员5307人。

2002年

2月 市保险行业协会召开一届理事会二次会议,选举赵凉担任理事长。

3月 中国平安保险股份有限公司淮安支公司正式分设为中国平安财产保险股份有限公司淮安中心支公司和中国平安人寿保险股份有限公司淮安中心支公司。

7月8日 市天安保险公司正式成立。高健任总经理。

8月 市平安财产保险公司总经理仇为明离任,夏善忠任总经理。

9月26日 市人民保险公司为中国淮安淮扬菜美食节提供3亿元公众责任保险保障。

是年 全市寿险业机构大规模发展营销业务,营销机构由上年57个扩充到213个,营销员增加到7111人。

2003年

1月 宿迁市平安人寿保险公司脱离淮安市平安人寿保险公司代管,恢复三级机构建制。淮安市平安人寿保险公司开始实行“集中核保、保金集中、零现金、保单影像扫描系统、与省公司统一集中出单”流程。

3月 市太平洋财产保险公司在全市保险业中率先使用"3·15"标志的车险产品。这是中国消费者协会首次授予太平洋财产保险公司"神行车保"服务品牌。

4月 市太平洋人寿保险公司总经理夏晓东调离，陈英明任总经理。

4月 市平安财产保险公司推出"五统一"车险服务标准，即统一实行7天24小时接报案；统一实行7天24小时查勘；统一实行7天24小时救援；统一实行7天24小时理赔，并公开承诺理赔时效；统一实行首问负责制。

5月16日 市平安人寿保险公司向因"非典"而殉职的医务人员的未成年子女提供首批救助。在"非典"肆虐期间，开辟绿色理赔通道，"非典"理赔结案率达100%。

6月 市中国人寿保险公司与市教委在涟水县郑梁梅中学联合举办第一届"中国人寿杯"中小学校长乒乓球比赛。

7月 中国人民保险公司淮安分公司更名为中国人民财产保险股份有限公司淮安市分公司。

8月 市中国人寿保险公司推广"一站式"服务，推行柜面礼仪、规范财务、业务管理，强化内外监管等，全方位强化保险信用体系建设。

9月8日 市人民财产保险公司获"2003年江苏省服务质量奖企业"称号。

10月 市保险行业协会召开二届理事会一次会议，选举市中国人寿保险公司总经理徐洪成为理事长。

12月 中华联合财产保险公司淮安中心支公司正式成立。祖忠阳任总经理。

2004年

1月 市平安人寿保险公司被淮安市人民政府评为"AAA级重合同守信用企业"。

2月 市人民财产保险公司向社会公开"十大"服务承诺。

3月 中国大地财产保险股份有限公司南京分公司淮安营销服务部正式成立。殷振炎为负责人。

3月 市保险行业协会举行百万保险营销人员诚信服务承诺签名活动。

3月 泰康人寿保险股份有限公司江苏省分公司淮安营销服务部正式成立。孙进任总经理。

4月 市保协开办《淮安日报》“走进保险”专栏宣传活动。

6月 市太平洋人寿保险公司总经理陈英明离任，纪立平任总经理。

6月 市中国人寿保险公司完善城区组织架构，市区营业部实行“区部经营”，分别在清河区、清浦区、市经济开发区成立3个业务区部。同时理顺全辖营销管理体系，在市、县（区）公司建立3个个险部内设机构，成立管理、企划、培训3个职能部门。

8月 市平安财产保险公司在全市率先提供电话车险服务，并建立覆盖全市的销售、核保、免费配送服务平台。

8月16日 淮安市保险代理人电子化考试中心成立并开考。

11月 市中国人寿保险公司率先开辟新的银行代理保险业务模式，与市工商银行合作实行国寿代理保险产品“包销”制。

2005年

1月 市人民保险公司总经理赵凉离任，田扶任总经理。

1月 太平人寿保险股份有限公司淮安中心支公司正式成立。高军任总经理。

3月 市人民财产保险公司在全辖开展“理赔质量年”活动。

4月 市中国人寿保险公司总经理徐洪成离任，张建平任总经理。

5月 市中国人寿保险公司将工商银行代理保险产品“包销”制业务模式推广到市邮政储蓄、建设银行系统。

5月 市平安人寿保险公司总经理徐柏林离任，朱从文任总经理。

6月 市太平洋人寿保险公司总经理纪立平离任，余敏任总经理。

7月 安邦财产保险股份有限公司淮安中心支公司正式成立，张志祥任总经理。

8月 市大地财产保险公司负责人殷振炎离任，孙铁忠任总经理。

9月8日 市中国人寿保险公司举办营销10周年庆典活动，全辖1500名销售代表参加。

9月 经中国保险监督管理委员会批准，市中华联合财产保险公司下辖的各县（区）营销部升格为支公司。

10月 市保险行业协会召开三届理事会一次会议，选举市人民财产保险公司总经理田扶为理事长。

11月5日 市政府与市中华联合财产保险公司签订全市农业保险联办共保协议，开办农险试点乡镇10个。中华财险农保新模式在全国属首创，淮安市成为全国第一个对农险保费实行财政补贴的地级市。

12月26日 市平安财产保险公司获省政府授予“AAA级重合同、守信用企业”称号，同时被市质量审定委员会授予市级“服务质量奖企业”称号。

2006年

1月26日 安邦财产保险公司淮安营销部更名为安邦财产保险股份有限公司淮安中心支公司。

1月 华安财产保险股份有限公司淮安中心支公司成立。倪政任总经理。

2月 市泰康人寿保险公司总经理孙进离任，包加顺任总经理。

3月 淮安市顺达新车保险代理有限公司成立，徐文俊任经理。

6月 江苏金鑫保险销售有限公司成立，殷振炎任总经理。

7月1日 辖内开始实施国务院《机动车交通事故责任强制保险条例》。

7月25日 市太平人寿保险公司受市保协委托，组织6家保险公司举办保险诚信知识培训。

8月9日 阳光财产保险股份有限公司淮安中心支公司成立。王彬森任总经理。

8月 市太平洋人寿保险公司总经理徐敏离任,夏晓东任总经理。

9月 大地财产保险公司淮安营销部更名为中国大地财产保险股份有限公司淮安中心支公司。总经理孙铁忠离任,赵建国任总经理。

11月1日 市中华联合财产保险公司邀请市政府分管市长、省保监局和总、分公司领导,参加全市农业保险工作座谈会,拟定淮安农业保险全面推开及风险控制办法草案。

2007年

1月3日 市金盟机械化施工有限公司130吨起重车倾覆出险,市人民财产保险公司一次性赔付165.59万元。这是淮安保险史上单笔最大的车险赔案。

1月 市太平洋人寿保险公司启动"鸿运年年""万能寿险华彩人生"产品上市宣传活动。

2月 市中华联合财产保险公司农险业务在全市全面推开。

4月 市平安人寿保险公司向社会公开承诺理赔服务。

5月31日 市中国人寿保险公司总经理张建平调离,耿德新接任总经理。

6月 市中国人寿保险公司举办首届"牵手国寿 天长地久"客户节活动。

7月 市泰康人寿保险公司总经理包加顺离任,朱向阳任总经理。

9月 合众人寿保险股份有限公司淮安中心支公司成立。金敬东任总经理助理,主持工作。

10月 市太平洋财产保险公司办理的大型车队保险成为公司车险的主要支柱,市供电公司、市公交公司缴纳保费近300万元,淮汽集团危险品运输车队缴纳保费超过100万元。

10月 市太平洋财产保险公司总经理孟善彬离任,高巍任总经理。

11月 中国人寿财产保险股份有限公司淮安中心支公司成立。 赵凉任总经理。

11月 市华安财产保险公司总经理倪政离任,王士柏任总经理。

11月 江苏恒瑞达保险代理有限公司成立,汤月梅任总经理

12月18日 江苏保监局中介处赴山西保监局考察学习保险中介从业人员挂牌上岗工作,市保险行业协会秘书长张学勤随同前往。

12月 渤海财产保险股份有限公司淮安中心支公司成立,倪政任总经理。

12月 市大地财产保险公司总经理赵建国离任,顾志明任总经理。

2008年

1月 都邦财产保险股份有限公司淮安中心支公司成立。徐诚任总经理。

3月 市平安人寿保险公司设立周六客服值班制度,开通“95511”客服热线。

4月 市合众人寿保险公司总经理金敬东离任,余家并任总经理助理,主持工作。

4月 市人民财产保险公司总经理田扶离任,支养淮接任总经理。

4—6月 市平安财产保险公司先后与市文明办、市公安局等有关单位联手举办道路交通法规知识竞赛、大学生电视辩论赛、“创建平安家园”知识竞赛,及“汽车节保险到现场”公益活动。

5月19日 淮安仲裁委员会保险纠纷仲裁调解中心成立,办公地点设在淮安市保险行业协会。

6月 市人寿财产保险公司下辖10个经营单位统一挂牌。

7月 市人寿保险公司加大对农村职场硬件投入,对27个农村中心网点进行改造,对8个中心网点实现服务延伸。

8月 市渤海财产保险公司总经理倪政离任,朱羿任总经理。

8月 市人民财产保险公司开展以“奥运之旅,人保关怀”“服务奥运

共享五环”为主体内容的客户节活动。

9月 长安责任保险股份有限公司淮安营销服务部成立。陆剑任总经理。

11月6日 市保险行业协会召开三届理事会五次会议，选举市人民财产保险公司总经理支养淮为理事长。

11月 中银保险有限公司淮安中心支公司成立。黄龙任副总经理，主持工作。

12月 市太平洋人寿保险公司与淮汽公司签订合作协议，实行电子化保险出单。

12月 市阳光财产保险公司总经理王彬森离任，仇为民接任总经理。

2009年

1月 市人民财产保险公司推行非现金支付方式，推行综合柜员制，实行一站式服务，实行保证金制度，并建立诉讼案件工作流程、医疗跟踪制度等。

2月16日 市保险行业协会召开财产险高峰会2009年第三次会议，选举王彬森为淮安市顺达新车保险代理有限公司执行董事兼总经理。

2月 市渤海财产保险公司总经理朱羿离任，曹乃鉴接任总经理。

6月 市天安保险公司总经理高健离任，朱羿接任总经理。

6月 市平安财产保险公司承诺：车险案件理赔“万元以下，资料齐全，一天赔付”。

首家开办“国内贸易短期信用保险”，成功开发含地震险在内的“家财宝”新产品。

7月 市平安人寿保险公司推出电子计划书服务，同时对承保保单提供电话回访；简化客户办理业务过程中23项业务手续，为客户提供绿色通道服务。

7月 市阳光财产保险公司总经理仇为民离任，高健接任总经理。

8月 市人民财产保险公司完善车险承保政策，加大风险管控，采取业务分类管理，淘汰部分高风险业务产品，严控车队业务，强化对异地车辆和出租车保险等业务的控制。

8月 市中国人寿财产保险公司总经理赵凉离任，蔡谢群接任总经理。

8月 市合众人寿保险公司总经理助理（主持工作）余家并离任，邵军任临时负责人。

9月 市大地财产保险公司总经理顾志明离任，陈敏任总经理。

9月 市太平洋人寿保险公司在独生子女保险、老年出行平安保险等业务方面取得新的突破，标保同比增长率、规保同比增长率、意外险同比增长率均居全省太平洋人寿保险系统第一位。

9月 市保险行业协会召开第四届换届大会，选举耿德新为理事长、顾志明为秘书长。

12月 市平安财产保险公司获得“省诚信单位”“省用户满意服务明星企业”“市文明单位”“市放心消费先进单位”等多项荣誉称号。

是年 市中国人寿保险公司加大业务结构调整力度，发展10年期及以上期交、短期意外险等效益性产品业务。10年期及以上期交保费收入比上年增加1593万元，占期交规模的60%，总量首次突破9000万元。

2010年

1月 市中国人寿保险公司总经理耿德新离任，高新华任总经理。

1月 市生命人寿保险公司成立，浦学东任副总经理并主持工作。

2月25日 市保险行业协会为患有急性白血病的保险业务员王庆林发出捐款倡议书。

3月4日 江苏保监局、市金融办在市车管所召开摩托车交强险承保工作会议，审议通过《淮安市摩托车交强险市场份额比例集中承保工作方案》。

3月8日 新华人寿保险股份有限公司淮安中心支公司成立。胡向荣任总经理。

3月 省中华联合财产保险公司决定把淮安、连云港、宿迁3个中心支公司整合为淮连宿区域中心，此中心设在淮安市中华联合财产保险公司，由该公司负责统一领导淮、连、宿区域中心全面工作。

3月16日 市保险行业代理手续费结算中心成立，在淮的所有财产保险公司代理手续费须经过结算中心结算支付。

4月15日 中国人民人寿保险股份有限公司淮安中心支公司成立，孙亚东任总经理。

5月 市保险行业协会召开四届理事会五次会议，选举市中国人寿保险公司总经理高新华为理事长。

8月 市太平洋人寿保险公司总经理夏晓东离任，周旭东任总经理。

8月 市平安财产保险公司推进“助企惠民”工程，利用平安综合金融平台，为市内企业融资。

9月 市太平洋人寿保险公司实行安贷宝业务“信保通”、邮政银行“邮保通”、乘意险电子化实名制出单。

10月 市中银保险公司副总经理（主持工作）黄龙离任，余飞任副总经理，主持工作。

11月 市太平洋财产保险公司3G移动视频定损系统上线，实现对3000元以下的案件现场定损。

12月 市中国人寿保险公司总经理高新华离任，周焕中任总经理。

12月 市新华人寿保险公司总经理胡向荣离任，嵇剑波任总经理。

是年 市人民财产保险公司成为全市产险业首个保费超过3亿元的公司，其中车险保费2.41亿元，非车险保费6212万元，市场份额达33.5%，继续领跑全市产险市场。

是年 市中国人寿保险公司实现保费收入12.35亿元，其中风险型首年及投资型保费3.94亿元，长险风险型首年保费3.19亿元，寿险首年保费6.4亿元，寿险首年期交保费2亿元，短险及短期意外险8707万元，在淮安寿险市场份额为56.7%，继续占据辖内寿险市场主导地位。

2011年

1月 市保险行业协会出台《淮安市保险工作综合考核暂行办法》，对全市经营满两年的保险机构进行年度考核。

1月 市合众人寿保险公司总经理邵军离任，徐翔任总经理。

3月 市人民财产保险公司开展“人保客户节”主题服务活动，推出“理赔无忧、四海通行”等6大特色主题服务。

4月2日 阳光人寿保险股份有限公司淮安中心支公司成立，倪加兵任总经理。

4月18日 紫金财产保险股份有限公司淮安中心支公司成立。王永峰任总经理。

6月 市太平洋财产保险公司完善内控机制，全辖形成“直销、营销、中介、电销”四位一体的销售模式。

6月 市中国人寿财产保险公司总经理蔡谢群调离，吕春波接任总经理。

8月 市平安财产保险公司联合市、县(区)环保部门推进环境污染责任险业务。为近20家企业承担污染保障870多万元。

9月 市平安人寿保险公司总经理朱从文离任，王百勇任总经理。

9月 市生命人寿保险公司总经理浦学东调离，谢文国任总经理。

10月24日 中国保险报社、新华社、江苏电视台、江苏人民广播电台、南京人民广播电台5家媒体聚焦淮安，集中采访市中华财产保险公司的农业保险模式，宣传该公司独创的“理赔工作七步法”和顾问团协助查勘等做法。

10月27日 市太平洋财产保险公司与清河区法院联合举行全市首家“保险理赔诉讼对接便民服务点”揭匾仪式。

是年 市中国人寿保险公司实施定向增员方法，全年实现新增1817人，月均增员率5.93%，增员率位列全省系统第5名。

是年 市中银财产保险公司总经理余飞调离，盛才双接任总经理。

2012年

1月 市泰康人寿保险公司总经理朱向阳离任，王颂任总经理。

1月 市人民财产保险公司承保淮安市某国有建设有限公司承建的牙买加高速公路董监事及高管人员责任保险,保障金额达500万美元。

3月2日 市保险行业协会与市电视台联合开展保险行业"诚信人物"宣传活动。

3月 市合众人寿保险公司总经理徐翔离任,袁因任临时负责人。

3月26日 市保险行业协会召开四届四次人身险高峰会,通报《淮安市人身保险公司个人代理人同业流动自律补充公约(试行)》执行情况;审议通过《淮安市人身保险个人代理人管理公约》《淮安市保险行业协会治理销售误导工作检查方案》《淮安市人身险公司流动管理自律检查方案》。

4月26日 市平安财产保险公司总经理夏善忠离任,孙毅任总经理。

4月26日 市金融办和市保险行业协会联合召开全市保险工作会议,市委常委、副市长王正喜,市人大、政协领导参加会议。王正喜副市长对保险业开展的"保险服务年"活动及今后工作提出了要求。

4月 市人民财产保险公司总经理支养淮离任,王胜妻任总经理。

4月 市太平洋财产保险公司总经理高巍离任,钱小青任总经理。

5月 华夏人寿保险股份有限公司淮安中心支公司成立,孙进任总经理。

5月4日 由市保险行业协会理事长、副理事长、秘书长组成的淮安市保险行业道德模范评选领导小组对各公司推荐的道德模范候选人进行了评审,最终评选出敬业奉献模范曹金萍、吉晓霞,诚实守信模范石树平。同时推荐上述三人参加第二届淮安市道德模范评选。

7月 华泰人寿保险股份有限公司淮安中心支公司成立,韩微任总经理。

7月 信达财产保险股份有限公司淮安中心支公司成立,晋学明任总经理。

7月 信泰人寿保险股份有限公司淮安中心支公司成立。洪海华任总经理。

8月16日 淮安市成功举办保险行业"服务技能大比武"活动。16家财产险公司的39位选手参加"车险查勘定损岗位选拔赛",13家人身险公司的29位选手参加“人身险柜员岗位竞赛”。

8月 市太平洋人寿保险公司总经理周旭东离任，任伟任总经理。

8月 市长安责任保险公司总经理陆剑离任，陶化宝任总经理。

9月6日 市保险行业协会召开第四届理事会第八次会议，审议修改协会章程。选举市中国人寿保险公司总经理周焕中为理事长，审议“淮安市保险合同纠纷投诉处理中心”相关方案；审议《淮安市第六届优秀保险代理人评选方案》《协会公文收发（OA）系统建设方案》等。

10月24至25日 市保险行业协会和《中国保险报》记者联合开展“走进苏北——淮安篇”宣传采访活动。

10月30日 市保险行业协会举办2012年保险知识普及教育宣讲活动。邀请南京大学教授于润作题为“保险信用文化建设与风险管理”的讲座。

12月 利安人寿保险股份有限公司淮安分公司成立，卞永辉任总经理。

12月 市中华联合财产保险公司总经理祖忠阳离任，张铭军任总经理。

12月 市合众人寿保险公司临时负责人袁因离任，李鹏任副总经理，主持工作。

2013年

1月 市人民财产保险公司参与承保某国有建设集团巴布亚新几内亚矿产码头营运人责任险，保障金额500万美元。

1月25日 市保险行业协会审定王月英等24人为第六届优秀保险个人代理人，并予以公示。

3月 市生命人寿保险公司总经理谢文国离任，金益民任总经理。

4月9日 市保险行业协会召开四届五次人身险总经理高峰会，审议通过《淮安市银邮保险专管员管理办法》《淮安市重大案件风险预防和排查工作方案》《淮安市银邮业务非正常集中退保及满期给付突发事件应急方案》。

6月27日 市保险行业协会组织召开由市金融办、淮安银监分局、市公安局、市邮政局和部分保险公司、银行等单位参加的寿险满期给付协调会。

6月 和谐健康保险股份有限公司淮安中心支公司成立，王昭任总经理。

6月 太平财产保险有限公司淮安中心支公司成立，黄伯军任总经理。

7月8日 市保险行业协会组织会员公司在市委东大院开展全国保险公众宣传日广场活动。

7月 市合众人寿保险公司副总经理(主持工作)李鹏离任，仲祥任临时负责人。

8月29日 市委书记姚晓东、市长曲福田在白鹭湖山庄会见江苏省保监局局长宋志华一行。

8月 英大泰和人寿保险股份有限公司淮安中心支公司成立，韩松任总经理。

9月 市合众人寿保险公司临时负责人仲祥离任，花善祥任副总经理并主持工作。

10月 中国人民健康保险股份有限公司淮安中心支公司成立，沈凯任总经理。

11月29日 东吴人寿保险股份有限公司淮安分公司举行揭牌仪式。李鹏任总经理。

12月 市中国人寿保险公司总经理周焕中离任，钟小白任副总经理并主持工作。

是年 市阳光人寿保险公司总经理倪加兵调离，朱同阳任总经理。

是年 市保险行业协会被江苏省民政厅评为AAAAA级社团组织，是淮安市唯一获评AAAAA级的社团组织。也是苏北片首批获得此荣誉的两家保险社团组织之一。

2014年

1月 市人民财产保险公司承保国有集团智利冶炼厂公众责任险100万美元。

2月 英大泰和财产保险有限公司淮安中心支公司成立,闵峰任总经理。

3月15日 市保险行业协会组织会员单位在市古顺河体育馆广场开展保险咨询活动,接受消费者现场投诉、咨询。

4月 市泰康人寿保险公司总经理王颂调离,张伟接任总经理。

5月27日 市保险行业协会召开第五届会员代表大会暨五届一次理事会,审议通过第四届理事会工作报告、财务收支情况报告及新修订的《淮安市保险行业协会章程》等,并选举产生新一届理事会。

6月6日 江苏省保监局批复同意淮安市保险行业协会换届改选,原则同意《淮安市保险行业协会章程》;同意市中国人寿保险公司副总经理钟小白(主持工作)任淮安市保险行业协会第五届理事长,市人民财产公司总经理王胜、市人民人寿保险公司总经理孙亚东任副理事长,王彬森任副秘书长(主持工作)。

7月1日 江苏省保监局安排江苏利安达兴业会计师事务所对淮安市保险行业协会第四届秘书长顾志明进行离任审计。

7月8日 市保险行业协会组织会员单位在大运河广场和各产、寿险公司门前开展"全国保险公众宣传日"活动。

7月16日 市保险行业协会召开第五届第一次财产险高峰会,审议通过《淮安市保险行业协会第五届理事会财产险总经理高峰会议事规则》《财产险专业委员会(分会)组织制度与议事规则》《第五届理事会财产险高峰会会长、副会长选举办法》,选举张铭军为财产险高峰会会长、陈敏为副会长。

8月7日 市保险行业协会召开第五届第一次人身险总经理高峰会,审议通过《淮安市保险行业协会第五届理事会人身险总经理高峰会议事规则》《人身险专业委员会(分会)组织制度与议事规则》《第五届理事会人身险总经理高峰会会长、副会长选举办法》,选举任伟为人身险高峰会会长、钟小白为副会长。

8月20日 市保险行业协会召开第五届第一次中介总经理高峰会,选举殷振炎为会长,审议通过《第五届理事会中介总经理高峰会会长选举办法》《第五届理事会中介总经理高峰会议事规则》。

8月27日 淮安市召开平安金融创建推进暨示范单位(网点)表彰会议,渤海财产保险公司淮安中心支公司被评为2011—2013年度省级平安金融示范单位,市太平洋人寿保险公司、市泰康人寿保险公司、中国人寿保险公司金湖支公司为2011—2013年度市级平安金融示范单位。

8月 市平安财产保险公司总经理孙毅调离,王华接任总经理。

8月 市阳光财产保险公司总经理高健调离,沈康接任总经理。

9月10日 市保险行业协会组织各产、寿险公司贯彻落实《国务院〈关于加快发展现代保险服务业的若干意见〉》(简称"国十条"),进一步明确保险行业改革发展的指导思想、目标任务和政策措施。

10月 市天安保险公司总经理朱羿离任,黄柏军任总经理。

10月21日 市保险行业协会与淮阴师范学院签订《专业实习基地共建协议书》。

11月13日 市保险行业协会邀请《南京晨报》总编姜圣瑜对全市保险系统办公室主任、信息员进行"'媒商'及突发事件处理与媒体对应"培训。

11月 市人民财产保险公司总经理王胜离任,卢勇其任总经理。

11月 市太平洋财产保险公司总经理钱小倩离任,高巍任总经理。

12月3日 国家行政学院组织中国保监会处级干部培训班学员在淮安市召开学习周恩来精神恳谈会,并参观周恩来故居、周恩来纪念馆、周恩来童年读书处等爱国主义教育基地。市保险行业协会副秘书长(主持工作)王彬森参加。

12月 生命人寿保险股份有限公司淮安中心支公司更名为富德生命人寿保险股份有限公司淮安中心支公司。

12月 建信人寿保险有限公司淮安中心支公司成立，潘涛任总经理。

是年 浙商财产保险股份有限公司淮安中心支公司成立，倪政任总经理。

是年 市渤海财产保险公司总经理曹乃鋆离任，胡冲任总经理。

2015年

2月27日 市保险行业协会被江苏省保险行业学会表彰为《中国保监年鉴（2014年江苏版）》《2014年江苏保险年鉴》优秀编辑单位。

3月15日 市保险行业协会组织34家保险机构参加大运河广场咨询活动，并向社会公布《淮安保险业消费者权益保护自律公约》。

3月 市华安财产保险公司总经理王士柏离任，高健接任总经理。

4月8日 市保险行业协会取得中国人身保险从业人员资格考试（CICE）考点资格。

4月16日 市保险行业协会召开第五届二次寿险高峰会议，审议通过《淮安市人身险公司销售从业人员同业活动自律补充公约2015年版》。

4月17日 市保险行业协会、人民财产保险公司、中国人寿保险公司、太平洋财产保险公司、平安财产保险公司、中华联合财产保险公司等6家单位负责人走进市电台直播间，回答线上线下公众咨询。

5月 市合众人寿保险公司副总经理（主持工作）花善祥离任，仲祥任副总经理，并主持工作。

7月8日 市保险行业协会组织各保险机构在营业网点、社区、广场提供咨询服务，接受客户投诉建议，并在全市800余辆出租车上通过流动字幕宣传活动主题。

7月8日 市保险行业协会召开五届二次财产险总经理高峰会，宣读《招投标业务风险提示函》，讨论通过《2015年淮安市财产保险市场自律检查方案》。

7月 市渤海财产保险公司总经理胡冲离任，陈海军任总经理；市太平洋人寿保险公司总经理任伟离任，程功任总经理；市阳光财产保险公司总经理沈康离任,孙强任总经理。

8月10日 市人大财经委刘维林主任一行到市保险行业协会调研,协会会长钟小白、副会长卢勇其、副秘书长(主持工作)王彬森参加调研会。

8月16日 市保险行业协会会长、秘书长参加市政府第七届42次常务会议,会议原则上通过《加快发展现代保险服务业的实施意见》。

8月18日 市金融办与市保协就涟水县新融美纺织有限公司保险理赔事宜召集有关投保企业、保险公司召开现场协调会,最终达成赔付。

9月1日 市太平洋财产保险公司总经理高巍离任,胥冬任总经理。

9月8日 淮安市人民政府下发《现代保险服务业实施意见》。

9月10日 市金融志编纂委员会召开《淮安市保险志》(1991—2008)编纂启动会议,市各产、寿险公司负责人参加了会议。

10月29—30日 市保险行业协会在盱眙县举办保险理论研究与媒体宣传培训班。邀请省保险学会、市广播电视台资深专家授课。市保险理论研究中心聘任的全体研究人员、宣传工作专业委员会组成人员及信息员50余人参加培训。

10月 华夏人寿保险股份有限公司淮安中心支公司总经理孙进调离,邢炜接任总经理。

11月27日 市保险行业协会与市中级人民法院联合召开"保险理赔疑难案件法律合同问题座谈会",全市38家产寿险公司分管总经理、理赔部经理参加会议,会议针对案件司法判决的争议点进行交流。

第一章 机 构

1991年，淮安（原淮阴）辖内保险机构只有中国人民保险公司淮阴分公司一家。从1995年开始，中国太平洋保险公司、中国平安保险公司等相继在淮设立分支机构。同时，保险业逐步实行产、寿险分业经营，从而使辖内保险机构增加较多。到2003年年末，共有产、寿险机构8家，其中产险机构5家，寿险机构3家。进入2004年后，淮安保险机构迅猛增加，截至2008年年末，全市保险机构达到28家，其中产险14家，寿险6家，中介代理公司8家。保险从业人员7291人，其中产险从业人员1213人，寿险从业人员6078人。

第一节 产险公司

一、中国人民财产保险股份有限公司淮安市分公司

1979年4月，国务院决定恢复办理国内保险业务，重组保险机构，到1990年年末，淮阴仅有的市人民保险公司下辖11个县（市）支公司、1个营业部和1个市区办事处，全辖保险系统共有职工390人。

1991年11月27日，中国人民保险公司江苏省分公司批复同意《中国人民保险公司淮阴分公司三定方案》，一是市分公司机关编制人数为90人；二是市分公司机关科级机构为13个；三是市分公司科级干部总数为30人。同年，为了发展农村保险业务，加强代理网点建设，全市设有专职代理网点276个，其中保险服务所120个，专职保险员375人，兼职保险员

54人。全辖人保系统正式职工458人。

1992年2月19日，经省分公司同意，设立中国人民保险公司淮阴市清河办事处，原中国人民保险公司淮阴分公司市区办事处更名为中国人民保险公司清河办事处。是年，全市共设专职保险服务所298个，配备专职保险员491人。是年年末，全辖正式职工515人。

1993—1994年，保险代理网点发展较快。截至1994年年末，全市共有保险代理网点306个（含城市专、兼职代理网点7个），专职保险员345人。全辖保险系统正式职工572人。

1995年1月5日，根据省政府和省人民银行《关于南京人寿保险股份有限公司在各市县设立代理处的批复》文件精神，中国人民银行淮阴分行批复同意，设立南京人寿保险股份有限公司淮阴市代理处，辖内各县（市）同时设立代理处（1994年12月南京人寿淮阴代理处已对外办理业务）。撤销市及各县（市）人民保险公司的人险科、股，原市人民保险公司经办的各种人身、人寿保险业务一律划归南京人寿保险股份有限公司经营。同年2月20日，根据淮阴市人民保险公司产、寿险机构分设新情况，市人民保险公司下发《关于机构设置问题的通知》，对内部机构设置作出规定，机关由原60余人减至44人。是年年末，全市共设立保险服务所（代理处）299个，配备专职保险员469人。

1996年3月8日，中国人民保险公司江苏省分公司根据中国人民保险公司机构体制改革的要求，批复淮阴分公司机构体制改革方案，将产、寿险公司分设。分设后的产险市分公司直属经营部门2个，县（市、区）级支公司13个，县以下股级办事处14个。同年8月29日，根据国务院和中国人民银行批准的中国人民保险公司体制改革方案，中国人民银行江苏省分行批复：撤销人民保险公司苏州等10个省辖市分公司、六合等114个县（市）支公司（办事处）及南京人寿保险股份有限公司苏州等10个代理处，成立中保财产保险有限公司苏州分公司等10个省辖市分公司、六合等113个县（市、区）支公司以及中保人寿各市县分支公司。中保财产保险有限公司淮阴分公司及所辖11个县（市）支公司和清河、清浦两区支公司正式成立。同年9月，因省内行政区划调整，中保财产保险有限公司淮阴分公司下辖的灌南、宿迁等5个县(市)的保险机构及其人员、业务划出。是年年末,中保财产保险有限公司淮阴分公司下辖8个县(市)支公司,129个保险服务所,保险员230人,正式职工270人。

1997年7月1日,根据省中保财产保险公司要求,市中保财产保险公司国内业务与国际业务并轨,国际业务部由原经营管理型转制为经营型,对县(市)支公司国际业务不再行使管理权。国际业务部的业务范围为市区所有涉外保险业务。

1998年2月27日,为加强个人代理保险工作,市中保财产保险公司增设个人代理保险部,负责保险个人代理人培训、管理和业务指导工作。至同年4月,全辖各县(市)支公司均成立了个人代理保险部,全市共有专职代理人员135人,兼职代理人108人。

1999年5月21日,遵照上级通知,中保财产保险有限公司淮阴分公司正式复名为中国人民保险公司淮阴分公司,所辖8个县(市、区)支公司也同时复名。8月3日,根据省分公司调整内设机构的通知精神,市分公司个人代理保险部改为市场开发部。

2000年6月,根据省分公司批复,淮阴市分公司内设机构为7个,机关人员编制在30人以内,科级领导职数控制在12人以内,业务、财务、理赔等实务操作中心不列入机关编制。是年年末,全市设有保险所132个、保险员144人,市分公司所辖正式职工263人。

2001年2月,因行政区划调整,淮阴市、县名称变更,中国人民保险公司淮阴分公司更名为中国人民保险公司淮安分公司,下辖的有关分支机构也相应更名。

2003年7月,经国务院同意、中国保监会批准,原中国人民保险公司变更为中国人保控股公司,并由人保控股公司发起设立了中国人民财产保险股份有限公司、中国人保资产管理股份有限公司。中国人民保险公司淮安分公司随之更名为中国人民财产保险股份有限公司淮安市分公司,并经江苏省分公司批复同意,市分公司实施分支机构人员重组方案,并于是年10月底前实施完毕。

2004年,市人民财产保险公司内设职能机构为综合部、业务管理部、营销管理部、信息技术部，新增加内设机构为车贷清收办公室和“三个中心（承保中心、理赔中心、财务中心）”。下辖8个县（区）支公司和市区4个经营单位，共有正式职工181人。

2006年，市人民财产保险公司对内部组织架构进行调整完善，撤销综合部、业务管理部和营销管理部，新设立办公室、人力资源部/监察部、车辆保险部、财产保险部和理赔客服管理部。县支公司原履行理赔职能的业务部更名为理赔/客户服务管理部。

2007年，市人民财产保险公司发出《关于市、县公司内设机构调整完善的通知》，规定：市分公司内部职能机构调整为6个部门，即办公室、人力资源部/监察部、车辆保险部、财产保险部、信息技术部、客户服务管理部/渠道管理部，保留理赔管理部，撤销车贷险清收办公室，车贷险清收追偿工作由车辆保险部负责。渠道管理部设农业保险管理岗具体负责农业保险工作。市分公司（不含三个中心）正式人员编制不超过35人，其中市分公司领导4人，部门领导10人，高级业务主管1人。保留三个中心，原理赔客户服务中心的客户服务职能全部划归新设的客户部。县级支公司的综合部、营业部（销售部）名称及机构不变，根据公司业务发展需要成立相应的车险和非车险专业销售团队，整合非车险专业人才资源，加强直销队伍的建设管理。

2008年，市人民财产保险公司对机构体制实施改革创新，市分公司设立6个职能部门和三个中心，即车险事业部、财产事业部、农业保险部、客户服务部/渠道管理部、办公室/法律合规部、人力资源部/监察部；财务中心/数据中心、承保中心、理赔中心。市分公司辖有8个县区支公司，1个直属经营单位，全辖共有职工263人，其中正式职工154人，聘用员工109人。

二、中国太平洋财产保险股份有限公司淮安中心支公司

中国太平洋财产保险股份有限公司淮安中心支公司的前身是中国太平洋保险公司淮阴办事处。

中国太平洋保险公司于1991年4月在上海成立后，陆续在全国各大

中城市设立分支机构。1995年7月18日，中国太平洋保险公司淮阴办事处筹备组成立，经过一个多月的努力，中国太平洋保险公司淮阴办事处（处级）于8月28日正式成立。办事处内设业务部、计划财务部和办公室，共有从业人员8人，经营地址设在市淮海北路115号，租用淮阴师范学校附小的四、五层楼办公。

1995年8月28日，中国太平洋保险公司淮阴办事处正式成立，图为淮阴市人民政府副市长王惠荣在成立仪式上致辞

太平洋保险公司淮阴办事处成立后，为了尽快拓展业务，在辖内先后设立了多个代理处，到1996年年末，太平洋保险淮阴办事处的代理处已覆盖辖内市区及11个县（市）。1997年5月1日，根据市人民银行关于清理跨区代理保险业务的要求，太平洋保险公司淮阴办事处将除经市人民银行批准的盱眙县代理处外，其余县（市）代理处一律停办新的代理保险业务。同年7月，经中国人民银行江苏省分行审核、人民银行总行备案同意，中国太平洋保险公司淮阴办事处更名为中国太平洋保险公司淮阴支公司。1999年5月28日，太平洋保险公司淮阴支公司迁入新购置的位于市淮海东路118号的大楼营业。

2000年11月27日，市太平洋保险公司产、寿险分业经营筹备工作结束。经有关部门批准，中国太平洋财产保险股份有限公司淮阴支公司正式成立。

2001年2月，因行政区划及其名称变更，中国太平洋财产保险股份有限公司淮阴支公司更名为中国太平洋财产保险股份有限公司淮安支公司。同年，该公司在辖内楚州、金湖、淮阴、洪泽、盱眙和涟水6个县、区设立营销服务部。

2002年1月31日，中国太平洋财产保险股份有限公司淮安支公司更名为中国太平洋财产保险股份有限公司淮安中心支公司。3月15日,中心支公司启用新印章。5月,中心支公司根据南京保监办营销服务部规范及审批工作要求,对辖内县区6个营销服务网点进行清理整顿,及时完善机构网点申报手续。8月15日,6个县区营销服务部获得有关部门正式批准。

2003年1月,市太平洋财产保险公司对内设机构进行调整,撤销拓展部和业务管理部,新设业务三部、中介业务部、业务管理部和理赔部。

2005年年末,市太平洋财产保险公司内设8个部门,下辖6个营销服务部,共有从业人员75人。

2006年至2008年,市太平洋财产保险公司下辖的6个营销服务部先后升格为支公司,职工人数有所增加。2008年年末,共有员工112人。

三、中国平安财产保险股份有限公司淮安中心支公司

中国平安财产保险股份有限公司淮安中心支公司的前身是中国平安保险公司淮阴办事处。

1994年3月12日,经中国人民银行淮阴分行批准,中国平安保险公司在淮阴设立办事处,时称平安保险公司淮阴办事处。经营地址位于市淮海北路49号。办事处内设财务部和业务部两个部门,共有员工10人。

1996年10月,平安保险公司淮阴办事处在内部实行产、寿险机构、人员、业务分设,此时平安保险公司淮阴办事处开始专门从事财产险业务[人身险业务由平安保险公司淮阴办事处(寿险)机构专门经营]。

1997年12月29日,中国平安保险公司淮阴办事处更名为中国平安保险股份有限公司淮阴支公司。

1999年12月20日,经中国保险业监督管理委员会批复同意,中国平安保险股份有限公司淮阴支公司分别在淮安市(现淮安区)、金湖县设立县级代理点。代理点标牌是由省公司统一制作并发放的铜牌。

2000年1月,平安保险公司江苏省分公司对经营体制进行调整,将宿迁支公司划归淮阴支公司管辖,对内按四级机构模式进行管理。同年5月10日,宿迁支公司恢复三级机构建制,不再隶属淮阴支公司。

2001年4月11日，根据江苏省人民政府关于行政区划调整精神，中国平安保险股份有限公司淮阴支公司正式更名为中国平安保险股份有限公司淮安支公司。

2001年12月，为了落实《中华人民共和国保险法》关于分业经营的规定，中国平安保险股份有限公司按集团模式进行分业改革，将公司更名为中国平安保险（集团）股份有限公司，并以投资人的身份控股设立中国平安财产保险股份有限公司和中国平安人寿保险股份有限公司。2002年3月，中国平安保险股份有限公司淮安支公司正式分设为中国平安财产保险股份有限公司淮安中心支公司和中国平安人寿保险股份有限公司淮安中心支公司。人员和组织架构没有变化。

2002年5月28日，经省公司同意和南京保监局批准，市平安财产保险公司经营地址从淮海北路49号迁至市健康东路9号经贸大厦。6月，市公司对内设部门进行调整，部门负责人除业务管理、财务部门由省公司委派外，其他均由中心支公司直接任命并上报省公司备案。11—12月，市平安财产保险公司公司相继成立楚州营销服务部（代理点撤销）、涟水营销服务部、金湖营销服务部（代理点撤销）和洪泽营销服务部。

2003年1月和4月，市平安财产保险公司分别成立盱眙营销服务部和淮阴营销服务部。

2005年1月，市平安财产保险公司对内部资源和机构进行整合和调整。成立客户值班室，加强勘查力量，配备三责险专职医生。所辖员工增至35人。

2006年7月，市平安财产保险公司楚州营销服务部升格为支公司。

2008年12月，市平安财产保险公司涟水营销服务部升格为支公司。是年年末，该公司下辖2个支公司和4个营销服务部，共有员工78人，其中正式员工62人。

四、天安保险股份有限公司淮安中心支公司

天安保险股份有限公司淮安中心支公司是天安保险公司的三级机构，于2002年2月获准筹建。同年7月8日，天安保险股份有限公司淮安

中心支公司挂牌，并正式对外营业。营业地址为市健康西路130号淮安市文化局三楼。该公司内设行政人事部、计划财务部、业务管理部、业务一部等机构。2002年年末共有员工20人。

2003年3月，市天安保险公司在淮阴区长江西路设立淮阴营销服务部。4月，分别设立楚州、盱眙、涟水、金湖和洪泽营销服务部。是年年末，全辖共有员工26人，其中管理岗12人、业务岗14人。

2004年2月，市天安保险公司增设客户服务部。

2007年6月，市天安保险公司由市健康西路130号的市文化局三楼搬迁到市健康东路30号的市联通大厦16楼继续营业。

2008年1月，市天安保险公司设立营销管理部。10月，客户服务部更名为理赔服务部。是年年末，全公司共有正式员工35人，其中管理岗25人，业务岗10人。

五、中华联合财产保险公司淮安中心支公司

中华联合财产保险公司于2003年年末登陆淮安，设立中华联合财产保险公司淮安中心支公司。

2004年1月，中华联合财产保险公司淮安中心支公司正式对外营业。5月，该公司在辖内淮阴、涟水、楚州、盱眙、金湖、洪泽、清浦，以及经济开发区8个县(区)设立营销部。是年年末，该公司全辖共有正式职工42人。

2005年9月，经中国保险业监督管理委员会批准，中华联合财产保险公司淮安中心支公司下辖的各县(区)营销部均升格为支公司。11月，为适应对农业保险管理的需要，市公司增设农险部。到年末，全公司共有正式职工49人。

2006—2008年，市中华联合财产保险公司及其下设机构基本稳定。到2008年年末，全辖共有员工117人。

六、中国大地财产保险股份有限公司淮安中心支公司

2004年3月，中国大地财产保险股份有限公司南京分公司在淮安设

立营销服务部。成立初期，经营地址设在淮海东路20号市人寿大楼6楼，共有正式员工14人，内设机构分别为总经理室、综合管理部、计划财务部、业务管理部、客户服务部、营业部、业务一部、业务二部、业务三部。

2006年9月，中国大地财产保险股份有限公司南京分公司淮安营销服务部升格为中国大地财产保险股份有限公司淮安中心支公司。

2007—2008年，中国大地财产保险股份有限公司淮安中心支公司先后在金湖、楚州、盱眙、洪泽、涟水5个县区成立营销服务部，并对内设机构进行整合，撤销计划财务部(其职能并入综合管理部)、营业部、营业一部和营业二部。到2008年年末，全辖共有员工36人。

七、安邦财产保险股份有限公司淮安中心支公司

2005年7月，安邦保险公司登陆淮安市场，成立安邦财产保险股份有限公司淮安营销服务部，经营地址设在淮安市健康东路98号。淮安营销服务部内设办公室、财务部、理赔部、出单部和销售推动部。是年年末，淮安营销服务部实有在编职工17人。

2006年1月26日，安邦财产保险公司淮安营销服务部升格为中心支公司。同日，在辖内楚州区设立营销服务部。9月21日，设立涟水营销服务部。

2007年1月，市安邦财产保险公司增设银保部。3月19日，在辖内淮阴区设立营销服务部。8月20日，设立盱眙营销服务部。是年年末，全辖在编职工为30人。

2008年，市安邦财产保险公司增设风险管控部。是年年末，该公司内设6个部门，下辖4个营销服务部，全辖共有员工34人。

八、2006年以后，淮安成立的产险机构

2006—2008年，淮安保险机构迅猛发展，先后有7家财产保险股份有限公司在淮安设立分支机构(见表1—1)。

表1-1　2006—2008年淮安市成立的产险机构情况表

机构名称	成立年月	经营地址	2008年年末下辖机构（个）	2008年年末在编员工数（人）
华安财产保险股份有限公司淮安中心支公司	2006年1月	淮安市解放东路57号	无	8
阳光财产保险股份有限公司淮安中心支公司	2006年8月	淮安市淮海南路10号	3	13
中国人寿财产保险股份有限公司淮安中心支公司	2007年11月	淮安市健康东路55号	6	50
渤海财产保险股份有限公司淮安中心支公司	2007年12月	淮安市淮海北路50号	无	7
都邦财产保险股份有限公司淮安中心支公司	2008年1月	淮安市健康西路148号	无	16
长安责任保险股份有限公司淮安营销服务部	2008年9月	淮安市淮海北路50-1号	无	14
中银保险有限公司淮安中心支公司	2008年11月	淮安市健康东路73号	无	10

表1-2　1991—1994年淮安市人民保险公司负责人更迭情况表

职　务	姓　名	任职时间
经　理	高振雄	—1992年12月
副经理	史才干	—1992年12月
副经理	徐德芳	1991年1月—
副经理	张学勤	1990年12月—1994年11月
经　理	史才干	1992年12月—
副经理	徐洪高	1994年2月—

表1-3　1995—2008年淮安市各财产保险公司负责人更迭情况表

公司名称	职　务	姓　名	任职时间	备　注
中国人民财产保险股份有限公司淮安分公司	经　理	史才干	—1996年4月	—
	副经理	徐德芳	—1996年4月	—
	副经理	徐洪高	—1996年4月	—
	总经理	史才干	1996年4月—1999年5月	—
	副总经理	徐德芳	—1996年8月	—
	副总经理	徐洪高	1994年2月—1995年5月	—
	副总经理	徐洪高	1995年5月—1998年6月	兼纪检组长

续表 1–3

公司名称	职　务	姓　名	任职时间	备　注
中国人民财产保险股份有限公司淮安分公司	总经理助理	徐万林	1996年4月—1997年7月	—
	副总经理	赵　凉	1997年8月—2001年12月	—
	纪委书记	徐洪高	1998年6月—2003年11月	—
	副总经理	徐万林	1999年5月—2001年12月	主持工作
中国人民财产保险股份有限公司淮安分公司	副总经理	支养淮	1999年9月—2008年3月	—
	副总经理	张　沛	1999年9月—	—
	总经理	赵　凉	2001年12月—2005年1月	—
	副总经理	顾志明	2003年2月—2007年11月	—
	总经理	田　扶	2005年1月—2008年4月	—
	副总经理	柏基年	2005年7月—	—
	副总经理	顾志明	2005年1月—	—
	高级业务主管	王心民	2005年1月—	—
	总经理	支养淮	2008年4月—	—
	副总经理	周　伟	2008年4月—	—
	副总经理	陆霞云	2008年4月—	—
中国太平洋财产保险股份有限公司淮安中心支公司	总经理	徐明才	1995年7月—1997年10月	1997年7月以前为办事处负责人
	副总经理	孟善彬	1997年10月—2000年11月	—
	总经理	孟善彬	2000年12月—2005年10月	—
	副总经理	高　巍	2002年3月—2005年11月	—
	副总经理	钱小倩	2002年12月—	—
	副总经理	高　巍	2005年10月—2007年9月	主持工作
	副总经理	王永锋	2003年11月—2007年9月	—
	总经理	高　巍	2007年9月—2012年4月	—
	副总经理	许建中	2008年10月—	—
中国平安财产保险股份有限公司淮安中心支公司	首席代表	赵广忠	1994年3月—1997年12月	—
	总经理	赵广忠	1997年12月—1998年5月	—
	总经理	潘传峰	1998年12月—2000年11月	—
	总经理助理	高　健	1999年6月—2002年2月	—
	总经理	陈正银	2000年11月—2002年2月	—

续表1-3

公司名称	职　务	姓　名	任职时间	备　注
中国平安财产保险股份有限公司淮安中心支公司	总经理助理	夏际国	2000年11月—2002年2月	—
	总经理	仇为民	2002年2月—2003年7月	—
	总经理助理	夏善忠	2002年5月—2003年7月	—
	副总经理	夏善忠	2003年7月—2005年1月	主持工作
中国平安财产保险股份有限公司淮安中心支公司	总经理	夏善忠	2005年1月—	—
	副总经理	王　华	2005年1月—	—
	总经理	王　华	2012年12月—	—
	副书记	刘以赤	2008年11月—	—
天安保险股份有限公司淮安中心支公司	负责人	高　健	2002年2月—2002年7月	筹建期间
	总经理	高　健	2002年7月—	—
	副总经理	朱　羿	2002年10月—	—
中华财产保险股份有限公司淮安中心支公司	总经理	祖忠阳	2004年1月—	—
	副总经理	张　军	2004年1月—	—
	副总经理	陈　功	2007年4月—	—
中国大地财产保险股份有限公司淮安中心支公司	总经理	殷振炎	2004年3月—2005年7月	—
	副总经理	孙铁忠	2004年7月—2005年7月	—
	副总经理	徐福林	2005年12月—	—
	总经理	孙铁忠	2005年7月—2006年8月	—
	总经理助理	周澄阳	2006年7月—	—
	总经理	赵建国	2006年9月—2007年8月	—
	总经理	顾志明	2007年8月—	—
	副总经理	陈　敏	2008年3月—	—
安邦财产保险股份有限公司淮安中心支公司	总经理	张志祥	2005年7月—	—
	副总经理	闫超英	2005年7月—	—
华安财产保险股份有限公司淮安中心支公司	总经理	倪　政	2006年3月—2007年7月	—
	总经理	杨三军	2007年7月—2008年5月	—
	总经理	臧绍勇	2008年5月—2008年12月	—
	总经理	王士伯	2008年12月—	—
阳光财产保险股份有限公司淮安中心支公司	总经理	王彬森	2006年8月—2008年5月	—
	总经理	仇为民	2008年12月—	—

续表 1-3

公司名称	职　务	姓　名	任职时间	备　注
中国人寿财产保险股份有限公司淮安中心支公司	总经理	赵　凉	2007年11月—	—
渤海财产保险股份有限公司淮安中心支公司	总经理	朱　铁	2007年12月—	—
都邦财产保险股份有限公司淮安中心支公司	总经理	徐　诚	2008年1月—2009年12月	—
中银保险有限公司淮安中心支公司	总经理	黄　龙	2008年11月—	—
长安责任财产保险股份有限公司淮安中心支公司	总经理	陆　剑	2008年9月—	—

表 1-4　1991—1994年淮安市人民保险公司机构、人员情况表

年度（年）	机　构（个）			人　员（人）			
	合计	分支公司	办事处营业部	合计	管理人员	业务人员	其他
1991	14	12	2	458	43	401	14
1992	15	12	3	515	45	324	146
1993	15	12	3	554	59	441	54
1994	15	12	3	572	56	516	—

表1-5 1995—2008年淮安市各财产保险公司机构、人员情况表

年度（年）	合计						人保产险						平安产险						太平洋产险					
	机构（个）			人员（人）			机构（个）			人员（人）			机构（个）			人员（人）			机构（个）			人员（人）		
	合计	市县（区）级机构	乡镇级营销服务部	合计	市县（区）级机构	乡镇级营销服务部	合计	市县（区）级机构	乡镇级营销服务部	合计	市县（区）级机构	乡镇级营销服务部	合计	市县（区）级机构	乡镇级营销服务部	合计	市县（区）级机构	乡镇级营销服务部	合计	市县（区）级机构	乡镇级营销服务部	合计	市县（区）级机构	乡镇级营销服务部
1995	31	17	14	856	390	466	29	15	14	758	369	389	1	1	—	30	13	17	1	1	—	68	8	60
1996	19	11	8	621	293	328	17	9	8	490	270	220	1	1	—	29	13	16	1	1	—	102	10	92
1997	19	11	8	785	302	483	17	9	8	602	267	335	1	1	—	41	23	18	1	1	—	142	12	130
1998	19	11	8	836	302	534	17	9	8	631	270	361	1	1	—	41	20	21	1	1	—	164	12	152
1999	110	11	99	854	299	555	108	9	99	638	268	370	1	1	—	34	19	15	1	1	—	182	12	170
2000	110	11	99	904	284	620	108	9	99	632	252	380	1	1	—	36	20	16	1	1	—	236	12	224
2001	110	11	99	771	306	465	108	9	99	711	246	465	1	1	—	34	34	—	1	1	—	26	26	—
2002	126	12	114	762	282	480	108	9	99	686	206	480	10	1	9	26	26	—	7	1	6	26	26	—
2003	137	12	125	798	276	522	113	9	104	602	192	410	10	1	9	41	35	6	7	1	6	71	31	40
2004	148	13	135	1123	342	781	113	9	104	730	181	549	10	1	9	41	35	6	7	1	6	101	41	60
2005	144	14	130	1213	340	873	113	9	104	635	176	459	6	1	5	41	35	6	7	1	6	75	30	45
2006	154	25	129	1114	369	745	116	17	99	497	176	321	6	1	5	63	29	34	7	1	6	51	36	15
2007	157	25	132	1230	389	841	116	17	99	497	176	321	7	1	6	63	29	34	7	1	6	55	40	15
2008	169	44	125	1196	442	754	115	12	103	454	176	278	7	2	5	63	29	34	7	7	—	61	40	21

续表 1–5

年度(年)	天安产险						中华产险						大地产险						安邦产险					
	机构(个)			人员(人)			机构(个)			人员(人)			机构(个)			人员(人)			机构(个)			人员(人)		
	合计	市县(区)级机构	乡镇级营销服务部	合计	市县(区)级机构	乡镇级营销服务部	合计	市县(区)级机构	乡镇级营销服务部	合计	市县(区)级机构	乡镇级营销服务部	合计	市县(区)级机构	乡镇级营销服务部	合计	市县(区)级机构	乡镇级营销服务部	合计	市县(区)级机构	乡镇级营销服务部	合计	市县(区)级机构	乡镇级营销服务部
1995	—	—	—	—	—	—	—	—	—	—	—	—	—	—	—	—	—	—	—	—	—	—	—	—
1996	—	—	—	—	—	—	—	—	—	—	—	—	—	—	—	—	—	—	—	—	—	—	—	—
1997	—	—	—	—	—	—	—	—	—	—	—	—	—	—	—	—	—	—	—	—	—	—	—	—
1998	—	—	—	—	—	—	—	—	—	—	—	—	—	—	—	—	—	—	—	—	—	—	—	—
1999	—	—	—	—	—	—	—	—	—	—	—	—	—	—	—	—	—	—	—	—	—	—	—	—
2000	—	—	—	—	—	—	—	—	—	—	—	—	—	—	—	—	—	—	—	—	—	—	—	—
2001	—	—	—	—	—	—	—	—	—	—	—	—	—	—	—	—	—	—	—	—	—	—	—	—
2002	1	1		24	24	—	—	—	—	—	—	—	—	—	—	—	—	—	—	—	—	—	—	—
2003	7	1	6	90	24	66	—	—	—	—	—	—	—	—	—	—	—	—	—	—	—	—	—	—
2004	7	1	6	97	26	71	10	1	9	122	42	80	1	—	1	38	23	15	—	—	—	—	—	—
2005	7	1	6	72	26	46	9	1	8	289	49	240	1	—	1	21	13	8	1	1	—	86	17	69
2006	7	1	6	88	28	60	9	1	8	289	49	240	2	1	1	21	13	8	2	1	1	68	18	50
2007	7	1	6	82	39	43	9	1	8	389	49	340	2	1	1	43	13	30	4	1	3	48	18	30
2008	7	1	6	67	37	30	9	9	—	169	49	120	5	1	4	27	18	9	5	1	4	48	18	30

续表 1-5

年度（年）	华安产险						阳光产险						人寿产险						渤海产险					
	机构（个）			人员（人）			机构（个）			人员（人）			机构（个）			人员（人）			机构（个）			人员（人）		
	合计	市县（区）级机构	乡镇级营销服务部	合计	市县（区）级机构	乡镇级营销服务部	合计	市县（区）级机构	乡镇级营销服务部	合计	市县（区）级机构	乡镇级营销服务部	合计	市县（区）级机构	乡镇级营销服务部	合计	市县（区）级机构	乡镇级营销服务部	合计	市县（区）级机构	乡镇级营销服务部	合计	市县（区）级机构	乡镇级营销服务部
1995	—	—	—	—	—	—	—	—	—	—	—	—	—	—	—	—	—	—	—	—	—	—	—	—
1996	—	—	—	—	—	—	—	—	—	—	—	—	—	—	—	—	—	—	—	—	—	—	—	—
1997	—	—	—	—	—	—	—	—	—	—	—	—	—	—	—	—	—	—	—	—	—	—	—	—
1998	—	—	—	—	—	—	—	—	—	—	—	—	—	—	—	—	—	—	—	—	—	—	—	—
1999	—	—	—	—	—	—	—	—	—	—	—	—	—	—	—	—	—	—	—	—	—	—	—	—
2000	—	—	—	—	—	—	—	—	—	—	—	—	—	—	—	—	—	—	—	—	—	—	—	—
2001	—	—	—	—	—	—	—	—	—	—	—	—	—	—	—	—	—	—	—	—	—	—	—	—
2002	—	—	—	—	—	—	—	—	—	—	—	—	—	—	—	—	—	—	—	—	—	—	—	—
2003	—	—	—	—	—	—	—	—	—	—	—	—	—	—	—	—	—	—	—	—	—	—	—	—
2004	—	—	—	—	—	—	—	—	—	—	—	—	—	—	—	—	—	—	—	—	—	—	—	—
2005	—	—	—	—	—	—	—	—	—	—	—	—	—	—	—	—	—	—	—	—	—	—	—	—
2006	1	1	—	15	10	5	4	1	3	22	10	12	—	—	—	—	—	—	—	—	—	—	—	—
2007	1	1	—	15	10	5	4	1	3	38	15	23	—	—	—	—	—	—	—	—	—	—	—	—
2008	1	1	—	15	10	5	4	1	3	38	15	23	7	7	—	229	31	198	1	1	—	12	7	5

续表 1–5

年度（年）	都邦产险						中银产险						长安责任保险					
	机构（个）			人员（人）			机构（个）			人员（人）			机构（个）			人员（人）		
	合计	市县（区）级机构	乡镇级营销服务部	合计	市县（区）级机构	乡镇级营销服务部	合计	市县（区）级机构	乡镇级营销服务部	合计	市县（区）级机构	乡镇级营销服务部	合计	市县（区）级机构	乡镇级营销服务部	合计	市县（区）级机构	乡镇级营销服务部
1995	—	—	—	—	—	—	—	—	—	—	—	—	—	—	—	—	—	—
1996	—	—	—	—	—	—	—	—	—	—	—	—	—	—	—	—	—	—
1997	—	—	—	—	—	—	—	—	—	—	—	—	—	—	—	—	—	—
1998	—	—	—	—	—	—	—	—	—	—	—	—	—	—	—	—	—	—
1999	—	—	—	—	—	—	—	—	—	—	—	—	—	—	—	—	—	—
2000	—	—	—	—	—	—	—	—	—	—	—	—	—	—	—	—	—	—
2001	—	—	—	—	—	—	—	—	—	—	—	—	—	—	—	—	—	—
2002	—	—	—	—	—	—	—	—	—	—	—	—	—	—	—	—	—	—
2003	—	—	—	—	—	—	—	—	—	—	—	—	—	—	—	—	—	—
2004	—	—	—	—	—	—	—	—	—	—	—	—	—	—	—	—	—	—
2005	—	—	—	—	—	—	—	—	—	—	—	—	—	—	—	—	—	—
2006	—	—	—	—	—	—	—	—	—	—	—	—	—	—	—	—	—	—
2007	—	—	—	—	—	—	—	—	—	—	—	—	—	—	—	—	—	—
2008	1	1	—	13	12	1	1	1	—	10	3	7	1	1	—	17	9	8

第二节 寿险公司

一、中国人寿保险股份有限公司淮安市分公司

中国人寿保险股份有限公司淮安市分公司的前身是建立于1983年3月的原中国人民保险公司淮阴市支公司。

1991年11月，市人民保险公司设有人身保险科等13个部门。到1994年年底，市人民保险公司已建立与寿险业务相关的分、支机构12个，市区营业部、办事处3个。全市已建中心乡镇分理处11个，建立专职乡镇代办机构288个。

1995年1月5日，根据省政府和省人民银行要求，经市人民银行批准，设立"南京人寿保险股份有限公司淮阴市代理处"和南京人寿保险股份有限公司淮阴县、灌南县、沭阳县、泗阳县、宿迁市、泗洪县、盱眙县、淮安市、洪泽县、涟水县、金湖县代理处，专营寿险业务。各代理处成立后，撤销市及各县(市)人民保险公司的人险科、股，原经办的各种寿险业务一律传承由南京人寿保险股份有限公司淮阴各代理处经营。代理处有市公司(正处级)1个，各县(市)及市公司直属机构(正科级)16个。

1996年，经国务院、中国人民银行批准，组建中国人民保险(集团)公司，按业务性质内设中保人寿、中保财产、中保再保险3个专业公司。省以下原中国人民保险公司分支机构均一分为二，改为中保人寿保险分支机构、中保财产保险分支机构。9月8日，中保人寿保险有限公司淮阴分公司正式成立，公司办公地点设在市北京北路56号，该公司成为全市第一家国有专业寿险公司。并下设县(市、区)支公司(科级)16个、直属营业部(科级)1个、办事处(股级)14个、乡(镇)保险所252个，全辖共有寿险从业人员617人。随后由于江苏省行政区划调整，宿迁、泗洪、泗阳、沭阳、灌南5县市寿险机构及有关人员从淮阴市行政区划出。是年年末，市中保人寿保险公司下辖支公司8个，办事处8个，全辖共有人员555人，其中正式人员145人，营销人员410人。

1998年4月,省分公司统一全省系统各级公司业务机构设置,市中保人寿保险公司内设业务管理部(下设业务处理中心)、直销业务部、营销业务部(下设直属部)等业务部门;下辖县(市)级支公司设直销业务部、业务处理中心、营销业务部。市公司将原支公司农村业务人员合并到营销分部,乡(镇)保险员合并到所在地区营销支部。并将县(市)支公司直销、营销内勤人员合并在一个业务处理中心,负责辖区内业务质量管理。同时,市分公司还成立了市区财务结算中心。是年年末,市中保人寿保险公司共有市、县(区)级机构17个,寿险从业人员1383人,其中正式人员143人,营销员1240人。

1999年1月,根据全省系统统一部署,市中保人寿保险公司成立财务结算中心,实行收支两条线,集中财务管理权。市区成立(包括淮阴县)业务处理中心,对市区寿险业务的投保、核保、理赔、给付业务实行"一站式"服务。同年3月,原中保人寿保险有限公司淮阴分公司更名为中国人寿保险公司淮阴分公司,更名后的淮阴分公司继续承担原中国人民保险公司淮阴分公司、南京人寿保险股份有限公司淮阴市代理处、中保人寿保险有限公司淮阴分公司所承保的人身保险业务。是年年末,市中国人寿保险公司全辖共有市、县(区)级机构17个,寿险从业人员1975人,其中正式人员145人、营销员1830人。

2000年上半年,市中国人寿保险公司将各县(市)支公司原有的内勤职能剥离,组建市公司业务处理中心驻县(市)支公司业务处理科,由市公司处理中心实行业务垂直领导,委托所在县(市)支公司负责行政管理。11月,市公司对系统机构体制进行改革,统一各支公司内设部门名称。是年年末,全辖共有市、县(区)级机构17个,从业人员2292人,其中正式人员149人、营销员2143人。

2001年3月1日,由于淮阴市更名为淮安市,中国人寿保险公司淮阴分公司相应更名为中国人寿保险公司淮安分公司。同月,市公司办公地点由市北京北路56号迁到市淮海东路20号新大楼。11月,市公司设立重大、疑难理赔案件审定委员会,设立咨询、投诉、疑难事项协调委员会。是年年末,全辖共有市、县(区)级机构17个,从业人员3176人,其中正式人员145人、营销员3031人。

2002年初,市、县(区)支公司相继成立了代理部,对银行、邮储等代理的寿险业务实行统一管理;选派70名同志担任银行、邮储代理专管员。是年年末,全辖共有机构169个,其中乡、镇级营销服务部扩展到152个;共有从业人员3950人,其中正式人员145人、营销员3805人。

2003年6月,中国保险监督管理委员会批准设立中国人寿保险股份有限公司。8月,中国人寿保险公司变更为中国人寿保险(集团)公司。9月,原中国人寿保险公司所属分支机构及营销服务部划归中国人寿保险股份有限公司。10月,中国人寿保险公司淮安分公司变更为中国人寿保险股份有限公司淮安市分公司。是年年末,全辖共有机构169个,其中市、县(区)级机构17个,乡、镇级营销服务部152个;共有从业人员5069人,其中正式人员145人、营销员4924人。

2004年,市公司为完善机构设置,成立市区拓展部,使市区团险展业机构由原来的一个增加到两个。同时,市区营业部实行"区部经营",在清河、清浦开发区成立3个业务区部,分别负责所辖范围内的业务拓展和维护。同年,该公司还积极理顺营销管理架构,市、县(区)公司先后调整、完善了个险部内设机构,成立管理、企划、培训等3个职能部门,并配备人员,明确职责。是年年末,全辖共有机构169个,其中市、县(区)级机构17个,乡、镇级营销服务部152个;共有从业人员5361人,其中正式人员136人、营销员5225人。

2005—2007年,市中国人寿保险公司机构设置和正式员工人数没有变化,但营销员流动较大,并呈减少趋势。2007年年末全辖共有营销员3478人。

2008年,市中国人寿保险公司对机构进行整合,大幅度撤减营销服务部。是年年末,全辖共有机构129个,其中市、县(区)级机构18个,乡、镇级营销服务部111个。共有从业人员3246人,其中正式人员151人、营销员3095人。

二、中国太平洋人寿保险股份有限公司淮安中心支公司

中国太平洋人寿保险股份有限公司淮安中心支公司是由原中国太平

洋保险公司淮阴支公司因产、寿险分业经营实行机构分设而成立的。

2000年11月，中国太平洋保险公司淮阴支公司完成产、寿险分业经营的准备工作。12月25日，中国太平洋人寿保险股份有限公司淮阴支公司正式挂牌成立，市公司内设办公室、业务管理部和计划财务部3个部、室，共有正式员工20人。经营地址在淮阴市淮海东路118号。

2001年2月，因淮阴市行政区划调整，中国太平洋人寿保险股份有限公司淮阴支公司更名为中国太平洋人寿保险股份有限公司淮安中心支公司。3月份，该公司内设机构增加营销管理部、团体业务部、客户服务部。是年起，中心支公司陆续在辖内县、区及乡镇设立营销服务部。

2002年12月，市太平洋人寿保险公司设立中介业务部。是年年末，该公司下辖7个县级营销服务部和48个乡镇级营销服务部。共有正式员工17人，营销员2000余人。

2003年3月，市太平洋人寿保险公司成立信息技术部，营销管理部更名为个人业务部。12月，市公司成立核保核赔部。

2005年，市太平洋人寿保险公司为压缩低产机构，精减人员，撤销了5个低产乡镇级营销服务部。是年年末，全辖共有7个县级营销服务部、43个乡镇级营销服务部，共有各类人员近1500人。

2006—2008年，市太平洋人寿保险公司所辖各级机构基本稳定。2008年年末，市公司内设7个部门，下辖7个县级营销服务部、43个乡镇级营销服务部，共有员工1485人，其中营销员1400人。

三、中国平安人寿保险股份有限公司淮安中心支公司

中国平安人寿保险股份有限公司淮安中心支公司的前身是中国平安保险公司淮阴办事处（寿险）。

1996年4月，平安保险公司淮阴办事处成立寿险部。同年8月，寿险部开始筹划在公司内部实行独立经营的准备工作，并于10月16日正式对外开办个人寿险业务。对外机构名称为中国平安保险公司淮阴办事处（寿险），内设办公室、人事部、财务部、团险部、人险部、客服部、契约部等，共有员工50名，办公地点设在淮阴市淮海北路77号。12月，为了扩大经

营范围，办事处（寿险）先后在金湖县、洪泽县、淮安县和宿迁市设立营业部，将寿险业务延伸至县区乡镇。

1997年1月，中国平安保险公司更名为中国平安保险股份有限公司，中国平安保险公司淮阴办事处（寿险）相应更名为中国平安保险股份有限公司淮阴办事处（寿险）。5—8月，因金湖、洪泽、淮安和宿迁4个平安寿险营业部属非正式机构，根据市人民银行要求相继撤销。12月，中国平安保险股份有限公司淮阴办事处（寿险）更名为中国平安保险股份有限公司淮阴支公司（寿险）。

1998年5月，中国平安保险股份有限公司淮阴支公司（寿险）迁址到淮海北路18号建材商城，并对内设机构进行调整，调整后的部门为综合管理部、财务部、团险部、营销部、客服部、契约部和理赔部。

1999年11月，为了进一步提高服务质量，提升企业核心竞争力，市平安保险公司（寿险）成立了后援服务中心。

2000年1月，省公司调整经营体制，将宿迁支公司（寿险）划归淮阴支公司（寿险）代管。6月1日，淮阴支公司（寿险）迁址到淮阴市健康西路49号，并继续营业。

2001年4月，全省行政区划调整，中国平安保险股份有限公司淮阴支公司（寿险）更名为中国平安保险股份有限公司淮安支公司（寿险），其所辖有关机构相应更名。12月，为了进一步落实《中华人民共和国保险法》关于分业经营的规定，中国平安保险股份有限公司按集团模式进行分业改革，即将公司更名为中国平安保险（集团）股份有限公司，并以投资人的身份控股设立中国平安财产保险股份有限公司和中国平安人寿保险股份有限公司。

2002年3月，根据产寿险分业经营的统一要求，中国平安人寿保险股份有限公司淮安中心支公司正式成立，实现了完全意义上的独立经营。

2003年1月，平安人寿宿迁中心支公司从淮安中心支公司代管模式中分开，恢复三级机构建制。4月，市平安人寿保险公司设立洪泽营销服务部。5月，先后设立楚州营销服务部、涟水营销服务部、金湖营销服务部。6月20日，又设立盱眙营销服务部。

2005年8月,市平安人寿保险公司设立涟水县第二营销服务部。是年年末,市公司全辖共有6个营销服务部,正式职工28名,营销员285名。

2006—2008年,市平安人寿保险公司的机构设置没有变化,员工人数特别是营销员人数波动较大。2008年年末,全辖共有员工530人,其中正式职工30人,营销员500人。

四、泰康人寿保险股份有限公司淮安中心支公司

2003年12月,泰康人寿保险股份有限公司获准在淮安筹建分支机构。2004年3月,泰康人寿保险股份有限公司淮安营销服务部正式成立,地址为市健康东路71号银监局二楼。泰康人寿保险股份有限公司淮安营销服务部成立时,内设公共资源部、计划财务部、运营部、营销部和银保部等5个部门,共有员工686人,其中正式员工26人。

2004年4月,泰康人寿保险股份有限公司淮安营销服务部成立了辖内第一个县级营销服务部——楚州营销服务部。5月,先后成立了涟水营销服务部和洪泽营销服务部。6月,先后成立了金湖营销服务部和盱眙营销服务部。11月,泰康人寿保险股份有限公司淮安营销服务部正式晋升为泰康人寿保险股份有限公司淮安中心支公司。

2005—2008年,市泰康人寿保险公司机构情况没有变化,但员工人数及构成有所变动。截至2008年年末,市公司内设5个部门,下辖5个营销服务部,共有员工552人,其中正式员工97人,营销员455人。

五、太平人寿保险有限公司淮安中心支公司

2004年10月19日,太平人寿保险有限公司获准在淮安市筹建中心支公司。历时两月时间,太平人寿保险有限公司完成了淮安中心支公司的各项筹建工作。

2005年1月1日,太平人寿保险有限公司淮安中心支公司正式挂牌营业。成立时共有正式员工28人,内设6个部门,分别为个人业务部、团体业务部、银行保险部、人事行政部、财务部和运营部。是年年末,市太平人寿保险公司共有员工218人,其中正式员工34人,营销员184人。

2006年8月，市太平人寿保险公司在洪泽县成立营销服务部。是年年末，全辖共有员工208人，其中正式员工28人，营销员180人。

2008年7月，市太平人寿保险公司在楚州成立营销服务部。是年年末，该公司全辖职工人数为182人，其中正式员工32人，营销员150人。

六、合众人寿保险股份有限公司淮安中心支公司

2007年9月，合众人寿保险股份有限公司淮安中心支公司正式成立，经营办公地址在淮安市淮海北路38号乐园大厦17楼。该公司内部设立行政人事部、财务部、保费部、客户服务部、营销部、运营部6个职能部门，下辖楚州营销服务部，全辖拥有正式职工17人。

表1-6 1994—2008年淮安市各人寿保险公司负责人更迭情况表

公司名称	职务	姓名	任职时间	备注
中国人寿保险股份有限公司淮安分公司	负责人	张学勤	1994年11月—1996年4月	南寿淮阴代理处
	总经理	张学勤	1996年4月—1999年1月	中保人寿淮阴分公司
	副总经理	尹凤龙	1996年4月—2001年12月	—
	副总经理	徐洪成	1996年4月—1997年1月	—
	总经理助理	张日祥	1996年12月—1999年7月	—
	总经理	徐洪成	1999年1月—2005年4月	—
	副总经理	张日祥	1999年7月—1999年11月	—
	总经理助理	耿德新	2000年4月—2003年1月	—
	副总经理	张智胜	2000年7月—2005年12月	—
	总经理助理	朱向宏	2000年7月—2001年12月	—
	总经理助理	王　军	2000年9月—2005年4月	—
	副总经理	朱向宏	2003年1月—2005年12月	—
	总经理助理	赵　宏	2003年1月—2005年4月	—
	总经理	张建平	2005年4月—2007年4月	—
	副总经理	耿德新	2005年12月—2007年4月	—
	副总经理	俞德本	2005年12月—	—
	总经理	耿德新	2007年4月—	—

续表 1–6

公司名称	职　务	姓　名	任职时间	备　注
中国平安人寿保险股份有限公司淮安中心支公司	负责人	单友明	1996年8月—1996年10月	办事处(寿险)(筹)
	副总经理	单友明	1996年10月—1998年4月	主持工作
	副总经理	翟家峰	1998年4月—2000年9月	主持工作
	副总经理	徐有林	2000年9月—2004年4月	主持工作
	副总经理	李鹤峰	2004年4月—2005年5月	主持工作
	副总经理	刘海鹰	2004年6月—	—
	总经理	朱从文	2005年5月—	—
中国太平洋人寿保险股份有限公司淮安中心支公司	副总经理	夏晓东	2000年12月—2003年4月	主持工作
	总经理助理	徐　敏	2000年12月—2002年5月	—
	总经理	陈英明	2003年4月—2004年4月	—
	总经理助理	高　军	2003年3月—2004年11月	—
	总经理	纪立平	2004年6月—2005年3月	—
	总经理助理	周旭东	2004年8月—2005年5月	—
	总经理	徐　敏	2005年3月—2006年8月	—
	总经理助理	林美芳	2005年5月—	—
	总经理	夏晓东	2006年8月—	—
泰康人寿保险股份有限公司淮安中心支公司	总经理	杨　明	2004年3月—2004年8月	—
	总经理	孙　进	2004年8月—2005年12月	—
	总经理助理	朱向阳	2005年9月—2006年6月	—
	总经理助理	孙志民	2005年3月—2006年4月	—
	总经理	包加顺	2005年12月—2007年1月	—
	总经理	杜少斌	2007年1月—2007年7月	—
	总经理	朱向阳	2007年9月—	—
太平人寿保险有限公司淮安中心支公司	负责人	高　军	2004年10月—2004年12月	筹建期间
	总经理	高　军	2005年1月—2007年1月	—
	总经理助理	夏志松	2005年1月—2005年12月	—
	副总经理	孙新建	2005年3月月—2005年10月	—
	副总经理	蒋耀宏	2007年1月—2007年11月	主持工作
	副总经理	朱岩芹	2006年1月—2007年6月	—
	总经理	聂建强	2007年12月—	—
合众人寿保险股份有限公司淮安中心支公司	总经理助理	金敬东	2007年9月—2008年4月	主持工作
	总经理助理	余家并	2008年4月—2009年8月	主持工作

表1-7 1995—2005年淮安市各人寿保险公司机构、人员情况表

年度（年）	合计						中国人寿						平安人寿					
	机构（个）			人员（人）			机构（个）			人员（人）			机构（个）			人员（人）		
	合计	市县（区）级机构	乡镇级营销服务部	合计	市县（区）级机构	乡镇级营销服务部	合计	市县（区）级机构	乡镇级营销服务部	合计	市县（区）级机构	乡镇级营销服务部	合计	市县（区）级机构	乡镇级营销服务部	合计	市县（区）级机构	乡镇级营销服务部
1995	—	—	—	—	—	—	—	—	—	—	—	—	—	—	—	—	—	—
1996	18	18	—	—	—	—	16	16	—	555	145	410	1	1	—	—	—	—
1997	18	18	—	—	—	—	16	16	—	875	145	730	1	1	—	—	—	—
1998	19	19	—	—	—	—	17	17	—	1383	143	1240	1	1			—	—
1999	19	19	—	—	—	—	17	17	—	1975	145	1830	1	1	—	—	—	—
2000	19	19	—	—	—	—	17	17	—	2292	149	2143	1	1	—	—	—	—
2001	76	19	57	5500	193	5307	17	17	—	3176	145	3031	1	1	—	1028	28	1000
2002	232	19	213	7304	193	7111	169	17	152	3950	145	3805	5	1	4	887	31	856
2003	233	19	214	6729	200	6529	169	17	152	5069	145	4924	6	1	5	509	27	482
2004	239	20	219	8736	231	8505	169	17	152	5361	136	5225	6	1	5	770	39	731
2005	240	21	219	5914	353	5561	169	17	152	4049	237	3812	6	1	5	313	28	285
2006	234	21	213	6138	380	5758	169	17	152	4543	152	4391	7	1	6	256	31	225
2007	234	21	213	5169	310	4859	169	17	152	3629	151	3478	7	1	6	298	30	268
2008	203	23	180	6095	374	5721	129	18	111	3246	151	3095	7	1	6	530	30	500

续表 1–7

年度（年）	太平洋人寿						泰康人寿						太平人寿						合众人寿					
	机构（个）			人员（人）			机构（个）			人员（人）			机构（个）			人员（人）			机构（个）			人员（人）		
	合计	市县（区）级机构	乡镇级营销服务部	合计	市县（区）级机构	乡镇级营销服务部	合计	市县（区）级机构	乡镇级营销服务部	合计	市县（区）级机构	乡镇级营销服务部	合计	市县（区）级机构	乡镇级营销服务部	合计	市县（区）级机构	乡镇级营销服务部	合计	市县（区）级机构	乡镇级营销服务部	合计	市县（区）级机构	乡镇级营销服务部
1995	—	—	—	—	—	—	—	—	—	—	—	—	—	—	—	—	—	—	—	—	—	—	—	—
1996	1	1	—	—	—	—	—	—	—	—	—	—	—	—	—	—	—	—	—	—	—	—	—	—
1997	1	1	—	—	—	—	—	—	—	—	—	—	—	—	—	—	—	—	—	—	—	—	—	—
1998	1	1	—	—	—	—	—	—	—	—	—	—	—	—	—	—	—	—	—	—	—	—	—	—
1999	1	1	—	—	—	—	—	—	—	—	—	—	—	—	—	—	—	—	—	—	—	—	—	—
2000	1	1	—	—	—	—	—	—	—	—	—	—	—	—	—	—	—	—	—	—	—	—	—	—
2001	58	1	57	1296	20	1276	—	—	—	—	—	—	—	—	—	—	—	—	—	—	—	—	—	—
2002	58	1	57	2467	17	2450	—	—	—	—	—	—	—	—	—	—	—	—	—	—	—	—	—	—
2003	58	1	57	1151	28	1123	—	—	—	—	—	—	—	—	—	—	—	—	—	—	—	—	—	—
2004	58	1	57	1919	30	1889	6	1	5	686	26	660	—	—	—	—	—	—	—	—	—	—	—	—
2005	58	1	57	952	30	922	6	1	5	384	26	358	1	1	—	216	32	184	—	—	—	—	—	—
2006	51	1	50	877	138	739	5	1	4	218	24	194	2	1	1	244	35	209	—	—	—	—	—	—
2007	51	1	50	724	65	659	5	1	4	340	29	311	2	1	1	178	35	143	—	—	—	—	—	—
2008	51	1	50	817	71	746	11	1	10	1121	49	1072	3	1	2	214	56	158	2	1	1	167	17	150

第三节 保险代理机构

淮安市保险代理机构在保险市场竞争中应运而生。它的产生较好地发挥了保险中介桥梁的功能,起到了拾遗补阙的作用,有效地促进了全市保险事业的发展。保险专业代理机构及其分支机构是完全根据保险公司的委托,向保险公司收取保险业务佣金,在保险公司授权的业务范围内专门代为办理保险业务的机构。2001年1月,淮安市筹建首家保险中介代理公司——江苏新联保险代理公司,同年7月,公司正式成立。但由于缺乏管理经验,业务发展缓慢,该公司于2003年5月歇业。2003年6月,淮安中诚保险代理有限公司成立,该公司成立后年保费收入增长速度达10%。2006年,淮安中诚保险代理有限公司更名为江苏中诚保险销售有限公司。2008年,该公司保险代理业务保费收入达1200万元,为市各保险代理机构之首。至2008年年末,淮安市全辖共有8家保险专业代理机构。在淮安辖内从事保险专业代理机构,完全符合中国保监会规定的资格条件并依法取得了保险兼业许可证。具体情况见表1-8。

表1-8 2008年末淮安市保险代理机构情况表

公司名称	成立时间	公司地址	总经理
江苏中诚保险销售有限公司	2003年6月	淮海西路228号	陈允志
江苏华邦保险代理有限公司	2004年6月	淮安承德北路211号	刘亚耕
江苏众联保险代理有限公司	2004年12月	淮海北路77号	赵建玉
淮安顺达保险代理有限公司	2006年3月	淮海西路228号	徐文俊
江苏金鑫保险销售有限公司	2006年6月	淮海北路50号	殷振炎
淮安恒瑞达保险代理有限公司	2008年4月	淮海北路38号乐园12楼	汤月梅
宏泰保险代理公司淮安分公司	2008年12月	淮安市清河区	陈晓俊
江苏万联保险代理有限公司	2008年12月	淮安市洪泽县	孙茂法

第二章　保险业改革

1991—1994年，辖内仅有市人民保险公司一家从事保险业务，公司领导成员的任职实行上级公司与地方党委双重管理。这期间市人民保险公司不断进行人事、财产、经营和管理等方面的改革，努力打破计划经济的传统束缚，改革初见成效，但保险企业内部平均主义分配倾向仍没有得以彻底改变。从1995年起，全市保险业机构体制改革拉开序幕。首先，市人民保险公司经营的人身保险业务划转由新成立的南京人寿保险公司淮阴代理处专业经营。随后，太平洋保险、平安保险进入淮阴保险市场。由此，全市保险机构逐步由混业经营向分业专营转轨。

1996年，全市保险机构原开办的返还率较高的业务开始停办，各保险公司开始优化和调整业务结构，风险控制能力逐年增强。从1998年开始，全市保险业经营管理以及市场化改革，打破了原公司险种开发、费率制定被“管制”束缚，以逐步适应市场需求。特别是保监会成立后，连续3年下调寿险预定利率，全市各保险公司以产品创新重新启动市场。经改制后的产、寿险股份制公司先后进入淮安保险市场。全市各保险公司按照企业市场

淮安市人民保险公司围绕总公司统一部署，进一步实行机构扁平化管理改革，图为宣传发动现场

化的要求,压缩调整内设机构,推行减员增效,自上而下的改革资金管理体制,改进管理方法。同时进一步对人事、用工、分配制度改革进行探索,各保险公司竞聘上岗、双向选择、岗位考核、等级评定、主管问责、按劳分配、绩效挂钩等一系列人事管理及分配制度陆续出台,并逐年完善和深化。改革为全市保险市场创造了良好环境,保险业务的发展也为服务民生、改善民生和保障民生做出应有的贡献。

第一节　机构管理体制改革

1990年以前,市人民保险公司经过机构设置以及人事、财务、经营等方面改革,逐步从过去的计划经济向市场经济转轨,成为独立核算、自主经营、自负盈亏、自担风险的一级法人机构。1991年,市人民保险公司仍在淮阴市独家从事保险业务,其机构管理体制为市分公司——县级支公司(营业部、办事处)。同时还有商贸、汽修等第三产业机构。1991年上半年,该公司在市、县、乡镇建立保险服务所120个。7月,该公司进行内设机构改革,将原市公司营业部改设为车船货运部,专营市区机动车辆、船舶、货物运输保险品种业务。

1992年,市人民保险公司加大机构体制改革力度,继续改进扩建机构,以城镇机构网点为中心,扩展农村保险业务,同时在乡镇建设农村保险代理网点。到1992年年底,全辖设立专职代理网点298个。1993年,整顿金融秩序开始后,市人民保险公司改革的重点是整治自身内设机构的经营秩序。年底前,辖区的三产公司机构被陆续撤销。到1994年年底,市人民保险公司在全市扩展专、兼业保险代理网点机构达到306个。

1995年1月,省人民保险公司对省辖各市公司进行机构体制改革,在淮阴市设立南京人寿保险公司淮阴代理处,以及在各县(市)区成立相应的代理机构。同时撤销市人民保险公司及各县(市)的人险科、股,原经办人身险业务人员划归南京人寿保险公司管理。在全国保险业机构体制改革的推动下,淮阴市保险业机构发展出现重大变化。8月28日,太平洋保险公司淮阴办事处成立。12月22日,平安保险公司淮阴办事处成立。两公司办事处的成立，打破了市人民保险公司多年来一家垄断淮阴市保险市场的格局。此后几年，淮阴保险从业机构形成三足鼎立的格局。

1996年，根据人民银行关于中国人民保险公司体制改革的精神，市人民保险公司年初向省公司报送《保险机构体制改革实施方案》。3月，该方案得到批准后，市人民保险公司正式开始实行产、寿险分设。具体操作是将原南京人寿保险公司淮阴代理处的人员和资产全部编入市人民保险公司，然后再进行机构分设和人员及资产分流，原则上已经划到代理处的人员归编到新成立的人寿保险公司。从此，市人民保险公司分设为中保财产保险公司淮阴分公司和中保人寿保险公司淮阴分公司。9月，市中保财产、市中保人寿两家保险分公司及所辖11县（市）支公司和清河、清浦支公司正式成立。市中保人寿保险公司成为淮阴市第一家专业从事人寿保险业务的公司。市人民保险公司的这次机构改革是在全省调整行政区划中进行的，因设立地级宿迁市，原属淮阴管辖的宿迁市（县级）、泗洪、泗阳、沭阳县划归地级宿迁市管辖，灌南县划归连云港市管辖。随之，被行政区划调出市县的原人民保险公司的人员，分别划出。1996年下半年，太平洋保险公司淮阴办事处、平安保险公司淮阴办事处先后进行产寿险分业管理改革。7月，太平洋保险公司淮阴办事处增设人身险内部机构，同时将产、寿险财务核算分开。8月，平安保险公司淮阴办事处先在内部成立寿险部。10月，以中国平安保险公司淮阴办事处（寿险）名义对外开办个人寿险业务，并在办事处内部实行分业经营核算。全市保险业分业经营机构改革，促使全年保费收入的快速增长。是年，全市实现保险业务保费收入1.77亿元，比上年增加3073万元，其中产、寿险业务收入分别比上年增加302万元和2771万元。

1997年7月，太平洋保险公司淮阴办事处变革为中国太平洋保险公司淮阴支公司。平安保险总公司经股份制改革后，向全国各分支机构推行股权分离、事权集中的管理体制，既保证集中领导又避免“近亲繁殖”。12月，平安保险公司淮阴办事处变革为中国平安保险股份有限公司淮阴支公司，其经营寿险业务的机构名称是在中国平安保险股份有限公司淮阴支公司后加注“寿险”二字。变革后的市平安保险公司成为淮阴保险机构发展史上第一家股份制保险公司。

是年，全市保险机构都先后进行内设机构改革，变革的重点主要是将部分管理型的科室转变为经营型科室，同时将保险业务与国际惯例管理方式接轨。1997年上半年，太平洋保险公司淮阴办事处、平安保险公司淮阴办事处分别对各自内设机构进行调整，并抽出部分管理人员加入专职管理部门，同时增设专职业务部门和出单室。7月，市中保财产保险公司将国际部行使的辖区内县（市）级支公司的业务管理权限归并到相关管理部门，国际业务部专营市区涉外保险业务。12月，市中保人寿保险公司将科室整合改设为营业部、业务部、营销管理部、计划财务部等7个科室，撤销综合管理部。这次内设机构改革的重点是集中力量扩充一线业务部门的营销业务人员。同年，平安保险公司淮阴办事处、太平洋保险公司淮阴办事处出现擅建代理网点问题，被市人民银行叫停。7月，平安保险公司淮阴办事处刚建立的非正式机构——金湖、洪泽、淮安、宿迁4个经营人身险业务网点被撤销。市太平洋保险公司除保留人行核批的盱眙保险代理处外，其他县（市）代理处全部被撤销。

1999年3月，根据国务院及保监会对中国人民保险集团公司体制改革方案的批复。5月21日，市中保财产保险公司更名为中国人民保险公司淮阴分公司，所辖8个县（市、区）支公司同时更名。同月，市中保人寿保险公司更名为中国人寿保险公司淮阴分公司，随之所辖机构相应更名。机构改革后的新市人民保险公司为国有独资性和商业性的公司，新公司在企业性质上不同于原市人民保险公司，也不同于市中保财产保险公司。原市人民保险公司是计划经济的产物，是全民所有制企业，同时还具有一定的行政色彩（如农保业务、社保业务）。中保财产保险公司、中保人寿保险公司是按照有限责任公司模式设计的，是由中保集团公司投资控股的子公司，也不是完全意义上的国有独资公司。而机构改革后的新人民保险公司和新中国人寿保险公司由国家投资，国务院进行资产授权经营，是在《中华人民共和国公司法》规范下的国有独资公司。国有独资公司旗下的淮阴市人民保险公司、市中国人寿保险公司各自在坚持商业化发展道路上，按照市场化的运作规律，参加淮阴保险市场的业务竞争，以追求企业最佳经济效益。是年，市平安保险公司扩展财产险业务经营范围，实施内设机构改革，分别在淮安市、金湖县设立县级代理业务网点。

2000年10月，市太平洋保险公司正式开始产、寿险分业经营的筹备工作。12月25日，经上级部门批准，市太平洋保险公司改革，分割为中国太平洋财产保险股份有限公司淮阴支公司、中国太平洋人寿保险股份有限公司淮阴支公司。分业后两公司办公地点都在淮阴市淮海东路118号，产、寿险两家公司对大楼资产进行分割。分业经营的筹备工作使公司通过清产核算，摸清家底，掌握公司资产、负债情况，同时按专业化经营要求理顺公司经营机构的设置和管理层次。机构改革推动产、寿险业务的发展，并有效促进两公司保险业务和利润等多项指标实现突破性进展。2000年1月，省平安保险公司对省辖平安保险机构经营体制进行改革，将宿迁支公司划归淮阴支公司管辖。5月10日，宿迁支公司恢复3级机构建制，不再隶属淮阴支公司。11月，市平安保险公司对自身内设机构进行改革，设立人事部、业务管理部、营业部、营销部和市场管理部和业务发展部。机构改革后的业务部门力量得到加强，财产保险业务范围逐步由市区扩大到全市各地。

2001年2月，因江苏省行政区划调整，淮阴市更名为淮安市，下辖的淮安市更名为楚州区，淮阴县更名为淮阴区。由此，全市保险业机构分别进行相应的更名。3月，市太平洋人寿保险公司改革内设机构，增加营销管理部、团体业务部、客户服务部，在辖内各县、区乡镇设立营销服务部。6月，市太平洋财产保险公司分别在楚州、金湖、淮阴、洪泽、盱眙和涟水6个县(区)设立营销服务部。12月，根据保监会下发的《关于中国平安保险股份有限公司分业经营改革的通知》，市平安保险公司集中精力开始机构分业经营前的各项业务核查、财务确认等准备工作。

2002年3月，中国平安保险公司实施产、寿险分业经营机构改革后，市平安保险公司变更为中国平安财产保险股份有限公司淮安中心支公司和中国平安人寿保险股份有限公司淮安中心支公司，分业经营后的两家保险公司人员和组织架构没有变化。两公司借机构体制改革契机，按照法规和上级要求，进一步完善各自法人治理机制和机构设置，以保障各自业务机构规范经营。此时，才真正标志着新成立的平安产、寿险公司与原市平安保险公司的彻底分立，新公司实现完全意义上的独立经营。4月，市平安财产保险公司改革调整内设机构，成立市场部、综合开拓部、客户权益维护中心、营销二部和人事行政部。8月，撤销营销一、二部，成立营销管理部。10月，将客户权益维护中心更名为客户服务部。12月前，相继成立楚州、涟水、金湖和洪泽营销服务部。是年，全市保险机构增设速度进一步加快。天安保险股份有限公司淮安中心支公司于7月8日在市区挂牌成立。

2003年7月，经保监会批准，原中国人民保险公司变更为中国人民保险控股公司，并由人保控股公司发起设立中国人民财产保险股份有限公司及中国人保资产管理股份有限公司。8月，中国人寿保险公司变更为中国人寿保险（集团）公司。9月，市中国人寿保险公司及所属分支机构划归中国人寿保险股份有限公司管辖。同月，市中国人民保险公司更名为中国人民财产保险股份有限公司淮安市分公司。10月，市中国人寿保险公司更名为中国人寿保险股份有限公司淮安市分公司。同月，市中国人民保险公司、中国人寿保险公司都分别实施内设机构及人员的改革重组工作。是年，全市其他产、寿险公司也分别对内设机构进行改革和调整。至年末，全市有市级产险公司4家，寿险公司3家，各公司对自身内设机构改革的不断深化，促使各保险机构的营销服务部快速增加，参加代理人资格考试人员逐年增多。

2004年，国内保险业机构改革的步伐进一步加快，机构改革促进淮安保险公司快速增加。1月，市中华联合财产保险公司正式对外营业，该公司开业后加快机构建设步伐，全年在辖内清浦区、淮阴区、市经济开发区、涟水县、楚州区、盱眙县、金湖县、洪泽8个县（区）设立营销部。3月，大地财产保险公司淮安营销服务部成立，成立后在辖内增设营业机构10个。3月，泰康人寿保险公司淮安营销服务部正式成立，从4月份开始陆续在楚州、涟水、洪泽、金湖、盱眙设立分支机构。11月，市泰康人寿营销服务部正式更名为泰康人寿保险股份有限公司淮安中心支公司。是年，市中国人寿保险公司进一步进行内设机构改革，先后改进城区机构组织架构，将市公司团险展业机构增加到2个，在清河、清浦、市经济开发区新成立3个展业区部。同时还完善公司营销个险业务管理架构，新成立管理、企划、培训3个职能部门。

2005—2006年，根据上级公司机构改革的工作要求，全市各产、寿险公司分别对各自公司机构的组织架构进行改进和完善。经产险内设机构改革，市人民保险公司内设5个部门和3个中心，下辖12个经营单位；市太平洋财产保险公司内设办公室、计划财务部、业务管理部、防灾理赔部4个业务部门，在县（区）设立6个营销服务部；市平安财产保险公司内设“劲牛”“腾飞”“鸿雁”3个团队，4个管理及市场业务部门；市中华联合财产保险公司专门成立农险部，下辖各县（区）营销部全部升格为支公司；市天安财产保险公司内设4个业务部门，在县（区）设立5个营销服务部，撤销市公司原有的市场部；市大地财产保险公司设立5个管理部门，5个业务部门；安邦财产保险公司淮安营销部升格为中心支公司后，除内设5个部门，还在楚州、涟水增加营销服务部。经寿险内设机构改革，市中国人寿保险公司设立9个部门，将办公室、稽核监察、党委办公室、机关党委、团委、工会合署办公，设立综合管理部；重组人力资源部，将教育培训部与党委组织部合署办公；设立个险销售部，撤销个人保险部，将原教育培训部中个人代理人的培训纳入个险销售部；设立团险销售部，撤销团体保险部，增加团险销售大客户管理职能；设立中介代理部，撤销代理保险部；对财务部增加精算职能；保留信息技术部、业务处理中心、客户服务中心。对所辖支公司内部机构进行全面调整，统一设综合部、个险部、团险部、中介部、客户服务部5个部门。市

江苏保监局领导到市太平人寿保险公司调研

区营业机构设专营营销业务机构1个,为市区营销部(对外称第一营销部)。设专营团体服务机构2个,为营业一部、二部,撤销市区营业部、拓展部。设专营银邮代理机构1个,为市区代理销售部。至2006年年末,市中国人寿保险公司在淮安市设立169个分支机构,其中市、县(区)级机构17个,乡(镇)级营销服务部152个。市太平洋人寿保险公司内设办公室、业务管理部、计划财务部、团体业务部、客户服务部、中介业务部、信息技术部、个人业务部,下辖设7个县级营销服务部。市平安人寿保险公司内设7个管理及业务部门,下辖设有6个营销服务部。市泰康人寿保险公司内设公共资源、计划财务、运营、营销、银保5个部门,下辖有5个营销服务部。市太平人寿保险公司内设个人业务、团体业务、银行保险、人事行政、财务、运营6个部门,县辖暂无分支机构。

全市保险业机构经过多年变革,至2008年年末,淮安市保险业机构达28家,其中产险公司14家,寿险公司6家,中介公司8家。全市财产险业机构情况为:市人民保险公司下辖有8个县区支公司、1个市直经营单位、3个内设营业部,另有区(县)级以下营销服务部102个;市太平洋财产保险公司下辖6个支公司,市公司内设8个部门;市平安财产保险公司下辖6个支公司、4个营销服务部;市中华联合财产保险公司下辖5个支公司,内设6个部门;市天安财产保险公司下辖5个营销服务部,内设7个部门;市大地财产保险公司下辖5个营销服务部,内设8个部门;市安邦财产保险公司下辖4个营销服务部,内设6个部门。全市寿险业机构情况为:市中国人寿保险公司分支机构129个,其中市、县(区)级机构18个,乡(镇)级营销服务部111个;市太平洋人寿保险公司下辖6个营销服务部,内设机构8个;市泰康人寿保险公司下辖5个营销服务部,内设5个部门;市太平人寿保险公司下辖有洪泽和楚州2个营销服务部,内设7个部门。

第二节　经营管理及市场化改革

1991年,在辖内保险市场上独家经营的市人民保险公司为扩大保险费收入,进行业务经营管理机制改革,对辖内支公司实行"费用包干、保费收入包干”的考核奖惩机制，将业务人员推向市场，以扩大自己的保费规模。1992—1993年，处于保险市场化改革初期，全国保险市场开始引入外资，但淮阴保险分支机构的设置审查条件仍十分严格。市人民保险公司各地分支机构办理保险业务的地域限制也比较严，外来保险公司很难介入淮阴地区开办保险业务。

1995年，在全国保险市场化改革的强劲推动下，太平洋保险公司、平安保险公司业务开始介入淮阴市场。1995年上半年，全市保险机构开始引入营销机制，开展营销业务。市人民保险公司在系统内部适度引进展业竞争机制，允许市区各部门合理交叉办理新业务，以打破独家经营时期形成的区域经营画地为牢的旧模式，开放市区部门对新业务的竞争经营。为了取得保险业务的突破，改革原定编、定人、定业务的承包奖励考核机制，对辖内支公司实行包保险费任务、包赔付率、包费用率和包应收保费指标，超产奖励、费用节约奖励、利润指标超额奖励的经济绩效考核奖惩办法。同时，对全公司有关业务部门也实行相关经济责任任务指标的奖惩考核。经济责任考核办法的改革，调动公司干部员工参与市场竞争的积极性，推动保险业务收入向市场纵深发展。8月，太平洋保险公司淮阴办事处成立后，先打造一支专业销售队伍，随后推行佣金制营销体制的改革试点。12月，平安保险公司淮阴办事处成立后，先行业务经营机制改革，推行销售人员奖惩制度。全市保险业经营管理及市场化改革，推动全市保险业务保费收入的增长。至年末，全市保险业保费收入达1.42亿元，比1990年增长近1亿元。

市人民保险公司实行产、寿险分业经营后，市中保财产保险公司和中保人寿保险公司对自身业务经营机制、管理体制以及以往经营中暴露出的问题进行改革。市中保财产保险公司改革经营管理制度，首先在基层分支单位推行风险责任制、目标考核责任制、试行单位经营与效益挂钩的目标考核办法。全辖改变服务方法，向社会推出两项服务承诺，实行24小时上门服务和索赔结案时限制度，并承诺逾期处罚。市中保人寿保险公司首先明确公司性质职能，划清社会保险与商业保险的界限，将社会保险业务分离出来，建立经营目标考核机制，开始专营商业寿险业务，并在全辖较早开展营销业务,创新个人代理营销管理办法。全面改进手工处理业务单据的做法,对全辖续交保费收据实行电脑统一打单。随着全辖办公自动化开通,逐步实现全辖业务数据电脑化集中管理;市太平洋保险公司、市平安保险公司分别在各自辖区内实现会计核算到会计报表的全程电算化,进一步促进展业方式得到较大的改变,其产险部门主要是打破平均主义分配的旧体制,改革财务和业务管理方法,探索改进经营绩效考核,引导员工主动出击投向市场,参与竞争;寿险部门主要是大胆突破传统保险经营的禁锢,推广个人营销,实行险种推销市场体制的改革。但从全市市场化经营情况来看,改革初期淮阴各保险公司业务经营主体成分结构仍比较单一,上级公司对险种开发、费率厘定仍实行严格的“管制”,全市各保险公司经营保险业务的自由度及创新能力仍比较低。加上全市保险服务体系上市场中介组织缺位,保险经纪人、风险咨询等机构的缺位,影响着全市保险市场各方利益的公平性,也限制保险需求的深入开发。此时,有许多问题是市一级公司难以解决的,主要表现为业务计划的制定不科学,费率、费用还不能做到随行就市等等。反映在财产险业务结构上,如责任险、信用险比例偏低;反映在寿险业务上,主要是市场范围大,营销力量弱,业务产品少,经营不规范等。其中有些问题在业务经营管理机制的改革中被认识,并逐步加以解决。1996年,市中国人寿保险公司进行业务结构调整和优化,停办一批返还率高、效益不佳的团体险业务。1998年,市太平洋保险公司在团体业务保费收入下降的情况下,改进经营目标,加大个人寿险营销考核力度,促使全年寿险营销险和和短期意外险种保费收入有所增长,同时对原有部分高利率险种进行清理和调整,以减少利差损失,减少退保金额的上升。

1999年,全国各地深入开展保险业市场化改革。6月10日,保监会第三次下调险种预定利率,全市保险业面临再次重新启动市场的考验。产险业在全市多数企业效益不景气的情况下,同样面临着较大困难和挑战。全市各保险公司系统都在费率厘定、产品创新、机构设置、资金运用等方面积极地向市场化跟进。上半年,各省级保险公司分别向市分公司总经理颁发“转授证书”,明确各公司一部分业务权限和义务。市各产、寿

市中国人寿保险公司邀请客户代表进行座谈，力争把最优质、最诚信的服务带给客户

险公司随之对各自辖区支公司（部）进行再转授权，并规范了经营管理行为，这为各分支防范和化解经营风险提供了制度保证。是年，辖内保险市场经营自由度扩大，保险企业之间的竞争加剧，各保险公司都通过改革完善目标经营考核管理机制，把员工推向市场，扩大险种营销。为遵循市场规则，适应市场运作方式，各保险系统先后对自身业务管理方式进行改革，初步建立较为科学的业务经营管理模式，统一产品开发，统一财务资金管理，统一业务管理，统一电脑管理的管理模式；保险公司上下建立“一级核算、分级管理、逐级考核”的财务管理体制；在市场运作中实行相对集中，两级管理，统筹运用，结构控制的资金控制方式等等。是年，社保改革也为补充医疗保险业务发展提供空间，市各寿险公司团体大额医疗费用保险为配合改革走上市场。

2000年，全市保险业按照企业市场化的要求，再次改革完善各自的业务经营管理体制，主要是改革业务发展与管理的组织体系，按照管理、操作相分离的原则，建立管理决策，服务支持、市场营销三大职能，建立分工明确、相互协调、上下联动的业务经营管理与运作体系。各公司通过机构设置、业务职能划分等方式来适应市场，并对业务经营管理方式做出相应的调整，全力促使各公司保险业务进入快速发展的通道。是年，市人民保险公司为争取市场上的主动权，从年初开始就压缩管理人员，推行减员增效，集中人才力量进行市场营销；市中国人寿保险公司采取减少管理层次，加强寿险资金业务管理运用，以增强市场实力；市太平洋产、寿险公司在内部实行等级评定制，以市场贡献率及贡献大小来拼抢市场；市平安保险公司推行预算管理，并通过薪酬改革，团险改革，强力发起市场销售。

全市各保险公司通过经营管理体制改革，提升服务水平，提高竞争力，实现全市保险费收入的较快增长。是年，全市保险机构实现保险费收入3.89亿元，比上年增加保费收入5180万元。

2001年，市保险协会成立后牵头引导全市保险业，以国际保险管理为参照物，促进对各公司在保险市场上的不符合经营销售的运作行为和不适应现代保险市场竞争的经营管理方法进行改革。在市保协的协商协调下，全市建立起统一开放、竞争有序的保险市场体系。是年，全市各保险公司主要对人事、财务、业务经营等多方面进行综合性改革，逐步形成决策科学化、经营市场化、服务规范化的经营管理机制。是年，各产险公司进一步改进服务方式，推出机动车急难救助网络服务、夜间查勘服务、理赔上门及催赔服务等。各寿险公司分别对自身辖区业务进行集中处理，并通过经营管理体制改革迈出管理与展业相分离的第一步。

2002年，全市产、寿险公司的市场服务水平整体提高，市场竞争能力提升。是年的改革主要是在完善保险产品的费率报备制度方面，赋予保险机构更大的市场经营自主权，全市各保险公司的市场预见能力和响应能力逐步提升。保险系统员工以浓厚的市场意识投入保险营销市场。市太平洋保险公司通过分业经营机构体制改革，对产、寿险业务经营管理机制进行改革，推出晨会制度，通过改进绩效考核管理方法激发营销人员工作热情，将按季监控业务经营目标任务，改为按月跟踪监控序时进度。同时推行综合柜员，推行宣传、服务的整体联动，不断推进新品营销，通畅电子商务网上销售线路，争取市场竞争中的主动权。是年，市中国人寿、平安人寿、太平洋人寿保险公司全部开辟继直销、营销业务之后的第三大销售渠道，银邮代理业务新品种。全市各产、寿险公司分别开通各自系统的全国统一客户服务专线，都在客户服务部门试行“一站式”服务，组织业务拓展训练。启动保险信用体系建设，启用业务管理影像系统，开通对外网站。

2003年1月1日，修订后的《中华人民共和国保险法》开始实施。是年，国内产险业放开机动车辆保险条款、费率，寿险业调整资产结构，加强资产管理，确保稳健经营。市场化改革使车险费率更贴近市场需求，同时推动全市车险个性化产品增多，增加消费者选择空间，也使投保人得到价格优惠。全市产险业为确保车险改革在淮安市平稳有序发展，从年初开始就注重目标市场和客户群的选择，服务水平普遍有所提高，市场竞争力随之增强，在业务经营过程中逐步改变以单纯产品降价争抢市场份额的做法。市场化改革将市人民保险公司1996年分业经营后停办的人身意外险重新启动并在全辖各产险公司开办。全市寿险业为抓住市场化改革的机遇，进一步理顺营销部门在市场上的运作，有的公司利用股改上市机会，调整投资策略，合理配置资产结构；有的公司利用重组调整撤销网点，加强不良资产的清收管理。全市各产、寿险公司在市场发展比较困难的情况下，实现较好的收益。是年，全市保险机构实现保费收入10.57亿元，比上年增加2.38亿元，其中产、寿险业机构分别实现保费收入1.93亿元、8.63亿元，分别比上年增加1605万元、2.22亿元。

2004年，全市各产、寿险公司积极推进人力资源改革，强化以利润为导向的业绩考核，不断转换经营机制，管理方式的改善、精算技术的引入、传统经营方式的改造，产品服务的升级换代，给全市保险市场增添活力。是年，市中国人寿保险公司首家启用客户自动排队叫号系统。全市国有保险公司改革营销方法，推出集中承保，“一条龙”“一站式”、超市化的保险市场服务，方便客户对保险产品的了解和选择。全市保险市场在改革创新中得以进一步完善。市场主体业务增长较快。突出表现在寿险业务方面，主要是期缴业务增长快，全市新单业务保费收入远高于原订目标规模保费增长；银邮代理产品在市场上逐步转型，市中国人寿、平安人寿、太平洋人寿保险公司在发展长期储蓄类银代产品的同时，创新推出年金险、健康险、定期寿金险等银行代理产品，意外险风险保障业务发展加快，内含价值较低的险种业务大幅下调。产险业务方面主要表现为，全市产险总规模比重提高，新保险机构的增加使老保险机构市场集中度下降，市人民财产保险公司、太平洋财产保险公司、平安财产保险公司市场份额总体下降，新进入产险市场的股份制公司市场份额明显提升。

2005年，全国财产险市场改革进一步深化，保监会出台《财产保险公司保险条款和保险费率管理办法》规定，除依法实行强制保险险种和关系到社会公众利益的险种需进行审批外,其他险种实行备案制。同时,明确保险公司分公司可以在保监会规定的范围内调整总公司报经审批的保险费率,对已经审批或备案的保险条款和费率进行组合式经营使用,无须报送审批和备案。新的保险条款和费率管理办法实施后,全市各产险公司配合市保协成立新车保险超市,理性参加竞争,在抢占新车保险市场的同时,拓展重点险种续保业务。为争取主动,各公司改进车险业务竞赛方法,将年度、半年度业务竞赛变为每季度劳动竞赛,赢得市场上的主动,取得较好的营销业绩,使全市车险保费收入出现快速增长。是年,发展强劲的市人保、市平安、市中华产险公司保费收入增幅较大,刚开业的市安邦产险公司保费业务收入稳步提升。

2006年,在深化保险监管体制改革中,保监会进一步深化车险管理制度,条款、费率管理制度和非寿险精算制度等方面的改革。改革释放的活力成为全市产险公司推动业务发展的动力。各公司在探索公众利益领域中建立责任保险制度,同时推动道路承运人责任保险、建设工程质量保险、火灾公众责任保险和医疗责任保险等制度的建立。全市寿险公司继续改革和完善公司组织架构,加快转换业务经营机制,努力使市场营销和客户服务贴近市场,使风险管理和重要资源集中管理。各公司按照前后分离、营运管理集中的方法来调整业务组织架构,在个险、团险、银行保险三大经营渠道上下功夫,以客户为导向,实行销售专业化、管理条线化。

2008年,全市保险业机构加快改革步伐,注重强化业务风险防范能力。是年,全市各寿险公司继续深化企业经营管理体制改革,在业务运营、客户服务、财务和信息技术在上级公司集中管理的基础上,推进个险渠道经营管理体系改革,实行个险业务渠道的集中管理。各公司在总公司建立区域审计中心基础上,建立市公司内部审计业务组织,加大公司的业务监管力度。同时,各市公司还明确各分支公司营销部风险防范的职能定位,使各分支机构的业务经营风险防范体系日趋完善。全市各产险公司在业务经营管理改革中,及时调整经营策略,强化风险防范,在各自辖区全面推进精细化管理,不断优化业务产品结构,促使管理成本大幅度降低。同时还推广车险远程定损系统,进一步强化对车险承保、理赔风险的管控。

全市保险业业务经营机制及市场化的不断改革创新，推动各公司风险保障能力的增强，促使业务运行以及管理能力适时有效跟进市场。同时也为各保险公司的业务发展增添动力，随着各公司业务经营自由权的再度扩大，淮安建立起竞争有序的经营管理机制和较完善的保险市场化体系，全市保险业务步入健康良性发展的轨道。

第三节　人事管理及分配制度改革

1991年以前，由于受传统体制束缚，市人民保险公司机构较为庞杂，特别是在人才、产品等方面缺少优势。在分配体制改革上，虽改为结构工资制，试行奖金福利与部门保费收入挂钩，但全公司干部职工平均主义分配倾向依然存在，生产经营仍缺乏活力。1991年，市人民保险公司开始面向社会公开招聘业务人员，实行面试、笔试以及学员试用期制度。1992年上半年，该公司在市区试行职工奖金与保费收入挂钩发放暂行办法。下半年，改革完善人事管理制度，实行领导干部交流制度，对新提拔的科级干部开始实行试用期制度。

1993年4月，市人民保险公司制定《淮阴保险系统领导班子建设考核评比办法》《劳动人事制度改革有关规定》，劳动人事制度改革重点是对全辖各分支机构领导班子进行考核评比；对经理室实行经理助理制；对股以下干部职工试行聘任制，奖金分配按目标任务、工作质量、服务水平等进行考核兑现。经年终考核，全辖干部职工奖金分配初步拉开一定的档次。

1994年，市人民保险公司加大用工制度改革的力度，在全辖各分支公司全面实行工资、奖金与效益挂钩的“岗位业绩工资制”，进一步拉开干部、员工工资、奖金收入分配档次。对一般干部试行优化劳动组合，在过去实行的试用制的基础上，推出用工责任制，并实行临时用工制度。市公司制定《关于职工内部待业、限期调离、辞退的规定》，并开始在全辖实施。

1995年，市人民保险公司出台《人事制度改革意见》，全辖全面试行股以上干部聘任制；对一般干部（工人）实行竞争上岗；对全系统工人实行劳动合同制。6月，改革专业技术干部管理办法，实行评、聘分开，考、聘分开；下半年，改革全辖职工薪酬分配办法，使职工收入与单位效益和本人工作实绩挂钩，并对大部分支公司实行浮动工资制或风险抵押金制度。南京人寿保险公司淮阴代理处年初成立后，立即开始深化干部、用工、分配制度改革，在全辖实行全员聘用制，对负责人实行逐级聘任制。8月，市太平洋保险公司淮阴办事处成立后，探索实行内部评级制度。四季度，开始定期对各单位的经营管理状况进行考评，把单位留成、领导奖励、员工收入与单位经营成果相挂钩，做到奖优罚劣。12月，市平安保险公司淮阴办事处成立后，开始执行《寿险营销人员奖惩制度》，劳资分配采用职级薪金和佣金两种分配制度。

1996年，市太平洋保险公司、平安保险公司淮阴办事处从年初开始，先后实行目标管理和岗位责任制，实行竞争上岗，领导干部定期轮换、离任审计制度。2—3月，两公司先后改革完善绩效分配制度，全体员工试行工资与业绩、效益挂钩的绩效分配办法。在确定员工工资结构后，将全年浮动工资和年终奖金根据业绩大小进行分配，每月或季末视其目标任务完成情况、险种结构、员工考核结果计发工资。是年，平安保险公司淮阴办事处改革用工用人办法，在辖内实施亲属回避制度，推行“寿险精英高峰会议制度”，每年表彰全辖顶尖业务人员和突出贡献人员。太平洋保险公司淮阴办事处在辖区内实行全员劳动合同制。9月，经分业经营改革而刚成立的市中保财产保险公司、市中保人寿保险公司，开始实行上级公司制定的用工、劳动及分配制度，在全辖推行职工双向选择和竞争上岗制，实行新人试用制和内部待业制。两家保险公司还先后向基层单位推行目标考核责任制，在全辖集中建立奖励基金，按季实行“工效挂钩”的奖金分配办法。

1997年，市中保财产、中保人寿保险公司先后实行全员劳动合同制的用工制度改革。两公司分别用两个月时间，制定系统内实施劳动合同制方案，举行县(市)区支公司经理室成员及市区职工劳动合同签约仪式，两公司总经理分别与下辖支公司和市公司职工代表现场签订劳动合同。这项合同的签订是在辖内员工平等自愿、协商一致的情况下进行的。在分配制度改革上，两公司都采用定量考核方式，把单位按经营规模分成等级，个人按工作业绩定等级。在各分支公司实行类似“小额固定，大额浮动，按人考核，按月兑现，总量控制，按人统计”的收入分配制度，其中对展业人员按全年实收保费、业务技能进行考核分配，主任、业务经理、业务职级，分档次进行劳动薪酬分配。是年，市平安保险公司对原有管理人员采取统一下岗，放开管理岗位，按照“能者上，庸者下”的用工原则，面向全体员工公开招聘中层干部。

1998年，通过学习外单位的经验，市中保财产保险公司进一步改革人事用工和分配制度。年初，市公司在执行上年《关于人事用工和分配制度改革的暂行规定》的基础上，采取择优扶持的原则，实行收入分配向业务发展快、效益好的单位倾斜，向业务骨干和高管人员倾斜，推行“外勤工效挂钩，内勤岗位年薪”，以及机关人员岗位工资等分配制度。全面推行外勤人员收入与保费、利润挂钩；内勤人员收入与岗位责任、工作量、工作效率及单位业务进度挂钩；机关人员收入与工作实绩、目标责任挂钩的考核方法，确保全年公司保费收入快速发展。市中保人寿保险公司实行三级员工制，把全体在编员工和聘用员工按学历、职称、工作岗位、工作能力和年度考核结果进行个人定级定档，每一级分三档，共有三级九档。实行同级考核比较的绩效分配制度。该公司还实施干部择优聘任制，实行行政级别与实际聘任职务分离的做法。市平安保险公司实施干部提升资格考核制度，在淮阴保险业首先实行强制休假和指导人责任制度。市太平洋保险公司全面开始实施竞聘上岗、双向选择的用人用工制度。

1999年，市人民保险公司继续加大人事用工及分配制度改革力度。在分配制度上，按照“绩效优先，兼顾公平”的原则，探索分配制度改革新路子，在考核经营成果上突出业务量“人均”意识，加重活工资与任务、效益挂钩的份量；市中国人寿保险公司完善绩效考核管理办法，实行“日均”考核，加强业务费用控制，有效地降低经营成本。在全辖推出的三项制度改革基础上，重点在市公司机关内部，进行人事、用工、分配等制度改革；市太平洋保险公司对干部的提升制度进行改革，规范提升标准和选拔、培训、锻炼、考试、考核等程序，保证中层干部的素质满足管理需要；市平安保险公司改革对中层干部考核管理办法，实行廉政考核“一票否决制”，并对考勤、考绩规定奖励和扣分办法，完善对业务人员“业务员业绩考核”和“业务岗位考核”办法，进一步加大对销售人员薪酬考核奖惩的力度。

市人民财产保险公司加强人事制度改革，实行管理人员竞聘上岗

2000—2002年，全市各保险公司通过深化人事制改革，使一批年轻有为的员工脱颖而出，走上管理岗位。3年间各产、寿险公司对单位自身的人事、用工、分配等制度改革进行大胆探索。各保险公司全部实施竞聘上岗，同时建立末位淘汰制。有的公司尝试对素质偏低的员工进行清退；有的打破用工界限，从非正式职工中选拔人才充实到领导和管理岗位；有的公司对一些年纪大的职工实行内部退养；有的公司实行经营机构内部等级评定，对市公司经理实行年薪制；有的通过完善岗位责任制，改进以岗位工资为主的分配制度，并按职工业务贡献大小以较大差额拉开绩效分配档次。2002年年末，市平安保险公司分业经营后，财产、人寿保险公司加大人力资源改革力度，在全市保险业中率先实施新的绩效管理与人力资源规划方案，推行干部胜任素质模型，加强潜力干部队伍培养，制定新的薪酬分配方案，加入全国统一的薪酬福利管理信息系统。

2003年，市中国人民保险公司、中国人寿保险公司完成股改上市，成功进行了分支公司机构人员重组，制定科学的重组方案，两公司分别建立人员流动机制和人才选拔机制。结合股改，两家公司对人力资源管理体系进行整体设计，并在薪酬制度、岗位设置、绩效管理等方面取得新的进展。人力资源改革，主要在业务经营单位内设管理岗、技术岗、事务岗，取消员工原有的干部和工人身份，实行重新竞聘上岗，员工薪酬由等级工制改为岗位年薪工资制。是年，市太平洋财产、人寿两家保险公司，市平安财产保险公司、市中国人寿保险公司也分别对自身内设机构进行重组，重组中进一步深化人力资源改革。市太平洋财产保险公司进一步完善辖内分支机构管理人员考核体系，深化管理人员的选拔任用制度改革，培养与使用年轻管理人才。同时进一步深化薪酬体制改革，推行长效激励机制，实行契约薪酬制试点；市太平洋人寿保险公司稳步推进用人和薪酬制度改革，加大人才培养，提升各机构人力资源整体素质。市平安财产保险公司、市中国人寿保险公司在集团公司推行“执行官问责制”的基础上，分别在各自系统推进“主管问责制”，优化组织架构和人员配置，以巩固人力资源竞争优势。成立一年时间的市天安保险公司和当年刚成立的市中华联合财产保险公司采取人才本土化及内外地结合用人政策，以改革创新的经营理念和管理方法，感召和吸引社会精英，投身到自己公司工作。两家保险公司先后出台一系列适应淮安市场运作的薪酬分配制度，费用向一线倾斜，改进和完善系统内推行的“工效挂钩”分配办法，探索以绩效为核心、灵活实用、具有较强竞争力的分配激励机制。

2004年，市中国人民保险公司、市中国人寿保险公司不断巩固和发展股份制改革成果，继续稳步推进人力资源改革。市中国人民保险公司从年初开始革新业绩考核办法，建立以关键指标为核心，以业绩合同为依据的业绩管理体系。改革薪酬制度，坚持以岗位定薪酬、以责任定薪酬、以业绩定薪酬的原则，建立以岗位评优为基础、以业绩考核为依据、符合淮安保险市场运作适应竞争要求的薪酬制度；市中国人寿保险公司一季度建立与上级统一规范、精简高效的组织架构，明确岗位职责、优化人力资源配置，随后又改进全辖绩效和薪酬管理办法；市中华联合财产保险公司从1月份开始在辖内实施竞争上岗，加快全辖用人制度改革的步伐。2月，在制定薪酬制度的同时，建立补充养老保险制度，即“企业年金”制度。刚成立的泰康人寿保险公司淮安营销部和大地财产保险公司淮安营销部改革原系统内传统用工办法，公开招聘多名年富力强、富有经验的业务及管理型人员，初步搭建公司领导、中层干部知识型、经验型有机配合的多元化人才队伍结构。

2006年，市平安财产保险公司、市中国人寿保险公司，市大地财产保险公司先后在各自辖区内实行经营问责制，问责结果与问责对象的薪酬和职务晋升挂钩。市太平人寿保险公司、市安邦财产保险公司和市华安财产保险公司、市阳光财产保险公司从一季度开始在各自系统有选择的探索试行劳效激励奖惩办法。新成立的几家保险公司加大费用资源向一线倾斜，落实基层福利政策和打造长效激励机制。向全辖推广用工分配制度改革，规范和完善劳动用工机制，优化队伍结构，健全和完善适应新公司发展的激励约束机制。市太平洋财产、人寿两家保险公司也加快用人用工和薪酬制度改革，在建立健全公司业绩评价体系的基础上，完善以经营绩效为主导的基层机构经营管理等级考核制度，不断加大干部职工薪酬与经营绩效的关联度考核力度。

2007年，市泰康人寿保险公司通过启动人力资源改革项目，引入外部咨询公司，对自身组织架构和岗位职责进行重新梳理，自上而下完善部门条线的责、权、利相联系管理模式。在上级公司引领下，该公司优化资源配置结构，按照业绩及分支机构所处不同发展情况，实行差异化管理，并以投产比为支点，将资源向公司业务部门和基层一线网点倾斜。是年，市太平洋人寿保险公司所有岗位取消干部和工人身份，员工薪酬一律由岗位性质、岗位职级、业绩决定，彻底打破大锅饭现象。公司内勤人员、银保客户经理、续收专员实行劳动合同制，营销代理人与公司签订代理制合同，公司管理人员一律竞聘上岗，实行“双向选择”。

2008年，市太平洋人寿保险公司再次推行人力资源改革，在上级公司整体框架内，确立绩效挂钩奖励实施办法，理顺组织架构、职位体系和培训管理体系，落实部门职责、关键流程、职位说明的编写和确认，将全

淮安市人民财产保险公司选聘大学生村干部文考现场

年目标具体分解到人到岗。市泰康人寿保险公司深化人力资源改革，建立专业和管理岗位序列，建立员工职业生涯发展通道，建立适合自身发展的薪酬岗位评估和流程，重新设计薪酬体系，通过改革激励员工在公司长期发展的信念。刚成立的市渤海财产保险公司，通过改进原系统内员工绩效考核办法，试行平衡计分卡为工具的绩效考核，运用过程管理、全员参与、逐级打分、综合评定等手段，促进全年岗位目标、部门目标、公司总目标的实现。同时运用考核结果建立优胜劣汰选人用人机制，在干部选拔和调整、员工流动的过程中，体现考核政策的倾斜。刚成立的市都邦财产保险公司在本系统内创新绩效考核，对部门及负责人进行准确评价，推行适合本公司的绩效管理和激励制度，提升全公司经营管理能力。全市保险业各机构的人力资源及分配制度的不断改革和完善，促进全市保险业务的快速稳步发展。2008年，全市保险业机构实现保费收入达21.97亿元，比上年增加5.73亿元，比保险改革初期的1991年增长40倍。

第三章　财产保险

财产保险主要包括企业财产保险、家庭财产保险、机动车辆保险、船舶保险、货物运输保险、农业保险、涉外保险、责任保险、信用保险，及其他保险等。市人民保险公司淮阴代理处与新中国一起诞生，开始办理部分财产险业务。由于受政治因素影响，1959年停办。1980年，中央提出以经济建设为中心的指导方针，市人民保险公司开始恢复并独家开办保险业务。1995年之前，在市人民保险公司独家经营期间主要开办前六大类17个险种的财产保险业务。1996年之后，随着第一部《中华人民共和国保险法》的颁布实施，保险业改革逐步深化，全市保险公司主体发展多元化以后，保险业务市场全面放开，各财产保险公司充分发挥市场主体作用，积极参与市场公平竞争。至2008年年末，开办的险种从6大类增加到十大类之多，保费收入也从市人民保险公司独家经营最后一年1995年的8578万元增加到2008年的5.22亿元。淮安市财产保险市场的快速发展，促进了地方经济的健康快速发展。

淮安市人民政府召开全市保险工作会议

第一节　概　况

1991—1995年,主要由市人民保险公司独家承办全市的财产保险业务,在当时特定的经济发展时期,主要承办企财险、家财险、运输工具险、货运险、船舶险、农业险等险种,由于只有市人民保险公司一家,缺乏竞争主体,业务办理有时带有强制性质,保费收入在许多情况下是利用行政约束力来实现。1995年下半年起,随着保险制度改革,财产险公司主体逐步趋于多元化,年底前就有太平洋、平安两保险公司到淮阴开展业务。这一时期,全市企业面临改制,改制后企业资产规模和资产结构都发生较大的变化,由于资产被兼并、分割和转轨,直接影响许多老保户续保和投保取向。在这困难时期,保险公司想方设法动员企业参保,尽可能为各类企业保驾护航,较好发挥了财产险的社会稳定器作用和分散风险的功能。2002—2005年,淮安财产险公司又新增了天安、中华、大地、安邦4家保险公司分支机构,这一时期同业之间业务竞争进一步加剧,促使各财产保险公司服务手段不断改进,管理机制不断完善。市人民保险公司等老牌财产保险公司在巩固传统险种业务的同时,先后淘汰了船舶险、农业险和涉外险。各新老财产保险公司为了适应地方经济快速发展对财产险险种产品的需求,不断推出新险种,先后开办了责任险、保证险等险种,各财产保险公司积极参与的公平市场竞争,业务总量逐年稳步上升,财产险的抗风险能力和盈利能力进一步加强,客户的保险意识也随之提升。全市财产险业务得到快速发展,特别是机动车辆险的发展更为强劲,并成为各财产保险公司的第一大发展险种。全市各险种业务总量逐年大幅增

2004年3月17日,淮安市财产险工作座谈会

加。2006—2008年起先后有华安、阳光、人寿、渤海、都邦5家财产保险公司到淮安开展业务。到2008年年末，全市财产保险公司累计达12家，初步形成多家财产险公司公平竞争、共同发展的市场格局。承保金额达3160.15亿元，承保件数7.14亿件，赔付3.49亿元，综合赔付率为66.3%，财产险业务保费收入达5.22亿元，是1991年的16倍，保持了年均20%以上的增长速度，较好发挥了财产保险的社会稳定器作用和分散风险的功能，为地方经济健康快速发展提供保障。

表3-1　1991—2008年淮安市财产险各险种保费收入情况表

单位：万元

年份（年）	合计	企财险	家财险	机动车险	货运险	船舶险	农业险	责任险	保证险	人意险	健康险	涉外险	其他险
1991	3323.8	671.5	176.9	975.3	211	96.6	201.6	—	—	—	—	125	865.9
1992	6151.2	1145.5	239.7	1551.3	322.8	87.1	440.5	—	—	—	—	178.9	2185.4
1993	5654	1563	220	2273.5	413.3	134.2	366.5	—	—	—	—	219.6	463.8
1994	5167.7	1328.3	274.7	2443.1	326.4	128.1	51.3	—	—	—	—	246.5	369.3
1995	8577.9	2650.2	376.6	3464.2	397.1	155.3	200.5	—	—	—	—	517.2	806.8
1996	9579.6	3158.6	506.1	4163.1	466.3	132.3	78.3	622.7	1.1	38	—	335.6	77.5
1997	10781.2	4076	395.6	4965.1	634.6	73.4	36.4	363.8	83.9	39	—	—	115.4
1998	10602.3	3398	496.4	5387.6	717.2	60.1	34.5	241.3	—	42	—	—	225.2
1999	11910.3	3418.4	432.9	6650.7	761.1	68.2	83.1	303.2	132.1	—	—	—	60.6
2000	13393.3	3430.7	381.7	8044.6	813	85.9	20.6	502.7	—	56.9	—	—	57.8
2001	15587.9	4012	433.6	9232.1	948.4	121.6	5.7	716.2	20.8	—	—	—	97.5
2002	17742.6	4196.3	477.7	10488	1042	98	2.5	1135.9	214.5	—	—	—	87.7
2003	19347.7	4189.1	478.6	10851.3	1157.9	96.6	24	1090.8	500.7	829	9.4	—	120.3
2004	24030.1	2968.9	714.5	17015.8	819	153.9	14	761.7	75.1	1157.3	—	—	349.9
2005	28996.2	3159.5	513.6	20714.3	667.4	433	253.4	1319.5	154.2	1575.1	34.8	—	171.4
2006	33335.4	3322.5	380.2	24266	860.7	—	—	1231.9	194.5	2177	26.9	—	875.7
2007	42451	3842.9	663.1	32621.3	795.5	—	—	1413.7	113.8	2047.2	214	—	816.3
2008	52195.9	4362.2	554.8	39564	858.2	—	—	1656.4	177.2	3497.1	343.3	—	1182.7

表3-2　1991—2008年淮安市各财产保险公司保费收入情况表

单位：万元

年份（年）	合计	人保产险	平安产险	太平洋产险	天安产险	中华产险	大地产险	安邦产险	华安产险	阳光产险	人寿产险	渤海产险	都邦产险
1991	3323.8	3323.8	—	—	—	—	—	—	—	—	—	—	—
1992	6151.2	6151.2	—	—	—	—	—	—	—	—	—	—	—
1993	5654	5654	—	—	—	—	—	—	—	—	—	—	—
1994	5167.7	5167.7	—	—	—	—	—	—	—	—	—	—	—
1995	8577.9	7783.9	188	606	—	—	—	—	—	—	—	—	—
1996	9579.6	8642.6	623	314	—	—	—	—	—	—	—	—	—
1997	10781.2	8865.2	1118	798	—	—	—	—	—	—	—	—	—
1998	10602.3	9412.5	347	842.8	—	—	—	—	—	—	—	—	—
1999	11910.3	10051.3	855	1004	—	—	—	—	—	—	—	—	—
2000	13393.3	11006	1071	1316.9	—	—	—	—	—	—	—	—	—
2001	15587.9	12136.2	1522	1929.7	—	—	—	—	—	—	—	—	—
2002	17742.6	13278.3	1862	2348.3	254	—	—	—	—	—	—	—	—
2003	19347.7	14176.4	1458.8	2829.8	882.7	—	—	—	—	—	—	—	—
2004	24030.1	13418.8	1488.7	3243.3	1319.1	4067.5	492.7	—	—	—	—	—	—
2005	28996.2	15025.2	2075.3	3247	1316.9	6213.8	748.8	369.2	—	—	—	—	—
2006	33333.2	16098	2787	3823.2	1722	6004	682.3	1092.8	816.7	307.2	—	—	—
2007	42451	19388	2953.4	5455.4	1758.1	7970.2	1525.5	1830	438.2	1132.2	—	—	—
2008	52194.8	21578	3596	6463.7	1661.2	8359.7	1229.8	1253.3	109.3	756.2	5538.2	651.2	998.2

第二节　企业财产保险

淮阴人民保险公司在独家办理企财险业务期间，业务范围覆盖包括乡镇企业在内的所有企、事业单位，险种也逐步系列化。

1991年，市人民保险公司在拓展企财险业务方面主动早做工作。为了摸清企事业单位的实际情况和投保能力，先后开展“三查一上门”活动，即查资产、查账册、查资金、上门服务。重点关注企事业单位经营状况，利用企业生产回升时机做好企业投保的动员工作，推行加成承保和附加险。针对企业资金运行状况及时调整续保期，基本达到老保户保全保足和按期续保的目的。由于工作做得早、细、实，全年实现保费收入 671.5万元，较上年增加8.5万元。

1992年，市人民保险公司把抓好未保和脱保企业的承保，作为企财险工作重点，全面提高承保企业固定资产加成比例和加大企业账外资产承保比重，发展机器设备损坏险和附加盗窃险等企财险附加险，业务发展取得显著突破。表现突出的盱眙支公司，针对辖内粮食系统7个粮油工业企业，往年成为保险死角，无一投保的状况，运用1991年大灾中的典型案例做宣传动员，引起粮食企业的重视。主管部门下文要求粮油工业办公室协助保险公司做好下属单位的投保工作，当年仅粮食系统就增收保费15万元。是年，全市共承保企财险2155户，收入保费1145.5万元，比上年增加474万元，增长41.4%。清浦办事处、淮安（现楚州区）、盱眙、金湖等支公司企财险保费收入均超过百万元，分别为385.5万元、128.6万元、123.2万元、119.5万元。与此同时，在费率执行方面，市、县人民保险公司按照工业险、仓储险、普通险三类，认真执行《中国人民保险公司企业财产保险费率表》。

1993年，市人民保险系统继续巩固老险种，努力开拓新保户、新保源。为了给全市大中型企业提供企财险全方位的配套服务，根据企业的实际情况，在全辖先后开办了企财系列保险，包括企财基本险、雇主责任险、机器设备损坏险、企财附加盗窃险、管道爆裂意外损失险及生产（营业）中断工资保障险，及企财产险附加“三停”责任保险等系列险种。由于工作措施扎实得力，在当年企业经营并不景气、承保总户数减少的情况下，保费收入反而增加。全年企财险保费收入达1563万元，增幅为26.7%。保费增长额较大的有淮阴、盱眙两支公司，增幅分别为58%、55%。

1994年，市人民保险公司在总结上年成功经验的基础上，创新和改进承保方式，采取深化和拓展“一揽子”保险的办法，即主附险一并宣传、一并承保、一并收费，既扩大了当年附加险承保面，又减缓了企财险下滑的趋势。尤其是市区的“两办一部”，通过采取公关和举办联谊活动，密切了企业关系，并将任务分类划片包干到人，有效地稳住了老保户，发展了新保户。但由于受企业改制、经济发展状况不佳等因素影响，辖内各分支机构保费收入发展不平衡。全年全市企财险实现保费收入1328.3万元，较上年下降234.7万元，降幅达17.7%。尤其是市区影响较大的清河办事处、清浦办事处企财险保费收入降幅分别达99%、44%，盱眙县支公司下降18%。金湖、洪泽、淮阴县支公司增幅较大，分别为32%、27%、36%。

1995年下半年，保险体制实行市场化改革，出现保险主体多元化。中国平安、太平洋等财险公司先后来到淮阴市设立机构，从此打破市人民保险公司独家经营财险业务的格局，同业竞争中各公司首争企财险业务这个大蛋糕。市人民保险公司为巩固原有阵地，在费率浮动、无赔偿优待、防灾费使用方面给基层公司一定的自主权。包括对企业实行分片包干、签订保险合约、提前续保等办法来稳住保险阵地；在企财险承保上，搞"一揽子"保险，加大加成和附加险比例，在深度、广度上挖潜；在展业范围上，打破区域界限拓展疑难户和未保户。为了充分调动员工的展业积极性，各支公司还根据自身实际情况制订奖惩措施，增强员工参与竞争和开发业务的积极性，收到一定效果，年末实现保费收入2110.2万元，比上年增长37%。市太平洋保险公司淮阴办事处、平安保险公司淮阴办事处开业后，将企业财产险业务作为前期发展的当家产品，通过多种手段及各种措施争揽企业财产险业务，两公司当年分别实现保费收入388万元、152万元。是年，全市企业财产险实现保费收入2650.2万元，比上年增长49.9%。

1996年，新的《中华人民共和国保险法》颁布实施，按照保险体制改革实施方案的要求，中国人民保险公司实行产、寿险分业经营。9月8日，市中保财产保险公司正式成立。由于全市行政区划调整，市中保财产保险公司的展业范围和业务规模与原来相比大大缩小。面对和其他公司激烈竞争的局面，市中保财产保险公司通过巩固老保户、发展附加险，尽最大努力减少业务流失，在抓巩固中保份额求发展。太平洋保险淮阴办事处和平安保险淮阴办事处，抓住企财险营销机遇拓展业务，主攻经营企业的厂房、建筑物、机器设备、仓储物资、办公设施等范围的财产保险，参与财险市场竞争。但两办事处由于机构成立时间短，其企财险市场占有份额较小。

是年，全市企业财产险实现保费收入3158.6万元，比上年增长16%。其中，市中保财产保险公司实现保费收入2517.6万元，比上年增加407万元，增幅达20%；平安淮阴办事处实现保费收入598万元，比上年增加445万元；太平洋淮阴办事处实现保费收入314万元，比上年下降292万元。

1997年，全市各财产保险公司都把企财险业务作为当家险种来发展，企财险业务逐步增长。市中保财产保险系统抓住市人民银行清理整顿保险市场的有利时机，在不断扩大的资产增量中寻求新保源，积极拓展业务，提高以机损险为主的附加险承保面，从中寻求新的增长点，扩大市场占有份额。市平安保险公司通过企财险营销，争取到清江钢铁厂、清江石化厂、清江棉纺厂、清江化肥厂等一批大中型企业参保，承保范围有基本险、综合险、一切险等。市太平洋保险公司在撤销8个县级代理处的情况下，将工作重点向市区转移，重点对市区大中型企业寻求突破，使企财险业务收入不降反升。

是年，全市企业财产险实现保费收入4076万元，比上年增加917.4万元，增幅达29%。其中市中保财产保险公司2888万元，比上年增加371万元；市平安保险公司912万元，比上年增加314万元；市太平洋保险公司276万元，比上年增加233万元。

1998年，由于全市企业开始大面积的产权制度改革，进行资产重组，许多老保户资产被兼并、分割或转轨，直接影响续保时的投保取向及保险金额。部分企业改制后核算意识增强，对投保行为进行重新审视，对条款和费率等保险要素提出了更多的要求，企业拖欠保费现象也趋于严重。对此，市中保、平安、太平洋三家财产险公司积极展开营销工作，采取以下措施：调整公关对策，实行有针对性的灵活展业；各公司明确各岗位责任，分片包干，重点户由公司领导负责，企业大户由分管领导负责，中型及零散小企业落实到部门，责任到人，在内部放开经营；全力挖潜，在保全保足和营销附加险上下功夫。尽管如此，全年企财产险保费总收入与上年相比仍有所下降。

是年，全市企业财产险保费收入3398万元，比上年下降678万元，降幅达17%。其中，实力较强的市中保财产保险公司2897万元，比上年增加9万元；市平安保险公司比上年下降658万元；市太平洋保险公司比上年下降29万元。

1999年，全市各财产保险公司营销人员应对企业改制后资产规模和资产结构发生的变化，以及保险企业之间相互竞争激烈的情况。市中保财产保险公司措施灵活，方法多变，以增量调整存量，以新保弥补脱保。同时，重点抓稳定，抓巩固，力求阵地不丢，份额不减，将业务发展的不利因素降到最低点，努力遏制企财险保费收入滑坡的局面。经过努力，保费收入虽然比上年有所下降，但降幅低于全省系统平均水平。市平安保险公司全年通过安排几个专题月营销活动，展开一系列宣传和展业攻势，促进了公司企财险业务的稳步发展。市太平洋保险公司面对上半年企财险保费收入有所下滑的态势，调整展业策略，下半年开拓了电力、高速公路、建工险等新市场，努力在扩大增量中调整险种结构，把提高承保质量放在首位，坚决淘汰赔付高、效益低、质量差的险种，使企财产险保费收入稳中有升。

是年，全市企财险保费收入3418.4万元，比上年增加20.4万元。其中，市平安保险公司增幅较大，比上年增加197万元；市太平洋保险公司比上年增加35万元；市人民财产保险公司比上年下降212万元。

2000年，全市工业企业经济效益不佳，一部分企业仍在改制，各财产保险公司展业的难度依然比较大，财产险市场竞争更加激烈。市人民财产保险公司面对市太平洋、平安两家财产保险公司的强劲营销攻势，将企财险作为突出险种来抓，一方面巩固阵地，一方面全方位挖潜。采取一厂一策或一类一策跟踪服务，分级展业，强化续保；积极开辟中小企业市场，开发新的增长点，努力做好行政事业单位和新工程、新项目的承保工作。是年，新投保企财产险的单位达108家，收入保费231.6万元。市太平洋财产保险公司全年加大对重点企业江苏韩泰集团轮胎有限公司、市供电公司等项目公关力度，参与企业保险招标，努力争得新保额，特别是在对江苏韩泰轮胎有限公司的营销过程中，碰了很多钉子。但凭借锲而不舍的精神和诚信、热情的服务，赢得了12万美元的企财险保费收入。

是年，全市企业财产险保费收入3430.7万元，比上年增加12.3万元，其中，市太平洋财产保险公司385.7万元，比上年增加103.7万元，增幅达27%，居各财产保险公司之首；市平安保险公司473万元，比上年增加22万元；市人民财产保险公司2572万元，比上年下降113.4万元，降幅为4%。

2001年，全市各财产保险公司在面临企业财产险业务相互竞争降费、行业统保、企业自保、资产重组等环境影响下营销展业，全年全市保费收入实现较大增长。市人民财产保险公司为扭转上年企业财产险份额下降的态势，在有限的保源空间里狠抓巩固和挖潜。分、支公司普遍采取划分层次，分级展业的营销方式，将保费3万元以上大企业控制在经理层，实施重点公关，市区较好地巩固了淮钢集团、清江合纤厂、华能电厂等大型企业的业务阵地。盱眙、楚州区稳固了军工集团、水泥集团、盐化企业的承保，并增收了保费。在坚持保全保足的同时，注重挖掘承保潜力，洪泽支公司做好南风集团、化工集团的保险建议工作，改分厂分散投保为总厂集中投保，一次签单就达95万元。

市太平洋财产保险公司年初就对企财险等多方面业务进行排查，寻找薄弱环节，落实责任目标，并以大客户、大项目为突破口，全年紧盯目标不放松。先后成功争取到安邦电化集团技改项目，增收保费30余万元；主承保淮阴电厂70%的企财产险份额，增收保费77万元；独家承保江苏韩泰轮胎股份公司企财险，增收保费104万元。该公司还制定了奖惩激励措施，激发了业务人员营销积极性，先后与市烟草专卖局、市建工局、淮阴工学院、淮安外国语学校等多家单位建立业务合作关系，全年保费收入达160余万元，其中市烟草局一笔就高达96万元。另外，在得知清江石化厂购置锅炉催化裂化装置设备后，业务人员利用较短时间多次“公关”，赢得72万元的保费收入。

市平安保险公司为扭转企财产险下降趋势，组织专人对大企业进行专项公关，对新建企业，将责任落实到人，并通过个人代理人争取零散户小型企业投保。为了降低风险，该公司对企业财产险的承保结构进行了调整,限制机损险及年年受灾企业的投保,这也导致年底该项保费收入的下降。

是年,全市企业财产险保费收入4012万元,比上年增加582万元。其中,市人民财产保险公司2847万元,比上年增加275万元;市太平洋财产保险公司714万元,比上年增加328万元;市平安保险公司451万元,比上年下降22万元。

2002年,市天安保险公司进驻淮安产险市场,全市承办企财险公司发展至4家。随着地方经济的发展,市各财产保险公司抓住发展机遇拓展企财险市场,努力扩大份额占比。市人民财产保险公司在继续抓巩固挖潜的同时,以大保户为突破口,带动效益性的企业财产险、新工程险等业务的发展。全年成功承保30余家大中型企业单位,企财险对整体业务增长起到关键性的支撑作用,使得公司牢牢占有全市市场份额的主导地位。

市平安财产保险公司在企财险业务量下滑、业务发展压力大的情况下,注重加强服务,强化公关,突出业务亮点,为一部分骨干企业和重点项目提供优质保险服务。年末,该险种保险收入基本稳定在2001年的水平。

市太平洋财产保险公司针对上半年企财险出现下滑的态势,及时布点扩大营销机构。8月15日,下属的6个营销服务部正式成立。三季度,辖内所有县区企财险业务均全面开展,随着服务区域的拓宽,企财险业务下滑的态势得以遏制。

市天安保险公司7月8日成立后,不搞无序竞争、压价竞争,做到无效益市场不拓,无收益的业务不揽。开业第二天就为江苏淮阴新华印刷厂出具了第一份企财险保单,收入保费18.77万元。

是年,全市企业财产险保费总收入4196.3万元,比上年增加184万元,其中,市人民财产保险公司3046.2万元,市场份额达72.6%;市平安财产保险公司449万元,比上年下降2万元;市太平洋财产保险公司621.3万元,比上年下降93万元;市天安保险公司成立半年就实现保费收入79.8万元。

2003年,各财产保险公司调整企财产险结构,采取多项措施,有保有压，控制风险，降本增效。市人民财产保险公司集中精力抓重点行业和大型企业的保险稳固工作，市、县两级公司密切与重点客户、黄金客户的关系，积极参与保险招标，市公司成功承保淮阴卷烟厂，稳固续保了市石化厂、化纤厂、南风集团、化工集团、今世缘、爱特福等大中型企业，争取保费收入400余万元。

市平安财产保险公司重视业务发展质量，对企财险进行较大的业务调整。压缩一部分较差企业投保，导致保费收入出现较大幅度的下降，但业务总量发展较好，综合业务指标排名全省系统第一。

市太平洋财产保险公司采取严格限保措施，对金风集团、韩泰集团等几家风险较大的企财险业务，削减承保比例。对供电企业和效益好、风险小的企业加大营销公关力度，坚持不放过每一个大项目的营销，并促成了市供电局、发电厂、安邦集团等企业的续保，3家企业分别增加保费收入265万元、120万元、78万元。由于采取较好的风险控制措施，财产险业务结构得到进一步优化。

市天安保险公司采取向优质险种倾斜的政策，提高企财险效益性业务量的占比。同时加快县区营销服务部的发展，使竞争力得以提高，小企业企财险份额逐渐增大，实现保费和效益的同步增长。

是年，全市企业财产险保费收入4189.1万元，比上年下降7万元，主要是市平安财产保险公司比上年下降了198万元。其余3家公司均有所增长，其中，市人民财产保险公司比上年增加155万元，增长居3家公司中最多。

2004年，市中华财产保险公司和大地财产保险淮安营销部入驻淮安，全市财产保险公司发展至6家，全市企业财产险业务竞争进一步加剧。由于各企事业单位实行招标参加保险，导致承保的大企业企财险费率下浮过快，保费出现大量“缩水”的情况。为采取有效的对策，全市各财产保险公司注重开辟中小企业财产险业务，加强对新开工企业的市场营销。

市人民财产保险公司努力化解企财险“缩水”的负面效应，实施分类指导，促进县区业务的较快增长。市区单位则重点采用适销对路措施，在巩固老保户的基础上，抓中小企业及新业务拓展，遏制骨干企业企财产险业务下滑局面。全辖年承保企财险1409户，保费收入1852万元，拓展新企业企财险80万元。尤其是盱眙、洪泽、金湖等县支公司业务发展较好，增长率分别达到14%、7%、5%。

市平安财产保险公司由于主动淘汰无效的企财险业务销售，企财险保费收入继续下降。市太平洋财产保险公司适应竞争形势，为了能够在全市6家财产险招投标保险中占据一席之地，公司继续打造优质服务品牌，取得一定的成效。是年，县区两级营销服务部，加大对企业的企财险销售政策的支持，县、区业务呈现较好的发展势头。市天安保险公司提升企财险营销水平，全年企财险保费收入比上年同期增长53%。市中华、大地财产保险公司在开业不到一年时间内，通过与大公司签订"一揽子"捆绑协议，推动企财险业务增长，既扩大了影响又赢得了客户。

是年，全市企业财产险保费收入2968.9万元，比上年下降1220.1万元，下降的主要原因是由于市人民财产保险公司受市场竞争的影响，公司保费收入1852万元，比上年下降1348.9万元。其他2家老牌公司也有不同程度的下降：市太平洋财产保险公司594万元，比上年下降36.9万元；市平安财产保险公司175万元，比上年下降76万元。新成立的市中华、大地财产保险公司分别实现保费收入119.1万元、66.1万元。全年增速较快的市天安保险公司企财险业务发展平稳，保费收入稳步上升到162.3万元，比上年增加56.4万元。

2005年，全市各财产保险公司系统各自经过几年的险种结构调整，财产险结构进一步得到优化，随着全市企业经营情况的好转，企财险业务也呈现增长的势头。

市人民财产保险公司继续加大对效益型险种的拓展，通过拆分营销管理部的职能，把企财险等业务转化成效益型、规模化的业务，以人身意外险为主体的分散性业务作为突破口，制定分险种激励措施，采取业务竞赛、实行费用和手续费倾斜，做大企财险规模。该公司还针对大工程、大项目成立专门竞标团队，专门策划，专业打造，成功获取淮阴卷烟厂、淮钢公司、淮阴电厂等多宗大型保险招标业务。

市太平洋财产保险公司受到消化华能淮阴电厂、清江石化等优质大客户的政策性脱保300万元的影响,在困难情况下,继续挖掘新的保源,成功营销江苏韩泰轮胎股份公司,企财险保费收入90万元。加之华尔润集团20万元等个别新兴企业的保费介入,有效减轻了脱保对大集团新增业务造成的影响。

市平安财产保险公司通过加大房地产开发企业营销力度,扭转了企财产险业务连续4年下滑的态势。市天安保险公司把10万元以上的企财产险作为大户,集中力量重点营销公关,虽取得一定成效,但在拓宽展业渠道方面缺乏新的增长点。全年企财险保费收入比上年下降54%。市中华、大地财产保险公司年初制定发展攻略,加强营销队伍建设,培养营销骨干,积极抢占市场,全年企财险实现了较快的增长。安邦财产保险公司淮安营销部7月登陆淮安市场后,企财险经营日趋规范。

是年,全市企业财产险实现保费收入3159.5万元,比上年增加190.6万元。其中,市人民财产保险公司1977万元,比上年增加124.6万元;市太平洋财产保险公司651.7万元,比上年增加57.7万元;市中华、大地两家财产险公司实现保费收入分别为139.5万元和112.2万元;市安邦财产淮安营销部开业后实现保费收入11.5万元。市天安、平安两公司保费收入出现下降,分别比上年下降54.7%、4%。

2006年,华安财产保险公司、阳光财产保险公司先后进入淮安,全市产险公司达到9家。是年,各财产保险公司仍然把大客户、大企业作为争取续保和新保的主要对象,继续集中人力、物力、财力,采取各种竞争措施争取业务。是年,全市企业财产险保费总收入3322万元,比上年增长5%,其中,市天安保险公司156.03万元,比上年增长112%;市中华财产保险公司192.7万元,比上年增长38%;市人民财产保险公司企财险保费收入达2186万元,同比增长11%;市大地财产保险公司117万元,同比增长4%;市安邦、华安、阳光三家财产保险公司保费收入余额变化不大。下降幅度比较大的有市平安财产保险、太平洋财产保险两公司,分别比上年下降44%、31%。

2007年,全市企财险业务发展平稳,各公司展业方法措施进一步成熟,继续针对大工程、大项目成立专门竞标团队,专门策划、专业打造。表现突出的市人民财产保险公司成功获得淮阴卷烟厂、淮钢公司、淮阴电厂等多宗大型保险招标业务。是年，全市企业财产险保费总收入3843万元，比上年增加521万元。其中，市平安财产保险公司保费收入203.8万元，比上年增加87%；市太平洋财产保险公司734万元，比上年增长64%；市天安保险公司186.3万元，比上年增长19%；市人民财产保险公司2408万元，比上年增长10%；市大地财产保险公司121万元，比上年增长3%；市安邦、华安、阳光三家财产保险公司保费收入余额变化仍然不大。市中华财产保险公司保费收入下降幅度较大，比上年下降22%。

中国人寿财产保险公司开发区支公司召开业务促进会现场

2008年，市中国人寿财产、渤海财产、都邦财产三家保险公司先后进入淮安产险市场，全市财产保险公司达12家，市场竞争更趋激烈。是年，各财产保险公司仍然把大客户、大企业作为争取续保和新保的主要对象，继续集中人力、物力、财力，采取各种竞争措施。市中华财产保险公司加大企财险展业力度，扭转了险种业务量下滑的局面，实现全年保费收入大幅增长。

是年，全市企财险保费收入4362.2万元，比上年增加519.2万元。其中，市阳光财产保险公司31.2万元，比上年增加17.4万元；市中华财产保险公司301.5万元，比上年增加151.4万元；市平安财产保险公司298万元，比上年增加94.2万元；市太平洋财产保险公司813.8万元，比上年增加79.8万元；市人民财产保险公司企财险保费收入达2494万元，比上年增加86万元；市中国人寿财产保险公司66.4万元；市渤海财产保险公司105.7万元；市都邦财产保险公司58.3万元。市大地、天安、华安、安邦4家财产保险公司保费收入比上年分别下降70%、20%、100%、9%。

表3-3　1991—2008年淮安市各财产保险公司企业财产险保费收入情况表

单位：万元

年份（年）	合计	人保产险	平安产险	太平洋产险	天安产险	中华产险	大地产险	安邦产险	华安产险	阳光产险	人寿产险	渤海产险	都邦产险
1991	671.5	671.5	—	—	—	—	—	—	—	—	—	—	—
1992	1145.5	1145.5	—	—	—	—	—	—	—	—	—	—	—
1993	1563	1563	—	—	—	—	—	—	—	—	—	—	—
1994	1328.3	1328.3	—	—	—	—	—	—	—	—	—	—	—
1995	2650.2	2110.2	152	388	—	—	—	—	—	—	—	—	—
1996	3158.6	2517.6	598	43	—	—	—	—	—	—	—	—	—
1997	4076	2888	912	276	—	—	—	—	—	—	—	—	—
1998	3398	2897	254	247	—	—	—	—	—	—	—	—	—
1999	3418.4	2685.4	451	282	—	—	—	—	—	—	—	—	—
2000	3430.7	2572	473	385.7	—	—	—	—	—	—	—	—	—
2001	4012	2847	451	714	—	—	—	—	—	—	—	—	—
2002	4196.3	3046.2	449	621.3	79.8	—	—	—	—	—	—	—	—
2003	4189.1	3201.3	251	630.9	105.9	—	—	—	—	—	—	—	—
2004	2968.9	1852.4	175	594	162.3	119.1	66.1	—	—	—	—	—	—
2005	3159.5	1977	194	651.7	73.6	139.5	112.2	11.5	—	—	—	—	—
2006	3322.5	2186	109	446.8	156	192.7	117	40.1	59.4	15.4	—	—	—
2007	3842.9	2408	203.8	734	186.3	150.1	121	10	15.9	13.3	—	—	—
2008	4362.2	2494	298	813.8	148.6	301.5	35.7	9	0	31.2	66.4	105.7	58.3

第三节　家庭财产保险

1991年，市人民保险公司及所辖各支公司把“家庭财产还本综合保险及附加自行车全车失窃险”作为主打产品，在市、县城区广泛宣传。该险种在保险责任上，将基本险和盗窃险综合为一体，在实务上采用“三单合一”（自行车、摩托车保险单，液化气罐保险单，居民用电保险单）的定额保险单形式进行展业销售。每25元储金为一单，保险金额为1000元。由于“三单合一”承保手续简便，利于保存，利于管理，可一保多年，深受群众欢迎。是年年末，全市有30多万户城区居民投保，收入储金700多万元，承保面达79.4%。8月，市人民保险公司在全市试办“农房长效还本保险”，当年承保141021户，收储金险保费654万元。是年，全市累计承保各种家财险户数为323720户，收入保费176.9万元（不包括储金险保费收入）。其中，保费增长较多的有盱眙、淮阴支公司和市区营业部。

1992年3月起，市人民保险公司开始执行省人民保险公司修订下发的《家庭财产保险条款》《家庭财产附加盗窃险条款》《城镇居民建房综合保险条款》《个体工商户财产保险条款》。修订后的《家庭财产保险条款》《家庭财产附加盗窃险条款》只适用于城市普通家财产险业务，其保险费率基本险为2‰，附加盗窃险为1‰。个体工商户财产保险不附加盗窃险责任（私人企业不在承保范围）。8月，市人民保险公司又制订下发《城镇居民安全用电保险条款（试行）》，采用定额保单承保，每张保险单保险金额为0.5万元，保险储金40元，一次投保长期有效，并协调用电部门为市人民保险公司代办保险业务。9月，市人民保险公司拟订下发《城镇家庭财产保险附加自行车全车失窃保险条款》，同年10月1日开始在全市范围内办理。是年，全市家庭财产保险保费收入239.7万元，较上年同期增长26.2%。

1993年4月，市人民保险公司调整了家财险保费费率，普通农房险收费标准由原来每间1元提高到每间1.5元，保额不变；长效还本家财险，在收取保险储金的同时加收一次性保费，具体加收标准为农房长效还本险，除内部结转业务外，每承保一间农房加收一次性保费1元（作为当年保费），保额不变，同时，厨房一律列为不保财产。城市家财还本综合险，除内部结转业务外，每承保1000元保额加收一次性保费2元，保额不变。是年，辖内各县（市）支公司在开办一年期农房保险的同时，继续发展以长效还本为主的家财险，采取统保与推销定额保单相结合的方法，做到长短兼营，以长为主，逐步转化，用长效还本代替农房一年期业务。到12月末，全市长效还本家财储金累计收入突破千万元，其中，淮阴、盱眙、金湖、涟水支公司年保费收入均在130万元以上，淮安区支公司农房保费收入达50万元以上。是年，全市人民保险公司家庭财产保险业务收入220.1万元（不包括储金险保费收入），较上年同期持平。其中，洪泽支公司增幅较大，淮安、盱眙支公司和市区的清河、清浦出现下降。

1994年，市人民保险公司继续营销普通家财险。全年普通家财险保费收入274.7万元（不含储金险），比上年增长20%，增幅较大的支公司有淮阴（183%）、涟水（150%）、洪泽（120%）。但是，长效还本家财储金险保费收入下降，降幅达40%。除淮安（今楚州区）、清河办事处分别增长449%、4.7%外，其余各单位均较上年同期有所下降，盱眙支公司降幅最大，为96.9%。

1995年，市人民保险公司提出全年业务发展在分散性业务和农村业务上另辟蹊径的指导思想，各县（市）支公司大力发展城市普通家财险和农村民房险。有80%的县（市）支公司还将民房保险纳入农村服务收费合同，采取统保形式扩大承保面。盱眙支公司把农村家财险作为业务发展的后劲来抓，全年仅这一项就收入近100万元的保费；淮安（今楚州区）、涟水支公司当年家财险保费也分别达到50万元、40万元。是年，全辖普通家财险总保费收入为376.6万元（不包括长效家财等其他储金险保费收入），比上年增长27%。

1996年，全市普通家庭财产险保费收入出现较大幅度增长，储金业务低落。市中保财产保险公司加强了农村家财产险业务拓展，辖内各县支公司都从农村入手，借农村生活水平提高、大量建房的机会，动员农民投保，使保费收入快速增长。与1995年相比，由于长效还本保单销售不理想，退保增加，造成家财险有效保户大幅度下降。平安、太平洋财险公司驻淮办事处当年家财险业务开始起步，保费收入较少。是年，全辖家财险保费收入506.1万元，比上年增加129.5万元。其中，市中保财产保险公司普通家财险保费收入474.1万元，平安、太平洋财险公司驻淮办事处家财险业务保费收入仅分别为15万元、17万元。

1997年，市中保财产保险公司在淮安（今楚州区）支公司城区试办了"城市居民家庭综合保险"，该险将家财险附加盗窃险、液化气罐险、居民用电险合为一体。对民用液化气罐保险后发生的人身伤亡按《赔偿金额表》标准赔付。7月1日，市中保财产保险公司在辖内执行省分公司修订的《普通家庭财产保险条款》《长效还本家庭财产保险条款》《家庭财产保险附加自行车全车失窃险条款》《自行车全车失窃险条款》及费率。8月，经省分公司批准，市中保财产保险公司在辖内开办了家财保险附加太阳能热水器雹灾损失保险。

下半年，占有家财险业务主导地位的市中保财产保险公司，加快了险种结构的调整，其他财产保险公司也把展业的主要精力放在车辆险、企财险等效益更好的险种上，使家财险业务受到较大影响。是年，全市家财险保费收入395.6万元，比上年下降110.5万元。其中，市中保财产保险公司371.3万元，比上年下降102.8万元；平安、太平洋财产保险公司驻淮办事处由于此项业务刚起步，规模较小。

1998年，全市家财险保费收入496.4万元，比上年增加100.8万元。其中，市中保财产保险公司比上年增加95.6万元，市太平洋保险公司比上年增加11.2万元，市平安保险公司比上年下降6万元。

在保险宣传日活动中，市人民财产保险公司志愿者向市民解答保险业务问题

1999年、2000年，全市各财产保险公司发展有潜力的其他险种，家财险不再作为主要险种的发展对象。因此，对家财险的营销投入经费不足，导致这项业务连续出现较大的下降。同时，由于企业经营效益差，无力以福利性支出再为职工投保。针对家财险集体统一投保的大户减少的情况，全市各财产保险公司努力扭转下滑态势，将家财险重点转向农村，但发展情况并不理想。在此期间，市人民保险公司推出家财险定额保单，盱眙农村家财险以乡镇为单位投保，承保了10个乡(镇)，收入保费50余万元；市太平洋、平安保险公司于1998年就停止使用长效还本定额家庭财产险和定额家庭财产险两项条款，其他家财险种发展情况较慢，到2000

年，这两家公司家财险保费收入合计9.4万元。2000年，全市家财险保费收入381.7万元，市人民保险公司在市场份额上占主导地位。

2001年，市人民保险公司做好“金锁”系列家财综合险业务的宣传推广，在辖内召开“金锁”现场交流会，实行单险种考核，加大推销力度，当年全辖销售系列保单18227份，收取保费150.4万元。市平安保险公司家财险主要承保照相机、电视机、电冰箱等业务，在保险责任方面规定在家用电器遭到雷击、发生盗抢和火灾等情况时，保险公司承担赔偿责任。是年，全市家财险保费收入为433.6万元，其中，市人民保险公司收入为348.7万元，市平安保险公司收入为25万元，市太平洋财产保险公司收入为59.9万元。

2002年，全市各财产保险公司根据社会经济发展和市场需求适时推出新险种。市人民保险公司开展“金牛投资保障型家财保险”营销活动，推进该险种业务的发展。市平安财产保险公司推出新世纪家庭财产保险、个人抵押商品住房综合保险，并开展家财险系列促销活动，当年家财险保费收入上升60万元。市太平洋财产保险公司推出“安居理财综合性”险种，由于该险种既适合城市、农村居民购买，又适合单位集体投保，受到广大保户的青睐，全年保费增长50多万元。是年，全市家财险保费收入477.7万元，比上年增长10%。其中，市人民保险公司收入302.8万元，市平安财产保险公司收入85万元，市太平洋财产保险公司收入89.9万元。

2003年，全市各财产保险公司继续开展新险种的强势营销活动。市人民财产保险公司开始启用新版“金牛家财产险”条款，对承保项目及保险金额都做了相应调整，公司还开展“爱家系列产品突击月”等劳动竞赛活动，并制定相应的配套激励措施，爱家系列产品销售迅速突破100万元大关。市平安财产保险公司每季度开展活动，年承保件数达5277件，家财险保费收入也超过百万元。市太平洋财产保险公司创新“全家太平”综合保险，实现保费收入60万元。市天安保险公司开办家财险业务，由于业务刚起步，全年发生额较小。是年，全市家财险保费收入为478.6万元，其中，市人民财产保险公司收入为227.5万元，市平安财产保险公司收入为136万元，市太平洋财产保险公司收入为114.4万元，市天安保险公司收入为0.7万元。

2004年,全市各财产保险公司通过开展劳动竞赛调动营销展业人员的积极性,促进家财险业务的快速发展。市太平洋财产保险公司开展推销全家太平综合险等险种的劳动竞赛活动,有效促进市、县两级保费收入的快速增长,年末实现家财险262.9万元,创下公司开办此业务以来的历史新高。市平安财产保险公司也通过"比、学、赶、帮、超"活动,取得显著效果,家财险保费收入新增近200万元。是年,全市家财险保费收入为714.5万元,比上年增加235.9万元。其中,市人民财产保险公司保费收入为253.3万元,市平安财产保险公司保费收入为196万元,市太平洋财产保险公司保费收入为262.9万元,市天安保险公司保费收入为2万元,中华财产淮安营销部保费收入为0.3万元。

2005年,由于家财险因保源分散,推销难度大等客观情况,多数财产保险公司开始把精力集中在开展其他险种业务上面,导致全市家财险保费收入呈下滑态势。是年,全市家财险保费收入513.6万元,比上年下降200.9万元。其中,市太平洋、人民保险产险公司家财险保费收入下降幅度最大,分别下降174.3万元和56.3万元。只有市天安、大地两产险公司保费收入比上年有所增长。刚开办此项业务的大地产险公司新增保费收入60.8万元。

2006年,全市各财产保险公司为了适应财产保险市场的竞争,继续对险种结构进行调整,集中人、财、物资源主攻车辆险及其他有发展潜力的险种,不再把家财险作为主要险种来对待,使得全市家财险保费收入进一步下降。是年,全市家财险保费收入382万元,比上年下降131.6万元。其中,市人民保险、平安、天安、太平洋产险公司家财险保费收入分别下降34%、22%、33%、3%。新成立的市华安财产保险公司当年开办家财险,实现保费收入34.3万元。是年,市中华、大地、阳光3家财产保险公司没有办理家财险业务。

2007年,由于上年家财险市场萎缩比较大,部分产险公司也意识到家财险业务还是有市场需求的,因此,开始重新抓家财险市场的拓展,全市家财险保费收入有所反弹。是年,全市家财险保费收入663万元,比上年增长了74%。其中，市人民财产保险公司家财险保费收入增长了46%，增幅最大；天安财产保险公司家财险业务继续萎缩，下降了30%，降幅最大；其次是太平洋、平安两家财产保险公司，保费收入分别下降了21%、2%。而上年没有办理家财险业务的市中华、大地两家产险公司，开始拓展家财险业务，分别实现保费收入155.1万元、107万元，对全辖全年保费收入的增长起到了举足轻重的作用。

2008年，从全市财产保险市场总体看，险种结构调整仍然是各财产保险公司适应产险市场竞争的切入点，因此，仍然偏重于车辆险等发展潜力大的险种，只是把家财险作为传统险种来对待，尽管又新增了3家产险公司，但全市家财产险保费收入还是徘徊不前。是年，全市家财险保费收入554万元，比上年下降109万元。其中，市天安财产保险公司家财险保费收入下降了172%，市安邦、中华、大地、太平洋、人民财产保险公司分别下降85%、59%、42%、17%、7%。阳光、平安财险公司分别增长53%、5%，新成立的市中国人寿财产保险公司、都邦财产保险公司当年开办家财险，分别实现保费收入78.2万元、0.2万元。而市华安财产保险公司和新成立的渤海财产保险公司没有发生家财险业务。

表3-4　1991—2008年淮安市各财产保险公司家庭财产险保费收入情况表

单位：万元

年份（年）	合计	人保产险	平安产险	太平洋产险	天安产险	中华产险	大地产险	安邦产险	华安产险	阳光产险	人寿产险	渤海产险	都邦产险
1991	176.9	176.9	—	—	—	—	—	—	—	—	—	—	—
1992	239.7	239.7	—	—	—	—	—	—	—	—	—	—	—
1993	220.1	220.1	—	—	—	—	—	—	—	—	—	—	—
1994	274.7	274.7	—	—	—	—	—	—	—	—	—	—	—
1995	376.6	376.6	—	—	—	—	—	—	—	—	—	—	—
1996	506.1	474.1	15	17	—	—	—	—	—	—	—	—	—
1997	395.6	371.3	7	17.3	—	—	—	—	—	—	—	—	—
1998	496.4	466.9	1	28.5	—	—	—	—	—	—	—	—	—
1999	432.9	410.1	8	14.8	—	—	—	—	—	—	—	—	—
2000	381.7	372.3	7	2.4	—	—	—	—	—	—	—	—	—
2001	433.6	348.7	25	59.9	—	—	—	—	—	—	—	—	—

续表 3-4

年份（年）	合计	人保产险	平安产险	太平洋产险	天安产险	中华产险	大地产险	安邦产险	华安产险	阳光产险	人寿产险	渤海产险	都邦产险
2002	477.7	302.8	85	89.9	—	—	—	—	—	—	—	—	—
2003	478.6	227.5	136	114.4	0.7	—	—	—	—	—	—	—	—
2004	714.5	253.3	196	262.9	2	0.3	—	—	—	—	—	—	—
2005	513.6	197	156	88.6	11.2	0	60.8	—	—	—	—	—	—
2006	382	131	121	86.3	7.6	0	0	1.8	34.3	—	—	—	—
2007	663.1	191	119	68.2	1.5	155.1	107	20	1.3	—	—	—	—
2008	553.7	177	125	43.2	-1.1	64	62.3	3	0	1.9	78.2	0	0.2

说明：表中数据已剔除储金险保费收入

第四节 机动车辆保险

1991年，市人民保险公司利用机动车辆险实行法定“强制保险”这一得天独厚的条件，在全市开展机动车辆险业务的拓展。在实际办理工作中采取按重置价确定保额。为了使该项业务得到进一步发展，是年6月14日下发了《关于进一步发展运输工具保险业务的通知》，要求各支公司重视展业挖潜，抓紧与当地车管部门配合，做好机动车辆的法定保险工作。7月1日起，在全市统一开办机动车辆险附加摩托车全车失窃险（此保险为摩托车第三者责任和车辆损失险的附加险，实行捆绑销售，不单独承保）。8月14日，公司又开办了“机动车辆保险附加车辆玻璃、轮胎损坏保险”业务（收费标准见表3-5）。

表3-5 机动车辆附加玻璃、轮胎单独损坏险收费标准

单位：元/辆

车辆种类	机关、企事业单位车辆		营运单位及私有车辆	
	国产	进口	国产	进口
六座以下客车	60	140	80	150
六座至二十座客车	70	150	100	180
二十座以上客车	70	170	100	280
二吨以下货车	40	70	50	100

续表 3–5

车辆种类	机关、企事业单位车辆		营运单位及私有车辆	
	国产	进口	国产	进口
二吨至十吨货车	40	110	50	130
十吨以上货车	60	130	80	150

9月，市人民保险公司开始执行省人民保险公司颁发的《机动车辆保险附加车辆玻璃破碎保险条款》及其费率（收费标准见表5–6）。

表3–6 机动车辆保险附加玻璃破碎保险收费标准

单位：元/辆

车辆种类	国产车辆	进口车辆
二十座以下客车	50	80
二十座以上客车	60	120
二吨以下货车	30	60
二吨以上货车	30	80

是年，全市机动车辆险保费收入979.3万元，较上年同期增加31.3万元。其中，涟水支公司增幅达29%，市区营业部下降43%。

全年办理2646辆车险附加险，收取保费32.96万元，赔案26笔，支付赔款8.4万元，赔付率25.5%。

1992年，市人民保险公司与市公安局联合下发《关于切实搞好机动车辆保险工作的通知》，各县（市）公安局、人民保险支公司贯彻执行，各分支公司与当地公安机关联合把关，严格按规定办理承保、理赔手续，提高全市机动车辆的参保率。公安机关车辆管理部门对未保险而行驶的车辆一经查出，即令其就地办理保险手续后方可放行。同时交警部门通过把好"四关"，即新车上牌关、旧车过户关、车辆年审关、上路检查关，有效地提高了车险的承保面。各分支公司继续开办车上人责任险、玻璃破碎险、营业中断利润损失险等附加险业务。是年，全市机动车辆险承保面达95%以上。投保率的提高也促进了全市机动车辆险保费收入的增长，全市机动车辆险保费收入1551.3万元，比上年同期增长37%。其中，市公司营业部当年收入保费706.3万元，增幅高达144%。

1993年，市人民保险公司根据省人民保险公司制定颁发的《机动车辆附加险条款》，开办了车上人责任保险、车辆玻璃单独破碎保险、机动车辆行驶中断损失保险、两轮及轻便摩托车全车失窃等险种。同时，执行省公司下发的新的机动车辆保险费率表和附加险条款，机动车保险收费标准在全省实现了统一。由于保险收费标准的统一和系列附加险的开办，市人民保险公司全辖机动车辆险保费收入在上年增幅较大的基础上，继续保持增长的态势。是年，全市机动车辆险保费收入2273.5万元，较上年同期增长31.8%。其中，市分公司车船货运部941.8万元，增长33%；淮阴181.5万元，增长68%；涟水194.1万元，增长58%；淮安（现淮安区）269.7万元，增长87%；洪泽172.4万元，增长59%；盱眙225.8万元，增长39%；金湖183.1万元，增长37%。

1994年，市人民保险公司机动车辆险业务在继续推行“一揽子”保险的基础上，调高了附加车上人责任险的收费标准，提高了赔偿限额，从而增加了保费收入。全年累计收入保费2443.1万元，与上年相比增长6.9%。其中增幅较高的有金湖县支公司，保费收入244万元，增长33%。淮阴、淮安（现淮安区）2支公司保费收入分别下降3%、15%。

1995年，随着全市机动车辆保有量的日益增长，迫切需要对机动车辆的法定保险进一步加以规范。2月8日，市人民保险公司和市公安局联合发文，要求全市所有机动车辆必须统一到市人民保险公司网点办理相关保险手续，并从5月1日起统一执行全省统一的机动车辆保险新条款和费率。这些举措促使机动车辆的投保范围进一步扩大。下半年，在市平安、太平洋财产保险公司两办事处介入车保市场后，市人民保险公司为保住原有承保车辆和新增车辆承保，在改善服务的同时，争取公安交警部门配合与支持，除将相对集中的专业车队和拥有较多车辆的单位由交警部门代理外，其余则通过充实自身展业力量，组织公司外勤人员分成4组上门展业，办理分散零星车辆投保，从而巩固了机动车险业务的市场份额。市平安、太平洋财产保险公司两办事处开办车险业务后，以客车、轿车车辆险为龙头，采取协调公安交通部门关系，展开宣传发动扩大承保面。同时通过营销，在企业投保主险时，动员其参加附加险，争取“一揽子”承保，以提高辆均保费。是年，全市车辆险保费总收入3464.2万元，比上年增加1021.1万元，其中市人民保险公司3232.2万元，比上年增加789.1万元，增幅达24%；市太平洋、平安财产保险公司两办事处开办当年分别收入保费196万元、36万元。

1996年，在全市企业产权制度改革，经营效益普遍不景气（亏损滑坡面达40%），以及保险市场竞争无序等诸多不利因素影响下，市中保财产保险公司机动车辆保险业务采取“以巩固促发展”的策略，在保全保足上下功夫。同时，根据全市省汽公司、一汽公司和公交公司3家公司一共拥有“面的”600多辆的情况，开辟以“面的”为主的新保源。争取其他相关单位的协作配合，把住新增车辆的控购关、销售关、出厂关和牌照关，从而基本避免新增车辆保源流失的发生，进一步扩大了承保面。与此同时，适时开办新险种。4月，开办了机动车辆附加划损路面责任特约保险，并根据中国人民银行下发的《关于修订机动车辆保险条款部分内容的通知》精神，从7月份开始统一对机动车辆保险费率实行下浮。这些举措也一定程度上促进了车辆险业务的发展。

市太平洋财产保险公司淮阴办事处明确“巩固机动车辆险”的工作思路，将险种推广和展业责任明确到每一位员工。同时发展县区代理处8个，注重发挥县区代理人的作用，推广车辆险产品。5月，针对辖内机动车辆险发展中出现承保质量不高的问题，制定了《关于加强保险代理业务管理若干规定》，以规范员工营销展业行为。下半年，开展“岗位能手”竞赛，建立考评考核机制，以促进车辆险业务稳妥发展。是年，全市车辆险保费总收入4163.1万元，比上年下降1304万元，降幅达24%。其中，市中保财产保险公司3947.1万元，比上年下降1288万元，降幅达31%；市太平洋保险公司216万元，比上年增加20万元。

1997年，为遏制车辆险下滑的局面，各财产保险公司采取效益与规模同步发展的战略，取得较好的成效。3月，市中保财产保险公司推出摩托车“三责”（第三者责任险）险定额保单，并下发相应实施意见和管理办法。7月，开始执行总公司颁发的机动车辆保险附加险条件，并作为业务发展新的增长点。在经营策略上，各公司都由经理牵头攻大户，科室分解攻中、小户,并落实到人头,层层包干。对零星未保车辆(包括新增车辆),打破科室、地域界限,在系统内放开竞争,全员展业,从而激励和调动了群体积极性,取得了较为显著效果。是年,市中保财产保险公司总承保车辆22179部。其中,汽车承保11042部,收入保费4205.2万元;摩托车承保7637部,收入保费176万元;拖拉机承保2258部,收入保费64.9万元;其他车辆1242部,收入保费24万元。表现突出的淮安(现楚州区)支公司仅"五小"车辆(低速货车、三轮汽车、两轮摩托车、三轮摩托车、拖拉机)就收入保费131.6万元,较上年增长145%。

太平洋保险淮阴办事处升格为支公司后,进一步巩固机动车辆险。针对险种赔付率较高等问题,公司及时召开业务经营发展分析会,修改了一系列业务规定,其中主要对营运车辆,特别是出租营运车辆验车承保,加强对部分赔付率高、企业管理差、风险含量高的保险业务的管理。市平安保险公司把车辆险作为主要工作来抓,全年主要以承保轿车为主,业务量逐步扩大。但由于该险种起步较迟,其业务规模仍然较小。是年,全市车辆险保费总收入4965.1万元,比上年增加802万元。其中,市中保财产保险公司4470.1万元,比上年增加523万元;市太平洋保险公司360万元,比上年增加144万元;市平安保险公司135万元,在上年零基数情况下,比1995年新增99万元。

1998年,全市各财产保险公司继续以提升市场份额为目的,采取多种方法创新服务,开展营销宣传攻势,促使车险这项主流业务能够持续、稳定发展。市中保财产保险公司为适应市场需要,改革内部展业机制,即内部放开、增加主体、统一规划、强化责任。市公司及各支公司将车管部门掌握的信息资料打印成册,人手一份,将承保车辆落实到人,脱漏保和新增车辆打破内部展业界限,放开竞争,"实行全员公关,全员展业",仅回流车辆业务就收入保费近百万元。

市太平洋保险公司从源头抓公关协调,通过协调财政、交通、车管等部门关系,以形成合力齐抓共管,争取机动车辆投保。全系统加大附加险展业力度,提高辆均保费。抓承保标的质量,淘汰破、旧车和屡保屡亏车的承保,并实地验车承保"三责"险。全市淘汰了近200辆老旧破车承保,减少了业务风险，提高了该险种的经营效益。

是年，全市车辆险保费总收入5387.6万元，比上年增加422.5万元。其中，市中保财产保险公司4889.3万元，比上年增加419.2万元；市太平洋保险公司442.3万元，比上年增加82.3万元；市平安保险公司比上年下降79万元。

1999年，保监会新修订了《机动车辆保险条款》和《机动车辆保险费率》。全市各财产保险公司抓好贯彻落实，并从4月1日起，统一执行保监会新修订的条款、费率及监制单证。自5月1日起，按新业务处理程序出单。市人民保险公司按照新修订的机动车辆保险条款要求，注重信息搜集，建立数据库，并做到信息、数据共享，及时通报有关经营单位，指导一线展业。基层单位建立车辆拥有量和承保数两个台账，实行跟踪展业。营销团队借助公安机关车管人员的协助，把住年审、年检关，做好承保工作。同时努力开辟新保源，推行新险种，增强业务发展后劲。市区清河支公司与有关商业银行、汽车销售商签订了合作协议，在全系统率先开办分期付款购车贷款保证保险。

市平安财产保险公司认真学习保险新条款、新保单内容和上级规定，结合本地实际，制订具体开展车险业务的统一标准和实务规程，方便从业人员展业。当年公司新开办的车险附加险有不计免赔特约险和新增设备损失险。并加大附加险推销，确保每辆车承保3个以上附加险种，从严控制单保第三者责任险，以提高辆均保费收入增长。

市太平洋保险公司将法规、条款、费率及相关实务等系统录制编印《机动车辆保险实务手册》，分发给展业人员以提高业务操作的规范性。三季度，该公司还推出“机车险急难救助服务卡”，为车辆保险户提供热情、周到、快速、高效的服务。同时，加强对该险种业务的基础管理，特别对营业性机动车辆险业务进行整顿，停办赔付较高的货运营业车辆的续保，控制可能产生的风险。

是年，全市3家开办车辆险业务的公司保费收入都呈现快速增长态势。全市车辆险保费总收入6650.7万元，比上年增加1263.1万元，其中，市人民保险公司保费收入为5592.7万元，比上年增长14%，增幅较高的支公司有清河46%、清浦17%、涟水17%、淮安（今楚州区）21%；市平安财产保险公司保费收入为356万元，比上年增长5倍；市太平洋保险公司保费收入为702万元，比上年增长58%。

2000年3月，保监会又一次调整颁发了新的《机动车辆保险条款》和《机动车辆保险费率规章》，新颁发的江苏地区机动车辆费率规章，对第三者责任险费率在基本险费率基础上上浮20%，将第三者责任险的最高限额由原来的100万元提高到1000万元，并对同时投保车辆损失险和第三者责任险的机动车辆第三者责任险的保险费在上述标准基础上优惠10%。市各财产保险公司系统根据上级公司文件精神，自4月1日起，统一执行保监会颁发的新条款和费率规章。全年全市车辆险保费收入继续保持快速发展势头。

市人民保险公司在业务快速发展的同时，注重优化车险业务结构。加大对机关事业单位车辆承保力度，扩大车险销售商源头代理，先后与3家银行、5家汽车销售商建立合作关系，积极稳妥开展汽车消费贷款保险业务，全年承保分期付款购车业务2000多辆；重视政府采购车辆承保工作。这些措施促进机车险业务的发展，全年仅承保新车就达484辆，收保费297万元。全年承保面同比上升3个百分点，承保汽车同比净增3851辆。

市平安、太平洋两保险公司从年初起就对全市车辆险市场行情进行调查分析，根据对保源分条块进行排查的情况制定营销展业方案，开展全员营销推广活动。两公司还以优质服务和良好的信誉参与市级机关、事业单位机动车辆的保险招标。同时在市车管所设立服务窗口，既方便机动车用户办理参保手续，也方便与保户面对面进行业务营销。

是年，全市车辆险保费总收入8044.6万元，比上年增加1393.9万元。其中，市人民保险公司承保机动车辆15426台，收入保费6683.4万元，较上年增长20%，增幅高于20%的有清浦、淮阴、洪泽、盱眙支公司和市公司国际部；市平安保险公司收入保费520万元，比上年增加164万元；市太平洋保险公司收入保费841.2万元，比上年增加139.2万元。

2001年，各财产保险公司把车辆险作为第一大支柱险种来对待，该险种也成为各财产保险公司竞争的焦点。市人民保险、平安、太平洋三家产险公司抓住城市出租车更新的契机，紧盯更新“轿的”承保，辖内分支公司通过协调出租车公司、有关银行及市运管部门的关系，采取分期付款和全款承保的形式发展"轿的"汽车险业务。市人民保险公司一家就承保新型出租车500余辆，收取保费200多万元。是年，由于公安部门组织大规模的审验，并对市区摩托车实行限制发放行驶证，许多市民为了抢在发放期限前申领到摩托车行驶证，便大量抢购摩托车。市人民保险公司抓住这一契机，办理承保摩托车17955辆，与上年同比净增6083辆，仅此一项就收入保费3381万元。

是年，市级机关机动车辆保险实行采购招标，各财产保险公司组织专门的班子进行策划和公关，凭借各自优势，在标书中做出一系列承诺。在政府采购车辆的承保中，市人民保险、平安、太平洋3家产险公司均争取到各自的市场份额。全年全市车辆险保费总收入9232.2万元，比上年增加1187.5万元，增幅15%。其中，市人民保险公司7270.2万元，比上年增加586.7万元；市平安保险公司852万元，比上年增加332万元；市太平洋财产保险公司1110万元，比上年增加268.8万元。

2002年，全市各财产保险公司为了适应车辆险市场竞争需要，不断进行业务政策上的调整，尤其是费率上作了较多的下浮和优惠让利，但保费收入并未受影响。各公司加强与地方政府的联络，继续参与市、县(区)两级政府机动车辆保险的投标。同时，密切与汽车经销商、公安交警部门以及客户的联系，主动提供周到服务。各财产保险公司的展业人员为争取到一部车辆的保险，找亲托友，或到企业或营运车辆停放点进行现场拜访，赢得客户投保。为控制机动车消费信贷保证保险的风险，各公司于上半年就开始严格控制货运车的投保。市人民保险公司于8月份暂停了所有车贷险业务。刚开业的市天安保险公司，努力拓宽车辆险销售渠道，在市公安局机动车管理所专门设立天安保险服务窗口，进行车辆险保费咨询、宣传工作。市平安、太平洋财产保险公司与开办汽车消费贷款的多家银行、汽车经销商达成协议，特别是市人民保险公司停办车贷险业务后，汽车消费信贷保险就成为平安、太平洋两家财产保险公司业务增长的重点。

是年，全市车辆险保费总收入1.05亿元，比上年增加1256万元，其中，市人民保险公司7763.7万元，比上年增加493.6万元；市平安财产保险公司1066万元，比上年增加214万元；市太平洋财产保险公司1489.8万元，比上年增加379.8万元；市天安保险公司新增168.5万元。

2003年，保监会新修改、颁发组合型的新费率及条款，并自3月1日起在全市统一执行。新条款及费率启用后，各财产保险系统根据车市情况，先后推出2003版车险新的条款、费率，并利用好费率浮动的政策争取保户。与此同时，各公司车辆险业务由单纯注重规模扩张，向规模效益型转变，在调整结构、提高效益上面做文章。

市人民财产保险公司在巩固大车队、大客户以及政府采购车辆保险阵地的基础上，挖掘分散性个体车辆保险潜力，将汽车消费贷款保险集中经营、集中管理，以便加大逾期消贷保险的追偿力度。市区于2月份开始整合各分公司内部开办车辆消费贷款保险市场，重新恢复开办车贷险业务，经整合后车贷险统一由清河支公司经营，楚州支公司保留原车辆险承保区域业务的经营权。

市太平洋财产保险公司注重用行政手段和费用政策引导促进业务结构调整，上半年彻底放弃出租车辆保险业务。先后停办营运车险业务，对其他车辆保险按“双核”（核保、核赔）要求实行严格的限保措施，重点发展摩托车保险业务。

市平安财产保险公司注重细分目标市场，优化产品结构，提升车险从业人员的专业技能，制定《车险业务核保指引》，在竞争中保证新承保车辆险的品质。停办风险大、效益差的车型险种业务，致使全年车辆险年保费收入出现下降。

市天安保险公司停办风险大、效益差的车型险种业务，实行向优质车险险种倾斜的政策，提高效益好的险种业务占比，积极稳妥地发展营运车辆保险，辆均保费得到提高，市场份额有所扩大。

是年，各财产保险公司通过优化车辆险险种结构，控制风险，促进全市车辆险业务良性发展，出现较强劲的发展势头，保费收入增速同步加快。全市车辆险保费总收入1.09亿元，比上年增加363.3万元，年增幅达38%。其中，市人民财产保险公司7871万元，比上年增加108万元；市平安财产保险公司600万元，比上年下降466万元；市太平洋财产保险公司

1651.7万元,比上年增加161.9万元;市天安保险公司728.6万元,比上年增加560.1万元。

2004年,市中华财产保险公司、大地财产淮安营销部车辆险业务开始启动。至此,全市经营车辆险业务的产险公司达到6家。各公司选优限劣,继续加大对车辆险结构调整力度,逐步统一机动车辆险的承保条件,控制费率下浮势头,先后对所承保的车辆进行费率调整,努力提高辆均保费,车辆险出现较强劲的发展势头,保费收入增速也同步加快。

机动车险是市人民财产保险公司的"龙头"业务,该公司抓巩固挖潜,努力遏制骨干险种收入的下滑。主要是抓大单位、大车队的投保,同时开辟新车市场,以及摩托车和拖拉机险市场。是年5月,市人民财产保险公司对第三者责任险、车上人员责任险、无过错责任险和意外事故污染责任险在现行费率的基础上上调10%。6月,全系统实施机动车辆保险费率调整方案,主要是从人为因素风险修正有关系数,对家庭自用车、营业用客车和货车、拖拉机等类别的机动车的费率进行了上浮,增加了绝对免赔额条款。10月,新条款和新费率的先期试点单位,执行经保监会批准的《家庭自用汽车损失保险条款》《非营业用汽车损失保险条款》《营业用汽车损失保险条款》3个主险条款,《新增设备损失险条款》《不计免赔额特约条款》《不计免赔率特约条款》3个附加险条款。费率的提高也改善了公司机动车险的经营效益。

市太平洋、平安2财产保险公司对优质行政单位车险业务寸步不让,展开营销,奋力参与市场竞争,两公司继续保持在手的大型优质车队业务的续保,对有赢利空间的客运车辆继续扩大承保份额,特别是注重竞争大型客运公司的车险业务。

是年,全市车险业务继续保持高速增长,车辆险保费总收入为1.7亿元,年增幅为56.8%。其中,市人民财产保险公司9085.1万元;市太平洋财产保险公司1796万元;市平安财产保险公司822万元;市天安保险公司1058.7万元。新开业的市中华财产保险公司当年保费收入3850万元,在全市各公司车辆险年新增保费收入中位居第一;市大地财产保险公司新增保费收入404万元。

2005年，市保协成立了新车保险超市，积极引导各财产保险公司理性竞争。市人民财产保险公司加入新车保险超市一个月内，承保新车265辆。市平安、中华等产险公司把继续把加快车险业务发展作为重点工作，组织开展了一系列促销活动。市太平洋财产保险公司辆均保费达到4900元，比同期承保的其他车辆高出1400元左右。市天安保险公司以非营运车业务为重点，发展附加险种，扩大车险效益性业务。安邦财产淮安营销部2005年7月份开业后，积极参与车辆险业务的市场竞争，仅仅5个月内车辆险保费收入就达341.5万元。是年，全市车险业务继续高速增长，车辆险保费总收入达2.07亿元，比上年增加0.35亿元，比上年增长22%；承保量为143030辆，比上年增长31%。

淮安市阳光财产保险公司开展客户“零距离”活动

2006—2008年，随着新车保险超市的开办，各财产保险公司利用下浮费率来吸引客户的势头得到有效控制，提高辆均保费，促进了车险业务良性发展。市人民财产保险公司和市区10家规模较大的汽车4S店开展全面合作，先后在楚州区、清浦区、洪泽县的政府采购车辆以及市公路处、市中院、市国税局、市地税局等单位车辆保险招标中顺利中标。市太平洋财产保险公司以大型车队的承保为公司车险经营的主要支柱，先后争取市供电公司、公交公司，年保费近300万元，淮汽集团、危险品运输等车队的保费超过100万元，优质车险业务使车险经营效益得到保证。市平安财产保险公司在政府机关、团车业务方面寻求新的增长点。全市三年中车险业务承保量、保费总收入稳步增长。其中，2006年承保188626辆，保费收入2.43亿元，比上年分别增长32%、17%；2007年承保270572辆，保费收入3.26亿元，比上年分别增长43%、34%；2008年，承保293310辆，保费收入3.96亿元，比上年分别增长7%、21%。

表3–7

1991—2008年淮安市各财产保险公司机动车辆(运输工具)险保费收入情况表

单位：万元

年份(年)	合计	人保产险	平安产险	太平洋产险	天安产险	中华产险	大地产险	安邦产险	华安产险	阳光产险	人寿产险	渤海产险	都邦产险
1991	975.3	975.3	—	—	—	—	—	—	—	—	—	—	—
1992	1551.3	1551.3	—	—	—	—	—	—	—	—	—	—	—
1993	2273.5	2273.5	—	—	—	—	—	—	—	—	—	—	—
1994	2443.1	2443.1	—	—	—	—	—	—	—	—	—	—	—
1995	3464.2	3232.2	36	196	—	—	—	—	—	—	—	—	—
1996	4163.1	3947.1	—	216	—	—	—	—	—	—	—	—	—
1997	4965.1	4470.1	135	360	—	—	—	—	—	—	—	—	—
1998	5387.6	4889.3	56	442.3	—	—	—	—	—	—	—	—	—
1999	6650.7	5592.7	356	702	—	—	—	—	—	—	—	—	—
2000	8044.6	6683.4	520	841.2	—	—	—	—	—	—	—	—	—
2001	9232.1	7270.1	852	1110	—	—	—	—	—	—	—	—	—
2002	10488	7763.7	1066	1489.8	168.5	—	—	—	—	—	—	—	—
2003	10851.3	7871	600	1651.7	728.6	—	—	—	—	—	—	—	—
2004	17015.8	9085.1	822	1796	1058.7	3850	404	—	—	—	—	—	—
2005	20714.3	9777.8	1555	1983	1036.1	5504.7	516.2	341.5	—	—	—	—	—
2006	24266	10496	2203	2545.1	1416.6	5280	516	965.3	596	248	—	—	—
2007	32621	13333	2312	3934.3	1475	7180	1190	1754	371	1072	—	—	—
2008	39564	15137	2537	4699	1372	6617	1028	1219	104	632	4837	541	841

第五节　货物运输保险

货物运输保险是市人民保险公司独家经营时期开办的主要险种之一。货物运输保险均以顺保为主，因淮阴输出外运产(商)品较少，货物运输业务主要集中在市区，且开办的时间较短，保费收入增长幅度不大。1991年，市人民保险公司年承保仅为5463笔，保费收入211万元，较上年同期增长3.3%。其中市区营业部承保3672笔，收保费94.1万元；市区办事处承保77笔，收保费76.5万元。

1992年，为了拓展货物运输保险市场空间，市人民保险公司货物运输保险在抓好自办业务的同时，进一步发展代办业务。所属各县（市）支公司，特别是市公司车船货运保险部，专程到南通等地学习取经后，制订出一套适合本地的切实可行的展业方案。与淮阴货运站等货运管理部门普遍建立代理关系（原有8家代理，后发展到30家代理）；与南京的“铁、公、航”部门签订货物运输保险代理协议，首次在淮阴市开办货运险“倒保”业务，即通过连接铁路运输进入淮阴的货物运输保险市场；首次在全市开办“自备车货运险”，省人民保险公司在全省推广了这一做法；与车站客运部门签订了开展旅客行李物品保险协议，对旅客1000元以内的行李物品进行承保；开展预约保险，重点是抓好大中型企业进出口货物的承保。当年，市人民保险公司还按省人民保险分公司和省烟草公司联合通知精神，加强与市烟草公司合作，开办了市烟草系统内的货运保险业务。由于措施细化到位，促进了该险种业务的发展。是年，全市货运保险实现保费收入322.8万元，较上年同期增长53%。但全辖分支机构发展不平衡，业务主要还是集中在市分公司车船货运保险部（保费收入225.6万元），县支公司虽然也开办了该业务，但业务总量较小。

1993年，市人民保险公司货运险在继续大力发展代理业务和预约业务的同时，又在全辖开办了自备车货运险业务，带动了货运险业务的发展。是年，全市货运险承保5490笔，保费收入413.3万元，较上年增长28%。

1994年，全市人民保险公司根据淮阴市非铁路沿线和非沿海的特点，发展货运险的重点只能是放在公路联运和预约业务上。为此，全辖各分支机构继续拓展自备车货运险业务。具体在推行“两个代理”“两个预约”方面下功夫，“两个代理”：实行专业货运管理部门代理，大宗货主单位代理；“两个预约”：企业预约和自备车预约。尽管采取了各种措施，但由于全市经济不景气等原因，到年末，全市货运险保费收入为326.4万元，与上年同期相比有所下降。

1995年2月，人总行对国内水路、铁路货物运输保险条款进行了修订:将原保险条款名称改为“国内水路、陆路货物运输保险”;“除外责任”条款增加了“全程是公路货物运输的,盗窃和整件提货不着的损失”。市人民保险公司自6月1日起执行修订后的货运险条款和新保单。是年,市人民保险公司货运险业务主要以增设代理网点、扩大预约和开展自备车货运险来增加保费收入。公司国际业务部与外贸企业签订进口货物统保协议,增设网点,广结代理关系,全年办理出口货运险20笔,收保费41.6万元。盱眙支公司充分利用地产水泥的优势,在乡镇企业中大力发展货运险业务。金湖支公司在货运吞吐量大的单位和商业流通行业发展预约业务。

是年,全市货运险保费总收入为397.1万元,其中市人民保险公司375.1万元,较上年略有增长。业务量较大的有车船货运部192万元,金湖支公司70万元,淮安(现楚州区)支公司45万元,盱眙支公司25万元,淮阴县支公司21万元。8月,市太平洋保险淮阴办事处试办车船货运险业务,至年底,收入保费22万元。

1996年,市中保财产保险公司继续加大货运险业务的营销力度,首次将货运险保费收入作为指令性指标下达和考核,调动全辖拓展货运险业务的积极性。全年承保377笔,共收入保费456.3万元(其中公路保费131.2万元,水运保费12.3万元,联运保费264.6万元)。各县(区)支公司收入保费为:涟水14万元,淮安63万元,洪泽13万元,盱眙59万元,金湖74万元,营业部182万元。保费总量较上年有所下降,主要是因为区划调整,从淮阴市中划出了泗洪、泗阳、宿迁、沭阳、灌南5县(市),按可比口径统计,保费收入较上年增加134万元,增幅为35.7%。同年,市平安保险淮阴办事处开办此项业务,由于刚刚起步,业务量较小,全年仅发生货运险业务70件,保费收入10万元。

1997年,市太平洋保险公司正式开办货运险业务,全市开办货运险业务保险公司达3家。由于货运险业务为风险小、效益高的险种,3家保险公司均展开对优质客户的竞争。市中保财产保险公司为加快发展,从年初开始就将该险保费指标列入各基层公司的经营目标责任状,实行单项指令性考核;继续稳固与有自备车的企业的关系,修订与其签订的货运预约保险协议。该公司以开展自备车货物运输保险业务为增长点，加大承保力度。经过一年的努力，稳定了货运险业务，保费收入有较大增长。市平安保险公司通过开发开办产品质量保证险、分期付款险等新业务参与竞争。市太平洋保险公司的这项业务开办较迟，加之人力跟进较晚，全年办理17件，规模较小。是年，全市货运险保费收入634.6万元，比上年增加168.3万元。其中，市中保财产保险公司570.9万元，比上年增加114.6万元，增长40%，在全省系统处上游水平；市平安保险公司58万元，比去年增加48万元；市太平洋保险公司新增5.7万元。

1998年，市各财产保险系统上级公司转发了总公司下发的新的国内货物运输保险条款费率及货物分类表，规定重新制订的铁路、公路、水路、航空货物运输保险4个条款及相应的费率、货物分类表，自5月1日起在全辖执行，原《国内水路、陆路货物运输保险条款》可继续使用，但必须逐步向新颁条款转换。

全市各财产保险公司结合新的费率调整政策，根据货运险业务市场发展情况制定不同的展业措施。市中保财产保险公司在总结以往经验的基础上，年初就向各基层单位下发单项考核规定，并要求将考核情况与评优创先挂钩。辖内各基层单位在执行过程中，结合自身情况，加大激励措施，采取灵活多样的展业方式，实施代理、预约、定额保单销售三管齐下，使该险种业务得到较快发展，市场份额仍占全市主导地位。市平安、太平洋保险公司虽开办了这项业务，但由于营销范围小，人力跟不上，竞争力削弱等原因，年末保费收入不理想。是年，全市货运险保费收入717.2万元，比上年增加82.6万元。其中，市中保财产保险公司691.2万元，比上年增加120.3万元，增幅较大的有国内部、清河、清浦、涟水、洪泽等支公司；市平安保险公司20万元，比上年下降38万元；市太平洋保险公司6万元，与上年基本持平。

1999年，市人民保险公司为了确保在全市货运险中的龙头地位不变，除坚持原有展业代理方式和指令指标考核外，为调动下属公司员工积极性，公司还制定专门奖励措施，并结合业务实际，因地制宜地从货运源头抓起，开拓预约及自备车货运险业务。以自办和代办相结合的方式，做到任务、责任到人,从而使该险得到持续发展。市平安、太平洋保险公司全年把业务发展精力调整到其他险种上,致使该项保费收入比上年出现下降。是年,全市货运险保费收入761.1万元,比上年增加43.9万元。其中,市人民保险公司739.9万元,比上年增加48.7万元;市平安、太平洋保险公司均比上年有小幅下滑。

2000年,市人民保险公司继续将货运险作为效益性险种加大展业力度。为促其发展,辖内全年采取三项具体措施:扩大预约货运险的承保面,针对淮阴为全国产粮基地的优势,重点突出粮食系统的预约;积极协调与运管部门、货运配载中心的关系,扩大代理渠道,借助外力发展其分散性业务;适应外贸多元化形势,拓展涉外业务。这三项措施保证了货运险业务的稳定发展。市平安保险公司货运险通过上门营销,公关服务取得一定的成果,年末保费收入与上年相比,增幅达113%。市太平洋保险公司货运险保费收入与上年略有增长。是年,全市货运险保费收入813万元,比去年增加51.9万元。其中,市人民保险公司772.3万元,比上年增加32.4万元,比上年增长4.3%;市平安保险公司34万元,比上年增加18万元;市太平洋保险公司6.7万元,比上年增加1.5万元。

2001年,市人民保险公司通过实行费用倾斜政策,继续加大货运险"指令性"指标的考核力度,调动业务人员的展业积极性。辖内各单位大力巩固代理业务,积极盘大预约业务,并抓住外经、外贸形势趋好的有利时机,加大进出口货运险的展业力度,公司的国际部抓好自营进出口企业的业务拓展,承保了韩泰轮胎上海销售总部出口货运险、淮阴卷烟厂进口设备货运险等业务,全年涉外货运险保费收入73.5万元,同比增长14%;国内部抓住烟草、纺织、纸品、粮油贸易等行业的大保户和大宗货运业务,加大预约统保力度,开拓公路货运业务,促进了货运险保费收入稳中有升。市平安、太平洋两产险公司在加大市区险种业务拓展的同时,注重发展县区货运险业务,从而带动整个货运险业务的发展。是年,全市货运险共承保3611件,保费收入948.4万元,比上年增加135.4万元。其中,市人民保险公司承保2999件,保费收入887.4万元,比上年增加115.1万元;市平安保险公司承保566件,保费收入37万元,比上年增加3万元;市太平洋财产保险公司承保46件，保费收入24万元，比上年增加17.3万元。

2002年，新成立的市天安保险公司开始承办货运险业务，全市财产保险公司达4家。市人民保险、太平洋产险公司在货运险代理业务承保量下降的不利情况下，大胆探索新路子，力求促进货物运输险上规模，稳定和扩大市场份额，同时开拓预约业务市场和大宗业务市场，保证了业务健康稳定的增长，保费收入增量较大。市平安财产保险公司保额比上年下降，市天安保险公司货运险业务刚起步，年收保费3万多元。是年，全市货运险共承保5346件，保费总收入1042万元，比上年上升93.6万元。其中，市人民保险公司承保4042件，保费收入957.6万元，比上年上升70.2万元；市太平洋财产保险公司承保449件，保费收入50.2万元，比上年上升26.2万元；市平安财产保险公司承保853件，保费收入31万元，比上年下降6万元，市天安保险公司开业后承保2件，保费收入3.2万元。

2003年，全市各财产保险公司系统以提质增效为最高目标，为了降低经营风险，对货物运输险的承保进行调整。由于专业运输企业预约承保业务的风险难以控制，市人民财产保险公司停止了对专业运输企业预约承保业务的办理，而以代理业务代之。市太平洋财产保险公司采取用行政和费用政策引导辖内调整货运险业务结构，对风险大的运输企业削减承保比例，向优质项目倾斜，带动整体业务发展。由于适时调整承保标的结构，市人民财产保险、太平洋财产保险公司承保数量都有所下降，但保费收入实现稳步增长。是年，全市货运险共承保2232件，保费收入1157.9万元，比上年增加115.9万元。其中，市人民保险公司承保1080件，保费收入1002.7万元，比上年增加45.1万元；市太平洋财产保险公司承保313件，保费收入114.7万元，比上年增加64.5万元；市平安财产保险公司承保795件，保费收入31万元，与上年持平；市天安保险公司承保44件，保费收入9.5万元，比上年增加6.3万元。

2004年，新增加的市中华财产保险公司、大地财产淮安营销部两产险公司开办了货运险业务，全市承保公司达6家。随着各财产保险公司保费总收入的高位增长，效益性险种业务量的提升，全年货运险保费收入整体却出现下滑的态势。主导全市货运险业务的市人民财产保险公司，严格限制专业运输企业的承保，努力控制专业运输企业风险的不确定性，致使全市该项保费收入大幅度下滑。市其他几家产险公司抓住市人民财产保险公司压缩控制对专业运输企业承保的机会，在竞争中占据了优势，保费收入反而呈上升态势。是年，全市货运险共承保2334件，保费收入819万元，比去年下降338.9万元。其中，市人民财产保险承保1036件，保费收入532.2万元，比上年下降470.5万元；市平安财产保险公司承保379件，保费收入45万元，比上年增加14万元；市太平洋财产保险公司承保636件，保费收入176.5万元，比上年增加61.8万元；市天安保险公司承保26件，保费收入11.6万元，比上年增加2.1万元；新开办货运险业务的市中华、大地两公司，分别承保255件和2件，当年分别收入保费44.1万元、9.6万元。

2005年，新设立的安邦财产保险淮安营销部也开办了货运险业务，全市货运险承保公司达7家。全年除新开办的安邦财产淮安营销部外，其他6家产保险公司货运险业务保费收入比2004年同期都出现下降态势。这一年，各财产保险公司更加注重业务品质，注重内涵发展，以提高经济效益为宗旨，不再搞盲目外延扩张，都对货物运输险承保进行结构调整，严格控制对专业运输企业的承保，特别对大项目、大保额业务，更加谨慎从事。因此，导致全市货运险保费收入出现较大回落。是年，全市货运险共承保4512件，保费收入667.4万元，比上年下降151.6万元。其中，市人民财产保险公司承保1888件，保费收入460万元，比上年下降72.2万元；市平安财产保险公司承保777件，保费收入18万元，比上年下降27万元；市太平洋财产保险公司承保1525件，保费收入145.1万元，比上年下降31.4万元；市天安保险公司承保

淮安市安邦财产保险公司组织员工上街设点营销保险产品

34件，保费收入6.7万元，比上年下降4.9万元；市中华联合财产保险公司承保66件，保费收入26.9万元，比上年下降17.2万元；市大地财产淮安营销部承保3件，保费收入3万元，比上年下降6.6万元；市安邦财产淮安营销部开业后承保219件，当年收入保费7.7万元。

2006—2008年，各财产保险公司为了降低货运险赔款风险，继续对货运险业务结构进行调整，集中力量发展效益好的其他险种。因此，货运险保费收入持续滑坡。到2008年，全市每年货运险业务保费收入一直都在800万元左右徘徊，其中市人民财产保险公司占有60%的市场份额，其他11家产险公司份额都不大。

表3-8　1991—2008年淮安市各财产保险公司货运险保费收入情况表

单位：万元

年份（年）	合计	人保产险	平安产险	太平洋产险	天安产险	中华产险	大地产险	安邦产险	华安产险	阳光产险	人寿产险	渤海产险	都邦产险
1991	211	211	—	—	—	—	—	—	—	—	—	—	—
1992	322.8	322.8	—	—	—	—	—	—	—	—	—	—	—
1993	413.3	413.3	—	—	—	—	—	—	—	—	—	—	—
1994	326.4	326.4	—	—	—	—	—	—	—	—	—	—	—
1995	397.1	375.1	—	22	—	—	—	—	—	—	—	—	—
1996	466.3	456.3	10	—	—	—	—	—	—	—	—	—	—
1997	634.6	570.9	58	5.7	—	—	—	—	—	—	—	—	—
1998	717.2	691.2	20	6	—	—	—	—	—	—	—	—	—
1999	761.1	739.9	16	5.2	—	—	—	—	—	—	—	—	—
2000	813	772.3	34	6.7	—	—	—	—	—	—	—	—	—
2001	948.4	887.4	37	24	—	—	—	—	—	—	—	—	—
2002	1042	957.6	31	50.2	3.2	—	—	—	—	—	—	—	—
2003	1157.9	1002.7	31	114.7	9.5	—	—	—	—	—	—	—	—
2004	819	532.2	45	176.5	11.6	44.1	9.6	—	—	—	—	—	—
2005	667.4	460	18	145.1	6.7	26.9	3	7.7	—	—	—	—	—
2006	860.7	579	40	162.1	10.6	24.1	—	38.3	4.4	2.2	—	—	—
2007	795.5	538	53.6	134.2	5.1	46	2.1	4	3.3	9.2	—	—	—
2008	858.2	506	43	149.5	5.3	18.2	4.5	0	0	45.1	74	0.3	12.3

第六节 船舶保险

淮阴地处洪泽湖、淮河中下游，河流纵横，船舶运输在历史上是该地区工农业生产的主要运输工具之一，船舶保险也成为市人民保险公司开办的主要险种之一。

1991年，市人民保险公司辖内各县（市）都开办了船舶险业务，由于船舶险业务的特殊性，大多数为内河和沿海航行的船舶，且业务主要集中在市区、洪泽、金湖、盱眙等河流众多的县（市）。为了强化船舶保险业务的开展，市人民保险公司专门下发了《关于进一步发展运输工具保险业务的通知》，要求辖内各单位加强与当地港监及运管部门的配合，并委托当地港监及运管部门代理船舶保险业务，对个体和乡镇船舶，及时抓住船舶换证的机会，并协调港监或运管部门按照文件规定促其参保，对于全民和集体航运企业的船舶，动员一次性投保或分期分批投保。是年，市人民保险公司及各支公司共承保各类船舶988艘，保费收入96.6万元。

1992年，由于经济不景气，船舶运输发展停滞不前，全市船舶保险业务滑坡较大。除市人民保险公司营业部较上年增收8.7万元保费之外，清浦、清河2个办事处均未开办船舶险业务，各县（市）支公司该项业务起色也不大。是年，全市共承保船舶保险1922艘，虽较上年增加934艘，但保费收入仅87.1万元，比上年同期减少9.5万元，辖内各支公司承保基本情况是：营业部承保船舶322艘，收入保费18.2万元；盱眙支公司承保213艘，收入保费13.1万元；金湖支公司承保166艘，收入保费6.9万元；淮安（现楚州区）支公司承保111艘，收入保费9万元；洪泽支公司承保88艘，收入保费9.5万元。

1993年，随着经济的逐步复苏，为扭转保费收入继续滑坡势头，市人民保险公司根据船舶险业务主要集中在市区、洪泽、金湖、盱眙等县（市）的特点，要求各支公司加强与当地港监及运管部门配合，扩大委托代理船舶保险业务的范围。全市港航监督部门按照市人民保险公司的委托对“二客一危”（客船、渡船和危险品船）船舶，乡镇运输船舶及其他社会船舶按照船籍港办理保险，港船监督部门在把好船舶保险关的同时，还利用年检的机会对必须参加保险而未保险的船舶不予年检，不准继续航行。通过这一系列的制约措施，全市船舶险业务得到快速发展，船舶险业务保费收入也逐年提高，到1995年，全市船舶险业务保费收入达165.3万元，创历史新高。

1996年，全市船舶险业务开始执行全国统一的新船舶保险条款、费率和条款解释，一定程度上给船舶险保费收入带来影响，制约了船舶险业务的开展。再加上淮阴实行区划调整，划走了5个县（市），是年全市船舶险共计承保船舶395艘，保费收入只有132.3万元，比上年下降33万元。

1997年开始，市中保财产保险公司对船舶险业务管理体制进行改革，即沿海、内河船舶保险业务由市公司统一办理，辖内其他机构只能为其代办，不能直接经营船舶险业务。由于保险条款、费率、管理体制的变革，以及公路运输业的飞速发展，一部分船舶运输业务分流到了公路、铁路运输业，航运部门经营普遍不景气，船舶险业务发展前景不被看好，导致全市船舶险业务发展徘徊不前，保费收入处于下降趋势。是年，全市船舶险共承保船舶323艘，比上年下降18%，保费收入73.4万元，比上年下降45%。

1998年，为了扭转船舶险业务发展的颓势，市中保财产保险公司增设了洪泽支公司为沿海内河船舶险授权定点经营机构，市分公司国内保险部还开办了沿海内河船舶保险附加险，即“四分之一碰撞、触碰责任险”和“螺旋桨、舵、锚、锚链及子船单独损失保险”。由于航运部门整个行业经营普遍不景气，市中保财产保险公司尽管采取了挽救措施，还是没有扭转船舶险业务下滑的局面。是年，全市船舶保险保费收入60.1万元，其中国内保险部59.4万元，较上年下降18%，洪泽支公司仅仅收入保费0.7万元。

1999年，市人民保险公司系统船舶保险继续实行授权经营，船舶险业务仍集中到国内保险部经营。市人民保险公司调整展业思路，重视发挥代理单位的作用，为调动未授权单位代理船舶险业务的积极性，市公司在制定具体实务手续的基础上明确了代理单位的责、权、利，从而有效地促进了船舶险业务有序健康发展。是年，全市船舶保险保费收入68.2万元，比上年略有上升。其中，主险船壳险承保196艘，保费收入65.8万元，附加险保费收入2.4万元。其中，市人民保险公司国内保险部收保费51.5万元，洪泽支公司收保费13.9万元，金湖支公司收保费2.4万元，盱眙支公司代收保费0.4万元。

2000年、2001年，市人民保险公司船舶保险业务继续实行行之有效的措施，既实行授权经营，又发展船舶险业务代理，促进这项业务保费收入保持较稳定的增长，并实现较好的经营效益。两年分别实现保费收入85.9万元、121.6万元，分别比1999年同期增长25%、78%。

2002年、2003年，市人民保险公司为了控制风险，对船舶保险业务进行了调整，对一些存在较大风险的标的进行了限制承保，除通过个人代理手段承保了一些船舶外，大部分单位的承保量均有所下降。由于承保量的下降，保费收入也随之下降。2002年保费收入98万元，比上年同期下降20%；2003年保费收入96.6万元，与2002年基本持平。

市天安财产保险公司召开绩效考核工作会议现场

2004年、2005年，为了防止船舶险业务的继续萎缩，市人民财产保险公司对全市船舶险业务的开展采取稳健与激励并举的经营策略，并进行了适当的投入，实行区别对待，优质优价，辖内系统突破承保地域限制，全方位揽承船舶险业务，取得显著成效，保费收入连续实现较大幅度的增长。2004年、2005年分别实现船舶保险保费收入153.9万元和433万元，分别比2003年同期上升57.3万元和336.4万元，增幅达59%和348%。

由于船舶险业务效益低，全市始终只有市人民财产保险公司一家开办。1991—2005年，全市船舶保险收入保费1323.1万元，每年平均增长88.67万元。由于社会、经济的快速发展，船舶险业务在整个财产保险业务当中的份额已经非常小，故从2006年开始，保险行业业务统计不再将船舶险业务单列统计，而是归到“其他险”科目中进行统计。

表3-9　1991—2005年淮安市人民保险公司船舶险保费收入情况表

单位：万元

年份(年)	金　额
1991	96.6
1992	87.1
1993	134.2
1994	128.1
1995	165.3
1996	132.3
1997	73.4
1998	60.1
1999	68.2
2000	85.9
2001	121.6
2002	98
2003	96.6
2004	153.9
2005	433

第七节　农业保险

1991年，市人民保险公司与地方政府协调配合开办农业保险，洪泽、盱眙两县由县政府牵头，县农业局、多种经营局与保险公司等部门共同合作，成立了农业保险合作委员会，本着“同舟共济，联办共保，签订协议，各有分工”的原则，共同协调、指导农业保险业务开展当中遇到的各种问题。当年洪泽、盱眙两县三麦、水稻综合保险积累风险基金分别达150万元、30万元，为抵抗三麦、水稻等农作物的自然灾害提供了风险保障。是年，全市农业险保费收入201.6万元，比上年增加3.6万元。

1992年，根据省人民保险公司“搞好两个总量控制”和“积极稳妥试办”的要求，市人民保险公司遵循“分散性业务集中抓，集中性风险分散担”的原则办理农业保险，继续采取与地方政府联办共保的形式，开办小麦、水稻种植成本保险，洪泽支公司一家就收入保费152万元。同时，三麦火灾保险也有新突破，由部分支公司开办发展成为全辖各县支公司都开办了该项业务，保费收入也较上年有显著增长。全年全市养殖业保险也逐步转向规模经营，和种植业保险一样，实行“同舟共济，联办共保”的模式，以县为单位建立农业保险风险基金，由县政府牵头，成立保险合作委员会，协调、指导辖区内养殖业保险业务。是年，全市农业险共收保费440.5万元，较上年增加238.9万元。其中，保费收入增幅较大的支公司有洪泽、金湖，增长幅度均在100%以上。

1993年，市人民保险公司农业保险继续坚持“积极、慎重、稳步发展，不赔不赚，量力而行”的原则，在继续搞好三麦、水稻、棉花等大田农作物成本保险的基础上，有重点的适当开发试办一些商品性创汇农业和为科技兴农提供配套服务领域保险业务。在开办中，继续走“同舟共济，联办共保”之路。是年，理赔工作出现了赔大于收的现象，市人民保险公司不再单独开办三麦冰雹责任保险、麦场火灾保险和附加冰雹责任险，养殖业保险也限量开展，导致全年农业险保费收入出现下降态势。是年，全市农业险保费收入366.5万元，全市除金湖支公司外，其他支公司都呈下降趋势。当年养殖业保险保费收入只有51.3万元。

1994年，由于对开办农险指导思想有偏差，片面强调优化农村保险结构，同时市人民保险公司及各基层业务单位为了控制风险，对效益不明显的农业保险的承保缺乏积极性，导致全市种植业保险（主要是小麦、水稻、棉花）、养殖业（大、小牲畜，水产等）保险保费收入继续呈下降趋势。加上家财、麦场火灾保险先后停办，储金业务也严重滑坡，全市农业险保费收入大幅度下降。是年，全市农业险保费收入51.3万元，比上年下降315.2万元，下降614%。

1995年，市人民保险公司农业险业务在总结往年经验教训的基础上，扩大农险经营范围，把与农险相关的多种生产要素，如农村劳动力、乡镇企业财产、家庭财产一并纳入大农险承保对象，并在承保农房时提高间均保额和保费的比重，即瓦房1000元/间、草房500元/间、半瓦半草700元/间的保额，保险费由1.5元/间提高到2元/间。是年，全市农业险保费收入200.5万元，比上年增长74%。

1996年，针对地方政府提倡发展菜牛养殖的情况，市中保财产保险公司调整农业险展业思路，及时跟进。盱眙支公司于4月26日首次在该县开办了菜牛保险业务。在承办过程中，支公司按照费率、条款进行宽松掌握，适当扩大责任范围，同时还较好地控制道德风险和业务发展规模，做到防疫与保险结合，兼顾自身经营效益和社会效益，使保险真正为地方经济发展起到保驾护航的作用。由于市中保财产保险公司实行完全的商业化经营模式，故经营效益比较差的农险业务开始呈现逐年递减的态势。是年，全市全年农业险保费收入78.3万元。

1997年，市中保财产保险公司开办的种植业保险保费收入为18.3万元，主要是承保小麦保险16.6万亩，收入保费16.6万元；棉花保费1.5万元；塑料大棚承保14亩，保费0.2万元。养殖业保险保费收入18.1万元，主要包括淡水养殖险保费15.9万元，生猪险保费1.6万元，耕牛保险保费0.6万元。是年，全市农业险保费收入36.4万元，赔付达71.3万元。

1998年，由于农业保险赔付大于收入，影响了保险公司开办农业保险的积极性。是年，全市农业险保费收入仅34.5万元，赔付33.2万元。其中，市中保财产保险公司市区种植业保费收入16.7万元，金湖支公司种、养两业收入保费17.8万元(种植业9.8万元，养殖业8万元)。

1999年，市人民保险公司农业保险主要由涟水、淮安(现楚州区)和金湖3个支公司经营，开办的主要险种为淡水养殖保险、农作物火灾保险和生猪保险。是年，全市农业险保费收入83.1万元。其中，涟水支公司养殖业收保费6.2万元，淮安(今楚州区)支公司种植业保费13.2万元，金湖支公司种植业保费3万元，养殖业保费12.8万元。

2000年，全市农业保险业务一蹶不振，市人民保险公司仅剩养殖业保险一项业务，保费收入也很少。是年，全市农业险保费收入20.6万元，赔付金额达20.2万元。其中，涟水支公司保费收入7万元，金湖支公司保费收入13.6万元。

2001年、2002年，市人民保险公司系统多数支公司停办农业险业务。两年中全市农业险保费收入仅为几万元，其中只有个别县（区）经营养殖险业务，但赔付率居高不下，经营效益也很差。2001年、2002年两年，全市农业险保费收入8.2万元，赔付18.1万元。赔付额远大于保费收入。2003年，由于政策性鼓励等原因，市人民财产保险公司农业险保费收入略有上升，全年全市农业险保费收入24万元，赔付4.1万元。

2004年，市政府开始重视农业险业务滑坡的情况。淮安市是全国商品粮生产基地，也是农业灾害多发地区，七年一大灾、四年一中灾、两年一小灾成为基本规律，农民因灾致贫情况比较突出。时任市委书记的丁解民专门批示给市委常委、分管农业的副市长李荣荣，要求一定要把农业保险办起来，为农民撑开一张保护伞。李荣荣随即批转到市保险行业协会，要求协会承担起这个重任。市保协接到指示后迅速落实并向江苏保监局汇报，得到江苏保监局的重视和支持。随后，市保协与有关保险公司一道深入基层进行农险调研，掌握第一手资料，制定了一分翔实的调查报告和农业保险方案，后经市委常委、市政府常务会研究同意后开始实施。

2004年11月9日，淮安市农业保险签约仪式在市政府会议中心举行，市委书记丁解民（左4）、副市长李荣荣（右1）等参加签约活动

由于农险风险高，全市农险开办过程中曾经历一波三折，保险公司视农险为“烫手山芋”。经过近一年的努力，市保协找到中华联合保险淮安公司，并得到中华联合保险总公司的认可。同年11月，在淮安市政府、江苏保监局的推动下，全国第一个以政府名义下发的促进农险发展的文件——淮安市政府《关于开展农业保险试点工作的实施意见》出台，同时成

立了“淮安市促进农业保险发展委员会”，县、乡同时成立相应组织，乡镇农经站主抓农险推广，具体工作由中华联合保险公司淮安中心支公司承办，这种全新的机制保证了农业保险的顺利推开。中华联合保险公司淮安中心支公司与中共淮安市委、市政府经协商，采取“政策性保险、商业化运作”模式，采取市政府与保险公司7∶3风险分担方式，本着“丰年积累、平年结余、大灾调剂、稳步发展”的原则，实行低保额的初始成本保险，此模式被定名为“联办共保”。

2005年，市保险协会秘书处承担了《淮安市农业保险试点工作方案》和农险承保、理赔、财务管理、大灾预案等一系列重要方案的制定，并经市委、市政府研究通过。11月5日，市政府与市中华联合财产保险公司签订农业保险联办共保协议。按照联办共保协议，市中华联合财产保险公司对水稻、三麦、养鱼和农民团体意外伤害4个险种，在 10个乡（镇）进行试点。为了配合试点工作的开展，市、县（区）都成立了涉及农业部门参加的“促进农业保险发展委员会”，明确乡（镇）一把手负责制，农民参加保险以村为单位统一投保，指定乡（镇）农经站专门负责农险协保工作。由于不是纯市场化，所以没有列入险种单独统计。市中华联合财产保险公司实行“政策性保险、商业化运作”的创新模式，规定把当年实收的保费在保险公司、县（区）以及乡（镇）共计提取14%的管理费用和支付当年赔款后，中华联合财产保险公司与县（区）政府按3∶7分成后纳入专户存储，成为农业保险发展基金。因灾理赔的所需资金，首先从当年保费收入中列支，不足部分动用保险发展基金。基金不足赔付时，则由中华联合财产保险公司与县（区）政府按3∶7比例承担。淮安农业保险新模式在全国属于首创，淮安市成为全国对农险保费实行财政补贴的第一个地级市，成为全国农险示范点。

是年，全市农业险改变了由市人民财产保险公司独家办理的状况，市中华联合财产保险公司的强劲介入，使全年保费收入大幅上扬，年末达253.4万元。其中，市中华联合财产保险公司保费收入238万元，而市人民财产保险公司保费收入从1991年的472.1万元萎缩到15.4万元。

2006年，由于政策的支持，市中华联合财产保险公司独家承保全市农险业务，全市农险试点乡镇由上年的10个增至20多个。2007年，农险在全市全面推开。市政府又在全市部署能繁母猪养殖保险招标工作，市人民财产保险公司意识到“三农”保险的未来发展前景，开始重新关注农险业务，通过积极争取，获得了全市能繁母猪的独家承保权。到2008年，2年共承保能繁母猪144928头、奶牛3461头，累计保费收入870.65万元。能繁母猪养殖险成为该公司业务发展新的增长点，也一定程度上促进了全市生猪的饲养。市中华联合财产保险公司从2005年开办农业保险，到2008年年末，共承保三麦145.9万公顷，承保水稻45.22万公顷，承保鱼塘133.33万公顷，全市受益农户达37多万家次。市中华联合财产保险公司通过采取和政府联保的办法开办农业保险，创新了发展农业保险的路子，彻底扭转了多年来农业保险业务不断萎缩的局面，为发展全市农业保险业务闯出了新天地。

由于市中华联合财产保险公司的农业保险是和政府联保的，有政府的参与，考虑到统计数据的科学性和合理性，因此，保费收入数据没有单独纳入该险种统计。

表3-10　1991—2008年淮安市农业险保费收入情况表

单位：万元

年份(年)	合计	市人民保险	市中华产险
1991	201.6	201.6	—
1992	440.5	440.5	—
1993	366.5	366.5	—
1994	51.3	51.3	—
1995	200.5	200.5	—
1996	78.3	78.3	—
1997	36.4	36.4	—
1998	34.5	34.5	—
1999	83.1	83.1	—
2000	20.6	20.6	—
2001	5.7	5.7	—
2002	2.5	2.5	—

续表 3-10

年份(年)	合计	市人民保险	市中华产险
2003	24	24	—
2004	14	14	—
2005	253.4	15.4	238
2006	263	—	263★
2007	3915	—	3915★
2008	6226	—	6226★

从2006年起，市中国人民财产保险公司停办农业保险业务。2006—2008年，数字为市中华财产保险公司与政府联保数字，未纳入统计。

第八节　涉外保险

1991年，市人民保险公司将涉外保险作为业务发展“四个突破”中的一项，对辖内进行统一安排和落实，全年推出9个险种供保户选用。在业务拓展上，从业人员坚持服务上门，为保户规划投保。是年，该险种成果显著，办理61笔业务，保费收入为19.1万美元，折合人民币125万元。

1992年，市人民保险公司根据涉外险业务发展的需要，年初专门增设了国外业务部。全年展业工作紧紧把握外向型经济迅速发展的机遇，以“三资”企业为重点，以进出口货运险为龙头，开展营销服务工作。全年开办涉外险10个险种业务，承保168笔，84家企业(其中“三资”企业14家)保费收入19.5万美元，折合人民币178.9万元。其中，各种非水险业务150笔，保费收入17.3万美元；进口运输险业务6笔，保费收入2万美元；出口港澳运输险业务12笔，保费收入0.2万美元。全年处理各种非水险保险责任案件33件，赔付2.3万美元。

1993年，市人民保险公司根据“三外”经济、“三资”企业加快发展的形势，年初统一部署涉外险业务工作。2月，市人民保险公司国外业务部改称国际保险部后，发展进出口货运险和非水险等龙头效益性险种业务，力争无一笔漏保。同时还试办了“三资”企业利润损失险、现金保险。随后辖内各支公司领导亲自出马，加大公关力度，全方位开展营销工作。全年基本实现老企业如期续保，新企业开业一个承保一个。是年，全市涉外险业务承保运输险12笔，非水险115笔，保费收入折合人民币219.6万元（折合32.1万美元），超年计划107%，较上年同期增长21.7%。赔款139.2万元，赔付率为63%。

1994年，市人民保险公司涉外业务紧紧围绕“改革与发展”的主题，以速度与效益为目标，加强服务意识，大胆参与竞争，拓展覆盖全市涉外保险业务。工作重点主要以发展进出口货运险为主。上半年清江印染厂受灾，涉外业务人员及时到场，认真查勘，合理定损，送款上门，深得好评。8月份，该厂进口设备时，主动到市公司国际保险部投了保，并带动由共同投资的另外3家合资企业都参加涉外保险。是年年末，全市涉外保险承保209笔，保费收入折合人民币246.5万元，承担风险5亿多元。与上年同期相比，增长12.2%，完成年计划102%。其中，下属各县支公司代办涉外保险业务56笔，保费收入130万元，市分公司国际保险部自办业务193笔，保费收入116.5万元。

1995年，在基层公司领导的带领下，县（市）支公司涉外保险业务都有新发展。如淮安翻水站投保建安险时，由于淮安支公司的努力，市分公司国际保险部派人参与洽谈，结果办成了这笔业务。市区业务多年得到中行、建行、商检、外事办的支持，在巩固中得到了发展，挖掘了新保源，争取了新保户。新承保了宏丽化纤一期工程财产保险和涤纶长丝厂的进口设备保险，分别收取保费6万美元、2.4万美元。下半年，赢得了市农行国际部协助支持，承揽了以信用证结算的出口货运保险业务。同时又承保了市二建公司海外工程保险，收保费1.1万美元。是年，全市涉外险共承保264笔，折合人民币保费收入517.2万元（货运险41.6万元，各种非农险314.4万元），比上年增长44.4%。其中下属各县（市）支公司收入保费168万元，比上年增长19%。

1996年，市中保财产保险公司涉外保险业务围绕“奋斗三年，实现业务翻番”的目标，主要做了三方面工作。根据市分公司非水险业务由国际保险部划给两办代理的决定，有关领导认真做好市场营销业务协调工作，确保市区业务顺利交接；加强指导，保证了承保质量，业务有所突破。建立健全代理网点，和市建行、农行、中行、商检局签订代理协议，使得在上述几家开办的信用证结算和质检出口货物统揽保险，全部在市中保财产保险公司承保。如农行国际部为中保财产保险公司承揽了双利色纱水险业务和外贸商务公司所有出口险业务等。是年，全市涉外险承保了205笔，保费收入折合人民币335.6万元，赔款244万元，赔付率为73%。其中，运输险赔付4笔，赔款27万元；非水险赔付120笔，赔款218.4万元。

市太平洋财产保险公司志愿者接受客户咨询场景

从1997年7月1日起，涉外保险业务和国内业务实行并轨，该险种业务分别反映在国内各相关险种业务中，不再单列统计。

表3-11　1991—1996年淮安市人民保险公司涉外保险保费收入情况表

单位：万元、万美元

年份(年)	笔数(笔)	保费收入		
		合计	人民币	美元
1991	61	125(折人民币)	—	19.1
1992	168	178.9(折人民币)	—	19.5
1993	127	219.6(折人民币)	194.9	4.3
1994	209	246.5(折人民币)	196.1	5.8
1995	264	517.2(折人民币)	412.3	12.6
1996	205	335.6(折人民币)	248.6	10

第九节　责任险及信用保证险

1993年4月1日起，市人民保险公司根据省公司“雇主责任保险”业务有关规定，在全辖试办雇主责任保险。为了促进该险种的健康发展，市人民保险公司针对试办中出现的问题，于10月下发了《关于雇主责任险有关问题的通知》。同时，辖内开始办理附加医药费责任保险，保额限定每人5000元的最高赔偿标准，对员工医药费超过其赔偿限额部分，不实行比例分摊，全年全辖该险种实现保费收入509万元。是年，市公司国内保险部还首次在全辖开办产品责任保险，承保了辉煌太阳能公司生产的辉煌太阳能产品，收取保费14万元(当年市人保开办的责任险保费收入在其他财产保险中反映)。

是年，为发展淮阴地方经济，减少银行发放贷款的风险，支持与解决企业单位的资金需求，淮阴市几家银行和市人民保险公司共同研究商定企业借款保证保险条款及有关事宜。保险金额即为借款金额；保险期限为取得贷款之日起至还清贷款之日止，如延期须另办手续；保险责任为被保险人单位倒闭或经法院宣告破产以及经三方(权利人、被保证人、保险人)共同认为不可挽回的贷款损失，由保险人偿还被保证人所欠权利人的贷款本金。

1994年4月，市人民保险公司对雇主责任险原附加医药费保险条款作了部分修改，将原条款中定额医药费用包干返还，改为门诊医药费用返还，并仅承担被保险人员住院的医疗费用。5月，市分公司与市经委联合向全市各县(市)经委、质量"三包"协会、人民保险各支公司、办事处发出积极开展产品责任保险工作的通知。市经委严格按照条款和人民保险公司规定做好代理工作，坚持承保条件，严把承保质量关。

市人民保险公司从试办责任、信用保证保险业务到1995年，由于该险种业务规模较小，承保量不大，其保费收入数据均归并在其他财产保险中综合反映，没有单独列项统计。

1996年，市中保财产保险公司将责任、信用保证保险保费收入分项列记。10月，市中保财产保险公司开办对银行转账支票的责任承保，即为被保险人开具的在保单上列明的有银行账号的转账支票，因丢失或被盗后被冒领所造成的银行存款直接损失，如在90天之内未追回的，保险人承担赔偿责任。但对被保险人、出票人及持票人的故意行为和欺诈行为造成的经济损失，以及擅自转让、出租和出借银行账户给他人而造成的经济损失等,均不属于保险责任的损失,保险人不负责赔偿。是年,该项保险的赔付均高于保费收入。是年,全市中保财产保险公司责任保险保费收入622.7万元,其中,产品责任险4万元、雇主责任险593.7万元、公共责任险5万元、其他责任险19.9万元。全年信用保险保费收入1.1万元。

1997年,随着地方经济的迅速发展和社会经济活动的日益频繁,市中保财产保险公司责任、信用保证保险业务发展情况向好,全年责任保险保费收入为355.8万元。其中,雇主责任险占大头,保费收入为293.3万元;公众责任保险保费收入4.6万元;其他责任保险保费收入48万元。当年赔付较上年有所下降,但赔付率仍为113.1%,其中雇主责任险赔付率最高。市中保财产保险公司信用保证险主要承办保证险、钞票险、其他信用险,全年3个险种保费收入分别为0.7万元、13.7万元、69.5万元。同年市平安保险公司开始办理责任保险业务,全年承保26件,保费收入8万元。是年,全市责任保险和信用保证保险保费收入分别为363.8万元和83.9万元。

1998年,市中保财产保险公司和市平安保险公司仅开办了责任保险业务,信用保证险没有发生保费收入。市中保财产保险公司信用、责任险保费收入较上年下降49%。下降幅度较大的有清浦、淮安(现淮安区)支公司,分别达63%和68%。这期间,淮安支公司利用中央电视台"心连心"艺术团来淮阴市演出之际,收入责任险保费5万多元。市平安保险公司全年仅开办责任险业务,保费收入比上年上升2倍。是年,全市责任险保费收入241.3万元,比上年下降122.5万元。其中,市中保财产保险公司保费收入225.3万元,比上年下降130.5万元;市平安保险公司承保20件,保费收入16万元,比上年增加8万元。

1999年,市人民保险公司、平安保险公司将责任、信用保证保险作为潜在市场和业务发展的增长点来对待,初步扭转了保费收入下滑态势,保费收入实现小幅增长。市人民保险公司开拓市场,创新保险产品,推出校园方责任险、餐饮责任险、产品责任险、供电责任险等7个责任险条款,供各基层支公司按其自身情况选择1～2个险种进行试办。淮阴县支公司在效益好的市第一人民医院、县供电局推办了责任险,年收入保费57万元。淮安支公司利用百日劳动竞赛，收各类责任险保费37.4万元。有的县（市）支公司还跟踪新工程、新项目，盯上经济活动的热点，采取加大奖惩力度、联合公关等措施，取得了一定的突破。如清河支公司紧盯重大工程收入保费35万元，涟水支公司请县计委协助收入保费9.5万元；金湖支公司跟踪金湖淮河大桥工程收入保费8万元等。市平安保险公司虽承保该险种数量很少，但到1999年年末全公司该项保费收入连续两年实现等额增长。是年，全市责任险保费收入303.2万元，比上年增加61.9万元。其中，市人民保险公司保费收入279.2万元，比上年增加53.9万元；市平安保险公司保费收入24万元，比上年增加8万元。全市信用保险保费收入132.1万元，全部为市人民保险公司发生的其他信用险保费业务收入。

2000年，市人民保险公司、市平安保险公司继续把责任、信用保证保险作为业务发展新的突破口来抓。市人民保险公司全辖上下统一思想，运用现场交流会、制定专项奖励等办法，促使各基层业务单位因地制宜选准目标开展承保展业工作。是年，加强对供电、卫生、教育等行业的公关协调。承保了金湖淮河大桥、淮安三线船闸等重大项目的工程险或责任险，填补了淮阴历史上桥梁工程承保的空白。全辖共收取新工程、新项目保险费达50余万元。辖内涟水支公司成立3个责任险公关小组，分别主攻产品责任险、校（园）方责任险和供电责任险，收取责任险保费96万元；淮阴县支公司开拓雇主责任险，收入保费34万元；金湖支公司加大供电和产品责任险规模，分别收入保费10万元和14万元；淮安支公司在医疗责任险上率先突破，收入保费13万元。市平安保险公司根据当地实际，列出展业重点，制订公关计划，取得较好成果，全年承保5件，平均单笔收入保费达7.4万元。

是年，全市责任保险保费收入502.7万元，比上年增加199.5万元，其中，市人民保险公司保费收入465.7万元，增幅67%。辖内除淮阴县、市公司国际部、洪泽县外，其他县支公司保费收入都比上年有所增长，其中淮安、涟水、清浦支公司增幅较大，分别为372%、153%、146%。市平安保险公司承保责任保险5件，保费收入37万元，比上年增加13万元，增幅54%。

2001年，市太平洋财产保险公司开办责任险和保证险，全市开办责任险和保证险的产险公司达3家。总体看，全市责任险发展较快，信用险发展较慢。市人民保险公司投入一定的精力，努力发展各种责任险，并组织一系列专题活动和劳动竞赛，使各种责任险业务得到了比较快的发展。市太平洋财产保险公司由于刚起步这项险种业务，加之对险种业务投入不足，其业务规模较小，全年责任及信用险收入保费还不到2万元。

是年年末，全市责任及信用险保费总收入达737万元，比上年增加234.3万元。主要是承保责任保险1314件，保费收入716.2万元，比上年增加213.5万元。其中，市人民保险公司承保750件，保费收入558.2万元；市平安保险公司承保560件，保费收入157万元，比上年增加120万元；市太平洋财产保险公司承保4件，保费收入1万元。全年全市承保信用险551件，保费收入20.8万元。其中，市人民保险公司承保550件，保费收入20万元；市太平洋财产保险公司承保1件，保费收入0.8万元。

2002年，市人民、平安、太平洋财产保险公司不断改进工作，力推责任及信用险业务的发展。这3家产险公司把这项业务作为业务发展的重要模块，全年开办的责任险主要为雇主责任险、公众责任险和产品责任险，其中雇主责任险发展较为强劲，三季度末，全市责任险保费总收入已突破千万元大关。是年，市天安保险公司开业后，虽开办了责任险业务，但全年业务呈自然发展状，其规模较小。

是年，全市责任、信用保证保险保费收入达1350.4万元，比上年增加613.4万元，增幅达83.2%。全市责任险共承保6302件，保费收入1135.9万元，比上年增加419.7万元，增幅59%。其中，市人民保险公司承保4012件，保费收入870.2万元，比上年增加312万元；市太平洋财产保险公司承保17件，保费收入32.2万元，比上年增加31.2万元；市天安保险公司承保6件，新增保费收入2.5万元。全市信用险承保1249件，保费收入214.5万元，比上年增加193.7万元，增幅达831%。其中，市人民保险公司承保686件，保费收入150.6万元；市太平洋财产保险公司承保563件，保费收入63.9万元；其他保险公司未发生保费收入。

2003年，全市责任险、信用保证险继续保持较快的发展势头，市人民保险、平安、太平洋和天安产险公司根据《中华人民共和国保险法》中第四章保险经营规则，努力扩展该险种的经营范围，其开办的责任险品种有产品责任险、雇主责任险、公众责任险、校园方综合保障保险、旅行社责任险、职工责任、个人旅行综合保险等。全辖开办的信用保险、保证保险主要有产品责任保证保险、购车履约保证保险、房屋履约保证保险、雇主忠诚担保保险、投资保险、房屋综合保险等业务险种。总体看，全市责任险承保数量比2002年减少，但单笔保费收入金额上升。信用险承保数量比往年增多，保额已随之增大。

是年，全市责任险、信用险两项保费收入创历史新高。全年承保责任险、信用险8308件，保费总收入1591.5万元，比上年同期增加241.1万元。全年承保责任险2725件，保费收入1090.8万元，比上年同期略有下降。其中，市人民财产保险公司承保2659件，保费收入917.2万元；市平安财产保险公司承保8件，保费收入147万元；市太平洋财产保险公司承保46件，保费收入20万元；市天安保险公司承保12件，保费收入6.6万元。全年承保信用险5583件，保费收入500.7万元，比上年同期增加286.2万元，增幅33%。其中，市人民财产保险公司承保1013件，保费收入258.4万元，比上年同期增加107.8万元；市平安财产保险公司承保4067件，保费收入148万元；市太平洋财产保险公司承保503件，保费收入94.3万元，比上年同期增加30.4万元。

2004年，淮安市开办责任险、信用保证险的产险公司增加了市中华联合财产保险公司、大地财产淮安营销部。至此，全市有6家产险公司展开业务竞争。是年，市人民保险、平安、太平洋3家产险公司对该险种进行结构上的调整，注重抓好优质企业的责任保险，努力发展优质客户信用险业务，展业时有进有退。这3家产险公司全年保费收入比上年出现大幅下降。后开办此项业务的天安保险公司和新开办此项业务的市中华联合财产保险公司、大地财产淮安营销部，在竞争中取得先机，全年保费收入呈现增长态势。总体看，由于市人民保险、平安、太平洋3产险公司调整险种结构，责任险、信用险保费收入出现47%的降幅。全年全市共承保责任险、信用险1330件，保费收入836.8万元，分别比上年下降6978件和

754.7万元。其中,责任险共承保1286件,保费收入761.7万元,分别比上年下降1439件和329.1万元;信用险共承保44件,保费收入75.1万元,分别比上年下降5539件和425.6万元。

2005年,新开业的市安邦财产淮安营销部开办责任险、信用保证险业务,全市有7家产险公司经营该险种业务。各财产保险公司面临淮安保险市场总量小、竞争主体增多、市场秩序较差的局面。在竞争中,老的产险公司稳定老保户,争取新保源,后介入的产险公司参与市场竞争,以努力扩大市场占有额。全年各财产保险公司一方面优化险种结构,集中人力、物力、财力发展优势险种,尤其是责任险、保证险保费较上年大幅上升,保费收入绝对值增加1310万元,其中市人民保险、市太平洋、市中华3家产险公司责任险增幅较大,对产险市场的快速发展贡献较大。全年各财产保险公司责任、信用险摆脱了业务下滑的局面,保费收入又呈快速增长的态势。

是年,全市责任险共承保3942件,保费收入1319.5万元,分别比上年增加2656件和557.8万元。其中,市人民财产保险公司承保2861件,保费收入1167万元,比上年增加439.1万元;市太平洋财产保险公司承保134件,保费收入111.5万元,比上年增加88.3万元;市中华财产保险公司承保472件,保费收入44.1万元,比上年增加40万元;市天安保险公司承保4件,保费收入4.5万元;大地财产淮安营销部承保73件,保费收入4万元;安邦财产淮安营销部承保5件,保费收入1.4万元。全市信用险共承保1428件,保费收入154万元,分别比上年上升1384件和80万元,其中,市人民财产保险公司承保18件,保费收入66万元,保额与上年基本持平;市太平洋财产保险公司承保1441件,保费收入87万元,保额比上年上升83.4万元;市天安保险公司承保5件,保费收入1.2万元,保额比上年下降7.4万元;其他产险公司未发生此项业务。

2006年,各财产保险公司责任险业务发展不稳定,出现下滑态势。全市责任险承保2685件,比上年下降26%,保费收入1232万元,比上年下降8%。各产险公司业务发展不平衡。市平安财产保险公司实现双增长,承保件数比上年增长200%,保费收入比上年增长90%。市中华财产保险公司承保457件,比上年下降3%,保费收入85.89万元,比上年增长95%。市太平洋财产保险公司承保件数比上年增长61%,保费收入比上年下降15%。市人民财产保险公司承保1749件,比上年下降39%,保费收入1027万元,比上年下降12%。市大地、安邦、华安、阳光4家产险公司该险种保费收入与上年比变化不大。

是年,全市保证险出现增长的势头。全年承保1957件,比上年增37%,保费收入194.5万元,比上年增长26%。其中,承保件数、保费收入增长幅度比较大的有市太平洋财产保险公司,承保1938件,比上年增长34%,保费收入122.8万元,比上年增长41%;新开办保证险的市安邦财产保险公司承保23件,保费收入6.7万元;市人民财产保险公司承保4件,比上年下降78%,保费收入65万元,与上年持平。市平安、天安、中华、大地、华安、阳光等保险公司没有发生此项业务。

2007年,全市各财产保险公司重视责任险业务发展,采取各种展业措施扭转了下滑态势。全市责任险承保5074件,比上年增长89%,保费收入1414万元,比上年增长15%。增长幅度比较大的公司有:市人民财产保险公司承保4079件,比上年增长133%,保费收入1204万元,比上年增长17%;市太平洋财产保险公司承保433件,比上年增长100%,保费收入129.5万元,比上年增长37%。承保件数、保费收入双下降的有:市天安保险公司承保7件,比上年下降81%,保费收入6.8万元,比上年下降65%;市中华财产保险公司承保275件,比上年下降40%,保费收入77.3万元,比上年下降10%。其余几家公司承保件数、保费收入与上年相比变化不大。

淮安市人民财产保险公司在承办盱眙龙虾节期间,设点推广公众责任险现场

是年,全市保证险

业务及保费收入出现负增长。全年共承保1152件,比上年下降41%,保费收入113.8万元,比上年下降42%。其中,市太平洋财产保险公司下降幅度最大,承保件数、保费收入分别比上年下降40%、64%;市人民财产保险公司基本维持在原来水平。市平安、天安、中华、大地、安邦、华安、阳光等保险公司均没有发生此业务。

2008年,全市责任险业务继续保持平稳发展态势。全市责任险承保9590件,比上年增长89%,保费收入1656万元,比上年增长17%。市中华财产保险公司采取各种营销办法,责任险业务大幅增长,承保6685件,保费收入155万元,比上年增长101%;市太平洋财产保险公司承保596件,比上年增长38%,保费收入227.5万元,比上年增长33%;市平安财产保险公司承保件数增幅不大而保费收入增长了46万元;市天安保险公司承保件数大,增幅长214%,而保费收入却下降了20%。市大地财产保险公司承保7件,比上年下降81%,保费收入3.1万元,比上年下降65%;市人民财产保险公司承保2019件,比上年下降51%,保费收入1167万元,比上年下降3%。

是年,全市保证险共承保1114件,比上年下降3%,保费收入177.2万元,比上年增长56%,总体发展平稳。市人民财产保险公司承保10件,增长43%,保费收入100万元,比上年增长45%;市太平洋财产保险公司承保件数略有下降,但保费收入比上年增长72%。市平安、天安、中华、大地、安邦、华安、阳光、人寿、渤海、都邦等保险公司均没有发生此项业务。

表3-12　1996—2008年淮安市各财产保险公司责任险保费收入情况表

单位:万元

年份(年)	合计	人保产险	平安产险	太平洋产险	天安产险	中华产险	大地产险	安邦产险	华安产险	阳光产险	人寿产险	渤海产险	都邦产险
1996	622.7	622.7	—	—	—	—	—	—	—	—	—	—	—
1997	363.8	355.8	8	—	—	—	—	—	—	—	—	—	—
1998	241.3	225.3	16	—	—	—	—	—	—	—	—	—	—
1999	303.2	279.2	24	—	—	—	—	—	—	—	—	—	—
2000	502.7	465.7	37	—	—	—	—	—	—	—	—	—	—

续表 3-12

年份（年）	合计	人保产险	平安产险	太平洋产险	天安产险	中华产险	大地产险	安邦产险	华安产险	阳光产险	人寿产险	渤海产险	都邦产险
2001	716.2	558.2	157	1	—	—	—	—	—	—	—	—	—
2002	1135.9	870.2	231	32.2	2.5	—	—	—	—	—	—	—	—
2003	1090.8	917.2	147	20	6.6	—	—	—	—	—	—	—	—
2004	761.7	727.9	-2	23.2	6.3	4.1	2.2	—	—	—	—	—	—
2005	1319.5	1167	-10	111.5	4.5	44.1	0.9	1.5	—	—	—	—	—
2006	1231.9	1027	-19	94.7	19.2	85.9	10	5.1	8.6	0.4	—	—	—
2007	1413.7	1204	-27	129.5	6.8	77.3	4.8	9	5.8	3.5	—	—	—
2008	1656.4	1167	19	227.5	5.4	155	3.1	7.2	0	4.1	59.8	4	4.3

表 3-13　1996—2008 年淮安市各财产保险公司保证险保费收入情况表

单位：万元

年份（年）	合计	人保产险	平安产险	太平洋产险	天安产险	中华产险	大地产险	安邦产险	华安产险	阳光产险	人寿产险	渤海产险	都邦产险
1996	1.1	1.1	—	—	—	—	—	—	—	—	—	—	—
1997	83.9	83.9	—	—	—	—	—	—	—	—	—	—	—
1998			—	—	—	—	—	—	—	—	—	—	—
1999	132.1	132.1	—	—	—	—	—	—	—	—	—	—	—
2000			—	—	—	—	—	—	—	—	—	—	—
2001	20.8	20	—	0.8	—	—	—	—	—	—	—	—	—
2002	214.5	150.6	—	63.9	—	—	—	—	—	—	—	—	—
2003	500.7	258.4	148	94.3	—	—	—	—	—	—	—	—	—
2004	75.1	63	1	3.6	7.5	0	—	—	—	—	—	—	—
2005	154.2	66	0	87	1.2	0	—	—	—	—	—	—	—
2006	194.5	65	0	122.8	0	0	0	6.7	—	—	—	—	—
2007	113.8	69	0	44.8	0	0	0	—	—	—	—	—	—
2008	177.2	100	0	77.2	0	0	0	0	0	0	0	0	0

第十节　其他保险

其他财产保险指上述各节险种以外的零星财产保险业务。

1991年,市人民保险公司在拓展主要产险业务的同时,也开办了一些其他财产险业务,其中包含有储金性保费收入业务。是年,该公司共实现保费收入865.9万元。主要有:长效家财产险储金收入592万元;麦场火灾保险储金收入197.4万元;旅客行李物品保险保费收入8万元(其中市区长途汽车站和私人客运站代办代收保费收入5万元)。

1992年,市人民保险公司确立了“狠抓分散性业务,实现规模经营”的指导方针,利用春节、“六一”、“十一”掀起突击分散性业务销售高潮。通过“三抓”(抓时机,全面出击;抓覆盖面,加强宣传攻势;抓任务层层分解,全员推销)措施,年末,全市其他类财产保险实现保费收入2185.4万元,占当年整个新增保费的53%。

1993年,市人民保险公司在扩大服务领域、占领保险市场、提高核算险种比重的思想指导下,推广和试办了一批新险种。公司与公安交警配合,通过抓“五小车辆”年检年审,扩大“五小车辆”的承保面,并做好定额保单推销工作;在全市范围内开办和试办建筑安装工程综合保险、移动电话保险、自行车第三者责任险;市区开办了由卫生防疫站代办的公共场所责任保险;和银行部门一起开办了“钞票保险及附加解、提款人员意外伤害责任保险”等,均取得良好效果,促进了保费收入的增长。全市仅试办的新险种就收取保费30万元。 是年,全市其他类保费收入达463.8万元,其业务主要集中在市区的清浦、清河办事处和淮阴、洪泽等支公司。

1994年,市人民保险公司继续拓宽服务领域、发展新险种。通过推广开办其他类新险种业务,如雇主责任、移动电话、寻呼机保险等,促进其他类保费业务的发展。是年年末,其他类保险保费收入为369.3万元,其业务主要仍集中在市区清河、清浦两个办事处。其他县(市)支公司业务量很少。

1995年,是市人民保险公司分散性、零星和新险种业务发展较快的一年。根据全市农村经济的发展情况，在农村先后开办农用变压器保险、麦场火灾还本保险、乡村干部综合保险等。是年，开办的农用变压器保险保费收入93.4万元。同时，巩固城市阵地，在城市侧重开辟移动电话和家财还本保险等险种，办理移动电话保险收入保费22.3万元，办理其他零星分散保险收入保费90.6万元。继续抓好“五小车辆”保险，公司于8月、9月开展了业务突击月活动，业务量取得较大突破，全市此项保费收入达370万元。其中淮安、涟水支公司分别收取保费100万元、85万元。为全年其他财产保险保费收入的增长奠定了基础。是年，全市其他财产保险保费收入806.8万元，较上年增长118.5%。

1996年，全市人保公司开始对发生的储金性保费收入实行单列统计。是年，市中保财产保险公司总结分散性业务开展的经验，采取“重点突破、分类推进、形成特色”的发展策略，各县（市）支公司都分别制订了发展规划，确定了其他险业务的主攻方向，大力开办新险种，以适应市场需要。淮安支公司在“五小车辆”、变压器、移动电话等险种上实施全面突破，取得收取保费191万元的明显效果。其他支公司也相继推出了计算机设备保险、转账支票保险、菜牛保险、城乡基层干部财产综合保险和机动车附加划损险等。是年，还试办摩托车附加全车盗抢险。由于市中保财产保险公司部分险种业务统计口径归类调整，从其他险调出保费收入525.5万元，年末，全市其他险账面反映保费收入为115.5万元。其中，市中保财产保险公司77.5万元，市太平洋保险公司38万元。

1997年，市中保财产保险公司继续开发适销对路的险种。3月下旬，该公司组团赴山东学习取经回来后，结合当地实际推出基层金融机构综合险、钞票保险、公众责任险等5个新险种，收到了一定的成效，促进了分散性业务的发展。市分公司还批准清浦支公司试办建筑、安装工程综合保险。市太平洋保险公司开业后也开办其他险业务，当年承办的其他险主要为摩托车附加险等，其业务发展增速较快。是年，全市其他险保费收入154.4万元，比上年增加38.9万元。其中，市中保财产保险公司15.4万元，比上年下降62.1万元，降幅达80%；市太平洋财产保险公司承保45件，保费收入139万元，比上年上升101万元。

1998年，市人民保险、太平洋产险公司把小险种、分散性业务作为业务发展新的增长点来开发，继续采取以往行之有效的方法措施：一方面请公安交通等部门代理；另一方面依靠全员展业，推动业务向纵深发展。当年，市中保财产保险公司"五小车辆"保险就收入保费40.5万元，其中金湖支公司一家就收入保费40万元。其他支公司其他险种业务的开展也取得了一定效果。市太平洋财产保险公司由于停办了县区的业务，是年，该项保费收入与上年同期相比出现下降。是年，全市其他险保费收入267.2万元，比上年上升112.8万元。其中，市中保财产保险公司148.2万元，比去年上升132.8万元；市太平洋保险公司承保30件，保费收入119万元，比上年下降20万元。

1999年，市人民保险公司继续加大其他险业务的开拓力度，培育具有一定规模、一定特色的新险种业务。该公司本着"抓大不放小，抓整不丢零，抓新不忘旧"指导思想，向市场的深度和广度挖掘。公司除平时日常抓，还采取突击抓的办法。7月20日至10月30日，全市人民保险公司在辖内各分支开展了以"五小车辆"险、责任险、变压器险和建筑安装工程险为内容的分散性业务劳动竞赛。通过全员发动，依托有关部门协助，收效显著，仅"五小车辆"险就承保15105台，收保费516.4万元。全年其他分散性业务也收到了100多万元的保费。其中，淮阴县、淮安支公司在车管部门的协助下，业务量飞快增长，仅摩托车险就分别收保费114万元和103万元。市太平洋保险公司未发生其他险业务保费收入。全年全市仅有市人民保险公司一家办理其他险业务。是年，全市其他险保费收入60.6万元（由于统计口径的变化，有时把"五小车辆"险划归其他险，而使全年该项统计保费收入不足）。

2000年，全市其他险保费收入114.7万元。市人民保险公司其他产险业务保费收入33.8万元。其中，淮阴支公司4.2万元，涟水支公司2.7万元，淮安10.1万元，金湖支公司6.5万元。市太平洋保险公司其他险保费收入80.9万元。2001年、2002年，全市财产保险公司其他险业务总体连续呈萎缩状态，全市仅有市人民保险、太平洋两家保险公司在做，由于其他险业务只是作为保险公司抓大、抓整、抓新业务时挖掘的边缘性险种，不作为主要险种来对待，所以发展情况不甚理想。

2001年，全市其他险承保218件，保费收入97.5万元。其中，市人民保险公司保费收入77.5万元，市太平洋财产保险公司保费收入20万元。

2002年，全市其他险承保106件，保费收入87.7万元。其中，市人民保险公司保费收入86.7万元，市太平洋财产保险公司保费收入1万元。

2003年，中国保监委批准产险公司可以经营短期人身保险（即2005年派生的人意险、健康险）业务，全市各财产保险公司迅逗行动，发展新险种——健康险业务。当年，全市该险种共承保50532件，保费收入838.4万元，其中，市人民财产保险公司承保35626件，保费收入570.1万元，分别占全市承保件数的70.5%和保费收入的34.3%；市太平洋财产保险公司承保14142件，保费收入151.9万元，分别占全市承保件数的28%和保费收入的20.16%；市平安财产保险公司保费收入85万元；市天安保险公司承保764件，保费收入31.4万元。是年，全市共有市人民保险、太平洋、平安、天安4家保险公司办理其他险业务，全年保费收入比上年大幅上升。年末，全市其他险保费收入958.7万元，比上年上升871万元。其中，市人民财产保险公司保费收入577.7万元，市太平洋财产保险公司保费收入203.8万元，市平安保险公司保费收入145.8万元，市天安保险公司保费收入31.4万元。

2004年，市中华联合财产保险公司开办了其他险业务，至此全市开办此项业务的产险公司达5家。此项业务发展较为强劲的市太平洋、市中华两家产险公司，通过整体联动，全员发动，依托其他业务的拉动，全年其他险收效显著。是年年末，全市其他险保费收入创历史新高，达1507.2万元，其中，市人民财产保险公司保费收入737万元，比上年增加159.3万元；市太平洋财产保险公司保费收入387.1万元，比上年增加183.3万元，增幅达78%；市平安保险公司保费收入251.7万元，比上年增加105.9万元；市天安保险公司保费收入70.7万元，比上年增加39.3万元；市中华联合财产保险公司新增保费收入49.9万元；大地财产淮安营销部新增保费收入10.8万元。

2005年，全年全市人意险共承保105615件，保费收入1575万元。其中，市人民财产保险公司承保31915件，保费收入899万元；市太平洋财产保险公司承保41719件，保费收入156万元；市天安保险公司承保1366件，保费收入81.41万元；市中华联合财产保险公司承保30173件，保费收入255万元；大地财产淮安营销部承保166件，保费收入55.7万元；安邦财产淮安营销部承保276件，保费收入7万元。健康险共承保1353件，保费收入35万元。其中，市人民财产保险公司承保186件，保费收入29万元；市天安保险公司承保1160件，保费收入2.2万元；市中华财产保险公司承保7件，保费收入3.6万元。市太平洋、平安、大地、安邦保险公司都没有开办健康险业务。

是年，市人保、天安、中华、大地、安邦保险公司的其他险保费收入呈上升趋势，平安、太平洋保险公司保费收入呈现下降。是年，全市其他险保费收入1781.4万元，比上年增加274.2万元。其中，市人民保险公司932万元，比上年增加195万元；市天安保险公司183.6万元，比上年增加112.9万元；市中华保险公司260.6万元，比上年增加210.7万元；市大地保险公司55.7万元，比上年增加44.9万元；市安邦保险公司新增保费收入7万元。全市保费收入下降的有：市太平洋财产保险公司保费收入180.1万元，比上年下降207万元，降幅达90%；市平安保险公司保费收入162.3万元，比上年下降99.4万元。

市天安财产保险公司开展“3·15”国际消费者权益日活动

2006年，全辖各保险公司人意险业务平稳发展。全市共承保17827件，比上年增长2%，保费收入2177万元，比上年增长38%。其中，市太平洋财产保险公司增长幅度比较大，承保79334件，比上年增长90%，保费收入259.2万元，比上年增长66%；市平安财产保险公司保费收入333万元，比上年增长175%。是年，全市健康险业务出现业务量增长而保费收入反而下降的状况，这是由于各公司用降低保费费率来争取保户。全市共承保2449件，比上年增长81%，保费收入26.9万元，比上年下降23%，其中，市天安保险公司承保2174件、保费收入4.2万元；市中华财产保险公司承保202件，保费收入6万元；市人民财产保险公司承保62件，保费收入16万元。市太平洋、平安、大地、安邦、阳光等保险公司没有开办健康险业务。

是年，全市其他险保费总收入3079.9万元，比上年增加1298.5万元。其中，市太平洋财产保险公司业务量和保费收入分别增长735%、341%；市中华财产保险公司业务量和保费收入分别增长31%、30%。市人民财产保险公司保费收入1614万元，比上年增加682万元；市平安保险公司保费收入333万元，比上年增加170.7万元；市安邦财产保险公司保费收入35.5万元；新成立的市华安财产保险公司新增保费收入113.9万元；市阳光财产保险公司新增保费收入41万元。全年仅有市天安保险公司保费收入比上年下降67.4万元；市大地财产保险公司比上年下降16.4万元。

2007年，人意险业务出现业务量增长而保费收入下降的状况，这是由于各公司为了争保户不惜降低保费费率的结果。全市共承保178001件，比上年增长65%，保费收入2047万元，比上年下降6%，其中，市人民财产保险公司承保24965件，比上年增长24%，保费收入912万元，比上年下降8%；市中华财产保险公司承保24967件，比上年增长541%，保费收入270.8万元，比上年下降5%；市平安财产保险公司保费收入292万元，比上年下降12%；市天安保险公司承保1613件，比上年下降26%，保费收入78.9万元，比上年下降30%；市大地、安邦、华安、阳光几家公司承保件数、保费收入变化不大。只有市太平洋财产保险公司实现承保件数、保费收入双增长，分别同比增长56%、37%。

是年，全市健康险出现井喷式增长，全市共承保17655件，比上年增长621%，保费收入214万元，比上年增长695%。其中，市中华财产保险公司承保13628件，保费收入206.5万元；市天安保险公司承保4012件，比上年增长85%，保费收入4.5万元，比上年增长6%。只有市人民财产保险公司承保件数、保费收入出现双下降，分别比上年下降了76%、82%。市太平洋、平安、大地、安邦、华安、阳光保险没有发生健康险业务。

是年，全市其他险保费总收入3077.8万元，比上年略有下降。其中，保费收入增加的公司有：市人民财产保险公司保费收入1645万元，比上年增加31万元；市太平洋财产保险公司保费收入410.4万元，比上年增加45万元；市中华财产保险公司保费收入439万元，比上年增加17.7万元；市大地财产保费收入100.6万元，比上年增加61.3万元。保费收入出现下滑的公司有：市平安财产保险公司保费收入292万元，比上年减少41万元；市天安保险公司保费收入83.4万元，比上年减少32.8万元。市华安财产保险公司保费收入40.9万元，比上年减少73万元；市阳光财产保险公司保费收入33.7万元，比上年减少7.3万元。

2008年，全市人意险业务发展势头良好，承保件数、保费收入实现同步增长。全年共承保353985件，比上年增长99%，保费收入3497万元，比上年增长71%。其中，市人民财产保险公司承保208827件，比上年增长736%，保费收入1175万元，比上年增长29%；市平安财产保险公司保费收入497万元，比上年增长70%；市太平洋财产保险公司保费收入422.9万元，比上年增加68.1万元；市中华财产保险公司保费收入707.4万元，比上年增加436.6万元；市天安保险公司承保2922件，比上年增长81%，保费收入100.1万元，比上年增长27%；市阳光财产保险公司承保687件，比上年增长38%，保费收入35.5万元，比上年增长39%。当年新开办此业务的市人寿、渤海、都邦财产保险公司分别实现承保15919件、38件、129件和保费收入422.8万元、0.2万元、77.4万元，开局良好。市大地、安邦、华安财产保险公司全年出现保费收入下降。

由于各公司注重健康险的业务质量，做到规范有序竞争，因此，出现了业务件数下降而保费收入反而增长的状况。全市健康险共承保6061件，比上年下降66%，保费收入343.3万元，比上年增长60%。其中，市天安保险公司承保4034件，占全市承保件数的67%，保费收入29.7万元，比上年增长566%；市中华财产保险公司承保件数下降88%，保费收入313.6万元，比上年增长52%。市太平洋、平安、大地、安邦、阳光、华安，以及当年新成立的市人寿、渤海、都邦财产保险公司均没有发生健康险业务。

是年，全市其他险实现保费收入5023.3万元，比上年增加1945.5万元。其中，市人民财产保险公司保费收入1997万元，比上年增加352万元；市太平洋财产保险公司保费收入453.5万元，比上年增加43.1万元；市平安财产保险公司保费收入574万元，比上年增加282万元；市中华财产保险公司保费收入1204万元，比上年增加765万元；市天安财产保险公司保费收入131万元，比上年增加47.6万元；市阳光财产保险公司保费收入41.9万元，比上年增加8.2万元。新成立的市人寿产险、渤海产险、都邦产险公司新增保费收入分别为422.8万元、0.2万元和82.1万元。全年保费收入下降的公司有大地、安邦、华安3家产险公司。

表3-14　1991—2008年淮安市财产保险公司其他财产险保费收入情况表

单位：万元

年份（年）	合计	人保产险	平安产险	太平洋产险	天安产险	中华产险	大地产险	安邦产险	华安产险	阳光产险	人寿产险	渤海产险	都邦产险
1991	865.9	865.9	—	—	—	—	—	—	—	—	—	—	—
1992	2185.4	2185.4	—	—	—	—	—	—	—	—	—	—	—
1993	463.8	463.8	—	—	—	—	—	—	—	—	—	—	—
1994	369.3	369.3	—	—	—	—	—	—	—	—	—	—	—
1995	806.8	806.8	—	—	—	—	—	—	—	—	—	—	—
1996	115.5	77.5	—	38	—	—	—	—	—	—	—	—	—
1997	154.4	15.4	—	139	—	—	—	—	—	—	—	—	—
1998	267.2	148.2	—	119	—	—	—	—	—	—	—	—	—
1999	60.6	60.6	—	—	—	—	—	—	—	—	—	—	—
2000	114.7	33.8	—	80.9	—	—	—	—	—	—	—	—	—
2001	97.5	77.5	—	20	—	—	—	—	—	—	—	—	—
2002	87.7	86.7	—	1	—	—	—	—	—	—	—	—	—
2003	958.7	577.7	145.8	203.8	31.4	—	—	—	—	—	—	—	—
2004	1507.2	737	251.7	387.1	70.7	49.9	10.8	—	—	—	—	—	—
2005	1781.3	932	162.3	180.1	183.6	260.6	55.7	7	—	—	—	—	—
2006	3079.6	1614	333	365.4	116.2	421.3	39.3	35.5	113.9	41	—	—	—
2007	3078	1645	292	410.4	83.4	439	100.6	33	40.9	33.7	—	—	—

续表 3-14

年份（年）	合计	人保产险	平安产险	太平洋产险	天安产险	中华产险	大地产险	安邦产险	华安产险	阳光产险	人寿产险	渤海产险	都邦产险
2008	5023	1997	574	453.5	131	1204	96.2	15	5.3	41.9	422.8	0.2	82.1

说明：此表数字含人意险、健康险及其他险。

表 3-15　1996—2008 年淮安市各财产保险公司其他险中人意险保费收入情况表

单位：万元

年份（年）	合计	人保产险	平安产险	太平洋产险	天安产险	中华产险	大地产险	安邦产险	华安产险	阳光产险	人寿产险	渤海产险	都邦产险
1996	38	—	—	38	—	—	—	—	—	—	—	—	—
1997	39	—	—	39	—	—	—	—	—	—	—	—	—
1998	42	—	—	42	—	—	—	—	—	—	—	—	—
1999	—	—	—	—	—	—	—	—	—	—	—	—	—
2000	56.9	—	—	56.9	—	—	—	—	—	—	—	—	—
2001	—	—	—	—	—	—	—	—	—	—	—	—	—
2002	—	—	—	—	—	—	—	—	—	—	—	—	—
2003	829	570.1	85	151.9	22	—	—	—	—	—	—	—	—
2004	1157.3	723.7	199	152.8	26.1	44.9	10.8	—	—	—	—	—	—
2005	1575.1	899	121	156	81.4	255	55.7	7	—	—	—	—	—
2006	2177	996	333	259.2	112	285.2	29.9	35.5	87.2	39	—	—	—
2007	2047.2	912	292	354.8	78.9	270.8	44	33	36.1	25.6	—	—	—
2008	3497.1	1175	497	422.9	100.1	707.4	42.2	15.1	1.5	35.5	422.8	0.2	77.4

表 3-16　2003—2008 年淮安市各财产保险公司其他险中健康险保费收入情况表

单位：万元

年份（年）	合计	人保产险	平安产险	太平洋产险	天安产险	中华产险	大地产险	安邦产险	华安产险	阳光产险	人寿产险	渤海产险	都邦产险
2003	9.4	—	—	—	9.4	—	—	—	—	—	—	—	—
2004	—	—	—	—	—	—	—	—	—	—	—	—	—
2005	34.8	29	—	—	2.2	3.6	—	—	—	—	—	—	—
2006	26.9	16	—	—	4.2	6	0	0	0.7	—	—	—	—
2007	214	3	—	—	4.5	206.5	—	—	—	—	—	—	—
2008	343.3	0	0	0	29.7	313.6	0	0	—	—	—	—	—

第四章　人身保险

人身保险是以人的寿命和身体为保险标的保险业务。当被保险人在保险期限内发生死亡、伤残或疾病等事故，或生存至规定时点时保险人给付被保险人或其受益人保险金的保险。普通的人身保险主要解决人们在日常生活中遭受意外伤害、疾病或死亡等不幸事故时，或年老退休时经济上的困难。新中国成立后，淮阴人身保险业务始于1951年。1991年之前，市人民保险公司在淮阴独家开办的人身保险业务品种主要有养老金保险、简易人身保险、团体人身保险、旅客意外伤害保险、其他人身保险业务。1996年，太平洋、平安保险介入淮阴保险市场后，全市人身保险业务经营不断创新，寿险业机构开办一些具有投资功能的人身保险产品，在解决被保险人经济困难的同时，也满足了人们对投资的需求。其业务种类主要有人寿保险、人身意外伤害保险、健康保险等。

淮安市太平洋人寿保险公司总经理周九东(右侧中)等向省公司检查组汇报工作

第一节　概　况

淮安寿险机构人身保险业务的发展从慢到快经历两个发展时期。业务发展总体呈现起步迟、发展快的特点。1995年之前，全市仅有市人民保险公司一家，开展人身保险业务。1995年之后，全市人身保险市场进入多元化发展阶段，随着第一部《中华人民共和国保险法》的颁布与实施，市各保险公司逐步实现产、寿险分业经营，一批股份制商业性寿险专业公司逐步建立。随之，全市寿险业市场竞争逐年加剧，各公司积极转换经营机制，改进发展模式，开始业务创新，加快客户支持系统建设，扩充人身保险业务代理人队伍，以加强各自的市场竞争力。从总体上看，全市寿险机构在实施市场化改革初期，人身险业务保费收入增速缓慢。1997年，全市各寿险机构保费收入1.5亿元，1990年至1997年8年间，由于险种结构调整等因素，全市寿险业务年均保费收入增长仅为0.19亿元。1998年，全市寿险机构以效益为中心，加快调整险种业务结构，各公司对自身经营的业务进行深入整顿，低效、亏损险种逐步退出保险市场。经清理整顿，各寿险公司先后启用新的绩效管理方法，其科技管理水平也有了很大程度的提高，各公司都从传统的储蓄型、保障型产品发展到非传统的分红型、投资型产品，较好地满足客户个性化服务的需求，其销售业绩逐年快速提升。寿险险种业务表现为传统直销业务增速减缓，营销业务飞速增长。全年全市人身险保费收入超2亿元，比1997年增加5047万元，由此，全市人身保险业务进入较快发展

淮安市渤海保险公司开展学平险进学校、进社区活动

期。自2000年开始，市中国人寿、市平安人寿等寿险公司先后委托银行、邮储机构网点开办兼业代理业务。2002年，市中国人寿、平安人寿、太平洋人寿公司的核心业务，即个险、团险、银邮代理三大渠道产品销售体系，得到有效完善和发展。到2008年年末，全市有中国人寿、太平洋寿险、平安寿险、泰康人寿、太平人寿、合众人寿等6家寿险公司，专门从事各种人身保险业务，各公司都与相关专业、兼业代理机构建立良好的业务合作关系，采取点面结合各种行销方式，推动各类人身保险保费收入的高速增长。2008年，全市寿险机构实现人身保险保费收入16.75亿元，比1990年、1997年分别增加16.61亿元和15.26亿元。

表4-1　1990—2008年淮安市各保险公司人身险业务保费收入汇总表

（不含划出5县）

单位：万元

公司 年份（年）	合计	人民保险	南京人寿淮阴代理处	中国人寿	太平洋人寿	平安人寿	泰康人寿	太平人寿	合众人寿
1990	1360	1360	—	—	—	—	—	—	—
1991	2003.7	2003.7	—	—	—	—	—	—	—
1992	4084.6	4084.6	—	—	—	—	—	—	—
1993	5759.9	5759.9	—	—	—	—	—	—	—
1994	6583.9	6583.9	—	—	—	—	—	—	—
1995	5669	—	5669	—	—	—	—	—	—
1996	8439.7	—	—	8106	260	73.7	—	—	—
1997	14957.2	—	—	13322	804	831.2	—	—	—
1998	20004.2	—	—	17945	1004	1055.2	—	—	—
1999	21797.2	—	—	18802	1347	1648.2	—	—	—
2000	25494.1	—	—	21366	1504	2624.1	—	—	—
2001	35491.8	—	—	28374	2295.5	4822.3	—	—	—
2002	64136.7	—	—	50045	5025	9066.7	—	—	—
2003	86349.3	—	—	65362	12359.5	8627.8	—	—	—
2004	92830.3	—	—	73083	9810.9	9209.4	727	—	—
2005	101964	—	—	75260	10817	9775	3573.2	2538.8	—

续表4-1

年份（年）\公司	合计	人民保险	南京人寿淮阴代理处	中国人寿	太平洋人寿	平安人寿	泰康人寿	太平人寿	合众人寿
2006	113116	—	—	80207	10630	8760	5344	8175	—
2007	119991	—	—	76542	15176	9052	9455	9766	—
2008	167505	—	—	110823	15885	11015	21334	8268	180

说明：1.本表已将1995（含）年以前，划出淮阴管辖的灌南、宿迁、沭阳、泗阳、泗洪共5县（市）的保费收入数据剔除。1990—1995年全辖保费收入合计中含划出5县数字，分别为2118万元、3179万元、6368万元、9320万元、10559万元、8644万元

2.1995—1996年，市中保人寿（当时称南京人寿）公司的业务在与市人民保险公司分业时，已除去长险短做收入的保费近1000万元

第二节　直销业务

直销业务主要是指保险公司员工直接对保险消费者提供的各种保险产品所完成的业务。

一、市人民保险公司（含南京人寿淮阴代理处）独家经营时期

1991年，市人民保险公司在全市范围内，主要经营团体人身险中的简易人身险，该险种具有储蓄和保险双重性质。这时的简易人身险期限长、保额低，不能满足广大客户需求。由此，该公司在续做简易人身险的同时，着重突出养老金保险，以及学平险、农团险等短期险种。年初，市公司与劳动部门对养老金保险，拓展进行明确分工，劳动部门负责管理城镇企业（包括不在城镇的全民企业）职工养老保险的宣传推广工作。市公司负责维护已经办理的养老保险业务，确保维持现状不变，个人储蓄性养老保险由单位职工个人自愿选择经办机构。4月，人行调整存款利率后，该公司上调返还性险种年复利率按8.8%展开宣传，并把该险种作为突破性险种在辖区内强劲推出。5月，市公司与个体劳动者协会合作，面向全市个体、私营劳动者开办个体劳动者人身保险，该险种采取定额保单形式，使

推介工作简便快捷。6月,辖内各地分支机构与当地人武部门密切配合,不失时机抓好义务兵养老金保险,在上半年不到两个月时间里,共承保2000余人,承保面达100%,保费收入达107.1万元。是年,市人民保险公司改变了缴费方式,由月交变季交、年交或一次性趸交,提高缴费标准,降低管理费用,增加保费收入。全年养老金保费收入达553.2万元,比上年增加224.2万元,其中盱眙、淮安、金湖支公司保费收入比上年增幅均达80%以上。在短险拓展上,市人民保险公司还开办学生平安保险、农民团身险以及其他意外伤害等一年期核算性险种,将其纳入团体人身保险范畴。并在已开办的农民团身险基础上,又开办农村劳动力还本保险,即一次性缴储金,每年储金的利息当保费。市公司还与市教育局协调,解决盱眙教育局以教育基金会的名义开办学生平安保险的问题。同时在全辖试开办执法人员、工商户人身其他意外伤害等险种。在开办简易人身险、子女婚嫁险业务上,保费收入比上年上升的有盱眙、淮安和涟水3个支公司,其余支公司有不同程度的下降。尤其是子女婚嫁险保费收入在辖内各公司之间发展不平衡。全市全年实现团身险及意外伤害险保费收入284万元,简易人身险331.1万元,子女教育婚嫁险71.8万元。

1992年年初,市人民保险公司对养老金保险业务进行内部团队的具体分工,各分支机构都在各自辖区广泛展开宣传,并抓住重点部门,如供销、粮食、供电的投保,以点带面逐步扩大人身保险市场。市公司、金湖、淮安等县级支公司养老金储金都实现百万元以上,最多的达200多万元。人险部门采取在原险种的基础上附加住院医疗保险的措施,以提高团险险种的吸引力,在合理调整业务结构中,重点拓展旅客旅游保险、住宿旅客保险、幼儿平安保险、中小学生人身保险等效益型险种。在县区业务中,团体人身保险保费收入增幅较大的有淮阴县支公司69.7万元,增长274.7%。发展强劲的城市团体人身还本险保费收入达300余万元,农村团体人身还本险保费收入200余万元。其他还本险保费收入665.3万元。全年全辖共吸收养老金险保费收入782.1万元、团身险及意外伤害险保费收入502万元。

是年,市人民保险公司还以点带面,拓展分散性个人保险业务,先后开办少儿幸福险、个体工商户险、村组干部以及独生子女父母养老保险等业务。全年子女教育婚嫁险发展不平衡状况得到改善，长期储蓄性人身保险的简身险较上年下降138.7%，主要原因是各支公司多数将此业务转为定期定额人身险业务。是年，全辖实现简易人身险保费收入194.4万元，子女教育婚嫁险保费收入780.8万元，个人保险业务保费收入比上年增加572.3万元。

1993年5月，市人民保险公司执行总公司颁发的《学生团体人身平安保险附加住院医疗保险条款》。全辖各分支机构直销的意外伤害医疗保险，按每人保险金额1000元，保险费每年2元，绝对免赔额20元办理。至年末，全市学生团体人身平安险业务比上年增长70%，其中市区增长52%。从年初开始，市公司在巩固发展城镇养老金保险业务的基础上，侧重抓农村养老金保险和城镇职工补充养老金保险。为使投保单位易于接受，从简化承保手续入手，发动各基层深入市场，推销个人定额养老金保险和人寿定额保单，以提高个人养老金保险承保面。全年直销承保个人养老金达14335人，表现突出的淮安、金湖支公司收保险储金都在300万元以上。三季度，为配合医疗制度改革，该公司在全市范围内逐步开展职工团身险附加住院医疗保险，经市公司与市总工会协商，由市、县总工会代理收交保险费。为促进全市旅游事业的发展，市公司还修订《住宿旅客人身意外伤害保险条款》，辖内各分支机构将其作为重点险种组织推广。10月，该公司在全辖范围内开办赴边境（特区）人员人身意外伤害保险。全年直销业务呈现较好地发展态势，全年养老金险保费收入为1087.7万元，团身险及意外伤害险保费收入为851.2万元，分别比上年增加305.6万元和349.2万元。全年全辖简易人身险、子女婚嫁险保费收入分别达388.4万元、818万元。

1994年，市人民保险公司把工作重点放在险种业务拓展上，对全市供销、粮食、水利、土地、工商等部门，采取条块结合的形式，按系统组织承保；在乡、镇按不同对象拓展补充养老保险，尤其注重把小单位、村组干部、乡镇企业职工作为重点扩展对象，巩固和扩大养老保险阵地，使该项业务稳步增长。到年末，全辖各分、支机构养老金保险储金收入1300万元，比上年增加212.3万元。市公司为进一步拓展团体人身险服务领域，在原有基础上推出企事业职工意外伤害综合保险。各分支公司广泛开办医疗险带动团身险和学平险的发展，通过全面开办驾乘人员平安险、公路旅客意外伤害险，并采取长短险结合，推动“一揽子”险种系列保险。清浦、淮安支公司与地方教育部门联合行动，扩大学平险承保范围；清河支公司与省淮汽公司联合试办旅客意外伤害保险，并将驾驶员平安险与机动车险一起承保，扩展服务项目。是年，该公司自行开办的新险种有：企事业单位领导、财会、保安人员平安险，及附加现金失窃责任险、人身、财产综合险等，新险种在全辖推广极具吸引力。清河支公司试办的旅客意外伤害险，涟水支公司试办的外出劳务人员平安险业务都取得近百万元的好成绩。全年全辖试办的新险种收入保费270多万元。往年储金业务为全市寿险业务的主要来源，其团体人身还本险收入占总保费收入的70%左右。随着个人营销业务的发展，保险机构先后调整业务结构和险种结构，这时团体人身险业务比例逐渐下调，保费收入有所减少。是年，子女婚嫁险成为全市个险骨干业务，市公司在推广老险种的同时，不断加快新险种的开发，引导辖内各地大力发展长、短结合的险种业务。全年全辖实现简易人身险、子女婚嫁险保费收入分别达372.7万元和978.6万元，其中子女婚嫁险保费收入比上年增加160.6万元。

1995年，市人民保险公司开始实施机构体制改革工作。南京人寿淮阴代理处代替市人民保险公司在辖区内开展人身保险业务。新组建的代理处紧紧抓住团身险和学生平安险两大主要险种，加大短险业务直销比重。同时加大对乡镇保险业务推广，把定额养老保险和分散性个人保险作为拓展重点，以抑制长险业务的滑坡。全年对团意险、司乘险等若干险种均采取政策倾斜，促使短期意外险的增长。在学平险的推广上，主要是组织教育系统教职工，进行人身保险业务代理，并成立协调小组协调代理工作事项。全年保险代理业务范围扩展到学生、幼儿团体平安保险，以及附加意外伤害医疗保险和学生、幼儿住院医疗保险在内的所有人身保险业务，保险对象涉及全市各大、中、小学校学生和幼儿园幼儿。全年两类短险保费收入分别比上年增加43.9%和87.5%，其中业绩突出的淮阴县支公司分别比上年增长564.3%和382.9%。是年，在新险种业务发展上，市人民保险公司把计划生育系列保险作为团险直销业务重点。与市计生部门合作联合下发《关于进一步加强计划生育系列保险的意见》，还将这项保险列入各县(市)年度工作考核内容。与市妇联、市教育局联合发文，在辖内开办计生系列险以及人身保险业务。所辖的洪泽、淮阴、灌南等县支公司还拓展各自辖区的医院、港监、运管、交警队等单位新险种业务。全年南京人寿淮阴代理处实现团体人身及短期意外伤害险805.5万元，养老金险752.6万元。实现简易人身险、子女婚嫁险保费收入分别为75.7万元和305.7万元。

二、全市保险业分业专营时期

1996年，是落实《中华人民共和国保险法》，实行保险产、寿险机构分业经营的重要一年。是年9月，经机构体制改革，市人民保险公司一分为二，顺利实现产、寿险业务分离，成立市中保人寿保险公司，传承原市人民保险公司人身保险业务(南京人寿淮阴代理处业务，又转入市人民保险公司)。刚起步的太平洋保险淮阴办事处通过内设机构改革，从下半年开始经营人身保险业务。是年，淮阴市工、农业经济水平仍相对落后，农村群众因病致贫、因病返贫、因意外事故致贫的现象较为突出。在此情况下，团体人身险业务成为市中保人寿保险公司、太平洋保险淮阴办事处业务竞争的焦点，两家公司全力扩大展业力量，以团体人身险业务为主，采取灵活的拓展方法，在城乡努力挖潜、推动直销业务的发展。

是年，市中保人寿保险公司开始开办农村劳动力保险，附加农民住院医疗保险，既为农民办实事，也为各级政府解决难题，又促进自身直销业务的发展。上半年，该公司农团险、学平险比上年同期分别增长1050%、513%，增长率较低的职工团身险，也比上年同期增长47%。在乡镇团身险险种发展上，推广乡镇企业领导人综合险、企事业领导人意外伤害险、职工补充养老保险、职工住院医疗保险等险种。淮阴行政区划调整后，该公司发展短期性人身险险种，在市场竞争中巩固各种团体人身险和人身意外伤害险。各级公司通过层层分解任务，落实到人，实行分片包干和工资、奖金与任务挂钩等做法,努力提高保额、扩大承保面。在长险业务上,针对人事、劳动、民政等部门开办统筹养老金对公司的冲击,逐步调整内部险种结构,减少一年期险种比例,发展长期性、分散性业务,通过拓宽服务领域,多渠道、广代理,推动业务发展。全年全辖实现直销业务保费收入7961万元,占全市直销总量的97.5%。其中,短期意外险保费1189万元,一般寿险保费6772万元。市太平洋保险淮阴办事处成立专营团队开办寿险业务后,以团体人身保险为主,介入市场竞争,完成一般寿险直销保费收入208万元。市平安保险淮阴办事处(寿险)于年底成立寿险业务专业团队,但尚未开办团身险业务。全年全市两家寿险公司实现直销业务保费收入8169万元,其中短期意外险1189万元、一般寿险6980万元。

1997年,人民银行降低各金融机构存贷款利率,全国寿险保费预定利率上下限调整为复利4%~6.5%。全市经营寿险业务的公司开始调整险种结构,停办高回报险种,发展短期效益险种。随着个人营销业务迅速发展,团险业务从规模型还本险为主转向以效益型短期险和养老险为主。由于高风险、高复利险停办,导致全市团险业务保费增势缓慢。是年,市中保人寿保险公司、太平洋保险公司分别组织拓展团队,在寿险市场展开竞争。两公司在加强市场公关的同时,消除利率下调等带来的不利影响,以增强经营的稳定性。市中保人寿保险公司提升传统险种的比重,推出团体福利保险、福寿安康保险、养老金还本保险、个人养老金保险、子女教育婚嫁备用金保险、简易人生险6个直销新险种,全年各分支机构网点通过售前、售中、售后服务,强化管理,提高服务,以确保客户投保时满意、投保后放心。市太平洋保险公司,充实和调整团队直销业务人员,加强险种推广力量。全年发展的直销业务险种有团体寿险、补充养老团体年金、团体定期、团体人寿、团体人身等保险,还设置多个团体险种组合产品,以及多个健康险、意外险等产品。

是年,全市寿险机构实现直销业务保费收入9588万元,比上年增加1418万元。市中保人寿、太平洋保险公司市场份额占比分别为92.78%、7.22%。其中,市中保人寿保险公司独家实现短期意外险保费2816万元;一般寿险保费分别为市中保人寿保险公司6080万元、市太平洋保险公司

692万元。

1998年，人民银行进一步降低各金融机构存贷款利率，全国寿险预定利率调整为不高于5%。随之，全市各寿险公司保险险种的预定利率作相应调整，并压减高复利、高回报险种。面对险种利率下调以及重新启动市场的考验，市中保人寿、太平洋保险公司排除干扰，调动群众投保积极性，不断拓宽寿险服务领域。全市寿险机构直销业务保费收入再创历史新高，各公司提前两年实现“九五”规划寿险业务总量翻番的奋斗目标。为提高直销业务经营效益，两家公司一方面实施险种结构调整，压缩成本较高的一年期业务品种在业务总量中的占比，使全年全市寿险业务成本较高的直销险种占比总量下降16个百分点。另一方面，加大直销业务险种在业务总量中的占比，以减轻降息对市场的震动和不利影响。市中保人寿保险公司推广计划生育系列保险，发展补充养老保险，并在金融、邮电、供电等系统推介商业补充养老保险。市中保人寿、太平洋保险公司还加强在新闻媒体的寿险业务宣传，在电视台组织险种知识大奖赛，在报纸上开辟寿险业务专栏等。对内组织“开门红”“业务对抗赛”等活动。对外向保户发出咨询函，从服务、宣传、理赔、文明用语等方面，虚心征询保户意见，并针对问题落实整改和反馈。

是年，全市各寿险机构实现直销业务保费收入1.16亿元，比上年增加2001万元。

1999年6月，保监会第三次下调寿险预定利率，明令停办计算利率高于2.5%的寿险险种，以实现寿险业务稳定健康发展。险种预定利率的下调使市中国人寿、太平洋保险2家公司直销业务险种费率进一步降低，同时也给业务拓展带来较多的困难。对此，各寿险公司调整险

市中保人寿保险公司举办1999年寿险业务竞赛总结表彰会议

种结构,保险险种由储蓄性为主转入保障性为主,力推保障性团险业务,开展优质服务。尽管如此,寿险直销业务保费收入仍出现较大幅度的下降。面对严峻形势,经营寿险直销业务的保险公司一边抓直销业务规范运作,一边继续突出“销售第一”的理念,并先后在各自辖区开展各种形式的直销业务促销活动,重点拓展新单团险业务。

为搞好寿险新条款的市场推动,市中国人寿保险公司制定《团体年金保险业务管理费率和规则》,向全辖推广团体年金保险。该公司把全市机关、团体、企事业单位作为团身险发展对象,实现各单位在职人员70%以上投保。辖内分支公司还针对当地社会保障制度改革方面的有关政策,帮助投保单位建立补充养老保险计划,设计投保方案,提供满意周到的服务。1999年,全市中国人寿保险公司实现直销业务保费收入达7525万元,占全市寿险机构直销业务保费总量的97%。市太平洋保险公司为配合医保改革,团体高额医疗费保险应运而生。同时启动新开发的附加企业补充住院医疗、团体意外伤害等险种。在规范业务及服务上,细化险种操作,开展鞠躬礼仪服务等工作。在开展窗口文化建设上,以纠正行风为重点,规范员工服务行为,加大服务创新力度,推动直销业务的健康有序发展,全年完成寿险直销业务保费收入230万元。

是年,市中国人寿、太平洋两保险公司实现寿险直销业务保费收入7755万元。但由于受预期利率下调、险种结构调整等因素影响,全市寿险直销业务保费收入比上年下降3834万元。

2000年,全市各寿险机构的团险直销业务在发展中遇到较多的困难,主要原因为全市有一大部分企业尚未解困,地区经济水平较低,存在业务拓展难问题;全市医疗改革的普遍实施,对各寿险公司开办的健康险带来较大冲击;市平安保险公司新开办团险直销业务后,全市3家公司团体人身险业务竞争加剧。面对种种困难,市各家寿险机构坚持拓宽团险展业思路,不断改进营销服务方式,以营、直销整体组合销售形式,推动团险意外险、健康险业务的发展。

市中国人寿保险公司针对寿险、健康险、意外险三大业务之间比重失衡情况,制定全辖“三类公司考核法”,拉开单位与单位之间员工收入,试行直销业务佣金考核办法。辖内各分支机构明确专职经理，明确重点单位，并将行业代理作为新的业务增长点，把代理业务作为直销业务发展的突破口，全年仅团身险直销代理业务险种就实现保费收入300多万元。该公司先后推出国寿旅客意外伤害保险、国寿公路旅客人身意外伤害保险、职工团体补充医疗保险等10多个短期险种，各类团险参保人数达86万多人次。该公司还加强与当地教育部门的协调，各支公司不失时机地进一步巩固学生平安险在短险中的主导地位。在驾驶员意外伤害险发展受挫后，适时地组织定额保单突击销售。全年全辖实现直销业务保费收入7460万元，占全市寿险机构直销业务总量的87.4%。

2000年3月，市中国人寿保险公司举办团险经营管理讲座

市平安保险公司（寿险）推行健康险专业化经营管理模式，在推出新产品的同时，自行开发核保、出单、查询、财务操作系统，形成整套健康险运作流程。自8月全国系统电话中心成立后，进一步理顺团险专业化经营，创建健康险辅导员制度，成立“健康险俱乐部”，策划实施一系列业务竞赛，举办为期3个月的“客户服务节”，推出“平安真情大回访”“保险宣传周”等活动。该公司还推出职工团体补充医疗险、企业补充养老保险等团体人身保险以及附加险，较好的拉动整体业务的推进，当年实现团险保费收入167.3万元。刚分设成立的市太平洋人寿保险公司于12月份实现寿险业务专业经营，该公司从12月上旬开始深入企事业单位推介团体补充养老保险，下半月起团险保费收入快速提升。月末，该公司完成团险保费收入902万元。

是年，全市各寿险机构实现直销业务保费收入8529.3万元，比上年增加774.3万元。

2001年上半年，根据全省整顿和规范保险市场秩序的工作要求，市寿险机构对各自经营的业务进行深入的整顿和自查自纠，全市团险业务在强化管理中稳健经营。市保险行业协会于6月成立，拉开保险行业自律的序幕。全市寿险业务经营市场秩序明显好转。通过整改规范，市3家寿险公司改进管理与行销手段，转变传统团险思维，强化直销业务管理职能，实行“团队主管自主经营方案”，增强各分支系统团队经营活力。

市中国人寿保险公司为确保完成省公司下达的短险任务，从总经理到一线展业人员，以学平险为突破口，通过协调各方关系，加大直销激励力度，保持短险业务特别是学平险业务良好发展势头。全年全辖学平险承保面达95%，有的支公司达100%。在激烈的团险市场竞争中，该公司上下坚持规范经营，坚持有所为、有所不为的经营思想，主动退出与同业的“超费用经营”团险业务竞争。而对学平险、驾意险等意外险则采取“守土有责、寸土必争”的经营策略。全年全辖实现意外险保费收入1342万元，完成团险新单保费收入2924万元，超额完成省公司下达任务的13个百分点。全年完成直销业务保费收入6282万元，占全市寿险机构直销业务保费总量的80.3%。

市平安保险公司（寿险）在强化管理中突出效益稳妥经营，一季度推出“双轨制”续期收费。上半年开始销售适合市情的、与国际接轨的健康险新险种，团险中主要推广创效较好的团体个人住院安心保险、团体高额费用AB款保险、平安世纪安康（10年期）等险种。10月，为顺应电子商务的潮流扩大销售面，开始推广E行销，主要推出专为网上直销的交通意外险、旅行意外险等。全年完成直销一般寿险业务保费收入380万元。市太平洋人寿保险公司年初制定完善直销业务规章制度，推进团体补充养老保险、企事业职工补充养老、补充养老团体年金保险等团体年金保险，直销业务呈飞跃式发展态势。全年该公司直销一般寿险业务保费收入超千万，达1161.9万元，其中团体人寿险保费收入942.8万元，占直销业务总量的81%。

是年，由于产品结构的调整，低效产品的退出等原因，全市各寿险机构实现直销业务保费收入7823.9万元，比上年减少705.4万元。

2002年，市3家寿险机构在寿险市场竞争日趋激烈的形势下，各自把握工作的主动性，与政府、企事业单位建立良好关系，通过加强工作汇报、改进服务、参与公益活动、加强宣传等方式，提高对客户的吸引力，促使团险业务上规模。

市中国人寿保险公司在教育主管部门的支持配合下，学生险的承保面、所收保费稳中有升。在有关企事业主管部门的支持下，建工险、驾乘人员意外伤害险、吉祥卡的销售，既丰富公司产品，满足客户投保需求，也成为短险业务量、短险经营效益的增长版块，全年直销业务短期健康险、短期意外险分别实现保费收入1507万元和1447万元。该公司在全辖组织的“顶极至尊，梦圆5亿”的直销业务竞赛活动中，上下机构整体联动，推进团队合作，通过上门服务、营销宣传、公益活动，赢得团险客户支持，使分红类险种保费收入迅猛增长，为直销业务保费收入跨越式发展奠定坚实的基础。全年全辖实现直销业务保费收入达1.72亿元，占全市寿险直销业务总量的91%。其中，直销分红类保险实现保费收入1.38亿元。

市太平洋人寿保险公司，与政府机关、企事业单位密切合作，采取营、直销业务一体化发展等措施，促使团队业务不断扩张。团体累积型养老险、补充养老团体年金保险为主的团体年金险种保费收入也稳步增长。全年全辖实现直销业务保费收入1579.2万元，比上年增加417.3万元，其中一般寿险完成1469.1万元，占该项保费收入的93%。

是年，全市各寿险机构保费收入实现新的飞跃，全年直销保费收入达1.89亿元，比上年增加1.1亿元。

2003年，全市各寿险机构以效益型险种扩展阵地。年内受“非典”、洪涝灾害等因素影响，直销业务保费收入呈下降态势。市中国人寿保险公司针对自然灾害给团险业务发展带来较为困难的局面，采取一系列措施。各分支公司利用“团体医疗保险（A型）条款”重点突破当地大系统、大企业，以点带面，逐步向其他企业渗透；努力扩大承保比例，继续保持占领当地大病补充医疗市场优势；各团队利用“国寿职工团体补充医疗保险条款”进行险种开发，同时利用农村合作医疗政策，联合开发新型农村合作医疗保险。全年全辖补充医疗险实现保费收入712万元，比上年增长

4.2倍；团体补充医疗、住院补贴金等保险业务都实现较大增长。全年直销业务短期健康险和短期意外险实现保费收入3721万元，比上年增加767万元。全辖实现直销业务保费收入8463万元。

市平安人寿保险公司为抵御“非典”推出各种保障保险措施。上半年推出新版意外伤害一系列产品组合，客户每天花不到1元钱的费用，可购得高额意外风险保障，这类险种具有奖励保额与双倍保险，更加贴近客户需求。但由于投保年龄大幅放开，致使二季度保费收入出现下降。三季度开始，该公司通过强劲的团队营销举措，以点带面，拉动团险业务保费收入的增加。全辖实现直销业务保费收入1311.7万元。在全市3家寿险公司中，唯有市平安人寿保险公司实现了直销业务保费收入大幅度增长。

是年，全市各寿险机构实现直销业务保费收入1.02亿元，比上年减少8658万元。其中，市平安人寿保险公司比上年增加1208.8万元，市中国人寿、太平洋人寿保险公司分别比上年减少8728万元和1139万元。

2004年，针对升息等因素对保险的不利影响，市中国人寿、平安人寿、太平洋人寿保险公司主动调整业务结构，各公司更加重视发展期缴业务，调整中全市团险业务出现波动。从保费收入情况看，3家寿险公司发展不平衡，直销业务保费收入有升有降。但从总体上看，全市寿险直销业务呈平稳运行态势。全市寿险机构直销业务保费收入9262万元，比上年下降952.6万元，其中市中国人寿保险公司全年实现保费收入8545万元，占全市直销总额的92.3%，增量由上年的8463万元，上升到8545万元；市平安人寿保险公司由于将直销分红类保险的展业精力全部投入到银邮代理业务上，出现直销业务量大幅度下降，全年保费收入由上年的1311.7万元，减少到179.4万元；市太平洋人寿保险公司保费收入由上年的440万元，增加到537.7万元；当年新成立的泰康人寿淮安营销部开业后重点发展寿险营销类业务，团险直销业务刚开始启动。

是年，占全市直销业务保费收入份额最大的市中国人寿保险公司，先后在市交通系统推广销售《指定交通工具乘客意外伤害保险》《附加指定交通工具乘客意外伤害保险》《国寿附加汽车乘客意外伤害保险》《国寿机动车、驾乘人员意外伤害保险》《附加意外伤害医疗费用保险》5个短期期缴业务产品。全年调整险种结构,压缩低效和不适合发展的险种,在继续销售顺达卡、全家福卡、驾乘卡的同时,停止使用一路平安卡。先后停售国寿生命绿荫疾病保险和国寿生命绿荫团体疾病保险。停办“国寿医疗急救保险条款”,停售吉祥卡(不定额)、阳光学生幼儿卡(不定额)、阳光幼儿卡(百元面额)。先后开办国寿康健学生、幼儿附加意外伤害保险,国寿康健学生、幼儿附加疾病住院医疗保险,国寿校园意外伤害保险,国寿幸福之神驾驶员意外伤害保险等6个新险种。全年直销业务各险种保费收入齐头并进,保持平稳发展态势,其短期期缴业务健康险、短期意外险分别完成保费收入3029万元和2089万元;一般寿险、分红类期缴业务保险分别完成1368万元和2059万元。市平安人寿、太平洋人寿保险公司相继调整停办一部分直销分红类险种,加大代理业务险种的展业力量,努力促使业务结构进一步改善。经过各公司业务结构的调整,直销业务期缴类产品的意外险、风险保障型产品得以稳步增长,内含价值较低的险种产品业务大幅下降。

2005年,全市寿险公司中的老公司继续调整业务结构,新公司拓展团险大户。各公司在团险直销业务中创新销售方式、拓展新客户,并借鉴职场营销,增加销售层次。中介代理业务按照“大中介”思路,加强管理,培育增长点,走专业化道路,提升经营绩效。全市寿险机构实现直销业务保费收入1.52亿元,比上年增加5931.4万元。从市场份额情况看,市中国人寿、平安人寿、太平洋人寿保险公司,在全市寿险直销业务中占有92.6%,占市场绝对优势,其中市中国人寿保险公司一家就占全市总量份额的77.8%,继续保持全市第一位置。市泰康人寿保险公司与本年刚开业的市太平人寿保险公司占有份额为7.4%,其中太平人寿保险公司直销业务保费收入增势迅猛达1096.8万元,占全市寿险业总量份额的7.2%。

市中国人寿保险公司发展团身险、保本经营中介险,慎重发展健康险。在调整结构中,为降低高预定利率险种的利差风险,对1997年以前非个人营销,自转保、退保日至保险期满日在5年以上险种业务,实施转保、退保。通过对成本高、风险较大旧版险种的转、退保,降低老业务的管理成本,提升整体业务管理水平。公司辖内旧版老险种主要集中在养老金和计生类保险险种的转保上，转换为1999版及以后团险时，管理费最低降至条款规定最高应收管理费的20%，若为分红保险，则分红比例最高可提高到90%。该公司还开办总公司设计开发的国寿团体重大疾病保险（2004年版）和国寿安顺境内外伤害保险两个新险种，在巩固团险传统业务优势基础上，主要针对外资企业、民营企业等高端客户，拓展新客户，并在承保时慎重进行风险选择。经理室带队攻关和维护，各部门采取对大户业务划片包干、跟踪展业等方式方法，取得明显成效，全年完成团险新单6502万元，实现直销业务保费收入1.18亿元，比上年新增3280万元。

市太平洋人寿保险公司在市区失去建工险等渠道，以及意外险保费收入出现大幅下降情况下，调整业务结构，以寻求团险大户新的突破。在开拓新的业务渠道上，各分、支机构以农信社小额贷款户为突破口，在楚州区、洪泽县争取到10几个保险大户。乘意险业务启动后，在涟水、楚州、金湖等县（区）初见成效。该公司还抓好农村用电安全意外险试点工作。以高危行业人员需求意外险为契机，加强对高危企业宣传，使意外险业务出现新的亮点。全年实行团险业务大项目跟踪制，对全辖较大的意外险业务进行每日跟踪。在系统内部调整自身绩效考核机制，促进员工与公司整体联动协调发展，适时对保费的促销费用进行调整，鼓励新增业务，同时努力压缩集团拓展的业务开支。全年全辖实现直销业务保费收入2128.2万元。比上年新增1590.5万元。

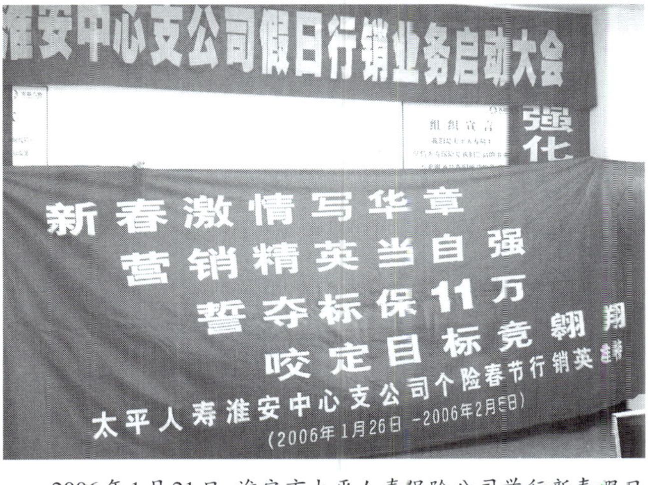

2006年1月21日，淮安市太平人寿保险公司举行新春假日营销启动大会

刚开业的市太平人寿保险公司，坚持筹建与发展并轨，业务与管理并重。把团险业务作为工作重点，积极招贤纳才，壮大团险队伍，通过完善管理机制，强化服务，打造专业队伍，赢得主动。全年新开办的

团险业务涉足市区各大中型企业，开业第一年保费规模就居全市寿险市场第二。直销业务稳中推进，取得突破性进展，全年实现直销业务保费收入1096.8万元，保费收入增量大幅度超越其他寿险公司。

2006年，市各寿险机构创新销售机制，直销业务提升绩效，团险渠道努力降低展业成本，业务重点转向高效益险种，各公司从打造队伍、诚信服务入手，组织展业活动，扩大保费收入。市中国人寿保险公司重点开展针对短险业务的“超越行动”团险竞赛，调整县（区）支公司团险外勤队伍，追踪“百企拓展”进度，定期召开团险大早会，推动直销业务全方位发展。全年公司团队业务成功实现“两个转变”，即推动方式由投入型向管理型转变，增长方式由短期期交向传统期交转变。打造的中介代理渠道重点向队伍建设、渠道维护和期交业务转型，在努力维护渠道关系的同时，每季开展增员和培训，稳定中介业务“百人团队”的保费规模和人员素质。全年实现直销业务保费收入1.54亿元，比上年增加3620万元。

市太平洋人寿保险公司注重加大城镇发展团险的推动力度和高绩效团队队伍建设，以及人员培训力度，强化以活动管理为主导、严格规范的基础管理系统，在确保直销业务量上升的同时，降低展业成本，把展业重点放在对直销新品的销售力度上。团险条线全面开拓学平险、建工险、司乘险、农村用电、农信社小额信贷意外保险等代理渠道，努力提高市场占有率。全年直销业务中仅一般寿险就实现保费收入1067.9万元，占公司直销业务总量的72.6%。

市太平人寿保险公司加快团险品牌和队伍建设，先后开展“走千家，迎新年”活动，“打造诚信保险，维护消费者权益”大型寿险咨询活动，并受市保协委托，组织全市寿险公司举办保险诚信知识培训。全年该公司实现直销业务中的一般寿险保费收入3619.6万元，成为各项业务发展的“急先锋”。市公司在系统内形成机构成立时间全省最短、GDP总量全省最低、直销业务保费收入规模全省最高的“淮安团险现象”。市公司就“渠道建设与项目拓展”课题在全省系统团险会议上作经验交流。该公司全年实现直销业务保费收入4345万元，比上年增加3248.2万元，增量份额在全市寿险机构中排名第二，团险市场占有率达23%。

是年，全市各寿险机构实现直销业务保费收入2.13亿元，比上年增加6135.8万元。其中，市中国人寿保险公司完成1.54亿元、市太平人寿保险公司完成4345万元、市太平洋人寿保险公司完成1471万元，市平安人寿和市泰康人寿保险公司分别完成64万元和5万元。

2007年上半年，受加息及资本市场火爆影响，全市寿险直销业务受到一定的冲击。下半年在资本市场震荡加剧的宏观环境下，各寿险公司推进结构调整，重点优化期交结构，总体呈现直销3年期业务下降，5年、10年期等业务不断上升。在调整产品策略的影响下，全市寿险公司营销业务保费收入增速上升较快，而直销业务保费收入有3家公司比上年下降，1家公司平稳增长，一枝独秀的市太平人寿保险公司直销业务保费收入大幅提升。从市场份额情况看，始终保持全市直销业务总量第一名的市中国人寿保险公司，占有份额有所下降，由上年的72.4%下降到51.6%；市太平人寿保险公司市场份额和新单规模总量均列全市寿险业第二名，占有份额由上年的20.4%上升到34.7%；市太平洋人寿保险公司份额由上年的6.9%上升到13.3%；其他两家人寿公司由于展业精力集中到营销业务上，直销业务保费收入所占份额很少。

市中国人寿保险公司3年期险种直销业务比上年减少1800万元，5年、10年期业务合计比上年增加3522万元。该公司重视政策性业务的开展，推进4个县（区）“新农合”业务规范化管理。全年参加“新农合”农民242.7万人。该公司还将企业年金业务作为市、县（区）两级公司的“一把手”工程来抓，落实具体实施方案。并与淮安市计划生育委员会反复洽商，使计生保险业务取得一定的进展。全年全辖实现直销业务保费收入7358万元，总量继续保持全市同行业第一。

市太平洋人寿保险公司一手抓渠道直销业务的开拓与创新，一手抓中小客户的开发与积累。该公司组织开拓市场的专业队伍近30人，淘汰16名产能较低的业务人员，攻克销售难点和重点，赢得市场主动。全年团险渠道直销业务实现保费收入1891万元，比上年增加952万元，比上年增长99%，完成全年目标的128.5%。其中，团寿险1047万元，比上年增长67%；意外险370万元，比上年增长45%，各渠道短期意外险完成收入590

万元,比上年增长51.4%。

市太平人寿保险公司按照“整合资源、强化执行、持续创新、健康成长”的经营指导思想,下大力气抓团险经营,组织近百名精英销售人员,在市大运河广场开展“打造诚信保险,维护消费者权益”大型保险业务咨询活动,组织多次寿险诚信教育讲座和业务促销活动,使销售与管理齐头并进,创造了直销业务良好业绩,成为全省系统排头兵。全年实现直销业务保费收入4945万元,其中分红类保险实现收入4860万元。

是年,全市各寿险公司实现直销业务保费收入1.43亿元,其中市中国人寿、太平人寿、太平洋人寿3家保险公司共实现保费收入1.41亿元,但由于其他两家人寿保险公司直销保费收入的下降,导致全市寿险机构直销业务保费总收入比上年下降7000万元。

2008年,市寿险市场机构主体由5家发展到6家。新成立的市合众人寿保险公司未开办直销业务。市中国人寿保险公司稳占全市直销业务市场主导地位,中、小人寿保险公司继续通过调整结构,降低投资直销产品规模,并组织力量进入市场营销类个人保险产品的争夺。全年寿险公司直销规模最大的仍为市中国人寿保险公司,排名第二的为市太平人寿保险公司,其他3家人寿保险公司直销业务保费收入规模偏小。其中,市太平洋人寿保险公司加大营销类业务的推广,而直销业务保费收入大幅度下降。全市各寿险公司直销业务保费收入比上年减少1966万元。

市中国人寿保险公司通过逐步优化产品结构,直销业务呈现稳步发展的态势,直销业务保费收入9176万元,比上年增长1818万元,市场份额占全市的74.7%。全年,市公司加大企业年金市场的拓展力度,与5家单位签订委托合同,正式签约的管理基金有4830万元,完成预算指标的188%。在团险业务上,努力抓好计生系列保险等业务拓展,学平险、建工险、驾意险等业务稳中有升,其中学平险在市场竞争加剧的情况下,实现保费1100万元。同时不断拓宽短期险的销售渠道,实现健康险保费收入2168万元,意外险保费收入2032万元,短险直销业务增幅居全省系统第二,全年实现保费收入4976万元,比上年增加2579万元。

其他4家人寿保险公司通过推进保险业务结构调整,压缩万能险销售，调控业务节奏。全年直销业务保费收入及市场份额占比分别为：市太平洋人寿保险公司882万元，市场占比7.2%；平安人寿保险公司66万元，市场占比0.5%，泰康人寿保险公司22万元，市场占比0.2%；太平人寿保险公司2143万元，市场占比17.4%。4家人寿保险公司直销业务保费收入合计为3113万元，占全市寿险机构直销业务保费收入的25.3%，比上年下降23%。在寿险业务市场竞争中，市中、小寿险公司受前期投资型产品快速发展的影响，营销业务保持快速扩张的态势，而直销业务继续呈较快下降的态势，其中直销业务保费收入下降较多的为市太平洋人寿和太平人寿两家保险公司，两公司直销业务保费收入分别比上年减少1009万元和2802万元。中、小寿险公司直销业务发展节奏的调整，降低部分公司趸缴和万能险财务费用率，提高期缴险种产品财务费用率。4家公司在团险直销渠道上，进一步落实和完善销售组织体系，加强团险企划培训，提升团险队伍专业技能与素质，稳妥地开展团体直销渠道基础建设工作，促使各自整体业务的健康发展。

经各寿险系统逐年不断的险种业务结构调整，加之强有力的团队展业，全市各寿险机构新品险种首年直销业务拉动保费收入大幅度上升。新品险种首年保费收入量占当年直销业务收入总量比重90%以上。2006—2008年，占比分别为92.7%、90.58%、92.14%。2008年，全市各寿险机构实现直销业务保费收入1.23亿元，比1990年增加1.12亿元。

表4-2 1990—1995年淮阴市人民保险公司、南京人寿淮阴代理处各地寿险业务保费收入统计表（不含划出5县）

单位：万元

年份（年）	项目	各分支机构保费收入							
		合计	市区	淮阴县	涟水县	淮安市	洪泽县	盱眙县	金湖县
1990	简易人身险	340	156	24	58	24	4	38	36
	团身及意外伤害险	336	40	33	59	79	36	44	45
	养老金	334	57	42	32	85	41	26	51
	子女婚嫁教育险	20	4	—	—	1	6	9	—

续表 4–2

年份（年）	项目	各分支机构保费收入							
		合计	市区	淮阴县	涟水县	淮安市	洪泽县	盱眙县	金湖县
1990	其他	330	169	45	30	20	48	7	11
1990	合计	1360	426	144	179	209	135	124	143
1991	简易人身险	333.1	115	19	95.8	24.2	—	50	29.1
1991	养老金险	558.2	65	59.4	26.9	161.9	56.8	75.8	112.4
1991	团身及意外伤害险	284	54.9	18.6	61.1	26.1	41.3	51.4	30.6
1991	子女婚嫁教育险	71.8	38	0.4	—	1.8	14.4	16.9	0.3
1991	其他	756.6	288.4	95.8	76.1	136.5	63	28.3	68.5
1991	合计	2003.7	561.3	193.2	259.9	350.5	175.5	222.4	240.9
1992	简易人身险	194.4	75.8	9.4	37	19.1	—	36.4	16.7
1992	养老金险	782.1	76.8	90.6	92.5	215.6	32.1	89.5	185
1992	团身及意外伤害险	502	54.7	69.7	59.4	107.3	41.7	85.8	83.4
1992	子女婚嫁教育险	780.8	303.8	77.3	82.8	82.4	92	84.3	58.2
	其他	1825.3	610.9	339.2	351.1	133.9	183.6	21.7	184.9
	合计	4084.6	1122	586.2	622.8	558.3	349.4	317.7	528.2
1993	简易人身险	388.4	83.8	30.3	89.9	123	—	51	10.4
1993	养老金险	1087.7	159.6	70.4	83.6	342.1	13.5	80.1	338.4
1993	团身及意外伤害险	851.2	189.5	79.6	83.6	211.4	40.9	143.7	102.5
1993	子女婚嫁教育险	818	355	85.8	64.6	140.9	8.8	90.2	72.7
1993	其他	2614.6	837	243.6	535.9	127	451.6	245.6	173.9
1993	合计	5759.9	1624.9	509.7	857.6	944.4	514.8	610.6	697.9
1994	简易人身险	372.7	41.2	30.2	98.2	34.2	—	167.5	1.4
1994	养老金险	1300	190.3	108.6	69.5	299.3	51.8	150.2	430.3
1994	团身及意外伤害险	847.1	272.7	36.4	87.6	186.7	93.8	96.8	73.1
1994	子女婚嫁教育险	978.6	358.1	129.6	68.3	235.6	10.4	90.6	86
1994	其他	3085.5	1261.2	283.9	467.7	339.3	335.5	210.7	187.4
1994	合计	6583.9	2123.5	588.7	791.3	1095.1	491.3	715.8	778.2
1995	南京人寿淮阴代理处	—	—	—	—	—	—	—	—
1995	简易人身险	75.7	1.7	—	54.5	19.5	—	—	—

续表4-2

年份（年）	项目	各分支机构保费收入							
		合计	市区	淮阴县	涟水县	淮安市	洪泽县	盱眙县	金湖县
1995	养老金险	752.6	155.8	73.1	47.5	99	19.6	80.8	276.8
	团身及意外伤害险	805.5	129.1	94.3	110.1	130.6	110.5	120.8	110.1
	子女婚嫁教育险	305.7	37.9	37.5	9.6	149	18.5	20.5	32.7
	其他	3729.5	1390.2	476.6	568.8	363.6	271.4	325.6	333.3
	合计	5669	1714.7	681.5	790.5	761.7	420	547.7	752.9

表4-3　1996—2008年淮安市各地寿险直销业务保费收入统计表

单位：万元

年度（年）	县(市)区 名称	合计	市区	淮阴区	楚州区	涟水县	洪泽县	盱眙县	金湖县
1996	中保人寿	7961	2513	861	1199	1000	604	884	900
	平安保险	—	—	—	—	—	—	—	—
	太平洋保险	208	208	—	—	—	—	—	—
	合　计	8169	2721	861	1199	1000	604	884	900
1997	中保人寿	8896	2764	910	1416	979	758	988	1081
	平安保险	—	—	—	—	—	—	—	—
	太平洋保险	692	692	—	—	—	—	—	—
	合　计	9588	3456	910	1416	979	758	988	1081
1998	中保人寿	10926	4173	1037	1132	1353	837	979	1415
	平安保险	—	—	—	—	—	—	—	—
	太平洋保险	663	663	—	—	—	—	—	—
	合　计	11589	4836	1037	1132	1353	837	979	1415
1999	中国人寿	7525	2354	873	1215	862	477	804	940
	平安保险	—	—	—	—	—	—	—	—
	太平洋保险	230	230	—	—	—	—	—	—
	合　计	7755	2584	873	1215	862	477	804	940
2000	中国人寿	7460	1998	853	1275	793	836	816	884
	平安保险	167.3	167.3	—	—	—	—	—	—
	太平洋保险	902	902	—	—	—	—	—	—

续表4-3

年度(年)	县(市)区 / 名称	合计	市区	淮阴区	楚州区	涟水县	洪泽县	盱眙县	金湖县
2000	合　　计	8529.3	3067.3	853	1275	798	836	816	884
2001	中国人寿	6282	1493	921	850	829	576	742	871
	平安保险	380	380	—	—	—	—	—	—
	太平洋保险	1161.9	1161.9	—	—	—	—	—	—
	合　　计	7823.9	3034.9	921	850	829	576	742	871
2002	中国人寿	5251	718	730	821	725	532	852	873
	平安保险	102.9	102.9	—	—	—	—	—	—
	太平洋保险	1579.2	1579.2	—	—	—	—	—	—
	合　　计	6933.1	2400.1	730	821	725	532	852	873
2003	中国人寿	8363	3506	822	870	787	661	784	933
	平安保险	1312	1312	—	—	—	—	—	—
	太平洋保险	440	440	—	—	—	—	—	—
	合　　计	10115	5258	822	870	787	661	784	933
2004	中国人寿	8545	2533	1428	1507	628	325	884	1240
	平安保险	179.4	179.4	—	—	—	—	—	—
	太平洋保险	537.7	537.7	—	—	—	—	—	—
	泰康人寿	—	—	—	—	—	—	—	—
	合　　计	9262.1	3250.1	1428	1507	628	325	884	1240
2005	中国人寿	11825	3879	2237	1284	1424	568	1035	1398
	平安保险	127	127	—	—	—	—	—	—
	太平洋保险	2128.2	1972.3	0.1	93.4	19.1	22.8	1	19.5
	泰康人寿	16.4	13	—	0.8	0.5	0.7	—	1.4
	太平人寿	1096.8	1096.8	—	—	—	—	—	—
	合　　计	15193.4	7088.1	2237.1	1378.2	1443.6	591.5	1036	1418.9
2006	中国人寿	15445	3269	2478	4495	2199	581	1033	1390
	平安保险	64	64	—	—	—	—	—	—
	太平洋保险	1471	1193	—	58	68	34	59	59
	泰康人寿	5	3	—	1	1	—	—	—
	太平人寿	4345	4345	—	—	—	—	—	—
	合　　计	21330	8874	2478	4554	2268	615	1092	1449

续表4-3

年度(年)	县(市)区 / 名称	合计	市区	淮阴区	楚州区	涟水县	洪泽县	盱眙县	金湖县
2007	中国人寿	7358	2407	1083	1248	837	494	538	651
	平安保险	61	61	—	—	—	—	—	—
	太平洋保险	1891	1626	—	73	51	12	53	76
	泰康人寿	—	—	—	—	—	—	—	—
	太平人寿	4945	4945	—	—	—	—	—	—
	合　　计	14255	9039	1083	1321	888	506	691	727
2008	中国人寿	9176	3880	1003	1182	1257	544	688	622
	平安保险	66	17	—	10	11	12	9	7
	太平洋保险	882	651	—	38	35	22	45	91
	泰康人寿	22	5	3	4	6	1	—	3
	太平人寿	2143	2143	—	—	—	—	—	—
	合众人寿	—	—	—	—	—	—	—	—
	合　　计	12289	6696	1006	1234	1309	579	742	723

第三节　营销业务

营销业务主要是指接受保险公司委托从事保险销售的业务人员，推荐并指导消费者购买保险产品所完成的业务。本节主要记述各保险公司办理的个人保险业务。

1995年9月19日，南京人寿保险股份有限公司和中国人民保险公司江苏省公司在市人民保险公司四楼会议室召开苏中、苏北营销员工作会议，南京人寿保险股份有限公司总经理张蕴明、副总经理林岱仁、人力资源部总经理郑晓敏、人民保险公司江苏省公司办公室主任张家庆出席会议。南京人寿保险股份有限公司淮阴、连云港、徐州、扬州、南通、镇江市代理处总经理、管理部、业务部负责人参加会议。会议介绍营销员工作的运行模式和基本做法，介绍南京人寿保险股份有限公司营业二部（营销部）营销工作的经验，会议倡导各单位开展营销员工作，并要求各单位在10月5日前拿出方案。10月10日至15日，南京人寿保险股份有限公司淮阴代理处在市人才中心公开招聘首批营销员，并于10月20日举办首次营销员培训班后，在全省地级市中率先开展营销业务。

1996年，市中保人寿保险公司成立后，传承原南京人寿淮阴代理处人身险业务。下半年，全市保险业经营寿险业务的单位增加平安保险公司淮阴办事处（寿险）和太平洋保险公司淮阴办事处。随着央行利率调整，各公司对原有旧保险条款进行修改完善，并开发新的个人营销业务条款。各寿险公司先后在人身险业务中，统一分设出个人营销业务，以便于考核、统计，实现专业化管理。各公司加快营销业务试点步伐。市中保人寿、平安保险淮阴办事处（寿险）营销员扩大到898人。

是年，市中保人寿保险公司调整险种结构，发展短险业务，一季度，在全辖开办88型“为了明天”终身保险等多种个险营销类产品。下半年，在上级规定不许办理农团险的情况下，开始扩展营销员队伍，试行营销业务台账，加大业务量考核力度。全年实现营销业务保费收入145万元。市平安保险淮阴办事处（寿险）全面开展营销业务试点，招聘和培训营销员。推广少儿终生平安保险、百龄养老保险等传统性险种业务；开出第一批新品业务，分别为少儿险、长寿险、养老险、永乐险、福临门个人险种；两次统一组织“平安寿险新险种推广月”活动；扩大营销业务经营范围，相继开设金湖、洪泽、淮安、宿迁营业部，展开各地保险市场营销的竞争。全年承保个险有效保单1042件，实现营销业务保费收入73.7万元。市太平洋保险淮阴办事处开办寿险业务后，先发展直销业务，而营销业务开办较迟。开办的个险营销业务产品主要有少儿乐、老来福等险种，全年实现个险营销业务保费收入52万元。是年，全市各寿险公司共实现营销业务保费收入270.7万元。

1997年，全市各保险公司充实营销员力量，加强产品推介，全市寿险营销业务保费收入创新高。8月，各寿险经营机构对各自寿险条款进行第一次调整，启用国家寿险的经验生命表，改变交费方式。10月，人民银行降低金融机构各项存贷款利率后，全市各寿险产品降低预定利率，各寿险公司开始执行人民银行保费预定利率上下限年复利4%~6.5%的规定，各公司都服从宏观调控，遵循价值规律要求，适时调整保费预定利率。全市

3家寿险公司积极推进营销业务，采取分批建点，以点带面的方法，选择一些经济条件好、居民收入高、人口相对集中、有发展前景的地区建立营销网点，培育营销员队伍，组织市场营销，拉动营销业务保费收入的增长。

市中保人寿保险公司利用节假日前后，开展寿险“营销霹雳”行动，营销产品从最初推出的“一生平安”“为了明天”发展到“66鸿运保险（A型、B型）”“88鸿利终身保险”“97松鹤养老保险”“锦绣前程A型保险”“锦绣前程B型保险”“重大疾病终身保险”“重大疾病定期保险”7个营销新险种。公司还组织全体营销人员开展“迎回归”“精英杯”等竞赛活动。在系统内全面引入营销机制，各分支公司全面开展上门宣传、服务、收费、送赔款等一系列工作。为扩大代理营销业务，培育市场，各公司充实营销力量，广纳人才，并从培训、考试、持证上岗入手，逐步扩展城乡营销阵地，在加强对城市居民营销的同时，又在农村组建营销支部，把个险业务宣传引向深入。全年全辖个险险种达9个，实现营销业务保费收入4426万元，比上年增长29.5倍。

市平安保险公司（寿险）建立了适应营销业务统计、考核、分析的业务报表体系，在辖区内全面开展市场营销与分析，创建营销业务竞赛板报。为适应保费预定利率调整，将4字开头的老险种产品停止销售，开办新品有永乐保险、幸福保险等，这批个险产品以利差返还为特点，并增加终身死亡险、定期死亡险等品种。全年个人营销产品多为储蓄性质，如长寿、少儿、递增养老、重疾等产品。新开发的产品还有长乐、康乐、永利等险种。到年底，辖内各分支机构营销业务初步形成较为完整的体系，营销部门展业力度进一步加大。全年完成营销业务保费收入831.2万元，比上年增加757.5万元，增长10.27倍。

市太平洋保险公司从6月开始开发新的营销业务产品。9月，开始扩充代理营销业务人员。在营销队伍组建后的短短3个月时间里，通过抓宣传、搞竞赛，促使营销业务取得较好成绩。全年实现营销业务保费收入112万元，比上年增加60万元。

是年，开办寿险业务的3家市保险公司相继制定完善代理寿险营销业务核算手续、实施细则、管理办法等。各公司培养的大批营销员介入市场后,全市寿险营销市场业务竞争进一步加剧,各公司营销业绩也随之快速提升,全年各保险公司营销业务保费收入开创历史新高,实现营销业务保费收入5269.2万元,比上年增加4998.5万元,增长18.5倍。

1998年3月5日,市中保人寿保险公司员工上街宣传寿险知识

1998年,随着存贷款利率的进一步降低,全市3家经营寿险业务的公司险种预定利率相应下调,调整后的98版险种预定利率为年复利5%。各公司再次清理过去旧保费条款,停办不严谨、效益差、亏损面大的地方性险种。全市寿险机构在压缩高成本险种的同时,以市场推销为经营导向,以专业化经营为目标,继续发展城市营销业务,稳步拓展乡镇营销市场。

市中保人寿保险公司为扩大营销业绩,发展营销员队伍,年末营销代理人数达1240人,比上年增加510人。在扩展城市营销市场的同时,注重在农村的中心乡镇设立营销网点,针对农村个体种、养殖户率先推广营销业务险种,以带动周围群众参与投保。农村市场的拓展,使该公司营销类险种保费收入不断增加,全年表现突出的淮安支公司营销保费收入达858万元,排辖内县级机构第一;市公司营销一部不断激发营销新人员潜能,采取以老带新、以新促老的促销方法,逐步实现多款转型期保险的平稳过渡,提前50天完成市公司下达的全年营销任务,全年营销业务保费收入达3492万元,排全市寿险业各县、区机构第一。全年市中保人寿保险公司实现营销业务保费收入7019万元,比上年增加2593万元,市场占有率为83.4%,其存量、增量远超其他两家公司,继续保持全市第一。

市平安保险公司(寿险)先后组织营销人员开展"首季开门红""学雷锋""业务竞赛"等活动;实施营销策划激励措施,推广营销新险种;停止销售部分成本高的老险种;在市场营销中首推本利差返还型转型产品;在辖内开展“’98平安寿险客户服务月”活动，组织全体营销员进行客户大回访，组织开展平安少儿故事大赛、客户咨询宣传等一系列活动。活动期推广的业务险种有“如意女性”“永利增额”“康泰”“全福保本”“福寿两全”，附加“万寿”“定期”“重疾”产品。是年，推广的营销产品还有“育英才”“福临门”“康乐”“万家福”“永福”等产品，深受市场好评。全年全辖实现营销业务保费收入1055.2万元，比上年增长224万元。全市各寿险公司共实现营销业务保费收入8415.2万元，比上年增加3146万元。

1999年，全国寿险业再次下调寿险预定利率，全市各经营寿险业务的公司停办前期开办的计算利率高于2.5%的寿险业务险种，在同一起跑线上严格按国家规定的预定利率发售险种。各公司执行上级公司在各自系统内下发的个人代理营销业务条款。由此，各寿险公司营销业务新品争先上市，全市寿险市场营销业务竞争进一步加剧。面对个人代理营销广阔市场，市各寿险公司代理人队伍进一步扩大，市场营销范围进一步扩展，各寿险公司以开展游说咨询、新品推介、内部推动、组织竞赛等形式展开市场营销推介，促使该项保费收入加快增长。

市中国人寿保险公司开始扩大营销员队伍，向全辖推介新品险种，全市寿险营销员2067人中，市区占1830人，比上年增加590人。该公司于6月17日起，在全辖推出1999年版新险种条款的预定利率为年复利不超过2.5%；7月10日后，在全系统推出“祥和”“祥运”“祥瑞”“康宁”等保险，有9个个人代理营销业务险种；9月，全辖推出总公司组织开发的以“国寿”等命名的各类保险共计12个个人代理业务条款，由市公司统一策划，各县（市）支公司、直属营销部、营业部独立组织实施。全年市中国人寿保险公司实现营销业务保费收入1.13亿元，其中7个县区支公司排名分别为：市区5456万元，楚州区1363万元，涟水976万元，金湖930万元，洪泽、淮阴、盱眙的保费收入都在850万元以上。

市平安、太平洋两家保险公司在调整预订利率、压缩成本费率过程中，注重适应市场转型，组织险种推广促销活动；在旧险种停售的空档期实施“激流勇进”等企划方案、推动新品质量提升；扩大营销员队伍、培训业务经理，扩大营销阵地，以减轻激烈竞争对营销市场的强力冲击、确保营销业务保费收入加快增长。市平安保险公司(寿险)在全市推出第一个有连带保险人保险条款的“育英年金险”终身险险种,还有“平安长青险(B)”年金险;“平安全福险”终身险,“平安福寿险”两年期险种。全年实现营销业务保费收入1648.2万元,比上年增加593万元。市太平洋保险公司部署全年营销服务工作,营销员针对不同服务对象,设计不同的投保方案和建议,通过细心周到的服务,赢得客户的信赖。全年实现营销业务保费收入1117万元,比上年增加776万元。

是年,全市各寿险公司继1998年清理整顿保险条款后,开展对1984年至1998年寿险业务的第二阶段清理工作。经过营销业务品种的清理和核对,全市各寿险公司进一步理顺营销业务工作思路,其市场营销力量随之增强,营销业务险种不断出新和增多,保费收入出现逐月快速增长。全年全市各寿险公司实现营销业务保费收入1.4亿元,比上年增加5627万元。在营销保费存量和增量上,市中国人寿保险公司继续大幅度领先市平安、太平洋保险公司。

2000年,全市寿险机构营销业务突出“两个转变”,即由过去推销产品为导向型向市场需求型转变,由单一的价格营销向服务营销转变。全年各公司先后推出集保险保障与投资于一体的险种,推出分红型险种,各级营销部积极开展宣传、服务工作,在激烈的市场竞争中,提高营销服务水平,以实现营销保费收入较快增长。

2001年2月17日,市中国人寿保险公司召开“农家乐”农村营销业务竞赛表彰会

市中国人寿保险公司集中力量做好市区大型广告宣传牌,做好自身阵地广告宣传以及报刊案例宣传,同时还在新闻媒体中以寿险产品热点评述、新闻专访、社会新闻评析等形式推介营销新险种。全年全辖有近千名下岗职工,在

保险营销员岗位上展开多层次的宣传和上门营销服务工作。市公司通过举办营销服务月活动，推进“康宁定期”“康宁终身”“福馨两全”“福瑞两金”“少儿英才”等重点险种的销售。为推动新品普通寿险营销产品的发展，市公司推出“国寿千禧理财两全保险”分红型险种。各支公司积极申办“国寿生命绿荫疾病保险”业务；适时推出具有储蓄和保障功能的子女教育保险（A、B）款，填补辖内险种结构中0～14周岁的年龄空档。由于险种节税、保费豁免、成长年金、保额限制少、组合性强等多重优点，该险种在市场上卖点多，拓展空间大。全年实现营销业务保费收入1.39亿元，比上年增加2629万元。

市平安保险公司（寿险）在连续推进媒体宣传和“客户服务月”“客户大回访”等活动的同时，推出一种集保险保障与投资于一体的“平安理财投资连结保险”。在全市寿险业率先引进营销拓展新模式，对营销员及员工业绩考核实行公开排名。为打造营销团队服务水平，市公司推出先进销售方式和行销辅助工具，如网上销售、金领系统、服务系统等，努力提升代理营销人员的展业形象，提高服务工效和专业化水平。全年实现营销业务保费收入2456.8万元，比上年增加808.6万元。

市太平洋人寿保险公司在电台、报纸等媒体集中开展险种宣传。在辖区开展营销员“一员两制”管理，引进组训专员制度、营销培训，强化内部考核，调动员工营销服务展业积极性。全年个人寿险产品中的少儿乐、步步高、老来福、太平盛世综合系列险种的保险收入快速上升，占营销业务的68%。是年，市太平洋保险公司成功实现产、寿分业后，太平洋人寿保险公司在全市开通“95500”电话服务系统，并与全省系统连接。全天24小时为客户提供保险咨询等多种服务。但由于市太平洋保险公司受筹备产、寿分业的影响，其寿险营销业务进展不畅，给刚成立的市太平洋人寿保险公司营销业务的前期发展带来较大影响。至年末，该公司营销业务保费收入602万元，比上年减少515万元。

2001年，全市寿险业营销市场十分活跃，各公司按照市场营销规律，加大投入，随着机构网点、人员的增长，新品险种的增多，全市寿险业机构营销业务步入快速健康的发展期。市中国人寿保险公司突出个险、突出新单,通过有力举措,推动营销业务保费收入增长。放宽“国寿99鸿福两全保险”和“国寿千禧理财两全保险(分红型)”投保范围,将投保年龄范围放宽到出生满30天且出院者,并特约“被保险人出生满6个月不承担身故责任”;全面开办“孕妇平安保险”“家庭成员平安保险”“独生子女两全保险”;还开办“国寿个人旅游意外伤害保险”。全年以险种营销发展为中心,抓短险营销业务的提升。全辖实现营销业务保费收入2.21亿元,比上年增加8186万元,其中仅个险新单保费收入就完成7000余万元。

市平安保险公司(寿险)于3月份开始销售个人住院安心保险、个人住院费用保险等健康险新险种。从5月份起,连续推出营销类分红型险种、投资连结险,这类险种在全辖销售额力拔头筹。新险种的推出满足全市广大群众对养老、疾病、投资等诸方面的需求。下半年,该公司转变营销员行销方式,有组织、有规模的从市区向县(区)连续推进,同时继续强化平安品牌建设,在全市进行深入细致、立体化、个性化、差异化的品牌宣传,使公司寿险业务知名度迅速提升,营销业务保费收入快速增长。全年实现营销业务保费收入4442.3万元,比上年增加1985.5万元,其中营销类分红险、投资连结险共完成保费收入1650万元。

市太平洋人寿保险公司在分业经营后的近一年里,全面完善寿险营销机制,强化营销员管理,加强营销员队伍培训。同时加大投入,将营销网点机构延伸到各县(区)。在全系统建立严格的营销管理目标考核制度,调动营销员工作积极性,不断激励员工多创业绩、创好业绩。在营销推介上,向全市推出“万能寿险”“康健一生”“长发两全”等新险种,个人寿险险种由原20种增加到50多种,其中营销较好的主要为个人终身及两全寿险分红型险种,这类险种深受保户青睐。全年全辖实现营销业务保费收入1133.6万元,比上年增加531.6万元,其中个人终身寿险占公司营销业务保费收入的54%;个人两全寿险占公司营销业务保费收入的32%。

是年,全市寿险营销机构网点由上年的18个上升到57个。营销员队伍迅速扩大,由上年的2422人上升到5307人。其中市平安、太平洋两家寿险公司分别增员726人和980人,全市个险市场推出的营销业务险种达100余个。全年全市各寿险公司营销业务保费收入快速攀升,由上年的

1.7亿元上升到2.8亿元，增加1.07亿元，创历史新高。

2002年，全市寿险业营销队伍增员继续扩张，各公司对营销险种促销管理及服务工作进一步增强，全年保费收入实现新的突破。市中国人寿保险公司全辖营销部机构达152个，营销员队伍增至3805人，比上年增加774人。在同业营销业务激烈竞争中，营销员展业的技术含量、知识含量和营销技能逐步提升。营销量的高低在一定程度上主要取决于与客户关系的亲疏和信息传播的速度。为此，市、县（区）公司建立完备的社会“信息库”，营销工作采取上下联动的公关方式，收到良好的效果。8月，针对全辖营销类期缴业务发展趋于缓慢的状况，公司及时召开会议，开展“营销保期缴，大干100天，攀圆5个亿”业务竞赛活动，有效激发全辖营销员公关吸保的热情，活动中表现突出的市区营销部自发组织“至尊荣耀保卫战”期缴业务竞赛，40天内实现营销期交保费1500多万元，创造全年最好的月度业绩。到12月15日，该部实现营销期交保费5800多万元，提前半个月完成市公司下达的全年期交任务。是年，全市中国人寿保险公司实现营销业务保费收入3.3亿元，比上年增加1.1亿元。

市平安人寿保险公司在辖内增加4个营销机构，不断推出营销新险种，并从年初开始有计划地对营销员开展非制式培训及快捷入门训练、网点营销精英训练等。在打造优秀的营销队伍的同时，不断推出先进的销售方式和行销辅助工具。公司营销代理人拥有手提电脑，E行销业务员达60余人。全年不间断推出新品。1月，市公司推出分红型亘大疾病保险，首创将重大疾病发生率差益纳入红利分配，而且保障范围更是达30种，几乎涵盖了现代生活中常见疾病及多发大病，新险种在红利分配上最大限度地考虑到投保人的利益；3月，推出“常青树终身男性、康乃馨终身女性重大疾病保险”，这两项大病补偿保险，女性的保障疾病种类达28种，男性为25种，而以往的重疾分别只保7种和11种，险种还具有多种功能，尽显人性关怀；6月，推出适用于青少年的“平安少儿英才”“平安康乐年华”两个保险套餐；11月，推出被称为“爱情保单”的夫妻共同保险“世纪同祥”险种，保单连接教育子女、赡养老人的家庭重责。新险种的不断推出，满足了民众保险需求，取得较好的业绩。全年实现营销业务保费收入

8542.8万元,比上年增加4100.5万元。

市太平洋人寿保险公司设立57个营销服务部,营销员从上年的1276人发展到2450人,增加1174人。一季度,该公司开展“开门红”和“创新高”营销业务劳动竞赛,建立健全内部考核和激励机制。上半年,市公司个人营销部通过产品说明会等形式向客户推介个险产品。全年全辖营销险种业务做到不盲目跟风,不恶性降价,通过有效的管理,掌握多种途径营销。通过对新险种加大业务促销,推进“长虹两全”“红利发”为代表的分红型新险种的发展,有效地扩大分红险在个险业务中的占比。全年全辖实现营销业务保费收入3445.8万元,比上年增加2312.2万元。是年年末,全市寿险机构营销员扩展到7111人,比年初增加1804人,营销人员总量及新增量再创历史新高。全年全市各寿险公司营销业务保费收入达4.48亿元,比上年增加1.72亿元。

2003年,全市寿险机构营销业务坚持效益优先,克服“非典”及洪涝灾害的影响,以结构调整为主线,营销工作因时造势,整体联动,做到业务启动、宣传先行、培训到位、全线支援,推广效益型险种,扩大短险业务阵地,促使营销业务保费收入持续快速增长。全年市中国人寿、太平洋人寿两家保险公司的市场优势地位得以进一步巩固和提升。市中国人寿保险公司从年初开始就注重强化全员市场营销意识、竞争和效益意识,营销业务以“做优做强,领军同业”为目标。在同业和系统竞争顺序上,先论当地市场份额,后论系统排序。在内外关系处理上,做足营销、做好自身,密切关注对手。在营销险种业务发展上,年初在全辖推出鸿瑞险种后,春节前及时造势,提前一个月完成省公司下达的首季新单目标。到3月末,实现营销新单1.7亿元,相当于上年全年新单保费收入总量;4月,又在全辖掀起鸿瑞期缴业务发展高潮,实现营销期缴全年过半目标;至10月,全辖完成省公司下达的全年营销业务目标任务。全年全辖营销业务保费收入实现4.4亿元,比上年增加1.11亿元,在全市寿险业营销保费市场份额占75%,全市第一优势进一步巩固。

市太平洋人寿保险公司抓住业务结构调整主线,以效益为中心,全体员工人人有指标、个个有压力。营销业务以业绩论英雄,在辖内展开竞争。为保持常年良好的发展势头，公司领导分阶段、有目标的引导员工做好各阶段业务。下半年，该公司重点推广办理个人分红险中“康健一生重大疾病保险”“长虹两全保险”，以及被保险人定位在未成年人的“太平盛世状元红两全保险”（分红型），这些险种推出后，深受客户欢迎。公司通过宣传造势、扩大效益险种营销面，推动保费收入持续稳步增长。在个人终身寿险中，“长泰安康B”险种，以保费收入977.8万元的绝对值占居全年各险种保费收入之首。个人普通两全寿险以“少儿乐”“老来福”为主，个人长期健康险中以“太平盛世万全终身”为主的保费收入与传统的长健医疗险平分秋色。在县区级机构营销业务中，楚州区、洪泽县支公司营销保费收入均超千万元。全年全辖营销业务保费收入9073.5万元，比上年大幅提升5627.7万元。在保费收入中，短期健康险达3346万元，短期意外险4380万元，一般寿险1081.5万元，分红类险266万元，都较上年大幅增长。是年，全市各寿险机构实现营销业务保费收入达5.87亿元，比上年增加1.38亿元。

2004年，全市经营寿险业务的市级公司由3家增加到4家。泰康人寿保险公司淮安营销部开业后，立即投入市区寿险营销市场的竞争。从整体发展情况看，全市寿险机构营销业务呈快速健康发展态势。全年全市寿险业营销人员增至8505人，为历史最高点。其中，市中国人寿保险公司营销员达5225人，平安人寿保险公司营销员达731人，太平洋人寿保险公司营销员达1889人，刚成立的泰康人寿保险公司淮安营销部在辖区设立5个营销网点，在引进的686人中有660人为营销业务员。各寿险公司明确目标抓手，倡导全员营销举绩，各家都实现营销业务“首季开门红”。各公司还不断调整业务结构，强化营销业务序时考核。全年营销业务发展中，期缴业务增长快，意外险、分红型产品持续增长。个险续期保费收入占比加大，全辖营销业务发展的稳定性明显提高。市中国人寿保险公司在一季度实现营销新单保费1.7亿元的基础上，二季度建立“标准营销”全员举绩机制，三、四季度，对辖内险种业务结构进行调整，压减低效险种业务。至年末，“风险型”保费收入达1.05亿元，期缴和短意险分别实现9751万元和4071万元，其压降的个险趸缴业务占比下降12个百分点，10

年以上期缴营销类业务占比提升14个百分点，在个险期缴业务中农村部分的占比提高17个百分点。该公司营销业务占全市寿险营销业务总额的79.4%，份额总量继续保持市场领先地位。

市平安人寿保险公司通过整体联动实现一季度营销业务保费收入2455万元，迎得首季开门红。6月，推出“平安智富人生终身寿险（万能型A、B）”两个险种，在市区组织的推介会上当场签单30余份。三季度，全公司组织“人寿客户服务节”，并在全辖实施“1011”战役，组织全员参加省公司统一组织的营销业务拓展大会战。是年，还对营销业务销售模式进行调整，改变过去一对一的营销模式，工作上以采取产品说明会的方式，推销“万能险”业务。全年实现营销业务保费收入比上年增加430.4万元。

市泰康人寿保险公司以个人营销业务为核心，发展个险期缴和短期意外险业务，不断推出新品个险险种，促进新保业务的增长。推出的“爱家之约”和“尊荣一生”等新品成为淮安寿险市场亮点。全年新险种实现营销保费收入395.3万元。

是年，全市各寿险机构实现营销业务保费收入5.9亿元。其中，市中国人寿公司4.7亿元、市平安人寿公司6016.9万元、市太平洋人寿公司5718.9万元、市泰康人寿公司395.3万元。

2005年，淮安寿险市场新增市太平人寿保险公司。总体看，全市寿险业机构营销业务持续发展的能力进一步增强。随着各公司续期业务平台的不断完善，其整体个险保费收入快速增长，但新单个人代理保费收入同比有所下降。从各公司寿险营销业务所占市场份额情况看，在全市营销保费收入6.12亿元中，市中国人寿保险公司完成4.71亿元，占76%；市平安人寿保险公司完成7594万元，占12.4%；市太平洋人寿保险公司完成5629万元，占9.19%；市泰康和太平人寿两家保险公司分别完成724.5万元和686.7万元，两公司合计仅占全市总量的1.5%。市场集中度表现下降的市太平洋人寿保险公司连续两年市场份额减少。

是年，市中国人寿保险公司加大个险业务结构调整力度，经营效益得到提高。在个险期交业务中，10年期及以上业务占比逐步上升到44%，全辖综合费率达7.4%。在营销业务中发挥团队优势和整体合力，推动营销业务持续增长。全年完成个险新单1.58亿元。发展强劲的一般寿险和分红类保险实现营销保费收入分别为2.3亿元和2.4亿元。

市平安人寿保险公司继续以加快发展为主线,营销业务突出发展利润较为丰厚的期缴保费个人寿险业务产品,提升保单的续缴率。上半年,营销部门通过帮助客户做产品组合,以分红险加重大疾病保险的组合形式,进行市场推介,其中主推“常青树”“无忧果”“富贵竹”3个子险种,这组险种亮点在于一个创新的附加险“提前给付重大疾病保险”。全辖推介的重疾产品形成重疾主险和各具特色的附加险相配套的完整系列产品,受到客户好评。下半年,又推出每五年核保一次的新一代保证续保医疗险产品,在控制风险的前提下,进一步满足客户需求。全年全辖营销业务中的短期健康险和分红类寿险分别实现保费收入1475万元、4329万元,合计占公司营销业务总收入的76.4%。其中,新险种期缴保费在保费收入中所占比例增大,为公司营销业务的持续健康发展打下了良好的基础。

市泰康人寿保险公司创新业务快速起步,以个人保险为核心,积极探索健康保险,年金业务崭露头角,营销推广的个险产品涵盖医疗、重疾、意外伤害、分红、投连、万能保险等各方面,实现营销业务保费收入7245万元。

2006年,全市各寿险机构把个人长期新保业务和短期意外险作为营销核心,调动各级经营主体的积极性,有重点地加大投入力度,推进营销业务保费收入稳步健康发展。老的寿险公司继续调整业务结构,新公司以发展营销业务人员为突破口,争夺营销市场业务。是年,市中国人寿保险公司营销业务以结构调整为中心,注重提升业务内涵价值。全年以“全员举绩”“有效人力”“高手运作”“旬经营”等营销活动为经营突破口,拓展市场,优化业务结构,提升经营效益。全年全辖营销业务推动方式由投入型向管理型转变,增长方式由短期期交向传统期交转变。全年全辖实现营销业务保费收入4.9亿元,比上年增加2155万元。

市太平洋人寿保险公司在调整业务结构中,以效益为中心,营销业务以个险期缴为主,重点发展好的意外险,抓住品质管理,通过专业考核,打造提高人均产能、机构产能和效益增长的新模式,在确保营销业务量上升的同时,努力降低展业成本。全年全辖实现营销业务保费收入6179万元,比上年增加550万元。

市泰康人寿保险公司将全年险种发展定为转型年,公司在充实营销员力量的同时,把业务发展方向由农村转入中心城市,营销业务险种随之实现转型。二季度,该公司快速健全营销组织架构,突出市区市场营销阵地宣传,不断组织活动推进业务快速增长。全年实现营销业务保费收入1482万元,比上年增加2倍多。

市太平人寿保险公司经营以个险为主,努力扩展营销员队伍,把资源向个险业务倾斜。通过星级业务绩优考核,带动全面业务发展;强化营销员培训,采取以人力为主导拓展市场;启动“行销辅助”,拓宽原有市场范围;还引进营销员竞争机制,推动营销保费收入跨越式发展,个险营销业务保费收入发展势头迅猛,同比增长200%以上。

是年,全市各寿险机构实现营销业务保费收入6.45亿元,比上年增加3280万元。在全市5家寿险公司中有4家保险公司实现同比增长。

2007年,各寿险机构以个险业务做大做强、做精做细为发展战略,推进营销业务“队伍、客户、管理、设施”四大基础建设,各条线瞄准“安全、便捷”的服务目标,积极介入市场营销,促使全辖营销保费收入稳健向前迈进。市中国人寿保险公司把完善收展架构,作为营销业务新的增长点,辖内6家县(区)机构全部设立收展职场,并按照统一标准建设首批16个形象示范职场网点,对洪泽县岔河镇、金湖县塔集镇等4个中心乡镇网点进行网络延伸和服务延伸,同时严格选聘营销人员,采取先保质再增量的方法,力求“进来一个,带活一片”,促进营销业务保费收入持续增长。至年末,全辖收展队伍规模达259人,比上年净增122人,全年实现个险新单期交569万元,10年期交345万元。在乡村派驻点建设上,引进驻村代表339人,创建驻村工作室24个,实现农村营销业务保费收入1.75亿元,新单期交保费收入达5968万元,对本系统的贡献度达45.9%。全年实现营销业务保费收入5.37亿元,比上年增加4425万元。

市平安人寿保险公司提前一个月完成全年营销业务拓展任务。发展强劲的营销分红类保险、一般寿险、万能寿险,分别完成3892.5万元、2218.7万元、1405.3万元。3项保费收入占整个营销保费收入的97%。

市太平洋人寿保险公司响应总公司号召，抓住个险发展的战略机遇，结合省公司给予的扶持政策，开展开门红竞赛，及时安排“鸿运年年”“万能寿险华彩人生”等新产品上市，取得显著成绩。至年末，仅此类一般寿险就实现营销业务保费收入5731万元，占公司营销保费收入的78.4%。当年新开展的分红类险种营销保费收入达910万元，占系统营销保费收入的12.4%。是年，公司还抓住分公司“队伍建设年”的契机，完善个险管理干部队伍组织架构，借助政策的引导，规范营销人员入司流程和档案管理，优化销售队伍结构，提升营销业务人员素质，赢得工作的主动。全年全辖实现营销业务保费收入7313万元，比上年增加1134万元。

是年，全市各寿险机构实现营销业务保费收入7.11亿元，比上年增加6556万元，全市5家寿险公司全部实现比上年正增长。其中贡献度较大的3家老公司共实现营销保费收入6.87亿元，占全市营销业务保费的96.68%。

2008年，市中国人寿保险公司的营销业务保费收入市场集中度持续下降，中小寿险公司营销业务发展势头良好。市中国人寿保险公司依托新农合平台，促成楚州、淮阴、金湖3家支公司有效拓展新型农民简易人身保险业务，新增营销类短险保费收入300万元。全年营销期交超过200万元的城乡职场有4个，超100万元的城乡职场有13个，一批高绩效城乡职场不断成长，营销保费收入逐月提高，各县区营销业务齐头并进。至年末，排在第一名的市区营销部业务保费收入达1.91亿元，楚州区支公司9286万元、涟水支公司6819万元、淮阴区支公司6158万元、金湖支公司5963万元、盱眙支公司5478万元、洪

淮安市太平人寿保险公司新职业经理人在居民小区进行保险知识宣传

泽支公司5020万元，全年分公司全辖实现营销业务保费收入5.78亿元，比上年增加4097万元，占全市寿险保费市场份额为73.3%，比上年下降2.2个百分点。市泰康人寿保险公司抓住发展年战略机遇，开拓营销市场业务，按照“防风险、调结构、稳增长”的策略，强化营销队伍管理，理顺内外部销售关系，在营销工作中开展造星活动，利用多种途径开展保险营销业务宣传，一举突破营销业务发展瓶颈，使营销保费收入得以迅猛发展，同时在绩优人员总数和主管开单率指标上实现全省系统领先。全年全辖实现营销业务保费收入3173万元，比上年增长1458万元，同比增长1.85倍。在全市寿险保费市场份额中排名第四，所占份额为4%，比上年上升1.6个百分点。排名第二、三位的为市平安人寿、太平洋人寿保险公司，市场份额分别为11.3%、10.3%，其中平安人寿保险公司市场份额比上年上升0.4个百分点，市太平洋人寿保险公司与上年持平。市太平人寿、合众人寿两家新保险公司占市场份额为1.06%，比上年上升0.16个百分点。从全市保费收入增长情况看，全市6家寿险公司保费收入比上年全部实现正增长。

是年，全市各寿险机构实现营销业务保费收入7.88亿元，比上年增加7757万元。其中，市中国人寿保险公司增加保费收入4097万元、泰康人寿保险公司增加保费收入1458万元，平安人寿保险公司增加保费收入1214万元，市合众人寿公司增加保费收入180万元。全市各寿险机构营销业务保费收入总额比进入快速增长期的1998年增加7.04倍。

表4–4　1996—2008年淮安市各地寿险营销业务保费收入统计表

单位：万元

年度(年)	县(市)区 / 名称	合计	市区	淮阴区	楚州区	涟水县	洪泽县	盱眙县	金湖县
1996	中保人寿	145	—	—	62	—	46	6	31
	平安保险	73.7	73.7	—	—	—	—	—	—
	太平洋保险	52	52	—	—	—	—	—	—
	合　计	270.7	125.7	—	62	—	46	6	31

续表4-4

年度（年）	县（市）区 名称	合计	市区	淮阴区	楚州区	涟水县	洪泽县	盱眙县	金湖县
1997	中保人寿	4426	2292	143	623	336	346	289	397
	平安保险	831.2	831.2	—	—	—	—	—	—
	太平洋保险	112	112	—	—	—	—	—	—
	合　计	5369.2	3235.2	143	623	336	346	289	397
1998	中保人寿	7019	3492	489	858	590	447	471	672
	平安保险	1055.2	1055.2	—	—	—	—	—	—
	太平洋保险	341	341	—	—	—	—	—	—
	合　计	8415.2	4888.2	489	858	590	447	471	672
1999	中国人寿	11277	5456	850	1363	976	852	850	930
	平安保险	1648.2	1648.2	—	—	—	—	—	—
	太平洋保险	1117	1117	—	—	—	—	—	—
	合　计	14042.2	8221.2	850	1363	976	852	850	930
2000	中国人寿	13906	5972	1143	1640	1525	1083	1311	1232
	平安保险	2456.8	2456.8	—	—	—	—	—	—
	太平洋保险	602	602	—	—	—	—	—	—
	合　计	16964.8	9030.8	1143	1640	1525	1083	1311	1232
2001	中国人寿	22092	9563	1856	2394	2613	1695	1924	2047
	平安保险	4442.3	4442.3	—	—	—	—	—	—
	太平洋保险	1133.6	253.8	180	180	170	200	100	49.8
	合　计	27667.9	14259.1	2036	2574	2783	1895	2024	2096.8
2002	中国人寿	32854	13228	3033	5177	3316	2375	2518	3207
	平安人寿	8542.8	8542.8	—	—	—	—	—	—
	太平洋人寿	3445.8	1193.3	380	380	360	400	350	382.5
	合　计	44842.6	22964.1	3413	5557	3676	2775	2868	3589.5
2003	中国人寿	43995	15935	4475	6559	4756	3871	4001	4398
	平安人寿	5586.5	5586.5	—	—	—	—	—	—
	太平洋人寿	9073.5	4353.5	580	1080	730	1180	530	620
	合　计	58655	25875	5055	7639	5485	5051	4531	5018

续表 4–4

年度（年）	县(市)区 / 名称	合计	市区	淮阴区	楚州区	涟水县	洪泽县	盱眙县	金湖县
2004	中国人寿	46897	16005	5186	6377	5217	4680	4668	4764
	平安人寿	6016.9	6016.9	—	—	—	—	—	—
	太平洋人寿	5718.9	1053	589.2	1190.6	707.4	1300.4	420.5	457.8
	泰康人寿	395.3	395.3	—	—	—	—	—	—
	合　　计	59028.1	23470.2	5775.2	7567.6	5924.4	5980.4	5088.5	5221.8
2005	中国人寿	47114	16401	4993	5792	5493	5234	3998	5203
	平安人寿	7594	7594	—	—	—	—	—	—
	太平洋人寿	5629.3	1066.3	616.2	945.5	687.4	1286.4	430.1	597.4
	泰康人寿	724.6	231	—	143	111.1	79.3	111	49.2
	太平人寿	186.7	186.7	—	—	—	—	—	—
	合　　计	61248.6	25479	5609.2	6880.5	6291.5	6599.7	4539.1	5849.6
2006	中国人寿	49269	14296	5831	6846	6050	5833	4601	5812
	平安人寿	7072	2335	—	1626	990	566	919	636
	太平洋人寿	6179	2040	—	996	618	1260	581	684
	泰康人寿	1482	755	—	545	—	124	—	58
	太平人寿	526	526	—	—	—	—	—	—
	合　　计	64528	19952	5831	10013	7658	7783	6101	7190
2007	中国人寿	53695	18431	5575	7782	6207	5396	4537	5767
	平安人寿	7720	4282	—	1799	539	186	395	518
	太平洋人寿	7313	2679	—	1163	661	1402	650	758
	泰康人寿	1715	447	—	877	93	217	—	81
	太平人寿	642	642	—	—	—	—	—	—
	合　　计	71085	26481	5575	11622	7500	7201	5582	7124
2008	中国人寿	57791	19067	6158	9286	6819	5020	5478	5963
	平安人寿	8934	5021	—	1467	856	571	122	897
	太平洋人寿	8102	4813	—	995	346	837	614	497
	泰康人寿	3173	678	199	1475	483	203	—	135
	太平人寿	661	661	—	—	—	—	—	—
	合众人寿	180	180	—	—	—	—	—	—
	合　　计	78841	30420	6357	13223	8504	6631	6214	7492

第四节　银邮代理

银邮代理业务是保险公司委托银行、邮政（邮储）机构营业网点代为办理的保险业务。

淮安市寿险机构从2000年开始正式开办银邮代理业务。是年，先后开办银邮代理业务的有市中国人寿保险公司和平安人寿保险两公司。上半年，市中国人寿保险公司密切与市邮储、建设银行的联系，以这两个单位为银邮代理业务突破口，展开重点营销。同时在辖区积极介入推广兄弟市县银保代理合作典型经验。市公司先与市邮储机构签订银保合作协议，并在洪泽县召开全辖邮储代理保险现场会，明确银邮代理考核、奖惩激励办法。市邮储机构首先开始代理市中国人寿保险公司“国寿鸿泰两全保险”产品，随后市公司与建设银行成功签约代理保险业务，先期在市区试运行。下半年，市中国人寿保险公司向市邮储机构、市建设银行推广代收保费业务系统。至年末，市中国人寿保险公司通过邮储实现代理保费收入300多万元。

是年，市平安保险公司（寿险）也开始启动银行代理保险业务，主要是推行健康险专业经营管理模式，制定银保代理管理办法。该公司分别与市工商银行、建设银行签订银保代理合作协议，随即在签约网点推出“千禧红”银行代理保险业务。至年末，该公司实现银邮代理保费收入40多万元。

2001年，市中国人寿保险公司、平安保险公司（寿险）转变传统团险思维，强化其管理职能，促使银行、邮储代理分红险种成为新的中间业务增长点。市中国人寿保险公司与市邮储、市建设银行及分支机构全面实行客户代收、代付保费业务；又在市工商银行、市中国银行开展银保代理业务合作，并为两行开通客户代收付保费业务。是年，市平安保险公司（寿险）为加强银邮代理业务的行销，专门成立银行保险部，努力推进与市工商银行、建设银行、农业银行各分支网点的银保代理业务合作，并在这三个行所有网点重点推广“千禧红”分红险种代理业务。随之，又推出少儿教育金保险“世纪栋梁”险种，提供“大学教育金”“立业金”“保费豁免”等保障，通过签约银行经营网点销售后，得到市场客户广泛认可。

是年，在银邮代理保险行销方式上，市中国人寿保险公司、平安保险公司（寿险）都采取“团队主营经营方案”。两家保险公司分别在各自代理行联合组织各网点开展业务竞赛活动，分别在开办银邮代理业务网点尝试派驻专门的行销人员，以加强银行网点柜面的代理保险业务宣传。银邮合作行销保险手段的多样化，拉动业务量的提升。是年，市中国人寿保险公司、平安保险公司（寿险）实现银邮代理保险收入543多万元。

2002年下半年，市太平洋人寿保险公司启动银邮代理合作，全市开办这项业务的寿险公司增至3家。在银邮代理市场竞争中保费收入增长较快的仍为市中国人寿保险公司，该公司在确保传统团险阵地不丢失的前提下，将银行保险兼业代理作为团队业务新的增长点展开工作。在市、县（区）公司相继成立专门的代理部，市公司对辖内签约银行、邮储机构实行代理业务的统一管理。各分支机构先后选拔70多名营销员专门担任银邮代理专管员，经集训后安排在各银行、邮储网点，开展险种宣传推介工作，收到较好效果，全辖仅上半年就实现银邮代理保费收入5215万元。下半年，针对银邮机构网点出现的代理保险金分流银行储蓄的顾虑，该公司通过专家访谈及代理行座谈等方式，介绍银邮代理中间业务发展的好处，宣传“鸿泰险”在全国热销的形势，同时运用利差分析、加强感情联络等方式，逐步转变银邮代理机构网点人员的认识，得到银邮代理单位的理解和支持。全年该公司直接由银、邮代理网点实现的鸿泰险业务规模，与本公司个险、传统团险并驾齐驱，这为全辖整体保险业务超常规发展奠定了坚实的基础。是年，全市中国人寿保险公司实现银邮代理保费收入1.19亿元，比上

淮安市太平洋人寿保险公司营业人员为客户办理业务现场

年增加1.1亿元。

市平安人寿保险公司不断扩大银邮代理业务范围。到7月,分别向市工商银行、农业银行、中国银行、建设银行、市邮储联合推出“世纪栋梁”少儿两全分红教育金保险的代销业务。新险种通过银邮代理网点广泛推广,加上媒体等多种渠道的推介,在银行网点为0～14岁儿童办理保险的人数增多。全年市平安人寿保险公司完成银邮代理保费收入421万元,业务量比上年增加2倍。市太平洋人寿保险公司从6月份开始与市商业银行、农业银行、邮政储蓄机构进行银邮代理业务合作。至年末,实现银邮代理保费收入262万元。

是年,全市各寿险机构实现银邮代理保费收入1.24亿元,银邮代理保费收入增量出现飞跃,比上年增加1.14亿元。

2003年,市中国人寿保险公司全面加强与银行、银邮代理机构协作,确定代理国寿保险业务展业活动方案;市公司做好辖内各代理协作网点“银保通”业务系统的推广;在全辖系统广泛开展“银邮代理业务宣传月”专项宣传活动;会同各代理机构组织多期专业培训,并两次协助银邮代理网点开展代理保险业务竞赛。良好的内外部环境,为各分支机构进一步密切与代理网点关系提供条件。当年与市中国人寿保险公司及其分支机构签订保险代理协议的银行、邮储网点达300个,促进银邮代理保费收入的快速增长。至年末,全辖实现银邮代理保费收入1.3亿元,比上年增加1064万元。

市太平洋人寿保险公司在稳健经营、稳步发展过程中,把银保代理放在重要位置。市公司内部抓增员、外部抓合作网点,并与银邮机构联合抓培训,各层级主管不断深入代理网点,及时解决合作中出现的问题,公司与银行、邮储的全面合作关系进一步融洽,银邮网点拓展能力进一步增强,全辖银邮代理业务呈现稳定快速增长。至年末,全辖实现银邮代理保费收入2846万元,比上年增加2584万元,增幅为9.9倍。

市平安人寿保险公司面对“非典”造成银邮代理业务的影响,采取一系列抵御“非典”的保障保险措施,对凡投保银行代理10年期“千禧红D”“世纪栋梁”的客户,若保单生效15天后至一年内不幸因非典身故,其投保“千禧红D”款的客户，除将获得所有缴纳的保费之外，还将获得按保险金额给付的“非典”特别慰问金；凡投保“世纪栋梁”的客户，将免费获赠附加非典型肺炎豁免保费定期寿险。凡投保上述两款险种的客户，如在保险期内因非典身故，还将获得由平安提供的1万元额外慰问金。这些举措的实施，促使银行代理保费收入增加。至年末，全公司实现银邮代理保费收入1729.3万元，比上年增加1308.3万元，增幅为3.1倍。

是年，全市各寿险机构银邮代理业务呈现全方位快速发展态势。全年实现银邮代理保费收入1.76亿元，比上年增加5218万元，增长42.2%。

2004年，全市开办银邮代理业务的寿险公司由3家增加至4家，新增市泰康人寿保险公司。各寿险机构推动银邮代理业务多元化发展，同时对银邮代理险种产品逐步进行转型。市中国人寿保险公司对银邮代理业务试行“包销”代理制；市平安人寿保险公司开始主动控制高手续费的银邮保险产品；市太平洋人寿、泰康人寿两家保险公司发展长期储蓄类银行代理保险产品。寿险机构对代理险种结构的调整，减少了运行成本，推动了该项业务保费收入的快速增加。

市中国人寿保险公司努力促成市工商银行系统的银保业务“包销”代理制，市工商银行为迅速扩展此项业务，专门成立银保部，专门行使本行系统内银保业务推进和管理工作。市中国人寿保险公司同市工商银行“强强联合”的银保代理业务范例，提升保险代理市场竞争力，得到工商银行总行和省行的肯定。省工商银行向全省工行系统推介淮安市工商银行代理模式。市工商银行银保代理业务也成为市中国人寿保险公司保费收入上最重要的业务增长点。全年，市中国人寿保险公司实现银邮代理保费收入1.76亿元，其中，市工商银行一家就实现6180万元，占市中国人寿保险公司银邮代理保费收入总额的35%。

市平安人寿保险公司在努力调整银邮代理高手续费险种产品的同时，参与省公司在全辖组织的“四五联动”“1011”战役。在保险业务营销两次大会战中，提升银保人员在银行柜台前的展业服务水平，行销与服务推动银邮代理保费收入的强劲增长。全年实现银邮代理保费收入3013万元，比上年增加1284万元，增幅达1.74倍。

市太平洋人寿保险公司加强银邮通系统的开发，与邮储、市农业银行联网开通银邮通业务系统。系统运行后，该公司开始增加银保员力量，深入银邮柜面展开代理险种营销。至年末，全辖实现银邮代理保费收入3554.3万元，比上年增加690万元。年底前，新开办银邮代理业务的市泰康人寿保险公司，积极筹备启动这项业务，全年实现银邮代理保费收入331.7万元。

是年，银邮代理业务发展成为全市各寿险机构发展保险业务的重头戏。各机构安排在各银邮机构网点的营保人员数逐步增加。各公司与银邮联合举办的拓展促销活动长年不断，各种形式的银邮及客户的座谈会、联谊会等活动，促进银邮合作服务水平的进一步提升，同时促成银邮保费收入增长逐月创新高。是年，全市各寿险机构实现银邮代理保费收入2.45亿元，比上年增加6961万元。其银邮代理保费收入占全市寿险保费总收入比重由上年的20.3%上升到26.4%，增加6个百分点。

2005年，开业不到两年的市泰康人寿保险公司和刚开业的太平人寿保险公司银邮代理新单业务量增长迅猛，全年期缴型银行代理产品营销势头良好，市场份额随之增加。这两家新公司发展势头好的主要原因是代理万能型险种产品，适合客户所需，加之营销、服务的到位，在发展中坚持筹建与发展并轨，代理业务发展与管理并重，业务规模与效益并举。全年两公司分别与市4家国有商业银行、邮储机构签订全面合作协议。经市公司和银保人员的强力跟进，银邮代理业务崭露头角，同时也推动全市寿险业银保代理保费收入的稳步增长。而开办银邮代理业务时间相对较长的市中国人寿、平安人寿、太平洋人寿3家保险公司银邮代理业务出现负增长，这3家公司在全市银邮代理市场份额虽占绝对优势，但市场集中度有所下降。其保费下降的主要原因是，公司产品结构优化速度慢，老险种缺乏吸引力和竞争力。是年，寿险机构在银邮代理保险市场的竞争中，时有发生多付代理手续费的恶性竞争。开办银邮代理业务的寿险公司在竞争中多多少少存在提高佣金和费率、“挖人员，挖业务”等不正当行为，不正当竞争削弱竞争双方自身可持续发展能力和盈利能力，同时也影响辖区寿险机构的行业形象。造成全市上半年银邮代理客户退保增多，在退保中除了险种产品分红水平不高等市场共性因素外，还存在虚增保费问题。其中市中国人寿保险公司的“鸿泰”和“鸿丰”产品退保率较高，这与部分员工非正常自买单等业务行为有关。从7月份起，省保监会对淮安寿险机构银邮代理不正当竞争实行严格监管。随之，在市保协、各寿险公司、银邮金融机构的共同努力下，全市银邮代理业务的运营情况有所好转。各寿险机构在银邮代理业务增长减速情况下，优化产品结构，改进促销方式，以避免不正当竞争，推进业务健康发展。

是年，市中国人寿保险公司在优化银邮代理产品工作上，加大对各分支机构效益性险种指标的考核兑现权重，努力将发展效益性业务与代理保费增长相结合，以提高质量为前提走增加业务内含价值的集约型发展道路。促成全年代理类期缴业务增长达到5.4%。该公司把市工商银行系统实行的包销制推广到市邮储和建设银行系统，以进一步发挥这一新型代理模式的作用。同时还与相关银行、邮储机构联合组织开展“激情6月”“雷霆万钧”等代理业务竞赛活动，促成各银邮代理网点为确保代理保费业务增长进行长期的分组对抗。该公司银保部还注重强化竞赛过程跟踪，以保证银邮代理业务健康有序发展。

市平安人寿、太平洋人寿两家保险公司在压缩集团业务费用开支的背景下，对银邮代理营销手续费进行调整，并努力发展利润较为丰厚的期缴代理保险业务产品，提升保单的续缴率。全年两家公司虽银邮代理保费收入比上年略有下降，但此项业务步入健康有序发展轨道。

是年，全市各寿险机构银邮代理保费收入2.55亿元，比上年增加981.8万元。其中，市中国人寿公司1.63亿元，比上年减少1320万元；市平安人寿公司2054万元，比上年减少959万元；市太平洋人寿公司3059.5万元，比上年减少495万元；市泰康人寿公司2832.1万元，比上年增加2500.4万元；当年开业的市太平人寿公司新增加1255.5万元。全年3家老公司银邮保费市场份额83.98%，比上年下降14.67%；2家新公司银邮市场份额16%，比上年上升14.6%。

2006年，全市各寿险机构按照盈利最大化的目标，加快银邮代理业务渠道结构转型。各公司有重点地加大代理保险业务费用投入，努力提高代理10年期以上业务和期缴业务的占比。市中国人寿、平安人寿、太平洋人寿3家保险公司分别对各自银邮代理业务的险种结构进行优化。在市场竞争中，降低银邮代理业务手续费支付率，加大长险和期缴业务投入，以推动银邮代理业务健康发展。市泰康人寿、太平人寿两公司继续加大银邮代理市场营销和自身专业化建设力度，强化资源配置，细化银邮代理销售渠道的条线化管理，促使代理保费收入快速增长。从全市寿险机构银邮保费收入情况看，全年保费收入2.73亿元，比上年增加1737.1万元。其中银邮代理保费收入比上年下降的仍然是3家老公司，分别为市中国人寿公司1.55亿元，减少828万元；市平安人寿公司1624.3万元，减少430万元；市太平洋人寿公司2980.8万元，减少78.7万元。银邮代理保费收入比上年上升的为市泰康人寿公司3857.26万元，增加1025.16万元；市太平人寿公司3303.87万元，增加2048.37万元。保费收入比上年减少的3家保险公司银邮代理10年期以上业务和期缴业务占比高于、优于同比增幅上升的两家新公司。全年全市寿险机构银邮代理业务保费收入占寿险总保费收入的24.1%，比上年下降1个百分点。在银邮代理业务中，市中国人寿保险公司银邮代理保费收入市场份额仍处最高位，为56.8%，但市场集中度下降7.14个百分点。市平安人寿保险公司市场占有仅为6%，下降2个百分点；市太平洋人寿保险公司市场占有10.9%，下降1个百分点。市场份额上升的为市泰康人寿和太平人寿两公司，份额分别为14.2%和12.1%，分别比上年上升2.93和7.19个百分点。

2007年，全市各寿险机构银邮代理业务呈现较快增长，内涵价值逐步提升，呈现管理和服务不断改善的良好发展局面。上半年，受加息及资本市场火爆影响，各寿险公司增速保持平缓。下半年，在资本市场振荡加剧的情况下，各公司调整产品营销策略，优化产品设计，积极与银行、邮储联合开展代理业务险种推广活动，加大银邮渠道营销力度，使银邮代理产品销售迅速回暖，保费收入快速上升，全年总体保费收入平稳发展。

市太平洋人寿保险公司，成功实现代理险种产品转型。在市区重点推广标值较高的“金诚利”产品，全年实现银邮代理保费收入近4000万元。市公司还注重加大金湖、楚州、洪泽、盱眙等农信社代理保险拓展力度，不断扩大代理面，全年实现银邮代理意外险比上年增长230%。通过市、县银邮代理的共同发展，全年提前2个月完成省公司下达的年度银邮代理业务目标。

增速较快的市泰康人寿保险公司，从年初开始就把银邮业务拓展的重点放在传统业务和分红类业务上，全辖银邮代理保费收入量排前2位的为市区银保部4652万元、楚州支公司1532万元，仅这两部门拓展代理保费收入就达6184万元，占全公司银邮代理业务保费收入的79%。全年全辖实现银邮代理保费收入7740万元，比上年增加3882万元。

从全年各寿险机构银邮代理业务情况看，市太平洋人寿、市泰康人寿、市太平人寿这3家保险公司银邮代理业务保费收入达1.79亿元，占全市银邮保费总收入的51.64%，比上年增加7750万元。市中国人寿、市平安人寿保险公司银邮代理保费收入分别为1.55亿元和1218.1万元，都比上年略有减少；寿险公司中老公司的市场集中度进一步下降，银邮代理市场份额分别为市中国人寿公司44.7%、市平安人寿公司3.7%、市太平洋人寿公司17.2%、市泰康人寿公司22.3%、市太平人寿公司12.1%。开办银邮代理业务较迟、总体保费规模小的寿险公司逐步适应市场竞争，并进入较快发展阶段，但银邮代理产品经营成本仍然较高。同时全市各寿险公司产品同质化程度高，有个别公司仍采用提升销售增加费用方式赢得保费收入。

是年，全市各寿险机构实现银邮保费收入3.47亿元，比上年增长28.9%，增速提高4.8个百分点。

2008年，受前期投资型产品快速发展的影响，寿险机构银邮代理渠道的保费收入继续呈现快速扩张的势头。始终处于行业领先地位的市中国人寿保险公司，新单业务实现新的突破，全年代理业务趸交实现新单保费4.14亿元，同比增幅达187.26%，增长幅度位居全省系统第一。市泰康人寿保险公司与市4家国有商业银行的银保通系统全面开通，为公司银邮代理业务的持续快速发展创造有利的条件。是年，该公司发展重点由农村转向中心城市，并紧紧抓住营销拓展这一核心，使银邮代理业务计划达成率在全省系统名列前茅，在全市排名第二。规模量排名第三位的市太平洋人寿保险公司，进一步优化银保代理渠道结构，推动人力结构优化，从严考核和管理，在全辖全面推进银邮代理期缴业务，期缴业务的平台逐步提升，客户经理对期缴产品逐步认可，期缴产品的销售逐步提高，使银邮代理业务逐步实现由万能型向分红再向期缴业务的转变。至年末，该公司新保期缴新增200余万元，实现银邮代理期缴、意外险等核心业务251万元。系统业务的优化为全公司银邮代理业务健康有效发展打下了坚实的基础。

淮安市平安人寿保险公司服务人员宣传保险知识现场

是年，全市5家经营银邮代理业务的寿险公司，银邮代理保费收入分别为，市中国人寿公司4.39亿元，比上年增加4.17亿元；市泰康人寿公司1.81亿元，比上年增加1.04亿元；市太平人寿公司5464万元，比上年增加1284万元；市太平洋人寿公司6901万元，比上年增加928万元；市平安人寿公司2015万元，比上年增加797万元。全年银邮代理保费规模和市场份额占第一、二位的是市中国人寿和泰康人寿两家保险公司，这两家公司的市场占有分别为57.4%和23.7%，分别比上年上升12.7个百分点和1.4个百分点。远远超过其他3家寿险公司。2008年，全市各寿险机构银邮代理保费收入达7.64亿元，比上年增加4.17亿元，比正式开办此项业务的2000年增加6.78亿元。

表4–5　2002—2008年淮安市各地寿险银邮代理业务保费收入统计表

单位：万元

年度（年）	县（市）区 / 名称	合计	市区	淮阴区	楚州区	涟水县	洪泽县	盱眙县	金湖县
2002	中国人寿	11940	5469	1086	1357	918	1342	828	940
	平安人寿	421	421	—	—	—	—	—	—
	合　计	12361	5890	1086	1357	918	1342	828	940
2003	中国人寿	13004	4648	1474	1873	1359	1334	1191	1125
	平安人寿	1729.3	1729.3	—	—	—	—	—	—
	太平洋人寿	2846	2846	—	—	—	—	—	—
	合　计	17579.3	9223.3	1474	1873	1359	1334	1191	1125
2004	中国人寿	17641	5707	1609	2204	2606	2188	1655	1672
	平安人寿	3013.1	3013.1	—	—	—	—	—	—
	太平洋人寿	3554.3	1080.8	—	800.8	187.4	797.2	370.6	317.5
	泰康人寿	331.7	295.9	—	—	22.6	12.7	—	0.5
	合　计	24540.1	10096.8	1609	3004.8	2816	2997.9	2025.6	1990
2005	中国人寿	16321	4880	1908	1923	2266	2267	1389	1688
	平安人寿	2054	2054	—	—	—	—	—	—
	太平洋人寿	3059.5	1085.9	—	780.1	177.3	806.2	66.6	143.4
	泰康人寿	2832.2	2205.8	—	420.1	110.1	11.6	—	84.6
	太平人寿	1255.3	1255.3	—	—	—	—	—	—
	合　计	25522	11481	1908	3123	2553	3085	1456	1916
2006	中国人寿	15493	3507	1812	2630	2292	1825	1533	1885
	平安人寿	1624	877	—	211	309	130	—	97
	太平洋人寿	2980	1325	—	1036	148	139	83	249
	泰康人寿	3857	2519	6	964	342	—	—	26
	太平人寿	3304	3304	—	—	—	—	—	—
	合　计	27258	11532	1827	4841	3091	2094	1616	2257
2007	中国人寿	15489	3288	1804	2338	2269	1849	1677	2264
	平安人寿	1269	589	—	518	162	—	—	—
	太平洋人寿	5973	1044	—	1383	1392	836	603	715

续表4-5

年度（年）	县(市)区 / 名称	合计	市区	淮阴区	楚州区	涟水县	洪泽县	盱眙县	金湖县
2007	泰康人寿	7740	4652	—	1532	1029	—	325	202
	太平人寿	4180	4180	—	—	—	—	—	—
	合　　计	34651	13753	1804	5771	4852	2685	2605	3181
2008	中国人寿	43856	15045	5544	6514	5380	3397	3369	4607
	平安人寿	2015	690	—	506	289	188	34	308
	太平洋人寿	6901	2175	—	919	1710	813	386	398
	泰康人寿	18139	10437	308	2264	3381	690	304	755
	太平人寿	5464	5464	—	—	—	—	—	—
	合　　计	76375	33811	5852	10203	10760	5088	4093	6568

第五章　防灾与理赔

自恢复国内保险业务以来，经过多年运作，淮安市保险业防灾与理赔的组织体系不断完善，工作程序和手续制度逐步规范，营运质量和工作效率不断提高。在各个不同时期，由于经济体制和经营内容及重点的变化，防灾与理赔工作呈现出不同的特点。1994年之前，全市只有市人民保险公司从事保险业务，且险种较少，业务规模较小，防灾和理赔工作根据各投保法人和自然人客户的实际情况，采取分时期、分险种防灾措施，切实做到防灾重于理赔，减少企业和个人风险事故的发生。从1995年到1999年，随着保险市场机构不断多元化，保险业务竞争局面初步形成，防灾和理赔工作逐步得到加强，特别是理赔工作，成为各保险公司业务竞争的重要内容。但由于管理跟不上，在理赔领域存在流程不合理、制度不完善、竞争无序等问题。从2000年开始，国家加强对保险业监管，全市保险业防灾理赔工作体系逐步完善，防灾和理赔工作走上专业化、规范化和科学化轨道。随着保险业规模的发展壮大，全市保险理赔金额也大幅度增加，理赔在促进改革、保障经济、稳定社会、造福人民等方面发挥日益重要的作用。

淮安市中华联合财产保险公司理赔人员接到报险后，迅速奔赴现场，图为查勘车辆出险情况现场

2008年,全市发生理赔给付3.83亿元,其中产险赔付3.49亿元,寿险理赔给付3445万元,比1990年理赔给付1572万元增加3.68亿元,增长23.4倍。

第一节　防　灾

防患于未然,把事故和灾害消灭于萌芽状态,最大限度减少事故损失,是淮安保险防灾工作首要目的和出发点。防灾是财产保险公司为预防和减少灾害造成的损失而采取的各项组织措施和技术措施。主要方法是在承保前进行风险查勘,做出风险评估;承保后加强安全检查,提出整改意见,加强安全知识宣传、签订安全承保协议、建立风险抵押金制度、构筑安全防范管理体系等,把安全隐患消灭在灾害、事故发生之前,最大限度地保护保险标的安全,是减少赔款、提高产险公司经济效益的得力措施和有效途径。

1991年4月20日,市人民保险公司成立"特大灾害救灾理赔领导小组",组织人员进行防汛防灾检查。从5月1日到9月底灾害频发期间,安排专人日夜值班,及时了解气象情报信息和灾害事故发生情况,确保抢险救灾政令畅通,以尽量减少保险财产的损失。并成立由市人民保险公司副总经理及机关有关部门负责人参加的考察学习组,赴苏州、无锡考察了解地震灾害的危害及保险公司查勘、定损赔付方面的经验和做法。在借鉴外地经验的基础上,制订了市人民保险公司地震灾害应急预案。9月27日至28日,市人民保险公司在抗洪救灾理赔工作即将结束之际,召开了全市防理科(股)长会议,对前一阶段特大洪涝灾害造成的损失和防灾情况进行反思,查找疏漏,总结经验,制订防灾防损工作计划,完善防灾理赔各项制度和工作措施。

1992年1月份,市人民保险公司与市消防支队联合对烟花爆竹经营单位进行安全检查,提出重大整改意见78条,把火情火险消灭在发生之前。为了增强市民的保险意识和安全防火意识,又与市消防支队联办"元旦保险知识有奖猜谜活动"和"119"消防节活动。既扩大了保险业务知识宣传,又增强了广大群众的风险意识,保险的社会影响也得到进一步的扩大。春节期间,市人民保险公司与市交警支队共同开展“春运安全竞赛活动”,推动了全市交通安全工作的开展。5月,市人民保险公司制定《大灾应急预案》,并印发到全辖各单位,要求各支公司结合本地实际,认真做好大灾应急预案的制定和修订工作,确保在大灾发生后,迅速高效地开展抗灾理赔工作。二季度,针对防汛、防火和安全生产等重点,市人民保险公司与市安委会、防汛指挥部、经委、纺工局等单位在全市开展防汛、防火、安全生产大检查等防灾防损活动。8月中旬,市人民保险公司资助市公安局、安委会等部门联合开展“百日交通安全竞赛”和评选省级、市级安全行车优秀驾驶员活动,积极营造安全生产、安全行车的社会氛围。

1993年,市人民保险公司围绕“加快发展、提高效益、强化管理、从严治司”的指导思想,将保险工作融入文明生产、交通安全,以及防火、防洪、防汛等各项活动之中。先后在全市范围内开展了“平安春运”“夏季安全生产”“防汛检查”和签订“安全承包合同”“冬季防火”等五项防灾活动。进一步修订了《大灾应急预案》。是年,在应对“8·5”水灾发生时,迅速组织一支训练有素的查灾定损队伍,快速到达现场查勘,为正确合理定损提供了保证。全年全市系统组织62个检查组,对全市近700个保户单位进行了防汛防灾检查,对存在的问题和事故隐患提出1080条整改意见,并对重点单位进行回访落实,督促保户有效采取各项防灾防损措施。

1994年,市人民保险公司将降低标的风险作为防灾工作的立足点和日常工作的重要内容,确立了防灾防损工作指导思想:“以两个效益(保险人经营效益、被保险人或受益人投保效益)为中心,在注重实效上下功夫。重点是抓好防火、防汛、防重大交通事故,切实降低事故损失,促进两个效益的提高”。为了落实这一指导思想,市人民保险公司从三个方面入手:抓好承保前的风险查勘和承保后的防灾检查;收集全辖灾害和意外事故资料,开展灾害预测研究工作,寻找灾害事故的产生规律;对重点企业建立防灾档案,提高防灾工作的科学水平和防灾效果。在辖区内进行冬季安全防灾工作检查。检查重点是防火、防冻、防雪和防交通事故。同时在春节前与消防、劳动监督部门和企业主管部门联手,对所属重点部门、重要部位进行重点检查；主动与公安交警部门配合，抓源头、抓车辆、抓司机，确保春运安全无事故；掌握气候变化信息，在气温骤变前能预先采取措施，切实消除事故隐患。并在防汛期间建立防汛值班和灾情报告制度，安排人员日夜值班，组织人员对全市700多家企业进行了汛期防灾减灾安全大检查，发出整改通知书260多份，落实整改措施380余条，有效地减少了可能发生的灾害损失。

1995年1月26日，市人民保险公司为做好防灾防损工作，修订了破坏性地震应急预案，确保地震发生后人、财、物及时到位。4月至5月，市人民保险公司对市属企业普遍进行一次防汛检查。抽调120多人，分组对辖内各县(市)支公司承保的化工、供销、商业、纺织等系统多年易发洪涝灾害的单位进行检查，查出隐患700多处，提出整改意见1100多条，发出整改通知153份，整改率达95%以上。同时，还主动配合消防部门做好防灾检查，开展“119消防日”宣传活动，与消防支队联合在电视台播放《热线追踪119》录像，在经济广播电台开展“119消防知识竞赛”等。各县(市)支公司也利用电视、广播、板报、画廊等形式开展保险防灾宣传活动。11月14日至12月底，市公司又组织全辖开展防火普查工作。同年，市人民保险公司转发总公司《财产保险防灾防损工作规范》，并结合本地实际，在市、县两级公司建立防灾档案，研究掌握保户产生风险的规律；实行防灾防损备案制度。保额在0.3亿元以上的被保险人防灾档案，由市人民保险公司备案。对防灾费用专款专用，重点用于组织员工防灾培训、应急演练、资助消防部门更新、购置消防器材。市人民保险公司成立大灾查勘定损预备队，做到灾前思想上重视、措施上落实；灾后行动上果断，技术上熟练，迅速查勘定损。

1996年，市中保财产保险公司配合当地公安、消防等部门开展防火、防汛宣传和检查活动，对承保企业按危险性质分类排队，采取重点与一般相结合、危险物资与一般物资相结合、平时与节假日相结合的方法，多次举行防灾防损检查。5月29日，市中保财产保险公司下文就如何做好防汛防灾工作提出意见。从6月1日至8月底实行24小时值班，并重新细化《大灾应急预案》。6月12日至14日，市中保财产保险公司抽调17人分4

个小组对全辖进行了防汛防灾工作检查,并对其中45个重点企业单位进行了重点排查。全辖各支公司对防汛防灾检查做到组织、人员、措施三落实;分别成立由经理挂帅的防汛领导小组;建立防汛值班和灾情报告制度,确保24小时通信畅通;对1991年以来洪涝中受损得到赔款的化工、商业、纺织、供销等重点单位,签订安全承包协议,对保险公司提出的整改要求逐条进行落实,对屡查屡犯、推诿搪塞的单位限制承保或取消承保资格,对防灾有显著成效的被保险人给予多项优惠奖励。

是年,是市平安保险公司淮阴办事处和太平洋保险公司淮阴办事处开业后的第一个完整年度。两公司在防灾防损中,重点建立和完善相关制度,制定业务操作流程,并和政府有关部门协作开展防灾防损知识宣传,深入企事业单位开展防灾防损工作检查。

1997年,市中保财产保险公司进一步重视防灾防损工作,全面建立风险防范机制。年初,做好上年度灾害损失情况总结和本年度防灾工作部署,就上年全市防灾工作暴露出来的问题、隐患,以及所造成的损失向市委、市政府进行汇报,特别对那些屡查屡犯、不重视整改、依赖于赔偿的单位,建议市政府在安全工作考核中给以警告,并得到市政府采纳。年中,根据市防汛指挥部、气象局、水利局等单位的水文气候资料,结合上级公司的要求,组织有关业务人员制订《防洪预案》。预案分为洪涝暴雨风险分析、防汛措施、重点防涝单位3大部分,对建立防汛信息网络、各级防灾防损责任制的落实及大灾快速启动预案等方面均做出翔实周密的部署和安排。根据中保财产保险公司《防灾防损工作管理规定》,市中保财产保险公司对财产保险金额1000万元以上、企财费率表中工业类4~6级、仓储类危险品,及特别危险品保险金额在500万元以上的,全面建立防灾档案。全年组织千余人次对工业、粮食、商业等重要投保企业防灾、防损、防事故检查,发出整改通知书500余份,提出整改意见282条。通过防汛检查,向保户提出了重点部位的移转、垫高、筑坝、增设防汛器材等预防措施和建议,从而避免和减少了物资受灾损失。年末岁尾,公司普遍进行以公共娱乐场所、易燃易爆危险品,生产、销售、储存单位为重点的防火检查。受检单位200多户,查出事故隐患400多处,其中重大隐患30余处,下达事故隐患整改意见书70余份，这对冬、春季防火及降低火灾损失发挥了积极作用。

1998年，市中保财产保险公司、太平洋保险公司、平安保险公司联合交警部门在全市开展“机动车创名优工程”活动，举办驾驶员培训班及交通安全暨保险知识竞赛，提高驾乘人员的安全意识。通过一系列举措，有效提高了“三防”（防灾、防损、防事故）工作的实施效果。

1999年，全市各财产保险公司以安全检查为重点，全面落实防灾防损措施。市人民财产保险公司主要通过加强检查、健全保户防灾档案、修订防洪预案来加强“三防”工作。2月，各基层公司配合劳动、消防部门对保险锅炉、压力容器等进行安全检查，印发整改通知书30余份。5月，根据气象等有关部门预测可能有重大灾情出现的情况，市公司除向辖内各支公司下发切实加强防汛工作通知，要求各地建立防汛组织、落实工作责任措施外，还修订好自身的防洪预案，加强防汛检查和值班等一系列工作。全市对重点保户防灾过堂达236家，提出整改建议252条，健全防灾档案268份。国庆节前夕，市人民财产保险公司和市驾协、市交警支队联合举办“人民保险杯”交通安全和保险知识竞赛，全市万名驾驶员参与竞赛，通过宣传车险知识，增强驾驶员安全意识，减少车险事故的发生。

市太平洋保险公司为投保户做好防灾防损工作，对投保客户发放防灾防损自查自纠调查表，配合企业主管部门、安委会、经委、公安、消防、供电等部门，深入投保企业进行抽查，发现问题，提出整改意见。全年发出整改意见书86份，并督促企业及时整改到位。

市平安保险公司通过内部资源整合，安排职能部门人员深入企业调查，排查防灾防损措施是否到位，提出整改、纠正意见。与此同时，通过外部与气象、消防、上级主管部门联系，将面上或点上防灾防损咨询通过电话、手机短信等形式在第一时间反馈给保险客户。提请客户在事前做好防灾防损应急准备工作，尽量避免或减少客户资产损失。全年承保5256户，发生理赔1280户，企财险赔付金额219万元，占总赔付金额30%。

2000年，全市3家财产保险公司把防灾防损工作提高到防范经营风险的高度来认识，把防灾防损工作与业务工作紧密结合起来，在降低出险率上下功夫。各保险公司建立防灾防损工作计划、工作总结、重大赔案、重大隐患等专题报告制度。开展安全技术研究开发工作，增强被保险人的防灾能力。运用保险的技术力量和专业知识，向被保险人提供各种安全技术咨询。深入现场帮助制订防险措施，处理危险隐患，为保户提供优质的“三防”服务。是年，市人民财产保险公司组织开展夏季防汛和冬季防火两次大面积的防灾检查。共检查走访重点企业238家，发出《危险隐患通知书》128份，提出整改意见358条，健全防灾档案251份。市平安保险公司坚持“开拓市场，承担社会风险，稳定企业经营，及时防灾补偿，促进经济发展”的工作方针，与客户建立了良好的合作关系，承保市县重点企业和骨干项目，承担风险1800亿元，积极配合安委会、安全生产管理局、经贸委、公安消防、供电、供水等部门召开安全生产大会、发放安全生产宣传资料，对投保户安全生产措施不到位的，提请相关部门进行联合整顿，及时解决存在的问题，把安全隐患解决在萌芽状态。

2001年至2002年，全市保险系统推出多项“三防”措施，把防灾防损工作融入各项服务监督之中。市人民财产保险公司强化风险机制建设，全面落实“三防”预案。定期公布一个保期多次出险的保户名单，采取限制性承保措施，引起震动，推动这些单位重视“三防”工作，落实各项防损措施。对全辖157个重点客户进行风险回访查勘，堵住280余个风险漏洞，有效降低出险率。

淮安市保险行业协会与市交巡警支队联合召开“道路交通事故处理与保险”座谈会

市太平洋财产保险公司加强保险信用体系建设，推出“十项服务承诺”，协同市供电局、淮汽集团等单位举办“机动车安全管理、理赔知识培训班”，推行机动车险“千元以内放心服务、三千元以内现场办结服务”等项目，将防灾与理赔工作结合起来做细做实。针对出租车交通事故多、理赔案件多的特点，会同市公安、交管等部门联合发文，开展安全知识宣讲教育活动，加强违规违章监督，进行警示教育。

市平安保险公司设置专职风险控制岗，制定投保标的风险制度，对承保标的实行动态管理。采取针对性措施，一户一策，措施到位，责任到人，并通过电话、回访等形式把防灾防损的信息、意见反馈给客户，配合客户做好各种应急预案。

2003年春季，在“非典”防治期间，全市保险系统干部职工认真贯彻上级公司和地方政府一系列“防非”要求，加强预防和管理，向保户发放“防非”科学资料和慰问卡，宣传“防非”知识，创造良好的展业环境。是年汛期到来之前，各公司强化防汛抗洪预案细化工作，做到组织、措施、器材三到位，分片对全市231家重点客户进行认真排查，发出整改通知书355份，切实抓好整改工作。夏季，淮安市发生新中国成立以来仅次于1954年的特大洪涝灾害，受外洪内涝双重夹击的影响，全市大部分地区受灾严重，受灾人口、受灾面积和受灾损失均超过1991年。市人保、太平洋、平安、天安等财产保险公司积极响应市委、市政府的号召，全力投入抗洪抢险工作，最大限度地减轻洪涝灾害损失。由于防灾工作到位，汛期虽遭受特大洪涝灾害，市区企业水灾赔款仍比上年下降50%。

2004—2005年，市人民、平安、太平洋、天安、中华、安邦、大地等财产保险公司深化“防灾为本，理赔为民”的指导思想，认真贯彻“安全第一、预防为主、综合治理”的方针，把防灾防损工作提高到捍卫人民生命财产、提高自身生存价值的高度来认识。全辖财产保险公司采取多项措施，加强风险控制，加强保前保后管理。承保前，对承保户做好保前风险查勘，发挥人人都是第一核保员的作用，提出防灾防损工作建议；承保后，强化风险跟踪，督促承保户落实防灾措施。在汛期到来之前，对全市确定的136个重点防涝单位进行全面回访查勘，落实救灾器材，转移易损物资。各公司开通24小时防灾值班电话，对所有财产险客户发出汛期预警提示，把灾害损失降到最小。

2006—2008年，全市各财产保险公司构筑风险管理体系，并逐步完善。市各财产保险公司加强与当地区域的气象、消防、水利、市政、防汛、安委会等职能部门的联系与沟通，及时掌握相关信息。根据春秋天干物燥、夏季高温洪涝、冬季冰冻雪灾的季节特点，及时发出防火、防汛、防冻提示，把灾害消灭在发生之前。由于受全球变暖和“拉尼娜”及“厄尔尼诺”现象的交替影响，气象灾害发生的频率和强度都在不断增加。根据国家气象局预测，2008年淮河流域及长江流域的部分地区发生洪涝灾害的可能性大。全市各财产保险公司极为重视，协助承保客户采取防范措施。市平安等多家财产保险公司发出《防灾建议书》，对保户提出多方面的建议，并配合投保人做了大量工作。制订防洪预案，成立相应组织，负责对预案的组织、抢险事宜；维修加固厂房、仓库。对屋面破损、变形，防水材料老化、开裂、墙体裂纹、裂缝、变形等情况提前修复、加固，增强抗风险能力；疏通排水设施。检查各种排水管道，及时清除杂物，确保水流畅通；备足防洪物资设备。准备足够的沙袋、沙包和潜水泵等挡水排水物料；做好仓库物资的防水保护。对不能受潮的物资材料架高存放；检查防雷设施，对易遭雷击的部位进行防雷设施的检修，确保避雷针、接闪器、防雷网、接地装置等设备处于良好的工作状态。功夫不负有心人，是年汛期，全市总降水量达549～806毫米，较常年偏多5成，局部地段积水达半米以上。由于防灾工作做得早、做得实，灾虽大，损失却小。全年因洪涝发生的赔付率较以往大灾之年明显减少。

2008年，市保险行业还建立“安保互动”运行机制。在企业全面参加工伤保险的基础上，把商业保险引入安全生产领域，实施“安保互动”。在高危行业和公众聚集场所全面推行责任保险，增强企业的社会责任，用商业手段解决责任赔偿等方面的纠纷，推进安全生产与保险业良性互动，不但减少社会矛盾，还增强财产所有权人的安全责任意识。在实施风险抵押制度时，市政府吸纳财产保险公司建议，深化“保安全，促发展”战略部署，出台《安全生产风险抵押管理暂行办法》，市安委办印发《淮安市危险化学品生产经营单位安全生产风险抵押金缴纳暂行办法》，在全市化工企业中推行风险抵押金制度。通过宣传安全生产法律法规，设定科学合理的缴纳标准，制定严格的措施，以保证制度的有效实施，确保消除隐患，化解风险，安全生产。由于市委、市政府及全辖各财产保险公司狠抓隐患排查治理，促进全市安全生产形势稳定好转，2008年，全市发生各类安全事故1172起，比上年下降11.4%，其中，道路交通事故758起，同比下降19%。

第二节　产险理赔

产险理赔是财产保险公司执行保险合同、履行保险义务、承担保险责任的具体体现。只有做好理赔工作，被保险人的损失得到应有的补偿，保险的职能才能得到发挥。

1991年夏季，淮阴市遭受特大暴雨袭击，盱眙、洪泽、金湖、涟水、淮安等县陆续受灾。其中7月6—7日，盱眙县24小时降雨量超过200毫米，加之淮河上游大量客水过境，使部分地区遭受百年不遇的特大洪涝灾害，全市因灾造成直接经济损失达11亿元。人民保险公司市、县两级公司面对洪涝，全力组织抗洪救灾并查勘实情。市人民保险公司立即抽调3名业务骨干，组成大灾理赔指导小组，深入盱眙灾区协助县公司查勘灾情。随着灾情的进一步扩大，市人民保险公司自7月9日起抽调80%以上的机关人员组成3个工作组分赴金湖、淮安、洪泽等灾区与县公司一起进行抢险救灾和查勘定损工作。市人民保险公司机关也迅速组建了查勘定损、协调调度和后勤保障3个工作组指导、协调、处置灾区工作并实行24小时值班。查勘定损工作在多险点同时展开，并缩减理赔程序，简化定损赔付手续，开通快捷理赔通道。到8月末，基本上完成灾区608家企财险和88972户农户和种、养两业的查勘、定损、赔付工作。此次洪涝灾害全市共赔款2148.5万元，使灾区人民的生产、生活得到迅速恢复。是年，市人民保险公司抗洪救灾和理赔工作受到省、市政府表彰，并荣获省级系统内“抗洪救灾查勘理赔先进集体”称号。全年全市人民保险公司财产险累计赔款2908.9万元，赔付率93.7%。其中企业财产险赔付997.9万元，赔付率148.5%；家庭财产险赔付818万元，赔付率462%；农业险赔付249万元，赔付率123.3%。

1992年，市人民保险公司理赔工作以开展优质服务为主线，做到三主动。即平时主动征求保户尤其是受灾得到赔款的保户意见;保户出险时,主动到达现场查勘;大额赔款快速结案,主动送款上门。该公司规定对所发生的机动车道路交通事故逃逸案件,在未查获之前,统由公司预付抢救期间的医疗费和丧葬费,此项费用在出险后3日内到位。为了提高理赔工作效率,保证出险保户生产、生活正常进行,10月,市公司调高了所辖县(市)支公司、清河、清浦办事处及市分公司营业部财产险赔案的审批权限。调整后的审批权限为,机动车辆险一次事故赔款1万元以下,单一险种8000元以下;企财险5万元以下;货运险2万元以下;船舶险2万元以下;家财险5000元以下;农业险一张保单,一次灾害赔款;自办业务2万元以下;联办、代办业务4万元以下。全年全市人民保险公司财产险累计赔款2218.5万元,赔付率37.7%。赔付率较高的险种有:企业财产险40.5%,运输责任险63.5%,家庭财产险200%。赔付率较低的有:货物运输险29.2%,农业险23.7%。

1993年年初,市人民保险公司按照"加快发展、提高效益、强化管理、从严治司"的经营方针,制定下发《防灾理赔工作若干规定》,并直接参与辖内重大自然灾害和较大疑难案件的查勘定损工作,把廉政建设"两公开一监督(公开办事制度、公开办事结果、接受群众监督)"制度引入到理赔工作中,从而提高理赔工作透明度,便于接受社会监督。3月9日,淮阴电化厂绿麦隆车间发生爆炸,市人民保险公司闻讯后立即与有关部门联系,并迅速赶赴现场查勘。公司急工厂之所急,在定损前,预付赔款20万元购置受损关键设备;定损后迅速将赔款送上门,把该厂恢复生产的时间压缩到最低限度。该厂全年生产任务不但未受影响,而且超额完成。此举,市人民保险公司多次受到市委、市政府表扬,得到工人群众的交口称赞。是年,市人民保险公司加大了骗赔案件的查处力度,防理部全年共参与409起案件的查勘定损工作,核减不合理赔款19.13万元。如淮阴县保户王某974号船舶出险后,向市公司报损18万元,查勘人员发现该案存在可疑迹象,及时向公司报告。市人民保险公司防理部直接组织人员开展深入细致的调查取证工作,最终弄清楚该船是在出险后补办的投保手续,从而成功制止了一起骗赔案件。是年,市人民保险公司还及时有效地处理了“5·25”“6·21”“8·5”三次暴风雨灾害的赔付。如“8·5”水灾后，全辖在较短时间内，就将900万元赔款送到了保户手中，进一步提高了公司的社会信誉。全年全市人民保险公司财产险赔款3562.7万元，综合赔付率67.2%。其中，企业财产险赔付586.9万元，赔付率44%；家庭财产险赔付351.6万元，赔付率160%；运输责任险赔付1235.7万元，赔付率54.4%；货运险、农业险、其他储金险赔付率分别为32%、22.3%和26.7%。

1994年，市人民保险公司本着“主动、迅速、准确、合理”的原则，强化服务和保障意识，采取措施，从四个方面提高理赔工作质量：切实做到对从业人员进行理赔业务及保险业务知识培训；修订理赔制度，实行查勘、定损、做案责任制，设计《理赔案件流程登记表》，明确业务流程，公开审理赔案；从市有关部门聘请6位经济技术人员组成专家顾问组，对技术性较强的案件定损把关；坚持理赔案件审计制度。在当年市人民保险公司参与处理的643起案件中，共压缩不合理赔付15万元。在市人民保险公司核查的813件赔案中，核减不合理赔付金额达584万元。如洪泽县个体户朱某某投保的跃进汽车发生追尾事故，在定损中发现未被撞击的缸体损坏，造成捣缸，经专家顾问组查勘分析，鉴定出发动机缸体损坏是制造厂家在装配中造成的，并非事故造成，应向生产厂家索赔，从而免除该项事故责任。金湖县水产养殖户朱某承保的鱼塘保险，由于夏季高温、干旱，水质下降，鱼塘缺氧，造成塘鱼、河蚌死亡，人民保险金湖县公司及时向投保户支付理赔款40.9万元。全年全市人民保险公司财产险累计赔付3637.8万元，综合赔付率75.4%。赔付率较高的险种有家庭财产险84%、运输责任险65.7%、农业险158%。

1995年，市人民保险公司为提高理赔工作质量，落实省公司《关于加强理赔工作管理办法》，对理赔权限作适当调整，理赔人员实行考核持证上岗。当年有27名理赔人员获得定损员资格。是年6月23日，市区东风商场二楼家电批发部和百货五金批发部因电路老化起火，烧毁商品、房屋近20万元资产，经定损人员现场查勘，清点和核损，仅用20多天时间，就结案赔款19.1万元，该案为企财险当年最大火灾案。是年，市人民保险公司还在各支公司理赔案件自查的基础上，组织复查。共复查赔案2130

件，占自查面的39%。在理赔中加强防假案、防骗赔案件的调查力度，部分县支公司和当地检察部门联系，联合成立理赔鉴定中心，发挥执法部门在查处假案、骗案中的作用，有效地控制赔付率，全辖综合赔付率49%，较上年低26.4个百分点，受到省人民保险公司肯定。下降幅度较大的险种有：企业产财险下降17.9%，家庭财产险下降11%，运输责任险下降13.7%，农业险下降133.2%。

是年，市平安保险、太平洋保险办事处财险理赔业务发生额较小。全年市平安保险办事处保费收入82万元，赔付93万元，赔付率113.4%；太平洋保险办事处当年无保费收入，赔付1.9万元系以前年度的应付保险赔款。

1996年，市中保财产保险公司为适应新体制和业务发展的要求，从规范工作秩序、整章建制入手，根据省公司《加强理赔管理的规定》和《关于修订机动车辆保险条款部分内容的通知》精神，出台了《中保财产保险有限公司淮阴分公司关于理赔工作若干问题的规定》。实行赔付率分险种核算办法，严格执行理赔经办、审批责任制、定损员制度等，简化理赔手续，强化服务，缩短结案时间，新建防灾档案500多份。对于机动车辆保险条款修改为保险价值根据新车购置价确定，车辆损失险的保额可以按投保时保险价值或实际价值确定，也可以由被保险人与保险人协商确定，但保额不得超过保险价值，超过部分无效。部分损失以保险价值确定保额的车辆，按实际修理费用计算赔偿；保额低于保险价值的车辆，按保额与保险价值的比例计算赔偿修理费用。附加盗抢险保险责任中增加抢夺责任。全市各财产保险公司统一于7月份执行修订后的机动车辆保险条款，并对机动车辆保险费率实行下浮。

是年，市中保财产保险公司进一步提高理赔效率、提升理赔质量和承保质量。5月9日至11日，市东风造纸厂草场发生火灾，清浦办事处和市分公司派员一起进驻现场，了解灾情，收集有关资料，清查保险财产损失情况，迅速定损。于6月23日将35.9万元赔款送到保户手中，使工厂迅速恢复生产。通过坚持双人查勘，实行大案事先、事后审计，堵住错案、假案、骗赔案件82起，减少损失78.3万元。各基层公司从承保业务开始就注重承保质量，有的还专门建立核保核赔小组，专做质量审查工作。全年市中保财产保险公司累计赔款5071.8万元，综合赔付率61%。市平安保险公司和太平洋保险公司分别赔付86万元和31万元，赔付率分别为13.8%和9.9%。全市3家财产保险公司累计赔款5188.8万元，综合赔付率56.1%。高于综合赔付率的险种有车辆险赔付率56.7%、船舶险赔付率68.6%、运输险赔付率56.9%、责任险赔付率146.4%、保证险赔付率382%、农业险赔付率96%。

1997年，市中保财产保险公司在全辖各县、区支公司建立承保理赔责任制，实行承保与理赔相分离制度。市中保财产保险公司制定下发《国内业务承保理赔权限及报备案标准的规定》，对承保、查勘、理赔的各个环节做出详细而明确的规定，建立机动车辆险等级核赔权制度和理赔核损人制度，实行责任分级管理。为防止和杜绝理赔中的道德风险，防止投机取巧和骗取保险赔款等现象发生，市公司与市检察院共同组织人员赴山东省潍坊市考察学习，借鉴外市经验，在市检察院设立保险理赔鉴定中心，聘请检察院有关技术人员参与调查处理重大、疑难案件。全年经检察院参与调查处理的17起案件中，核减赔款10多万元。下半年，市中保财产保险公司建立了机动车理赔询报价制度，当年累计询报价76次，询报差价达100多万元。市中保财产保险公司还注重优质服务，进一步提高理赔速度和结案率。7月18日，盱眙县城区山洪暴发，有48家企事业单位、1500多户城乡居民的保险财产遭受程度不同的损失，市、县保险公司闻讯后，迅速成立了10个勘查小组，仅用5天时间就完成了重灾保户的查勘定损工作，20天之内把300万元赔款交到受灾保户手中。在这次暴雨引发的山洪灾害中，市太平洋保险公司承保的县百货公司、服装厂等12个承保企业受灾严重。当日下午，市太平洋保险公司首批理赔小组奔赴受灾企业，查勘灾情，组织施救。次日，市太平洋保险公司又紧急组织6个查勘理赔小组前往灾区，通过与县委、县武警支队联系，得到他们的大力支持。通过军民10余天的共同努力，对受灾财产转移、清理、清点完毕，在50天内迅速对受灾承保企业赔付近200万元，使受灾企业迅速得到补偿，恢复了生产经营。

是年，全市3家保险公司财产险累计赔款5725.1万元，综合赔付率53.4%，较上年下降2.7%。其中市中保财产保险公司赔付5159.1万元，赔付率58.2%；市平安保险公司赔付250万元，赔付率21.7%；市太平洋保险公司赔付316万元，赔付率44.6%。全市受洪涝灾害影响，农业险、责任险、船舶险成为高赔付率的险种，赔付率分别达195.9%、110.6%和96.7%。

1998年，市中保财产保险公司贯彻落实全国经济工作会议及保险工作会议精神，在理赔工作方面提出“加强经营管理，防范化解经营风险，确保规模、效益并举”的指导思想，全系统开办国内、涉外60多个险种业务，承担风险总额突破200亿元，占全市财产险市场份额的85%。年初，市中保财产保险公司下发《关于进一步规范经营行为，提高业务运行质量》的通知，组织全系统开展以提高业务运行质量、规范保险行为为重点的自查自纠活动，杜绝展业中的不规范行为。市、县各公司做到专人负责承保验险和核保出单，有效控制经营风险。并狠抓重要单证的使用管理，全辖核查保单5500余份，对保费收据、退费收据等所有重要单证彻底清理，建立健全了领用、登记、销号等制度，确保依法合规经营。为加快理赔速度，提高理赔透明度，市中保财产保险公司调整了各单位理赔权限，制订内部授权定损理赔规定和简易赔案操作程序。于8月1日成立了机动车辆保险定损中心，认真执行车险询报价制度，提高报价质量。广泛搜集汽车零配件价格资料，全市询价303笔，配件数量5975件，询价总额271.4万元，询报差价84.6万元，占询价额的31.2%，有效地控制汽车零配件价格混乱的局面，维护保户利益。

是年，为进一步提高理赔工作质量，市中保财产保险公司与市检察院联合调查17起疑案，发现其中9起是骗案、假案，挽回经济损失81万元。在赔案核批中，退回多赔、超赔案件28件，减少损失34万元。全系统理赔工作做到不多赔、不少赔、不惜赔，充分发挥社会补偿作用。在夏季汛期中，全市先后发生4次较大的暴雨灾害，给市区及涟水等地造成严重财产损失。市、县中保财产保险公司领导和理赔人员迅速赶赴受灾企业、家庭，本着快速、规范的原则，查勘定损，在较短时间内支付水灾赔款600万元。5月9日晚10时，金湖针织内衣厂因电压起火，造成厂房、4万件成衣及10余台机械烧毁的重大火灾事故。灾情发生后，市县中保财产保险公司迅速启动应急预案，及时支付理赔款30万元。

是年，全市财产险累计赔款5923.8万元，综合赔付率55.3%。其中市中保产险公司赔款5164.8万元，综合赔付率54.9%；市平安保险公司赔款328万元，赔付率72.7%；市太平洋保险公司赔款431万元，赔付率51.1%。全市各公司累计赔款较上年多赔198.7万元，为地方防灾减损、灾后恢复生产履行保险保障职能。

1999年年初，市中保财产保险公司成立理赔定损中心，市区理赔定损工作实行集中统一管理，并实行保赔分离；一季度完善询报价机制，从定损源头严格把关。为克服定损中的盲目性、随意性，制定理赔定损行为规范。4月，开始开展员工培训工作，全年共举办六期理赔业务培训班，受训者达140多人。5月，开始实行24小时报案值班制；从二季度开始，简化手续，方便保户，落实工作责任制，建立案卷流转登记制度，做到有人签字、有人检查考核、超期赔付追究有关人员责任。9月，市区普降暴雨，清江化肥厂、美佳丽洗化公司等单位受灾严重，由于及时查勘、帮助保户转移物资，减少了损失，并及时支付了赔款。金湖县宝应湖农场发生“8·17”特大交通事故后，人民财产保险公司市县公司急保户所急，迅速开展现场查勘核损，及时进行善后处理。全年已决各类理赔案件8320件，理赔款累计4943.4万元，综合赔付率49.4%。其中企财险赔款1010.8万元，赔付率38%；机动车辆险赔款3319.5万元，赔付率59.4%；货运险赔款176.7万元，赔付率24%；船舶险赔款26万元，赔付率38.1%；家财险赔款192.1万元，赔付率47%。当年赔付率较高并超过全市平均水平的有市人民财产保险公司国内保险部和清河、淮阴、涟水、洪泽等支公司，其余县（市）支公司均低于市平均水平。

是年，市太平洋保险公司推出“机车险急难救助服务卡”，为广大机动车客户提供周到、快速、高效的服务。持卡人无论在何地发生事故，只要按卡上记录的电话号码，向市太平洋保险公司报案，就能在较短时间内得到救助。同时实行理赔限时赔付制度。凡责任明确，材料齐全案件，2000元以内案件24小时内赔付，0.2万元~0.5万元3天内赔付，0.5万元~2万元

10天内赔付,2万元以上20天内赔付。全年共处理已决赔案377起,理赔金额411.6万元,综合赔付率39.2%;市平安保险公司成立了后援服务中心,提高事故的处理和救助能力,减少事故灾害损失。同时,加强保险理赔索赔期限管理,压缩不合理的理赔支出。

2000年,市人民财产保险公司恢复防理机构,理顺理赔程序,规范实务操作,实行专业管理。严格执行中国保监会《关于重申严禁保险公司支付“无赔款退费”的通知》,全年未发生一笔无赔款退费现象;改革理赔体制,实行市区定损集中管理,使人、物资源得到优化配置。在“3·27”龙卷风和“6·25”及“8·30”暴雨灾害中,及时下发做好大灾理赔工作的紧急通知,抽调防理及机关人员深入受灾现场查勘救灾,发扬抗洪精神,加班加点,连续作战,对受灾物资清点核损,在较短时间内,将960万元理赔款送到251家出险企业和3385户出险城乡居民手中。其中涟水县今世缘酒厂在“8·30”暴雨灾害中损失严重,省人民财产保险公司总经理亲自带领有关人员会同市、县人民财产保险公司领导深入现场了解灾情,查勘核损,及时支付赔款234.5万元。这是淮阴历史上单笔金额最大的财产险赔款;还加强对虚、假、错案和骗案的审查力度,在市检察院协助下,查出骗赔案31件,减少赔款损失45万元。但由于多种因素,当年机动车出险率比上年有所上升,出险率为34.6‰,增长1个百分点,其中5万元以上赔案有121起。是年,全辖市人民保险公司总赔款为6959.8万元,综合赔付率63%。其中,企财险赔款2123.8万元,赔付率83%;机动车辆险赔款4174.5万元,赔付率62.5%;家庭财产保险赔款262.2万元,赔付率70.4%;货运险赔款190.4万元,赔付率25%;责任险赔款101.6万元,赔付率22%。辖内赔付率最高的是涟水支公司,赔款974.5万元,赔付率103%;其次为盱眙支公司,赔款748.6万元,赔付率78%。

市太平洋财产保险公司在夏季时刻关注暴雨走向,随时了解在保企业情况。5月29日,淮阴市连降暴雨,造成部分厂区积水深达1米多,一些保户原料和成品仓库受灾严重。为了使保户及时排除灾情,恢复生产,总经理带领理赔部门人员亲临第一线查勘灾情,慰问受灾企业,快速办案。3天内支付预赔款达55万元,此次降雨共理赔118万元。全年累计赔款

543万元，赔付率为19.6%。市平安保险公司奉行“开拓保险市场，承担社会风险，稳定企业经营，及时防灾补偿，促进经济发展”的方针，与客户建立良好的保险合作关系，全年提供经济补偿675万元。

2001年，市人民财产保险公司进一步规范理赔工作程序，实行集中专业理赔。坚决纠正承保理赔“一条龙”现象，严格实施防灾理赔业务的无干扰运作，明令企财险、货运险、机动车险必须实行集中专业理赔。着力堵塞理赔漏洞，加强理赔定损中心力量配备，确保市区业务出险后随时到达现场查勘，第一现场查勘率达到85%以上。对出租车辆互碰、货车超载、自卸车出险、理赔扣残、机动车主要配件拆装工时、询报价管理等做出规定和规范。对3万元以上赔案以及所有问题赔案实行承保质量反馈。是年，和检察院联手查处第三者伤残案件31起，减少损失30.5万元，遏制了过高药疗费和提高伤情评残，以及对死者被抚养人不合理补助的情况。加大防灾理赔监控力度，调整各单位理赔自批案件权限，并先后对涟水、淮阴、楚州支公司机动车的高赔付进行调研分析，发现问题，及时督促整改，对盱眙支公司理赔工作采取派员进驻指导，使经济效益得到了明显提升。进一步提高理赔速度，全辖赔付结案时间与以往相比，提前1周左右，市人民财产保险公司定损中心2万元以下赔案不超过两天，3万元以上案件不超过3天。人民财产保险公司系统还十分注重业务承保和理赔质量管理，加大财务运行状况的监控力度。是年，全辖赔付情况平稳，各险种赔付率稳中有降，其中，企财险赔付率43.3%，比上年下降39.3个百分点；机动车54.7%，比上年下降7.8个百分点；货运险25.1%，与上年基本持平；家财险52.4%，比上年下降18个百分点。至12月底，全辖提取未到期责任准备金4740万元，比上年增长9%，未决赔款准备金1856.8万元，比上年增长35.8%，占自留保费17%，比上年增长了2个百分点，费用2251万元，费用率18.5%，与上年持平，财务经营状况得到改善。

市太平洋财产保险公司成立核保核赔委员会，制定了核赔工作规则，对承保、理赔工作流程进行细化，实行有效监管，并从以往工作中找出薄弱环节，加以改进，实行接案、查勘、评估、理赔双人制，实施岗位制约。推行机车险“千元以内放心服务”“三千元以内现场办结服务”活动，得到保户欢迎和好评。全年共发生理赔751.3万元。市平安财产保险公司进一步规范理赔工作程序，努力压缩赔案，控制风险。全年理赔款达641万元，较上年理赔675万元减少34万元。是年，全市财产险累计赔款7211.9万元，综合赔付率45.4%，分别较上年下降966.2万元和8.7个百分点。其中下降较多的是企业财产险，少赔付963.4万元，下降34.7个百分点。

2002年，市人民财产保险公司认真把好业务“进口关”，实现了对同城区域单位的网上核保。对金湖县“7·16”风灾等一些大额赔案迅速兑现，树立了良好的人保形象。加大对骗赔案的打击力度，全年共调查案件50笔，减少不合理赔付40万元。坚持询报价制度，核减金额220多万元。全年综合赔付率53.2%，提取1850万元未决赔款准备金，全年共承担风险保障200亿元，处理各类赔案1163件，支付赔款7074万元，比上年增长21.5%，为出险的669个企业、9010台车辆、102票货物、1282户家庭及时办理保险理赔。

市太平洋财产保险公司以改善服务，提高工作效率为切入点，对全社会公开十项服务承诺，着力做好“全年365天服务，每天24小时受理理赔，12小时办理业务咨询”，具体落实工作。全年共发生保险案件1900余件，结案1706件，结案率87%，综合赔付率39%。市平安财产保险公司开通7天/24小时接报案电话，实行专人理赔、个案负责制。理赔实行公开化操作，接受客户对理赔人员的监督；在准确、快速处理赔案的同时，力求客户最大满意度。全年累计承担各类风险48亿元，办理理赔案件538件、赔付886万元，赔付率达44%。是年，天安保险公司淮安中心支公司成立后，注重提高“两核（核保、核赔）”质量，努力提高应收率，降低赔付率。坚持核保政策，做到验标承保，宁缺毋滥。理赔工作坚持“双人查勘定损，保证公正高效，确保不惜赔、滥赔、错赔”。全年理赔给付金额25万元。

2003年，市人民财产保险公司按照总、省公司关于“三个中心”（理赔中心、财务中心、承保中心）建设的要求，实行统一、集中、规范化管理，实施全市业务集中核保和市区业务集中核赔办法。理赔中心积极做好汽车配件价格的本地化工作，坚持“随行就市、依车定价、区别对待”政策，保证了报价与定损工作的准确合理，挤压了理赔水分。理赔中心加强与检察院的联系和合作，查处假骗赔案50起，挽回经济损失25万元。全年共处理各类赔案13751件，支付赔款8665万元，综合赔付率60.8%，比上年上升7.6个百分点。

市太平洋财产保险公司狠抓理赔管理，抓紧应收保费的清理，消化部分沉淀保费，积极控制经营风险，全年清收应收保费191万元，清收逾期责任险保费110万元，全年保险赔付率控制在43%以内，达到省公司年度目标。市平安财产保险公司各项业务稳健发展，两核管理、服务质量等综合指标排名全省系统前列，全年理赔1142万元，赔付率控制在省标范围以内；市天安保险公司建立一套服务便捷、贴近客户需求的服务体系，进一步做好承诺和投诉处理工作，重视落实主体信用建设，狠抓理赔规范化工作，全年理赔支出198.2万元，赔付率20.9%。

2004年，市人民财产保险公司从建立制度入手，加大管控力度，出台了车险超额赔付管理办法，成立定损复查小组。通过聘请专业医务人员审核赔案，剔除的不合理费用占整个医疗费的10%。成立定审核查小组，由事后监控变为提前介入，共检查案件162件，核减超赔金额6.6万元。为了控制过高的车险赔付率，重点抓现场查勘率，提高理赔准确性，减少超额赔付环节，对同城区物损查勘率和单方事故车损第一现场查勘率达到100%，对省内2万元以上、省外3万元以上的车损事故坚持派员查勘定损，严格执行询报价、重大案件集体会审和疑难案件调查制度，在市检察院的大力协助下，挽回经济损失30万元。是年，辖内发生了严重的洪涝灾害，盱眙、金湖等县（区）遭受多次暴雨袭击。市人民财产保险公司及时下达了《关于做好当前财产、车辆暴雨水灾理赔的紧急通知》，总经理室成员亲自带领小组深入重灾区指导查勘定损工作，确保理赔工作迅速、及时、准确、合理。全辖共计做结水灾赔案2713件，支付赔款567.3万元，较好地发挥了保险经济补偿职能，做到了让地方政府满意、广大客户满意。

市太平洋财产保险公司进行理赔流程改造，对理赔人员细分岗位职责，增强流程的可操作性和人性化设计，从而提高理赔工作效率，全年理赔1562万元，赔付率达48%，结案达83%。市平安财产保险公司成立客服中心，实施咨询、承保、理赔、结算“一条龙”服务，尽力方便客户。全年理赔金额551万元,其中车辆险理赔金额360万元,占全部理赔数的65%,车辆险综合赔付率43.8%。市天安保险公司努力控制赔付率,全年赔付641万元,其中车辆险理赔599万元,占93.4%。市中华联合财产保险公司于是年1月份成立后,及时制定《理赔定损岗位职责》,强化风险控制,严格执行双核权限,切实把好核赔出口关,全年理赔552.9万元,综合赔付率13.5%。是年3月,中国大地财产保险公司淮安营销部成立后,规范理赔服务工作,全年理赔35.3万元,占全年保费收入498万元的7%。

2005年,市人民财产保险公司以"车险快捷——理赔无忧"为主要内容,开展"理赔质量年"活动。通过公开招标管理,成立事故车辆集中拆检定损点,提高车辆定损质量和效率。3月29日晚6时许,一辆载有约35吨液氯的山东槽罐车和一辆山东货车在京沪高速公路淮安段相撞,发生一起重大交通事件(以下简称淮安"3·29"液氯泄漏事件)。该事项导致槽罐车大面积泄漏,并造成公路旁淮阴区王兴、涟水县老张集、蒋庵等3个乡镇11个村人员的重大伤亡,当场中毒死亡27人,送医院抢救285人。在液氯事件处理过程中,中共淮安市委、淮安市人民政府分管领导高度重视,协调公安、交通、保险、地方政府妥善处理,市人民保险公司总经理室高度重视,迅速查清事故车辆的承保公司、承保险种以及车主情况。在事件处理过程中,面临巨额赔偿,这部分经费应由山东肇防承担,但因为涉及面太大,情况紧急,大量安抚、治疗、处置费用统由市政府先行垫付,辖内保险公司的及时理赔,为地方政府分担。4月5日,人保财险淮阴支公司对投保人保财险"美好人生"意外伤害保险并在事故中身亡的人员进行及时赔付,并妥善安抚受灾群众。市人民财产保险公司全年财产险赔付9158.3万元,赔付率60.9%,较上年分别下降604.8万元和11.8个百分点。

市太平洋财产保险公司提高风险管理能力,积极应对诉讼案件。是年,三责险司法诉讼案件急剧增加,全年发生起诉案件34起,是2004年的5倍。对此,一方面积极应对,组织专业人员进行应诉工作,另一方面对人伤案件进行医疗提前介入及回访沟通工作,积极促成赔偿调解,尽可能减少费用。严格按照总公司要求对6个县区营销部进行业务、财务、理赔等全方位检查,以防止由于经营费用控制之后产生各种违规行为,并加强对存量风险尤其是近几年购车履约险业务的管控。至年末，存量风险总额为270万元，对履约险的垫款进行全面清理，按照总公司规定将垫款全部转为赔款。全年办理财产险理赔2246万元，赔付率为68%。

市平安财产保险公司对职能部门理赔权限作了部分上调，上调后商业险5万元、责任险2万元、货运险0.5万元、个人险0.5万元。随后还专门成立客服中心，加快赔款结案速度。全年理赔给付金额1000万元。

市天安保险公司在核赔方面，加大监管力度，规范查勘流程，将可预见的争议解决在萌芽状态。强化双人查勘、驻点查勘制度，明确责任，提高第一现场查勘率。积极推行理赔制度改革，提高客服水平，对疑难的案件建立会审制度，努力做到查勘翔实、定损准确、合理理单、及时上报。全年办理赔付金额842.4万元，赔付率达66.2%。

市大地财产保险公司依托全国服务热线95590在全行业率先实行全国通赔，异地出险可在出险当地结案并领取赔款。加强时效管理，严格规定第一查勘时间和赔案结案时间，制定投诉应急处理机制，加强投诉案件处理。全年理赔给付263万元，赔付率39.6%，全年无一起有效投诉，理赔工作受到投保户好评。市安邦财产保险公司成立后，强化内部管理，理顺理赔环节，坚持程序化、规范化、制度化，做到梳理职责分明，岗位相互制约。全年发生理赔案件较少。

是年，全市财产险理赔总额达到16301.9万元，其中市人民财产保险公司9158.3万元，平安财产保险公司1000万元，太平洋财产保险公司2246万元，天安保险公司842万元，中华联合财产保险公司2782万元，大地财产保险公司263万元，安邦财产保险公司10.2万元。全市财产保险公司综合赔付率为55.9%，其中市人民财产保险公司60.9%，平安财产保险公司44.5%，太平洋财产保险公司68.8%，天安保险公司66.2%，中华联合财产保险公司44.1%，大地财产保险公司39.6%，安邦财产保险公司2.7%。

2006年，全市财产保险公司面对严峻的经营形势和激烈的市场竞争，坚持"诚信与服务"的理赔原则，打造差异化服务，努力提升各自公司的业务品质和服务品牌形象。市人民财产保险公司在严格执行理赔规章制度的基础上,进一步加强专业核损和复查工作。导入打假防骗工作机制,建立重大赔案、疑难案件集体会商制度,成立定损检查小组,加强对车险赔案现场查勘及核损督查,稳步推进理赔工作规范化和标准化建设。与市公安部门密切协作,查实了一起经他人举报的保险诈赔案件。犯罪嫌疑人为楚州区的陈某,因私刻公章,伪造交警部门的“道路交通事故责任认定书”,隐瞒了事故真相,骗取保险赔款10.7万元。经查实,犯罪嫌疑人被检察院批捕。是年,市人民财产保险公司处理各类赔案19822件,案件处理率达100%。全年累计赔付1.67亿元,赔付率100%,较上年分别增加7539万元和上升42.6个百分点,较好发挥了社会补偿的职能作用。

2006年8月10日,涟水县召开农业保险赔付现场会

市太平洋财产保险公司着重提高第一现场查勘率,发生案件理赔部门必到现场,做到查准查实、核准核实,严防骗保超赔。医疗核损工作以先期介入方式提高核损水平,为处理大案、要案提供医学依据,节约了大量事故赔款。该公司还不断完善回访工作制度,解决保户的后顾之忧。在业务获得较大发展的情况下,全年累计赔款2237.3万元,综合赔付率58.4%,较上年分别减少8.7万元和下降10.4个百分点。

市平安财产保险公司围绕核保政策,加大保险责任事故查勘力度,特别是三责险专职查勘医生配备后,对三责险人伤和意健险较大赔案的查勘频度明显加大,既方便了客户,又提高了赔案的准确性。公司还进一步完善赔案会审和通报制度,核赔基础管理工作得到较大改善。特别对“漏斗”现象进行了有益的探索,为规避风险提供了多种有效方案。全年在销售增长30%和市场占有率提高1个百分点的情况下,综合赔付率较上年上升6.8个百分点,赔付额增加450万元。

市天安保险公司从3个方面提升理赔工作质量。统一中层干部和县区经理的思想认识，将可预见的争议解决在萌芽状态，并针对市场特征划分查勘范围和查勘小组，对查勘人员进行业务技能的强化培训、考试和考核，对考试考核成绩优异的员工委以重任，对考试考核成绩差、业务技能低的员工调整工作岗位，从根本上保证理赔查勘质量，实现降本增效。全年做好驻点查勘用车的保障工作，确保查勘力量在出险后第一时间到达现场。全年累计赔付1298.6万元，综合赔付率75.2%，较上年分别增加456.2万元和9个百分点，有力地保障了参保单位的不间断发展。

市中华联合财产保险公司坚持"一把手"抓理赔的工作机制，成立诉讼案件领导小组，细化理赔流程，提高对第一现场的查勘率，加大赔案的审核和复查力度，进一步做好事故车辆定点拆检工作，实行查勘与定损操作相分离的工作制度。

是年年末，全市财产险全年赔付2.72亿元，综合赔付率81.4%，较2005年分别上升1.09亿元和25.5个百分点。

2007—2008年，全市各财产险公司积极探索社会经济补偿与提高自身经济效益两个坐标的最佳结合点。市人民财产保险公司为优质客户提供小额赔款现场赔付平台，对2000元以下的赔款现场做案，客户立等可取。公司还着力发挥远程定损点和监控室的作用，积极引导事故车辆到公司拆检点和轻微事故处理中心进行拆检定损。以上两项举措的介入，既提高了理赔效率和理赔质量，又奠定了公司在客户心中的地位。两年中，顺利处理了包括淮钢特钢火灾、荷贝克仓库火灾、润友船舶碰撞、南京钢马公司汽车碰撞在内的一批重大赔案，为保户提供有力的保险保障。如"润友1号"轮船撞沉"皖南陵1008"案，2007年10月22日，市人民财产保险公司与被保险人达成协议，共计赔付446.5万元。2007年全年重大赔案金额达1009万元。市太平洋财产保险公司设立理赔中心，改变理赔案缮制人员报酬计酬办法，实现从计件方式和考核出单方式进行科学整合、优化计酬办法，对理赔人员定岗定责，实行无间隙的理赔服务，开通"95500"客服热线电话，加强回访工作。市天安保险公司积极推进理赔改革，提高理赔工作质量。组织相关人员学习和领会分公司理赔改革文件精神，建立中支客服集中调配的管理体制，分五个片区派驻理赔查勘人员，定期召开理赔员工通报会。加强对理赔人员的宣导和培训。对理赔人员实行按月积分考核，考核结果与当月绩效挂钩。积极配合市保协、公安交巡警支队等筹建全市车辆定损中心工作，建立服务便捷、贴近客户需求的服务体系，提高保户满意度。对疑难案件建立会审制度，努力做到查勘翔实、定损准确、赔付合理。在理顺社会补偿与提高自身经济效益的关系方面做了有益的探索。

两年间，全市财产保险系统理赔工作经历了一个“U”形的发展阶段。2007年，全市财产险累计赔付2.19亿元，较上年少赔5268万元，降幅19.4%；综合赔付率为51.3%，较上年下降30.1个百分点，是比较效益较为理想的一年。2008年，全市财产险累计赔付达3.49亿元，较2007年多赔1.3亿元，综合赔付率66.3%，较上年上升15个百分点，是社会经济补偿贡献度最大的一年。产生如此大起大落的原因，一是保险覆盖面迅速扩大，提供风险保障总额急剧增加，2008年达3160亿元，比2007年增加397亿元，增长14.4%；二是承保件数增加，2008年达71.4万件，比2007年增加20.1万件，增长39.2%；三是赔案增加，市人民财产保险公司2008年做结各类赔案3.82万件，是2007年2.06万件的1.85倍，增加1.76万件，特别是重大赔案的连续发生，对理赔款项和赔付率影响极大。

客户向淮安市太平洋财产保险公司赠送锦旗

表5-1　1990—1995年淮安市人民保险公司财产险理赔统计表

单位：万元、%

年度（年）	项　目	合　计		各分支机构赔付额						
		赔付额	赔付率%	市区	淮阴	涟水	淮安	洪泽	盱眙	金湖
1990	合　计	1360.6	59.6	466.6	159	336	118	85	110	86
	1.企业财产险	288	43.4	117	7	84	19	29	15	17
	2.家庭财产险	443	163	57	119	155	64	10	33	5
	3.运输责任险	555	58.8	245	33	90	33	41	59	54
	4.货运险	27	13	18	—	3	1	1	1	3
	5.农业险	47.6	24	29.6	—	4	1	4	2	7
	6.其　他	—	—	—	—	—	—	—	—	—
1991	合　计	2908.9	93.7	697.5	301.3	286.7	289	384.7	647	302.7
	1.企业财产险	997.9	148.5	214.4	27.9	51.4	101.2	113.9	286.3	202.8
	2.家庭财产险	818	462	85.4	157.6	120.5	145.6	35.8	251.5	21.6
	3.运输责任险	791.6	81	369.3	83.8	99.2	40.6	80.1	69.8	48.8
	4.货运险	33	15.6	19.4	—	6.4	1	—	0.5	5.7
	5.农业险	249	123.3	—	32	5.2	0.3	154.9	38.9	17.7
	6.其他储金险	19.4	0.2	9	—	4	0.3	—	—	6.1

续表 5–1

年度（年）	项　目	合　计		各分支机构赔付额						
		赔付额	赔付率%	市区	淮阴	涟水	淮安	洪泽	盱眙	金湖
1992	合　计	2218.5	37.7	807.1	165.3	235.6	206.8	191.3	249.5	362.9
	1.企业财产险	464.3	40.5	170.9	15	62.1	30.9	25.8	65.6	94
	2.家庭财产险	479.1	200	89.7	72.9	64.6	44.2	49.4	80.8	77.5
	3.运输责任险	984.7	63.5	476.8	62.5	87.8	82.9	82.2	87.9	104.6
	4.货运险	94.4	29.2	65.6	0.3	3.8	3.3	1.9	7.9	11.6
	5.农业险	104.5	23.7	—	12.1	6.4	27.5	8.8	7.3	42.4
	6.其他储金险	91.5	4.2	4.1	2.5	10.9	18	23.2	—	32.8
1993	合　计	3562.7	67.2	1559.7	374.6	332.4	434.8	305.5	321.1	234.6
	1.企业财产险	686.9	44	299.1	61.8	61.9	41.1	36.9	109	77.1
	2.家庭财产险	351.6	160	61.1	71.3	56	73.4	25.2	42.3	22.3
	3.运输责任险	1235.7	54.4	599.6	80.7	113.7	137.2	95.6	129.3	79.6
	4.货运险	132	32	72.2	2.1	8.9	8.1	6	23.6	11.1
	5.农业险	81.6	22.3	—	4.1	5.4	8	2.7	16.9	44.5
	6.其他储金险	123.9	26.7	88.5	35.4	—	—	—	—	—
	7.家农险储金	951	—	439.2	119.2	86.5	167	139.1	—	—

续表 5-1

年度（年）	项　目	合　计		各分支机构赔付额						
		赔付额	赔付率%	市区	淮阴	涟水	淮安	洪泽	盱眙	金湖
1994	合　计	3637.8	75.4	1385.8	390.2	350.6	422.8	374.2	259.3	454.9
	1.企业财产险	527.2	39.7	179.4	58.2	52	47.6	35.6	77.5	76.9
	2.家庭财产险	230.7	84	60	29.1	11.5	65.2	20.7	24.4	19.8
	3.运输责任险	1603.8	65.7	598.4	129.4	205.6	216.8	160.2	136	157.4
	4.货运险	123.8	38	89.7	4.3	3	10.4	2.2	4.3	9.9
	5.农业险	81.2	158	—	—	4.2	5.1	11.4	17.1	43.4
	6.其他储金险	121.4	32.8	119.6	1.2	—	0.6	—	—	—
	7.家农险储金	949.7	—	338.7	168	74.3	77.1	144.1	—	147.5
1995	合　计	3871.9	49	1729.2	302.7	347.9	380.2	307.4	286.5	518
	1.企业财产险	576.8	21.8	180.9	78.9	54.8	56	34	69.1	103.1
	2.家庭财产险	275.1	73	55.5	36.6	63.8	49.2	20.3	30.7	19
	3.运输责任险	1800.4	52	654.5	178.8	195.7	229.7	151.6	181.7	208.4
	4.货运险	159.9	40.3	83	3.1	10	34.6	4	0.1	25.1
	5.农业险	49.8	24.8	—	0.4	1	4.8	1.1	4.9	37.6
	6.其他储金险	651.9	81	646	—	—	5.9	—	—	—
	7.家农险储金	358	—	109.3	4.9	22.6	—	96.4	—	124.8

表 5-2　1995 年太平洋、平安保险公司淮阴办事处财产险理赔统计表

单位：万元、%

项目＼单位	太平洋产险		平安产险	
	赔付额	赔付率	赔付额	赔付率
合　计	1.9	0.3	93	113.4
企业财产险	—	—	51	—
运输责任险	1.9	1	36	43.9
货运险	—	—	3	—
其他险	—	—	3	—

表 5-3　1996—2008 年淮安市各财产保险公司理赔统计表

单位：万元、%

年份（年）	项　目	合计		人保产险	太平洋产险	平安产险
		赔付额	赔付率%			
1996	合计	5188.8	56.1	5071.8	31	86
	企业财产险	1164.6	36.9	1074.6	5	85
	家庭财产险	279.1	55.1	274.4	4.7	—
	工程险	—	—	—	—	—
	车辆险	2360	56.7	2338.7	21.3	—
	船舶险	90.8	68.6	90.8		—
	运输险	264.9	56.9	263.9	—	1
	责任险	911.9	146.4	911.9	—	—
	保证险	4.2	382	4.2	—	—
	农业险	75.2	96	75.2	—	—
	人身意外险	—	—	—	—	—
	健康险	—	—	—	—	—
	其他险	38.1	49.2	38.1	—	—
1997	合计	5725.1	53.4	5159.1	316	250
	企业财产险	1604.8	39.4	1240.8	123	241
	家庭财产险	263	69	256.8	6.2	
	工程险	1	2.1	—	—	1
	车辆险	3001.3	60.4	2824.5	176.8	—

续表 5-3

年份（年）	项　目	合计		人保产险	太平洋产险	平安产险
		赔付额	赔付率%			
	船舶险	70.6	96.7	70.6	—	—
	运输险	242.5	38.3	232.5	2	8
	责任险	402.5	110.6	402.5	—	—
	保证险	57.2	68.2	57.2	—	—
	农业险	71.3	195.9	71.3	—	—
	人身意外险	8	20.5	—	8	—
	健康险	—	—	—	—	—
	其他险	2.9	2.5	2.9	—	—
1998	合计	5923.8	55.3	5164.8	431	328
	企业财产险	1780.7	52.4	1506.7	126	148
	家庭财产险	244.2	49.2	228.2	15	1
	工程险	65	62.5	—	—	65
	车辆险	3169.8	58.8	2799.8	275	95
	船舶险	35.7	59.5	35.7	—	—
	运输险	299.1	41.7	280.1	—	19
	责任险	226.7	93.9	226.7	—	—
	保证险	—	—	—	—	—
	农业险	33.2	96.2	33.2	—	—
	人身意外险	15	35.7	—	15	—
	健康险	—	—	—	—	—
	其他险	54.4	24.2	54.4	—	—
1999	合计	5755	47.3	4943.4	411.6	400
	企业财产险	1186.1	34.7	1010.8	104.3	71
	家庭财产险	196.5	45.5	192.1	4.4	—
	工程险	78	31	—	—	78
	车辆险	3778.4	56.8	3319.5	302.9	156
	船舶险	26	38.2	26	—	—
	运输险	176.7	23.3	176.7	—	—
	责任险	204	67.3	109	—	95

续表 5-3

年份（年）	项　目	合计		人保产险	太平洋产险	平安产险
		赔付额	赔付率%			
1999	保证险	—	—	—	—	—
	农业险	23.3	28.1	23.3	—	—
	人身意外险	—	—	—	—	—
	健康险	—	—	—	—	—
	其他险	86	141	86	—	—
2000	合计	8178.1	54.1	6959.8	543.3	675
	企业财产险	2523.6	73.6	2123.8	214.8	185
	家庭财产险	263.2	68.8	262.2	—	1
	工程险	—	—	—	—	167
	车辆险	4700.2	58.4	4174.5	312.7	213
	船舶险	47.7	55.5	47.7	—	—
	运输险	190.4	23.4	190.4	—	—
	责任险	210.6	41.9	101.6	—	109
	保证险	—	—	—	—	—
	农业险	20.2	98	20.2	—	—
	人身意外险	—	—	—	5.9	—
	健康险	—	—	—	9.9	—
	其他险	39.4	68.2	39.4	—	—

年份（年）	项　目	合计		人保产险	太平洋产险	平安产险	天安产险
		赔付额	赔付率%				
2001	合计	7211.9	45.4	5819.6	751.3	641	—
	企业财产险	1560.2	38.9	1232.2	256	72	—
	家庭财产险	186.6	43	182.8	3.8		—
	工程险	132.7	44.9	0.2	1.5	131	—
	车辆险	4789.9	51.4	3975.9	490	324	—
	船舶险	19.6	16.1	19.6	—	—	—
	运输险	223.3	23.5	222.3	—	1	—
	责任险	235.3	32.9	122.3	—	113	—
	保证险	47.7	229.3	47.7	—	—	—

续表5-3

年份（年）	项　目	合计 赔付额	合计 赔付率%	人保产险	太平洋产险	平安产险	天安产险
2001	农业险	13.4	235.1	13.4	—	—	—
2001	人身意外险	—	—	—	—	—	—
2001	健康险	—	—	—	—	—	—
2001	其他险	3.2	3.3	3.2	—	—	—
2002	合计	8899.4	49.7	7074.5	913.9	886	25
2002	企业财产险	1747.6	41.7	1446.1	247.8	34	19.7
2002	家庭财产险	107.8	22.6	106.8	1	—	—
2002	工程险	156.8	91.8	23.8	—	133	—
2002	车辆险	6024.4	57.4	4789	654.[illegible]	576	5.3
2002	船舶险	41.5	42.3	41.5	—	—	—
2002	运输险	204.6	19.7	190.6	3	11	—
2002	责任险	442	38.9	302	8	132	—
2002	保证险	92.5	43.3	92.5	—	—	—
2002	农业险	4.7	188	4.7	—	—	—
2002	人身意外险	—	—	—	—	—	—
2002	健康险	—	—	—	—	—	—
2002	其他险	77.5	88.4	77.5	—	—	—

年份（年）	项　目		合计 赔付额	合计 赔付率%	人保产险	太平洋产险	平安产险	天安产险	中华产险	大地产险
2003	合计		11223.9	57.4	8665.1	1218.6	1142	198.2	—	—
2003	企业财产险		2548.1	60.8	2280.7	215.9	45	6.5	—	—
2003	家庭财产险		172.1	35.6	166.6	3.3	1	1.2	—	—
2003	工程险		192.6	98	14.3	0.3	178	—	—	—
2003	车辆险	营运	—	—	—	—	—	26.8	—	—
2003	车辆险	非营运	—	—	—	—	—	149.9	—	—
2003	车辆险	其中：摩托	55.5	12.9	36	—	15	4.5	—	—
2003	车辆险	小计	7148.2	65.9	5343.8	968.8	659	176.6	—	—
2003	船舶险		37.8	3.9	37.8	—	—	—	—	—

续表 5-3

年份(年)	项目		合计 赔付额	合计 赔付率%	人保产险	太平洋产险	平安产险	天安产险	中华产险	大地产险
2003	运输险		162.4	14	135.7	19.8	3	3.9	—	—
	责任险		551.1	50.5	348.6	1.5	201	—	—	—
	保证险		269	93.7	249		20	—	—	—
	农业险		4.1	17.1	4.1	—	—	—	—	—
	人身意外险		83	10	39	9	35	—	—	—
	健康险		—	—	—	—	—	—	—	—
	其他险		55.5	46.1	45.5	—	—	10	—	—
2004	合计		13104.9	54.2	9763.1	1561.8	551	640.8	552.9	35.3
	企业财产险		1296.8	43.7	1086	165.5	34	9.9	1.4	—
	家庭财产险		70.6	9.9	69.8	0.8	—	—	—	—
	工程险		130.8	87.1	66.8	—	64	—	—	—
	车辆险	营运	—	—	—	—	—	169.4	342.9	—
		非营运	—	—	—	—	—	4360	201.3	—
		其中:摩托	—	—	123	59	—	4.5	5.3	—
		小计	10336.1	60.7	7500.1	1297.4	360	599.4	544.2	35
	船舶险		67.6	43.9	67.6	—	—	—	—	—
	运输险		204.5	25	178.7	23.2	—	—	2.6	—
	责任险		327.3	42.9	301.2	8	17	1.1	—	—
	保证险		295.9	396	295.9	—	—	—	—	—
	农业险		18.4	131.4	18.4	—	—	—	—	—
	人身意外险		327	28.3	178.6	62.3	76	8.4	1.4	0.3
	健康险		—	—	—	—	—	—	—	—
	其他险		29.9	8.5	—	4.6	—	22	3.3	—

年份(年)	项目	合计 赔付额	合计 赔付率%	人保产险	太平洋产险	平安产险	天安产险	中华联合	大地产险	安邦产险
2005	合计	16301.9	55.9	9158.3	2246	1000	842.4	2782	263	10.2
	企业财产险	1989	63.1	1582.2	294	33	27	19.8	33	—

续表 5-3

年份（年）	项目		合计 赔付额	合计 赔付率%	人保产险	太平洋产险	平安产险	天安产险	中华联合	大地产险	安邦产险
2005	家庭财产险		62	11.5	59.7	—	1	0.7	—	0.6	—
	工程险		155.4	91.1	21.4	—	134	—	—	—	—
	车辆险	营运	—	—	—	373	—	200.9	1558	—	0.3
		非营运	—	—	—	1304	—	588.3	958.3	225	9.1
		其中:摩托	—	—	191	64	—	13.7	24.2	—	—
		小计	12115.6	59.2	6246.2	1677	652	789.2	2516.3	225	9.9
	船舶险		147.5	34.2	147.5	—	—	—	—	—	—
	运输险		247.5	37.1	201.9	15	4	—	25.9	0.7	—
	责任险		355.6	26.9	344.2	4	—	—	6.4	1	—
	保证险		320.9	207.4	185.9	135	—	—	—	—	—
	农业险		167.9	66.4	12.9	—	—	—	155	—	—
	人身意外险		710.3	40.3	356.4	110	176	13.4	52.2	2	0.3
	健康险		1.8	5.4	—	—	—	1	0.8		—
	其他险		28.4	16.6	—	11	—	11.1	5.6	0.7	—

年份（年）	项目		合计 赔付额	合计 赔付率%	人保产险	太平洋产险	平安产险	天安产险	中华联合	大地产险	安邦产险	华安产险	阳光产险
2006	合计		27196	81.4	16697	2237.3	1450	1298.6	4687.8	399.1	368.8	43.9	14.6
	企业财产险		2140	64.4	1594	367.9	24	50.8	74.9	25.5	0.4	1.4	—
	家庭财产险		88	23	82	0.3	5	0.2	—	—	—	—	—
	工程险		109	122.5	21	—	88		—	—	—	—	—
	车辆险	营运	—	—	6997	—	286	228.1	2386.1	—	20	—	—
		非营运	—	—	5779	—	600	915	1732.7	371	342	38.6	—
		其中:摩托	1059	74.1	495	105.7	247	15.3	195.1	—	—	0.9	—
		小计	21689	89.4	12776	1736.4	1133	1143.1	4118.8	371	362	39.5	10.6
	运输险		235	27.3	180	10.4	—	1.2	43.4	—	—	—	—
	责任险		1069	86.8	1002	14.3	1	6	46.2	—	—	—	—
	保证险		241	123.6	237	3.5	—	—	—	—	—	—	—

续表 5-3

年份（年）	项目	合计 赔付额	合计 赔付率%	人保产险	太平洋产险	平安产险	天安产险	中华联合	大地产险	安邦产险	华安产险	阳光产险
2006	人身意外险	1424	65.4	686	101.1	199	96.3	326.8	1	6.4	3	4
	健康险	8	29.6	2	—	—	1	4.7	—	—	—	—
	其他险	194	22.1	117	3.4	—	—	72.9	0.5	—	—	—
2007	合计	21928	51.3	9473	2474	1387	1088	5408	565	447	616	471
	企业财产险	1655	43.1	1009	302.8	26.6	42.3	69.8	7	1	144.9	51.7
	家庭财产险	84	12.7	43	0.1	32	0.4	2.9	5.2	—	—	—
	工程险	67	30.9	17	—	37	—	13.3	—	—	—	—
	车辆险 商业险	12982	65.8	5171	1513	754.5	850.7	3495.4	409	345	273	170.2
	车辆险 交强险	4149	32.2	1364	505.2	306.1	148.1	1241.6	116	101	166	201.1
	车辆险 其中 摩托车	480	28.3	268	31.5	—	1.2	161.2	15	—	3.2	—
	车辆险 其中 拖拉机	66	23.4	65	—	—	—	—	—	—	1	—
	车辆险 小计	17131	52.5	6535	2018	1061	999	4737	525	446	439	371
	运输险	247	31.1	174	50.8	—	—	21.5	—	—	—	0.8
	责任险	518	36.6	427	9	—	—	76.9	4.9	—	0.7	—
	保证险	101	88.6	101	—	—	—	—	—	—	—	—
	人身意外险	1537	75.1	610	93	230.5	45.4	479.3	4.5	—	31	43.2
	健康险	12	5.6	4	—	—	1	6.6		—	—	—
	其他险	576	70.5	553	—	—	—	0.5	18.6	—	—	4.1

年份（年）	项目	合计 赔付额	合计 赔付率%	人保产险	太平洋产险	平安产险	天安产险	中华联合	大地产险	安邦产险	华安产险	阳光产险	人寿产险	渤海产险	都邦产险
2008	合计	34898	66.3	16668	3228	1578	1591	6989	768	1090	286	131	1992	280	297
	企业财产险	2862	64.1	2369	359	14	26	64	4.6	3.5	—	5.8	15.9	—	—
	家庭财产险	74	13.4	58	3	7	0.6	2	3	—	—	—	0.4	—	—
	工程险	103	33.1	15	3	18		67	—	—	—	—	—	—	—
	车辆险 商业险	16091	61.5	7076	1454	667	1013	3548	425.3	635.3	132	54.5	768.7	171.8	145.4
	车辆险 交强险	11594	86.5	4433	1194	582	505.2	2702	299.6	443	138.7	67.2	977.6	107.8	143.8

续表 5-3

年份（年）	项目			合计		人保产险	太平洋产险	平安产险	天安产险	中华联合	大地产险	安邦产险	华安产险	阳光产险	人寿产险	渤海产险	都邦产险
				赔付额	赔付率%												
2008	车辆险	其中	摩托车	1177	75	614	—	122	45.8	335	50.6	—	9.8	—	—	—	—
			拖拉机	1343	467.9	633	—	13	—	688	8.7	—	—	—	—	—	—
		小计		27685	70	11509	2648	1249	1518	6250	725	1079	271	122	1746	280	289
	运输险			269	31.4	219	13	1	0.3	23	—	—	—	0.9	12.2	—	—
	责任险			1042	62.9	780	27	1	—	78	—	—	7.5		148.8	—	—
	保证险			84	47.4	74	10	—	—	—	—	—	—	—	—	—	—
	人身意外险			1731	49.5	952	136	288	26.3	217	7	7.9	7.2	2.2	68.8	—	7.8
	健康险			300	87.3	2	—	—	9.3	288	—	—	—	—	—	—	—
	其他险			748	63.2	690	28	—	—	—	28.8	—	0.5	0.4	—	—	—

第三节　寿险理赔给付

寿险理赔给付是保险公司按照合同约定，依法承担保险责任，履行保险金理赔给付义务的过程，体现人寿保险作为“社会稳定器”的功能作用。

1991年，市人民保险公司寿险业务赔付率高达79.5%，主要原因是当年交通事故频发，市内发生了多起特大交通事故，仅意外伤害险赔付额就达225.8万元。1991—1994年，市人民保险公司在总结完善赔付实务手续的基础上，制定了《人身保险理赔给付管理办法》，规定了续保优惠原则和理赔给付操作流程及审批权限等。市人民保险公司各分支机构理赔部门增强服务意识，加快理赔审批速度，提高赔付工作质量，在社会上树立起了保险公司恪守信誉的良好形象。4年中累计赔付（不包括满期给付）1431.6万元，赔付率7.8%。在各类险种中，赔付率最高的是团身及意外伤害险，合计赔付984.9万元，赔付率为34.6%。

1995年，南京人寿淮阴代理处加强理赔给付管理工作，在“及时、准确”上下功夫。辖内一次赔付0.3万元以上的案件及内部职工和员工直系亲属的案件，都报南京人寿淮阴办事处审批；坚持案件调查制度，做到每案必查，疑难案件须经法医鉴定；建立理赔给付质量检查制度，在单位自查的基础上，南京人寿淮阴办事处经常深入各单位开展调查，剖析重点案件，先后制定下发了《人身险业务质量标准》《关于加强人身险理赔给付管理的通知》，以及《短期人身险理赔给付样本》等制度性规定。从而使理赔给付工作有一个较高的起点。是年，全辖各项理赔给付931.1万元，赔付率16.4%，较上年多提供社会经济补偿327.5万元。

1996年，市中保人寿保险公司、平安保险公司加强对理赔给付案件的管理，在理赔给付时采取向客户发通知卡的形式，保证保户能及时、全额从保险员手中拿到保险赔付金。两家经营寿险业务的公司还注重通过理赔给付工作来树立品牌形象。淮阴县参保学生蒋某因患重病住院，市中保人寿保险公司先后两次预付保险金计2.5万元，缓解了保户医疗费用之急。市中保人寿保险公司还在全辖建立理赔给付案件质量检查制度，规范操作流程，健全和完善理赔给付责任制度和审批制度，加强调查核实，做到每案必查。全年一般寿险短期理赔给付4732万元，赔付率56.1%。

1997年，市中保人寿保险公司在理赔给付服务工作上，想保户之所想，急保户之所急，特事特办。清河区老坝口幼儿园大班学生赵某，玩耍时不慎针头刺眼，花费0.3万元住院医疗费后，尚需赴上海治疗。巨大的经济开支使家庭难以承受。淮阴城建中专学生赵某某，患突发障碍性贫血，住院需4万元治疗费用，家里能卖的东西都卖了，东拼西凑，仍无法支付医疗费用。这两位学生都由学校集体投保学平险附加住院医疗险，符合赔付条件。市中保人寿保险清河区支公司除了迅速支付赵某意外伤害保险金0.2万元、医疗费0.28万元外，还分别预付给两位学生各2万元，保证他们及时得到治疗。此外，为了加强对医疗险理赔给付管理，该公司还对原《住院医疗保险管理办法》进行了补充完善，出台了《医疗保险管理办法》，并成立了医疗理赔给付专家鉴定组，对疑难案件进行审核把关。全年，市中保人寿保险公司共受理理赔给付案件2715件，其中，拒赔案件50件，为公司减少损失20余万元。全年理赔给付案件全部为一般寿险，赔付金额1580.5万元，其赔款主要集中在团体人身保险、学生平安保险和健康险范围。是年，市平安保险公司全年发生赔案2件，赔付金额为0.5

万元。

1998年，市中保人寿保险公司进一步加强核赔工作，坚持承保条件、提高理赔给付工作质量。全辖系统严格执行大案报批制度，赔付案件注重调查核实。市、县公司严格执行每案必查和双人查勘制度，杜绝坐班理赔。市中保人寿保险公司明确全辖案件审批程序和权限，系统内职工以及直系亲属赔案上报市公司，由总经理室审批；疑难案件需经“医疗理赔给付专家组”会审，确保理赔给付质量。公司规定，凡属赔付范围的案件，在三天之内办清有关赔付手续，超过万元的赔款主动送款上门，初步改变了人们以往对公司“交钱容易索赔难”的看法。是年，全辖共处理赔给付案19316件。其中，拒付案件682件，拒付赔款达161.1万元，实际赔付金额1783万元。是年，市平安保险公司初步实现寿险核赔电脑化处理，建立了赔案登记簿，并举办了一期核保、核赔培训班，还对理赔给付人员的权限和职责进行了明确，使赔付业务中的风险控制得到加强。全年平安保险公司发生赔案12件，理赔给付金额4.7万元。

1999年1月份，市中保人寿保险公司重新修订完善了核保、核赔工作考核评比办法，并向理赔人员发放《理赔手册》。本着“主动、迅速、准确、合理”的理赔给付原则，对于符合保险条款责任并达成协议的案件，做到10日内兑现给付，违者按《中华人民共和国保险法》规定赔偿客户滞纳金。员工在理赔活动中，发生吃、拿、卡、要等不良行为，经查实后，按两倍罚款退还客户，同时给予责任人纪律处分。3月份，该公司组织全辖理赔骨干参加省公司举办的核赔培训班，随后市中国人寿保险公司举办了基层理赔给付人员培训，有力地提升了系统理赔给付人员的综合素质，增强了防范理赔欺诈能力。全年还对业务处理考核、赔案审核、生存调查中发现的问题及时反馈和通报，努力提高理赔给付工作绩效。是年，全辖理赔给付金额达1680.5万元，赔付率7.7%。

是年4月，市平安保险公司（寿险）认真落实总公司下发的《全辖核保核赔工作要点》，进一步加强和完善核保理赔给付制度建设。加强理赔给付案件的调查工作，强化核赔审批管理，规范了理赔给付工作流程；建立了核赔质量考核办法。从5月20日开始，对理赔给付作业执行最高级别核赔人签报制，同时按照理赔给付无纸化（《LBS理赔给付标准化作业电脑操作系统》）操作规则进行理赔给付作业。下半年，该公司进一步规范核付理赔给付实务操作，实施目标管理下的制度创新，即对寿险理赔给付专业系列实行垂直管理，使理赔给付与业务、行政系列相对分离的办法，以保证赔案的公平性；贯彻独立的核赔原则，下级核赔人员只对上级核赔人员负责，提高专业服务品质；贯彻执行上级公司的分级授权和权力约束机制，使核赔人在自主权限内对赔案享有独立的审决权，并建立理赔给付人赏罚分明的考核制度。同时落实了理赔给付品质的保证制度，即完善赔案送审规则、引进重大疑难案件合议制、推行巡回审理清理未结案制等。是年，市平安保险公司（寿险）发生理赔给付案46件，赔付金额18.3万元，赔付率1.1%。

2000年，市中国人寿保险公司针对往年赔付率居高不下的问题，从抓内部管理入手，组建业务处理中心，实行投保、核保、理赔给付“一柜式”服务。实行赔案事后监督审计制度，在本部监察室设立专人负责赔案审计，逐月调阅已结赔案，及时向保户发出赔款调查通知书，通报赔案中存在的问题，促使全辖进一步增强效益意识、依法经营意识。从服务工作入手，扩大行业服务的内涵，推行首问负责制；推行使用客户告知函；送达保单附加索赔材料清单，方便客户索赔；初步建立起核赔网络，实行限期结案，加快结案速度，提高结案效率，取信保户；建立客户回访制度，规定“生调”比率，推行生调工作责任制；切实把好进出口关，防止因告知不明，核保不严的理赔给付诉讼对业务发展造成的影响。全辖全年理赔给付赔案11805起，赔款给付金额1343万元，综合赔付率6.3%。

市平安保险公司改进理赔给付服务理念。在合约上遵循范围内“客户有利”原则，主动帮助客户寻找赔付的事实及依据。工作中根据合同与法律，认定保险责任与范围；根据事实和证据，认定保险事故的性质和原因。用心帮助客户寻找理赔给付的事实和根据，协助客户搜集赔案的证明和资料，减少客户来回奔波。发生案件不轻易拒绝赔付，每一起拒赔案件由有多年从业经验的资深核赔人审慎核定理赔决定。建立申诉通道，一旦因新的证据或事实出现，赔付申请符合标准的，市平安保险公司（寿险)信守合约,兑现承诺。赔付时效一直保持业内领先地位,平均10日结案率92.4%。全年赔付案件68起,赔付金额200.7万元,综合赔付率7.6%。

2001年,市中国人寿保险公司按照总公司制定的《寿险理赔给付手册》,进一步规范理赔给付业务操作流程。为了及时、准确、合理地做好理赔案件的调查工作,有效控制风险成本,市中国人寿保险公司细化了省公司下发的《赔付查勘费用开支暂行规定》,对赔付查勘费用的运用范围、使用原则、使用额度、报销管理等做了进一步明确,并制订相应考评办法,最大限度地控制成本费用。全年该公司理赔给付2.9万件,支付一般寿险赔款1312万元,赔付率4.6%,比上年下降1.7个百分点,未发生短期健康险和意外险赔付案件。全辖赔付率达到预期控制目标,经省公司综合考核,市公司的经营绩效以苏北地区为最佳。同年,全系统获市级"文明行业"荣誉,市公司被评为全市金融系统唯一的"重合同、守信用"单位。

市太平洋人寿保险公司确立"集团化管理,专业化经营,市场化运作"的经营管理新模式,推进管理体制改革和经营机制的转换,在理赔给付方面严格按总公司操作规程办事,完善内部理赔给付机制,坚持持证上岗,防范理赔给付中各种风险。全年已决赔案103件,赔款62.3万元,赔付率2.7%。公司坚持"主动、迅速、准确"的理赔给付方针,把保户的困难当成自己的困难,受到保户的交口称赞。如淮阴市清浦中学梁某某于2000年10月17日投保太平洋人寿保险公司学生平安保险,保费38元,保险期间一年。2001年4月7日,梁某某在学校打篮球时,腰部被撞击后疼痛难忍,到市二院急诊。4月8日出现双下肢麻木,行走及大小便困难,又到市一院进行MRI检查。4月17日进行胸椎管探查术,术后因脊髓损伤在南京医科大学第一附属医院治疗。6月28日向市太平洋人寿保险公司报案并申请理赔。理赔人员及时查勘,并迅速结案,共理赔给付意外伤害住院医疗保险金1.78万元,解决了家庭的燃眉之急。2日后,被保险人家长向市太平洋人寿保险公司赠送"太平洋保险,保学生安康"锦旗一面,表达感谢之情。又如李某某于1998年8月15日投保太平洋人寿保险公司——长顺安全保险A款,年缴保费338元。2001年2月17日突发脑溢血,经抢救无效身亡。市太平洋人寿保险公司接到报案后,及时确认责任,并给付保险理赔金1.1万元。

市平安人寿保险公司认真执行总公司制定的理赔给付工作规则，在提高理赔服务质量上下功夫。加入中国平安人寿系统客户服务联网专线平安“95511”，实行24小时365天全天候对投保户开放。投保户出现险情，可以通过此客服电话得到理赔给付报案方面的服务。是年，省公司契约部、理赔部根据市平安人寿保险公司上报的风控分析报告，制定了七条风险管控措施，在全省系统内推行。市平安人寿保险公司把理赔给付工作要求落实到每件赔付案中，如驾驶员葛某某系施河镇农民，2001年7月1日从市平安人寿保险公司购买了3份鸿祥分红保险和1份意外伤害险，保费合计1019元，保险总金额4万元。9月，他和施河镇一名经营教学用具的销售人员驾车前往新疆洽谈业务，在阿克苏市新和县境内，和当地一辆汽车相撞，葛某某等驾乘人员当场死亡。事故发生后，葛某某妻子向市平安人寿保险公司报案。接到报案后，市平安人寿保险公司迅速派员赴新疆与新和县公安、交通部门在第一现场调查取证。迅速查清了这起交通事故的原因，核实了理赔责任，随之主动派人将4万元赔付金送到葛妻手中，当地农民看在眼里，暖在心里，称公司“雪中送炭”。

是年，全市寿险理赔给付金额为1498.5万元，赔付率4.2%。其中中国人寿1312万元、平安人寿124.2万元、太平洋寿险62.3万元，赔付率分别为4.6%、2.6%和2.7%。

2002年，市中国人寿保险公司为规范全辖系统理赔给付操作程序，制定了《中国人寿保险公司淮安分公司理赔给付工作管理办法》，进一步强调“双核”工作要求，细化理赔工作程序和查勘、定损工作职责。为了保证理赔给付数据的真实性和完整性，将理赔给付案件资料列入综合业务系统中，便于查找运用。辖内部分县(市)支公司还组织了现场赔付、现身说“保”宣传等活动。清河支公司代理专管员在市农行国贸分理处通过案例赔付的宣传，成功签下一笔3万元的“鸿星少儿两全保险”保单。盱眙支公司召开人身险现场赔付暨学平险动员会议，邀请25位出险客户代表登台，接收共计13万余元的短险赔款。他们为参保而庆幸，为获赔而感激，手捧赔款，个个现身说法，更加提高了市中国人寿保险公司的社会形象。

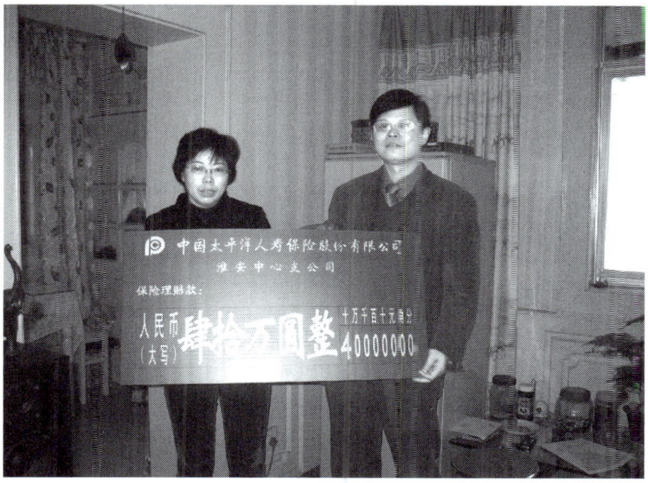

2002年10月，淮安市太平洋人寿保险公司为客户兑现理赔款40万元现场

随后，“学平险”成为热门险种，在全县各学校展开。全年学平险承保面稳中有升。赔付工作及时到位，促进了保险工作的发展。是年，全辖寿险理赔给付案达18113件，赔付金额1491万元，其中，直销寿险赔付金额1369万元，赔付率8%；营销寿险赔付金额122万元，赔付率0.4%。赔付主要集中在短险，险种为团险、学平险、健康险和重大疾病保险。

市太平洋人寿保险公司完善两核组织架构，完成两核集中管理系统上线工作，提高对理赔给付风控能力，大力清收风险资产。全面实行预算管理，把理赔给付控制在可控范围内，充分发挥保险补偿经济的功能。是年，全辖终结赔案747件，赔付96.3万元，比上年赔付总额62.3万元增加34万元，赔付率由上年2.7%降至1.9%。

市平安人寿保险公司坚持分析与检查相结合，动态跟踪监控各单位赔付率指标，做到细化和量化考核，从承保、赔付、业务质量上把关守口。“从严核保、从实理赔”，实行定点医院制度，对外发放《个人寿险理赔服务指南》，及时、周到地服务广大保户，在全国实现了“当地投保，全国通赔”快捷服务，从而树立了良好的企业形象。2001年12月31日下午3时许，年仅3岁的男孩刘某，在涟城镇秉同村的外婆家玩耍时，不慎跌落粪坑，经抢救无效死亡。孩子的母亲于当年10月17日曾用416元为孩子买过两份平安鸿盛险。事发当晚7时许，涟水县平安人寿保险公司接到报案后立即驱车赶往出事地点。在2002年元旦假期刚结束的4日上午，涟水县平安人寿保险公司立即向市平安人寿保险公司报告这一情况，并于下午再赴出事地点，进一步查实确认，孩子属于意外死亡案件，符合赔偿条款，迅速将2万元理赔保险金送到刘某家长手中，受到在场群众的交口称赞。

2003年，市中国人寿保险公司，在全辖开通赔付快速处理通道。全面实现赔付案件的电脑操作，将简化赔付程序，缩短赔付时间作为诚信建设的一项重要工作落实到理赔的各个环节。辖内在组织的各类业务质量检查中，突出了赔付的时效考核，不断提升赔付工作的服务质量，全面增强理赔给付人员恪守服务承诺的自觉性。在与客户发生赔款争议时，理赔给付人员虚心听取客户意见，并耐心进行解释，在条款规定范围内，最大限度地照顾客户利益；在发生赔付诉讼时，即使对法院判决存有保留意见，也无条件地承兑保险金。全年共处理赔付案件18263起，结案率98%；赔付金额2047万元，其中直销业务赔付金额1857万元，营销业务赔付金额190万元。

市太平洋人寿保险公司加大业务结构调整力度，进一步把好“承保、理赔”两道“进出口关”。严格按照总公司“两核”（核保、核赔）规程和SOP操作流程执行。对“两核”人员标准、权限、操作流程进行严管监测。“两核”人员必须具有必要的寿险业务知识、医学知识、核保核赔经验，坚持持证上岗。定期对“两核”人员轮岗培训，确保“两核”人员具有专业操守并勤勉尽职。公司把理赔给付工作的重点前移到预防避险宣传、检查，及采取补救措施上。全年共计赔付168万元，综合赔付率较上年下降0.5个百分点。

市平安人寿保险公司根据总公司统一部署，启动温馨理赔系列工程。在全国范围内，客户在甲地投保平安保险，可以在乙地的平安人寿保险机构享受到和甲地一样的赔付服务。这一系列工程的理赔项目主要有申请免填单、本地投保异地理赔、10个工作日结案、理赔调查事前事中服务、95511理赔结果通知、理赔受益客户回访协调和理赔款转账等。此系列工程的运作提高了市公司的赔付时效和赔付质量。是年，非典型性肺炎病疫在全国各地漫延，市平安人寿保险公司根据上级要求，迅速开通全天候理赔“非典”通道，对外加速“非典”案例的理赔，充分发挥社会风险稳定器的功能；对内落实各项防护措施，确保营销大军的健康与安全，并将健康与保障送到千家万户。

2004年，市中国人寿保险公司制定下发了《2004版理赔手册》，在理赔工作环节中针对疑难、复杂的案件，及时召开重大疑难案件审定会议。随着业务规模的扩大，赔付案件数量增多，公司理赔人员加班加点，处理每月集中报案的清河区、清浦区医保赔案，每次处理案件达六七十件之多，保证案件及时准确地完成赔付。为支持短期人险业务发展，理赔科及时为展业单位通报理赔情况，对于问题案件及时与有关单位沟通。全年通过拟办单处理的案件共75件，赔付23.1万元。赔付工作以提高附加值服务为中心，及时地将赔付保险金送到保户手中，全年送款上门达270余次。是年，公司制定、完善了以严防“滥保”“乱赔”为核心内容的一系列规章制度。其中团险方面严格界定了投保意外险和健康险的同一行业（单位）的综合赔付率，对连续统保业务、当年退保团体寿险业务提出了明确要求。同时还规定了投保个险附加住院医疗险的主要额度。全年共处理赔案2635起，结案率95%，拒付案件25件，剔除水份1220.7元，总赔付金额2944万元。其中直销业务赔付金额2800万元，营销业务赔付金额144万元。

市太平洋人寿保险公司在理赔工作中开通“绿色通道”，为客户提供售前、售中、售后全过程服务。公司为投保客户实行急难救助服务计划，向客户发送急难救助卡，持卡人可在全国各地太平洋人寿保险分支机构享受10项免费服务。

市平安人寿保险公司对客户实行差异化服务，提高理赔给付客户满意度。正月初二，总值班室接到报案称，客户张某在金湖家中被发现意外死亡。正在度假的理赔部人员放弃休息，立即驱车赶往金湖死者家中进行查勘，并与当地居委会、派出所联系。由于案发突然，时间急促，公司理赔人员一直忙至深夜，初三继续处理核查事项，直到初三下午才完成查勘工作。在节后上班第一天上午，理赔人员就专程前往金湖，将2万元赔款交到保户家属手中，客户全家对公司理赔人员的优质服务十分感动。是年，市平安人寿保险公司发生赔案965件，短期赔付127.3万元。通过问卷调查，理赔满意度达80%以上。

2005年,市中国人寿保险公司针对全辖短险综合赔付率较高的情况,从赔付环节上把关守口:加强理赔调查,提高理赔案件查勘的准确率;加大对诈赔、骗赔案的查处,重点把住疑难、通融、协议、拒付案件的关口;严格考核赔付案件差错率,并与员工的考核考评及经济收入挂钩。在诚信服务上,努力提高赔付时效,处处从群众利益出发,以实际行动扭转“理赔难”的社会偏见,扭转“理赔差”的公司内部陈见,使“从严核保、从实理赔”在实际工作中得到体现。为进一步提高赔付工作质量,市公司设立业务处理中心、县(区)支公司客服部分别设立理赔科、理赔岗,负责所辖区域营、直销业务的理赔,达到主动、准确、快捷、合理的要求,赢得社会对“中国人寿”的良好声誉。

市太平洋人寿保险公司对县区机构健康险业务进行跟踪与管控,签订健康险业务赔付率与费用挂钩责任状,分析和寻找“两核”工作的风险点,梳理承保流程,特别是把好核保核赔进出口关,将风险防范关口前移。强化“两核”人员知识学习,加强“两核”队伍建设,“两核”人员持证上岗率由上年80%提高到95%。细化各项理赔工作环节流程,不错赔、不乱赔,千方百计提高理赔工作质量。是年,在处理“淮安‘3·29’液氯泄漏事件”过程中,市太平洋人寿保险公司获悉事件发生后第一时间做出反应,总经理亲自到现场指挥,成立由两核部人员为主的应急小组,由理赔人员到医院收集情况和排查。及时与市保险协会及淮阴区政府和市安监局联系,互通信息。到4月18日止,共排查到这次氯气泄漏事故中有6名投保客户中毒,其中投保长泰(B)1人,保额1万元,投保家庭意外险B款保费100元的4人,保费50元的1人。市太平洋人寿保险公司理赔人员经授权及时为上述6人通融赔付1.58万元。是年,该公司理赔给付金额为131.6万元,较上年减少81.1万元。

是年,全市5家人寿保险公司累计赔付3898.5万元,综合赔付率3.8%,其中短期健康险赔付3081.2万元,占79%,赔付率达39.9%。在累计赔付额中,市中国人寿达3534万元,占比为90.7%。无论从险种上或经营单位上分析,保险赔付额、赔付率都与承担的社会风险保障量成正比。

2006—2008年,全市各人寿保险公司深化诚信经营服务理念,推行

“服务制胜”的竞争策略，通过差异化细分客户，实行签单收费“一站式”柜员制、加快赔付结案率等措施，构筑服务领先的品牌优势。三年中，市太平洋人寿保险公司以“真诚服务、迅速理赔”作为理赔工作的标准，落实到两核人员的行动中，公司全系统推行咨询、承保、结算、理赔“一条龙”“一站式”服务，开通理赔绿色通道。市泰康人寿保险公司奉行“专业化、规范化、国际化”发展战略，坚持“稳健经营，开拓创新”经营理念，在理赔给付工作中坚持“一站式、超前式”绿色服务，建立和完善一整套赔付工作制度和流程，并采取“首问负责制”真诚满足客户的需求，被市消协、保险协会评为“放心消费达标单位”。2008年3月，市太平人寿保险公司将36.2万元赔付款送到因船舶发生火灾而不幸遇难的客户家属手中。客户家属泣不成声，连声道谢，并送上印有“保险诚信为本，太平满誉淮安”“快速理赔显诚信，太平服务暖人心”的两面锦旗，表达他们的感激之情。这是该公司成立以来最大一笔保险赔款。

淮安市太平洋人寿保险公司履行保险契约，及时为客户兑付理赔款50万元现场

市平安人寿保险公司采取人性化服务，提高赔付质量，加快赔付速度，改善展业环境。公司承诺不需要调查的案件3天内结案，需要调查的案件10天内结案，重大案件及VIP客户赔案，领导送款上门。建立了周六客服值班制度，通过“95511”客服热线，为客户提供投保、报案、理赔等方面服务。通过培训、晨会、研讨、交流等方式提高核赔人员业务素质、丰富核赔人员经验，把“公正、合理、准确、迅速”的理赔方针落实到每个赔案。如赵先生投保了一份保险，包含住院费用、住院安心和重大疾病三个险种。2008年，因感身体不适并不断加重而住院治疗。客户只知道此次住院可以获得住院费用、住院安心两个险种的赔付，估计可得0.5万元左右的赔付金，遂向市平安人寿保险

公司提出理赔申请。核赔人员在整理其申请资料时发现出院小结、出院诊断内容模糊不清，经仔细辨认出院诊断为“精原细胞瘤”。核赔人员凭职业敏感和经验，认为该客户所患疾病可能属于重大疾病。在审核其提供的理赔资料时，发现客户只提供了与申请疾病医疗理赔有关的出院小结，以及费用收据清单，没有申请重大疾病险种理赔，也就是未提供重大疾病诊断书和病理检查报告单。核赔人员通过对就诊医院的调查，证实属于重大疾病，主动为其补齐相关资料，并代客户申请了重大疾病险种理赔。该赔案从受理到赔付仅用了2个工作日就将6.5万元赔偿金送到客户手中。投保人赵先生手捧赔款，惊讶万分，说赔付速度如此之快、赔付金如此之多，是否审核有误？经理赔人员解释，赵先生才梦初醒，对平安人寿保险公司对保户高度负责的精神赞佩不已。

到2008年，全市开办人身保险业务的公司已发展到6家，它们是市中国人寿、太平洋人寿、平安人寿、泰康人寿、太平人寿、合众人寿保险公司。2006—2008年，全市各寿险公司共计赔付9120.8万元，综合赔付率2.3%。其中市中国人寿保险公司赔付7277万元，赔付率2.7%；太平洋人寿保险公司赔付692.4万元，赔付率1.7%；平安人寿保险公司赔付995.4万元，赔付率3.5%；泰康人寿保险公司赔付109.2万元，赔付率0.3%；太平人寿保险公司赔付46.8万元，赔付率0.2%；合众人寿保险公司未发生赔付。

表 5-5　1990—1995 年淮安市人民保险公司寿险理赔给付情况统计表

单位：万元

年度（年）	项　目	合　计		各分支机构赔付额						
		赔付额	赔付率（%）	市区	淮阴	涟水	淮安	洪泽	盱眙	金湖
1990	小　计	211.4	15.5	35	23	37	17	41.2	23.2	35
	1.简易人身险	11	3.2	3	1	2	3		1	1
	2.团身意外险	187	106	23	19	35	14	41	22	33
	3.养老金	1	—	1	—	—	—	—	—	—
	4.子女教婚险	0.4	2	—	—	—	—	0.2	0.2	—
	5.其　他	12	3.6	8	3	—	—	—	—	1
1991	小　计	277.7	13.9	27	29.9	37.8	43.5	36.6	39.8	63.1
	1.简易人身险	31.1	9.3	1.5	0.8	2.7	2.1	—	12	12
	2.养老金险	0.3	—	0.1	—	0.2	—	—	—	—
	3.团身意外险	225.8	79.5	21.3	28.4	33.8	36.4	32.4	25.9	47.6
	4.子女教婚险	1.6	2.2	0.1	—	—	—	0.9	0.6	—
	5.其　他	18.9	2.5	4	0.7	1.1	5	3.3	1.3	3.5
1992	小　计	306.2	7.5	34.4	37.5	49.5	65.4	21.8	48.2	49.4
	1.简易人身险	8.8	4.5	1.2	0.5	2.3	2.8	—	1.2	0.8
	2.养老金险	0.1	—	—	—	—	—	—	0.1	—
	3.团身意外险	263	52.4	23.9	35.4	43.2	56.3	17.3	46.1	40.8
	4.子女教婚险	4.5	0.6	0.8	0.2	—	0.8	2.5	0.2	—
	5.其　他	29.8	16.3	8.5	1.4	4	5.5	2	0.6	7.8

续表 5-5

年度（年）	项　目	合　计		各分支机构赔付额						
		赔付额	赔付率（%）	市区	淮阴	涟水	淮安	洪泽	盱眙	金湖
1993	小　计	244.1	4.2	41	27.6	26.5	64.1	11.6	41.3	32
	1.简易人身险	5.2	1.3	1.5	—	0.6	2.2	—	0.7	0.2
	2.养老金险	0.6	—	0.1	—	—	0.1	0.2	—	0.2
	3.团身意外险	203.3	23.9	30.6	24.1	20.3	55.2	9.1	38.4	25.6
	4.子女教婚险	1.9	0.2	0.3	0.2	0.1	0.3	—	1	—
	5.其　他	33.1	1.3	8.5	3.3	5.5	6.3	2.3	1.2	6
1994	小　计	603.6	9.2	142.7	67.7	64.9	142.6	18.2	92.9	74.6
	1.简易人身险	12.3	3.3	3.5	0.8	6.4	1	—	0.5	0.1
	2.养老金险	2.9	0.2	1.5	—	—	—	—	0.6	0.8
	3.团身意外险	292.8	34.6	69.3	16.1	19.4	66.1	14.1	64.9	42.9
	4.子女教婚险	2.9	0.3	0.9	—	0.4	0.2	—	1.2	0.2
	5.其　他	292.7	9.5	67.5	50.8	38.7	75.3	4.1	25.7	30.6
1995	小　计	931.1	16.4	168.5	148.1	114.8	103.6	78.9	145.8	171.4
	1.简易人身险	4.4	5.8	0.7	—	2.3	1.4	—	—	—
	2.养老金险	1.9	0.3	0.3	—	0.2	—	—	—	1.4
	3.团身意外险	430.7	53.5	48.2	67.8	59.3	51.6	54.4	67.4	82
	4.子女教婚险	0.8	0.3	—	0.2	0.2	0.4	—	—	—
	5.其　他	493.3	18.1	119.3	80.1	52.8	50.2	24.5	78.4	88

表 5-6　1996—2008 年淮安市各寿险公司理赔给付情况表

单位：万元

年度（年）	项　目	合　计		中国人寿	太平洋人寿	平安人寿	泰康人寿	太平人寿	合众人寿
		赔付额	赔付率（%）						
1996	一般寿险	4732	56.1	4732	—	—	—	—	—
1997	一般寿险	1580.5	10.6	1580	—	0.5	—	—	—
1998	小　计	1787.7	8.9	1783	—	4.7	—	—	—
	短期健康险	3.5	24.1	—	—	3.5	—	—	—
	短期意外险	0.6	—	—	—	0.6	—	—	—
	一般寿险	1783.6	10.6	1783	—	0.6	—	—	—
1999	小　计	1680.5	7.7	1662.2	—	18.3	—	—	—
	短期健康险	15	29.4	—	—	15	—	—	—
	短期意外险	3.3	0.1	—	—	3.3	—	—	—
	一般寿险	1662.2	8.8	1662.2	—	—	—	—	—
2000	小　计	1543.7	6.1	1343	—	200.7	—	—	—
	短期健康险	192.6	119.6	—	—	192.6	—	—	—
	短期意外险	360.1	18.9	352	—	8.1	—	—	—
	一般寿险	991	4.2	991	—	—	—	—	—
2001	小　计	1498.5	4.2	1312	62.3	124.2	—	—	—
	短期健康险	160.3	8	—	62.3	98	—	—	—
	短期意外险	26.2	1.7	—	—	26.2	—	—	—
	一般寿险	1312	4.2	1312	—	—		—	—

续表 5-6

年度（年）	项目	合计		中国人寿	太平洋人寿	平安人寿	泰康人寿	太平人寿	合众人寿
		赔付额	赔付率（%）						
2002	小　计	1770	2.8	1491	96.3	182.7	—	—	—
	短期健康险	1414.2	38.8	1236	54.6	123.6	5	—	—
	短期意外险	355.8	21.6	255	41.7	59.1	—	—	—
2003	小　计	2476.2	2.9	2047	168.5	260.7	—	—	—
	短期健康险	1984.3	30.4	1738	127.6	118.7	—	—	—
	短期意外险	375.2	5.5	309	40.9	25.3	—	—	—
	一般寿险	112	0.5	—	—	112	—	—	—
	银邮代理	4.7	—	—	—	4.7	—	—	—
2004	小　计	3289	3.5	2944	212.7	127.3	5	—	—
	短期健康险	2335.7	42.8	2109	113.6	108.1	5	—	—
	短期意外险	953.3	37.8	835	99.1	19.2	—	—	—
	一般寿险	—	—	—	—	—	—	—	—
2005	小　计	3898.5	3.8	3534	131.6	209.1	23.3	0.5	—
	短期健康险	3081.2	39.9	2878	62.3	127.2	13.7	—	—
	短期意外险	807	27.6	656	69.1	81.9	—	—	—
	一般寿险	10.3	—	—	0.2	—	9.6	0.5	—
2006	小　计	2607.1	2.3	2151	183.9	231.5	24.3	16.4	—
	短期健康险	1954.7	49.5	1651	79.6	206.5	17.6	—	—

续表 5-6

年度（年）	项　目	合　计		中国人寿	太平洋人寿	平安人寿	泰康人寿	太平人寿	合众人寿
		赔付额	赔付率（%）						
2006	短期意外险	593.9	23.1	500	87.2	—	6.7	—	—
	一般寿险	41.4	—	—	—	25	—	16.4	—
	分红类保险	—	—	—	—	—	—	—	—
	万能寿险	—	—	—	—	—	—	—	—
	投连险	—	—	—	—	—	—	—	—
	银邮代理	17.1	—	—	17.1	—	—	—	—
2007	小　计	3068.7	2.6	2425	233.4	369.2	26.1	15	—
	短期健康险	2044.4	74	1817	127.9	73.2	11.3	15	—
	短期意外险	723.2	30.9	608	98.5	15.5	1.2	—	—
	一般寿险	193.2	0.5	—	—	179.6	13.6	—	—
	分红类保险	64.2	0.2	—	—	64.2	—	—	—
	万能寿险	23.7	0.9	—	—	23.7	—	—	—
	投连险	—	—		—	—	—	—	—
	银邮代理	20	—	—	7	13	—	—	—
2008	小　计	3445	2.1	2701	275.1	394.7	58.8	15.4	—
	短期健康险	2200.9	78.5	1988	115.3	90.5	7.1	—	—
	短期意外险	860.1	31.7	713	137.8	1.6	7.6	0.1	—
	一般寿险	240.3	0.7		—	191.1	42.5	6.7	—

续表 5-6

年度（年）	项目	合计		中国人寿	太平洋人寿	平安人寿	泰康人寿	太平人寿	合众人寿
		赔付额	赔付率（%）						
2008	分红类保险	90.2	0.2	—	—	86.7	—	3.5	—
	万能寿险	11.5	0.3	—	—	11.5	—	—	—
	投连险	—	—	—	—	—	—	—	—
	银邮代理	42	0.1	—	22	13.3	1.6	5.1	—

第六章　财务会计管理

1991—1995年，全市只有市人民保险公司独家经营产、寿险业务，这一时期处于计划经济向市场经济过渡的历史时期，市人民保险公司的财务会计管理工作改革正处于起步阶段。1996年以后，随着多家保险公司的陆续成立，以及业务范围的不断扩大，各保险公司不断深化财务会计管理体制改革，修订完善各项规章制度，全面推行分险种会计核算，实行“费用与保费和利润挂钩”“奖金与净利润挂钩”管理，逐步实施财务收支两条线和中心城市财务集中管理制度。1999年以后，各产、寿险公司改进财务会计管理方式、方法，完善绩效挂钩计酬办法，建立会计核算以及财务分析系统，大力增收节支，建立财务决策和财务会计控制机制，以及预警机制，着力加强财务会计管理，努力实现公司利润最大化，为全市保险业稳健发展提供了有力的保障。

第一节　财务管理

1991年，市人民保险公司一直沿用自恢复保险业务以来的财务管理制度，责任准备金按当期保费的50%计提，同时转回上年同期提存数。是年，市人民保险公司财务核算制度按权责发生制原则和计划管理原则进行，实行“统一计划，分户经营，以收抵支，按盈提奖”的财务管理体制。在资金上实行专款专用制度，将资金划分为固定、流动和专项3项分别核算管理。为加强费用管理，市人民保险公司制定下发《关于1991年度综合费用率及有关费用指标的通知》，对该年度综合费用率及业务费用中的招待费、管理费、固定资产修理费指标进行了核定，严格控制各项费用支出。各分支经营单位在核定的指标范围内合理使用，以确保各项费用不突破核定指标。市人民保险公司还制定下发《会计报表及财务工作质量评比办法》，从财务报表质量、报送及时、财务分析质量、资金上交等4个方面对各支公司的财务工作进行定期考核评比，以促进全市系统财务工作质量的全面提高。

1992年，市人民保险公司进一步加强财务管理，将资金管理放在首位，及时清算往来款项，用好用活保险资金。印发了《淮阴保险系统资金运用考核奖惩办法》。主要做法是：制定业务质量考核评比办法，从执行金融法规、业务质量、财务报表报送3个方面对各支公司实施考核；制定保险资金运用效益考核办法，主要考核陈贷回收率，到期贷款回收率、贷款逾期率、资金收益率、利息回收率5个指标。实行综合费用包干制，全辖各支公司普遍建立和完善了费用管理制度；开展财会达标活动，为加强财务基础工作的建设，提高财务核算水平，市人民保险公司对各支公司及相关人员定期进行检查考核。并将考核结果作为年度“双先（先进集体、先进个人）”评比的重要依据。是年，中国人民保险公司颁发《关于印发财务管理暂行办法的通知》，市公司将单位价值500元以上，使用期在1年以上的财产列为固定资产，全辖固定资产实行分级核算和分级管理。

1993年，根据省公司的要求，市人民保险公司在全市系统全面实行4级核算。划小核算单位，各支公司独立核算，责、权、利紧密结合，促进各支公司调整险种结构，节约费用，提高资金使用效益，适应市场经济发展要求。是年，为提高财务核算质量，推进财会达标升级工作，市人民保险公司召开了全辖财务工作会议，总结了上年度财务工作，学习新的保险企业财务会计制度，向全辖推广财会达标考核办法。全年还组织开展了两次全面的财会达标工作检查，对存在的问题进行了全面整改。

是年7月1日之前，市人民保险公司利润留成实行分级提取，各分支公司按统一比例7%留成。其中业务发展基金50%，职工福利基金28%，职工奖励基金22%。7月1日以后，实行新的财务会计制度，不再实行利润留成办法。全公司实行人身险单独核算，自负盈亏，单独建账、单独报表。财务部门开始执行省公司制定的《长期性人身保险责任准备金管理办法》，按照财政部下发的《保险企业会计制度》，采用提存本期、转回上年同期的办法实施财务核算。以前，市人民保险公司只考核手续费、业务费、管理费支出3项费用，且业务及管理费增加了税金子目录，包括印花税、房产税、车船税、土地使用税。固定资产修理费按办公营业性固定资产原值的4%提取使用。根据新财务制度规定，市人民保险公司执行的固定资产标准是，使用期限在1年以上的房屋建筑物、主要设备、运输工具；其他设备器具、工具等，不属于主要设备，但器具、工具，单位价值在2000元以上、使用期限超过2年的物品也作为固定资产。市公司固定资产购建规模由省公司统一调配。

1994年，市人民保险公司按照财政部新制定的《财务准则》及《金融保险企业财务会计制度》，深化财会体制改革，在财务管理上建立资本金制度及坏账准备金制度，取消专款专用制度，建立了符合国际惯例的财务报表和新的财会体系，遵照省分公司的部署，统一会计科目，并对相关财会体系逐一规范。全年组织了两个检查组对全辖财务工作进行了全面检查，还成立了清产核资领导小组，下发了《关于加强对固定资产和基本建设购建管理有关规定的通知》和《关于对现有固定资产进行全面清理的通知》，对全辖范围内的固定资产全面清理。对金湖、洪泽、淮安3个支公司财务、财产物资管理等内部控制制度进行了评审，以及对5名财务管理科级干部进行离任审计。组织了全市系统财务处理实务培训，并对新财会制度执行情况进行了总结。在省公司财务管理实施办法下发后，市公司对责任准备金的提转随之改革，其办法是保险业务按分级成数分保办法，季度为保费收入的5%，分保比例按50%提存，同时转回上年同期提存数。公司的财务管理主要考核综合费用率指标，包括手续费用率和营业费用率。其他费用如宣传、防灾、招待费用等则下达专项计划指标。

1995年，随着市人民保险公司分业经营工作的展开，以及市太平洋、市平安保险公司淮阴办事处陆续成立，新、老保险公司都从抓财务基础工作入手，制定了相关规章制度。市人民保险公司专营产险业务后，财务管理工作力度不断加大，先后制定下发《关于做好财务分析及上缴资金等有关工作的通知》和《关于严格控制大额现金支付的规定》,加强了财务核算,重点加强了对应收保费、资金上划、资金使用效益和费用率等方面的监测考核。将各支公司报送报表、分保账单、财务分析时间和质量,以及利润、分保资金上缴时间等纳入财会工作质量评比考核范围。是年,市人民保险公司组织了全辖系统财务账册展评活动。还根据国务院及上级公司的要求,开展了财务、税收、物价大检查自查及抽查工作。南京人寿保险公司淮阴代理处先后采取多项措施加强财务管理,主要是实行"一支笔"审批和大额支出集体审批制度。县(市)代理处主要负责人审批支出的最高权限为2万元,超出2万元的必须经过集体研究决定;固定资产购置实行申报审批制度。未经南京人寿淮阴办事处审批擅自购置固定资产的,一律作违纪处理;根据上级公司要求,按照存款利率最大化,选择商业银行,以保证保险资金的增值。

是年,市太平洋保险、平安保险淮阴办事处成立,都先后制定了相关的财务管理制度,逐步建立起诚信、规范的财务管理体系,两办事处从狠抓财务基础管理工作入手进行建章建制,制定了一系列的财务管理制度。主要有"财务费用管理制度""财会达标管理制度"等。

1996年,各保险公司进一步深化财务会计制度改革,对历年的财会制度加以修改完善。市中保财产保险公司按照财政部《关于金融保险企业财务管理若干问题的通知》要求,根据省公司核定的营业费用率指标,逐级下达费用指标,包括计划利润费用率、超计划利润费用率、计划保费费用率、超计划保费费用率,并按期实施考核。该公司还实行防灾费、租赁费、修理费、执行费的开支计划和代理业务手续费报批制度,重新修订印发了《财务

市平安财产保险公司财务人员在核算保险费用

审批制度》《办公费用包干制度》《差旅费开支制度》。为适应机构体制改革后的新情况，加强机关规范化管理，对各项规章制度进行了修改、补充和完善，重新修订《财务会计管理制度》《市公司机关财务开支审批制度》等。是年，市公司还对所辖部分支公司的重点业务、基建、重大财务收支、部分乡镇保险服务所进行了审计，对审计发现的问题责成有关单位及责任人进行全面整改。

是年，市中保人寿保险公司根据总公司颁发的《个人代理营销业务财务管理办法和会计核算办法》，先后制定了一系列的财务管理制度和管理办法。主要有《关于统一规范接收寿险资金的财务处理说明》和《关于统一规范接收财产的账务处理》。市太平洋、平安保险办事处的财务实行双签制，即各项费用开支和资金支付必须由财务负责人和主管财务领导签字，且签字人数在2人或2人以上，方可办理财务手续。为发挥财务负责人的监管作用，省公司对市公司财务负责人实行委派制，由上级任免和考核。

从1997年1月1日起，根据《国务院关于调整金融保险企业税收政策有关问题的通知》，全市各保险公司营业税税率由5%提高到8%。所得税率由55%降为33%。全市各保险公司在逐步完善财务制度的同时，开展了相关的考核工作和稽查工作。市中保财产保险公司加大货币资金和应收保费管理力度，制定了财务目标执行情况考核办法，按月定期组织考核评比。同时对全辖各支公司银行存款利息收入进行专项稽查，取得了较好成效。是年，该公司资产质量名列全省同行业前茅，并在1997年度全省系统财务工作评比活动中获二等奖。

市中保人寿保险公司结合本单位实际提出加强财务管理工作意见，制定下发了《财会报表及财务质量考核评比办法》，并根据该办法对各支公司的财务报表、财务分析、费用计划执行情况、分保损益利润上划、财务基础工作、财经纪律等方面进行考核评比，按季公布、排列名次。太平洋保险淮阴办事处升格为支公司后，为防止公司财产流失，公司及时进行清产核资。与此同时，严格执行南京分公司《关于辖内财务管理工作的暂行规定》，分别从费率、承保、理赔、代查勘、保险代理等方面加强对辖内机构的财务管理工作,不断提高经营管理水平和经济效益,保证业务经营的合规性、效益性、真实性、准确性。

1998年,各保险公司围绕上级公司出台的财经纪律制度以及资金的安全运作规范,实施了一系列管控措施。市中保财产保险公司根据人民保险总公司制定下发的财务会计制度及经营目标管理办法,在保费费用率、利润费用率、固定资产折旧额、费用补贴、万元保费工资含量、万元利润工资含量、工资定额补贴等方面执行新的规定。全系统狠抓增收节支、开源节流工作,加强对费用支出、工资总额支出的控制。制定了《关于加强财务工作的若干规定》,对资产管理、成本管理等方面制定了具体的规定。该公司还在全辖组织开展了一次财务工作大检查,对检查发现的问题逐一进行整改。同时对所辖各支公司财务核算的真实性情况以及上年以来的经营情况,进行了稽核审计。并对各离任财务岗位经(副)理进行了经济责任审计。

市中保人寿保险公司制定下发《淮阴市人寿保险系统财务收支管理规定》,对营业收入及保险资金、财务支出、财务监督与检查等方面作了详细的规定和要求。制定下发了《关于补充计划指标的通知》,对年度财务计划及时进行调整,与省公司计划要求保持一致。同时增设了意外险赔付率、明确贷款回收率、营业费用中二级费用宣传费、保健费、招待费、资金上缴等计划指标。并根据上述考核指标,组织开展三次财务检查,对发现的问题及时加以解决,保证财务制度落到实处,及时堵塞管理上存在的漏洞,严肃财经纪律。是年7月,按照总公司的统一部署,在系统内全面推广并应用了财务管理系统软件。这为全辖实现财务管理电算化、脱离手工记账奠定了基础。

是年,市太平洋、市平安保险公司先后开始实行“财务收支两条线”管理办法,并实行“资金上划制”。为了防范财务风险,保证资金安全,两公司严格加强对财务的管理,将责任落实到计财部门核算员岗位,并定期实施履职情况考核奖惩。市平安保险公司还对费用实行预算管理,通过工作计划书、协作与沟通、激励与控制等手段,提高财务管理水平。

1999年1月1日起,全市保险业全面施行新的《保险公司财务会计制度》，上半年各保险公司启用了新的会计核算及财务管理系统软件，各保险公司在做好新旧财务制度转换衔接工作的同时，围绕加强财务费用管理，做出了一些严格的规定，并辅以严肃的管控措施。随着保险改革的深入，市中国人寿保险公司开始对费用指标实行总量控制、按季考核，实行费用与保费收入挂钩，为加强财务费用管理，努力降本增效促进业务发展，将全年财务费用及各项激励措施向业务发展快、效益好的单位倾斜，按照扶优扶强的精神，制定比较科学合理的财务收支计划，有效地加强对全辖财务收支的宏观管理，使各分、支公司做到量体裁衣、量入为出、循收渐支。市公司还积极搞好财务结算中心的试点运行工作，充分发挥合理配置人力资源、集中展业力量、加大财务管理力度的作用。为了进一步健全财务规章制度，加强对基建账务、基建资金的管理，规定了各项费用的审批范围。为加强财务内控制度的管理约束力度，市公司还成立了“财务内控制度建设领导小组”，印发了《财务内控制度稽核方案》，并对历年来全辖所有的各项财务规章制度进行全面修改完善，使内控、风险防范更趋向法制化、制度化管理。

市人民、太平洋、平安3家财产保险公司为加大财务资金管理力度，保证资金安全，陆续实行对辖内机构限定账户、预留财务管理印鉴的办法实施财务管理，针对“应收保费”管理中的薄弱环节，进一步强化规范管理，严格手续，完善协议，建立业务、财务双份台账，落实岗位责任制。是年，市人民财产保险公司成立了储金业务清理工作小组，制定了《储金业务清理实施细则》，明确了清理的目标、程序及范围，通过清理，规范了储金业务管理；为提高财务核算质量，公司还制定出台了多项财务管理措施，主要有《财务工作实施细则》《费用包干制工作实施细则》。同年，根据保监会的要求，全市各保险公司实行“包费用率指标”和降低赔付率给予费用奖励的办法。同时还开展了财务清理整顿工作，各公司根据本单位实际，从机构人员、费用开支、财务制度执行、财经纪律遵守等方面，制定了一系列实施细则，并深入开展财务清理和整改工作。

2000年，全市保险业以会计核算系统及辅助账系统为基础，利用财务分析系统，分别对公司经营状况和财务状况进行监控，建立财务预警机制和控制机制。市人民财产保险公司根据省公司规定的营业费用开支要求,实行指标管理方式,对全辖主要经营指标进行了层层分解,编制了《主要财务指标分析表》,对各支公司指标完成进度进行跟踪监控。在费用分解上本着定量控制、结构调整的原则,严格控制总量,以降低保费费用率。市公司还通过“银行存款确认函”的形式,对各单位资金拥有量进行确认,杜绝利用单位银行存款搞担保、抵押,以及其他形式的资金运用,摸清了银行存款的存量、分布及其真实性。根据《企业财务通则》以及保险公司实行“一级法人,分级管理,逐级核算”的财务管理工作要求,对有关财会方面的内控制度进行了修改、补充和完善,重申了一级法人授权经营原则,增加了手续费核算制度、分保核算制度。该公司还强化固定资产指标管理,固定资产规模控制在省公司下达指标内。

市中国人寿保险公司进一步深化财务管理体制改革,为适应财务集中管理的要求,市公司设立了全辖财务结算中心,实行授权和转授权的财务管理方法,并开始执行新的《财务管理办法》。辖内各支公司将会计凭证、会计账簿、会计报表等在内的所有财务数据资料,统一集中到财务中心进行核算和管理,严格了财务收支两条线的管理办法,以收定支,费用支出实行计划管理,实行按保费收入和险种费率计提费用。实行基层业务单位财务报账制,实行财务电算化管理,有效规范财务管理和业务经营行为,规避了财务风险。是年,市太平洋财产保险公司成立后,制定和完善了相关的财务管理制度,主要有《财务费用管理制度》《财务会计规范化管理制度》等。为强化资金管理,达到控制费用的目的,在实行“收支两条线”管理上,执行“资金上划制”。市平安保险公司实施财务管理体制改革,针对过去单一的费用预算管理过于呆板,不能发挥管理的控制功能的状况,出台了弹性预算制度。将费用划分为变动成本和固定成本,费用预算管理通过任务计划书、激励与控制等手段、协作与沟通等方法运作,提高了财务管理水平。

2001年,市各保险公司就财务工作基础管理进行了一系列改革。市人民财产保险公司进一步加强财务基础管理工作,在全辖实行“收归收,支归支,收支两条线”的资金管理办法,即实行资金集中管理,分户核算,狠抓财务薄弱环节，堵塞管理漏洞。针对两起因支付赔款引发的诉讼案件，及时吸取教训，出台了“领取赔款的管理办法”，进一步加强财务资金支付环节的管理。坚持“量入为出”，加强了招待、宣传、防灾3项费用使用控制，基本上达到费用成本与业务进度合理配比。是年，市人民财产保险公司还先后对3名离任财务经(副)理进行了经济责任审计，对3个支公司财务内控制度的健全性、合规性、财务收支、经济效益等开展审计，并及时对大额赔案事前审计。共投入审计工作日148个，提出整改措施23条。

市中国人寿保险公司出台了《市公司三个中心费用包干使用管理办法》，对业务处理中心和客户服务中心采取经费包干的形式，一包到底；财务结算中心采取经费控制形式(即经费的审批集中在市公司)，实行限额控制。各中心做到切实控制和压缩办公经费开支，经费使用原则上要求按序时进度控制使用，不得提前列支，年终时不得超过核定的限额。这一管理措施有效地控制了公司的费用开支。

是年1月，市太平洋人寿保险公司成立后，财务管理按上级公司的统一要求，制定了一套基础性管理制度。出台了《太平洋寿险公司财务会计管理实施细则》。市太平洋财产保险公司根据财务会计法规和上级公司的有关规定，制定了《关于营销业务部财务管理的暂行办法》，就资金管理、核算管理等方面作了明确的规定。同时，还制定了《营销服务部内部管理制度》，对费率管理、资金管理、核算管理分别作了具体明确的规定，进一步规范了财务行为。

市平安人寿保险公司根据总公司将2001年定为“反浪费年”和推广“价值最大化”经营理念的要求，结合自身实际，在全辖开展了“厉行节约，反对浪费”为目标的自查自纠活动。各机构自查自纠的主要内容有：是否召开既无明确目的又无实质内容的各种会议；会议费标准是否超标；会议中有无借机游山玩水，有无赠送高级礼品和纪念品，有无组织高档消费娱乐活动；办公职场是否存在大面积闲置或挪作他用的现象；配备公务用车数量是否合理；是否存在超标准配备小汽车的现象，机构负责人是否存在“一人多车”和频繁更换新车的现象；接待上级和兄弟单位来客是否执行从简原则。各机构通过深入细致的排查，对存在的问题进行了认真整改，提高了财务的综合管理水平。

2002年,各保险公司围绕“增收节支”“加强资产管理”做了大量的工作,为股份制改革奠定了较好的基础。市人民财产保险公司根据上级公司的要求,在全面分析可能影响财务收支计划执行各项因素的基础上,编制上报了年度财务收支计划和固定资产购置计划。同时,加强对固定资产的集中管理,各基层支公司需购置办公楼的单位,必须按有关规定向市公司申请报告。

市太平洋财产保险公司根据上级公司关于严格实行财务收支两条线的要求,对账户进行全面清理,及时上划收入户资金,全面实行预算管理,对支出户资金按预算申请上级公司下拨,并对照《全面预算管理实施细则》,做好对各单位预算执行情况的跟踪、分析、考核、评比。通过实施预算管理和有效的成本控制,财务杠杆的调节作用得到了有效发挥,增强了各相关部门的成本意识及开源节流意识,经营效益显著提高。

是年,市天安保险公司成立后,制定了《财务管理办法》及《费用统筹管理考核办法》,并按季定期实施考核。全年在增收节支、降本增效上狠下功夫。公司加强成本核算,严肃财经纪律,细化费用指标考核,将成本核算和经营实绩、实现效益结合起来,对外不搞无序竞争、压价竞争,既控制了成本,又做到了规范经营。

2003年,全市各产、寿险公司进一步加强财务基础管理工作的清理整顿,财务会计管理水平再上新台阶。是年,市中国人寿保险公司制定和完善了一系列厉行节约的规章制度。费用支出方面,制定了各层级费用包干和超支处罚制度;公务招待方面,完善相关制度,严格控制标准,原则上不安排酒席;基建装修、物品采购与资产维护等方面开支,制定了全辖统一的集中采购制度,明确各类资产的管理责任人与管理责任。

市平安人寿保险公司根据省公司制定的财务系列人员管理办法,落实对财务负责人的考核、奖惩、职级调整、薪资调整工作,实行财务负责人年审制度,包括个人素质测评、工作业绩考核、部门员工评议、相关部门评议和所在机构财务抽检,实现了财务管理的制度化。

市人民财产保险公司明确对应收保费的管理要求,同时采取强有力的措施，以保证应收保费的及时收取。根据《企业财务通则》《金融保险企业财务制度》等有关规定，对财务工作进行专项整治，及时解决各类专项审计中发现的问题，制定下发《重申加强财会管理的若干规定》。严格财务监督、规范公司及机关费用支出的权限及审批制度，制定下发了《费用管理办法》，根据上级公司核定的费用指标，下达各支公司年度费用计划及工资限额。各支公司根据本单位年度经营计划统筹安排全年费用支出，做到与业务进度合理配比支出各项费用；费用支出坚持以《中华人民共和国会计法》和保险公司会计制度为原则；各支公司费用审批权由分管财务的经理“一支笔”审批。

2004年，全市各保险公司围绕精细成本核算，开展深化财务管理改革的尝试。市人民财产保险公司按照上市公司的要求，全面推行以利润和净现金流为核心的全面预算管理。实现由经验管理向科学管理的跨越，促进公司的预算管理上了一个新台阶。为加强对县支公司的财务管理，市人民财产保险公司制定下发了《中国人民财产保险股份有限公司淮安市分公司县支公司财务管理细则》，确保财务资源向业务一线和基层营业机构倾斜。在计划的制定、调整、考核的全过程都体现效益优先的原则，力求保险业务持续、稳定、协调地发展。

市太平洋财产保险公司本着“集中管理、合理使用、节约开支”的费用管理原则，制定出台《差旅费报销暂行办法》，对出差人员的住宿费、伙食补助费及市区交通费实行包干办法，按出差的天数计发，交通费用在限额内按实报销，并制定了差旅定额包干的具体标准。

市中华联合财产保险公司和大地财产保险淮安营销服务部成立后，分别制定了对分管财务经理、财务人员的《财务管理百分制考核办法》。将财务管理、资金管理、财务会计、费用管理、制度执行等方面按百分分值进行考核，并实施严格的奖惩措施，有效促进财务人员提高工作责任心。

市中国人寿保险公司为了促进业务大发展，实行高费用激励制度，对各县（区）支公司实行财务人员派驻制，由财务专员对本单位的财务支出进行评估、报告、监督执行，特别是财务人员直接参与业务推动方案的制定和对市公司审批方案的监督执行，此举不仅大力推动了公司业务的快速发展,而且有效地控制了业务的高成本扩张。与此同时,市公司还实行责任追究制度,对财务费用及附加佣金超支较为严重,且对超支后果认识不足的,一经发现,对责任经理采取停职审计,对全辖起到了警示作用。

市平安人寿保险公司为进一步强化成本意识,提升公司经营管理水平,认真落实"八大成本工程"工作,即对"职场清理与规划、人力成本、手续费用、标准费用率进行分析与评估、对行政性开支、车辆使用费、招待费、会议费"等进行重点管控,成立了以总经理为组长的"八大成本工程"工作领导小组,并在原有规章制度的基础上,修订出台了车辆管理、费用报销管理、采购管理等有关制度,进一步加强公司财务支出的规范化。

市太平洋人寿保险公司以及新成立的市泰康人寿保险公司,针对公司运作成本较大的情况,努力在降低成本支出上做文章。侧重于发展效益型险种,使全辖费用管控初见成效。年终决算时,两公司均实现了财务收支平衡。

2005年,市中国人寿、太平洋人寿、平安人寿、太平人寿等寿险公司严格费用管理,进一步重视成本核算与费用管控,减少跑、冒、滴、漏现象,集中财力发展业务,提高员工福利水平,费用政策充分体现向一线倾斜,提高各综合经营单位费用率。坚持开源与节流并重。在业务导向上,注重发展创费率较高的意外险业务和10年期以上期缴保险业务,提高经营的内涵价值。不断加大对非营业性支出控制力度,相继完善了招待费用、车辆费用管理等方面的规定,对费用支出的流程与审批权限进行了重新规范。市中国人寿保险公司还通过建立财务风险点责任制和考核办法,使财务管理得到进一步强化。各级管理人员尤其是领导干部负责对每个管理环节的风险进行控制,坚持"谁签字谁负责"的原则,并实行签字人责任追究制。市平安人寿保险公司根据省公司下发的《关于在全省开展2005年整顿和规范保险市场秩序工作的通知》精神,成立了专门财务管理委员会,组织相关人员贯彻落实,各相关部门自觉开展自查自纠工作,对自查自纠中发现的问题,分析原因,明确整改时间和责任人,制定整改措施,及时纠正。

市人民财产保险公司重点强化账户、资金、成本核算以及应收保费的管控，特别是在成本核算上，加强对重点单位的监控以及对县支公司的财务管控。在应收保费的管理上，按照“一收、二控、三规范”的要求，如实考核实收保费，清理应收保费。实行对个人业务和公司业务、可分期付费的业务和不可分期付费的业务、直销业务和营销业务进行分类管理，切实降低经营风险的发生。是年，根据《国务院办公厅关于印发2005年全国整顿和规范市场经济秩序工作要点的通知》要求，市人民、平安、太平洋、中华联合、大地等财产保险公司先后在全辖推行财务管理人员派驻制。

2006年，各保险公司随着经营展业的拓宽，进一步细化了财会管理措施，取得了显著的工作成效。市人民财产保险公司对派驻各县支公司财务人员实行强制休假，并对强制休假岗位人员履职情况进行了现场审计。制定《财务费用支付管理规定》，以保证在授权范围内支付费用。为控制风险，提高财务费用使用效率，市公司还在全辖范围内开展了一次财务费用清查工作，并对清查出的问题进行了全面整改。

市太平洋财产保险公司制定了《关于财务会计单证管理的有关规定》《关于理赔管理的有关规定》，为规范财会行为，防范经营风险奠定了较好的基础。市太平洋人寿保险公司实施“以效益为中心”的稳健经营方略，在全辖全面加强预算管理，保持业务稳定健康发展，全年保费收入1.06亿元。其中营销业务6753万元，直销业务928万元，银保业务2967万元，在淮安地区寿险市场份额稳居第二。实现了提高人均产能、机构产能和效益增长的新型模式。在增加市场份额的同时，实现了费用自我平衡。

2007年，全市各保险公司分别实施了结合实际展业措施的财会管理改革，在财务管理上，建立费用控制制度和业务成本控制制度，注重财务基础管理和经营成本核算，各级分支公司努力构建财务管理通道，严格执行各项财务规定。市人民财产保险公司全系统实行财务中心“一本账”核算模式，所有支公司和市公司本部共同使用一套账务系统，市公司为基本核算单位，在总结财务派驻制经验的基础上，修订了《淮安市分公司县支公司财务派驻实施办法》；进一步加强了对财务管理事项的事前、事中控制，促进了各单位防范财务风险，依法合规经营，有效管理机制的形成。市太平洋财产、人寿保险公司在执行财务制度上下功夫，公司制定并实施

《财务会计达标升级管理工作规划》,有效地促进了财务管理工作质量的全面提升。

2008年,市各保险公司为确保业务持续稳定发展,大力开展自身财务风险排查,对内部管理不严、财务数据不实等问题进行规范和纠正。是年,各保险公司实施财务分类监管,并对风险类问题进行现场检查现场纠正,对业务结构不合理、发展质量不达标的机构采取更为严格的财务监管措施,各公司通过财务分析,改善营运策略,推广新型保险产品,经营效益显著提高。市人民财产保险公司进一步完善了《中国人民财产保险股份有限公司淮安市分公司财会工作考核办法》,从资金管理、预算管理、应收保费管理等方面落实规章制度、规范财务行为,并加强日常考核。各财产保险公司建立和完善了财务决策机制和财务控制机制,推行经济责任制,重组团队开展销售体制改革,建立完善关键业务费用指标考核体系,以用好费用促发展。各人寿保险公司注重以效益为中心的财务运作策略改革,重点推广效益高风险小的险种产品。同时严格代理手续费、防灾费、宣传费的管理。各公司建立了后续稽核制度,落实财务数据非现场监管办法和风险监管责任。监管部门还对财务日常管理以及风险防范进行指导,全力加强财务管控。

第二节　会计管理

1991年年初,市人民保险公司制定下发《会计报表及财会工作质量评比办法》,从报表质量、报送时间、资金上交等方面对各支公司会计工作进行考核评比,有效地促进了全市系统会计工作质量的全面提高。二季度,该公司设计了全辖统一执行的给付样本,样本分承保、精算、给付、单证管理4个部分,全面规定了各个环节的示范标准,形成了质量标准管理系列。为加强全市系统代理网点会计基础建设及岗位管理,市分公司统一制定了“3账、4簿”(即总账、分户账、银行账和业务登记簿、理赔登记簿、长期人身险转调进出登记簿、固定资产登记簿),在全辖各网点统一使用。同时,还统一建立了会计员档案,为会计业务的规范化管理奠定了基础。下半年,该公司组织审计组对涟水、淮安、洪泽等支公司的有价证券、银行存单、水灾大额赔案及管理进行审计,并对其账簿、兑付、保管方式、账务处理、经济效益进行了重点审计。为建立健全内部监督制度,制定了《有价证券、银行存单、固定资产、低值易耗品等若干管理规定(试行)》,对固定资产、低值易耗品购置和使用管理及账务处理,制定了具体的规定。

1992年年初,市人民保险公司印发了《淮阴保险系统资金运用考核奖励办法》,定期检查分支机构会计基础工作制度执行情况,推动全辖会计工作统一标准的进程,5月份市公司举办了会计凭证、各类账簿、总账、明细账、现金账、银行日记账等账册展评活动,各县(市)支公司、市公司营业部、办事处计财股长及人身险总账会计参加了观摩。市公司还分别制定《统计工作考核办法》《会计报表及会计工作质量考核办法》,以此对会计人员定期进行检查考核,并将考核结果作为年度"双先"(先进集体、先进个人)评比的重要依据。市公司还组织开展了多项审计工作。先后对淮安、涟水、盱眙支公司及市公司清河办事处的资金运用效益及安全状况进行审计。对洪泽、涟水、淮安支公司、市分公司清浦、清河办事处的手续费管理实施审计。开展企财险、机动车辆险、货运险、城市家财险、人身险等险种赔案的会计处理事项事前、事后审计。并对市区所辖部分分理处信贷资金进行了后续审计。

1993年,市人民保险公司召开全辖会计工作会议,专题讨论研究建立新的保险企业财务会计制度,研究制定了会计管理实施细则,特别是对会计档案进一步实施标准化、规范化管理,并将此管理纳入会计达标升级活动。在当年全辖会计达标升级活动中,有8个支公司达标升级,淮安、金湖支公司被市财政局评定为会计基础工作规范化管理典型单位。市公司还组织了两次会计工作全面检查,以基础工作、资金管理、费用,及营业外支出等为主要检查内容,对检查发现的问题进行了全面的整改。针对屡查屡犯的问题,市公司专门细化会计、出纳操作环节,制定下发了《现金、银行会计管理办法》。

1994年,市人民保险公司按照财政部新制定的《会计准则》《保险企业会计制度实施细则》,深化会计管理体制改革,将非人身险业务与人身险业务分别进行会计核算，分别建账，分别核算损益。在新旧会计核算工作转换时期，建立适合本地本部门的会计管理体系，及时组织结转新旧会计科目，制定了《有价单证管理办法》，实现了新旧财会制度的稳步转轨。是年，市公司还组织了全市系统会计账册展评活动，开展了全辖会计基础工作专项检查，组队参加了省公司组织的财会知识竞赛，并荣获团体第3名。

1995年，全市各保险公司从抓基础工作入手，制定了相关的会计制度和办法。市人民保险公司组织了全辖系统会计凭证、账册展评观摩活动，制定下发《关于严格控制大额现金支付的规定》，加强了会计核算质量的考核工作，将应收保费、资金上划、报送报表等纳入会计工作质量考核范围。是年，根据国务院及上级公司的要求，公司开展了税收、物价大检查的自查和抽查工作。当年由于会计基础管理工作扎实规范，该公司在全市中央企业会计基础工作评比中荣获二等奖。

是年，南京人寿淮阴代理处成立后，及时制定下发《会计工作管理考核办法》，狠抓会计基础规范化工作，在全辖实行定期存单专人保管，专人负责及时转存，代理处加大检查考核力度，发现造成损失的，及时追究相关人员经济责任。会计部门在日常管理中坚持把好3关，即填制凭证关、检查复核关、审批关，保证每笔开支都符合规定要求。对违反规定的将按考核办法予以相应处置。为加强空白单证的管理，代理处还修订下发了《空白业务单证管理办法》和《有价定额保单管理办法》，并对全辖业务单证进行统一设计、印制及发放使用。

1996年，市中保财产、中保人寿保险公司成立后，开始执行新的会计制度，并制定了《会计管理规范化实施细则》。市中保财产保险公司侧重抓了“一户”“两金”“五费”管理（即银行账户；自筹资金和银行存款资金；宣传费、手续费、防灾费、招待费和固定资产维修费），对银行账户进行清理和检查，重新修订了《会计工作质量考核办法》，考核分为按季考核和年终考核，从会计报表、资金管理以及会计核算、财经纪律等方面对各支公司进行考核计分，促进了全市系统会计工作质量的全面提高。

市中保人寿保险公司先后制定了《关于统一规范接收寿险资金的财

务会计处理说明》和《关于统一规范接收财产的账务处理》,从市中保财产公司及代理处移交过来的资金、财产做到了全辖账务处理准确统一、条理清楚、全面规范。该公司还制订了《会计业务质量标准及其考核办法》和《业务单证、印章管理办法》,对全辖会计业务单证进行了清理登记,明确会计业务单证的运作流程及管理程序。先后组织业务人员学习省公司关于会计业务各项考核规定,使每个业务人员全面掌握各项规章制度与业务流程,不断提高业务人员业务水平。市公司财会部将历年来各种管理办法、实务操作程序、会计质量标准等条款进行修改完善,编写成《财会资料汇编》分发给每位财会人员。

1997年年初,市中保财产保险公司全面推行分险种会计核算办法,实行"费用与保费和利润挂钩"考核。市公司对全辖银行存款利息收入进行专项稽查,对定期存单进行清理,确保资金安全和保值增值。二季度,该公司结合《财产保险会计业务质量考核办法》的实施,对《空白重要单证管理办法》及《重要单据管理办法》进行了修改完善,对重要空白单证实行专人管理,建立了单证征订、印刷、保管、领用、审核、销号,及检查监督的一整套规范化管理程序。9月至10月,对全辖家财险、运输险等各险种业务,特别是机动车辆险会计处理工作中存在的问题进行全面自查自纠。

市太平洋保险公司为规范单证管理,明确归口市公司统一管理,4月份印发了《重要空白会计凭证管理办法》,重点抓住空白凭证的领用、保管、销号、装订、销毁、丢失处理等几个环节的管控,严格控制可能发生的风险。从5月份开始,还对全辖办事处成立以来的所有空白重要凭证进行全面清理规范。

1998年3月,市中保财产保险公司对全辖现金管理、印鉴管理、银行定期存款管理、保费收据管理等方面制定了具体明确的规定。5月,举办了全市系统会计账册展评互查活动,各县(市、区)支公司、市公司国内、国际保险部、会计部主任参加了展评互查活动。

市中保人寿保险公司一季度制定下发《人寿保险系统财会管理规定》,对银行账户、现金、银行存款和有价证券、营业费用及保险资金等多个方面作了详细具体的规范。会计部门加强资金管理,提高资金收益率,明确选择银行存款的标准，不得在信用社和农村合作基金会存款。严格控制应收保费、倒签单等影响资金增值的情况发生。4月份，建立了一套风险监控指标，完善风险评估标准。加大非现场监管力度，提高各项会计报表资料的起初性、快捷性。对发现的新情况、新动向及时采取必要的处理措施，防患于未然。7月，该公司全面推广应用会计核算系统软件。

市太平洋保险公司根据省公司关于实施资金集中统一管理的要求，开始对全公司资金实行统一上划集中管理。对现有银行账户进行全面清理，杜绝了在多家银行多头开户的情况，有效地防范了可能出现的资金风险，提高了资金的使用效益。

市平安保险公司为防范风险，加强对重要空白凭证的管理。首先将重要空白保险凭证按类型分为定额保单、空白保单、批单、保险证、养老金领取证、保费收据、临时收据七大类，按照重要空白凭证的管理职责，将责任明确到计财部门和单证核算员具体岗位。建立"重要空白保险凭证使用登记簿"，对重要空白保险凭证执行签发、收回、整理、处理、销毁、查询、核查和保存等规范程序，各基层部门按期编报重要空白保险凭证报表，及时报送重要凭证使用情况，并对重要空白保险凭证进行专人专项管理。

市中国人寿保险公司财会人员在进行成本核算

1999年1月1日，全市各财产、人寿保险公司开始执行新的《保险公司会计制度》，启用新的会计核算系统软件，并在各自辖区推广应用。是年，市中国人寿保险公司严格执行库存现金检查制度，对银行存款实行按险种和资金类别、分类存储，在保证正常周转金的前提下，做到定期存款短、中、长期结合，结构适当，并及时做好盘存兑付工作，避免不必要的损失。

同时加强贷款回收工作,市公司将收贷作为硬性指标与各相关部门签订目标责任状,并制定考核办法,按季定期组织检查考核,指导督促、帮助落实还款计划,确保贷款按期收回。为提高制度执行力,市公司组成稽查组对全辖8个县支公司、2个营销部进行了以财会、业务等关键岗位为重点的稽核检查。对在检查中发现的承保手续、业务流程、交叉复核、印章管理、银行存单、资金物资管理中存在的问题,均以书面形式提出整改意见,限期整改。

市人民财产保险公司从确保保险资金安全入手,加大会计管理力度,实行对所辖支公司限定账户,预留财务会计管理印鉴的办法,针对"应收保费"管理中的薄弱环节,进一步强化规范管理,严格手续、完善协议,建立业务、财务双份台账,落实催收责任制。是年,还在全辖全面试行手工和电算化并行的会计核算办法。并对1996年以来的各项会计制度进行重新修订、完善,并汇集成册。同时,组织执法监察组对全市系统会计制度建设情况进行检查及评审。开展了以会计制度健全性、合规性为主要内容的评价审计。在普遍检查及评审的基础上,重点对盱眙、清浦、清河3个支公司内控制度建设及执行情况进行执法监察,对整改意见落实情况进行跟踪监察。各支公司针对会计业务流程中的风险控制点,配备了兼职检查监督人员。市公司还制定下发《重要空白重要凭证管理办法》,对重要空白凭证管理的范围,凭证的征订、印刷、领用,基层公司凭证的登记、领用和管理考核等方面作了规定。

市太平洋保险公司组织会计人员认真学习和严格遵守《中华人民共和国会计法》,围绕增强会计管理的规范性和程序性,对全辖基层网点单证、资金、开户等薄弱环节进行清理、整改,坚决执行总公司"三集中"的规定,会计业务规范化管理趋于进一步完善。

市平安保险公司为进一步加强会计档案管理,实现会计档案资源共享,开展了"规范会计档案管理,档案达标升级"活动,市、县公司专门设立了档案管理岗,会计业务档案一律由公司档案部门统一管理,以维护档案的完整与安全。同时建立健全档案保管制度,对档案的接收验收、交接、档案存放、保管质量维护、档案库房建设、档案借阅、档案移交、鉴定与销毁等,都做了明确具体的规定。市公司还对全辖会计档案管理工作进行检查,检查后对存在的问题进行了逐一整改。

2000年,市中国人寿保险公司设立全辖结算中心,有效规范了会计核算和业务经营行为,规避了会计核算风险。分、支公司资金拥有量都通过“银行存款确认函”的形式进行确认,此举杜绝利用单位银行存款搞担保、抵押,以及其他形式的资金运用,并摸清了银行存款的存量、分布及其真实性等情况。该公司还在全辖开展了“会计单证管理月”活动。各支公司根据市公司单证管理要求,集中精力,集中人员对历年所有重要单证的领、用、存情况进行了全面清理,并进行电脑数据录入,全辖共清理历年单证1008743份,盘清损失单证1650份,并采取了相应的处理措施,进一步严格了单证管理,规范了单证使用流程。

市平安保险公司(寿险)进一步加强对“个人寿险首期保费的管理”,根据《个人寿险首期保费暂收收据管理规定》要求,制定了规范合理、回销及时的安全标准化作业流程,明确了有价单证管理人员对“暂收收据”领用、发放、管理的责任,较好的防范了因单证流失而产生的风险。

市太平洋财产保险公司从规范经营行为,强化会计核算管理入手,建立了相关的财会制度,主要有《会计核算管理制度》《会计核算规范化流程》《重要空白保险凭证管理办法》等。

2001年,市人民财产保险公司进一步加强会计基础管理工作,一是强化保险费发票管理,建立了专岗专人管理制度,明确发票统一出具以及电脑分发、销号制度,同时加强了发票分发、领用、销号管理跟踪检查与处置,较好地控制了单证使用的风险。二是加强账户与资金管理。市公司对全辖银行账户进行全面清理,规定各支公司新开设银行账户必须经过市公司审批同意。并明确收入类账户资金必须全额上划市公司财务中心,各支公司不得自行支取,该类账户在同一家银行只能开设一个,各单位不得开设定期存款账户。

市中国人寿保险公司进一步理顺保险业务与会计管理的关系,针对会计业务管理中所发生的问题,找源头,定制度,抓落实,制定《财会管理办法及考核实施工作方案》,努力提高管理水平。市公司在全辖推广了金湖支公司收据管理做法，并将收据管理作为执法监察、业务质量检查的重要内容来抓。市公司还设立“专管员”，负责对全辖收据使用情况进行督察，及时通报各单位收据管理状况，使全辖收据管理纳入了规范化轨道。为贯彻“集中管理、服务前伸”的操作指南，统一全辖会计业务管理工作做法，有效防范经营风险。

市太平洋财产保险公司根据“会计法”和上级公司的有关规定，制定《关于营销业务财会管理暂行办法》，就账户管理、资金管理、核算管理等方面做出了明确具体规定。

是年，市太平洋人寿保险公司成立后，根据上级公司的有关规则，制定了一套完备的会计管理基本制度及《太平洋寿险公司财会管理实施细则》。

2002年，市人民财产保险公司根据国家关于企业重组改制的有关规定，对公司资产进行重组、剥离的账务处理，保质保量上报了《中国人民保险公司淮安分公司资产剥离方案》和《淮安分公司账外资产评估表》，为公司股份制改造迈出了重要一步，并奠定了扎实基础。市中国人寿保险公司为提升会计管理档次，积极配合省公司做好会计业务和信息技术省级集中工作，做好会计数据尤其是老业务数据的管理，真实反映公司经营的实际情况，确保全辖负债评估的准确性和真实性；市天安保险公司先后建立了会计业务、印章管理、重要凭证管理等办法，并制定了相应的考核奖惩办法。

2003年，市中国人寿保险公司制定了《会计管理实施细则》，对物品采购、资产管理维护等明确了责任人与岗位职责。还对全辖的会计账务、收据和有价单证的保管使用进行了专项检查。在此基础上，成立了专门的单证管理部门，明确了单证管理人员及其职责，进一步完善了单证管理办法。

市太平洋财产保险公司对上年度的保险发票使用情况进行了全面清理，各支公司将未使用的旧发票上交市分公司统一注销、销毁。各基层单位统一使用电脑收付费系统打印发票，实施打票程序管理，以确保发票使用安全。市公司还制定下发《印章管理实施细则》，根据统一、集中、规范、安全的原则,对印章的刻制、颁发、保管、使用、销毁等一系列相互关联、衔接有序的工作进行全面规范管理,做到合规、安全。

2004年,市人民财产保险公司强化会计内控管理,先后建立了管理制度及工作流程43项,促进了会计制度规范化建设。市太平洋财产保险公司加强风险管理,以提高公司的核心竞争力,出台了以管控为目标、兼顾展业需要的应收保费管理措施,将应收保费工作管理日常化、系统化、规范化。同时加强会计单证管理,建立相应的会计单证管理制度,并坚持进行经常性检查,做到随用随核销、日清月结、账实相符。

市中国人寿保险公司对全辖会计人员岗位职责执行情况进行全面审计,对审计发现的问题进行通报,起到了有效的警示作用。市平安人寿保险公司在原有规章制度的基础上,补充修订出台了会计人员出勤管理、服务礼仪管理、印章管理以及会计档案管理制度及实施细则。是年11月成立的泰康人寿保险公司,按照上级公司的统一要求,抓好会计制度建设,并制定具体实施细则,促进公司会计业务工作尽快走上规范化的轨道。

2005年,刚成立的市太平人寿保险公司狠抓会计核算基础管理工作,按照上级公司实行独立核算的报账制管理模式,公司会计人员在实际收到或支付业务款项后通过网络财会自动化管理平台,在业务处理系统中进行收费确认或付费确认,经授权签批后,自行支付,会计管理手段逐步实现了电子化。

是年,市人民、平安、太平洋、中华联合、大地等财产保险公司根据《国务院办公厅关于印发2005年全国整顿和规范市场经济秩序工作要点的通知》要求和财政部关于《禁止金融机构设置"小金库"的通知》精神,进一步加强业务手续费的管理,做好手续费支出台账登记工作,除个人代理人外,手续费均以转账方式支付,禁止以现金方式支付。是年7月成立的安邦财产保险淮安营销部,建立了相关的会计业务管理制度。市太平洋财产保险公司重点加强会计单证管理,顺利通过了5月份总公司的稽查和12月初的后续审计。

2006年,市人民财产保险公司对派驻各县支公司会计人员实行强制休假,并对强制休假岗位人员履职情况进行了现场审计;为加强会计档案管理，市公司建立了会计档案室，制定下发《会计档案保管调阅制度》，各支公司也都陆续建立了会计档案室。市太平洋财产保险公司制定《关于应收保费管理的有关规定》《关于理赔管理的有关规定》，以及《关于会计单证管理的有关规定》，对规范财会行为、防范经营风险奠定了较好的基础。

2007年，市人民财产保险公司通过收付费系统升级，顺利完成新旧会计准则的衔接转轨，并通过修改完善操作流程，减少核算环节，避免重复劳动，较好地提高了工作效率，会计信息的使用更加方便、快捷。市太平洋财产保险公司强化会计基础工作，市公司制定《会计达标升级管理工作规划》，并在全辖范围内组织实施。

2008年，全市各产、寿险公司进一步完善会计工作考核办法，从资金管理、会计核算、应收保费管理以及单证管理等方面落实规章制度，规范会计行为，并加强日常考核，深化会计管理工作制度改革。是年，全市各财产保险公司认真贯彻执行《中国保监会关于进一步规范财产保险市场工作秩序工作方案》，保证了各项经营合法、合规、有序操作。各公司还重新修订了《业务付款结算暂行规定》，对各项赔款、退保、退储、储金返还、代理业务手续费等作了具体规定，并严格现金结算原则，超过千元一律实行转账结算。

第七章　电子化建设

1991—1995年，市人民保险公司注重加大科技投入，加快计算机应用和办公自动化的进程，把推广计算机应用、加快电子化建设作为提高业务核心竞争力的重要手段。1996年以后，随着保险业改革的逐步加快及保险机构分业经营的不断拓展，全市各产、寿险公司计算机的应用进入快速发展期，市人民保险，平安、太平洋保险公司以及2000年后成立的各产、寿险公司，所有业务全部实现了计算机处理，基本实现计算机应用的普及和办公自动化。计算机技术的广泛运用和办公自动化的推广，为各项业务快速发展提供了有力保障。

第一节　网络建设与硬件管理

1991年，市人民保险公司电脑硬件运用仅限于前台业务处理，各分支机构只有少数人员进行业务电子化操作，全辖运行计算机应用程序11个，计算机处理业务量达8万笔。

1992年，市人民保险公司加快了计算机的开发、利用。全市配置计算机单位由原来的2个增加到7个，配机普及率达50%。是年陆续从高等院校招收计算机专业人员。是年年末，全辖共有计算机专业技术人员10人，计算机处理业务量完成省公司下达指标的200%，全市系统计算机处理业务量突破40万笔，其中企业财产险572笔，团体人身险27.44万笔，机动车辆险6159笔，家庭财产险9377笔，农村房屋险13.25万笔，子女婚嫁险5389笔。

1993年，市人民保险公司加强计算机硬件管理，优化险种应用程序，普及基础知识，开展计算机操作技术竞赛，提高操作人员水平，确保计算机应用工作向深层次发展。市公司制定了《计算机应用工作考核办法》，从设备的配备及使用、应用程序的推广和使用、系统网络管理和应用程序的开发与维护、计算机设备维护等4个方面对全辖的计算机应用工作进行考核。是年，市人民保险公司系统配机单位达10个，计算机配机率为71.54%，计算机专业技术人员增加到15人。全年完成计算机处理业务量达68.91万笔，台均处理业务量为9.84万笔。市公司电脑科在市区采用隔离变压器解决零地之间电压差的经验在全省系统得到推广。

1994年，市人民保险公司修订了《淮阴人民保险系统计算机应用工作考核办法》，从组织机构、软件应用、设备管理、运行管理等4个方面对各部门及下辖机构进行考核。是年，全辖14个业务单位全部配备了电脑设备，全年处理业务157万笔，台均业务处理11万笔以上，彻底改变了长期以来手工操作的状况，实现了企财险、机动车辆险等主要骨干险种业务处理全面电子化。

1995年，市人民保险公司根据省公司规范统一应用环境要求，对企财险计算机应用程序进行修改完善，并推广到全辖各支公司及市区办事处。市公司还制定下发了《淮阴保险系统计算机工作管理制度》，并针对业务应用管理、机房管理、计算机操作管理、机器设备维护保养、数据信息管理、设备管理等方面制定了操作细则。全年全市系统计算机处理业务险种达12个，计算机处理业务量达110万笔，主要骨干险种业务全面实现了电脑处理，并达到与业务发展同步。是年，南京人寿保险公司淮阴代理处成立后，为开办保险营销业务，省分公司为其中心机房配置了服务器1台，USP1台，终端4台，打印机2台，实现了业务、财务报表的上机处理。

1996年，随着保险分业经营的逐步展开，各保险公司逐步加大计算机在业务管理领域的推广运用。市中保人寿保险公司为了适应营销业务的快速发展需求，对营销业务处理系统进行了完善，增加了业务查询与统计、报表生成与打印等功能，极大地方便了营销业务的日常分析与管理。市公司业务处理系统在辖内普遍推广应用，各县级公司均招聘一名计算机科技专职人员。省公司开始为市公司统一安装配置服务器等计算机设备。为部分业务及财务部门配备PC机。

市中保财产保险公司增设计算机管理机构,并制定了电子化发展规划。全面实行机动车辆业务电脑出单,大部分支公司实行了企财险业务电脑出单。市公司编写的《水渍险业务处理系统》得到广泛应用。修改并增加了按单位打印清单功能。同时完成了淮安、涟水、淮阴县支公司,清河、清浦支公司及市分公司国内业务部计算机升级工作。还开始推广应用人事管理、业务分保、通用统计等系统。市公司配备了HP服务器及小型机。为6个县支公司配备电脑专业技术人员并配置了电脑设备,从而实现了全市营销业务的分散处理。到年底,全辖共配置服务器8台、UPS 7台、终端30台、打印机16台;市太平洋保险公司实施总公司电子化建设管理试行办法,增设了科技科,配备了2名专业技术人员,配置了6台电脑,对家财险、车辆险、人身险等出单业务程序进行了修改、调整和完善,保证了业务处理的有序开展。

1997年,各保险公司进一步加大对计算机设备配置的投入力度,使用计算机处理各项业务的范围逐步拓展。市中保财产保险公司为加快电子化建设步伐,促进业务管理水平和工作效率提高,按照省公司加快计算机网络建设的要求,配备了计算机网络设备,全市系统共投入资金100万元,用于更换主机、PC机和网络建设,初步实现了省、市、县三级公司的计算机网络化。对六大险种、18个险别和理赔程序实现了电脑化管理。同时完成局域网建设,全系统统一使用X.25方式入网。该公司还组织市区职工参加江苏省计算机应用操作培训,各支公司也组织了培训、考试,全市系统80%员工取得了计算机初级操作证书。

市中保人寿保险公司根据省公司统一规划,将PC服务环境更新为SCOUNIX网络版操作系统及INFORIX-ONLINE数据库,全辖实现了DDN拨号方式联网,极大地方便了数据的交换。市公司增加了6台终端、4台打印机供各部门上机处理报表数据,新上线UTAB业务报表处理系统。是年,综合业务处理系统在辖内各分、支公司推广使用;市太平洋保险公司为了促进计算机的应用普及,专门印发了《关于计算机业务量统计数据考核的通知》，对计算机应用实行量化考核，辖内各支公司、市公司营业部按月统计上报计算机处理业务量；为了加强电脑管理，确保电脑设备安全运行，市公司还印发了《计算机房管理制度》《电脑工作人员管理制度》等。结合实际工作应用，对省公司下发的有价单证电脑管理程序进行了较大改进，增加了保单自动销号功能，并将程序的业务使用范围扩大到全辖办理的所有有价单证。

1998年，各保险公司为适应业务发展的需要，陆续实施了计算机系统程序的升级改造。市中保人寿保险公司根据业务管理的需要，提高系统网络的适应能力，先后三次组织对“人寿保险业务综合处理系统(cbps)”的升级开发，并利用总公司推出cbps2版、cbps3版和cbps4版的升级，为全市联网实现所有业务计算机操作创造条件。是年，市公司与省公司的广域网正式联通，实现了地区业务的集中处理。增添2名科技专职人员，并购置一台小型机。

市平安保险公司全系统小型机BS上线，解决了财务、业务不能一体化的问题，达到财务、业务数据一体化无差异的理想状况。市平安保险公司及产、寿险业务部上线CCOUNT财务系统。为普及电脑应用，产、寿两条线着力加大财务管控力度，加大投入网络建设和设备更新，集中财力购置10多台服务器，30多台PC机、打印机，并配置2千伏以上的UPS，以及各种网络设备，其中有交换机、HCB、路由器、路由卡等。是年，在全辖建立了广域网，市区建立了局域网，完成了综合业务系统软件的调试和计算机的广泛运用，开始使用《会计记账系统》和《综合业务处理系统》。先后对计算机业务人员进行Windows、office、经理查询、CONOS分析系统应用等系列培训。通过计算机等级考试，全辖有70%以上的职工取得计算机初级合格证书。

市中保财产保险公司对多个险种的电脑数据进行了核实与确认，对部分未使用计算机处理的业务进行补录入，并对网络程序进行技术改造。为加强信息技术管理工作，该公司特招了两名电脑专职人员。重新修订了《计算机应用工作管理制度》，从业务应用管理、机房管理、计算机操作管理、机器设备维护保养、软盘、资料器材、工具的管理、数据信息管理、计算机设备管理等方面对各支公司实施检查与考核。并完成与兄弟市公司的广域网建设,初步建成了以市公司为中心,与省公司连接的骨干网、与省辖各分公司连接的三级网络体系,实现了信息的共享和快速传递,所有业务数据通过网络传输。是年,该公司为所辖支公司新增配了计算机及附属设备,同时还组织了不同层次的专业培训,全系统全面实现了企财险、机动车辆险业务电脑出单以及电脑缮制理赔调查报告和损失计算书。

市太平洋保险公司电子化建设网络系统管理完全按照总公司部署实施操作,整个太平洋保险网络系统布局是"总公司—省会分公司—省内分公司(办事处、支公司)三级网络架构"。整个公司只有一个网段。是年,总公司建立财产险、人身险、再保险信息中心系统,并逐步延伸、交互到市公司一线,办公现代化OA系统推广普及到市公司。

1999年,市各保险公司普遍建立了专门的计算机管理机构,配备专职人员。是年,在各方共同努力下,全市保险公司计算机"千年虫"问题也得以顺利解决。

市人民财产保险公司为提高公司各部门的工作效率,有效利用网络资源,及时传达公司内的各类信息,市公司将收发文件由邮寄改为通过Internet Explorer浏览器10.133.1.249站网进行网上处理,并指定一名信息管理员,具体负责每日查阅网上文件,及时将文件中的相关内容转发给公司负责人及有关部门,以确保政令畅通。是年,该公司在网络建设上,完成了8个支公司的局域网建设,先后对各机构经理查询系统、统计分析系统、办公自动化系统进行软件的安装、调试。同时还对车辆险新程序和财务记账系统进行了完善,在市区建立了业务签单中心,建成各县(市)分中心共用数据库。全年全辖电子化进程进一步加快,硬件环境得以明显改善。进一步完善全辖各县(市)支公司的内部局域网,开通了X.25和电话拨号等通讯方式。对全辖网络进行升级,开通了市公司与省公司之间以及市公司与县支公司之间的DDN通信线路,县支公司由原来的路由卡升级为路由器。市公司数据中心配备了2台高档服务器和1台磁盘阵列机,还为辖内各机构配备了一批PC机和打印机。是年,该公司还组织了全系统计算机业务操作比赛，比赛内容为机动车辆险、企财险出单、撰写调查报告、缮制损失计算书等。

市中国人寿保险公司为了适应业务的快速发展，设立了电脑部。当年对全市系统网络进行升级改造，新增3COM路由器7台、3COM交换机7台、2M光纤7条，实现了省、市、县三级高速互联。同时，配置了富士康小型机1台、服务器1台、UPS1台，大大增强了计算机业务处理能力。新上线CLAF财务处理系统，并增加财务专用服务器1台。市公司还制定了《中国人寿保险公司淮阴分公司系统电脑人员管理规则》，为全辖计算机管理工作实现规范化、制度化打下了基础。开通了Internet网，年底计算机设备覆盖辖内县（区）所有机构。市公司与县（区）机构之间全面联网，全辖局域网和广域网建设取得一定进展，基本实现了全系统计算机网络化。全市实现业务数据集中，在全市推广应用财务电算化。还多次组织计算机专业人员对系统网络和业务、财务、统计等应用软件进行测试，组织对全市小型机、服务器、操作系统和数据库系统进行升级，制定下发应急方案，对辖内所有操作系统和数据库分项进行备份。

市人寿保险公司不断进行网络升级维护和硬件更新，图为工作人员正在检查网络及硬件设备运行情况

市平安保险公司财、寿险两条线把电脑信息技术的提升与加强业务管理紧密联系起来，市平安保险公司（寿险）系统LBS的成功上线，DDN专线的开通，以及GBS的推广，极大地提高了内部信息的传递速度和共享程序，加强了与上下级机构之间的联络，确保了数据的准确性和及时性，为业务的快速发展奠定了基础。市平安保险公司应用车险小型机系统出单，应用系统的零件、工时、价格、估损等维修信息数据库开展理赔工作。

市太平洋保险公司为全系统统一购买电脑设备，并选派专业技术人员参加省公司电脑业务专业培训。公司承办财险业务全面使用电脑出单。

2000年,各保险公司注重强化计算机业务管理,制定了一系列的管理制度,同时计算机应用领域不断拓展,办公自动化开始起步。市中国人寿保险公司各部门全部配备了电脑,网络并入省公司系统局域网。根据全省信息技术工作的布置,对综合业务处理系统中的契约、柜面处理、代收费、理赔、代理人管理、统计查询等七个方面进行了全面升级,为了提高数据的安全性,新增了EDI磁盘阵列1台,极大地提高了公司综合业务的处理能力和水平。

市人民财产保险公司进一步加快电子化建设,提高计算机应用水平。按照全省系统计算机网络升级的标准及要求,加强与市、县电讯部门的协调,统一部署,实施了省、市、县公司之间的广域网联通、局域网以及公司内部网络的升级改造,为"一线两心"和办公自动化建设提供了硬件保障;该公司应用了电子邮件系统,实现了V2K的平稳过渡,并推广了办公自动化系统。制定下发了《关于进一步加强计算机应用工作的通知》,对计算机应用工作提出了具体要求,机动车辆险、企财险、家财险等主要险种业务全面实现电脑出单,全部赔案由计算机处理。市公司进一步加强了数据安全管理,注重提高技术服务水平。全辖机动车辆险、企财险、家财险、涉外险等主要险种均实现了计算机处理。财会电算化工作也有了突破性的飞跃,全面实现了脱离手工操作,进一步提高了会计核算质量;为全面提高经营管理水平,尽快实现文档管理科学规范、传输方便快捷的目标,实施了办公自动化应用推广工作。是年,系统试运行办公自动化系统,试行了网上收发文流程的应用,开通了"电子邮件、交流园地、文档管理、信息查询"等项功能。并开展了多层次计算机应用培训,提高了各层次人员计算机应用水平。组织辖区43名职工参加了江苏省计算机应用能力操作培训考试,其中39人取得了计算机应用能力中级操作证书,其余人员均取得计算机应用能力初级证书,全辖已取得应用能力操作证书的人员占应取得证书人员的90%以上。全年全辖共组织培训11次,参训人员达130人次以上。是年,为尽快实现文档管理科学规范、传输方便快捷的目标,全辖实施了办公自动化应用推广工作。

市平安财产保险公司启用“销售辅助管理系统”及“平安产险信息管理系统”。市太平洋财产保险公司完善“综合业务处理系统”“财务核算及会计管理系统”“各类报表系统”。大力推广“办公自动化系统”和信息网络建设,完善银行代收费系统,推进业务和财务处理一体化。建立了以小型机为数据中心的双机运行模式,实现业务数据向省公司的实时集中。同时开通了外部网站。是年,市太平洋财产保险公司还设立计算机房,实现县区—地市级—省级网络联网,并通过财险经营三大主要功能的分离模式,使分公司实体化,并同时具有决策和操作双重功能,突出强化其展业功能。

市中国人寿、平安人寿、太平洋人寿3家保险公司为了加强计算机的安全管理,先后制定了《电子计算机安全管理制度》。各公司所有工作人员从严按操作规程使用计算机,不准擅自删改、添加任何应用程序,严禁修改系统设置、开机口令及密码。各寿险公司为做好电脑设备的管理工作,均指定了一名责任心较强的电脑人员作为电脑设备专管员,具体负责电脑设备的维护及电脑设备的日常管理工作,包括电脑设备的购置与升级,电脑设备的使用与管理,电脑设备的调拨、出售、报废等。是年,为了适应业务不断发展的需要,进一步提升管理档次和工作效率,市3家寿险公司开始推广和加强“办公自动化系统”和信息网站的建设,制定了管理制度,把办公自动化系统的运用能力作为对所有管理人员工作技能考核的一项重要内容。

2001年,各保险公司计算机系统联网升级改造工作进一步加强。市中国人寿保险公司根据财务集中核算管理的需要,及时组织财会系统升级及新程序推广,利用财务辅助账系统的功能,顺利完成财务、业务接口工作,确保公司的经营成果得到及时、真实地反映,为公司的经营决策提供准确可靠的数据。

是年,市中国人寿、平安人寿、太平洋人寿3家保险公司为了使用和维护好网上签报系统,都实行了签报系统使用责任制,与有关人员签订了责任书,对发出签批的签报负责,严格执行签报流程,经常查看系统中存档签报，发现问题及时处理。同时，做好密码的管理。网上签报系统的使用，提高了各类文件的签报处理时效，办事效率也大大提高。

市中国人寿保险公司中心计算机房搬迁到新投入使用的公司大楼，新计算机房电脑设备采用梅兰日兰20千瓦 UPS集中供电。同时，对中心计算机房的网络设备进行了升级，淘汰了3COM网络设备，新增了7台思科网络设备。为各部门配置了PC机、打印机共40余台；为客服中心配置了终端、打印机30余台。6个县支公司新增PC、终端、打印机共60余台，计算机应用及系统联网大规模普及。市平安人寿保险公司更新网络设备、改造网络体系，将省、市、县之间的广域网的传输速率由64K提高到2MB，并开通95519客户服务专线电话，市公司传输中心的客户档案管理系统得以完善。同年，市平安产、寿险公司都对财务管理程序进行改造，全面推行OR-ACLE财务系统。公司网络DDN线路带宽提速至128K。公司客户综合开拓系统（CS）正式启用。

市人民财产保险公司在机动车辆险平台程序数据集中的基础上，推出新一代财产险业务处理系统，使用“共用代码库”；安装、升级了大财险程序，各县区支公司基本完成了数据补录或录入工作，完成了省公司客户档案、中间库系统的安装和数据转换、抽取工作，为领导决策和业务部门业务分析提供了准确依据。电子化建设成为加速管理现代化的重要手段。是年，该公司积极推动无纸化办公，为普及办公自动化应用技术，全年共举办10期计算机业务培训。随后，辖内信息交流、内部通知、发文等工作逐步脱离纸笔。随着公司管理机制的更新，市公司建成了全辖承保、理赔共享一个数据库的业务处理模式的数据中心，实现了全公司理赔、财务数据和文档资料的集中存储、集中处理、集中统计和查询，此举为全辖办公自动化水平的提高打下坚实的基础。

市太平洋财产保险公司认真贯彻落实总公司系统管理暂行规定，并结合自身实际，简化、细化基层网点安全管理责任制，对统一配置电脑主要设备、计算机房、系统操作授权、系统数据处理、系统设备安全管理分别作了明确规定，按程序、按权限、按流程实施电脑操作，确保业务稳健发展。

2002年，随着服务器大面积投入使用，各保险公司各项服务功能得以充分发挥，计算机业务处理自动化又上新台阶。市太平洋人寿保险公司应用省公司开发的《寿险业务分析决策支持系统》，为提高公司经营管理水平和防范风险的能力，提供准确及时的数据。市公司业务处理中心还上线影像系统，实现了投保资料扫描后的电子版归档。经过不断优化、发展，实现了所有业务处理的自动化。是年，市中国人寿保险公司专门新增了5台服务器用于综合业务处理，为中心计算机房增配富士通小型机1台，实现了相关信息双备份，确保了中心机的可靠运行。同时为全辖所有农村中心职场配备了传真机。建立了以小型机为数据中心的双机运行模式，实现了业务数据向省分公司的实时集中，市公司还成功申请了一条淮安至南京的备份线路。

市人民财产保险公司正式启动2003版机动车辆险业务处理系统前期准备工作，对公司骨干业务软件进行全方位的规范化处理，即“共用代码库”。全年投入电子设备规模69万元。此外投入15万元的视频会议系统正式使用。为实现机动车险全国统一出单，投资17万元配备IBM255 2.0G Xeon×4CPU服务器投入使用。并增加了PC机、笔记本电脑、打印机、UPS机，并对各种网络设备进行了技术改造。是年，市公司视频会议系统成功参加了省公司电脑远程会议；在全系统建成了“95518”专线服务电话。同时，建立了IP电话系统，实现了淮安到全省各市公司长途电话“0”话费目标。是年，业务数据集中处理系统陆续升级到40多个险种，完成新服务器的数据转换和升级工作，保证所有数据在业务程序上的运用，并于年底正式启动2003版机动车辆险业务处理系统。

市太平洋财产保险公司重新调整、规范“综合业务处理系统”的数据维护制度，将维护申请单的填制、申请、审核、维护等信息纳入“综合业务处理系统”，以便分析统计数据维护情况，同时也为考核操作等情况收集基本信息。

2003年，各保险公司计算机广域网的开发利用得到了进一步的发挥。市人民财产保险公司按照人保财险全国统一程序车辆险保单的要求，为公司95518系统安装了录音电话设备并开通运行。公司全年共投入电子设备费用15万元,办公自动化配备的联想万全T310服务器投入运行。是年,完成2003年版车辆险新程序在全公司辖区的推广及多次升级任务。完成了每天全市系统财产险及车辆险数据的集中及自动上传工作;完成了储金清理、消费贷款清理、应收保费清理及巨灾分保和数据上报工作等;完成收付费系统与大财险系统的对接工作;完成了单证系统与财险、新车险的对接工作;完成了新统计系统的数据转换程序的编写、调试和应用工作;在全辖基本建立了承保、理赔、客服、服务中心数据的分析体系。为确保系统安全运行,按照上级部署,修改了操作系统和数据库系统的重要参数。重新安装调试了运行机及备用机的操作系统、数据库和相关文件系统、应用程序等,并对备用机的内存和硬盘进行扩充和应急恢复测试。

市中国人寿保险公司进行数据集中,并在各县支公司设兼职电脑协调员,负责电脑的维护。是年,“95519”客服热线开通,市公司新增联通到省公司的电信4M ATM线路1条。为了确保“银保通”推广工作顺利实施,市公司成立了“银保通”推行领导小组,信息技术部全力做好程序运行的维护工作,并在市工商银行系统全面推行“银保通”实时出单业务系统,提高了银行代理业务的管理水平和工作效率,进一步促进了银行代理业务的发展。公司同部网站开通,形成了资讯发布、信息交流的重要平台。

市平安人寿保险公司根据总公司ORACLE项目小组安排,从是年11月20日起ORACLE二期上线,公司正式起用ORACLE二期的PO采购、AP应付、CE现金、PA项目4个模块,所有费用的动支申请全部在ORACLE系统中进行,原来的预算电子签报系统停止使用。为了实现LHBS系统的整合上线,电脑部人员24小时值班,对系统上线后运行效率进行适时监控,发现问题及时上报,确保了LHBS系统整合项目推广计划的顺利实施。

市太平洋财产保险公司建成连接总、分公司的通信网络、信息管理系统、财务管理系统、业务出单系统均满足公司管理的需要,统一客户电话“95500”24小时开通,该公司信息系统应用与推广在全省处于领先地位。

2004年,各保险公司计算机设备及应用程序的升级换代工作初步展开。市平安财产保险公司ORACLE二期财务系统上线,将费用预算、固定资产采购系统与ORACLE原有总账系统相结合。全辖实现部分保单的联网出单。市人民财产保险公司省与市网络升级到2M,彻底解决了县区支公司网速慢的问题,同时也提高网络的稳定性。是年,市分公司用Impromptu编制了一系列报表用于业务数据分析,为公司领导科学决策提供依据。全年共投资电子设备规模39万元。市县2M光纤上线,7家县区支公司配备MP2600C路由器和24口交接机,20台网络液晶终端首次投入使用。在备份的一台Linux机器上配备了200G的大硬盘,专门用来再放一周的备份数据,以确保业务数据的准确性和完整性。

市中国人寿保险公司加大科技投入,在市公司营业大厅添置了2台客户保险信息触摸屏,全辖安装了38台自动化收付费POS终端服务器,进一步提升了服务档次。市太平洋人寿保险公司为了加强计算机病毒防范,确保信息安全,在全辖推广使用KILL防病毒软件和CBPS7版上线。

2005年,各保险公司进一步加大计算机设备投资力度,电子化升级换代工作广泛展开,初步实现了无纸化办公。市中国人寿保险公司及时购置更新了一批计算机设备,购置了IBM PC服务器2台;PC-P42.8G/256M/60G/15CRT40台;IBM笔记本10台;IBM笔记本ThinkPadx40台2371LC05台;IBM笔记本ThinkPadT42台23738XC1台;实达终端42台;HP激光打印机A4幅面HP101510台;HP激光打印机A3幅面HP5100N A32台;DPK8300E+40台;LQ1900K8台;TallyT2060打印机1台;chase终端服务器2台;交换机Star24口7台;HUB8口5台,安装了45台WIN终端,对全辖的交换设备进行了全面升级,彻底改善了全辖设备陈旧的状况。其他各寿险公司也由上级公司统一调拨、添置了计算机及相关设备。是年,中国人寿“95519”电话服务中心率先通过CCCS全国呼叫中心运营传效标准五星认证。

市太平洋人寿保险公司进一步强化电子化建设,配备了专职电脑人员,负责电子设备的管理及维护。全年新增台式电脑22台、笔记本电脑2台、投影仪2台。

市太平人寿保险公司为管理人员每人配置一台计算机,每个业务团队也配发了一台计算机,设置了主机房,聘用了1名专职IT岗位人员,负责与外界的系统网络联系及市公司设备及网络维护。所有管理人员均能熟悉掌握办公自动化及查询、业务办理等技能,公司的新契约、保全、理赔、反洗钱系统识别、财务系统及在其他条线业务工作中,都通过电子化处理。到2005年年末,全辖各寿险公司拥有计算机近千余台套,实现了业务电子化和办公自动化,各寿险公司均设立了专门的管理机构,配备了专门的管理人员,开通了各自的网络专线,根据各自的业务特色开发了专门的应用程序,建成贯通全国、联结全球的保险电子商务网站,并全面设立客户服务电话,搭建起完善的标准化管理系统平台和完善的稽核监察体系,利用IT技术大力开展内控信息化建设,极大地推动寿险业务的快速发展。

市人民财产保险公司对市公司主机房进行了改造,并做好机动车、大财险、收付费、账务系统、理赔案券流转和Web管理版、个人代理营销等应用软件的升级维护工作。与此同时,按照05版三个中心的规范要求,修订三个中心技术保障方案、机器设备和数据库、软件运行文档、各个应用软件升级文档、培训文档、设备采购使用文档。是年,投入电子设备规模34万元,在省与市之间安装第二条光纤的基础上,使用MP3780路由器,和原来MP3640形成互为备份。是年,省公司加强系统数据质量管理,启用了数据监控程序,建立了标准化数据体系,进一步完善数据质量考核制度。至年末,市公司的省级业务数据加入省公司数据库集中处理,完善了信息系统处理平台,推广了综合数据分析系统和数据查询系统。并将全辖各支公司OA主机上收到市公司,集中部署在市公司统一管理。

市太平洋财产保险公司完成了财险数据清理、团体年金数据清理、核查和数据转换及新年金系统上线工作。完成了集团数据清理三个阶段的工作,业务和财务部门完成业务、财务集团数据清理和数据修复工作,为业务的健康发展提供有力保障。是年,还推广了车辆险集中理赔系统。现代电脑网络出单进一步升级,车辆险、人意险等系统上线使用。市平安财产保险公司运用财务管理信息系统提供的技术便利,全面推行收支两条线管理,建立起完善的资金管控体系,进一步完善核心业务系统功能,适时监控业务机构的各项指标的实绩进展情况。市中华财险公司推广使用核心业务系统,率先在全国系统内推广办公自动化系统。

2006年,随着各保险公司电子化建设的快速发展,广域网运行模式初见成效。市人民财产保险公司按照省公司的要求,实施了数据大集中,即所有险种业务数据都适时放到省公司,主要业务数据的备份、程序的升级上收至省公司,该公司主要负责95518、理赔的报价、老车险、分保和统计的数据库维护工作。修订了2006年版三个中心技术保障方案、网络数据安全、机器设备和数据库、软件运行文档、程序和数据文档、培训计划文档、设备采购使用文档等运维文档。市公司投入34万元,在省与市之间安装第二条光纤,使用MP378C路由器,核心路由器设备采用分层部署,和原来MP3640形成互为备份。还为各县(区)支公司经理配备电脑笔记本共计10台。是年,首次使用无线出单设备,建立外部出单点6个,为公司业务拓展开辟了新途径。

市平安财产保险公司按照保监会要求加强交强险管控,实行交强险单独核算。是年,公司交强险赔款集中支付系统上线,实现所有赔款由上海后援中心通过花旗银行转账支付。

市安邦财产保险公司成立伊始,即开通飞鱼星VC1000路由器连接电信20M宽带,并通过此宽带连接网络及SSLVPN公司内部系统。根据总公司统一部署,计算机采取区域网管理,对员工上网行为进行管理和监控。定期检查员工终端补丁安装、防病毒软件安装、杀毒软件安装等情况,对违反规定的员工,一律按公司管理制度予以处理;加强对计算机房的定期检查,对UPS电池、空调、灭火消防设施出现的问题及时予以处理;完善信息安全工作机制,提高信息安全工作的管理水平,进一步加强信息系统安全工作的力度;完善应急响应及事件管理机制,对发现的安全问题及时上报和处理。是年,市公司建立了信息系统安全工作责任制,每台设备有明确的安全责任人,逐级签订网络安全责任书,建立了责任追究制度,明确了专门的监督管理人员负责责任追究制度的落实。

2007年,市人民财产保险公司全年投入553万元,用以进一步提升系统网络运行技术,同时对计算机房的UPS不间断电源配备扩容到10KVA;市平安财产保险公司银行平台上线,保费核算集中到上海后援中心,客户通过刷卡就可以交纳保费,并完成实收系统的自动核算。同年,该公司还开发了为税务部门代扣缴车船税应用程序，并实施相关业务运作。市太平洋财产保险公司实现全系统车险P09系统上线使用。

2008年，各保险公司全面实行了各项业务的电子化运作。市安邦财险公司启用了美国微软的WindowsXP操作系统和防木马科技网络版杀毒软件。办公软件采用美国微软的Office2003。市平安财险、平安寿险等新预算系统及新单证管理系统上线，全面推行预算金额科目控制，单证管理更加完善。

市人民财产保险公司全面安装PC机系统和办公自动化系统，理赔定损系统共计开展412次，联维护液晶终端21次，打印机46次，为理算中心大厅布线装机，保证理算工作更加高效开展，产险事业部和支公司电子设备定损10余次，为淮阴区现代4S店、盱眙马坝镇分理处增加两个VPN出单点。是年年底，投入运营远程VPN 7个，无线网络5个，增加公司外的出单和定损点12个，极大地减轻了市公司三个中心的压力，也方便支公司的业务出单和数据的及时补录。全年投入电子设备购置64万元，电子科技运作上了一个新台阶。

是年，市中华联合财产保险公司理赔EBAO系统投入运行，大大提高了理赔效率和服务质量，是年人身险系统改版上线，实现了财险数据和短期人身险数据的分别管理，为未来中华寿险公司成立后数据管理奠定了基础。市太平洋财险公司进一步升级改造系统网络，全辖基层县支公司营业网点全面实行网络电脑出单，网络速度更加快捷。

第二节　软件开发及应用

1991年，市人民保险公司根据淮阴市的经济特点及业务发展趋势，组织开发了“农村劳动力险程序”“学生平安险程序”“经理决策系统程序”“业务进度分析表程序”等5个应用程序，并实施推广省分公司下发的企财险、机动车辆险、家财险、团身险、子女婚嫁金险等6个应用程序。是年，全市系统计算机应用程序11个，业务电子化处理量达8万笔。同时还组织开展了计算机应用软件培训，不断提高业务人员操作水平。在当年全省人民保险公司系统业务人员电脑操作比赛中，市公司荣获团体总分第二名，缪庆红、段金明分别获业务、理赔单项比赛第二名。

1992年，市人民保险公司集中计算机专业人员，深入研发应用软件，计算机应用软件由原来的11个增加到21个。其中，自行组织开发的新程序7个，推广省公司新下发的应用程序3个。主要有货运保险系统、简易人身保险系统和机动车辆保险系统等。是年，全市系统计算机业务处理量突破40万笔，其中企财险572笔，团身险274414笔，机动车辆险6159笔，家财险9377笔，农房险132537笔，子女婚嫁险5389笔。

1993年，市人民保险公司开发了家财险还本合约保险程序，设计了自行车理赔程序。并对其他应用程序进行了优化、修改。先后修改了统计分析表、财务测算表、农房险等程序，设计了全辖各支公司电子报表自动生成程序，使计算机应用程序向更高层次跨进了一步。计算机应用软件增加到30个，新开发的主要有子女婚嫁金、学生平安、人事管理、责任准备金、人身保险等管理系统软件。主要骨干险种实现了计算机处理，计算机软件应用实现了由短险向长险的发展。是年，人民保险公司清河办事处子女婚嫁金保险业务完全采用计算机处理的试点工作取得了成功。

1994年，市人民保险公司设计的“还本家财险业务处理程序”在省分公司举办的全省优秀软件评审活动中获得三等奖。是年，实现了企财险、机动车辆险等主要骨干险种业务实务处理电子化。在软件开发应用方面，结合淮阴人民保险公司业务特点，设计了支公司报表自动生成程序，子女婚嫁金财务对账程序，子女婚嫁金业务交接程序。编制了农险业务自动生成报表程序，产险业务统计报表程序，并侧重实施主要险种计算机应用，以发挥计算机的效率。至年末全市保险系统运行的计算机应用程序达37个。

1995年，市人民保险险公司根据省公司统一要求，对企财险计算机应用程序进行了修改完善，并推广到全辖各支公司。是年，市人保财险还开发推广了麦场火灾险应用程序、国际业务部企财险业务处理系统应用程序、国际业务部货运险业务处理应用程序、保险单证领用登记应用程序、有价证券领用登记应用程序等五个程序。全市运用计算机处理系统险种达12个，全年计算机业务处理量达110万笔，主要骨干险种业务实现了计算机处理，并达到与业务发展同步。全辖还推广应用了人民保险公司会计记账系统、法定分保系统、机动车辆保险系统软件、子女婚嫁金和货运险清算代理赔系统等软件。

1996年，市人民财产保险公司加大了软件开发力度。开发并推广了“单证管理”“还本家财险”两个应用程序；增添了清产核资程序中的校验功能和三七分保汇总程序模块。市中保人寿保险公司营销业务应用程序在各县支公司得到成功推广。

1997年，市中保人寿保险公司推广了会计核算及财务管理系统软件。市中保财产保险公司责任准备金及综合业务处理系统软件在辖内推广使用。并对6大险种18个险别理赔程序实现了电子化管理。

1998年，为适应业务发展的需要，各保险公司陆续实施了计算机软件程序的升级改造。市中保人寿保险公司根据业务管理的需要，提高业务软件的适应能力，先后三次组织对“人寿保险业务综合处理系统（cbps）”的升级开发。

市中保财产保险公司对多个险种的系统软件进行了核实与确认，并逐步对软件程序进行技术改造。是年，公司特招了两名电脑人员，专门研发新业务应用软件。公司根据业务发展的需要，将计算机应用和程序开发作为工作重点，研发了“五小车辆险”处理程序、自行车理赔应用程序，修改了货运险、家财险等八个险种集中处理程序，设计了机动车辆险、企财险等业务分析表，推广了进出口货运险业务新程序。是年，在全市系统还试行了中国人民财产保险公司会计电算化核算程序。计算机处理业务达100%，并通过了总、省两级公司组织的电算化工作检查。为全市系统会计核算运用计算机代替手工进行会计核算打下了基础。

市太平洋保险公司推广了办公自动化管理系统软件。对全辖区使用的操作系统软件、数据库等进行升级，对应用系统进行修改，并经多次测试，取得成功。

1999年，随着计算机应用的不断普及，各保险公司逐步建立了专门的管理机构，配备专职人员。强力推进各项应用软件的开发。市中国人寿保险公司为了适应业务的快速发展，设立了电脑部，招聘了专职软件开发人员，专门从事应用软件的开发。是年，该公司加强财务应用软件的开发和系统维护工作。全力提高各机构办公自动化水平。对"会计记账系统"进行版本升级，启用"交费管理系统"，利用系统升级进行应收保费管理的专项清理。开发和完善了"通用交费及统计处理程序"、设计了"保险查询系统""凭证管理程序"，完善和优化了综合业务处理系统，开通了电子信息网。市平安保险公司（寿险）把电脑信息技术的提升与加强业务软件程序开发紧密联系起来，极大地提高了内部信息的传递速度和共享效率。市太平洋保险公司实现办公自动化，市公司与省公司的收发文件系统软件正式启用。

市中国人寿保险公司电脑科技人员正在开发业务应用软件

市人民财产保险公司积极实施软件推广应用工作，全面推行手工和电算化并行会计核算。先后推广应用了新开发的机动车辆险应用程序、单证管理与五小车辆险应用程序、机动车社会拥有量核对程序、保费日报统计程序、市公司办公自动化应用程序。这些程序的推行使用，有力地推动了全市系统电子科技发展速度。市太平洋财产保险公司推广应用新版"机动车业务处理程序"和"储金管理程序"；先后修改应用了"船舶险业务处理程序""业务分保处理程序""个人住房信息程序"等。

2000年，各保险公司计算机应用领域不断拓展，办公自动化开始起步。市人民财产保险公司推广应用了机动车、业务分保、理赔管理、95518承保查询，以及财务统计新程序。是年，还试运行办公自动化系统。市中国人寿、平安人寿、太平洋人寿3家保险公司开始推广运用"办公自动化系统"和"信息网站系统程序"，并就应用办公自动化相关管理软件，制定了管理制度，把办公自动化系统的运用能力作为对所有管理人员工作技能考核的一项重要内容。

2001年,市中国人寿保险公司根据财务集中核算及各项业务管理的需要,及时组织人员开展系统升级及新程序推广。成功运行的主要应用系统软件有会计核算与财务管理系统、综合业务处理系统、统计处理系统、人事报表处理系统、分保处理系统、办公自动化处理系统、案件管理系统、辅助账及业务接口程序等。是年,市中国人寿、平安人寿、太平洋人寿等保险公司为了使用和维护好网上签报软件系统,实行运行责任制,与有关人员签订了责任书,对发出签批的签报负责,严格执行签报流程。

市人民财产保险公司在机动车辆险平台程序数据集中的基础上,又推出新一代财产险业务处理软件系统,先行发布18个业务软件,并且对电脑业务软件管理的基础工作进行规范。是年,大财险程序的推广应用,是人保数据的又一次重要集中,也是人保系统科技进步的一个重要里程碑。

2002年,各保险公司随着服务器大面积投入使用,各项服务功能充分发挥,计算机业务处理电子化又上新台阶。市中国人寿保险公司应用了省公司开发的“寿险业务分析决策支持系统”。该公司业务处理中心上线了影像系统。市人民财产保险公司对最大的业务软件进行全方位的规范化改造,即“共用代码库”。同年,还完成了单证管理、储金管理软件的修改升级工作,并对市公司的保险清理程序、核保核赔程序进行多次升级。

市太平洋财产保险公司在管理软件的应用和开发上,对会计记账、分保、房屋抵押贷款等保险业务程序进行修改调试和推广,上级下发的主要业务软件都能按时在辖区应用。同时还自行开发一些业务急用软件,其中有“交费管理及统计”“数据转换程序”“分散险种数据补录程序”,还有涉及多种险种电脑出单及统计程序等,此外运用COGNOS系统开发了一些业务分析软件,以满足各级管理人员的使用。

2003年,市人民财产保险公司按照总公司全国统一程序和数据结构机动车险程序上线,市公司对客户档案、Ereport系统软件进行安装、升级和数据备份。市中国人寿保险公司开始使用总公司与中国工商银行联合开发的银行实时出单业务软件系统。进一步促进了银行代理业务的发展。

2004年,各保险公司开展计算机应用程序的升级换代工作。市太平洋人寿保险公司与触摸屏供应商合作开发了适合公司业务的触摸软件。还先后完成了个人保险“鑫光飞度”相关程序、客服统计程序、团险统计程序、个险“携手同行”统计程序、“挑战行动”统计程序、淮阴区学生保险凭证管理程序、客户回访系统、个险“金秋风采”统计程序、个险精英杯业务竞赛报表、营销业务进度表等多个外挂程序开发，并开发出了适合公司实际应用的一套管理软件，为新型农村合作医疗的健康发展提供了技术支持。

2005年，市各保险公司电子化升级换代工作广泛展开，初步实现了无纸化办公。市人民财产保险公司开展对机动车辆、大财险、收付费、财务系统、“95518”、理赔案券流转和Web管理版、个代营销等应用软件的升级维护工作。修订三个中心技术保障方案、机器设备和数据库、软件运行文档、各个应用软件升级文档、培训文档、设备采购使用文档。市太平洋财产保险公司完成了生命表数据清理、团体年金数据清理、核查和数据转换及新年金系统上线工作。并进行了财务集团数据清理和数据修复工作，为业务的健康发展提供有力保障。

市太平人寿保险公司公文管理信息软件系统在全辖成功推广使用，全辖实现了无纸化流转和办公自动化。市平安人寿保险公司实现了业务处理、财务核算、报表编制、人事劳资管理、客户档案、内部档案管理等电子化操作。是年，办公自动化系统的广泛应用，极大地提高了各寿险公司的工作效率和管理水平。到2005年年末，全市各寿险公司所有业务全部实现了计算机管理和办公自动化，根据各自的业务特色开发了专门的应用程序，极大地推动寿险业务的快速发展。

2006年，随着各保险公司电子化建设的快速发展，各项业务软件开发运用进一步拓宽。市人民财产保险公司按照省公司的要求，实施了数据大集中，所有险种业务数据都适时放到省公司，主要业务数据的备份、程序的升级上收至省公司，市公司主要负责“95518”、理赔的报价、老车险、分保和统计数据库的维护工作、网络数据安全、机器设备和数据库、软件运行文档、程序和数据文档、培训计划文档、设备采购使用文档等运维文档。市平安财产保险公司按照保监会要求加强交强险管控，公司交强险赔款集中支付系统软件上线，实现所有赔款由上海后援中心通过花旗银行转账支付。市安邦财产保险公司业务系统调整为C/S架构，系统的开发软件和维护均集中在集团，市公司通过客户端方式访问系统，除核心业务系统软件外，还包括理赔易保系统、动支、OA、邮件、运维服务等系统软件。

2007年，市人民财产保险公司全年投入553万元，以进一步加大对系统软件运行的技术提升。市公司开发基于B/S架构的淮安人保财险数据查询系统软件，比之前单机版的程序易于维护，且综合分析系统和EFE-POFT系统能满足日常数据分析需求。市平安财产保险公司银行平台上线，保费核算集中到上海后援中心，客户通过刷卡就可以交纳保费，并完成实收系统的自动核算。同年，市公司还开发了为税务部门代扣缴车船税应用程序，并实施相关业务运作。市安邦财产保险公司对核心业务系统交强险应用软件进行了升级改造。

2008年，各保险公司，全面实行了各项业务的电子化运作。市人民财产保险、太平洋财产保险、平安财产保险、平安人寿保险公司等新预算系统及新单证管理系统上线，全面推行预算金额科目控制，单证管理更加完善。市人民财产保险公司全面安装PC机系统和办公自动化系统。市平安财产保险公司执行“江苏省商业理赔信息查询平台”，开通维护理赔信息查询系统，极大地方便了客户对理赔信息的查询。市安邦财产保险公司对“免费出单”应用软件进行了升级改造，核心业务系统也完成由C/S结构转到B/S结构的改造。

第三节 计算机2000年问题

1999年，各保险公司把解决计算机“2000年问题”作为全年科技工作的重点。计算机“2000年问题”俗称“千年虫”，是全球面临的技术难题。为确保计算机平稳顺利通过2000年，市人民、太平洋、平安、天安等财产保险公司，分别成立了计算机“2000年问题”领导小组，加强对解决计算机“2000年问题”的领导和组织技术攻关，各公司采取有效措施，确保数据信息安全准确，保障电脑业务处理及财务管理正常进行。在6月、7月、9月三个时间段均组织计算机专业人员对统计、财务、分保、报价、业务等应用软件进行测试。是年12月下旬，针对存在“2000年问题”的隐患，应急小组全体成员昼夜值班，严密防范，及时解决各个环节发生的问题。市各保险公司对所辖服务器操作系统和数据库系统进行升级，制定了切实可行的应急方案，对所有业务、财务数据进行双备份，保证了数据安全。经过全体科技人员反复多次测试，经过各部门的通力配合，全辖各财产保险公司计算机系统平稳过渡，顺利解决了计算机“2000年问题”，保证了业务的顺利开展。

市人寿保险公司科技人员在进行计算机“2000年问题”测试

市中国人寿、平安人寿、太平洋人寿等保险公司为了迎战即将到来的计算机“2000年问题”，根据上级公司规定，结合自身实际，专门成立了计算机“2000年问题应急指挥小组”，分别下发了《关于认真做好计算机2000年问题过渡期有关工作的通知》，对每个环节工作作了具体部署，及时研究解决“计算机2000年问题”。是年，先后两次对全辖所有业务电脑设备进行操作系统ONCINE数据库应用平台的升级工作。规定从1999年12月26日起至2000年1月5日止为过渡期，其中1999年12月31日至2000年1月1日为关键过渡期。在关键过渡期内停止一切业务、财务、银行代收和其他应用系统的运行。各级电脑管理人员必须对PC机重要文档、数据做好备份，确保数据信息安全准确，保障电脑业务处理、财务管理和其他应用系统的正常运行。在关键过渡期内，应急小组、信息技术人员和其他相关人员坚守岗位，积极配合应急指挥小组的工作。针对系统网络和业务、财务、统计等可能存在“2000年问题”的隐患，各公司多次对应用软件、系统等进行测试，及时安装了系统补丁。经过各寿险公司全体科技人员的努力和业务部门的配合，确保了所有系统的顺利过渡，圆满解决了计算机“2000年问题”。

第八章　保险业监管

江苏保监局党委书记、局长亓新政(右2)一行在市人民财产保险公司召开全市保险业发展调研座谈会

淮安保险业监管分为市人民银行监管和中国保险监督管理委员会江苏监管局监管两个时期。在不同监管时期,监管部门根据特定的保险发展阶段具体情况,结合淮安地方经济发展的实际,创新监管方式方法,实施全面监管任务目标,认真履行对全辖各保险主体的机构监管、人员监管和市场监管等职责。同时发挥保险行业协会协助监管和行业自律的职能作用,为维护淮安保险业的健康发展、促进地方经济和社会进步做出了积极贡献。

第一节　监管体制

20世纪90年代初,国务院把金融体制改革提到重要的位置上,并不断推出金融体制改革新举措。市人民银行以创新监管的思路和实践适应新的形势发展需要,成立了包括银行、保险、证券业在内的全市金融大监管工作领导小组,通过制定行业经营约束机制,强化行业自律行为,执行严格稽核检查和惩处制度，终结了改革开放初期一段时间保险业各自为政的混乱经营状况。1992年10月，国务院开始部署实行分业经营、分业监管体制改革。1998年11月，国务院成立中国保险监督管理委员会，中国人民银行将保险行业监管职能移交给了中国保险监督管理委员会，实现了对保险业的统一专业化监管。此后，根据经济发展规模的具体情况，全国各个区域先后成立了专门的保险业监督管理机构。2000年9月，中国保监会驻南京特派员办事处（中国保监会江苏监管局前身）成立后，市人民银行正式把淮安保险业监管职能移交给了中国保监会驻南京特派员办事处。至此，淮安地方的保险行业监管工作初步形成了统一监管和专业监管，为保险业健康稳健和快速发展打下了基础。

第二节　机构监管

从1993年起，随着金融体制改革的深化和保险市场的不断开放，市人民银行作为保险业监管工作的职能部门，加强对各保险机构的准入管理，对机构的设立、更名、迁址、退出等实行监管。当年，市人民银行批准市人民保险公司成立分支机构3个。

1995年，淮阴保险市场发展潜力初现，一些保险公司来淮调研，争取在淮开展保险业务。是年上半年，经批准，南京人寿保险公司来淮设立办事处，并在全市11个县（市）设立代理处；下半年，经批准，太平洋保险公司、平安保险公司先后在淮设立办事处。

1996年，根据国务院保险机构体制改革部署要求，市人民银行牵头组织完成了全市保险机构的产、寿险分设，市中国人民保险公司先后分设成立了市中保财产保险公司和市中保人寿保险公司。

1997—1998年，市人民银行按照金融机构“严格控制机构总量，优化机构布局”的指导思想，重点组织对35个保险机构的年检，年检面达100%。对检查中发现的问题，向相关保险公司发出书面《整改通知书》，督促其限期整改。至1998年年末，共撤销了66家不符合条件的兼业保险代理机构。

1999—2000年，市人民银行认真组织对全辖保险机构的年检。同时，对保险公司变相设立机构网点开展调查，加大宣传力度，查防结合，维护市场公平竞争的正常秩序。

2001年，市人民银行将辖内保险业监管职能移交给了保监会驻南京特派员办事处。是年，市保险行业协会成立后，协助保监会驻南京办事处开展辖内保险业监管工作。市保险行业协会根据江苏省保险行业协会转发的《中国保监会关于规范保险公司分支机构名称等有关问题的通知》，对所属的各县区分支机构进行统一梳理，逐一规范了全市各保险公司的机构名称。在市一级的机构统称为分公司或中心支公司，县区机构名称为支公司；在支公司以下设立的机构称营业部。以前未经批准或备案的服务性机构一律撤销。在对全辖各保险公司及其分支机构名称进行规范统一后，市保险行业协会统一换发了由中国保监会及其派出机构核发的保险公司分支机构“经营保险业务许可证”。

2002年，随着保险市场的快速发展，针对在市场竞争过程中出现的乱设网点情况，保监会南京特派员办事处与省工商局共同下发了《关于保险公司营销服务部规范及审批工作的通知》，要求各保险公司分支机构设立的农村代办所、寿险营销部、营销员管理处以及其他在“经营保险业务许可证”营业地址外办公的各类网点，进行认真清理，设立新的营销服务部必须获得“保险营销服务许可证”，方可领取营业执照。

2003年，继上年对各保险公司营业地址外办公的各类网点进行认真清理后，市保险行业协会受南京保监办委托，组织开展了整顿和规范保险市场秩序的活动，要求各保险公司统一思想、提高认识，依法行政，严格执法，建立保险信用体系，完善保险监管法律法规，建立健全保险信息披露、保险信用评级、保险失信惩戒等方面的制度。8月，经南京保监办核准，淮安6家保险公司设立327家营销服务部，保险经营许可证由协会代为分发。

2004—2008年，随着全市保险机构不断增加，全市保险行业迎来了快速发展期，监管工作也不断得到加强。在江苏保监分局的领导和授权下，市保险行业协会根据不同阶段的不同工作重点，组织对保险行业的机构设立、更名、进入和退出进行管理。

第三节　人员监管

1991—1994年间，淮阴经营保险业务的只有市人民保险公司一家，从业人员较少，业务发展缓慢。市人民银行作为保险行业监管部门，根据法律赋予的职能，对市人民保险公司人员配置进行规范管理，做到按配比职数不超编。

淮安市华泰人寿保险公司认真开展"两个加强(加强内部管理、加强外部监管)""两个遏制(遏制违法经营、遏制违法犯罪)"回头看活动

1995—1996年期间，淮阴保险市场先后新增南京人寿保险公司淮阴办事处、太平洋保险公司淮阴办事处、平安保险公司淮阴支公司等在淮阴开展保险业务，各保险公司都招兵买马，招聘引进人才。随着1996年市人民保险公司实行产、寿险分设，市中保财产保险公司和市中保人寿保险公司先后成立。市人民银行把高管人员监管职能前移，根据实际情况具体分析具体对待，把好高管人员任职资格审核关，做了大量疏通引导工作，既满足各保险公司管理需要，又符合高管人员配备规范的要求。对一般人员的监管也毫不放松。针对平安保险公司代办员李某擅自以机构的名义租用固定营业场所，私刻印章，擅设机构的违规行为，市人民银行及时制止，并对李某某予以解聘。

1997年，市人民银行继续把好高管人员任职资格审核关，依规对保险公司的下属支公司正副经理7人进行了任职资格审查，对不符合条件的建议有关机构另报人选。对太平洋保险公司淮阴办事处、平安保险公司南京分公司驻淮首席代表跨区域违规办理业务的情况进行了现场调查并作出处理，要求立即停止在淮阴市各县（区）开展新的各类保险业务，对已办理的业务进行清理、清收。平安保险南京分公司驻淮代表营销业务员纪某某擅自办理业务1笔，保费720元，市人民银行对其进行了通报，并作出处罚决定，取消纪某某参加1997年、1998年保险代理人资格考试，立即全额退还违规办理的保费。

1998年，根据群众举报，市人民银行对中保财产保险公司淮阴分公司下属的淮安市支公司编造假赔案等违规问题进行了调查处理，发现该公司及下属单位先后采用多种违规手段骗取保费收入。

1.编造假赔案进行虚假理赔。该支公司为了解决席桥、顺河两乡保险所兴建办公用房的资金缺口，在1996年11月至1997年12月期间，共编造假赔案4起，进行虚假理赔。一是通过虚增维修发票金额扩大该支公司奥迪车赔付金额一起，虚假理赔7650元。该支公司苏H00222号奥迪牌轿车于1996年10月5日去南京途中发生事故，于当月17日下午送省外事旅游汽车公司修理厂修理，虚增修车发票金额10000元进行理赔。二是编造未曾发生的保险事故进行虚假赔付套取保险金。经查，共3起，虚假理赔金额为44455元，分别为1997年5月26日古顺河厂暴风造成自行车棚及酒窖损坏倒塌案（赔案号为淮企9700197）、1997年6月13日暴风雨造成席桥乡17户农房损坏案（赔案号为淮房970141）和1997年6月13日席桥乡丁集村五组麦场失火案（赔案号为麦场火970029）。理赔手续由该支公司防理部门承办，有关证明材料由两乡保险员提供，虚假赔付金额分别为26456元、11495元和6504元。

2.扩大手续费计提范围及向投保人支付保险合同以外的其他利益。该支公司未按代理业务实际发生额提取手续费，而是将全部保费收入均视为代理业务收入提取手续费，1997年按全部保费收入的4.8%提取代理手续费，共计673273.57元，实际支付给代理机构及代理人手续费仅21045.4元，其余652228.17元均转入其私设的手续费小金库。1998年1—4月按全部保费收入的5%提取代理手续费共计255389.35元，实际支付给代理机构及代理人的代理手续费9026.45元，其余款项挂账7.7万元转入小金库169362.9元。向投保人支付保险回扣。1998年1—4月共向6个投保单位以手续费名义支付保险费回扣8笔计3178.63元。私设小金库并向有关单位和个人馈送礼金、宣传品。该支公司从1997年5月20日开始，利用多提的手续费建立小金库，至当年12月25日，共从保费收入中提取手续费6笔，共计652228.17元，转入该小金库，占当年手续费支出的96.87%。1998年1—4月从保费收入中提取2笔计169362.9元转入小金库，占其手续费支出的66.31%。1997年小金库中共支出652215.65元，余额为12.52元。1998年小金库中支出43119.35元，余额126243.55元。违规虚假列支租赁费搞基建，挤占成本。该公司通过“416营业费用科目”以向席桥等保险所、博里乡政府、苏咀交管所、仇桥乡财政所、复兴经管站等单位以租赁费名义转出资金329152元，入其基建小账，用于基建支出。

对上述四项违规行为，市人民银行责成中保财产保险公司淮阴分公司依据《中华人民共和国保险法》《保险管理暂行规定》《关于对金融机构违法违规经营责任人的行政处分规定》的有关内容对其下属淮安市支公司编造假赔案、私设小金库等违规经营行为的责任经理李某某、副经理高某某、丁某某，经理助理、防理科长孙某某、工会主席吉某、财务科长卢某某等6人分别给予行政处分。监督该支公司收回以假赔款形式支出的52105元，按规定记入有关账户。撤销私设的基建小金库和手续费小金库，余额按规定并入大账，并对其所形成的资产进行清理登记。对淮安市支公司存在的1998年1—4月间向投保人支付保险费回扣3178.63元的违规行为，依据《保险管理暂行规定》第五十五条、第八十条之规定给予其收回回扣、处以违规金额等额罚款计3178.63元的处罚。

1999—2000年，市人民银行在规范高管人员任职资格管理的同时，重视全辖保险公司员工队伍建设，每年组织两期全国保险代理人资格考试，先后共有3691人参加考试，对考试成绩合格人员统一核发了“代理人资格证”“展业证”，同时建立健全了保险代理人档案。通过这些常规培训和组织考试，提高了全市保险从业人员的整体素质。

2001年，市保险行业协会成立后，受中国保监会南京特派员办事处委托，承接了市人民银行对全辖各保险公司高管人员的管理。组织开展对全辖各保险公司高管人员年龄结构、学历结构的调查，对全辖各保险公司从业人员持证上岗情况以及整体素质情况进行调查，为制定出台细化管理措施做好前期准备工作。7月10日，南京保监办委托行业协会组织淮安市保险公司高级管理人员考试。全市46人参加考试，其中中心支公司高管9人，支公司高管37人。

2002年，中国保监会南京特派员办事处下发《江苏省保险公司高级管理人员任职资格管理实施办法》。市保险行业协会根据通知精神，加强对各保险公司高级管理人员任职资格管理，分别建立了全市各保险公司高级管理人员、从业人员不良记录档案。为了加强对保险代理从业人员培训教育，协会统一印制了《保险代理从业人员学习手册》，发放到每个保险代理从业人员手中，并组织认真学习和考试。是年，市人民财产保险公司因总经理人事变动，向协会提交了更换协会理事长人选的请示。在接受请示后，协会经过与理事会各会员单位和理事进行协商，同意更换人选，并按照变更程序向中国保监会南京特派员办事处提交更换人选书面报告。随后，中国保监会南京特派员办事处做出批复，同意将淮安市保险行业协会第一届理事会理事长变更为市人民财产保险公司总经理赵凉。

2003年，市保险行业协会从加强保险代理从业人员管理入手，组织会员单位制定了《淮安市保险行业协会保险代理从业人员管理公约》，组织全市从业人员认真学习，进行行为规范教育，并通过人人签约，引导和约束全体保险营销人员自觉接受监管。同年8月29日，协会中介委员会根据《保险个人代理人流动管理办法》，对市太平洋人寿保险公司陶某某因违规办理业务给予限制行业准入处理。

2004年，为加强各保险公司高级管理人员管理，提高高级管理人员保险理论与实务水平，增强守法合规经营的自觉性，市保险行业协会制定了《保险公司高级管理人员考试办法》，组织各保险公司高级管理人员集中统一考试，考试成绩记入高级管理人员任职资格档案，并抄报其上级机构。保险营销员持证上岗是提高保险营销队伍素质，减少欺诈误导行为的一项重要监管措施，对保护保险当事人利益有着重要意义，是保险业落实科学发展观的具体表现。为进一步提高对营销员持证上岗工作重要性的认识，是年8月，江苏保监局转发了中国保监会《关于进一步落实保险营销员持证制度的通知》，并对全辖各保险公司、各保险代理公司营销员持证上岗提出了六点工作要求，对稳步有序提高营销员队伍持证比率提出了具体要求。

2005年，按江苏保监局的要求，保险代理人员应于2005年年底考取保险代理人资格证书，2006年1月1日正式持证上岗。为此，市保险协会加大辖内保险代理人试前培训力度，增加考试场次，为保险代理人能如期持证上岗提供有利条件。市保险行业协会还要求市车管所或派出所代办机动车辆保险业务的聘用人员，应在考取保险代理人资格证书，并和保险公司签订保险代理人合同后方可展业，同时接受行业和保险公司的管理。

2006年，市保险行业协会在加强高管人员管理的同时，通过组织从业人员集中开展业务知识考试，组织营销员、讲师和组训集中进行诚信教育培训，不断提高全辖保险代理从业人员整体素质。是年，共组织各类集中培训活动达200多场次，参加人数达4000多人次。

淮安市人民银行会同市保协组织市区部分保险公司财务人员进行反洗钱知识考试

2007年，为严格遵守从业人员资格要求，规范增员制度，规范个人保险代理合同管理制度，促进保险营销业务健康发展，根据《中华人民共和国保险法》《中华人民共和国合同法》，淮安市保险行业协会制定了《保险营销员诚信记录管理办法》。主要内容有表彰奖励记录、违法违规记录、投诉记录。并依据本办法制订了实施细则，诚信记录的信息披露遵守保护当事人商业秘密或者个人隐私的有关法律法规规定。保险监管机构、地方行业协会组织、保险机构等有关单位及相关工作人员按照本办法规定的信息披露程序和披露权限承担保密义务。根据《保险营销员管理规定》,全市符合营销条件的营销员统一挂牌服务,并通过组织督促检查,使保险营销员做到100%挂牌展业,在全市保险展业队伍中形成了人人自觉的行为规范。

2008年,为了严格规范招聘增员管理,市保险行业协会制定下发了《关于规范代理制保险营销员招聘管理的通知》,要求严格保险营销员招聘程序,做到公开、公平、公正。同时,要求各保险公司规范个人保险代理合同管理,提高全辖保险公司的管理水平。

第四节　市场监管

1991—1995年,为加强保险市场监管,促进各险种的健康发展,市人民银行从加强日常经营行为监管入手,每年对市人民保险公司进行年度业务常规稽核检查,并出具稽核情况报告,对部分险种手续费提取超标准、支付不符合现金管理规定,以及领取不规范、保险费率使用不准确等问题提出意见和建议,对存在问题制定切实可行的措施,限期整改。通过稽核检查,不断促进市人民保险公司严密手续,严格制度,加强资金运用的管理,保证各项费用的合理开支。

1996年,市人民银行会同沭阳县人民银行查处了平安保险公司业务员李某某非法设立保险代理机构行为,取缔了该非法机构,要求平安保险公司淮阴办事处对其立即予以解聘并清理其保费收入,通过新闻媒介予以曝光,消除不良社会影响。

1997年,市人民银行转发了人总行《关于进一步整顿保险市场秩序的通知》。各保险机构按照人民银行的规定,做好自查自纠工作,及时上报整顿材料,市人民银行对市平安保险公司纪某某、杜某跨地区展业问题做出严肃处理,取消其代理人从业资格,全额清退违规收取的保费,对其违规行为在全市保险系统通报批评,并对市平安保险公司处以2万元罚款。

1998年,市人民银行对市中保财产保险公司淮安支公司编造假赔案进行虚假理赔、扩大手续费计提范围及向投保人支付保险合同以外的其他利益、私设小金库并向有关单位和个人馈赠礼金、宣传品、违规虚假列支租赁费用于搞基建、挤占成本等违规行为做出了严肃处理，对责任人、分管领导人等分别进行了行政处分，撤销私设的小金库，并处以相应的罚款。随后，市分公司对淮安支公司进行清理整顿，督促其认真落实整改工作，完善内控制度。

1999—2000年，随着全市保险机构的增加，保险市场业务经营竞争加剧，出现无序竞争苗头。市人民银行牵头建立了保险公司经理联席会议制度，制定出台了《淮阴市制止金融业务中不正当竞争行为公约》，组织辖内保险机构主要负责人签约，实行监管和行业自律双管齐下的措施。市人民银行严肃处理了市中保财产保险公司淮安支公司1998年编造假赔案，并撤销了66家不符合条件的兼业保险代理机构，维护了保险业公平竞争的市场环境。

2001年，市保险行业协会组织全市保险公司学习保监会下发的《人身保险新型产品信息披露管理暂行办法》，明确保险公司及其分支机构、销售人员违反本办法，对投保人、被保险人或者社会公众造成误导的，将依法追究保险公司责任。

2002年，为规范个人代理人的从业行为，维护个人代理人队伍的自身形象，推进全省个人代理人队伍的健康发展，市保险行业协会转发了《做好通报违规代理人制度的通知》，在全市范围内初步建立了违规个人代理人行业通报制度。是年，保监会南京特派员办事处通过稽查，发现市中国人民保险公司淮阴支公司存在违规套取资金、设立账外账的违规行为，处以罚款10万元，并予以警告处罚。市中国人寿分别对淮阴支公司个人代理人候某某、涟水支公司王某某、楚州支公司丁某某、陈某某违背职业道德，误导客户，挪用保费，不按公司实务操作规定等违纪违规行为予以除名处理，并处以一定的罚款，列入“黑名单”，通告全行业，并限制其行业准入。

2003年，南京保监办组织对市太平洋人寿保险公司现场检查，并下发了《关于太保寿险淮安中心支公司的现场检查意见书》，对该公司在经营中存在的问题提出了监管意见。责令市太平洋人寿保险公司对相关责任人予以严肃处理。加强对保险代理人违规展业行为的监控检查。先后发现市太平洋人寿保险公司业务员刘某、冯某某,市平安人寿保险公司业务员陈某某涉嫌刑事犯罪,将其移交司法部门处理。还查处了市平安人寿保险公司业务员左某某,市太平洋人寿保险公司王某某、陶某某挪用保费,徐某某多家代理,隽某某代客户签名等违规违纪行为,将其列入"黑名单",通告全行业,并终身限制其行业准入。

2004年,市保险行业协会在全辖保险业组织开展整顿和规范市场秩序活动,开展打击地下保单、欺诈误导、假报表、假数据、假赔案等专项整治,并采取有效措施,积极推进诚信建设和内控制度建设,为保险业做大做强奠定良好的基础。是年,市保险行业协会调查核实楚州区公安局介入保险业务代办"五小"车辆保险业务的情况,经上报省保监局,对该局做出不具备保险代理资格处理。同年,为进一步规范全市学生平安保险市场,协会下发了《关于学生平安保险承保有关问题的紧急通知》。禁止全市所有保险公司和中介公司参加学平险竞标;学平险承保要严格按照保监会批复的条款执行,如超过条款范围必须报省保监局审批;学平险代理手续费不得超过5%。

是年,市保协还根据江苏保监局部署,把保险代理人展业行为的监管作为监管工作的重要内容,先后发现中国人寿保险公司楚州支公司李某某挪用续收保费13笔,共计8467元;市中国人寿保险公司涟水支公司贾某某骗保骗赔;楚州支公司业务员刘某某多家代理,并对其进行严肃处理,将其分别列入"黑名单",通告全行业,并终身限制其行业准入。

2005年,为有效遏制新车保险市场的恶性竞争行为,规范车险市场秩序,控制金融风险,市保险行业协会牵头组织成立"淮安市新车保险服务中心",全市所有经营车险业务的保险公司全部进入,对新车保险实行超市化经营,一站式服务。受到市政府领导的充分肯定,认为这不仅是保险销售方式的一次创新,还是保险服务的一次创新,也是有效遏制淮安市新车保险市场恶性竞争的一次很好的尝试。同年,针对公安部门协办的机动车辆保险业务情况,市保险行业协会根据《保险兼业代理管理暂行办法》中"党政机关及其职能部门、事业单位和社会团体不得从事保险代理业务”规定，明确保险业务不能由车管所或派出所直接办理，可由保险公司租用车管所的场地，派人办理。

2005年6月，江苏保监局对市中国人寿保险公司市区营业部私自印制“学生、幼儿平安保险凭证”坐扣保险费，用于支付学校手续费的违规行为做出了行政处罚，责令淮安市分公司改正，并处以10万元罚款，对市区营业部原经理张某某予以警告，并处以3万元罚款。

2006年，为整顿和规范全市摩托车保险市场，市保协先后在涟水、楚州、淮阴区等地进行协调和查处违规行为。8月，根据群众举报，对楚州区车管所上牌的摩托车和农用三轮车保险情况进行调查，发现个别公司存在大量使用旧版摩托车保单、倒签单等违规问题，分别对两家保险公司的违规行为下发了违规处理建议并报告江苏保监局。是年，协会中介委员会根据《保险个人代理人流动管理办法》对丁某某违规展业行为给予限制行业准入处理。

2007年3月，江苏保监局对安邦财产保险淮安中心支公司在承保外省市机动车辆业务时，将被保险人车牌号码等信息修改为淮安本地的客户和车牌信息进行承保，套打保单和发票，并在机动车险业务中截留保费，用于返还客户的违规行为，给予该公司负责人张某某行政警告并处以两万元罚款的处罚。

淮安市保险行业协会对市华泰人寿保险公司非法集资进行调查

是年，市保协按照保监会、江苏保监局统一要求，开展整顿规范机动车险市场，遏制价格恶性竞争活动。先后两次开展车险业务自律检查。共检查保单25020份，记录问题保单160份，问题保单比2006年度下降3.67个百分点。

2008年，为完善保险市场监管体系，引导保险监管程序规范有序，淮安市保险行业协会先后印发了《关于在全市保险行业进一步推动仲裁法律制度的意见》《关于成立淮安仲裁委员会保险纠纷仲裁调解中心的通知》《关于聘请专家委员会保险行业小组成员的通知》,促进保险业务更加公平、公正。同时,市保协对保险监管进行大胆创新,尝试建立第三方介入新机制,引进会计师事务所参与检查,分别与市新元、国信会计师事务所签订了合作协议,通过会计师事务所专业运作,先后对淮安市各财产险公司进行了监管检查。

是年,针对摩托车保险市场的不规范,存在个别公司向不具备代理资格的职能部门支付费用的现象。市保协下发了《关于规范淮安市摩托车保险业务的通知》,对销售渠道、手续费支付对象等作出进一步规范,并将文件报送市纪委,抄送省协会、市工商局、市地(国)税局、市公安局等相关职能部门。

第九章　行业协会

2016年3月23日，淮安市保险行业协会召开五届二次会员大会暨五届三次理事会

淮安市保险行业协会是经中国保险监督管理委员会南京特派员办事处（简称南京保监办，后改称江苏保监局）审查同意，在淮安市民政局登记注册，于2001年6月29日正式成立的淮安市保险行业自律组织，是由业内成员单位自愿结成的非营利性社会团体法人。其宗旨是遵守《中华人民共和国宪法》《中华人民共和国保险法》和有关法律法规，遵守社会道德风尚，贯彻执行国家和保险监管机关的有关方针政策；督促会员自律，维护行业利益，促进行业发展，为会员提供服务，促进市场公开、公平、公正。

淮安市保险行业协会接受业务主管单位江苏保监局和社团登记管理机关淮安市民政局的业务指导和监督管理。办公地点设在淮安市淮海东路20号，淮安市中国人寿保险公司大楼五楼。

第一节　协会筹建

自20世纪90年代中期开始，随着全市改革开放的深入和经济体制的转型，保险公司、保险中介机构和保险从业人员的不断增加，保险业务量、保费收入逐年增长，市场竞争日趋激烈，给公平竞争、共同发展的市场格局带来挑战。为了积极引导保险市场多元主体有序竞争，成立地方保险行业自律组织的呼声越来越高。

2001年年初，为适应淮安地方保险行业发展和维护市场有序竞争的需要，根据南京保监办《关于健全各省辖市保险行业协会的通知》要求，由市人保财产保险公司、中国人寿保险公司牵头，市太平洋财产保险公司、太平洋人寿保险公司、平安财产保险公司、平安人寿保险公司等6家公司一起深入调研淮安保险市场，考察参考周边城市保险社团组织建设情况，决定筹建淮安市保险业协会，并认真做好前期准备工作。同年4月26日，市中国人寿保险公司、人民财产保险公司、太平洋财产保险公司、太平洋人寿保险公司、平安财产保险公司、平安人寿保险公司6家保险公司（以下简称“6家公司”）联合向南京保监办提出申请，请求成立淮安市保险业协会。与此同时，6家公司就筹备成立淮安市保险业协会向淮安市人民政府汇报筹备情况，争取政府部门给予支持。5月11日，6家公司向淮安市民政局申请成立淮安市保险业协会筹备组。5月18日，南京保监办批复拟同意成立淮安市保险行业协会（简称“市保协”），并核准协会章程；要求市保协抓紧做好向淮安市民政局申请登记注册等申报工作；同意徐万林为市保协第一届理事长候选人；同意张学勤担任市保协筹备工作负责人；还要求市保协严格按照协会章程开展活动，并接受南京保监办的指导和监督。注册时以淮安市人民政府作为市保协业务主管单位，淮安市民政局作为社团登记管理机关。为便于管理，市保协同时接受南京保监办的业务指导和监督。南京保监办还对市保协接受业务主管单位和社团登记管理机关的双重业务指导和监督管理提出规范要求。接到南京保监办批复后，6家公司立即成立了市保协筹备组，具体负责淮安市保险行业协会成立筹备工作，经过一个月的筹备，各项前期工作基本完成。6月19日，淮安市保险行业协会（筹）向淮安市民政局发函，请求批准成立淮安市保险行业协会。6月20日，淮安市民政局批复同意成立淮安市保险行业协会。

2001年6月26日，在市太平洋保险公司五楼会议室，筹备组负责人张学勤主持召开淮安市保险行业协会成立大会预备会。时任市人民财产保险公司总经理徐万林、市中国人寿保险公司总经理徐洪成、市太平洋财产保险公司总经理孟善彬、市太平洋人寿保险公司总经理夏晓东、市平安保险公司（产险）总经理陈正银、市平安保险公司（寿险）总经理徐有林等5人出席会议。张学勤通报了淮安市保险行业协会筹备工作情况以及南京保监办的有关文件精神，确定以上6家公司为淮安市保险行业协会第一届理事会理事单位，并讨论通过了第一届理事会理事名单；会议选举市人民财产保险公司总经理徐万林为理事长，张学勤为市保协秘书长；讨论通过了各专业委员会主任委员及成员名单、《淮安市保险行业协会公约》和章程等。

同年6月29日，淮安市保险业协会成立大会在淮安市区的淮州宾馆召开。大会由淮安市政府副秘书长胡炳仁主持，市政府分管领导致辞。淮安市党政四套班子领导，南京保监办、市工商局、民政局、人民银行等部门，参与筹建的6家会员公司，兄弟城市保险行业协会等单位领导，淮安保险行业从业人员代表200多人出席了成立大会。自此，淮安保险业有了自己的正式行业社团组织。

2001年6月29日，淮安市保险业协会正式成立

第二节　内设机构与会员组织

内设机构：淮安市保险行业协会成立时设有理事会、财产险高峰会、人身险高峰会、中介高峰会、秘书处、三个专业委员会（财产险专业委员会、人身险专业委员会、宣传工作专业委员会）。理事会是市保协会员大会的执行机构，秘书处是市保协的常设办事机构，秘书处设综合部、业务部。2004年7月，市保协受江苏保险监督管理委员会江苏监管局（前身为南京保监办，简称江苏保监局）授权委托，成立电子化考试中心。2008年5月22日，淮安市法制办、淮安仲裁委、市保协、各保险公司共同成立淮安市保险仲裁调解中心。

市保险业协会业务部办公场所

会员组织：根据2001年成立时制定的《淮安市保险业协会章程》规定，协会会员为单位会员。凡在淮安市境内，经中国保监会许可并在淮安市工商行政部门登记注册的保险机构均可自愿加入市保协，成为市保协单位会员。会员代表大会是市保协的最高权力机构。2005年，按照江苏保监局要求，对市保协成立时制定的《淮安市保险业协会章程》进行修订，修订后的协会章程，明确拟加入市保协的公司须为市级保险机构。后又将各类保险中介机构、保险市场中其他经营性保险企业纳入，明确只要有意愿均可申请加入市保协、成为会员。截至2008年年底，市保协会员公司由最初的6家发展为22家，其中财产险公司12家，人身险公司6家，专业保险中介机构4家。

表8-1　2008年年末淮安市保险行业协会会员单位情况一览表

序号	会员单位	入会时间	协会职务
1	人民财险	2001年6月26日,协会成立大会预备会通过	理事长
2	中国人寿		理事
3	太平洋财险		理事
4	太平洋人寿		理事
5	平安财险		理事
6	平安人寿		理事
7	天安保险	2002年8月5日,一届四次理事会通过	理事
8	中华财险	2004年6月7日,二届四次理事会通过	理事
9	泰康人寿		理事
10	大地财险		理事
11	华邦保险代理		理事
12	太平人寿	2005年1月21日,二届六次理事会通过	理事
13	江苏众联代理		理事
14	江苏中诚代理		理事
15	安邦财险	2005年10月21日,二届八次理事会通过	理事
16	华安财险	2006年3月7日,三届二次理事会通过	理事
17	淮安顺达代理		理事
18	阳光财险	2007年2月12日,三届三次理事会通过	理事
19	人寿财险	2008年2月21日,三届四次理事会通过	理事
20	合众人寿		理事
21	渤海财险		理事
22	都邦财险		理事

第三节　历届理事会会议

理事会是会员大会的执行机构,理事会由各会员公司主要负责人组成。理事会制度对于协调保险机构之间重大事项发挥了独特作用。根据2001年市保协成立时制定的《淮安市保险业协会章程》的规定,每年至少召开一次理事会,必要时可根据实际需要不定期举行。从2001年市保协成立起至2008年年末共召开了18次理事会议。

一届理事会一次会议。2001年9月14日，市保协张学勤秘书长主持召开一届理事会第一次会议，各会员公司理事及其代表出席会议，市政府办副秘书长胡炳仁、财金科孙朝阳科长应邀参加会议。张学勤向参会人员通报了前期工作情况，会议讨论了下一阶段工作计划，包括开展市场调研、组织优秀保险代理人表彰活动、开展新春联谊活动、利用媒体宣传保险知识、搞好信息传递和交流工作等。

一届理事会二次会议。2002年2月27日，市保协徐万林理事长主持召开了第一届理事会第二次会议。会议决定改选理事长、增选理事，徐万林同志不再担任理事长，决定由赵凉同志担任理事长，仇为民接替陈正银担任市保协理事。会议决定成立各成员单位信息联络员队伍、建立市保协网站、设代理人培训班、组织优秀代理人巡讲、举办业务知识竞赛和在新闻媒体上定期组稿宣传等事项。会上，张学勤秘书长还传达了江苏省保险行业协会秘书长会议精神及南京保监办主任张维功的讲话精神。

一届理事会三次会议。2002年5月17日，张学勤秘书长主持召开了一届理事会第三次会议。会议传达了“南京保监办保险信用建设宣传周活动安排”会议精神，研究部署淮安市保险信用体系建设宣传周工作，落实宣传周万人宣誓、万人签名、街头宣传等活动方案；确定万人宣誓仪式由赵凉理事长担任主持人，张学勤秘书长担任领誓人；并在淮海广场至健康路、市政府附近和花街共悬挂6条过街横幅进行宣传，营造宣传周活动气氛。

一届理事会四次会议。2002年8月5日，赵凉理事长主持召开了一届理事会第四次会议，会议通过了市天安保险公司加入市保协的申请，并吸纳市天安保险公司总经理高健为市保协理事；同意市平安财产保险公司夏际国辞去理事一职，增补夏善忠为市保协理事。

一届理事会五次会议。2002年11月26日下午，在市保协会议室，赵凉理事长主持召开了第一届理事会第五次会议。会议审议通过了《淮安市保险个人代理人“展业证书”打印方案》《淮安市保险个人代理人流动管理办法(修订草案)》，并印发辖内保险行业执行。

一届理事会六次会议。2003年2月26日，在市保协会议室，赵凉理事长主持召开第一届理事会第六次会议。会议审议通过了《2002年工作总结和2003年工作计划》《2002年财务工作报告和2003年财务综合预算》《淮安市第二届优秀个人保险代理人评选方案》。会议增补市太平洋人寿保险公司副总经理陈英明、市天安保险公司副总经理朱羿为市保协理事。

一届理事会七次会议暨二届理事会一次会议。2003年10月16日，在市保协会议室，张学勤秘书长主持召开一届理事会七次会议暨二届理事会一次会议，7家会员公司的12名理事及其代表参加。会议审议通过了《淮安市保险行业协会第一届理事会工作报告》《淮安市保险行业协会第一届理事会财务工作报告》；选举产生了市保协二届理事会，市中国人寿保险公司总经理徐洪成担任二届理事会理事长，张学勤同志继续担任市保协秘书长；审议通过了《淮安市保险行业协会2003年上半年工作报告》《淮安市保险行业协会公约（修订稿）》《淮安市保险行业协会保险代理从业人员管理公约（修订稿）》；确定了新会员入会标准，决定筹备召开第二届全市优秀保险代理人表彰大会。

二届理事会二次会议。2003年12月3日，在市保协会议室，徐洪成理事长主持召开第二届理事会二次会议，会议审议通过了《淮安市第二届优秀保险代理人表彰方案及大会程序》《淮安市保险行业协会2004年度宣传方案和经费预算》，并研究了其他事项。

二届理事会三次会议。2004年2月6日，徐洪成理事长主持召开了二届理事会三次会议，7家会员公司的11位理事及市保协秘书长出席会议。会议审议通过了《2003年工作总结和2004年工作意见》，同意向南京保监办申请在淮安设立苏北保险代理人电子化考试中心；审议通过了市保协《2003年财务报告和2004年综合预算报告》。会议就贯彻落实淮安市委宣传部《关于进一步加强和改进保险工作新闻宣传的通知》精神进行了讨论和研究。

二届理事会四次会议。2004年6月7日，徐洪成理事长主持召开了二届理事会四次会议。理事会审议通过了中华联合财产保险公司淮安营销服务部、泰康人寿保险公司淮安营销服务部、大地财产保险公司淮安营销服务部、市华邦保险代理有限公司的入会申请；审议通过市太平洋人寿保险公司总经理纪立平，平安人寿保险公司总经理李鹤峰，中华联合财产保险公司淮安营销服务部总经理祖忠阳、副总经理张志祥，泰康人寿淮安营销服务部总经理杨明，大地财产保险公司淮安营销服务部总经理殷振炎、副总经理周涛，华邦保险代理公司总经理左顺成为协会二届理事会理事；明确保险代理公司入会后交纳2000元会费，其中入会费和年会费各1000元；决定将原定的优秀保险代理人表彰改为保险从业人员表彰；决定对市保协网站进行更新改版，新增保险代理人信息查询、典型案例介绍、新险种推荐等栏目；决定成立县、区级自律协调小组，协调小组人员由各县区公司主要负责人组成，具体筹建工作由市保协秘书处负责。

二届理事会五次会议。2004年9月6日，徐洪成理事长主持召开第二届理事会五次会议。理事会研究通过有关会员公司调整理事的申请，同意泰康人寿保险公司淮安营销服务部副总经理孙进、大地财产保险公司淮安营销服务部总经理孙铁忠为协会二届理事会理事；审议通过市保协《2004年上半年工作报告和下半年工作计划》。

二届理事会六次会议。2005年1月21日，徐洪成理事长主持召开二届理事会六次会议。理事会审议通过了市太平人寿保险公司、江苏众联保险代理公司、江苏中诚保险代理公司入会申请；审议通过了市人民财产保险公司变更理事申请，同意总经理田扶、副总经理顾志明为市保协二届理事会理事；审议同意吸纳市太平人寿保险公司总经理高军、副总经理夏志松，江苏众联保险代理公司总经理赵建玉，江苏中诚保险代理公司董事长戴丽丽为市保协二届理事会理事。审议通过了《淮安市保险行业协会章程（修订稿）》，决定暂不成立保险联合会。会议还审议通过了市保协《2004年工作总结和2005年工作意见》《2004年财务报告和2005年综合预算报告》《淮安市保险行业协会县区自律小组工作职责》《淮安市保险行业协会县区自律小组议事规则》《淮安市保险行业协会县区自律小组组长职责》等文件。

二届理事会七次会议。2005年8月9日，徐洪成理事长主持召开了二届理事会七次会议。理事会审议通过了市中国人寿保险公司副总经理张建平（主持工作）、市太平洋人寿保险公司总经理徐敏、副总经理张旭东、市平安人寿保险公司总经理朱从文、市中华联合财产保险公司总经理助理张军为二届理事会理事，审议通过了《淮安市保险行业协会上半年工作总结和下半年工作意见》《淮安市第三届优秀保险代理人评选方案》，审议通过了各专业委员会组成人员名单等。理事会还决定：保险公司招聘保险营销人员的广告须事先报市保协审核把关、建立保险营销员流动沟通机制，涉及保险公司职能部门多名主要工作人员或财产险公司3名、寿险公司5名以上保险个人代理人集体转司的，要如实向市保协反映，避免损害客户利益，已经离司营销员不得再以原身份开展工作，根据违规情况增加限制行业准入一年的处理方式。

二届理事会八次会议暨三届理事会一次会议。2005年10月21日，徐洪成理事长主持召开协会二届理事会八次会议暨三届理事会一次会议。14家会员公司理事参加了会议。会议学习了《淮安市保险行业协会章程》《中国保监会关于加强保险行业协会建设的指导意见》。审议通过了安邦财产保险公司淮安营销服务部加入市保协申请，审议通过了市太平洋财产保险公司副总经理高巍（主持工作）、安邦财产淮安营销服务部总经理张志祥、副总经理闫超英为二届理事会理事，审议通过了《淮安市保险行业协会第二届理事会工作报告》，审议通过了《淮安市保险行业协会第二届理事会财务报告》。选举产生第三届理事会，市人民财产保险公司总经理田扶担任协会第三届理事会理事长，市太平洋财产保险公司副总经理高巍（主持工作）担任副理事长，张学勤担任秘书长，田扶、高巍、张建平、徐敏、夏善忠、朱从文、高健、祖忠阳、殷振炎、孙进、高军、张志祥担任常务理事；审议通过了《增强服务意识，提高协作能力，努力开创淮安市保险行业工作新局面》的报告。

三届理事会二次会议。2006年3月7日，田扶理事长在市中国人寿保险公司会议室主持召开了三届理事会二次会议。理事会审议通过华安财产保险公司淮安中心支公司和淮安市顺达新车保险服务代理有限公司入会申请，审议通过市中国人寿保险公司副总经理耿德新、市泰康人寿保险公司总经理包加顺、市太平人寿保险公司副总经理朱岩芹、市华安财产保险公司总经理倪政、淮安顺达新车中心总经理徐文俊为三届理事会理事；审议通过了市保协《2005年工作报告和2006年工作计划》《2005年财务报告和2006年预算报告》；审议修订了《淮安市评选保险诚信示范单位实施意见》《淮安市"保险诚信年"创建方案》《淮安市保险行业协会理事会议事规则》。理事会决定在3月15日组织全市保险行业开展"3·15"户外大型保险宣传咨询活动。

三届理事会三次会议。2007年2月12日下午，田扶理事长在市中国人寿保险公司会议室主持召开三届理事会三次会议。会议审议通过了市阳光财产保险公司入会申请；通过了市太平洋人寿保险公司总经理夏晓东、市泰康人寿保险公司总经理杜少斌、市太平人寿保险公司总经理蒋耀宏、市阳光财产保险公司总经理王彬森为理事会理事；审议通过了《淮安市保险行业协会会费缴纳方案》，明确入会2年定义是虚年，不按整年计算；审议通过了市保协《2006年工作报告和2007年工作计划》《2006年财务报告和2007年财务预算》。

三届理事会四次会议。2008年2月21日，田扶理事长主持召开了第三届理事会第四次会议。会议审议通过了市中国人寿财产保险公司、市合众人寿保险公司、市渤海财产保险公司、都邦财产保险公司淮安营销服务部入会申请；审议通过了市人民财产保险公司副总经理支养淮、市泰康人寿保险公司总经理朱向阳和总经理助理卞永辉、市大地财产保险公司负责人顾志明、市华安财产保险公司负责人杨玉军、市人寿财产保险公司总经理赵凉和副总经理蔡西群、市渤海财产保险公司负责人朱羿、都邦财产保险公司淮安营销服务部总经理徐诚和副总经理陶化宝为理事会理事；审议通过了市保险行业协会《2007年工作报告和2008年工作计划》《2007年财务报告和2008年财务预算报告》；审议通过了《淮安市保险行业协会培训中心运作方案暨2008年工作计划》《淮安市首届星级诚信营销员评选方案》《淮安市保险行业协会信息报送制度》《淮安市保险行业协会有关〈江苏省人身保险从业人员同业流动自律公约〉的补充规定》等。

三届理事会五次会议。2008年11月6日，支养淮理事长主持召开了三届理事会五次会议。审议通过了市人民财产保险公司副总经理周伟、市平安财产保险公司党组副书记刘以苏、市华安财产保险公司副总经理臧绍勇、市阳光财产保险公司负责人杨亚林、市合众人寿保险公司总经理助理余家并为理事会理事；审议通过了市人民财产保险公司总经理支养淮继任第三届理事会理事长，会议提名并通过欧长友为市保协副秘书长。会议决定成立淮安市保险行业车险委员会，以规范全市机动车保险市场秩序。

表8-2 2001—2008年淮安市保险行业协会历届理事会理事情况一览表

序号	当选时间	当选届次	职务	姓 名	单 位	公司职务
1	2001年6月	一届一次理事会	理事长	徐万林	人保财险淮安市分公司	总经理
2			理事	徐洪成	中国人寿淮安市分公司	总经理
3			理事	孟善彬	太平洋财险淮安中支	总经理
4			理事	夏晓东	太平洋人寿险淮安中支	总经理
5			理事	陈正银	平安财险淮安中支	总经理
6			理事	徐有林	平安人寿淮安中支	总经理
7			理事	张学勤	淮安市保险行业协会	秘书长
8	2002年2月27日	一届二次理事会	理事长	赵 凉	人保财险淮安市分公司	总经理
9			理事	仇为民	平安财险淮安中支	总经理
10			理事	张 沛	人保财险淮安市分公司	副总经理
11			理事	张智胜	中国人寿淮安市分公司	副总经理
12			理事	钱小倩	太平洋财险淮安中支	总经理助理
13			理事	夏际国	平安财险淮安中支	总经理助理
14			理事	吴 康	平安人寿淮安中支	总经理助理
15	2002年8月5日	一届四次理事会	理事	夏善忠	平安财险淮安中支	总经理助理
16			理事	高 健	天安保险淮安中支	总经理
17	2003年2月26日	一届六次理事会	理事	陈英明	太平洋人寿淮安中支	副总经理
18			理事	朱 羿	天安保险淮安中支	副总经理
19	2003年10月16日	二届一次理事会	理事长	徐洪成	中国人寿淮安市分公司	总经理
20	2004年6月7日	二届四次理事会	理事	纪立平	太平洋人寿淮安中支	总经理
21			理事	李鹤峰	平安人寿淮安中支	总经理

续表 8-2

序号	当选时间	当选届次	职务	姓　名	单　　位	公司职务
22	2004年6月7日	二届四次理事会	理事	祖忠阳	中华联合淮安服务部	总经理
23			理事	张志祥	中华联合淮安服务部	副总经理
24			理事	杨　明	泰康人寿淮安服务部	总经理
25			理事	殷振炎	大地财险淮安营销服务部	总经理
26			理事	周　涛	大地财险淮安营销服务部	副总经理
27			理事	左顺成	江苏华邦代理淮安市分公司	总经理
28	2004年9月6日	二届五次理事会	理事	孙　进	泰康人寿淮安服务部	副总经理
29			理事	孙铁忠	大地淮安营销服务部	总经理
30	2005年1月21日	二届六次理事会	理事	田　扶	人保财险淮安市分公司	总经理
31			理事	顾志明	人保财险淮安市分公司	副总经理
32			理事	高军	太平人寿淮安中支	总经理
33			理事	夏志松	太平人寿淮安中支	副总经理
34			理事	赵建玉	淮安众联保险代理有限公司	总经理
35			理事	戴丽丽	淮安中诚保险代理有限公司	董事长
36	2005年8月9日	二届七次理事会	理事	徐　敏	太平洋人寿淮安中支	总经理
37			理事	张旭东	太平洋人寿淮安中支	副总经理
38			理事	朱从文	平安寿险淮安中支	总经理
39			理事	张建平	人寿淮安市分公司	副总经理（主持工作）
40			理事	张军	中华联合淮安中支	总经理助理
41	2005年10月21日	三届一次理事会	理事长	田扶	人保财险淮安市分公司	总经理
42			副理事长	高　巍	太平洋产险淮安中支	副总经理（主持工作）
43			理事	张志祥	安邦财险淮安营销服务部	总经理
44			理事	闫超英	安邦财险淮安营销服务部	副总经理
45			常务理事	田扶、高巍、张建平、徐敏、夏善忠、朱从文、高健、祖忠阳、殷振炎、孙进、高军、张志祥。		
46	2006年3月7日	三届二次理事会	理事	倪　政	华安财险淮安中支	总经理
47			理事	徐文俊	淮安市顺达新车保险代理有限公司	总经理

续表 8-2

序号	当选时间	当选届次	职务	姓　名	单　　位	公司职务
48	2006年3月7日	三届二次理事会	理事	耿德新	中国人寿淮安市分公司	副总经理
49			理事	朱岩芹	太平人寿淮安中支	副总经理
50			理事	包家顺	泰康人寿淮安服务部	总经理
51	2007年2月12日	三届三次理事会	理事	夏晓东	太平洋人寿淮安中支	总经理
52			理事	杜少斌	泰康人寿淮安中支	总经理
53			理事	蒋耀宏	太平人寿淮安中支	总经理
54			理事	王彬森	阳光财险淮安中支	总经理
55	2008年2月21日	三届四次理事会	理事	支养淮	人保财险淮安市分公司	副总经理
56			理事	朱向阳	泰康人寿淮安中支	总经理
57			理事	卞永辉	泰康人寿淮安中支	总经理助理
58			理事	顾志明	大地财险淮安中支	负责人
59			理事	杨玉军	华安财险淮安中支	负责人
60			理事	赵　凉	国寿财险淮安中支	总经理
61			理事	蔡西群	国寿财险淮安中支	副总经理
62			理事	朱　羿	渤海财险淮安中支	负责人
63			理事	徐　诚	都邦财险淮安营销服务部	总经理
64			理事	陶化宝	都邦财险淮安营销服务部	副总经理
65	2008年11月6日	三届五次理事会	理事长	支养淮	人保财险淮安市分公司	总经理
66			理事	周　伟	人保财险淮安市分公司	副总经理
67			理事	刘以苏	平安财险淮安中支	党组副书记
68			理事	臧绍勇	淮安财险淮安中支	副总经理
69			理事	杨亚林	阳光财险淮安中支	负责人
70			理事	余家并	合众人寿淮安中支	总经理助理
71			理事	欧长友	淮安市保险行业协会	副秘书长

表 8-3　2001—2008年淮安市保险行业协会历届秘书长情况一览表

序号	姓　名	职　务	会议名称	当选届次	起止时间
1	张学勤	秘书长	协会成立大会预备会	第一届理事会	2001年6月-2003年10月
2	张学勤	秘书长	一届理事会七次会议暨二届理事会一次会议	第二届理事会	2003年10月-2005年10月

续表 8-3

序号	姓　名	职　务	会议名称	当选届次	起止时间
3	张学勤	秘书长	二届理事会八次会议暨三届理事会一次会议	第三届理事会	2005年10月-2009年9月

第四节　行业自律

行业自律是行业协会的基本职能。保险行业自律是以执行《中华人民共和国保险法》为前提，以协会章程为依据，通过会员协商共议，对涉及业务经营、市场秩序、行业规范等重要事项，制定出的自律性公约或规章，本着诚实信用、共同遵守的原则，实现自我约束、自我管理的一种自律机制。淮安市保险行业协会承担对淮安市全辖保险机构行业自律工作。

2012年10月30日，淮安保险行业协会邀请专家对辖内保险业高管人员进行“信用文化与风险管理”培训

2001年，是全省整顿与规范保险市场秩序年。为更好地履行协会职能，市保协成立了产险委员会、寿险委员会、中介委员会3个办事机构，制定了相应的工作职责，三个委员会在各自的职责范围内处理行业日常自律工作。5月26日，南京保监办召开了全省整顿与规范保险市场秩序工作会议，对全省保险市场秩序的整顿与规范作出部署和安排，市保协根据会议要求，迅速贯彻落实。市保协还召开专门会议，研究完善市保协产险委员会、寿险委员会、中介委员会的组织职能和制度，并成立投诉委员会。为完善非寿险自律制度，7月23日，市保协召开非寿险业会议，讨论制定了《淮安市非寿险业自律公约》和“违规处理办法”等。

随着保险个人代理人队伍的逐步扩大，迫切需要加强对保险个人代理人的管理。同年8月，六家会员公司研究讨论并制订了《保险个人代理人管理公约》，印发了《保险个人代理人流动管理办法》，针对在实施过程遇到的具体情况，11月26日，对该两项制度进行了修订并正式实施。保险个人代理人管理工作逐步走上了制度化、规范化的轨道。

是年，市保协把建章建制这一基础性工作摆上重要议事日程，分别会同各家寿险及非寿险业公司制定印发了《非寿险业自律公约》《寿险业自律公约》《寿险业经营违约处理办法》《寿险业经营违约处理办法》《非寿险业经营违约处理办法》《中小学生平安险经营公约》《保险个人代理人管理公约》《机动车辆保险行业规范》等系列规章制度，使寿险及非寿险业公司的市场经营行为有章可循。

2002年，机动车辆保险业务发展迅速、竞争激烈，为了对各财产保险公司机动车车辆保险业务展业行为进行规范，市保协牵头各财产保险公司，研究制定了《机动车辆保险行业自律公约》，规范了机动车辆保险市场秩序，促进机动车保险业务健康发展。同年，市保协根据保险个人代理人管理制度在具体操作过程中遇到的新情况，牵头组织对保险个人代理人管理制度进行延伸细化和完善，分别印发了《保险个人代理人信用管理办法（试行）》及实施办法。经过一段时间的试行，基本符合预期。是年，7家会员公司还先后正式制订了《保险个人代理人信用管理规定》和《保险个人代理人流动管理办法》。

2003年1月2日，为配合全国汽车保险改革，引导市场经营良性发展和有序竞争，促进全市机动车辆保险业务健康发展，市保协组织召开全市经营车险业务的各财产保险公司总经理会议，通过认真酝酿、协商，在取得一致意见的基础上成立了淮安市机动车辆保险行业自律组织，并对《淮安市机动车辆保险行业自律公约》进行了修订，市人民财产保险公司、太平洋财产保险公司、平安财产保险公司、天安保险公司等共同参加了《淮安市机动车辆保险行业自律公约》签约仪式。李荣荣副市长到场并做了重要讲话，张学勤秘书长宣读了自律公约，各财产保险公司总经理作了表态发言。各保险公司分管车险工作的副总经理及车险部门、财务部门的负责人以及市级新闻单位记者出席了仪式。

2004年，市保协积极探索县(区)级行业自律机制建设，先后在盱眙、金湖、洪泽、楚州、涟水、淮阴等县(区)组建了县(区)行业自律协调小组。同时，加强对保险代理人员自律管理，实行教、奖、惩三管齐下。市保协还编印了《保险代理从业人员学习手册》，内容包括相关法律法规、行业规范和职业道德等方面，全市保险代理从业人员人手一册。市保协还开展了保险代理人诚信服务签名活动；举办优秀代理人评比表彰活动，分别对19名优秀代理人进行了表彰。同时，对违规违纪人员建立“黑名单”制度，分别对5名违规、违纪人员进行了查处。同年，涟水教育局以座谈会的形式召集市人民财险保险公司、中国人寿保险公司等6家公司，商谈涟水学生险业务，市保协派出两名工作人员到会了解监督，及时对涟水教育局变相违规招标学平险的行为进行了制止，并要求有关公司退出招标活动，随后涟水县教育局就学平险工作向全县中小学校下发了紧急通知，明确指出教育局不再对学平险进行行政干预，坚持学生自愿投保的原则。市保协将查处情况向江苏保监局作了书面报告。

2005年，为了维护银行、邮政代理保险业务的正常秩序，避免保险公司与商业银行、邮储机构、信用社合作过程中发生不正当市场竞争行为，防止商业贿赂，促进银行保险业务持续、健康发展，根据《中华人民共和国保险法》《中华人民共和国商业银行法》《关于规范银行代理保险业务的通知》等有关法律、法规文件，市保协组织各保险公司和商业银行、邮储机构经过共同协商，签订了《银行、邮政保险业务自律公约》。

是年，市保协根据外地经验并结合本地发展需要，分别建立了产、寿险高峰会制度，以此作为各保险主体共同议事和决策的平台，利用高峰会这一平台，分别对新车保险服务、摩托车保险市场规范、产险市场招投标等有关问题进行讨论研究，达成自律共识。县(区)级行业自律机制进一步健全，涟水、盱眙和金湖自律小组在学平险招标和摩托车保险等方面的自律协调作用得到了发挥，为规范当地保险市场起到了积极作用。为遏制新车保险市场的恶性竞争行为，规范新车险市场秩序，积极探索成立新车保险中心的可行性，市保协组织各财产保险公司总经理、市车管所领导到山东青岛新车保险服务中心学习参观，经过调研和论证，各财产保险公司对成立新车保险中心的认识得到了进一步统一。在此基础上，市保协向市政府、江苏保监局上报了《关于成立淮安新车保险服务中心的报告》。时任副市长李荣荣批示："成立淮安市新车保险服务中心（简称新车保险中心），这有利于规范、公开、透明、公正，希望市保协加强指导、协调，确保顺利运行，达到预期效果。"在市委、市政府的大力支持下，新车保险中心在市车管所正式成立。市委常委副市长李荣荣出席仪式并做了重要讲话。新车保险中心是由在淮各财产保险公司派员组成，集中办理新车保险业务的机构，新车保险中心接受市保协理事会的领导，秘书处负责日常协调，日常工作接受市保协车险协调委员会指导，采用"地点集中、客户自选、分别签单、各自理赔"的运行方式，在淮六家财产保险公司入驻新车保险中心。为了实行公司化运作，经江苏保监局批准，在新车保险中心基础上，正式成立了淮安市顺达新车保险代理有限公司，各保险公司全权委托顺达新车保险代理有限公司统一办理新车保险业务。

2006年，市保协在完善产、寿险高峰会议事机制的同时，建立了中介行业高峰会议制度，全年共召开了6次产险高峰会、2次寿险高峰会和1次中介高峰会，通过这一机制和平台，分别就新车保险、摩托车保险、银邮代理保险、代理人管理等市场规范问题形成行业自律意见，先后制定了《淮安市新车保险自律公约》《反商业贿赂措施》。为了进一步加强县（区）自律协调小组组织建设，市保协先后到各县（区）组织召开自律协调小组会议，配备和调整部分县（区）自律协调小组组长，指导自律协调小组开展工作。同年，根据江苏省第四届财产险高峰会议统一的部署，市保协召开产险高峰会第十八次会议，审议通过了《财产险自律检查方案》，对全市各财产保险公司7月至9月财产险业务、1月至9月承保金额1000万以上的非车险业务进行检查，检查结果上报江苏保监局。针对财产险市场竞争的新情况，市保协牵头研究制定了《淮安市财产险行业自律检查实施方案》和《自律检查实施细则》，并召开了各财产险公司分管总经理会议，进一步统一思想，明确配合自律检查的各项工作要求，对9家财产险公司市级本部，人民财产保险金湖支公司、涟水支公司、太平洋财产保险金湖营销服务部、中华联合财产保险盱眙支公司、涟水支公司等共14个机构开展了自律检查,共查阅保单6000余份,其中有疑问保单258份。检查结束后,对存在问题的公司,提出了书面整改意见。

2007年,市保协把保险业发展中出现的热点问题作为行业自律的重点。7月24日,根据会员公司反映,在淮安市水利局车辆保险招标过程中,个别公司存在违规投标行为,市保协派员向水利局有关领导宣传了车险招标的监管政策,并要求违规公司退出本次招标。针对招标中出现的新情况,10月9日,市保协牵头召开了财产险高峰会第二十三次会议,各财产险公司共同审定并签署了《淮安市财产保险投标业务行业自律公约》,成立淮安财产保险投标业务协调执行小组。针对招标业务不规范等带有倾向性问题,加强保险公司投标管理,加强与招标单位联系沟通。先后上门沟通并跟踪了市交通局、公路管理处、开发区管委会等5家单位招标业务,规范了财产保险投标行为。

是年,为了规范展业行为,市保协先后对全市14家保险公司营销员挂牌展业情况进行了全面检查,清理虚挂工号3007人。全市实际有效工号6149人,资格证、展业证双证齐全的4249人,无展业证的1900人。年末全市挂牌上岗人数已达7174人,挂牌上岗率达100%。由于挂牌展业工作新颖突出,江苏保监局在淮安专门召开了保险营销员挂牌展业新闻发布会。宋志华副局长和市委常委、政法委书记王友富出席发布会并作重要讲话,市四套班子领导、各新闻媒体主要领导、保险机构负责人参加了会议。新华社、中新社、中国保险报等国家权威媒体和全市各新闻媒体对活动进行了报道,充分肯定了市保协在促进全市保险从业人员自律工作中取得的显著成效。此外,为规范财产险招标业务,制止恶性竞争和不规范行为,根据江苏保监局监管要求,市保协组织9家财产保险公司、2家在筹公司共同签订了《财产险投标业务自律公约》,并成立了协调执行小组。

同年,为避免各财产保险公司在机动车轻微事故定损过程中为争取客户而背后搞小动作的行为,实现轻微事故全市统一定损,市保协组织相关人员到南京机动车轻微事故定损中心考察学习后,借鉴其经营模式,成立了淮安市机动车轻微事故定损中心,在淮承办车险的12家公司全部进驻,实行阳光操作。市交警支队在机动车轻微事故定损中心设立了警务室,交通事故由当事人自行协商处理，保险理赔实现“一站式”服务。

2008年，市保协积极探索新车保险运作新模式，召集市人保、太保、平安、中华、国寿财险等会员单位会商，决定按照机动车辆保险超市模式开办新车保险业务，对外称“淮安市机动车辆保险服务大厅”，运行费用由上述5家公司分摊，并规定新单位加入需经过成员单位一致同意。并决定继续保留淮安市顺达新车保险代理有限公司。

淮安市保协秘书长王彬森利用电脑数据核查各保险公司业务发展和行业自律工作情况

是年，市保协还按照江苏保监局、江苏省保险行业协会的要求，修订并实施了《淮安市机动车辆保险自律公约2008版》。根据市场发展新情况与业务自律的新要求，分别新成立了“淮安市保险行业协会车险委员会”和“淮安市车险行业自律领导小组”。

第五节 宣传与交流

开展保险宣传和信息交流工作，是保协的一项重要职能，为了引导社会公众了解保险、增强风险意识，市保协整合行业宣传资源，形成宣传合力，积极开展行业整体宣传，展示保险行业良好形象。通过开办《淮安保险信息》，建立了协会网站，及时反映会员情况、行业动态和业务进展情况，向各会员公司提供准确、及时、有效的信息和数据，充分发挥协会的服务职能作用。同时，加强兄弟协会之间的交流和学习，取长补短，共同提高。为加强交流，推进协会工作更上一层楼，协会多次参加并承办了全省、苏北、鲁南苏北地区保险行业协会秘书长联席会议，还分别接待山东、苏州、江阴等10余家保险行业协会考察团，通过学习考察与广泛交流，有效地促进了协会工作的开展。

2001年11月13日，张学勤秘书长赴徐州参加全省秘书长联席会议，相互交流协会工作情况，讨论如何发挥协会“自律、协调、服务、助手”作用。同年12月，南京保监办召开全省首次保险行业协会工作会议，省协会秘书长宣读了《协会自律工作倡议书》，并推举淮安市保协张学勤秘书长代表二级市协会作了响应倡议的发言。

市中国人寿保险公司与市教育局联合举办“中国人寿杯”淮安市第十三届教育局局长乒乓球比赛

2002年7月，市保协网站(http:www.habxxh.com)开通。11月1日，市保协在市淮海广场举办“《中华人民共和国保险法(修正案)》宣传日”活动，李荣荣副市长到场并发表了讲话，市电视台、有线台、广播电台等媒体到场进行了采访。

2004年1月，淮安市委宣传部和市保协联合下发《关于进一步加强和改进保险工作新闻宣传的通知》，为贯彻落实好文件精神，市委宣传部和市保协联合召开全市保险宣传工作座谈会。市委常委、宣传部部长刘希平，市委常委、副市长李荣荣，市各新闻单位、各保险公司主要负责人出席了会议。会后，由市保协牵头组织，整合行业宣传资源，开展系列化、常态化、制度化的保险宣传活动。同年2月，由于市保协信息交流工作成效显著，江苏保监局在淮安召开苏北五市保险行业协会工作交流会，就保险行业协会宣传、保险代理人管理、保险代理人电子化考试中心等工作进行了交流。市保协在大会上作了经验介绍。3月24日，张学勤秘书长前往青岛保险行业协会，考察学习新车保险工作，为建立全市新车保险中心做好准备。

2005年3月，市委宣传部和市保协联合举办2004年全市保险好新闻评选活动，评选出一等奖6名，二等奖10名，三等奖若干名。市宣传部副部长吴雪华、市电视台台长薛涛、市电台党总支书记丁曾宪等领导和专家参加了评议。市保协还和市委宣传部联合召开了全市保险宣传工作会议。同年4月，市保协张学勤秘书长赴连云港参加鲁南、苏北十市保险行业协会首届秘书长联席会议，会议确定次年3月组织相关人员来淮安交流学习。7月，市保协秘书长张学勤随同市政府办公室财经处处长吴振华等人赴新疆考察农业保险。回淮安后，即向市政府相关领导汇报，进一步完善和加强农业保险的管理的力度，确定了由中华联合财产保险公司承办全市农业险业务。

2006年1月10日，市保协在市电视台演播大厅召开第三届优秀保险代理人表彰大会，对全市54名优秀代理人进行了表彰。市委常委副市长李荣荣、市政府副秘书长吴振华、市政协副秘书长钱淑玲、市委宣传部副部长吴雪华、市软件办处长徐继凡等参加了会议。同年3月22日，市保协和市委宣传部联合召开了2006年保险新闻宣传工作会议，宣传部副部长吴雪华主持会议。3月29日至31日，由市保协承办的第三届鲁南、苏北地区保险行业协会秘书长联席会议在淮召开，参会的有山东日照、潍坊、枣庄、威海、济宁、临沂和江苏连云港、淮安、盐城、徐州和宿迁11地市保险行业协会。

2007年1月25日至2月2日，市保协同《淮安日报》社、淮安电视台、淮安广播电台在全市开展保险新闻采风活动。2月9日，市保协召开2006年度保险新闻宣传通报会，市委宣传部副部长王维国、新闻处处长孙清阳和全市新闻媒体单位主要负责人、各保险公司分管总经理出席了会议。共评出2006年度保险好新闻34篇，其中一等奖5篇，二等奖9篇，三等奖20篇。同年12月11日至14日，市保协组织《淮安日报》《淮安晚报》、淮安电视台、淮安广播电台和淮安广播电视报社开展第二次保险新闻采风活动，扩大了保险行业的社会知名度。

2007年9月29日，市中国人寿保险公司举办“走进淮安国寿”新闻记者聚焦采访活动

2007年，市保协积

极引导全市农业保险的健康发展，市中华联合财产保险公司和市政府联办共保的农业保险模式取得成功，泰州市等兄弟保险行业协会组织当地各保险公司先后来淮安考察学习农业保险开展情况和成功经验。

2008年，市保协将分散在各保险公司的宣传资源进行集中整合，宣传成本降了一半，但宣传声势、宣传效果大超以往。报纸、电台、电视台进行连续性的宣传，专职记者随叫随到，公司的重大活动及有影响的赔案及时报道；实现周周有保险新闻，月月有保险赔案报道；报纸有“走进保险”专栏，电台有“今日保险”节目。全年通过市保协统一宣传的保险新闻近千篇，其中，刊登在《淮安日报》上有210余篇；《淮海晚报》190余篇，《淮安广播电视报》30余篇；电台经济频道和交通频道播出《今日保险》专题节目260余档，播发稿件500多篇；电视台相关专题节目播出保险业务专题120余档。通过集中统一宣传，形成了媒体与保险公司的良性互动，极大地提高了保险行业的知名度，提升了保险行业的整体形象。

是年，市保协还把保险好新闻评比活动作为保险宣传工作的重要载体常抓不懈。在评选2007年度保险好新闻活动中，邀请了市委宣传部副部长王维国、《淮安日报》社社长徐利华、《淮海晚报》副总编王卫华、淮安电视台台长薛涛、淮安电台支部书记丁宪曾、《淮安广播电视报》社社长郑晋坤等党政和宣传部门的领导专家参加，活动共评选出2007年度保险好新闻21篇。

第六节　诚信创建

市保协把构建保险诚信体系、推进行业诚信建设作为重要工作内容，保险行业诚信创建工作一直走在全省保险业的前列，受到了淮安市委市政府、江苏省保监局的充分肯定。

2002年3月，南京保监办在全国率先推行保险行业诚信建设活动。同年5月11日，市政府召开全市保险信用体系建设动员大会，成立了保险信用体系建设领导小组，市委副书记、常务副市长丁大卫任组长，副市长李荣荣任副组长，制定了《淮安市保险信用体系建设实施方案》，市保险协会作了《信用建设承诺》。5月17日，市保协召开一届三次理事会，专题讨

2007年9月22日，淮安市保险协会组织召开保险诚信建设工作会议

论全市保险信用体系宣传周活动有关事项。5月28日，市保协在市人民大会堂广场举行江苏保险信用体系建设宣传周淮安分会场“万人宣誓”“万人签名”仪式。市保协还组织各公司开展为期2天的街头宣传、咨询活动。保险信用体系建设宣传活动声势大，收效明显，得到了市委、市政府的高度重视和肯定。6月11日，副市长李荣荣、市委办调研小组就活动情况分别到市保协和各保险公司进行调研。市政府办还将市保协理事长赵凉作为地方金融系统唯一的社团组织领导人列入“诚信淮安活动领导小组”的成员名单。市保协主动与市消协进行工作对接，在每年的“3·15”举行保险咨询活动；连续五年通过聘用在校大学生对保险公司信用状况进行问卷调查，了解和掌握全市保险诚信情况。

2003年，市保协召开信用体系建设领导小组工作会议，时任淮安市副市长、市信用体系建设领导小组组长李荣荣出席会议并做了重要讲话，拉开了全年保险信用体系建设活动的序幕。是年，市保协还组织各保险公司举办各类信用体系建设活动300多场，参加人员近万人次。

2005年，在全市保险行业开展的信用体系建设活动基础上，提出开展“保险行业诚信建设年”活动。市保协组织全市11家保险公司、中介公司7500多个一线从业人员，在全市开展了“诚信建设第一年活动”，通过开展诚信承诺签名活动和摆摊设点开展诚信建设知识咨询活动，不断把活动引向深入。

2006年，为进一步推动全市保险行业诚信建设工作，市政府召开了全市保险诚信建设活动推进会议，副市长李荣荣、江苏保监局局长李劲夫出席会议并作重要讲话。会议确定2006—2007年度为“保险诚信年”，印发了《淮安市“十一五”保险诚信建设规划》《淮安市“保险诚信年”创建方案》

和《淮安市保险诚信单位创建考核办法》等文件，市各保险机构负责人共同签订了《淮安市保险诚信创建公约》。为了配合活动的深入开展，市保协先后举办了11期保险诚信教育专题培训班，参训人员近3000人次。

2007年，为把保险诚信建设活动向纵深推进，淮安市政府保险诚信创建领导小组召开全市保险诚信建设总结表彰大会。总结了上一年度保险诚信创建工作情况，对诚信建设先进集体及先进个人进行了表彰。对中国人民财产保险公司盱眙支公司、中国人寿保险公司金湖支公司、太平洋财产保险公司盱眙营销部、天安保险公司淮阴营销部4家保险诚信单位进行表彰。淮安市保险诚信建设领导小组成员单位，各县（区）政府分管领导，市、县（区）各保险机构负责人，市保险诚信创建监督员等出席会议。江苏保监局副局长王治超，市委常委、副市长王友富分别做了重要讲话。会议对2007—2008年度“诚信服务年”工作进行了部署，印发了创建方案和诚信宣传服务“四进入”（进机关、进社区、进学校、进农村）活动方案。为了配合保险诚信创建活动的开展，市保协还先后举办了15期保险诚信建设培训班，进行卷面答题测试，先后对全市1000名保户上门进行保险诚信问卷调查，保险诚信创建活动开展得有声有色。

2008年，是保险诚信建设硕果累累的一年，经过几年的诚信建设活动，取得了实实在在的成效，涌现了许多先进集体和先进个人。市政府召开全市保险诚信建设总结表彰大会，淮安市副市长戚寿余、江苏保监局副局长宋志华等领导出席。分别对11家诚信标兵单位、16家诚信示范单位、10家诚信合格单位、11家诚信建设优秀组织单位、47名优秀保险代理人、247名1-5星级保险诚信营销员等先进单位和个人进行了表彰。

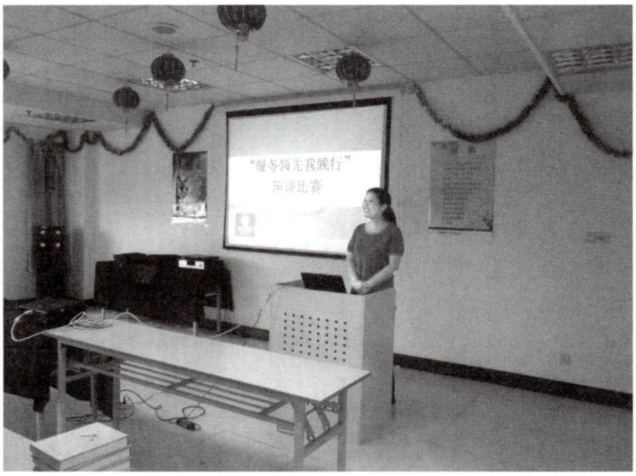

淮安市平安人寿保险公司举办“服务领先我践行”演讲比赛

在2006—2008年创建

保险诚信活动中，市保协每年与淮安日报社、淮安广播电台、《淮安广播电视报》社联合举办一次淮安保险“诚信杯”征文评选活动，三年征文活动共收到征文300余篇，评选出优秀作品70余篇。

第七节 代理人资格考试

淮安市保险代理人资格考试从1996年开始。1996年9月16日，中国人民银行淮安市中心支行组织了首次保险代理人资格考试，全市(含现宿迁市)保险系统首批保险营销员和保险员共1163人报名参加了考试，共有459人取得保险代理人资格证书，通过率达65%。1996年年底，中国人民银行淮安市中心支行将保险代理人资格考试转交给淮安市广播电视大学负责，并一直延续到淮安市保险行业协会电子化考试中心成立。

2001年7月，市保协成立后，市保协组织人员积极配合淮安市广播电视大学，做好保险代理人资格考试的考务和协调工作。共同完成每年保险代理人资格考试工作。

随着保险市场的发展，报名参加考试的保险代理人越来越多，原有的考试场所和考试形式已不能满足需要，迫切需要建立新的考试场所和机制，来解决保险代理人考证难的问题。经过反复论证和酝酿，2004年7月6日，市保协向江苏保监局上报了《关于在淮安设立苏北保险代理人电子化考试中心的报告》，提出由市保协独家投资筹建“淮安市保险代理人电子化考试中心”，负责淮安市及周边地区保险代理人电子化考试的报名、考试及证书发放工作。同年7月9日，江苏保监局批复同意进行筹备工作，随后，市保协召开由各会员公司分管负责人参加的淮安市保险行业协会电子化考试中心筹备会议，讨论考试设备资金落实问题，同时研究判定了《关于设立淮安市保险代理人电子化考试中心的方案》。8月10日，市保协下发《关于淮安市保险代理人电子化考试中心正式开考的通知》，自此，苏北第一家保险代理人电子化考试中心(以下简称“考试中心”)正式成立。考试中心地址在淮海东路20号中国人寿大楼5楼，考场配备考试电脑25台。

考试中心正式开考后，解决了保险代理人考证周期长、成本高的问题，苏北、苏中地市保险公司也纷纷组织大批保险从业人员来考试中心参加考试。因考试中心刚成立，配备用于考试的电脑数量有限，市保协秘书处和考试中心工作人员加班加点，从每天的2场考试增加到每天5场考试。到12月30日成功组织了290多场考试，共接待考生报名6926人次，考试通过4531人，通过率82.3%，打印发放代理人资格证书6926本。

是年，为做好考试中心的管理工作，考试中心先后建立了《淮安市保险代理从业人员基本资格电子化考试中心管理规定》《考务管理规定》《主任岗位职责》《电脑及系统管理技术员岗位职责》《报名及考务管理岗位职责》《监考员岗位职责》《出纳岗位职责》《考试流程操作日志》《考前培训程序》等管理规定和工作职责。为规范考试中心运行，还建立了报名登记簿，实行挂牌监考；为严格考试纪律，明确工作职责，建立了监考负责制，对每场考试情况登记造册，建立监考档案。

2005年，江苏保监局要求从2006年1月1日开始，保险从业人员100%持证上岗展业，这对考试中心是个重要考验。为了满足大量考生的考试需求，市保协调配人力加班加点，考场实行轮流循环，从早上8点钟上班一直工作到深夜。至年末，考试中心共组织了886场考试，共接待考生报名22158人次，考试通过11703人，通过率52.81%，打印发放代理人资格证书11703本。

2006年，随着周边地市保险行业协会陆续成立保险代理人资格电子化考试中心，淮安市考试中心的压力得到了缓解。考试中心当年共组织本市考生考试444场次，接待考生报名11102人次，考试通过5118人，通过率46.09%，打印发放代理人资格证书5118本。

淮安市保险协会举行保险代理人资格考试现场

是年，针对参加考试的考生减少，组织考试任务减轻的情况，市保协为了提高报名考试人员通过率，提高保险营销员素质，聘请了4位讲师组成讲师团，先后对4000多名保险从业人员进行了培训。为确保培训取得实效，市保协制定了教育培训计划，做到人员、地点、费用和考核4落实。在课程设置上把保险代理人急需的行规常识和市场规则相结合，设置了诚信知识、行业规范、消费者权益保护法、职业道德指引，以及治理商业贿赂等12个专业课程。为不影响保险公司业务工作的正常开展，做到培训和业务发展两不误，讲师团送课上门。同时，对人员组织、场地选择及培训纪律实行严格考核，并作为会员单位创建诚信单位和文明单位的重要考核指标之一。为配合培训教育活动的开展，市保协秘书处组织编印了《保险代理人从业手册》，人手一册。通过大批量、大范围的集中培训，提高了代理人的业务素质和展业技能，大大降低了客户的投诉和业务员违规事件的发生，为保险公司业务发展创造了良好的市场环境。

2007年，经过前几年组织的大密度考试，绝大部分保险从业人员取得了资格证书，考试人员逐步减少，全年共组织225场考试，接待考生报名5617人次，通过2976人，通过率52.98%，打印发放代理人资格证书2976本。

2008年，市保协重视和加强考试中心的硬件建设，并加强考试中心的考试纪律管理，保证了考试过程规范有序运行，在考试中心考场内安装了监控摄像头，实行全程监控，减少了作弊行为，确保考试的公平、公正。是年，报名参加考试8666人次，通过4744人，通过率54.74%，打印发放代理人资格证书4744本。

表8-4　2004—2008年淮安市保险代理人资格考试情况表

单位：人

年度	报名人数	通过人数
2004年	6926	4531
2005年	22158	11703
2006年	11102	5118
2007年	5617	2976
2008年	8666	4744

第十章　企业文化

保险企业文化是金融企业文化的重要组成部分，它是保险企业在生产经营过程中逐步形成的、为全体员工所认同并共同遵守的、带有本企业特点的使命、愿景、宗旨、核心价值观和经营理念，及由此产生的管理制度、员工行为方式、企业外在形象等。淮安保险企业文化主要分为精神文化、行为文化、创新文化3个方面的内容，它渗透在企业各项经营管理活动与员工日常行为之中，深刻影响到企业远景目标和经营策略。1991—1995年市人民保险公司和南京人寿保险公司淮阴代理处在全市独家经营保险业务期间，由于受经济发展等因素的制约，保险企业文化建设起步较晚，思想政治工作、职业教育、学历提升教育、综合素质培训等精神文化建设在探索中前行。1996年，自淮阴保险企业实行分业经营后，各保险公司逐步进入专业化经营阶段，保险企业文化建设逐步进入行业性、系统性、整体性的上下联动发展期。1998年以后，全市保险企业文化建设逐步向纵深方面发展，企业文化在促进业务发展的同时，更加注重践行保险行业守信用、担风险、重服务、合规范的核心价值，在支持地方经济发展中凸显保险企业文

2008年12月28日，市天安保险公司举办由员工自编自导自演的“展翅2009”客户联谊晚会

化建设的独特作用，在全社会营造了“保险使人们生活更美好”的氛围，真正发挥保险业支持经济发展和保障民生事业的“助推器”功能作用。

第一节　精神文化

精神文化是属于精神、思想、观念范畴的文化。淮安保险企业践行的精神文化主要包括企业使命、愿景、核心价值观、经营理念、战略规划、企业精神、文化定位等元素。

1991—1995年，市人民保险公司独家经营保险业务期间的精神文化建设还处于摸索过程。精神文化建设主要是通过加强职工思想政治工作，解决精神层面的问题，从而推动和促进业务的发展。各分支公司经营层通过解决职工的思想问题，调动职工积极性，推进保费收入的增长，追求公司业绩规模不断扩大，此时的企业文化往往就是专业、品质、道德之上的“第一精神文化”。在这种背景下，精神文化建设多数仅限于思想政治教育及培训，而培训形式多数是采取以会代训，以此引导员工干一行、学一行、钻一行。

1993—1994年间，市人民保险公司清浦办事处在拓展团体险业务时，充分发挥女同志新长征突击手作用，发扬“杨门女将”精神，通过人脉关系，通过过硬业务技能和拓展业务艺术，深入淮钢、淮阴卷烟厂、清江涤纶化纤厂、淮阴棉纺厂等企业宣传保险好处，感动企业领导人和财务人员自愿参加财产险和相关企业团队人身险，帮助企业解决后顾之忧，每年团险组每人拓展新老保户5~6户，保费收入突破200万元，为业务发展奠定坚实基础。人保清浦办事处4名女同志被内部称为“霞飞（姜浦霞、刘亚菲）二红（张晓红、季春红）奥丽斯展业能手”，分别被省、市公司评为先进工作者。

1995年，南京人寿保险公司淮阴代理处成立后，以独特的“心往一处想，劲往一处使，拧成一股绳，共圆一个梦”的企业文化，塑造了独特的“团结、奋进、廉洁、务实、高效”的企业精神。南京人寿保险公司淮阴代理处综合部被中共江苏省委精神文明办公室命名为“江苏省青年文明号”称号。与此同时，平安保险公司淮阴代理处、太平洋保险公司淮阴办事处相继登陆淮阴市场。这时，全市保险企业精神文化建设以“以司为家、爱岗敬业、无私奉献”为主，教育和引导员工把主要精力、思想放在完成目标任务上。保险企业内部开展的“比、学、赶、帮、超”主要放在经营目标任务上，保险企业精神文化建设处于简单的初级阶段。

1996年年初，南京人寿保险公司淮阴代理处和平安保险公司淮阴办事处在全市保险市场上创立“晨会制度”，高唱司歌，诵读训导，以振奋员工精神。晨会上每位营销人员分享展业经验和成果，以激励先进、鞭策后进。中国平安保险公司出版发行了第一本企业文化丛书《平安新语》，将中国古代传统文化的“仁、义、礼、智、信、廉”作为企业经营行为的价值取向，以诠释平安保险企业文化的基本内涵。是年，平安保险公司淮阴办事处开始将业务触角延伸到县、乡、镇。精神文化建设的内容由简单的晨会制度，逐步扩展到职场训练、精神文化演讲比赛等。实践中体现平安企业精神文化以“优秀传统文化为基础、以追求卓越为过程、以价值最大化为导向，做一个品德高尚和有价值的人”的文化精髓。

1997年6月27日，淮阴市中保人寿保险公司邀请市委宣传部张汉川副部长作形势报告

1997年，市中保人寿保险公司以多种方式宣传企业精神文化，突出宣传公司的品牌和形象，在公司创办了《国寿客户报——淮阴专刊》《中国人寿淮安中支简报》等内刊，让更多的人了解公司文化内涵，并长年在《淮安日报》《淮海晚报》、淮安电视台、淮安电台开设栏目，向社会宣传公司的企业精神文化。

1998年，市太平洋保险公司根据“诚信天下，稳健一生，追求卓越”的核心价值观，结合自身实际情况，突出对企业精神文化建设的宣传。市公司根据总公司《员工行为规范》和《文明服务公约》的要求，细化每个岗位的行为规范和违约处罚条款，促使员工自觉对照自己的行为举止，努力培养自己的宣传队伍，建立自己的宣传阵地。并在公司内部创办政工简报、黑板报、学习园地等，通过多形式、多途径，传达上级精神，传递正能量，交流工作信息，表扬好人好事，鼓舞员工士气。

1999—2000年，市中国人寿保险公司在加快业务发展的同时，积极培育、弘扬先进的文化理念。公司的企业精神文化概括为“双成文化”，即“成己为人，成人达己”，着力构建和谐的客户关系，全年把企业精神文化向乡镇、社区推展。为方便农村客户，在全市108个乡镇设立了“营销服务部”，并招聘驻村代表，向着“乡乡有组(服务小组)、村村有人(驻村代表)”目标前进。涟水县、楚州区以政府的名义下发文件，部署开展创建“保险示范乡镇”活动。

2001年，市人民财产保险公司在“人民保险，造福于民”的企业文化战略指引下，锻造出一系列文化，以改变员工的精神状态，形成团队合力，努力使公司上下想的、做的都保持一致，管理语言也相对统一，这不仅是形式上“上下同欲”，更是注重文化塑造带来“真材实货”。市公司全力通过精神文化建设，拉动全辖业务实现健康持续发展。市公司制定了《关于提高职工素质、加强精神文化建设的若干意见》和《“十五”(2001—2005)期间，职工教育培训计划》，促进全辖精神文化建设工作规范化、制度化。通过常抓不懈的教育和代理人努力践行公民基本道德规范，做到维护社会公德、遵守职业道德、弘扬家庭美德。市公司还组织职工开展做合格的企业职工、社会公民、家庭成员等精神文化系列活动。是年，人民财产保险公司楚州支公司被人民财产保险公司江苏省分公司授予全省人保财险系统“企业文化建设先进单位”，人民财产保险公司清浦支公司被省公司授予“青年文明号”。全年全市人保系统有15人被市公司授予职业道德模范称号，10人获得市“五好家庭”称号。

2002年，市太平洋寿险公司主要采取主训、讲师培训方式，公司领导亲自授课，通过参观淮安周恩来纪念馆、刘老庄八十二烈士陵园、南京雨花台实景进行教育，并邀请获得“全国五一劳动奖章”的市环卫处孙国夫、淮钢总经理何达平到公司演讲，教育职工立足本职、多做贡献，用身边的人、身边的事教育感染在职员工。该公司还组织全体员工开展读书活动，先后组织员工学习《把信送给加西亚》《海尔中国造之企业文化与素质管理》等书籍，并将读后感、心得体会，张贴在公司宣传栏内。奖励既读书又展业的优秀从业人员。

2003年，市中国人寿保险公司在内部倡导“以人为本”的企业经营理念。关心职工成长，注重员工的职业生涯规划，鼓励员工与公司同进步共成长；在公司外部倡导“爱心文化”，引导员工积极参与社会公益事业；市天安保险公司按照总公司“抓管理，促发展，建品牌”的战略举措，在辖内全力推进遵纪守法、诚实守信的经营理念，倡导良好的职业道德和执业风范，把“化险为夷，补天爱人”的宗旨落在实处，成立以总经理为第一责任人的保险信用体系建设领导小组，深入开展关于保险信用体系建设的专题学习讨论活动，制定考评指标，建立并落实《服务承诺制度》。

2004年，市中华联合财产保险公司坚持“公司是学校，教人要育；公司是军队，治司要严；公司是家，同仁要爱”的核心价值观，坚持“中华保险爱中华”使命，结合自身的展业情况，分别细化精神文化建设内容，为提高员工素质和专业技能，制订内训计划，时间每年每人不少于60小时。

2005年，市人保财产保险、市中国人寿保险公司重视精神文化建设，以促进业务发展、提高职工综合素质作为重要的导向。在加强精神文化建设方面共组织经营法规、公关礼仪、业务管理拓展等培训20余期，参加人数达1200人次，举办了理赔案卷流转、Web管理版、有关分析系统等培训。市平安产、寿险，市太平洋产、寿险，市天安保险，市中华联合财产保险，市安邦财产保险等公司的精神文化建设主要是组织员工参加政治学习、拓展训练等活动。

2006年，全市各产、寿险公司，积极响应和实施市政府开展“三学三做三创”(学楷模恩来、学榜样雷锋、学先进典型，做人民好公仆、做岗位好主人、做社会好公民，创建五好家庭，创建诚信窗口，创建和谐社区)活动，开展社会主义荣辱观教育，发放《社会主义荣辱观学习读本》，组织宣传、演讲，公司负责人带头撰写学习心得，以领导学习成果引导和推动员工学习。市人民财产保险公司开展“正确荣辱观伴我成长”主题教育；市中国人寿举办“诚信是金”专题演讲;市平安财产、人寿保险公司分别开展“社会主义荣辱观”教育活动;市太平人寿保险公司举办“美好的生活源于创造”创业论坛;市安邦财险公司组织全体员工前往爱国主义教育基地——江苏省盱眙县黄花塘新四军纪念馆,缅怀革命先烈等精神文化建设活动。

2007年,淮安市大地财产保险公司以“立足大地,携手创业,共享未来”的企业精神为导向,努力拓宽服务领域。针对总公司开发的诸多新型保险产品的特点,积极研究销售渠道和客户需求,因地制宜强化销售,拓宽了保险服务覆盖面。市华安财险、市阳光财险、市中国人寿财险、市渤海财险自登陆淮安市场开始,就按各总公司企业文化建设各项操作流程,将企业文化中的精神文化的内容灌输到每位员工心中,落实到展业服务之中。

2008年,淮安市保险行业协会协同各产、寿险公司参加由市委宣传部、市消协组织的“3·15”国际消费者权益日活动。派出精兵强将,编写资料、组织发放,解答消费者有关保险问题,并公布展示各产、寿险公司“诚信宣言”,发挥保险行业在诚信建设中先导示范作用,做到“文明经营,放心消费”。5月1日,市人民财产保险公司、市中国

淮安市平安财产保险公司组织员工开展拓展训练现场

人寿保险公司、市太平洋财产、人寿保险公司、市平安财产、人寿保险公司等组织人员参加市委组织的“迎奥运”10万人长跑活动。他们拉出公司旗帜,印上宣传标语,在淮安市主要街道淮海路一展风采。市都邦财险、市长安保险、市中银保险等公司自进入淮安保险市场以来,对精神文化建设进行分步实施,逐步形成制度化、规范化。各保险公司加强精神文化建设,促进了保险业务良性发展。

第二节　行为文化

保险企业行为文化是指企业员工在企业经营、教育宣传、人际关系活动、文娱体育活动中产生的文化现象。行为文化强化制度执行，将通过完善的行为约束制度来规范员工行为，提高员工行为文化执行力。

1991年1月8日，市人民保险公司与淮阴市新闻学会联合举行第三届保险好新闻评选活动暨第四届淮阴保险好新闻评选活动启动仪式，全市共评出一、二、三等奖作品17篇。3月，为了促进长效还本家财险业务的推开，在全市大规模开展“保险宣传月”活动。在宣传形式上，运用幻灯橱窗、上街咨询、报纸、广播、电视等形式。在宣传内容上采取“案例论证法、内容比较法”。在宣传方法上，采用“四个结合”，即普遍宣传与重点宣传相结合、固定宣传与流动宣传相结合、口头宣传与文字宣传相结合、条幅宣传与案例宣传相结合。全市共散发宣传资料2.5万余份，刊用和播发稿件70多篇，出动宣传车200多辆次，设立宣传咨询点300多个，上街咨询人数达1500人次。与此同时，市人民保险公司组织女同志方阵参加三八妇女节（3月8日）由市妇联组织的全市市级机关妇女趣味长跑运动会，打着宣传标语，为公司出一份力量，获二等奖项。是年，为了宣传“人民保险，造福于民”的企业使命，市人民保险公司在《淮阴日报》开辟人民保险专栏12期，刊用稿件61篇，利用淮阴电视台、淮阴人民广播电台播出保险知识讲座24次。公司员工刘锦作词、潘振新作曲的歌曲《我们像一群吉祥鸟》被收入《全国企业优秀歌曲选》中。

1992年1月8日至4月18日，市人民保险公司在辖内开展“百日保险宣传”活动。为了配合子女婚嫁金保险业务的开展，请电视台制作专题片进行播出宣传。4月，市公司专门下发《关于建立淮阴保险新闻报道网络的通知》，公开向社会聘请保险通讯员。5月，该公司80余人身披绶带，瞻仰周恩来纪念馆。7月1日举行徒步环城保险大型宣传活动，市公司经理室全体成员和市区保险系统干部职工一起，组成庞大的宣传方队，接受公众咨询，散发宣传单，让更多的人了解、认同、支持并参与保险事业。8月，为了宣传养老保险金业务，独家点播42集电视剧《戏说乾隆》，播放保险企业文化知识，使消费者了解保险是什么、养老金保险如何参加等。是年，该公司在全省人保系统首家组建“PICC业余文艺演出队”，通过编排保险体裁的文艺节目会演，编写反映先进人物、先进事迹为内容的演讲、演出材料等，进一步扩大社会影响面，提高企业知名度，增强社会宣传效果。随后在参加市金融系统举办的“金融之秋”艺术节活动中，获得二等奖。

1993年上半年，为了配合个人养老金定额保险业务的推出，市人民保险公司制作了个人养老金定额保险电视广告片，在春节期间以连续特约点播电视剧的形式进行播放，各县区支公司以发表领导电视讲话、业务咨询、印发宣传资料、制作标语等形式，促进新险种在淮阴落地生根。市人民保险公司利用淮阴市级机关职工“5·4趣味运动会”期间，印发保险宣传资料进行散发，组织员工积极参加活动，刘亚菲获得个人跳绳一等奖(210下/分)，朱月芳获得二等奖(159下/分)。下半年，为配合人保江苏省分公司第二届“中国人民保险杯”摄影艺术大奖赛活动，市分公司和市摄影家协会专门分别召开摄影创作启动会、座谈会、交流会，并选送54幅保险作品参赛，淮阴获一等奖1幅，入选奖4个。由顾树清、刘锦创作的《生日的祝福》和刘锦、丁子文创作的《您还有什么问题》分别获优秀作品奖和入选奖。

1994年1月至2月，市人民保险公司以庆祝人民保险公司成立45周年为契机，开展全方位、多层次、立体化庆祝和公关活动。盱眙、金湖支公司保险业余文艺演出队，利用城乡赶集时节、庙会活动进行保险宣传。盱眙县支公司还与县委宣传部、文化局联手举办“保险杯”革命歌曲歌咏比赛、征文活动。3月至6月，该公司在全辖系统开展“优质服务竞赛”活动，从组织领导、服务设施、服务质量、行业作风、业务实绩等方面开展竞赛。9月至10月，全辖开展“五个一(一部宣传保险知识录像资料片、一月保险宣传活动、一套图片展览、一场文艺演出、一部保险史)”教育宣传活动。并面向社会，深入城区街道开展庆祝宣传活动。市公司在《淮阴日报》推出系列报道和整版庆祝广告，在电视台为全市人民点歌，组织人力制作

《腾飞吧！总理故乡的吉祥鸟》这一反映淮阴人民保险发展史的电视资料片，在电视台和全市司庆及公关活动中播放。

1995年3月，市人民保险公司与市志办合作，在编写的《市民手册》中编入人民保险业务种类、主要险种介绍等知识等，并在各大型企业单位内刊开辟"人民保险"专栏进行多角度、多层次宣传。6月30日，《中华人民共和国保险法》颁发后，市人民保险公司组织全体员工学习、宣传并联系工作实际，深刻理解法律所规定的各项权利、义务、责任的内在含义，用法治思维规范保险行为，注重在保险营销和理赔方面依法办事。全年在市级以上新闻媒体刊发稿件500篇，在江苏"保险杯"好新闻评比中获二等奖3篇、三等奖5篇。

1996年，市平安保险公司（寿险）成立后，树立"现代企业的竞争，归根到底就是企业文化的竞争"理念，将行为文化建设与创新提到了企业核心竞争力的位置上来。一季度，公司经理和员工白天骑着自行车外出去展业，顶着烈日，冒着风雨，四处托亲访友进行营销，晚上回来，用最原始的铅字打印机加班打印保单，加班成为创业者家常便饭。上半年，该公司通过办内刊、简报、晨会活动、文艺表演、表彰活动、演讲比赛、卡拉OK大赛等活动，用平安文化联络大家的感情，丰富了员工心灵。下半年，该公司全力将"信誉第一，效率第一，客户至上，服务至上"的服务理念，落实到职工行为中去，切实提高服务水平、提升服务品质。随着平安一站式综合理财网站PA18正式启用后，平安门店服务中心、平安电话中心、互联网中心组成的3A服务体系也正式运行，大大方便了平安消费者。市平安产险公司在行为文化建设上，通过各种优质服务，使自身形象得到完美地展示，先后获得市政府特别贡献奖、市诚信单位、市放心消费先进单位、市百姓满意诚信单位、江苏省AAA级重合同守信用企业、省诚信单位、省企业信用管理协会常务理事单位、中国平安财险（东区）三级机构综合管理奖等殊荣。

1997年1月，市太平洋保险公司加强企业行为文化建设。根据总公司《员工行为规范》《文明服务公约》，结合自身实际、岗位现状，制定细化每个在岗员工的行为规范和违规、违约处罚条款，并印成手册，以便于员工时时处处对照。2月，市公司组建了自己的宣传队伍，并在内部办政工简报、黑板报、学习园地等，多途径传达上级指示，传递正能量，交流工作信息，表扬好人好事，鼓舞职工展业士气。3月，市公司在参加地方政府的“3·15”国际消费者权益保护日，以及随后组织的“五一”自行车环城游活动、“十一”全民步行健身活动中打出具有公司特色的宣传标语，喊出公司宣传口号，展示“平日注入一滴水，难时拥有太平洋”的良好公司形象。

1998年，市中保人寿保险公司创新企业文化模式，重塑企业精神，凝聚员工思想力量和行动力量，实施“艰苦创业，求生存，求发展”战略，克服资产质量低下，办公条件简陋，市场竞争激烈等不利因素，排除内外部干扰，引导员工认清形势，增强信心，以新的企业行为投入二次创业。在行为文化初创过程中，培育全体员工坚持“转换观念，强化管理，调整结构，提高效益”指导思想。针对产、寿险分家时部分职工队伍存在种种顾虑和消极情绪，领导班子成员利用各种机会、形式，着重引导大家坚定发展信心，心往一处想，劲往一处使，拧成一股绳，艰苦创业求生存、求发展，重塑企业行为文化，全力发挥领导和榜样带头的行为示范作用，既稳定了队伍，又促进了业务的发展。

1999年，市太平洋保险公司通过企业行为文化建设，展示公司勇于承担社会责任的形象，并结合自身实际，开展“献爱心，促小康”活动。市公司从办公经费中挤出10万元，组织员工捐款捐物价值3.6万元，帮助涟水县岔庙乡义何村建立起自来水厂，支持16户村民将草房危房改造成瓦房，支持8户贫困户购买种子、化肥，资助帮扶10户贫困户失学儿童重返校园，公司63名干部和员工义务献血1.26万毫升。该公司还组织职工捐款帮助建设淮阴区刘老庄烈士陵园纪念馆，让更多人更好接受爱国主义教育，推动企业行为文化的有声有色地开展。是年，市公司被市政府评为爱国主义先进单位、义务献血先进单位、扶贫工作先进单位。

2000年，市太平洋保险公司产、寿险业务实行分业经营改革，为了进一步树立分业不分心、分家不分心，公司领导从开始就着力稳定领导班子、稳定机构设置、稳定队伍、稳定业务，避免因为分家而影响业务发展，其行为文化建设的重点是增强职工凝聚力和向心力，引导员工从大局出发，从整体利益出发，不断开展拥有健康人格的行为教育，用海尔“斜坡球理论”培育职工，增强市场竞争的危机感，激励职工为企业发展努力工作。市公司不断加强内训，邀请复旦大学高汝熹教授作“国内外政治、经济、金融、保险形势分析和未来展望”专题演讲，鼓舞职工士气，增强“司兴我荣，司衰我耻”理念，努力提高其内在素质。12月20日《淮阴日报》以“太平洋保险公司淮阴市中心支公司以新理念增强企业活力”为题，介绍公司在行为文化建设上所取得的成绩。

2001年，市中国人寿保险公司的行为文化主要体现在对外拓展新客户，对内持续改进服务手段上。公司为方便群众投保、理赔、咨询和查询，开通了“95519”全国统一的服务热线电话，实行24小时服务。在全市保险业率先推行“一站式”服务，做到了“四个统一”，即统一服务模式、统一实行持证上岗、统一柜面服务礼仪、统一柜面人员服装。实现了柜面服务由以业务操作处理为中心向服务客户为中心的转变，初步建立起对外形象统一、操作流程规范、功能定位明确，以及服务品质一流的客户服务柜面。公司还通过实行“一站式”服务、落实上岗资格证书制度、举办客户服务技能竞赛等形式，提升客服人员的服务能力和服务水平。

2002年，市中国人寿保险公司定点帮扶的贫困乡镇盱眙县河桥镇遭受历史罕见的洪涝灾害，该公司及时向灾区捐赠扶贫救灾款35万元，以解燃眉之急。还先后在盱眙县、淮阴区参与挂钩扶贫工作，自从市政府确定挂钩扶贫以来，至2002年年末，累计投入扶贫资金200多万元（包括办公设备、职工捐献钱物），并捐资帮助淮阴区韩桥乡建立“春蕾班”希望小学，在楚州瞻岱社区、清浦区淮三路社区开展社区创建帮扶，累计投入资金20多

中国人寿淮阴支公司与淮阴区妇联联合开展“关注留守孤困儿童、大型资助与爱同行”活动

万元，发动党员、职工资助贫困党员、特困家庭100多人次。是年，该公司先后被市委、市政府授予“文明单位”“重合同守信用企业”等称号，所辖洪泽支公司被团中央授予“青年文明号”称号。

是年，市人民财产保险公司在企业行为文化建设中，本着造就中国保险业最具影响力的市场品牌——PICC，塑造“求实、诚信、拼搏、创新”的企业文化精神，以增设“95518”客户服务专线电话管理为起点，进一步规范服务流程，拓展服务范围，创新服务内容。在加快自身建设的同时，始终秉承“客户至上”的服务理念，全年先后启动了金牌工程——“理赔无忧”服务活动，“金牌服务示范窗口创建活动”“理赔无忧——车险快捷”活动等，不断为客户提供便捷、优质与高效的服务。

2003年年初，市太平洋产、寿险公司积极响应上级公司的号召，努力推动信用体系建设，打造诚信太保；与时俱进，求真务实，推进“诚信天下，稳健一生”的企业文化建设，坚持“客户至上”的服务宗旨，牢固树立为客户服务的理念。通过设立“95500”服务热线，24小时接受客户的咨询、查询、报案、投保预约等服务，使优质服务理念深深扎根于每一位员工的心中。通过加强公司行为文化培训，不断提升员工的综合素质，提高专业化、规范化服务水平。两公司还经常召开客户联谊会，加强与客户沟通，征求改善服务的意见，着力打造良好的行为服务品牌。

2004年，在市保协组织协调下，淮安市保险企业共同制订了《淮安日报“走进保险”宣传方案》《淮安市广播电台“保险咨询台”宣传方案》，各产、寿险公司每年围绕“做大做强”保险业务开展宣传；围绕保险信用建设工作，针对群众关心的热点问题展开宣传；围绕软环境建设工作，开展形象性宣传；围绕公司的理赔工作，对一些典型案例进行宣传；围绕公司形象，开展淮安保险业的成绩、贡献、公益活动宣传等，取得了良好的预期效应。市保协在开展淮安特色的保险企业行为文化建设中，以诚信文化为核心，以合规文化、爱心文化、责任文化为主要内容，以和谐文化为最终目标，充分发挥保险业社会“稳定器”和经济“助推器”的作用。是年，在全市金融稳定工作会议上，淮安市保险行业协会被评为“2004年度金融稳定工作先进单位”。

2005年,市中华联合财产保险公司、大地财产保险公司、安邦财产保险公司、泰康人寿保险公司、太平人寿保险公司等先后陆续登陆淮安保险市场,给淮安保险市场增添新的活力。在震惊全国的2005年3月29日京沪高速淮阴段液氯泄漏事件发生后,市中华财产保险公司及时发动员工募集善款1.12万元送到受难村民手中,受到中央电视台等新闻媒体报道赞扬。5月,该公司与淮安市电台、电视台、广播电视报联合举办淮安市首届"中华保险杯"相声小品大赛,受到了社会各界的关注。6月,公司全辖上下紧密围绕"迎司庆创业英雄谱"为主题组织开展丰富多彩、务求实效的活动。

市天安保险公司举行了"天安人的风采"演讲比赛。此次演讲的主题是挖掘身边的真人真事与闪光点,突出天安人在"天安之道"的指引下,爱岗敬业、忠于职守、诚信服务、艰苦创业、无私奉献的感人事迹。通过生动的故事,体现员工与公司同呼吸,共命运的精神风貌。市泰康人寿保险公司开业后,树立以人为本的理念,按照总公司董事长总结出的"零点精神",号召所有从业人员发扬泰康人敢打、敢拼、不畏艰辛的创业精神,走泰康人"爱司敬业"的职业经理人道路,把发展和增长的红线贯穿在转型的战略中。该公司还与淮安有关平面媒体合作,先后推出"品质生活——中产人群在中国"沙龙讲座,"中产阶层参保就是品质生活标志"的理念得到逐步认同,提升了公司在保险行业的地位,增强中产阶层人群保险意识。该公司行为文化建设的深入开展,推动了本系统保费收入的增长,全年实现3572.6万元,保费增量为各年之首。

是年,江苏盛大众联保险代理有限公司进驻淮安并正式营运。这是淮安首家保险中介公司,该公司秉承"以人为本,诚信一生"的核心理念,以"双向诚信、高效专业"为经营宗旨。每个季度都有新的激励方案出台,充分发挥专业代理公司的优势,为客户提供保险咨询,向客户推荐优秀保险产品,将创新理念贯穿于具体业务发展之中,进行产、寿险"一站式"服务,营运安全稳定发展。

2006年,市中国人寿保险公司创新行为文化建设举措,成立销售精英俱乐部。销售精英俱乐部活动主题为"赢向未来",来自全市六个县区公司和市区营销部的160位会员为淮安人寿保险公司创造了3000万元的新单期交保费，撑起了淮安国寿营销的半壁江山。在他们的影响和带动下，淮安保险销售队伍朝着“专业持久”的高效绩优方向发展。是年，市阳光财产保险公司开业后，发扬“战胜自我”的企业精神，秉承“风雨中做事，阳光下做人；走精英之路，创阳光品牌”的经营理念，全心全意为客户提供完善、周到的行为文化服务。公司不以简单拼大业务规模为目标，而是以业务品质建设为保证，精心细分市场，推进“红黄蓝”经营模式，积极摸索出一条民族保险业健康发展、效益经营的可行之路，实现业务品质建设和客户优质服务的良性循环。同年，市大地财产保险公司，积极参与公益事业，主动承担企业职责。公司积极参与帮扶等活动，分管领导亲自带队走访社区特困家庭共16次，捐助帮扶款9200元，并在春节期间开展了送温暖活动，上门进行慰问，给特困家庭送去了大米、食用油等生活物资。

2007年，市平安财产保险公司和市平安人寿保险公司与市供销社联手，帮助挂钩帮扶点淮阴区刘老庄乡南营村续建二期厂房工程，顺利建成600多平方米标准厂房，并成功引进一家玩具厂开工生产。就地安置近百名村民就业，每年可为该村农民增收80多万元，为村集体经济增加收入10余万元。两公司还联手向平安希望小学捐赠150套崭新的课桌椅以及书包、书籍等学习用品。并为该校修建篮球场和自行车棚赠送6000余元的助学金。还帮助扶贫挂钩村党支部改造党员活动室，添置了桌、椅和音响设备。针对革命老区——淮安转业、复员和伤残军人看病难、住院难的问题，公司专门开办了优抚对象住院医疗保险。是年，市太平人寿保险公司与淮安市中国红十字基金会正式签署协议，该公司承诺，客户每投保一件“太平阳光天使2007少儿保障计划”，公司即向红十字基金会“小天使基金”捐赠10元人民币，用于专项救助贫困白血病儿童，累计捐赠不少于100万元。双方同意，在条件成熟时，还将正式设立“小天使基金”项下的“太平人寿天使基金”。

2008年，“5·12”四川汶川大地震后，淮安保险行业协会于5月14日向各会员公司发出向地震灾区捐款的倡议，得到各公司的一致认同，纷纷在第一时间将个人捐款送至市红十字会。市人民财产保险公司先后组织党、团员和员工三次捐款，全力支持抗震救灾，帮助灾民重建家园。5月15日，全市人民财产保险系统263名员工捐款27580元；130名党员缴纳“特殊党费”63450元。此外还有部分员工向市红十字会捐款771元。各种捐款总数达92011元。5月27日上午，市人民财产保险公司支养淮总经理亲手将捐赠给“淮安市赴四川灾区医疗救援队”的440万元人身保险单交到市卫生局吉文桥局长手中。市卫生局前往救援灾区的5批次共46名队员全部有了人身保险保障，总保险金额920万元。6月10日，在欢迎四川地震灾区学生来淮就读仪式上，市人民财产保险公司国际保险部向转入淮安技师学院的13名学生免费提供人身意外保险保障金额88.4万元——学生平安保险。市中国人寿保险公司为帮助灾区群众早日摆脱危难、重建家园，于5月13日在全市系统组织开展抗震救灾捐款活动，在总经理室发出的“伸出援助之手，解我同胞之难”的倡议下，全体干部员工、营销伙伴积极响应，踊跃捐款。5月15日下午，公司首批善款65125元捐赠到位。市太平洋人寿保险公司于6月至11月参加全省联动“爱心接力”支援灾区专题活动，营销员每笔长险保单自愿捐出10元，每位内勤人员每月自愿捐出30元，用于灾区建设希望小学或孤老所。市天安保险公司向各所辖机构发出了《关于向四川地震灾区捐款的倡议书》，并利用晨会，号召广大员工立即行动起来，为灾区奉献一份爱心。仅一场晨会就捐款7450元；在支援灾区活动中，市中华联合财产保险公司全体员工和部分营销员共194人参加了捐款，共捐人民币22200元。20名党员干部交纳“特殊党费”12200元；为表达对四川汶川灾区人民的深切关怀，市平安财产保险公司召开特别晨会，大家纷纷解囊

淮安市中国人寿保险公司“与爱同行——淮安国寿牵手孤困儿童暑期活动”捐赠仪式现场

相助，总经理夏善忠带头捐款500元，员工们捐款200元、100元不等，全辖职工纷纷伸出援助之手，向灾区捐赠现金4万元，党员缴纳“特殊党费”6900元。

是年，根据中国保险行业协会组织参加全国精英圆桌大会代表评选标准，经自下而上的层层推荐评选，市中华财产保险公司营销员潘祖卫同志以出色的业绩、良好的服务、优秀的形象被选入参加中国保险精英圆桌大会。中华财产保险公司始终把培养人、激励人贯穿于经营管理之中，极大地调动和激发了从业人员展业积极性和工作热情，“比、学、赶、超”竞赛热潮持续高涨，涌现出一批又一批优秀营销员。

第三节　创新文化

企业创新文化是指在一定的社会历史条件下，企业在创新及创新管理活动中所创造和形成的具有本企业特色的创新精神财富以及创新物质形态的综合，包括创新价值观、创新准则、创新制度和规范、创新物质文化环境等。企业创新文化是一种培育创新的文化，这种文化能够唤起一种不可估计的能量、热情、主动性和责任感，来帮助组织达到一种非常高的目标。

保险企业创新文化是保险企业实现自我发展和改进企业内部职工思想政治工作以及迎接世界保险业挑战的必然要求。保险企业创新文化既是保险市场日益竞争激烈的产物，也是保险业得以持续发展的推进器。保险企业创新文化主要是指保险企业在企业制度、营销模式、产品和服务、人力资源、信息技术等经营管理中融入自主创新思维，以持续推进保险健康发展的各种创新举措。淮安市保险企业创新文化建设经过单项到多项、简单到复杂、不规范到规范，进入逐步良性发展的时期。

1991年，市人民保险公司制订了创新文化意见，鼓励职工对公司发展提出合理化建议，凡合理化建议被采纳的，将给予一定奖励，工会设立合理化建议奖，让员工和客户为“金点子（合理化建议）”工程添光增彩。1992年，市人民保险公司创新服务网点设置，在保险公司区域外部增设农村网点，服务“三农（农村、农业、农民）”，全市在农村设立保险代理点276个，聘用专职保险员375人，开辟了农村保险市场的先河，受到地方政府和农民的欢迎。

1993—1995年，市人民保险公司为推动创新文化建设，主动采纳地方政府、部分农民合理化建议，通过深入农村调研，在测算农村保险市场盈亏保率点情况下，经向上争取，与地方政府相关部门创新保险品种，试行农业三麦、水稻种植成本保险，实行“同舟共济，联办共保”办法。1993—1995年期间，全市11个县人民保险公司中有10个县开办了农业小麦、水稻种植保险。同时，公司召开创新主题座谈会，研究探索适合农村保险的新路子。通过深入农村党政机关、乡镇村组、农户调研，召开代理网点负责人会议，研究农业保险相关事宜，确定创新工作思路，采取自办与联办相结合、以自办为主，实行点和面结合，以面为主的规模经营，使农险逐步改变亏损局面，走上健康发展之路。是年，进一步扩大农险经营范围，把与其相关的生产要素如农村劳动力、家庭财产一并纳入农险承保范围，整合保险资源。

1996年，保险业开始实施分业经营以后，全市保险行业创新文化建设向前迈出坚实的一步。“只有创新才能发展”成为普遍共识，各公司初步建立新的用工、分配机制。1997年，市中保财产保险公司实行全员劳动合同制，加大人事、用工、分配制度的改革创新，在分配制度上实行“绩效优先，兼顾公平”原则，探索分配制度改革新路子，加重“活工资”与保费实绩、公司整体效益挂钩的比重，体现分配制度向一线展业员工倾斜原则，加大考核力度，以调动全体职工积极性，促进业务良性发展。市中保人寿保险公司在分配机制改革上，坚持按劳分配、效益优先、兼顾公平原则，在工资奖金收入分配上坚持与个人保费实绩及本职工作完成情况挂钩，合理拉开部门之间、个人之间收入差距。1998年，市太平洋保险公司实行工资奖金计划分配管理和多种形式分配办法，编外人员、营销人员酬劳统一划归综合行政部管理，统一扎口分配机制渠道。

1999—2000年，市中国人寿保险公司广泛营造敢于创新，不惧失败氛围，围绕打造一支“干事有激情，做事有本领，遇事敢担当”的营销精英队伍为目标，开启四轮驱动模式，全面提升营销精英队伍综合素质和业务能力。以“学”驱常。建立健全常态化的学习培训机制，不断提升营销业务水平和营销展业能力。市公司以“查”驱提。通过查摆不足，提升学习互动性、积极性。各分支公司以“比”驱强。通过每周业务展示、比试练兵，增强营销精英实战能力。全辖以“奖”驱动。通过建立科学的业绩激励和奖励体系和机制，调动职工创新工作热情和积极性，把学习、培训、考核、任用、选拔综合起来，真正公开、公平、公正，不拘一格任用各类对公司有贡献的人才。公司上下处处营造“家”的氛围，弘扬“赢”的创新文化。

市太平洋人寿保险公司组织外勤人员进行拓展业务培训

2001—2002年，淮安市保险行业协会运用创新文化思维，制定了新信息联络工作制度。规定各会员公司每月向协会提供的信息稿件不得少于2篇。为进一步办好《淮安保险信息》，调动员工投稿积极性，不断提高信息稿件的质量，充分发挥信息期刊的作用，以创新文化为主题，开展信息工作评比活动，并设置了“优秀单位奖”“优秀信息员奖”“优秀论文奖”等奖项。是年，全市各产、寿险公司纷纷在公司内部设立“金点子”奖励基金，凡职工发现公司经营过程中存在任何问题，对公司经营有影响，提出针对性改进措施和建议，并被公司采纳，用到公司业务实践中去，取得效益的，给予一定物质和精神奖励。

2003年，全市各产、寿险公司分别参与当地新型农村合作医疗制度的改革，并根据《江苏省人民政府关于在全省建立新型农村合作医疗制度的实施意见》，积极参加各地政府新农合制度的改革、创新全过程，努力发挥商业保险在社会保障中的补充作用。市中国人寿保险公司与市政府医改办联系，将医保多余资金适当用于参加个人补充医保。

2004年，市保险行业协会创新文化宣传形式，年初由市保协牵头将“2004年确定为保险宣传服务年”。市保协分别与《淮安日报》《淮海晚报》《淮安广播电视报》《淮海商报》、淮安电视台、淮安人民广播电台签订了“保险宣传服务年”合作协议，协调各保险公司从深度、广度进行产、寿险业务宣传。每季度不定期召开分管领导和具体宣传人员推进会、通报会，市保协秘书长张学勤多次走进淮安电视台、广播电台，在“保险咨询台”栏目中，就社会公众的投保、退保、理赔、营销员误导宣传等热点问题进行答疑，并将保险业近年来取得成绩、贡献、公益活动等向听众进行宣传和介绍。市保协还适时邀请市委宣传部负责人、媒体记者深入到各产、寿险公司进行现场调研报道，保险宣传有声有色，保险意识逐步深入人心，保险业务逐月上升，保险服务质量不断提高。并在《淮安日报》“走进保险”栏目中，刊登了《保险理赔，一诺千金，让理赔和投保一样容易》文章，介绍了各产、寿险公司典型理赔案例，使受众很受教育，全年有30篇好新闻报道受到市委宣传部的表彰。

2005年，市中华联合财产保险公司通过广泛深入农村调查，发现农业保险是个短板，农业受灾农民返贫现象严重，主动拿出规划和方案，向上级公司和地方政府反映和请示。得到批准后，先行在个别地区、部分农作物品种、部分面积试点，待试点取得经验后，逐步推开。与此同时，市中华联合财产保险公司以创新文化建设为支力，以创新促管理升级，提高公司品牌形象，促进公司整体素质的提升；在全国率先开办了三麦、水稻联办共保政策性农业保险。是年，该公司荣获淮安市“政府工作创新奖”二等奖。淮安农业保险模式是在国家尚未出台相关政策时率先制定的，史无先例可循，现实没有范本，淮安保险人结合本地自身实际，自我摸索和创新。市人保财产保险、市太平洋财产保险、市平安财产保险、市大地财产等保险公司都相继分别开办了农业政策性保险业务。帮助农民消化了自然灾害带来的损失，分散了农业的风险，较好地解决了农民因灾致贫、因灾返贫现象，真正为农村、农业、农民解决后顾之忧。

2006年，市保协会同会员单位研究落实管理创新举措。为了有效遏制车辆保险市场恶性竞争趋势，创新规范车辆保险市场程序，控制金融风险，协会先后召开各产险公司负责人会议，研究如何规范竞争秩序达到合作共赢。市保协细化调研报告，分别就车辆保险市场问题向市政府和江苏省保监局请示设立淮安新车保险服务中心，由各产险公司派员参加投标。是年，创新成立淮安新车保险服务中心，并正式挂牌对外营业，淮安市委常委、副市长李荣荣和市四套班子成员和涉险单位300多人参加开业典礼。市政府副市长李荣荣首先肯定了淮安保险行业成立“淮安新车保险服务中心是保险业务创新一个尝试，是发展保险事业又一里程碑”。市太平人寿保险公司实施文化创新，在新春佳节即将来临之际，公司将饱含太平人寿寓意、产品名称、古楚地域特色及人文景观的近600幅墨香四溢的春联送到客户手中，以表达太平人寿回报社会、建设国家的美好愿望。

2007年，市保险协会召集全市各产、寿险公司负责人，专门研究制定《“十一五”淮安市保险行业诚信建设实施规划》，各产、寿险公司分别外聘企业文化建设特别诚信服务监督人，颁发聘书，定期或不定期召开座谈会，征求意见，对监管对象提出问题，限期整改，做到件件有着落。年终对监管员进行评比表彰，市保协通过检查验收评比，对诚信建设8个优秀单位、8个示范单位、4个诚信服务标兵进行了表彰，并在淮安所有平面媒体公示全市保险行业创新服务自律和监管方式方法。市华安财产保险公司积极推动市大学生助学贷款保险工作，与市建设银行、淮阴师范学院达成共识，并征得省建设银行的批准，该贷款项目惠及1300多名学子。该公司还针对目前国家助学贷款和新设计的“华安·联合就学贷款”，分别推出国家助学贷款信用保险和就学贷款保证保险（统称学贷保险），以保险形式合理转嫁及控制风险，圆千万学子的上学梦。

是年，“应收清零，全国通赔，赔款到卡，业务员工资到卡”是安邦保险与国际接轨、实行国际化运作模式的创新举措。“全国通赔，赔款到卡”的推出，不仅可以有效防范支付过程中的各种风险，保障赔付资金及时兑付，而且可以节省客户前往公司领取赔款的时间，从而提高赔款支付速度，业务员费用到卡可以减少中间环节，降低成本，充分维护业务人员的利益，调动业务人员的展业热情。

淮安市平安人寿保险公司在龙舟上举办平安人寿VIP客户沙龙活动

2008年，市中国人寿保险公司根据总公司“双成“(成己为人，成人达己)文化，结合实际情况，发扬“硬”(充满硬气、善解硬结、敢打硬仗)的精神，“家”(家是讲爱的地方，家是讲责任的地方，家是讲荣誉的地方)的氛围，“赢”(有奖必拿，有名必争，有旗必扛)的文化，用业绩检验创新文化落地生根的结果，使公司铸造成为一条心、一家人、一齐抓，努力成为全省系统特别是苏北地区一面旗帜。与此同时，市中国人寿保险公司还举办“国寿第二届客户节”，以开展新品宣传和全新服务。活动期间，在楚州区(现淮安区)流均镇创新培育“保险示范村”活动，利用社会力量推动保险业务有序开展。在“保险示范村”中有65%村民了解知晓保险好处和做法，农民从投保中得益。全市各产、寿险公司利用创新文化搞好自身公司内部治理，还能勇于承担社会责任。保险志愿者进社区、进企业、进农村，真正起到经济补偿、社会保障管理作用。各公司还与被保险企业单位建立扶贫、救灾、防灾、防损互动联盟，架起社会服务的“双回路”，力求滴水成河，积善成德，弘扬保障行业文化。

是年，市平安财产保险公司、人寿保险公司建立健全创新展业和绩效考核机制，狠抓绩效管理，通过健全机制，明确责任，形成全员参与、上下联动、齐抓共管、整体推进的工作格局。创新展业和绩效考核办法，注重抓好展业过程推动，实行每日晨会制度，对部门实行“月初提醒、月中催办、月末督办”运行机制，层层传导完成任务的绩效考核压力，有效地解决责任不清、落实不力、完成不及时问题。同时还抓好绩效考核定期分析。按周、按月召开绩效管理运行分析会，对绩效完成情况进行通报，开展绩效管理专项评估，随时掌握工作进度，仔细查找团队、部门之间发展不平衡问题。扬长避短,集中各部门、各团队智慧合力攻关,按期按时完成公司展业任务。是年,市平安人寿保险公司保费收缴达11015万元,较上年9052万元增加1963万元,增长21.69%。

是年,市泰康人寿保险公司创新推出“重疾就医绿色通道”服务。凡公民参加泰康人寿健康险种(重大疾病保险险种)的客户,在保期内,患重大疾病者,可享受泰康人寿“绿通”服务,即“三专一报(可预约专家进行诊治服务、入住专家病房、进行专家医治手术,享受专业、权威、放心治疗过程,享受契约内住院相关的医药费、手术费等报销,异地就诊可报销1人异地交通住院费)。市华安保险公司在全市创新推出“福满堂”家财险,成为全市第一款承保特大自然灾害如“地震”和“海啸”的家庭财产保险。

第十一章　队伍建设

淮安市平安人寿保险公司举办“专业价值”演讲比赛

1991—2008年，淮安保险企业在各个不同时期，始终把加强职工队伍建设放在突出位置来抓。围绕业务中心工作，加强和完善内控机制建设，提高制度执行力；通过人事及分配制度改革，调动员工的工作积极性，增强企业活力和竞争力；通过开展经常性的思想政治教育和业务培训，加强干部职工队伍建设，提高全员的综合素质。

第一节　员工教育和管理

员工管理是保险企业管理的重要内容，它包括保险企业的领导干部管理和普通职工管理。员工管理的目的是提高保险企业决策制度的执行力，凝心聚力推动保险业务发展。

1991年，市人民保险公司制定了《县（市）公司领导班子、关键岗位人员行为考核实施方案》。关键岗位人员考核内容为政治思想、职业道德、工作作风、遵纪守法等方面，领导班子重点考核内容为贯彻执行党的方针、政策情况，廉政、勤政情况等。

1992年,市人民保险公司改革干部使用制度,加强干部的日常管理与考核,在全系统试行了干部聘任制、试用制,同时实行干部交流制度,逐步完善干部人事管理制度。

1993年,市人民保险公司制定下发了《淮阴保险系统领导班子建设考核评比办法》《劳动人事制度改革有关规定》。对全辖各县(市)支公司、市公司营业部、办事处领导班子进行考核评比。考核评比主要内容为思想建设、作风建设、组织领导、工作实绩等四个方面。在劳动人事制度改革方面:第一,对科级干部实行聘任制(试用期一年);第二,实行经理助理制;第三,对股级以下干部职工试行聘用制度,聘期为两年,聘用期满经考核合格者可续聘。并在全系统全面实施科级干部选拔试用期制度和县级公司中层干部聘任工作。还在全系统建立了行风廉政建设目标责任制,明确严格执行管理目标和行风廉政建设的八条规定。是年,市分公司配备了专职纪检监察员。

1994年,市人民保险公司在全面实行干部试用制、聘任制、交流制的基础上,又推出了用工考评制,并加强临时用工制度管理。市公司制定下发《淮阴人民保险系统纪检、监察工作考核办法》和《稽核审计工作考核办法》,分别从党风、行风、廉政建设、制度及防范措施、案件查处及信访处理、内部控制制度执行等方面对全辖干部员工进行考核。是年,市公司还制定下发《关于职工内部待业、限期调离、辞退的规定》,对职工内部待业,限期调离,辞退的范围、待遇及审批程序等方面做出了具体规定。市公司编写下发《保险员手册》。该手册共分四个部分,较为系统地介绍了保险员从业有关规定、保险条款、费率和主要责任。为加强保险业务管理,修订完善了《保险业务质量考核办法》,增加了档案管理、电脑出单、完成任务情况等考核内容。

1995年,市各保险公司在干部管理方面出台了一系列的廉政建设工作措施,同时加强了对保险业务代办员的管理力度。市人保财险公司制定下发《关于贯彻中纪委五次会议精神的实施意见》《关于反腐败、廉政自律具体规定》《职工私人借用公司车辆的规定》等。对科以上干部建私房和集资建房、公务活动中廉政规定、个人收入申报制度、礼品登记制度和业务招待费、公关费报告制度等均作了明确规定。市人民保险公司还制定下发《中国人民保险公司淮阴分公司经理经济责任审计实施规定》,并组织对全辖的内控制度、保险服务所经营管理和条款费率执行情况监督检查。对6个支公司的经理任期内各项经济指标、分管工作和勤政廉政情况进行了审计。

市太平洋保险淮阴办事处1995年成立之初,从“完善机制、强化管理”入手,按照上级公司的总体要求,围绕“诚信、敬业、创新、奋进”的企业精神,结合公司自身具体实际,建立健全《公司从业人员业务风险防范管理办法》等各项内控管理制度,控制好风险产生的源头。随后该处根据南京公司《保险业务代办员管理暂行规定》,制定了《保险业务代办员聘用实施办法》,规定了保险业务代办员的聘用条件、程序、聘用人员的工资待遇、培训及日常管理等,适应了市场竞争和业务发展壮大对保险业务代办员队伍管理的需要,为完成全年业务计划指标提供人力支持。市人民保险公司实行从业人员目标管理,层层分解落实各项目标。市公司通过签订责任状的形式,将年度主要经营指标分解到各单位,落实到险种和个人,实行全员展业,形成了千斤重担大家挑,人人头上有指标的多层次的目标管理网,保证年度指标落到实处。

1996年,市各保险公司(处)广泛试行干部职工双向选择竞争上岗制度,一些单位还实施了干部职工的“三定(定编、定岗、定责)”工作,新招收员工一律实行聘用制。是年,市中保财产保险公司在劳动用工上试行了干部职工双向选择和竞争上岗制,以及内部待业制;对调配或新接收录用人员实行试用制。市太平洋保险办事处根据总公司关于营销员考勤考核规定,制定了员工出勤、旷工、病事假,以及迟到、早退等详细

淮阴市人民财产保险公司开展营销员工心理健康培训

的考核和违规扣发工资的规定。市中保人寿保险公司坚持德才标准,唯贤是举,废弃论资排辈的陈旧观念,逐步建立起能上能下、能进能出、充满活力的干部人事制度。是年,全面推行科级干部聘任制、股级干部竞争上岗制、干部交流制和年度目标考核制。凡不能完成年度目标任务的,自然免职、自动退位让贤。落聘干部根据实际情况重新安排工作,并按新岗位执行工资待遇;实行优化劳动组合,双向选择,落选待岗。按照"三定"的要求,股级干部与一般职工相互选择,实行内部待业、试岗、调离制度。待业期间只拿等级职务工资和国家规定的综合补贴,安排学习培训3个月后,经双向选择上岗试用半年,观其表现决定是否录用。对表现差仍不能录用的可自找门路,调离单位,无法自找门路的列为编外人员,安排代理分散性业务,享受保险员待遇,直至经考察合格和双向选择后重新录用为止。因年龄较大、体质较差的落选人员,劝其提前退休。对新进人员一律实行聘用制,签订聘用合同,聘期3年。在聘用期内,聘用人员工资比照同等条件在编人员的80%标准确定工资待遇,按正式人员考核办法考核发放。聘用人员不进入正式编制,不享受分配住房待遇,档案留存人才交流中心。公司为其投保养老保险和医疗保险。聘用期满后,公司对其进行考核。对表现突出、业绩优秀的人员,根据进人指标,择优逐步进编;对不能胜任本职工作的,予以解聘。

1997年,市各保险公司在加强干部职工的思想政治工作的基础上,深入开展廉政教育和行风监督评审工作,市中保财产保险公司成立了三项制度改革领导小组,制定了《关于人事用工和分配制度改革的暂行规定》《关于在全市系统实施劳动合同制的方案》,领导干部实行内部聘用制;实行中层干部交流、岗位轮换和机关干部下派制度。一般工作人员实行部门聘用制;新招收人员实行试用期制。是年,为加强廉政建设,还规定领导干部实行重大事项报告制度,礼品、礼金登记制度,干部任期经济责任和离任审计制度,行风监督评议制度。各分支公司定期公布招待费、会议费、业务费使用情况,接受职工的监督。同年三季度,对系统内公费配置的通讯、交通工具、住宅电话,以及干部职工住房进行了清理。

市中保人寿保险公司进一步加大从业人员业务风险管控力度,加强直销业务管理，对全市的直销业务质量进行了全面检查，并举办了全辖业务质量给付质量展评，同时制定了《营销业务管理考核办法》《个人代理营销管理办法》《营销售后服务工作暂行规定》。

市平安、太平洋保险公司坚持“两手抓”（一手抓物质文明，一手抓精神文明）“两手硬”，开展强有力的思想政治工作，保证业务工作的顺利开展。公司组织员工系统学习邓小平理论及中共十五大文件，结合企业产权制度改革，教育员工充分理解社会主义市场经济的实质。同时，加强员工廉政展业管理，要求员工不得利用职权谋取个人私利，不得收受保户吃请送礼，市公司还组织开展了对辖内全体干部职工个人住宅电话、手持机、个人住宅的清理工作。

1998年，市各保险公司探索干部职工管理体制改革，开始试行全员劳动合同制，打破人员性质界限，坚持能者上，庸者下。一些保险公司还针对各种不同编制的人员实行总公司统一管理。

市人保财产保险公司为进一步提高员工综合素质，将1996年以来的各项规章制度，以及总公司制定的《员工行为准则》和市公司制定的各部门工作职责编辑成册，形成《规章制度汇编》，分发给员工对照执行。市分公司及各县（市、区）支公司均制定出一套比较健全的从业人员内控制度；制定《淮阴分公司党风廉政建设责任制量化管理实施意见》及《党风廉政建设责任制量化管理考核标准》，从班子建设、案件防范和查处、纠正行业不正之风、执行党风廉政制度等方面对各支公司相关人员实施量化管理考核；根据总公司有关规定，结合实际，制定《淮阴分公司监察、稽核工作报告制度》。该制度规定，各支公司监察、稽核员要向本公司经理和上级主管部门及时、全面、准确地报告工作。是年，对各离任经（副）理进行了经济责任审计，全辖监察、稽核员对各支公司的主要领导实施了经济责任审计，并向上级主管部门作了全面稽核监察报告。

是年，市中保人寿保险公司进一步修订和完善人事制度改革方案。首先，在全市系统开展了全员劳动合同制试点工作。成立了市县两级劳动合同制工作领导小组，建立市、县两级公司工会组织和职工代表大会（或职工大会）制度，在各级组织统筹协调的基础上，全市系统在编职工全部签订了劳动合同。其次,在用人机制上打破干部与工人、编外与编内人员界限,大胆使用德才兼备的年轻骨干人员,大力激发潜能。科级干部采取聘任制,一聘两年,一年内不能完成本职工作的,年度考核视为不合格;连续两年不能完成本职工作的,自动免职。在用工制度上采取从业人员数与业务发展规模挂钩的做法,即按每百万元保费用人指标控制每个单位从业人员总数,对使用时间超过6个月以上的临时工,一律由市公司批准。对新招收人员继续实行聘用制,与正式职工同等考核,聘用期满后,对表现突出,考核优秀的人员,根据上级进人指标,择优进编或续聘。

是年,市太平洋保险公司根据总公司《关于进一步加强人事管理工作的通知》精神,对在编人员、在职编外人员、聘用人员、临时人员和劳动关系挂在三产的人员等各种用工形式纳入总公司集中统一管理。中层干部的任免由公司党组集体讨论决定,按照干部管理权限和审批程序,报上一级公司审查批准。

1999年,市各保险公司从加强行业作风建设入手,深入抓好领导干部的思想建设和作风建设,抓好员工队伍综合业务素质的提高,促进了各项业务的稳健发展。市中保财产、平安、太平洋保险公司为切实加强职工队伍建设,造就一支高素质的员工队伍,开展了“三讲”(讲政治、讲正气、讲学习)教育活动。同时注重抓好基层党组织和党员队伍建设,重点选好、配好县(区)支公司领导班子,造就一支政治过硬、作风清正、纪律严明的干部队伍。

市人民财产保险公司与各支公司“一把手”签订了党风廉政建设目标责任状,并对1998年全辖党风廉政建设量化目标进行考核验收,对名列前三名的金湖、淮阴县支公司、市分公司国内保险部予以通报表彰。公司还重新对外聘请107名系统行风廉政建设监督员。

市平安人寿保险公司为加强和规范销售团队、销售管理人员以及一般销售人员的专业化管理,出台了《销售团队、销售管理人员、销售人员管理办法》,对销售团队的组建、日常活动管理、考核等方面提出了明确要求;从销售人员的职级、待遇等方面进行了量化,从而规范了对从业人员的管理,促进了公司业务的可持续发展。

2000年，市各保险公司不断推进人事制度改革，初步建立起干部能上能下、员工能进能出的人事管理机制。市人民财产保险公司实施了“三定”(定编、定岗、定责)改革方案，全面加大用工制度改革力度。建立并实施了新招收人员试用制，职工双向选择、竞聘上岗，落聘职工下岗分流，职工内部退养、转岗等用工改革。至年末，全市系统共减员18人，其中退休4人，内部退养11人，开除1人，终止劳动合同1人，调出1人。

市平安、太平洋保险公司注重加强员工的思想教育，运用海尔的“斜坡球理论”教育职工增强危机感，激励职工牢固树立“公司兴则我荣，公司衰则我耻”的信念，增强企业的凝聚力和向心力。

市中国人寿保险公司强化人事制度改革力度，摒弃“干部能上不能下，员工能进不能出”的传统观念。通过竞聘上岗对个别不能胜任现职的干部进行调整，对竞聘上岗的基层公司经理室成员进行跟踪考察，绝大多数的基层领导班子更趋于团结协作、优势互补。市公司还实行经职工代表大会审议通过的“末位淘汰制考核办法”，对在年度考核中被评为末位的员工实行待岗、转制，直至解除劳动合同。为提升从业人员业务管理水平，改革业务运作管理机制。市公司建立了全辖业务处理中心，将各县(市)支公司原有的内勤职能剥离，组建市公司业务处理中心驻县(市)支公司业务处理科，由市公司处理中心实行业务垂直领导，行政则委托所在县(市)支公司负责管理。业务处理科实行定人、定岗、定责，实行百分制考核。这一新的运作方式有力地推动了县级公司职能的转变，有利于控制经营风险和降低营运成本。

市平安保险公司(寿险)认真贯彻中国平安保险公司南京分公司制定的《荣誉业务员制度实施办法》，成立了荣誉业务员管理领导小组，具体负责对荣誉业务员的评聘、考核、管理。这一办法的实行，促进了业务员专业化经营技能的提升，提高了服务品质及效率。

2001年，市各保险公司干部人事制度改革迈出新的步伐，广泛实施竞争上岗制度，各级领导干部的廉政学习教育及广大员工的思想政治教育深入开展。市人保财险公司深入改革干部选拔和用工制度，对基层缺额领导职位及中层干部实行竞聘上岗，当年有3名年轻同志通过竞聘担任了支公司经理助理。在用工改革上，稳妥实施减员增效，全年办理内部退养14人，解除劳动合同18人，员工总数由上年底的263人减少到247人，全辖全员人均收取保费达49万元，人均利润达3.49万元。

市人保财产，平安、太平洋财产保险公司认真抓好中纪委五次全会精神的贯彻落实，狠抓党风廉政建设。市人民保险公司制订了年度党风廉政教育、法纪教育计划和纪检监察审计工作意见，市平安财产保险公司下发了《党风廉政建设责任制实施细则》和"量化考核评分标准"，将党风廉政与业务发展挂钩考核，强化"一岗两责"，规范经营费用支出，确保经营真实性。市人民保险公司还通过抓好来信来访处理，抓好通信工具补贴、招待费使用管理与"小金库"清理工作，加大对领导干部的监督管理力度，对存在问题的责任人进行严肃批评和责任追究，全年先后对2名职能部门负责同志进行诫勉教育，对超标准发放通讯补贴的相关责任人予以经济处罚。市太平洋财产保险公司落实党风廉政责任制，对禁止用"现金、代币券"等公关营销业务做出严格要求，并健全完善科级以上干部廉政档案，实施规范管理。市人保、平安、太平洋三家财产保险公司在开展保险市场秩序整顿中，认真组织保险代理人自查自纠，并对查出的业务经营方面的问题抓好整改。各公司还利用市场秩序整顿活动，加强对员工法规知识教育，进一步增强全员依法合规经营意识。

市中国人寿保险公司干部人事制度改革进一步向纵深发展。市分公司各中层干部岗位、各营业单位经理室成员岗位实行公开竞聘。全辖共有79人参加43个岗位竞聘。经对竞聘者资格认定、述职答辩、施政演讲、综合考核、续聘原岗位的科级干部25人，转聘岗位3人，新聘14人（其中工人性质2人，聘用人员3人，讲师1人），落聘4人。通过这一改革，增强了全辖各级干部的责任意识、竞争意识。

市平安人寿保险公司在全辖开展建设学习型公司和学习型团队的活动，全方位、立体化、多层次地组织员工进行思想教育、企业理念教育、业务发展研讨，以及开展员工提合理化建议等内容丰富、形式多样的系列活动，极大提升了公司员工队伍的综合素质。

2002年，市各保险公司对广大干部职工在坚持思想政治教育的前提下,深入开展业务营销规范及职业道德教育,广大员工的业务技能和专业素质不断提高。市人民财产各支公司全面实施了领导干部竞争上岗制度。

市平安人寿保险公司在营销员队伍中开展诚信经营教育,规范营销员对外展业行为。公司还根据《个人寿险业务人员品质管理办法》《个人寿险业务人员品质信用评级管理办法(试行)》等规定,通过电脑系统平台建立了“业务员品质管理系统”,为每一位业务员建立了个人品质档案,依据业务人员的行为品质和契约品质,全面地对业务人员品质进行等级评定,对优质业务员进行奖励,对需要帮助的业务员进行积极的引导和必要的监督、管控。

2003年,市各保险公司普遍实施员工劳动合同制;有针对性的加强青年人才培养;对领导干部的考勤考评的透明度进一步强化,一些公司还实施了优化劳动组合工作。市人民财产保险公司制定并实施《中国人民保险公司淮安分公司聘用员工管理暂行规定》,对聘用员工基本原则、条件、指标及要求、待遇及福利、考核管理等进行了规范。全辖还认真贯彻执行总公司《劳动合同管理规定》,192名在编职工与公司重新签订了《劳动合同书》。同年7月,制定并实施《中国人民财产保险股份有限公司淮安市分公司分支机构人员重组实施方案》,经过重组,人员岗位设置趋于合理,结构得到了优化,管理岗位人员平均年龄下降3岁,大专学历占比84%,人力资源的配比更加合理。是年,对照总公司“三个中心”检查验收标准,建立健全“三个中心”管理制度及工作流程43项,以加强对中心人员的考核工作,建立了大堂经理值班制度,开展中心员工“明星服务月”评比活动,定期召开中心协调会议,及时发现解决中心运行管理中的问题,促进了中心规范建设。

市中国人寿保险公司通过人力资源配制和干部使用方面的改革,激发领导班子活力。并重视对青年员工的跟踪培养,通过加担子、给压力等形式,加强磨炼促其快速成长。公司分别面向社会及应届大学毕业生招聘优秀人才,充实双核、财务及组训、讲师等岗位,为公司提升持续经营能力储备人才。同时,市公司还进行了产寿险分设以来规模最大的干部队伍调整。原8个支公司中的7个“一把手”作了变动；市公司本部10个部室中，有8个部室的主要负责人作了调整；共涉及科级干部25人，占总数的70%。调整后县（区）支公司“一把手”平均年龄为37岁，比调整前下降了6岁；新提拔5名同志，平均年龄34岁；有3名50岁左右的同志不再担任实职。

市平安人寿保险公司改革了对基层干部的考核办法，由往年的网上评估改为网上评估与现场评估相结合，网上评估由中心支公司总经理室成员、部门主管、本部门员工、上级公司对口部门领导对被评估人进行评估，现场评估则由被评估人进行公开述职。评估人根据其工作表现、述职内容、实际工作业绩等对其进行评估，由此而形成一个综合的考核得分。提高了考核工作的透明度，增强了部门主管工作责任感和使命感。同年6月，按照《两核系列员工管理暂行规定》，通过推荐选拔、资格审核，组织两核人员参加上级公司两核部门的资格考试，对符合条件的两核人员进行任职资格认定，完善了两核系列员工考核评估体系。

2004年，市各保险公司进一步确立“以人为本”的管理理念，有的公司定期开展员工合理化建议活动，有的公司打破身份界限，不拘一格选人才。一些公司对领导干部的执法监察走上正常化。市人民财产保险公司认真落实党的基层组织建设各项制度，加强党风廉政建设，先后对盱眙、涟水支公司领导班子开展了党风廉政建设的执法监察。该公司还组织全系统干部职工开展精神文明创建活动，在全省开展的创优争先工作评比中，市分公司被评为“省级文明单位”，软环境建设在淮安全市排名较上年上升了15个位次。

市中华联合财产保险公司和大地财产保险公司两个新成立的公司顺应改革的需要，加强用工管理，实行全员聘任（用）制，一般员工聘期1年，骨干员工聘期3年。公司职能部门正职、县（区）级机构的正职，由公司考察后提出书面任免意见，由省分公司审批任命；公司职能部门副职和县（区）支公司经理助理，由市公司负责考察与审批任命；县（区）中层干部的聘用，由县（区）支公司报市公司审批后再行聘任。

市中国人寿保险公司为了适应股份制公司的发展要求，以大人才观为发现和使用人才的基本原则，打破身份界限、以业绩和群众公认论英雄，不拘一格选拔人才、使用人才。是年有4名非“在编”员工担任市分公司部门负责人和经营单位班子成员，33名非“在编”员工、30名营销组训、讲师参加市、县公司部门负责人的竞聘演讲和一般管理岗位的竞聘，37人走上中层管理与一般管理岗的岗位。通过这一改革，市公司经营单位中层管理人员的平均年龄下降8岁，大专以上学历占比提高7个百分点。大大突破了以往历次改革的局限。

2005年，市各保险公司以“保持共产党员先进性教育”为契机开展丰富多彩的活动，加强党员干部的思想建设，规范人员管理制度。市人保、平安、太平洋、天安、中华、大地、太平、安邦等财产保险公司，以“保持共产党员先进性教育”为契机，着力提高员工的政治思想素质。组织全体党员认真研读《保持共产党员先进性教育读本》，每人都做了读书笔记；在个人分析评议阶段中，各公司党员特别是党员干部主动征求职工的意见，在民主生活会上，每个党员都做了全面、细致、深入的党性分析，对工作中存在的问题进行了深入剖析，找寻思想深处存在的不足。通过先进性教育活动的深入开展，不仅增强了全体党员奋发进取的信心，同时也提高了各基层党组织的凝聚力和战斗力。

市人民财产保险公司还印发了《中国人民财产保险股份有限公司淮安市分公司短期用工管理暂行规定》，对短期用工的原则、基本条件、形式及期限、程序等做出规定，并要求各单位对照规定对现有短期用工进行清理。

市平安人寿、太平洋人寿、泰康人寿、太平人寿等保险公司按照国家保监会的要求，为加强和规范队伍的专业化管理，制定了《队伍建设与人员管理暂行办法》，明确人员的工作职责，规范了对人员的管理。

2006年，市各保险公司注重发挥各级领导干部的表率作用，增强企业的凝聚力，并通过大力表彰先进、树立先进典型、激励广大员工的工作积极性和创造性。同时，改善管理方式，构建新型管理模式。市平安财险公司大力实施“企业凝聚力工程”建设，发挥各级领导的率先垂范作用，提出“向我看齐”的口号，以自身形象增强在员工中的感染力、亲和力和号召力。市太平洋财产保险公司以提高各项制度执行力为出发点和落脚点，通过表彰先进、开展展业能手和优秀营销员争创等活动，进一步激发和调动干部员工的工作积极性和创造性。市人保财险公司对短期用工的原则、基本条件、形式及期限、程序等做出规定，并对照规定对短期用工进行清理。还制定印发《中国人民财产保险股份有限公司淮安市分公司优秀业务人员聘用管理暂行规定》，对优秀业务人员聘用基本条件、基本程序、工资待遇及福利做出规定。加强城镇增员工作，加大绩优业务员和高绩效团队培养力度。建立以基础管理为主导的严格规范的管理系统。通过整合各职能部门机构人员，改进工作作风，深入开展"创优争先"活动，不断增强队伍的战斗力。加强各支公司职场建设，促进基层营业网点职场的规范化、标准化，建树职场服务标兵典型，不断提升对外窗口的服务形象和业务水平。

2007年，市各保险公司广泛开展以职业道德教育为核心的激励员工、关爱员工活动，企业文化建设工作逐步展开，丰富多彩的文体活动有声有色，职工队伍素质有效提升。市人民财产保险公司进一步强化机关部门人员管理，加大建设服务型机关的力度，通过规范机关人员管理流程，提高服务意识和水平，确保了整个机关及三个中心高速运转、协调。市太平洋财产保险公司突出对员工的人性化管理原则，公司领导用爱心、真心、热心激发员工爱司如家的责任感和工作热情。是年，分期分批组织全体员工开展了"海南游""港澳游"活动；逐步提高销售精英的工资水平和福利待遇，彰显了公司与全体员工共享发展成果的理念。此外还帮助员工设计职业生涯，稳定后台支撑队伍。市平安财产保险公司在提高员工综合素质上下功夫，加强"敬业、专业、职业"的"三业"队伍建设，着重围绕公司的核心价值理念、企业精神和企业诚信格言加强对员工系统教育，初步建立了一支"敬业、专业、职业"的"三业"队伍。市太平洋人寿保险公司紧紧围绕"建设队伍，加速发展、提升管理"的工作思路，扎实推进队伍建设，完善管理干部队伍组织架构，优化销售队伍结构，队伍素质得到提升。推动各项业务较快增长，在全市保险业中处于领先地位。

2008年，市各保险公司实施人才战略，引才、留才、选才成为队伍建设的重要支点，与之配合的各种管理机制逐步建立。市人民财产保险公司通过加强共青团组织建设，建立健全团的各级组织，强化对青年人才的培养，最大限度地调动青年员工的工作积极性和创造性。

市平安财产保险公司实行人才兴司战略，在队伍建设上，创造性提出“1+7”模式，即树立人才强司理念，形成引才、录用、培训、用才、考核激励、留才、储才机制。每项机制都有具体内容和要求，在引才机制中提出建立广泛的、不拘一格的吸收人才的机制。通过面向社会公开招聘、亲朋推荐、公司员工举荐等方法引进人才，以“聚四海之精华，铸平安之辉煌”。

市中国人寿保险公司着力提高职工队伍综合素质，不断丰富企业文化内涵，扎实开展行风建设和诚信评比及文明创建工作，加强保险宣传和工会建设，进一步彰显人保优良的企业形象。

淮安市信达财产保险公司组织员工进行业务拓展训练

市平安人寿保险公司认真贯彻《中国保监会关于进一步规范人身保险市场秩序工作方案》，制定了一系列与队伍建设相关制度和工作措施。建立了定期的员工合规经营学习制度；违规经营的惩戒制度，明确部门负责人为第一责任人，对部门的合规经营负全责。

第二节　劳动工资管理

1991年，市人民保险公司制定完善《淮阴分公司工资分配实施办法》，对一线员工及绩优人员实行额外重奖。

1992年，市人民保险公司在全市系统试行了与干部聘用制相配套的工资与奖金分配办法，聘期内享受相应的工资待遇，一旦解职，及时调整工资待遇。

1993年，市人民保险公司改革工资分配办法，实施劳动工资分配考核制度，将考核结果与员工奖金工资分配挂钩，与干部政绩挂钩。改革后的工资分配主要依据工作岗位和各级干部所担负的责任不同，按照职工完成任务的质量、服务态度、劳动强度、工作业绩进行分配。

1994年，市人民保险公司重点实施了工资分配制度改革，制定了工资分配考核细则，主要依据员工与领导签订的年度工作目标责任完成实绩进行工资分配，并逐步拉大分配档次。

1995—1996年，各保险公司（处）按商业化改革要求，在劳动工资管理方面逐步建立了业绩考核体系。南京人寿淮阴办事处在薪酬分配机制上实施了固定工资与浮动工资相结合的分配制度，即每人每月拿出不低于工资总额50%的浮动工资与工作实绩挂钩。对外勤人员，按照年度保费任务和承保质量进行考核，把任务分解到月，逐月考核。凡完成或超额完成当月任务且承保质量符合要求的，浮动工资予以全部兑现；凡未完成的，则按完成任务的百分比兑现。内勤人员（含其他管理人员）根据工作量设置人数，按其工作效率和质量要求，采取百分制办法进行考核兑现。每月考核一次，得95分视为标准达满分，兑现全部浮动工资，达不到95分的，则按比例扣减浮动工资。市公司每季度全面检查一次，考核分值作为内勤人员一个季度的兑现浮动工资标准。总经理室管理成员，按照所分管部门的平均比例兑现浮动工资。

市人民保险公司在深化干部制度及用工制度改革的同时，加大分配制度改革的力度，实行职工收入与单位效益和本人工作实绩挂钩，全辖大部分支公司实行了浮动工资制或风险抵押金制度。市公司还在全辖实行工效挂钩的分配模式，将员工部分津贴、补贴从固定收入中分离出来，集中建立奖励基金，按完成任务实绩和贡献大小进行二次分配。

市太平洋保险淮阴办事处坚持“以人为本”，积极探索分配制度改革，按照总公司的统一要求，实行等级工资制，其员工的工资标准由上级统一核定，办事处设立劳动工资统计和干部统计台账，并加强这方面的管理工作。

1997年，各保险公司根据国家和上级部门的有关规定，结合用工制度改革，实施工资系数管理和养老保险制度的改革。市中保财产保险公司根据省分公司关于三项（人事、用工、分配）制度改革实施意见精神，制定了《关于人事用工和分配制度改革的暂行规定》，实行按职取酬，按绩取酬，按系数分配，奖勤罚懒，奖优罚劣，适当拉开分配差距。全辖各单位实行了“小额固定，大额浮动，按人考核，按月兑现，总量控制，按人统计”的收入分配方案，并按员工系数进行分配见表11-1：

表11-1　1997年市人保财产保险公司机关工作人员分配系数表

职　务	系　数		
	A	B	C
总经理	2.7	2.5	2.4
副总经理（含相当职务）	2.5	2.3	2.2
总经理助理	2.3	2.1	2.0
部门正职（主持工作副职）	2.0	1.9	1.8
部门副职、正科非领导职务	1.8	1.7	1.6
副科非领导职务、工人技师	1.6	1.5	1.4
科员、工人高级工	1.4	1.3	1.2
办事员、工人中级工	1.2	1.1	1.0
其他人员	1.0	0.9	0.8

市太平洋保险公司进一步深化养老保险制度改革，根据国务院要求，从1月1日起，提高基本养老保险基金个人缴费基数和缴费比例。其个人缴费额按个人工资总额的30%缴费率计算缴纳。是年，在全辖建立了劳动合同制度和新的企业用工制度，内容包括工资分配、工时、休假、劳动保护、保险福利、奖金分配等，并把劳动合同履行情况与职工的劳动报酬、福利待遇联系起来，形成了工资能多能少，岗位能上能下，人员能进能出的新型劳动用人机制和分配机制。

市中保人寿保险公司建立和完善以年度目标为主体的考核分配体系。将工资分配与考勤、考绩挂钩，工资福利待遇与目标任务完成情况挂钩，并实行“三倾斜”“四联系”“五挂钩”制度。三倾斜即资金分配向展业一线倾斜、向保费收入突出者倾斜、向贡献突出者倾斜。四联系即中层干部在完成本职工作基础上，与本部门实绩联系；外勤与保费收入联系；内勤与外勤联系；非业务部门与全公司的工作实绩联系。五挂钩即外勤人员与业务流失和承保质量挂钩；给付人员与结案的数量质量和时效挂钩；内勤人员与时效、业务质量挂钩；综合部门与人事管理、职工教育、行政管理等任务挂钩；财务部门与报表的准确性、及时性、质量、资金受益率、财经纪律、监督管理等挂钩。此外，对在业务发展、经营管理、新险种开发等工作中作出特殊成绩、特殊贡献的给予特殊奖励。凡获得上级公司评比前三名的单位和个人，除上级公司奖励外，另增发同样数额的奖金。

市平安保险公司对员工薪酬结构做出调整，明确了试用人员、外勤人员及内勤人员的基本工资及绩效工资的核定方式。

1998年，市各保险公司进一步深化劳动工资制度改革，多种形式的分配制度改革逐步展开。市中保财产保险公司进一步深化分配制度改革，坚持按劳分配、效益优先、兼顾公平的原则，全市系统在工资奖金分配上坚持与个人保费任务及本职工作完成情况挂钩，并进一步拉开部门之间、员工之间的收入差距。

市太平洋保险公司根据上级《关于进一步加强人事管理工作的通知》要求，将工资计划管理和多种形式的内部分配，包括编外人员的工资计划和分配，统一归口办公室集中统一管理，全面实施绩效挂钩的薪酬分配制度，按季度进行绩效挂钩考核，适当拉开不同岗位，不同绩效间的分配差距。

市中保人寿、市太平洋、市平安保险公司在学习借鉴外地做法的基础上，结合淮阴实际，分别实行绩效挂钩的分配办法，并在分配上注重向展业一线人员倾斜。市中保人寿保险公司在对传统的人事、用工、分配制度扬弃的基础上，对全市系统按经营实绩分三类公司进行考核，各业务单位对职工普遍实行除生活费以外，按“万元保费含量”或采取绩效挂钩的考核办法，拉开工资收入分配档次，使一部分职工通过拼搏获得相应的报酬，从而调动职工工作积极性。市太平洋保险公司制定下发了《转换经营机制实施方案》，市公司本部在分配考核上，制定了本部科室工作目标以及考核分配方案。各部室于每月初将上月工作完成情况报分管总经理，并由分管总经理、办公会议评议打分,职工的工资根据打分情况计发。市平安保险公司为员工办理了“人身意外保险”,费用由员工和公司各负担50%;并办理了“补充养老保险”,公司和员工按基本工资5%各承担补充养老保险。

1999年,市各保险公司普遍实施劳动合同制,在此基础上,逐步加大绩效工资的分配比重。市中国人寿保险公司在往年工资管理制度改革的基础上,借鉴兄弟公司经验,对传统的人事、用工、分配等制度进行全面的梳理完善。对全辖各支公司按经营实绩分三类考核,拉开单位之间、员工之间收入差距,为试行直销业务佣金考核办法奠定基础。对各业务单位职工实行除生活费以外的“万元保费工资含量”和绩效挂钩的分配考核办法,拉开分配差距。对市公司各科室实行分类考核,即财务、业务等部室为一类部室,其工资奖金与相应的费用指标和业务完成情况挂钩,其他部门为二类部室,其收入与工作质量挂钩。

市平安保险公司(寿险)为更好地体现“优胜劣汰、奖勤罚懒”“能者上、庸者下”的竞争机制,制定执行《团体直销业务考核制度》,实行以业绩定级别,以级别定待遇的分配办法,调动了员工的工作积极性,对完成全年计划任务指标起到了很好的促进作用。

市人民财产保险公司以全员劳动合同制为基础,进一步加大了人事、用工、分配制度改革。在分配制度上,以“绩效优先,兼顾公平”为原则,积极探索分配制度改革新路子,加重“活工资”与任务、效益挂钩的比重,加大考核力度,以调动员工的积极性,促进业务的发展。

市太平洋保险公司根据上级要求,实行员工工资、奖金分配与考核绩效紧密挂钩,考核实行平时考核与年度考核相结合,平时考核由部门自行实施,年度考核由公司组织实施。考核分优秀、称职、欠称职、不称职四等,工资奖金分配直接与考核等次挂钩。

市平安保险公司制定了《业务员业绩考核办法》和《业务岗位考核办法》,对考勤考核规定了奖励和扣分标准,并以此作为薪酬分配的依据。

2000年,市各保险公司为全面拓展保险业务,加大了对业务一线及外勤人员的工资分配倾斜力度。市人民财产保险公司在继续推进全市系统分配制度改革的基础上，印发了《关于进一步深化分配制度改革指导意见》，对各类人员收入分配方式及标准做出了具体规定。加大了业绩与收入挂钩的幅度，进一步拉开了分配的差距，体现了分配向一线倾斜，向贡献大的员工倾斜政策。市平安财产保险实施对优秀销售人员奖励住房补贴和补充养老保险制度。

市中国人寿保险公司试行了“直销业务佣金制考核办法”，再次拉开直销外勤人员分配档次，充分体现向业务一线及绩效突出人员的分配倾斜。对直销业务引入营销管理机制进行了有效的探索。

2001年，市中国人寿、平安人寿、太平洋人寿等保险公司进一步深化工资制度改革，普遍实施了“固定工资+绩效工资”两元化工资制度。即把人员工资总额分成两块，一块为固定工资，占工资总额的40%，按月发放；另一块为活工资，占工资总额的60%，与员工工作业绩挂钩，每季度考核一次，多劳多得，少劳少得，绩高多得，绩差少得。

市人民财产保险公司在全辖实行基本生活费与绩效工资相结合的分配制度，对所有员工每月只发300元生活费，其余收入均与工作任务完成实绩挂钩考核，内勤人员收入为直接展业人员收入的60%~70%。拉开收入差距，多劳多得、少劳少得。市平安财险公司制定下发《销售人员业绩、职级、薪酬考核办法》，活工资占考核比重提高到60%。

2002年，市各保险公司不断完善激励机制，细化分配制度考核办法，进一步提升对高效营业机构及人员的薪酬分配比重。市中国人寿保险公司对以往推行的“三类公司考核法”进行修改完善，改革以往不论业务单位的经营规模、创费能力、经营绩效，只要完成保费任务指标就实行同类别奖励兑现的做法，以业务单位经营规模的大小，创费能力的大小，实现利润总额的大小，确定公司类别，并以此确定工资总额及奖励标准，体现“效率优先，兼顾公平”的原则。市公司还制定全辖管理人员以岗位工资为主的工资制度，按技术含量高低、市场价值大小、合理拉开差距、提高关键性管理岗位、技术岗位和人才短缺岗位的工资水平。

市太平洋财产保险公司分层次进行分配制度改革，出台了《客户经理制试行办法》，推行客户经理年薪制，将保费收入、综合赔付率、费用率及综合素质纳入考核内容，并与职工个人收入挂起钩来，对于展业热情高、贡献大的员工予以重奖，对完不成目标任务、综合素质较差的则予以惩罚。真正实行按任务定酬、按业绩定酬、按贡献定酬、按能力定酬；形成重业绩、重贡献、重效益的薪酬分配制度，有效地调动了一线展业人员的积极性。

市天安保险公司自是年1月成立后，结合自身实际，建立了以“按劳分配，多劳多得，效益优先，兼顾公平”为原则的分配方案和考核体系，工资分配向业务一线倾斜，定期把所有员工的展业成绩公布在“员工业绩榜”专栏，逐月考核，严格奖惩兑现。

市平安财产保险公司进一步细化了销售系列和管理系列薪酬考核方案，规定了底薪、职级、福利、奖励等方面的考核内容，使薪酬体系达到吸引、保留、激励、发展优秀人才的目的。

2003年，市人民财产保险公司加大了对基层单位绩效考核的力度，制定了《淮安分公司2003年基层单位经理薪金实施办法》，将经营单位主要负责人的工资收入分为固定工资和绩效工资，固定工资每月正常发放。绩效工资按季考核发放，考核主要由四个方面组成：保费基数贡献及发展贡献、利润基数贡献及利润增长贡献、人均绩效贡献和综合管理水平等。是年，市天安保险公司围绕销售定分配，建立“多劳多得，以奖为主”的薪酬分配办法，按照“先一线后二线，先业务后内务”的原则安排工资费用支出，把有限的费用花在业务最需要的地方。市平安财产保险公司合理确定部门及员工的业务指标，加大奖金兑现力度，极大地调动了员工的工作积极性。

市中国人寿保险公司完善“三类公司考核法”，坚持绩效挂钩，使

淮安市平安人寿保险公司特邀高级培训师为青年职工讲授《情绪与压力管理》课程

分配更加贴近市场，更加体现“效率优先，兼顾公平”的原则。市平安人寿保险公司为了留住人才提升队伍品质，激发员工奋发有为、敢为人先的热情，对2002年出台的《公司员工职涯保险及激励政策》进行补充完善，有效地调动了员工的工作积极性，为不断提升公司经营品质，促进公司可持续发展奠定了基础。

2004年，全市各保险公司进一步深化劳动工资管理改革，细化考核办法，以体现分配制度的公正公平。市中国人寿保险公司对2002年版《个人代理人管理规定》进行修改，重新出台了《中国人寿保险股份有限公司淮安市分公司个人代理人管理规定》。进一步理顺了代理人的待遇体系，加大对主管培育者的激励力度，进一步鼓励精英的成长与发展，促进队伍的高效运作。

市太平洋财产保险公司对以往考核机制进一步完善，对延续多年的单纯保费考核指标进行了调整，采取分险种、分销售渠道、分成本核算、分赔付率的综合考核方式，将业务部门、业务人员的利益与公司整体经营效益挂钩，通过区分业务性质，细化考核指标，保证了薪酬与奖惩制度更加趋于公平、公正。

是年新成立的中华联合财产保险公司，对员工实行由基本工资、津贴补贴、岗位补贴、绩效工资4部分组成的岗位薪酬制。岗位薪酬又分为公司中层干部职务等级工资制、员工岗位等级工资制、业务系统等级工资制3类薪酬标准。

2005年，市各保险公司按照股份制的管理原则深化劳动工资制度改革。市人民财产保险公司为了适应股份制条件下的薪酬管理需要，制定下发了2005年度《经营绩效考核办法》，为了与公司对外披露的信息及向董事会、股东会上报的年度财务预算口径接轨，经营绩效考核指标调整为利润总额和保费收入两大类。职工的工资分配更加趋于公平合理。

是年，太平人寿保险公司与员工签订了劳动合同，为员工缴纳“四险一金”并发放相关劳动福利；与保险代理人签订了代理合同。公司按照员工的行业资历、原职级、工资水平、岗位要求等为员工设立系统岗位职级，职级的高低与薪金挂钩。

2006年，市人民财产保险公司、中国人寿保险公司、太平洋财产保险公司对展业人员实行客户经理制工资制改革，展业人员层次由低到高划分为业务员、客户经理、高级客户经理、资深客户经理。并明确相应的任职条件，经考核考试录用后，实施相应的薪酬分配档次。

市太平洋财产保险、人民财产保险、天安保险公司将业务部门、业务人员的工资分配与公司整体经营效益挂钩，通过区别业务性质，细化考核指标，促进薪酬与奖惩体制更加公平、公正。

市平安财产保险公司实施绩效管理制度，对前后台各岗位员工制定明确的绩效挂钩考核标准，定期测评，公布考核结果，将年度考核业绩与工资收入挂钩，对不合平安文化要求，长期低绩效而无改善趋势的员工实施淘汰。

2007年，全市各保险公司通过强化劳动用工管理，细化不同岗位工作目标考核，不断促进工资分配制度改革顺利开展。市人民财产保险公司，在加强对劳动用工管理的基础上，制定印发了《中国人民财产保险股份有限公司淮安分公司短期用工管理暂行规定》，以进一步提高员工队伍整体素质，同时对不同性质的用工人员薪酬作了具体明确，合同制的工资分配制度逐步形成。

2008年，市太平洋财产保险、平安人寿保险公司、人民财产保险公司进一步完善业绩薪酬制度，制定了一系列分险种、分渠道、分成本核算、分赔付率、分服务质量的考核办法，实施以业务增量为主的销售队伍薪酬制度。是年，为推动后台支援人员服务意识和服务质量的提高，各保险公司普遍实施以计件方式考核出单和赔案缮制人员理赔质量制度，细化量化考核指标，努力实现业绩和薪酬合理同步增长。

第三节　业务培训及职称评聘

1991年，市人民保险公司举办了产险业务培训班，各支公司负责产险业务的股长、业务内勤及市区营业部、办事处产险、运输险股长参加了培训。同年9月，还举办了企财险、运工险理赔业务培训，及防火知识讲座，各支公司、市区办事处、市公司营业部防灾理赔科科长参加了讲座。全年共组织4次业务培训,受训职工达330人次,培训主要内容是新险种和保险基础知识。是年,该公司成立专业技术干部考评领导小组,负责全市系统专业技术干部考评工作的组织领导。当年,经评审委员会评定,全市系统有63人具有初级专业技术职务任职资格。

1992年,市人民保险公司专门成立了岗位培训工作领导小组。举办了第一期科(办)员岗位培训班,培训分四个阶段,为期5个月。培训内容有保险学基础、财产险、人身险、农险、企业会计基础、计算机应月等;培训的形式为集中辅导与自学相结合,并在每个阶段结束后进行考试,其成绩作为年终考核内容之一。4月,举办了现金会计业务短训班。各县(市)支公司、市分公司营业部、办事处现金会计参加了培训。培训内容为人保公司会计制度、会计基础工作规范、成本管理实施细则等。还举办了防理人员及涉外业务培训班,各县(市)支公司、市公司营业部、办事处30余名防理人员及涉外业务兼职代理员参加了培训。是年,市公司还先后举办了科级干部、电脑业务人员、宣传干部培训班,参加培训达300余人次。市公司还在全系统开展了人身险业务质量达标活动。将达标活动结果列入年终考核评比内容,以促进全辖人险业务质量的全面提高。是年,根据总公司《关于做好专业技术人员续聘工作的通知》,经过考核、评审、报批,共评定专业技术职称人员115人。其中中级专业技术职称34人,初级专业技术职称81人。

1993年,市人民保险公司共举办各类短期培训班5期,培训人员102人次。其中,分别首次举办国际保险业务代理员和专职电脑人员专业培训班,参训人员达30余人次。是年,市人保公司调整了经济专业技术职务评审委员会组成人员,调整后成员增至20人。当年经评审,共评聘中级技术职称55人,初级技术职称118人。

1994年,市人民保险公司举办财务、审计及农险、宣传等业务培训班5期,培训员工60余人次。另外还分别举办了防灾理赔业务和电脑人员业务培训班12期,其中防灾理赔业务、机动车险定损业务培训班7期,参加培训101人次。电脑人员培训班5期,培训人员50余人。是年,市公司在全辖全面开展以创保险先进县(市)、先进乡(镇)、先进保险服务所、优秀保险员为内容的“四创”活动。下发《关于做好专业技术人员任期届满考核工作的通知》,对所有被聘任或取得任职资格的专业技术人员进行考核,考核内容主要为学识水平、专业能力、工作实绩和政策水平4个方面。

1995年《中华人民共和国保险法》颁布后,市人民保险公司及新成立的市太平洋保险淮阴办事处、市平安保险淮阴办事处都组织全体员工学习《中华人民共和国保险法》,各公司先后共计举办《中华人民共和国保险法》学习培训班20余期,参训人员达510多人次。市人民保险公司还与市教育学院联合开办金融专业函授大专班。还举办了全辖保险员业务质量展评,参展案卷2000余份。市人民保险公司还根据省公司有关规定,制定下发了《人事制度改革意见》。对专业技术干部管理办法进行改革,实行评、聘分开,考、聘分开。1995年共评聘专业技术人员434人,其中高级专业技术职称1人,中级专业技术职称80人,初级专业技术职称353人。全年还举办各类短期业务培训班17期,参加培训527人次。

1996年,中国人民银行颁发了《保险管理暂行规定》,市中保财产保险公司、市太平洋保险淮阴办事处、市平安保险淮阴办事处分别采取自学和集中培训等多种形式,组织员工学习讨论,并要求参加学习人员认真做好学习笔记。活动结束后组织了学习情况考核、检查,并将考核结果张榜公布、记入个人业务档案。市中保财产保险公司还举办机动车辆定损员培训班。培训内容为机动车辆的结构原理和易损易坏零部件的特点。该公司全年共组织各类培训班11期,培训人员达200余人次。并对全市系统专业技术人员进行了考核聘任工作,共评聘了190名专业技术人员,其中高级专业技术职称1人,中级专业技术职称55人,初级专业技术职称134人。

市太平洋保险淮阴办事处对新录用人员进行岗前培训和岗位实习,经岗位考试合格后方可上岗就职,对半路出家的人员和业务一线工作人员,专门组织业务培训。是年,该公司开展了三期80余人次参加的业务培训活动。

市中保人寿保险公司针对机构分设后寿险从业人员年纪轻、业务不熟，业务质量、给付质量存在着很多问题的现实情况，下发了一系列管理办法，制定了实务操作程序，并对各县（市、区）支公司的部分内勤人员和给付人员进行了速成培训。

1997—1998年，市各保险公司业务培训工作步入正常化，各类培训均要进行考试认可。市中保财产保险公司共举办各类培训班6期，培训人数180余人次。其中，举办了2期以提高财会人员业务技能为主要内容的出纳人员和统计人员培训班。组织市区职工（男50岁、女45岁以下）参加江苏省计算机应用操作培训，各县（市）支公司分别自行组织培训、考试，全市系统80%人员取得了初级操作证书。该公司1997年共评聘199名专业技术人员，其中高级专业技术职称1人，中级专业技术职称59人，初级专业技术职称139人。经（集团）公司高级专业职务任职资格评审委员会评审，1人具备高级专业技术职务任职资格。全市系统有50余人参加地方职称考试，有14人取得初、中级技术职务任职资格。是年，市人保财险公司还制定了《关于加强职工队伍素质教育的意见》和《职工教育培训制度》，对有关职工的培训、学习、深造等做出了具体要求和规定，促进培训工作规范化、制度化。市公司还组织了三期个人代理人培训，培训人数320人，同时举办了二期防理人员培训及四期电脑技术培训，培训人员达100余人次。

市中保人寿保险公司继续通过多种培训途径来提高队伍的整体业务素质。在培训内容上，主要有人身保险业务、电脑、财务等内容。在培训方式上，采取灵活多样的办法，既有集中学习、专题辅导，又有自学、座谈讨论；既有请进来，请有关行家讲课，又有走出去，选送人员参加各种内容和形式的培训班。还有能者为师，采取师徒结队活动。公司还先后组织各县营销部负责人参加了省公司组织的组训班，参加人数达70多人，对整体营销业务水平的提高起到了较大的促进作用。选送中层以上干部参加学历培训，全系统30%以上的职工先后参加了各种学历的自学考试或函授学习。先后选送有关人员参加地方上举办的《中华人民共和国知识产权法》《中华人民共和国劳动法》及劳动争议仲裁、财务、营销等培训50多人次。组织营销讲师组在全辖进行巡回业务培训，重点加强直销业务知识辅导。组织各单位营业部主任和给付内勤人员学习新单证使用，熟悉新单证使用要求。

市中保人寿保险公司在员工业务培训方面首先重视培训师资队伍建设，制定了《专兼职寿险营销讲师、组训人员管理暂行办法》，对师资的选拔进行了规范，通过各县支公司推荐、题目设置、教案审定、组织到各县支公司巡回试讲等方式，加强培训管理，先后设立培训机构、制定培训制度、配备优秀师资，促进了培训质量和效果的提高。两年间评出市公司级营销讲师3人，省分公司级讲师5人，组建了第一支营销讲师队，巡回到全辖进行业务培训，收到了较好效果。

市太平洋保险公司业务培训工作逐步步入正常化轨道，按季组织业务培训教育。同时，定期组织员工参加各种业务知识学习班，组织员工学习上级颁发的《员工行为规范》和《文明服务公约》等。还选派12名员工参加南京分公司组织的各项业务培训及考试。该公司按照《保险代理人员的管理规定》，要求保险代理人员必须持证上岗，杜绝接受无证人员代理保险业务，并积极组织保险代理人员参加《保险代理人展业证书》资格证书培训，使代理人顺利通过展业资格考试，及时申领《展业证书》。

市中保人寿保险公司为了增强培训的针对性和实用性，根据参训人员所从事业务的性质进行分类组合，把培训分为初级主管、兼职组训、讲师、新人培训班等，先后组织了5次大规模的营销业务培训，近1000名营销业务人员参加了培训，培训面达50%以上。市平安寿险、太平洋寿险公司认真做好代理人培训和资格考核工作，营销员持证率达80%，为规范经营和保持业务持续发展创造了条件。

1999—2000年，市各保险公司不断强化业务操作技能及相关法律法规的教育培训。市人民财产保险公司全年共举办各类短期培训班12期，培训人数400余人。其中采取集中与分片授课的方式，组织代理人培训两次，受训人员198人。当年还聘任专业技术人员198名，其中中级专业技术职称59人，初级专业技术职称139人，另有208人取得初、中级技术职务任职资格，1人具备高级专业技术职务任职资格。

市中国人寿保险公司采取全市集中运作的方式，进一步强化对营销新人的岗前培训，共培训寿险营销新人3000人次。同时通过开展组训、讲师技能大比武等形式，提升讲师专业技能。该公司还根据实际需要完善寿险营销新人的岗前培训模式，采取全辖统一教材、统一授课的方式开展寿险营销新人培训，先后招募二期专职组训11人、讲师6人，进一步充实了培训队伍力量。提升了培训质量，取得了较好效果。

市平安(寿险)、太平洋保险公司为了适应日益激烈的市场竞争需要，为营销队伍输送更多的寿险营销生力军，把抓好营销人员培训放在营销工作的核心环节，专门设立了组训岗，选派了一名热爱寿险营销事业，责任心强，自愿奉献于培训工作，大专以上学历，普通话标准，有良好口头表达能力和组织能力，且有一年以上的寿险业务营销经验的同志担任组训讲师。

2000年，《中华人民共和国会计法》颁布实施后，市人民财产保险，平安、太平洋人寿保险公司都根据实际情况，制定了《中华人民共和国会计法》学习宣传计划，力求做到每个保险员工都能了解《中华人民共和国会计法》，计财人员遵守《中华人民共和国会计法》，单位责任人维护《中华人民共和国会计法》，各公司从普及《中华人民共和国会计法》知识入手，规范会计行为。市人民财产保险公司为了进一步提高各层次人员计算机应用水平，组织辖区43名职工参加了江苏省计算机应用能力操作培训考试，其中39人取得了计算机应用能力中级操作证书，其余人员均取得计算机应用能力初级证书，全辖已取得应用能力操作证书的人员占应取得证书人员的90%以上。全辖共开展各类短期业务培训30余次，参训人员达430人次。其中组织计算机应用培训11次，参训人员达130人次，取得初、中级应用证书达205人。是年，该公司聘任专业技术人员192名，其中中级专业技术职称56人，初级专业技术职称136人，当年还有203人取得初、中、高级技术职务任职资格。

市中国人寿保险公司为有效推动寿险业务持续健康地发展，制定印发《中国人寿公司淮阴分公司2000年度寿险营销教育培训计划》，开展了业务员系统培训、业务主管系统培训、组训、讲师培训、代理人资格考试辅导、农村主管、组训培训班等五个系列培训班次，有效地实施了全辖的培训工作目标。为促进寿险营销由粗放经营向集约经营的转变，强化新人培训，先后举办代理人资格培训辅导、“寿险营销精英”充电班及各种类型的研讨班和专题训练等，全辖共举办各类培训达50多场次，200多人次参训。

市中国人寿还制定下发《关于加强新人系统培训的办法》，在总结以往培训经验的基础上，新人系统培训分岗前培训、基础培训、衔接教育3个阶段进行，并提出了具体要求：新人入公司由基层公司组织进行岗前培训，岗前培训主要由各单位兼职讲师负责实施。岗前培训采取集中授课、晨会训练、市场实习等形式。没有经过岗前培训的人员不得参加市公司组织的基础培训。新人入公司满二个月，经考察有一定可塑性的，由市公司组织进行集中封闭式基础培训，提升其营销理念、条款知识、销售技能，以及依法经营观念等，以增强新进人员的市场生存能力和定着率。通过衔接教育训练把新人的自我摸索转变为有计划的培养和锻炼，最大限度地缩短新人入司的过渡期和成长期，保证入司的高起点，为营销队伍的专业化打下坚实的基础。

市中国平安（寿险）、太平洋保险公司先后分别开办了“营销业务员及主管”“农村中心职场主任”“直销外勤人员”等不同类型的培训班15期，参训人员达2520人次，从业人员在业务水平、自律能力、规范经营等方面得到明显的提高。

2001年，各保险公司为了适应形势发展要求，注重强化对员工的新思维、新理念的教育培训，以塑造全新的企业形象和员工形象。市人保财险除组织参加上级举办的培训活动外，还组织办公自动化、财务基础知识、新险种新条款、代理人资格考试等各类培训班21期，参训人员约658人次，进一步提高了员工业务素质和工作能力。

市太平洋财产保险公司采取请进来的办法通过多种渠道开展员工培训。先后邀请南京分公司业管部专家来淮举办“责任险、水险”培训班，使员工熟悉各类新的保险条款。邀请复旦大学教授张晖明到淮作“中国加入WTO的机遇与挑战”的报告，分析宏观经济形势的发展变化对保险市场发展的影响。推动了员工综合素质的提升，为员工创造了一个不断学习、不断进步的良好环境。

市中国人寿保险公司为规范全辖职工参加各类学历教育的组织和管理，印发了《中国人寿保险公司淮安分公司系统职工参加各类学历教育规定》，明确了专业对口的原则，有效规范的原则，自费与公费相结合的原则，工作与学习兼顾、以工作为主的原则。同时对参加各类学历教育的人员、专业、待遇、激励措施等，也作了具体的规定。

市中国人寿、平安人寿、太平洋人寿保险等公司高度重视代理人资格考试的组织和管理工作。市中国人寿保险公司下发了《关于加强个人代理人资格考试组织工作的通知》，要求全辖各单位务必高度重视代理人资格考试的组织工作，认真做好考证的宣传与动员工作，并指定一名公司领导负责此项工作，及时做好报名和教材的订购，狠抓营销员复习迎考班的出勤率，督促授课讲师（组训）严格按市公司编排的课程表进行复习，保证复习质量。同时要求城区无证人员的报名率达100%，农村最低要达到90%以上。为规范讲师队伍的管理，充分发挥讲师作用，印发了《中国人寿保险公司淮安分公司营销讲师管理暂行规定（2001版）》。明确个人保险部负责对讲师的工作指导、考核和集中调配，营业单位负责对日常工作安排与指导，协助个人保险部对讲师的考核。同时对营销讲师的录用、考核、待遇、讲师的调配与考勤都做出了具体明确的规定。

市平安人寿保险公司为了加强对培训工作的系统化管理，成立了培训室，在机构营销部设置了培训管理岗，负责全辖培训管理工作的组训行政管理工作。包括培训计划的制定、执行，各类培训班的安排，各类培训教材及培训资料的编制及征订，兼职讲师的选拔与培养，兼职讲师档案的建立与管理。同时每月组织召开一次兼职讲师及教导员工作例会，每周组织召开一次由机构组训参加的培训工作例会，组织对省公司培训计划及工作要求的贯彻执行，参加省公司培训部的月培训工作例会，加强培训费的使用及管理。并在全辖范围内通过各种途径开展对员工专业技能、保险知识等各方面的学习培训活动。为了鼓励员工积极投入到学习和培训活动中，公司规定各系列人员，包括一线销售人员在各类晋升时必须经过培训，后台人员年龄在40周岁以下尚未达到本科以上学历的必须在2~3年内取得本科或本科以上学历，否则届时将予以调整。在考核后台部门人员工作业绩时，对保险专业知识、管理技能、个人素质、能力提升情况进行综合考评，任何一项不合格者均不得评优、部门负责人不得晋级。

2001年以后，随着人民财产保险公司系统体制机制和人事、工资制度改革的不断深化，保险员工的专业技术职务评审工作不再作为年度一项经常性的工作，专业技术职务不再评聘。

2002年，市中国人寿、平安人寿、太平洋人寿保险公司为推动全辖银行代理保险业务的迅猛发展，提高银行专管员的综合技能，先后举办了“银行保险专管员培训班”，通过讲师对银保合作前景的分析，对代理实务、业务沟通、社交礼仪等实用课程的讲解，以及专管员的经验交流，使学员较好地掌握了专业知识和工作技能，为银行代理的健康发展提供了积极的智力支援。全辖累计有71人参加了培训，其中银行专管员57人、银行代理负责人14人。通过考试，参训人员均取得了90分以上的较好成绩。

市中国人寿、平安人寿、太平洋人寿保险等公司在代理人资格考核上，进一步强化管理，依据保监会管理规定，以维护公司健康、稳定经营为宗旨，一是狠抓主管、讲师的授课时数与授课质量，另一方面不断强化对代理人参训的指导，提高代理人资格证书培训效果，全年净增持证人员一千多人。通过培训，提高了人员的留存率，促进了营销队伍的稳定和健康发展。

市中国人寿保险公司设立了教育培训部，并成立了教育培训委员会，切实加强对培训工作的组织领导。公司下发了《关于规范全辖教育培训工作的通知》，明确市公司教育培训部的工作职能。各基层单位自办培训要报市公司教育培训部批准(新人培训除外)，培训结束后，市公司教育培训部对培训做出评估。市公司本部职能部室组织的各类培训，须由教育培训部参与培训立项、师资力量配备、教案审定、费用验收等，进一步完善了培训的组织管理体系，初步建立了以本公司讲师为主体，外聘讲师、客座讲师为辅助的师资队伍。

市平安人寿保险公司为了保证培训工作健康有序地开展，实现公司各项培训统一规划，使培训工作在人力资源、销售及客户服务、品牌宣传等方面充分发挥作用，出台了《培训工作管理规定》，要求各机构、部门每季度上报本机构、部门或专业系列的培训计划，报培训项目组备案。同时，每月根据实际需要，对当月培训计划进行调整。培训计划的重点是新员工培训、销售，及两核人员素质技能培训、员工激励培训、各类资格考试培训等。

市人民财产保险公司先后举办领导干部管理能力、新时期经营理念、新险种销售等各类培训班10期，参训人员178人次，对提高人员综合素质起到明显作用。

市天安保险公司从2002年成立起，就强化对员工的培训教育，建立了周末集体学习培训制度，加强培训辅导和考核，使学习培训制度化、常态化。同时，做到培训形式灵活多样，提倡员工向先进学、向客户学、向同业竞争对手学，学展业技能、学公关技巧。并强调理论与实践有机结合，学以致用。

市中华联合财产保险公司通过认真贯彻落实总公司《关于进一步整顿保险误导消费行为的通知》精神，为配合对误导消费行为的整顿工作，对全辖保险代理人员进行了法律法规和职业道德培训教育，对保险代理人员上岗资格和新产品销售资格进行审定。全面清理并统一规范使用保险业务宣传资料、计划书和投保书等，确保保险代理人不夸大或预测新产品的投资收益率，不误导不知情的投保人、适时准确的与被保险人订立或变更保险合同。

2003—2004年，市各保险公司以不断提高员工的综合素质为出发点和落脚点，扩大培训范围，增加培训内容，提高培训频率。

市人民财产保险公司进一步加大员工培训力度，与南昌保校联合举办为期10天的综合素质培训，第一期37人，第二期25人，收到了良好效果。另外还组织管理知识、经营法规、财务专业技能、车险营销、理赔定损等各类培训班9期，参训人员约130人次，提高了员工胜任本职工作的能力。

市人民财产、太平洋、平安、天安等财险公司把新《中华人民共和国保险法》的学习当作一项重要的工作来抓，分别成立了学习新《中华人民共和国保险法》活动领导小组，制定了学习计划，领导干部带头学习，利用每日晨会时间组织员工结合工作实际现身说法，活动结束后，举办了全员参加的学习新《中华人民共和国保险法》知识考试，把考试成绩作为年终考核的一项指标。通过学习，提高了干部员工的法律意识和业务素质，为做好依法合规经营打下了基础。

市中国人寿保险公司进一步拓展培训工作深度和广度，仅市分公司就组织了20余期MBSS和麦肯锡等专题培训，并进行效果追踪。先后组织新增人员及全辖各类管理人员培训50多期次，通过培训新增人员持证率达57%。市公司印发了《中国人寿保险公司淮安分公司教育培训纲要》，制定了培训体系建设近期目标、中期目标。为了规范对营销新人的培训，专门印发了《中国人寿保险淮安分公司营销新人培训模式暂行规定》，对新人培训的工作职责作了明确。该公司还成立了教育培训中心，制定了教育培训计划，配齐、配强了讲师与组训人员，通过有计划地组织实施教育培训，大力促进增员“持证”工作，为公司营销业务的快速发展提供了有力支撑。

市平安人寿保险公司开始实行内勤岗位人员培训制度。要求内勤员工必须通过国家统一组织的计算机等级考试及保险代理人考试。公司每周还组织一次所有人员进行业余学习，由员工自选课题、自编教案，内容包括客户心理分析、成功必备素质、金字塔写作、团队建设中的沟通技巧、逻辑判断等课程，由于教案产生于员工之中，案例来源于员工的日常工作，因此对工作、学习、成长具有较强的指导性和实用性，员工对此十分认同。

市太平洋人寿保险公司共组织主管培训、兼职组训培训、业务员转正培训、业务技能提高培训、职业经理人培训和组训讲师研讨会等各类教育培训活动26期，初步实现了培训的层级化。

市太平洋人寿保险公司为了培养和发展营销组训、讲师队伍，为营销队伍稳定、业务发展和永续经营提供技术支持和管理人才储备，制定了营销组训人员、营销讲师人员管理规定，对组训、讲师人员的管理也相应做了进一步的规范。并通过从高校和社会招聘等方式，逐步配齐、配强了讲师与组训人员。

市人民财产保险公司分两批选送了15名科级干部、13名客户经理到南昌保校培训学习，保证一线干部能够基本适应基层管理工作与业务发展的需要。同时，市分公司成立了三个中心上岗人员培训工作领导小组，组织三个中心上岗人员培训；举办了营销管理人员培训班；并举办了WEB查询系统、单证系统office培训各一次。

市太平洋财产、平安财产两保险公司为提高专业化、规范化操作。举办理赔人员专业培训两期，及时提高理赔人员业务适应能力和操作水平。

市中华联合财产保险、大地财产保险公司规定新员工必须参加公司组织的岗前培训，经考试合格方可上岗。各部门还制定自己的培训计划，举办各种教育培训，每年培训时间达60小时以上。

市中国人寿、平安人寿、太平洋人寿等保险公司通过教育培训计划的实施，增员的“持证”率进一步提升，市中保寿险公司先后组织了两次全体外勤和管理干部培训班，邀请税务人员举办“税收政策与团体保险”讲座。请省公司团险部总经理作团险经营、2003版永泰年金卖点分析辅导。组织经营单位分管经理到南通公司就现场销售学习取经。组织了12期NBSS和MKX等多层组级培训活动。

市泰康人寿保险公司对营销业务人员如何使用电话、短信等新型营销方式进行培训，从而提高了营销队伍的基本展业技能和综合素质。

2005—2006年，各保险公司逐步形成了业务培训教育模式。市人保财险公司共组织管理素质、经营法规、公关礼仪等各类业务知识培训班20期，参训人员660人次，举办了理赔案券流转、Web管理版、有关分析系统等培训，对提高员工素质收到了较好效果。该公司根据中国人民财产保险股份有限公司《关于开展高级专业技术任职资格评审工作有关事宜的通知》，对高级专业技术职务任职资格的评审提出了具体要求，中、初级专业技术职务评审工作退出历史舞台。全辖所有车险理赔定损统一实行高、中、初级定损员权限制度。

市中国人寿、平安人寿、太平洋人寿、泰康人寿，以及新成立的市太平人寿等保险公司，加强培训的组织管理，通过教育，培训工作的有效实施，配合人力资源的尝试开发和科学配置，实现员工在岗培训完成率达100%；晋升培训完成率达90%；另外通过强化学历教育科级以上领导干部大专以上学历达到100%，其中本科及以上学历达到40%；在岗员工大专以上学历达到95%，其中本科及以上学历达50%；代理人系统的营销主管大专以上学历达30%；各类销售专业、管理人员基本取得相应的专业等级证书或从业资格证书，员工持证上岗率达到80%以上，有力地促进了各公司寿险业务的快速、规范发展。

2006年4月22日，市太平人寿保险公司举办第二期文化整合培训，教育员工弘扬企业文化核心价值观

市平安人寿保险公司在原有培训体系的基础上，进一步完善新人育成体系、在职提升体系、主管育成体系，通过不同层面的培训有机结合，员工队伍的整体素质有了极大提升，为公司业务持续健康发展发挥了积极作用。全年举办在职提升培训20场，培训学员1000多人次，培训准主管90多人次。

市太平洋人寿、泰康人寿保险公司为了适应激烈的市场竞争，加强对销售管理人员的培训，举办两期管理人员专题培训，参训近200人。同时继续加强对新人的系统育成培训，共培训新人350人，对展业人员开展NBSS、麦肯锡组合销售培训，全辖共培训400多人。

刚成立的市太平人寿、安邦财产保险公司分别建立了一套较为完整的培训体系，加强新人岗前培训，鼓励员工参加LOMA考试，提高队伍的综合素质。

市太平洋财产、平安财产保险公司两年间先后组织业务技术培训和拓展训练等50多场次。市天安保险、中华保险、大地保险公司采取以会代训的形式培训新员工，使新员工尽快掌握基本操作技能。

市人民财产保险公司除积极选送人员参加上级组织的培训外，还结合专业需要，分别组织管理知识、财务专业技能、车险营销、理赔定损等各类培训班18期,参训人员达398人次。

市平安财产保险公司围绕“五五”普法教育主题,重点组织《中华人民共和国保险法》《中华人民共和国劳动法》《中华人民共和国消费者权益保护法》等知识培训。

2007—2008年,全市各保险公司重点开展合规经营、文明服务及风险管理等方面的教育培训,为树立行业形象,提高服务水平,稳健高效运营奠定了基础。市平安财产保险公司开展对机动车保险业务知识和有关政策宣传教育,并作为新入司员工的必修课,以强化每个员工对机动车保险自律的意识,保证各项业务规章落到实处,形成了人人讲自律、个个讲合规的良好行风。公司还举办出单员技能培训和技能比武,24名出单员参加了培训比武。培训项目主要有“正确填写投保单”“车+意”产品学习、财产险防控基础知识、“行业自律有关内容”及“出单员考核办法”等。同时进行了现场填写投保单、出单员基础知识测试和出单员打字速度的现场比武。

市太平洋财产保险公司联系实际,贴近市场、贴近职工、贴近客户,进一步有针对性强化职工教育培训工作。公司为了内强素质、外塑品牌形象,严肃纪律、规范窗口服务,提升服务层次水平,先后在辖内开展了“从我做起,用心服务”为主题的大讨论活动。组织员工对《窗口服务礼仪规范》开展学习、考试、竞赛表演活动。为促进全体职工进一步做好行业自律,不断提升文明服务质量创造了良好的条件。

市人民财产保险公司举办大病医疗保险业务培训

市人民财产保险公司开展以“建设服务型机关”为主题的教育培训活动。举办三期120人次参加的培训教育,规范机关管理流程,提高了服务意识,确保整个机关高效、协调运转。

第十二章　人　物

2002年3月2日，全市首届优秀保险代理人合影

淮安保险事业有着悠久历史，在长期发展过程中，保险界涌现了一大批优秀人物。对推动淮安保险事业和社会经济发展发挥了积极作用。

本志人物章主要收录1949年成立中国人民保险公司淮阴代理处以来，曾担任地市级保险业机构（包括代理保险机构）的主要领导，或对淮安保险事业发展有较大影响，以及受到市政府及省级分公司以上级别表彰的人物。共收录人物173人次，其中立传人物6人，简介人物101人，表录人物66人。

第一节　人物传

冯庶同，男，汉族，1920年5月出生，江苏东海人。早年参加革命。1943年后任淮海区财粮部门干部；1949年4月任华中银行六分行副行长，5月调任中国人民银行淮阴支行副行长；1950年10月任中国人民银行淮阴支行行长兼地区保险公司经理；从1952年8月起，先后任中国人民银行扬州支行行长、南京建筑公司党委书记、东北某飞机制造厂车间主任、辽宁省计委主任等职务；2006年9月逝世。

在担任中国人民银行淮阴支行行长兼地区保险公司经理期间，建立了遍布辖内城乡的银行机构网点，通过实施全面现金管理和金银市场管理，稳定了辖内金融秩序。同时，领导地区保险公司及所属各县代理处陆续开办、拓展以企业财产险为主的各项保险业务，并积极试办和推广团体人身险、旅客意外伤害险及大牲畜保险业务，为全区保险事业发展打下了良好基础。

胡士奎，男，汉族，生卒时间不详，江苏淮阴人。早年参加革命工作。1952年6月至1954年12月任中国人民保险公司淮阴中心支公司（清江市支公司、淮阴市支公司）副经理（主持工作）；1954年12月至1959年1月任中国人民保险公司淮阴市支公司（清江市支公司）经理，后来去向不详。

在主持淮阴市人民保险公司工作期间，带领公司员工坚定执行党和国家路线、方针、政策，围绕当时政治、经济形势需要开展保险工作。1952年，为了完成全区6万元财产强制保险指标，公司提出，消灭县级机关保险空白，做好核资工作，达到足额投保。采取先企业、后机关，先房产、后器具分步骤承保的方法，提高承保率，提前1个月超额完成全年任务。1954年，通过对续保情况检查，纠正少保、退保、错保问题，全年实现财产险、物资险保费收入较上年上升22.5%，超额完成任务。在社会主义改造运动中，公司以市区为重点试办家庭财产保险，对公私合营企业和手工业生产合作社船舶实行强制保险。同时，积极开办简易人身险和团体人身险业务。为公司的长远发展奠定了良好基础。

周胜安，男，汉族，1929年3月出生，江苏泗阳人，中共党员。1945年6月参加工作，曾担任江苏省泗阳县众兴鸿昌商店营业员、沭阳县李恒庄淮海贸易公司会计；1948年6月任华中银行第六分行中国人民银行淮阴中心支行科员；1956年6月任中国人民银行清江市支行副行长；1959年3月任淮阴肉联厂副厂长；1960年12月起先后任中共清江市委组织部秘书科科长、清江市直机关党委副书记、清江罐头厂党支部书记、革委会主任、淮阴卷烟厂革委会第一副主任、清江市徐州大黄山小煤矿党支部书记；1972

年6月起先后任清江车辆厂党总支书记、清江市人民银行行长；1984年11月任中国人民保险公司淮阴市支公司副经理（主持工作）；1986年9月任中国人民保险公司淮阴市支公司巡视员；1989年10月离休；2007年6月29日病故。

在主持市人民保险公司工作期间，积极将企财险由城市行政、企事业单位向农村乡镇企业延伸。根据总公司要求，在辖内大力发展农村家庭财产保险，并将保险与扶贫救灾工作相结合，这一做法受到省民政厅和省保险公司的充分肯定，并在全省推广。全辖保险公司还积极试办和推广“三麦”麦场灾害保险、学生平安保险、大牲畜保险、涉外保险等，并在全市总结推广宿迁、灌南发展乡镇企业职工养老保险的经验，推动了全市保险事业较快发展。

刘海文，男，汉族，1930年10月出生，江苏淮阴人，高中文化，中共党员。1949年3月参加工作，任淮阴县徐溜乡马庄小学教师；1951年9月至1959年11月先后任泗阳县、清江市保险公司办事员；1959年11月至1963年3月先后任淮阴市饮服公司人秘股副股长、股长；1963年3月至1970年10月任清江市委整党工作队队员；1970年10月至1972年10月任淮阴化工机械厂政工组长；1972年10月至1974年11月任淮阴肉联厂一车间书记；1974年11月至1980年9月任清江市蔬菜产销联合公司政工科科长；1980年9月至1983年4月任清江市保险公司副经理（当时对内属市人民银行科室）；1983年4月至1984年12月任淮阴市保险公司负责人；1984年12月至1985年10月任淮阴市保险公司业务科副科长；1985年10月任淮阴市区保险办事处副主任；1991年3月离休。2011年2月18日病故。

在任市保险公司负责人期间，在全市试办家财险业务，在市区、淮安等地试办城镇集体经济组织职工养老保险，试办手扶拖拉机保险，在全辖开办船舶保险，为全市保险事业健康发展积累了宝贵经验。

孙锡林，男，汉族，1933年5月出生，江苏沭阳人，中共党员。1947年7月参加工作，任淮海印刷厂学员；1950年7月至1952年1月任苏北土改工作团队员；1952年2月至1954年9月任淮阴县人民银行办事员；1954年10月至1956年3月任淮阴县人民银行顺河营业所副主任；1956年4月至

1957年12月任淮阴县政府人事科科员；1958年1月至1958年12月下放淮阴县武墩公社韩城大队任大队书记；1959年1月至1959年12月任淮阴县武墩公社秘书（党委委员）；1960年1月至1977年10月任淮阴县民政局股长；1977年10月至1979年8月先后任淮阴县酒厂、木材加工厂革委会副主任；1979年9月至1983年12月任淮阴地区农业银行人事科副科长；1984年1月至1994年1月先后任淮阴市人民保险公司人事科科长、党组纪检组副组长；1984年10月至12月任市人民保险公司负责人；1994年1月离休；2014年1月22日因病逝世。

在主持市人民保险公司工作期间，研究提出了“立足城市，面向农村，积极扩大保险服务领域，开创有淮阴特色的保险工作新局面”的展业方针，确定了城市业务狠抓企业财险续保，积极扩大承保面，力争达到保全保足，农村业务主要开展手扶拖拉机险、家财险、麦场灾害险等，并积极试办生猪险，有力地推动了全市保险业务工作的开展。

徐明才，男，汉族，1944年6月出生，江苏灌南人，大学本科学历，中共党员，高级经济师。1965年2月参加工作，任江苏省灌南县李集乡渔涝村会计；1968年1月任江苏省灌南县李集乡政府总务会计；1968年12月任江苏省灌南县孟兴庄乡国营拖拉机站总账会计；1970年1月任中国人民银行灌南县支行办事员；1973年2月起先后任中国人民银行灌南县支行副股长、股长；1980年2月任中国人民银行灌南县支行副行长；1982年1月任中国人民银行淮阴县支行行长；1985年2月起先后任中国人民银行淮阴市中心支行金融管理科科长、计划信贷科科长、总稽核；1995年7月任太平洋保险公司淮阴办事处筹备组组长；1995年8月任太平洋保险公司淮阴办事处负责人；1997年7月任太平洋保险公司淮阴支公司总经理；1997年10月任淮阴市人大财经委副主任；2004年6月退休；2014年9月24日病故。

在担任中国太平洋保险公司淮阴办事处筹备组长期间，精心组织，带领筹备组同志，加班加点，紧张工作。经过一个多月的努力，中国太平洋保险公司淮阴市办事处（处级）于1995年8月28日正式成立。办事处成立后，针对人员缺乏的情况，向社会公开招聘人才。为了尽快扩大业务经营，积极争取地方党政支持，在辖内先后设立11个代理处。1996年保费收入达4163万元。

第二节　人物简介

丁成进，男，汉族，1930年12月出生，江苏淮阴人，完小文化，中共党员。1950年参加工作，在苏北粮草站任支拨员；1951年至1957年在灌云县粮食局工作，先后任会计、计划调研员、人事干事；1958年至1961年任灌南县粮食局人秘股股长；1961年至1962年任灌南县审干办财贸口审干组组长；1963年至1969年先后任灌南县人民银行业务股股长、信贷股股长、人秘股股长；1969年至1972年任灌南县清理经济工作队队长；1972年至1979年任灌南驻徐州煤矿矿长；1979年至1984年先后任灌南县人民银行副行长、涟水县人民银行副行长、行长；1984年年末调任淮阴市保险公司业务科科长；1991年1月退休。

在市保险公司担任业务科长期间，参与制订公司经营策略，积极开展调查研究，善于开拓服务领域。先后主笔制订学生平安险、农村家财险、车辆险、货运险等业务实施细则并在全省执行。针对地方农业经济迅速发展的客观需求，创新性地制订了麦场灾害险、养猪险及养老保险给付条款等，得到了上级主管部门批准施行。撰写的《浅谈麦场灾害保险》《养老保险的重要性和必要性》《农业保险发展途径》等论文被《江苏保险》《湖北保险》等刊物刊载，为推动保险理论研究和保险业务发展起到了积极作用。

李西，男，汉族，1933年12月出生，山东仓山人，高中文化，中共党员。1947年6月参加中国人民解放军，在渤海军区政治部文工团工作；1950年1月转华东军政大学学习；1950年12月任中国人民解放军海军长岛海上警备政工队队员，其间，立三等功一次；1953年1月任海军青岛基地炮兵一连排长，立四等功一次；1958年1月任黑龙江铁道兵250文工队队员；1964年任新疆军区建设兵团农五师队长；1964年1月起先后任徐州市人民银行信贷员、秘书科科长、农金科科长；1981年任徐州市人民保险公司副经理;1985年11月任淮安市人民保险公司副经理(主持工作);1987年1月任徐州市人民保险公司副经理;1995年4月1日离休。

在主持淮阴市人民保险公司工作期间,带领职工努力完成省公司下达的各项保险工作任务。1986年,实现国内保险业务收入2774万元,较1984年606万元增加2173万元,增长358%,受到省公司表彰。是年,所辖淮阴县、盱眙县两个支公司获全省先进单位称号,市公司业务科获全省先进集体称号。

王其俊,男,汉族,1936年12月27日出生,江苏沭阳人,大学专科学历,中共党员。1960年7月在江苏省淮阴师专任教;1962年7月在淮阴专署商业局工作;1963年12月在淮阴地委五人小组工作;1964年12月起先后任淮阴地区外贸公司人秘股股长、副经理;1980年7月任泗阳县人民银行副行长;1983年3月任淮阴市保险公司经理;1984年3月任淮阴县工行行长;1989年7月任市工商银行调研室副主任(正科级主持工作)兼市工商银行信息咨询公司经理;1997年1月退休。

作为新组建的市保险公司首任经理,组织有关部门建立和完善公司各项工作制度和工作方案,公司各项业务处于苏北地区领先地位,为公司后续发展打下了基础。

张学勤,女,汉族,1946年7月出生,江苏灌南人,中专学历,中共党员,高级经济师。1964年参加工作,曾任灌南县花园公社妇联副主任、主任、上虚化纤厂政工科科长等职;1978年至1984年3月任灌南县人民银行储蓄股股长兼保险股股长;1984年4月至1990年12月先后任灌南县人民保险公司负责人、副经理(主持工作)、经理;1990年12月至1994年11月任中国人民保险公司淮阴分公司副总经理;1994年12月至1996年3月任南京人寿保险公司淮阴代理处负责人;1996年4月至1999年1月任中保人寿保险公司淮阴分公司总经理;1999年2月至2001年1月任中国人寿保险公司淮阴分公司调研员;2001年6月29日至2009年9月30日担任淮安市保险行业协会第一届至第三届秘书长。1991年至1997年期间,先后荣获全国保险系统先进女职工“金花奖”、全国总工会系统先进个人、全国金融系统先进女职工等荣誉称号。

在1995年市人保产、寿险机构分设中，识大体、顾大局，服从组织分配，带领人寿保险公司职工克服重重困难，进行第二次创业，大胆进行各项改革，使全辖保费收入三年迈出三大步。树立了市中保人寿保险公司良好的企业形象。在保险协会主持工作期间，充分发挥行业协会职能作用，率先成立代理人考试中心，创建新车投保中心，连续多年开展行业诚信创建和代理人培训，牵头组织参与市政府、中华保险开展农业保险试点、推广工作。

高振雄，男，汉族，1947年1月16日出生，江苏省南通市人，大学学历，中共党员。1969年7月参加工作，曾任泗阳县魏圩中学老师、泗阳县“五七”农大团委副书记；1983年11月13日任淮阴市计划生育委员会副主任；1987年8月至1990年12月先后任中国人民保险公司淮阴市分公司副经理（主持工作）、党组书记、经理；1990年12月20日调离。

在主持淮阴市人民保险公司工作期间，带领职工按照上级要求，结合本地实际，突出工作重点，制定完成省公司下达的各项任务指标和考核办法，调动职工积极性，使淮阴保险业务快速发展，1990年全辖国内保险业务收入2957.5万元，较1987年的1631.4万元增加1326.1万元，增长81%。

史才干，男，汉族，1947年7月出生，江苏淮安人，高中文化，中共党员。1981年1月至1984年6月在淮安人民银行工作；1984年7月至1990年4月任淮安县人民保险公司经理；1990年5月至1992年12月任市人民保险公司副经理；1992年12月至1999年5月任淮阴市人民保险公司总经理。1999年5月调离淮阴。

在主持市人民保险公司工作期间，深化改革，大胆创新，锐意进取，积极顺应淮安地方经济发展，业务发展连续保持快速增长，年均增幅达50%。1991年被中国人民保险总公司评为“抗洪救灾先进个人”，公司连续10年被市政府评为淮阴市“文明单位”。1999年保费收入10003万元，比1990年5407万元增加4596万元。

赵广忠，男，汉族，1949年1月出生，江苏淮阴人，大学专科学历，中共党员。1964年11月至1984年11月在中国人民解放军6357部队服役；1985年1月至1994年3月在人民保险公司淮阴分公司工作；1994年3月至1998年5月任平安保险公司淮阴分公司(办事处)总经理;1998年6月至2001年3月任平安保险公司宿迁分公司总经理;2001年4月至2009年1月在平安财产保险公司江苏分公司工作;2009年1月退休。

作为平安保险公司淮安(阴)分公司的首任经理,针对改革开放初期,人们对股份制保险公司还普遍持怀疑排斥的态度,坚持改革发展理念,坚守营销业务展业方向,带领公司全体员工奋发进取,从零起步,为公司发展奠定了基础。

陈允志,男,汉族,1949年10月出生,江苏宿迁人,大学专科学历,中共党员。1970年6月至1978年11月在盱眙化肥厂工作;1978年12月至1985年6月在盱眙滨淮机械厂工作;1985年7月至1989年9月任中国人民保险公司盱眙县支公司副经理;1989年10月至1995年8月任盱眙县老龄工作办公室主任;1995年9月至2000年6月任淮阴市太平洋保险公司总经理助理;2003年6月任江苏中诚保险销售有限公司董事长。

担任江苏中诚保险销售有限公司董事长期间,加强员工培训、考核,使保险代理业务不断增长,2015年,公司保费收入2600万元,较2003年增加2000万元,人员由初创公司时的6人,增加到120人,分支机构达10个。

徐万林,男,汉族,1949年10月出生,江苏淮安人,高中文化,中共党员。1984年8月至1985年11月任中国人民解放军陆军第200师炮兵团政治处副主任;1985年12月至1993年1月任淮安县(现淮安区)人民保险公司副经理、经理;1993年2月至1997年7月先后任淮阴市人民保险公司办公室主任、总经理助理;1997年8月至1999年4月任镇江市人民财产保险公司副总经理;1999年4月至2001年11月任淮安市人民财产保险公司总经理。

在主持市人民财产保险公司工作期间,积极发展机动车、企业财产、货物运输等保险业务,年均保持30%的增长率。在2000年暴雨灾害中,积极履行保险责任,得到淮阴市委、市政府的表扬奖励。2001年,该公司保费收入实现1.2亿元,比1999年增加2176万元。

徐洪成,男,汉族,1952年7月出生,江苏淮阴人,大学专科学历,中共党员。1994年12月至1999年1月先后任南京人寿保险公司淮阴代理处副总经理、中保人寿保险公司淮阴分公司副总经理、宿迁分公司总经理；1999年1月至2005年任淮安分公司总经理；2002年5月荣获淮安市劳动模范称号。

2004年，是中国人寿保险公司股份制改革后的第一个完整年度，在徐洪成领导下，市公司认真实施学习战略、人才战略、城区战略、农村战略、服务战略等“五大战略”，全年实现总保费收入7.3亿元，比上年增长15.9%，实现利润688万元；继续保持在淮安寿险市场的优势地位，市场份额达79.5%，比上年上升0.1个百分点。

殷振炎，男，汉族，1952年8月出生，江苏淮安人，大学专科学历，中共党员。1968年11月至1970年11月作为知青插队于江苏沭阳、灌云县农村劳动；1970年11月至1992年12月任江苏清江拖拉机制造厂车间党支部书记、车间主任等职；1992年12月至1996年10月任淮阴市物资贸易中心机电部经理；1996年10月至1998年10月先后任中国平安保险公司淮阴中心支公司（寿险）洪泽机构负责人、营业部经理、团险部经理；1998年10月至2004年3月任中国太平洋保险公司淮阴中心支公司团险部、拓展部经理；2004年2月至2006年4月任中国大地保险公司淮安中心支公司总经理；2006年3月任江苏金鑫保险销售有限公司董事长兼总经理。

大地保险公司淮安营销服务部成立初期，在殷振炎领导下，拓宽销售渠道，实现销售突破。提高理赔服务水平，公司形象和展业能力得到提升。2006年3月，殷振炎带领一批保险精英，共同创建了江苏金鑫保险销售有限公司。

顾志明，男，汉族，1957年5月出生，江苏涟水人，大学本科学历，中共党员。1976年2月至1985年12月在中国人民解放军某部队服役；1986年1月至2007年11月先后任淮阴市人民保险公司办公室副主任、淮阴县支公司经理、清浦支公司经理、连云港分公司副总经理、淮安市人民保险公司副总经理；2007年12月至2009年9月任大地财产保险公司淮安中心支公司总经理；2009年10月至2014年5月任淮安市保险行业协会第四届秘书长。

任市大地财产保险公司总经理期间，坚持效益优先原则，进行险种结构调整，淘汰了效益低下的险种；积极拓展非车险业务，增加整体业务的盈利能力；以增量调存量，制定出台了非车险业务奖励规定等一系列激励政策，分阶段组织了多种形式的业务竞赛活动并强化督导，保费收入稳步增长。

张洪淮，男，汉族，1957年6月出生，江苏淮阴人，大学专科学历，中共党员。1976年3月参加中国人民解放军某防化部队；1986年1月至1994年11月先后任中国人民保险公司清河办事处副股长、股长、副经理；1999年1月任中国人寿保险公司淮阴分公司营销部副经理（主持工作）；2001年1月筹建淮安第一家保险代理公司——江苏新联保险代理有限责任公司，同年7月5日公司挂牌，任董事长。

在淮阴市人民保险公司工作期间，1992年被中国人民保险公司江苏省分公司评为“青年突击手”，1993年被中国人民保险公司江苏省分公司评为“先进工作者”，1995年被评为淮阴市级机关“优秀共产党员”，1986年至2000年先后六次被评为淮阴市人民保险公司先进工作者。

张志祥，男，汉族，1958年5月出生，江苏淮安人，大学本科学历，中共党员。1972年2月至1988年6月任中国人民解放军南京军区司令部管理局管理员，1988年6月至2003年10月先后任中国人民保险公司淮安分公司办公室科员、副主任、国际部主任；2003年10月至2005年6月任中华联合财产保险公司淮安中心支公司副总经理；2005年7月至2007年10月任安邦财产保险股份有限公司淮安中心支公司总经理。

田扶，男，汉族，1958年6月出生，江苏南京人，研究生学历，中共党员。1994年5月至2005年1月先后任南京市人民财产保险公司城北支公司经理助理、经理；2004年2月至2005年1月任南京市人民财产保险公司总经理助理；2005年1月至2008年4月任淮安市人民财产保险公司总经理。

在主持市人民财产保险公司工作期间，加快业务发展步伐，积极开办政策性养殖业农业保险，强化理赔服务，2008年，公司实现保费收入2.2亿元。

徐敏，女，汉族，1959年6月出生，江苏南京人，大学本科学历，中共党员。1977年5月至1978年9月任靖江市第五中学教师;1978年10月至1981年7月在淮阴师范专科学校学习;1981年8月至1995年8月任淮阴市第三中学教师;1995年9月至2000年11月先后任市太平洋人寿保险公司人身险业务部副经理、经理、营销管理部经理;2000年3月至2002年2月任淮安市太平洋人寿保险公司总经理助理,2002年3月调离;2005年6月至2006年8月任市太平洋人寿保险公司总经理。

夏善忠,男,汉族,1960年8月出生,江苏淮安人,大学本科学历,中共党员。1977年12月至1986年11月在中国人民解放军海军某后勤部队服役;1986年11月至1987年11月在淮阴市交通局办公室工作;1987年11月至2000年10月在中国银行淮安市分行办公室、信贷科工作;2000年11月至2012年4月任淮安市平安财产保险公司总经理;2012年4月至2012年9月在平安财产保险公司江苏分公司意健险部工作;2012年10月起任淮安银信担保投资有限公司董事长、总经理。

在市平安财产保险公司任职期间,把公司年保费收入从2000万元发展到1.3亿元,公司的社会效益和经济效益在同业中排名前列。先后担任淮安市企业信用管理协会会长、淮安市高级职业经理人协会副会长,淮安市第六、七届政协委员、淮安市第五、六次党代会代表。

王昭,女,汉族,1961年7月出生,江苏淮安人,大学专科学历,中共党员。1978年7月至1983年4月任清江市人民银行办事员;1983年5月至1993年8月任淮阴市人民银行城中办事处办事员;1993年9月至2000年12月任淮阴市工商银行城南支行副科长;2001年1月由工商银行城南支行退养;2002年4月至2012年8月任江苏华邦保险代理有限公司淮安市分公司综合部经理、总经理;2012年9月任和谐健康保险公司淮安中心支公司负责人。

孙铁忠,男,汉族,1961年10月出生,江苏灌南人,大学专科学历,中共党员。1983年1月至1999年12月先后任中国人民保险公司淮阴分公司业务员、科员、副经理、洪泽支公司副经理(主持工作)、淮阴县支公司经理;2000年1月至2004年6月任中国人民保险公司淮阴(安)分公司国内部经理;2004年6月至2006年8月先后任中国大地保险淮安营销服务部副总经理、总经理。

张铭军，男，汉族，1962年2月出生，江苏淮安人，大学本科学历，中共党员。1996年至2001年任南京大厂葛塘南联利丰液化气企业发展公司储罐厂厂长；2002年至2005年任淮安交通南北方工程公司项目经理；2005年2月至2006年6月任安邦财产保险公司淮安中心支公司办公室主任兼人力资源部经理；2007年2月至2011年4月先后任中华联合财产保险公司淮安开发区支公司、客服部经理；2011年4月至2012年9月任中华联合财产保险公司徐州中心支公司总经理助理；2012年9月至2012年12月任中华联合财产保险公司江苏分公司客服中心副总经理；2012年12月至2014年3月任淮安市中华联合财产保险公司副总经理（主持工作）；2014年3月起任市中华联合财产保险公司总经理。

在主持中华联合财产保险公司淮安中心支公司工作期间，公司经营规模不断扩大，经济效益不断提高，企业形象不断提升。2014年公司完成总保费收入1.6亿元，实现经营利润1094万元；2015年完成总保费收入达1.74亿元。

陈敏，男，汉族。1962年8月出生，江苏淮安人，大学本科学历，中共党员。1984年7月至1985年12月任中国人民保险公司江苏分公司国内业务一处办事员；1986年1月至1989年8月先后任中国人民保险公司淮阴分公司业务科办事员、科员；1989年9月至1991年7月在中国保险管理干部学院学习；1991年8月至1999年9月先后任中国人民保险公司清浦支公司产险科科长、经理助理、金湖、盱眙支公司副经理；1999年9月至2001年12月先后任中国人民财产保险公司盱眙、清河支公司副经理（主持工作）；2002年1月至2008年3月先后任淮安市人民财产保险公司业务管理部副经理（主持工作）、国际部、业务管理部经理、理赔中心主任；2008年3月至2012年2月先后任淮安市大地财产保险公司副总经理、副总经理（主持工作）；2012年2月起任市大地财产保险公司总经理。

主持市大地财产保险公司工作期间，制定了公司3~5年的发展规划，制定了严格高效的考核奖惩机制，有效激发了全体员工的工作积极性。

张建平，男，汉族，1962年9月出生，江苏扬州人，大学本科学历，中共党员。2005年4月至2007年4月任淮安市中国人寿保险公司总经理。

在担任市中国人寿保险公司总经理期间，实现2006年公司保费收入创历史新高。全年实现保费收入7.3亿元，比上年增长7.8%，在淮安寿险市场继续占据主导地位，保持71%的市场份额。

王士柏，男，汉族，1962年10月出生，江苏淮安人，大学专科学历，中共党员。1993年10月至2006年2月先后任中国人民财产保险公司清浦支公司农险部主任、副经理；2006年3月至2008年11月任淮安市阳光财产保险公司副总经理；2008年12月起任淮安市华安财产保险公司副总经理（主持工作）。

主持市华安财产保险公司工作以来，公司保费收入逐年攀升，从2008年保费收入不足百万元发展到2013年的1000万元。公司赔付保持低位，2011—2013年公司财务保持连续盈利。

支养淮，男，汉族，1962年12月出生，江苏淮安人，大学本科学历，中共党员。1986年1月至1993年12月任泗洪县人民财产保险公司副经理；1994年1月至1999年9月先后任中国人民财产保险公司清河支公司经理、泗阳县人民财产保险公司经理、淮阴市人民财产保险公司国内部经理；1999年9月至2012年3月先后任淮安市人民财产保险公司副总经理、总经理。

在主持淮安市人民财产保险公司工作期间，深化改革，实施全市系统中层管理干部竞聘上岗，精减管理岗人员达1/3，推进承保、理赔、财务等三个中心建设，提升了市人民财产保险公司服务淮安经济发展能力，公司2008年被评为淮安市“文明行业”。

孙进，男，汉族，1963年1月出生，江苏东台人，大学本科学历。1985年7月参加工作，先后在洪泽县人民医院、淮阴市第一人民医院任职；1997年5月至2000年12月任淮阴（安）市平安人寿保险公司营销部经理；2001年1月至2006年1月先后任泰康人寿保险公司江苏分公司业管部经理、企划部经理、扬州中心支公司总经理、淮安中心支公司总经理；2006年2月至2007年12月先后任太平洋人寿保险公司江苏分公司客服部经理、淮安中心支公司副总经理；2008年1月至2010年5月任中融人寿筹备组行政人事部负责人；2010年6月至2012年2月先后任华泰人寿保险公司扬州中心支公司总经理、南通中心支公司总经理；2012年3月起先后任淮安市华夏人寿保险公司筹备组组长、总经理。

在主持市华夏人寿保险公司工作期间，保费收入从2012年的2000万元发展到2013年的2.7亿元、2014年的9.8亿元，积极开展以“爱老慈幼”为重点的公益活动，累计投入资金20余万元。

施大海，男，汉族，1963年5月出生，江苏扬中人，大学专科学历，民建会员。1981年至1984年在江苏扬中儿童手风琴厂工作；1988年至1991年在淮安市饲料厂工作；1992年至1993年在江苏正大饮料有限公司工作；1994年至1999年在淮阴电子元器件厂工作；2000年至2008年在淮安市海远电讯器材有限公司工作；2009年起任江苏爱建保险代理有限公司总经理。

担任江苏爱建保险代理有限公司总经理期间，实现2009年至2015年保险代理业务量逐年提升。

洪海华，男，汉族，1963年8月出生，江苏淮安人，大学本科学历。1997年12月至2008年5月在中国人寿保险公司工作；2008年6月至2012年1月先后在华泰人寿保险公司北京分公司企划部、长城人寿保险公司江苏分公司任职。2012年2月至2012年5月任淮安市华泰人寿保险公司总经理；2012年6月至2013年2月任信泰人寿江苏分公司个人业务部督导；2013年2月至2014年1月任淮安市信泰人寿保险公司负责人。

祖忠阳，男，汉族，1963年9月出生，安徽人，大学本科学历，中共党员。1984年12月至1995年12月任淮阴市人民保险公司科员；1996年1月至2002年3月任中国人民财产保险公司清河支公司经理；2002年4月至2003年10月任江苏汇丰保险代理公司副总经理；2003年11月至2012年11月任淮安市中华联合财产保险公司总经理；2012年12月起任中华联合财产保险公司江苏分公司农险部经理。

在从事保险工作中，2004年响应市委、市政府关于开展政策性农业保险试点的决策，拟定“联办共保”试点方案，与市政府正式签订政策性农业保险联办共保协议。省委常委、常务副省长赵克志对此给予充分肯定，并号召全省各地认真学习淮安“联办共保”经验。2006年国务院政研室等8个部委领导到淮调研，总结推广淮安政策性农险的做法与经验。央视一、三、七套等主流媒体作专访报道，广东、湖北、陕西等省市先后组团来淮调研考察。“联办共保”的农业政策性保险模式成为淮安首创、江苏特色、全国亮点的知名品牌。

赵建玉，男，汉族，1963年9月出生，江苏淮安人，大学专科学历。1980年9月至1984年任教；1984年至1990年任村委会副主任、主任；1990年至1994年12月任洪泽县农业局实体经营科科长；1995年1月至1998年12月任淮阴市平安保险公司城乡开发部经理；1999年1月至2004年8月任太平洋保险第一督导区督导；2004年9月起任江苏盛大众联保险代理有限公司董事长兼总经理。

担任江苏盛大众联保险代理有限公司总经理期间，充分发挥保险超市的优势，为客户提供切合实际的保险产品，惠及数万家庭。积极参加社会公益活动，先后组织员工为四川地震灾区、南方雪灾遇难群众捐款、捐物价值数十万元。

周焕中，男，汉族，1963年10月出生，江苏南通人，大学本科学历，中共党员。1983年12月至1998年1月先后任南通县人民保险公司办事员、业务科副科长、科长；1998年1月至2005年4月任中国人寿保险公司通州市支公司经理助理、副经理、经理；2005年4月至2007年4月任中国人寿保险公司南通市分公司党委委员兼通州支公司经理；2007年4月至2011年11月任中国人寿保险公司南通市分公司总经理助理、总经理；2011年12月至2013年11月任淮安市中国人寿保险公司总经理。

陈正银，男，汉族，1963年12月出生，江苏灌南人，大学本科学历，中共党员。1981年7月至1993年7月任灌南县供销总社副主任；1993年8月至1997年11月任中国银行淮阴市支行信托办主任；1997年12月至1999年6月任中国银行连云港支行副行长；1999年6月至1999年12月任平安财产保险公司江苏分公司办公室副主任；1999年12月至2001年10月任淮阴市平安财产保险公司总经理；2001年10月至2005年8月先后任平安财产保险公司宿迁中心支公司总经理、常州中心支公司总经理；2005

年8月至2009年8月任都邦财产保险公司江苏分公司总经理；2009年8月起先后任都邦财产保险公司副总裁、总裁。

在担任市平安财产保险公司总经理期间，不断扩大保险品种，细化理赔服务措施，强化内部管理，主动参加地方公益事业，公司捐款建设淮阴平安希望小学，公司的品牌效益和社会效益得到了提升，为公司的长远发展打下了基础。

翟家峰，男，汉族，1963年12月出生，安徽淮北人，硕士研究生学历，中共党员。1997年9月至1998年4月任平安人寿保险公司江苏分公司团险市场营销部副经理；1998年5月至2000年9月任淮阴市平安人寿保险公司副总经理（主持工作）。

担任淮阴市平安人寿保险公司负责人期间，公司业务电脑小型机成功上线，辖内所有寿险业务环节实现电脑一体化支持。2000年，通过增设机构网点，吸收骨干人才，营销业务快速发展。全年实现保费收入2624万元，比上年增长59%。

纪立平，男，汉族，1964年2月出生，江苏南京人，大学本科学历，中共党员。1982年6月至1986年11月先后在江宁县委组织部、湖熟国营商店、医药公司任职；1986年12月至1998年10月在人民银行南京江宁县支行工作；1998年11月至2004年6月先后任太平洋人寿保险公司江宁支公司副经理、经理；2004年6月至2005年6月任淮安市太平洋人寿保险公司总经理；2005年6月至2009年12月任太平洋人寿保险公司江苏分公司银行保险部经理；2010年1月调太平洋人寿保险公司南京支公司个险业务部、合规管理部工作。

赵建国，男，汉族，1964年3月出生，江苏淮安人，大学本科学历，中共党员。1987年7月至1994年12月任中国人民保险公司清河支公司业务科业务员、副科长、办公室主任；1995年1月至1998年5月任中国人民保险公司泗阳县支公司经理助理、副经理；1998年6月至2003年4月任中国人民财产保险公司宿迁分公司人事部副经理、经理；2003年5月至2006年8月任淮安市人民财产保险公司大项目部经理、国内业务部副经理；2006年9月至2007年8月任淮安市天地保险公司总经理。

担任市大地保险公司总经理职务期间，强化内部管理、增强服务技能；加强规范管理；打造诚信品牌、着力制度建设；建立一套服务便捷、更加贴近客户需求的服务体系，把承诺服务和投诉制度做细做实。

高新华，男，汉族，1964年4月出生，江苏常州人，大学专科学历，中共党员。1984年7月至1996年4月在中国人民保险公司金坛支公司工作，先后任业务员、股长、经理助理、副经理等；1996年4月至1998年9月先后任中保人寿保险公司金坛市支公司副经理、经理；1998年9月至2007年7月先后任中国人寿保险公司常州市分公司总经理助理、副总经理；2007年7月至2010年1月先后任中国人寿保险公司江苏省分公司县域保险部副总经理、总经理；2010年1月至2010年11月任淮安市中国人寿保险公司总经理。

在任市中国人寿保险公司总经理期间，带领干部员工发扬“创业、创新、创优”的三创精神，公司按照“以价值量人才，凭实绩用干部”的激励导向，实施公开选拔经营单位个险部经理、培养有潜质的影子经理、公开竞聘客服管理岗等系列举措，各渠道、各部门的管理力量明显加强。10月，在盱眙都梁山成功举办大型“千人祈福迎新年”业务活动，得到省、市领导的肯定。2010年，公司实现总保费收入12.4亿元，较上年同期增长11.8%。

赵凉，男，汉族，1964年9月出生，江苏淮安人，大学本科学历，中共党员。1983年10月至1997年8月先后任中国人民保险公司淮阴分公司办事员、市区办事处副科长、淮阴分公司产险部科员、副经理、清浦支公司经理；1997年8月至2005年1月先后任中国人民保险公司淮阴分公司副总经理、总经理；2005年1月至2007年10月任中国人民保险公司扬州分公司副总经理；2007年11月至2009年7月任淮安市中国人寿财产保险公司总经理。

主持淮安市中国人寿财产保险公司工作期间，突出为淮安大中型工厂、企业的保险保障服务，加强理赔、承保中心的集中化管理，全公司业务保持年均20%的增长率，公司被淮安市政府授予“文明单位”称号。

王永峰，男，汉族，1964年9月出生，江苏姜堰人，大学本科学历。

1980年9月至1983年7月在苏州大学财政系学习；1983年7月至2002年9月先后任江苏省淮阴财经学校教研组长、教研室主任、学生科副科长、科长、团委书记；2002年2月至2005年11月先后任淮安市太平洋财产保险公司营销部经理、业管部经理；2005年11月至2010年10月任市太平洋财产保险公司总经理助理、副总经理(2008年11月至2010年4月兼任洪泽支公司经理)；2010年10月任淮安市紫金财产保险公司总经理。

在任市紫金财产保险公司总经理期间，加强机构建设，在全辖6个县市区设立理赔服务网点，与清河区财政局、市公交公司、淮汽集团等多个单位建立业务往来，确立了较好的市场定位。2014年实现保费收入4420万元，2015年实现保费收入5400万元。在淮安市区18家产险公司中排名第六。

耿德新，男，汉族，1964年11月出生，江苏金湖人，大学本科学历，中共党员。1996年10月至2010年1月先后任中保人寿(中国人寿)保险公司金湖支公司副经理、经理、中国人寿保险公司淮安市分公司总经理助理、中国人寿保险公司宿迁分公司副总经理、中国人寿保险公司淮安市分公司副总经理；2007年4月至2010年1月任中国人寿保险公司淮安市分公司总经理。2010年2月起任中国人寿保险公司南通分公司副总经理。1999年1月获得中国人寿江苏省分公司授予的“双文明”建设先进个人称号。

盛才双，男，汉族，1965年12月出生，江苏泗阳人，大学本科学历，中共党员。1987年7月至2010年11月，在中国银行淮安分行工作；2010年11月任淮安市中银保险公司总经理。

在任市中银保险公司总经理期间，保费收入逐年增长。2014年，全辖实现保费收入1980万元，比上年增长31.9%，保费规模排全省系统第八，比2013年上升三位，保费达成率排全省第一。

夏晓东，男，汉族，1966年4月出生，江苏江阴人，大学本科学历，中共党员。1988年8月至2000年4月在淮阴市财政局任科员、副科长、科长等；2000年5月至2000年11月任市太平洋人寿保险公司党组成员；2000年12月至2003年4月任市太平洋人寿保险公司副总经理(主持工作)；

2003年4月至2006年8月先后任太平洋人寿保险公司南京分公司稽核部副经理、经理;2006年8月至2010年8月任淮安市太平洋人寿保险公司总经理。

金益民,男,汉族,1966年5月出生,江苏扬州人,大学本科学历,中共党员。1988年9月至1992年12月任江苏宝应开关厂企管办职员;1993年1月至1998年12月任江苏苏中物资集团部门经理;1998年12月至2007年5月先后任中国人寿保险公司扬州分公司组训、培训部经理、营销服务部经理;2007年5月至2007年9月任华泰人寿保险公司培训主管;2007年9月至2008年9月任生命人寿保险公司江苏分公司培训部经理助理(主持工作);2008年9月至2011年7月任生命人寿保险公司扬州中心支公司副总经理(主持工作);2011年7月至2012年9月任生命人寿保险公司江苏分公司办公室主任;2012年9月至2013年8月任生命人寿保险公司淮安中心支公司总经理;2013年8月任生命人寿保险公司扬州中心支公司副总经理。

担任淮安市生命人寿保险公司总经理期间,公司保险业绩突飞猛进。截至2013年7月,银保通业务位列全市寿险公司前六名。

潘传峰,男,汉族,1966年8月出生,江苏徐州人,硕士研究生学历,中共党员。1985年12月至1993年8月在工商银行徐州分行工作;1993年8月至1998年4月任平安财产保险公司徐州中心支公司副总经理;1998年5月至1999年12月任淮阴市平安财产保险公司总经理;1999年12月起调华泰财产保险公司工作。

孟善彬,男,汉族,1966年8月出生,江苏泗阳人,硕士研究生学历,中共党员。1987年7月参加工作,先后在企业、政府、党委等部门多种岗位从事管理工作。1997年10月至2000年11月任淮阴市中国太平洋保险公司副总经理(主持工作),2000年12月至2005年10月任市太平洋财产保险公司总经理。

主持市太平洋财产保险公司工作期间,坚持边学习、边实践、边研究,在《中国审计》《江苏社会科学》期刊刊发多篇论文,参与撰写《加入WTO企业如何应对》等著作。市太平洋财产保险公司各项保费收入由1996年

314万元，增加到2004年3243万元，净增2929万元，保费收入每年以16.6%平均速度增长，连年超额完成上级考核目标任务。

仇为民，男，汉族，1966年9月出生，江苏盐城人，大学本科学历，中共党员。1989年8月至1992年5月任淮阴市清江棉纺织厂职工子弟学校教师、团总支副书记；1992年6月至2001年9月在淮阴市建设银行任职；2001年10月至2003年7月任淮安市平安财产保险公司副总经理（主持工作）；2003年7月至2004年9月任平安财产保险公司常州中心支公司副总经理（主持工作）；2004年10月至2007年5月任华泰财产保险公司江苏分公司业务部总经理；2007年6月至2008年12月先后任渤海财产保险公司江苏分公司金融保险部经理、销售管理部经理；2008年12月至2009年7月任淮安市阳光财产保险公司总经理。

在主持淮安市平安财产保险公司工作期间，保费规模稳步迈上2千万元的台阶；在担任市阳光财产保险公司总经理期间，成功实现了与省邮储、省建行的渠道合作，为理财险销售做出了应有的贡献。

沈康，男，汉族，1966年10月出生，江苏淮安人，大学本科学历，中共党员。1996年10月至2001年4月任淮阴市平安人寿保险公司团险部业务经理；2001年4月至2006年12月任淮安市太平洋财产保险公司渠道部业务经理；2006年12月至2009年7月任淮安市天安财产保险公司业管部经理；2009年7月至2012年3月任淮安市阳光财产保险公司业管部经理；2012年3月起先后任淮安市阳光财产保险公司总经理助理、总经理。

高健，男，汉族，1967年1月出生，江苏扬州人，大学专科学历，中共党员。1991年至1995年任中国人民保险公司清河支公司产险科科长；1995年至2001年任淮阴（安）市平安财产保险公司总经理助理；2002年至2009年任淮安市天安保险公司总经理；2009年至2014年任淮安市阳光财产保险公司总经理；2015年3月任淮安市华安财产保险公司总经理。

主持淮安阳光财产保险公司工作期间，公司业务快速增长，2010年保费首次突破3000万元，比上年增长148%，在全市同行业排名中跻身第7位。

钱小倩，女，汉族，1967年1月出生，江苏扬州人，大学本科学历，中共党员，工程师，经济师。1988年6月参加工作；1988年9月任江苏省泰州石化总厂化工分析班班长、助理工程师；1990年9月任淮阴市化工研究所分析室副主任、工程师；1996年2月起先后任淮阴市太平洋保险公司办公室副主任、主任；2001年9月至2012年4月先后任市太平洋财产保险公司总经理助理、总经理。

担任市太平洋财产保险公司总经理期间，县支公司业务量占比逐步提升到52%以上；公司承办全省育肥猪保单第一单270万元保费，并与淮阴区政府签订150万元育肥猪保单。独家承保全市农机具保险和淮安市公积金管理中心个人住房综合保险，并以全市总分第一的成绩中标全市安全责任险种。公司效益逐步提高。

单友明，男，汉族，1967年1月出生，江苏连云港人，大学本科学历。1996年8月至1996年10月任平安保险公司淮安办事处（寿险筹）负责人；1996年10月至1998年4月任淮阴市平安保险公司（寿险）副总经理（主持工作）；1998年4月至2000年7月任平安人寿保险公司南京分公司客户服务部副经理；2000年7月至2001年5月任平安人寿保险公司南通支公司团险负责人；2001年5月至2002年9月任平安人寿保险公司南通支公司总经理助理；2002年9月至2003年4月任平安人寿保险公司无锡分公司副总经理；2003年5月离开保险行业。

主持淮阴市平安保险公司（寿险）工作期间，相继开设金湖、洪泽、淮安区营业部；1997年推出市区第一家可以单独承保的中长期住院津贴保险“世纪安康十年期住院津贴保险”；1998年，在淮阴首家推出转型产品，即利差返还型产品，进一步树立公司领先创新的形象。

王彬森，男，汉族，1967年7月出生，江苏苏州人，大学本科学历，中共党员。1985年12月至2003年1月先后任淮阴市人民保险公司市区办事处办事员、防理股副股长、市人民保险公司防理部、业务部副主任科员、国内保险部、清河区支公司副经理、洪泽县支公司副经理、经理；2003年2月至2006年3月先后任淮安市人民财产保险公司业务管理部经理、营销管理部经理；2006年3月至2008年5月任淮安市阳光财产保险公司副总经理，主持工作；2008年5月至2009年2月任阳光财产保险公司江苏省分公司银保部总经理；2009年3月至2014年5月先后任淮安市保险行业协会综合部主任、财产险部主任、中介部（考试中心）主任；2014年5月任淮安市保险行业协会第五届理事会副秘书长（主持工作）；2016年4月起任淮安市保险行业协会第五届理事会秘书长。

在主持市阳光财产保险公司工作期间，建立健全各项管理制度，加强民主管理，发扬团队协作精神，着力培养一支有责任心、善担当、敢拼搏的保险队伍，不断创新管理方式。2007年，市阳光财产保险公司保费收入达1134万元，较2006年307万元增加了827万元，增长269%，市场份额占2.7%。

在主持市保协秘书处工作期间，协助险企加强自身建设，补齐发展短板；依靠当地政府，努力在险企、消费者及政府之间架起一道沟通、理解、合作、共享的桥梁。组织制订《淮安市保险业消费者权益保护自律公约》，建立保险咨询对接工作平台机制。制订系列考核、检查、督促、评估、验收办法。组织和推动在淮险企业积极向上级公司争取保险资金，投资地方发展项目建设。

蔡谢群，男，汉族，1967年8月出生，江苏淮安人，大学本科学历，中共党员。1985年12月至2007年8月先后任中国人民保险公司淮阴分公司办事员、科员、清河区支公司副经理、清浦区支公司副经理、市分公司市场部经理；2007年11月至2009年6月任淮安市中国人寿财产保险公司副总经理；2009年7月至2011年6月任淮安市中国人寿财产保险公司总经理。

主持淮安市中国人寿财产保险公司工作期间，在江苏省分公司开展的2009年下半年至2011年一季度的一系列业务发展竞赛活动中，市公司先后获得“优胜单位”“目标达成奖”“先进单位”“车险结构优化奖”“承保盈利贡献奖”等20多项荣誉称号。2010年该公司通过省平安金融领导小组验收，获授“平安金融”称号；在淮安市保协牵头的“放心消费年”创建活动中，连续两年获得“先进单位”称号；2010年度该公司被市政府授予“社区帮扶”工作先进单位。

汤月梅，女，汉族，1967年8月出生，江苏洪泽人，大学专科学历。1996年5月至2007年11月历任中国人寿保险公司洪泽支公司业务员、主任、部经理、区经理等职；2007年12月任江苏恒瑞达保险代理有限公司总经理。曾获得中国人寿“优秀讲师”“三八红旗手”等称号。2009年获中英人寿MDRT证书。

田洪武，男，汉族，1967年9月出生，江苏响水人，大学本科学历，中共党员。1886年8月至1996年11月任江苏响水麻纺织厂办公室主任；1996年12月至2008年9月任中国人寿保险公司响水支公司培训部经理；2008年10月至2011年9月任华泰人寿保险公司盐城中心支公司经理；2011年10月至2013年7月任信泰人寿保险公司盐城中心支公司总经理；2013年8月至2014年1月任信泰人寿保险公司江苏分公司业务督导；2014年1月至2015年8月任淮安市信泰人寿保险公司总经理。

郭心潮，男，汉族，1968年1月出生，江苏涟水人，大学本科学历。1990年3月任淮阴市清河区公安分局治安股队长；1997年7月任淮阴市永安消防工程有限责任公司副总经理，2000年9月任淮安市人民财产保险公司第一营销部主任，2007年10月至2015年8月任淮安市安邦财产保险公司副总经理(主持工作)。

在淮安市人民财产保险公司工作期间，被市保协授予首届与第二届优秀代理人称号。2003年被市人民财产保险公司破格提拔为市场部主任。2012年，市安邦财产保险公司市场份额达13%，比2010年提高8个百分点，为公司创造直接经济效益近400万元。

韩松，男，汉族，1968年6月出生，江苏南京人，大学本科学历。1990年7月至2000年3月任南京现代飞龙实业有限公司副总经理；2000年4月至2004年8月任平安人寿保险公司江苏分公司苏北培训中心负责人；2004年8月至2006年8月任新华人寿保险公司江苏分公司培训部副经理；2006年8月至2011年8月任恒安人寿保险公司常州支公司总经理；2011年8月至2012年5月任南京隆贵投资咨询有限公司总经理；2011年8月至2015年10月任英大人寿保险公司江苏分公司业务总监；2014年4月起任淮安市英大人寿保险公司总经理。

在任市英大人寿保险公司总经理期间，从队伍建设、制度建设、企业文化建设等方面，高起点、高质量组织实施公司战略规划，逐步将市英大人寿保险公司建设成为企业文化优秀、队伍专业的保险公司。

任伟，男，汉族，1968年9月出生，江苏徐州人，大学本科学历，中共党员。1990年8月至1992年8月任新沂市草桥中学教师；1992年8月至2002年8月先后任邳州市建筑工程学院教师、副校长、校长；2002年10月至2009年12月先后任太平洋人寿保险公司邳州支公司办公室主任、副经理、经理；2010年1月至2012年7月任太平洋人寿保险公司宿迁中心支公司副总经理；2012年8月至2015年6月任淮安市太平洋人寿保险公司总经理。

李鹤峰，男，汉族，1968年12月出生，江苏南京人，大学本科学历，中共党员。1996年10月至2004年8月先后在平安人寿保险公司江苏分公司培训部、镇江支公司个险负责人、南京分公司营业一区经理、盐城支公司副总经理（主持工作）、南京分公司区域拓展部副经理；2004年9月至2005年5月任淮安市平安人寿保险公司副总经理（主持工作）；2005年7月调离平安人寿保险公司。

纪安良，男，汉族，1969年4月出生，江苏金湖人，大学本科学历，中共党员。2009年3月至2012年11月任淮安市平安财产保险公司金湖营销服务部负责人；2012年11月至2013年11月任淮安市都邦财产保险公司副总经理；2013年11月至2014年5月任淮安市浙商财产保险公司营业部负责人；2014年5月起任淮安市太平财产保险公司副总经理（主持工作）。

在2006年平安财产保险公司东区事业部潜力业务比赛中荣获第一名，受到了平安保险总公司的嘉奖。2010年被平安财产保险公司评为优秀经理。

程功，男，汉族，1969年10月出生，江苏徐州人，大学本科学历，中共党员。1993年8月至1994年8月徐州市农业银行市郊支行员工；1994年8月至2002年5月先后任徐州市农业银行运通公司财务科科长、三产企业管理办公室科长；2002年5月至2002年9月任新华人寿保险公司徐州中心支公司银保部经理；2002年10月至2010年10月先后任太平洋人寿保险公司铜山支公司经理助理、副经理、经理；2010年10月至2015年9月先后任太平洋人寿保险公司徐州中心支公司总经理助理、副总经理；2015年

9月任淮安市太平洋人寿保险公司总经理。

卢勇其，男，汉族，1970年1月出生，江苏泰县人，大学本科学历，中共党员。2007年5月至2012年3月先后任中国人民财产保险公司扬州分公司理赔中心副主任、营业部副经理（主持工作）、营业部经理、江都支公司经理；2012年5月至2013年9月任淮安市人民财产保险公司总经理助理；2013年9月至2014年11月任人民财产保险公司江苏分公司理赔部副经理；2014年11月起任淮安市人民财产保险公司党委书记、副总经理（主持工作）。

在主持市人民财产保险公司工作期间，公司推出政策性农险、城乡居民大病保险、社会综合治安保险，以及淮安区重大工程项目保险，显著提高全辖保障水平。

黄伯军，男，汉族，1970年2月出生，江苏淮安人，大学本科学历。2006年9月至2009年10月任淮安市安邦财产保险公司理赔部经理；2009年10月至2012年10月任安邦保险公司江苏分公司理赔部副总经理并先后兼盐城中心支公司总经理助理、常州中心支公司理赔部经理；2012年10月至2013年6月任淮安市安邦财产保险公司临时负责人；2013年6月至2014年10月任淮安市太平财产保险公司筹建组负责人、副总经理；2014年10月起任淮安市天安保险公司总经理。

加入市天安保险公司后，针对公司已经连续3年亏损，保费规模严重下滑的状况，团结和带领全体员工从分析市场、创新经营渠道入手，深化内部管理，多渠道拓展业务，收到显著成效。2015年一举扭亏为盈，保费收入比上年增长81%。

浦学东，男，汉族，1970年5月出生，江苏淮安人，大学本科学历，中共党员。1991年至1996年先后任江苏清拖集团统计员、计划员；1996年9月至1996年12月任淮阴工学院教师；1996年12月至2009年12月先后任市平安人寿保险公司会计、办公室主任、营业部经理、区域拓展部经理；2010年1月至2011年10月任生命人寿保险公司淮安中心支公司副总经理（主持工作）。

在主持市生命人寿保险公司工作期间，带领职工苦干实干，开业时以首爆125万元的保费业绩打破当年新进淮安市场的保险公司首爆纪录。

翟耀平，男，汉族，1970年5月出生，江苏灌南人，大学专科学历，中共党员。1992年7月至2000年9月任灌南县多种经营管理局副局长；2000年10月至2002年2月任紫荆电脑公司经理；2002年3月至2010年7月先后任中国人寿保险公司灌南支公司组训、营销服务部经理；2010年8月至2012年11月任华泰人寿保险公司连云港中心支公司总经理助理；2012年11月至2014年9月先后任淮安市华泰人寿保险公司临时负责人、副总经理（主持工作）。

周雷，男，汉族，1970年10月出生，江苏徐州新沂人，大学本科学历，中共党员。1996年7月至2000年8月在新沂市棋盘中学任教师；2000年9月至2004年12月先后任太平洋人寿保险公司新沂支公司组训、营销部经理、总经理助理；2005年1月至2006年11月任太平洋人寿保险公司徐州中心支公司个险部企划、人员管理科科长；2006年12月至2012年8月先后任华泰人寿保险公司江苏分公司个人业务部副总经理、教育培训部副总经理、总经理，2012年8月至2012年11月任淮安市华泰人寿保险公司副总经理（主持工作）。

倪政，男，汉族，1970年10月出生，江苏淮安人，大学本科学历，中共党员。1996年9月至2005年9月任淮阴（安）市平安财产保险公司营业部经理；2005年9月至2007年11月任淮安市华安财产保险公司总经理；2007年11月至2009年2月任渤海财险保险公司江苏分公司金融保险部经理；2009年2月至2011年8月任安诚保险公司江苏分公司市场部经理；2011年9月至2012年4月任安诚保险公司常州中心支公司副总经理；2012年4月至2013年7月任安诚保险公司宿迁中心支公司总经理；2013年8月至2014年2月任浙江浙商保险销售有限公司江苏淮安营业部负责人；2014年3月任淮安市浙商财产保险公司总经理。

2015年1—9月，实现签单保费870余万元，公司业务发展初具规模。

张伟，男，汉族，1971年3月出生，山东汶上人，大学专科学历。1994年9月至1997年1月任山东省汶上县第四高级中学教师；1997年1月至1999年1月任平安人寿保险公司广州分公司业务代表；1991年1月至

2001年12月任中国人寿保险公司济宁分公司能力开发部经理;2001年12月至2007年2月任泰康人寿保险公司山东分公司培训部经理;2007年3月至2012年6月任泰康人寿保险公司甘肃分公司银行保险部经理;2012年7月至2014年3月任汶上县芦花村酒店管理服务中心总经理;2014年4月起任市泰康人寿保险公司总经理。

2014年荣获全省"优秀中心支公司总经理"荣誉称号,积极加强职场建设,中支职场成功迁入高档写字楼,提升了公司品牌形象。

徐有林,男,汉族,1971年4月出生,江苏扬州人,大学本科学历。1996年10月至2001年8月先后任平安人寿保险公司扬州支公司营销部员工、泰州分部经理助理、仪征办事处负责人;2001年8月至2004年9月任淮安市平安人寿保险公司总经理助理(主持工作)。

主持市平安人寿保险公司工作期间,全力推动营销业务发展。2004年,公司全年实现保费收入9209万元,比2001年增加4487万元。

周旭东,男,汉族,1971年6月出生,江苏南通人,大学本科学历,中共党员。1992年8月至2000年8月在南通市南郊中学任职;2000年9月至2005年12月先后任太平洋人寿保险公司南通中心支公司组训、个险业务管理部经理助理、海安营销服务部副经理、通州支公司经理、海安营销服务部经理、南通支公司总经理助理;2006年1月至2006年2月任太平洋人寿保险公司江苏分公司个人业务部经理助理;2006年3月至2006年4月任生命人寿保险公司南通支公司副总经理;2006年5月至2010年7月先后任太平洋人寿保险公司南通支公司总经理助理、总经理、纪委副书记;2010年8月至2012年8月任淮安市太平洋人寿保险公司总经理。

高军,男,汉族,1971年6月出生,江苏宿迁人,大学本科学历,中共党员。1995年2月至1995年10月任宿迁市机电设备公司经理;1995年10月至2000年3月任太平洋保险公司淮安中心支公司总经理助理;2000年3月至2001年4月任淮安市物价检查所所长;2001年4月至2003年3月任淮安市清河区建设局局长;2003年3月至2004年11月任太平洋人寿保险公司淮安中心支公司副总经理;2004年11月至2007年1月任太平人寿保险有限公司淮安中心支公司总经理。

在任太平人寿保险公司淮安中心支公司总经理期间，团险业务成为中心支公司业务体系中的亮点。2005年、2006年连续两年达成团险年度目标，并在总公司视频会上作经验分享。

朱从文，男，汉族，1971年9月出生，江苏淮安人，大学本科学历，中共党员。1996年8月至2004年9月先后任市平安保险公司（寿险）营销部组训、销售助理、经理助理、经理；2004年9月至2005年5月任平安保险公司（寿险）宿迁支公司副总经理；2005年5月至2011年1月任市平安人寿保险公司总经理；2011年1月任平安人寿保险公司常州支公司总经理。

仓俊俊，男，汉族，1971年12月出生，江苏大丰人，大学本科学历。1996年10月至2001年4月先后任中国人寿保险公司大丰支公司业务员、组训、职场经理；2001年5月至2006年4月先后任太平洋人寿保险公司盐城中心支公司个险负责人、副总经理；2006年5月至2012年8月先后任生命人寿保险公司盐城中心支公司大丰东台营销部经理、中心支公司营销部经理；2012年11月至2014年10月任民生人寿保险公司盐城中心支公司个险部负责人；2014年10月起任淮安市华泰人寿保险公司副总经理（主持工作）。

朱向阳，男，汉族，1972年5月出生，江苏淮安人，大学本科学历，中共党员。1994年7月至1996年7月任淮安市粮食局团委副书记；1996年7月至2004年7月任淮安市平安人寿保险公司营业部高级经理；2004年8月至2013年6月先后任淮安市泰康人寿保险公司营销部经理、总经理助理、连云港中心支公司副总经理、淮安市中心支公司总经理、扬州中心支公司总经理；2013年7月至2013年10月任泰康人寿保险公司江苏分公司机构管理部总经理；2013年10月至2014年4月任淮安市阳光人寿保险公司负责人；2014年4月起任淮安市阳光人寿保险公司总经理。

在主持市阳光人寿保险公司工作期间，公司营销业务整体实现翻番；银保业务在2015年上半年突破亿元大关。

高巍，男，汉族，1972年10月出生，江苏灌南人，大学本科学历，中共党员，经济师。1990年3月参军，北京航空部队劲松干休所战士；1994年1月任江苏证券淮阴营业部证券投资业务辅导员；1995年8月任太平洋保险公司淮阴办事处业务部经理;2000年12月至2014年10月先后任市太平洋财产保险公司总经理助理、副总经理、总经理、泰州中心支公司总经理;2014年11月至2015年9月任淮安市太平洋财产保险公司总经理。

在主持市太平洋财产保险公司全面工作期间,全辖系统保费收入在2001年1930万元基础上,分别上升到2006年3834万元,2007年5500万元,2007年税后利润达到120万元,公司人均保费收入超过100万元,在太保辖内机构名列前茅,受到总公司表彰。

王百勇,男,汉族,1972年12月出生,江苏淮安人,大学本科学历,中共党员。2001年5月入职市平安人寿保险公司;2008年1月至2011年1月任市平安人寿保险公司淮安营业区经理;2011年9月起任市平安人寿保险公司总经理。

唐冬,男,汉族,1973年1月出生,江苏盐城人,大学本科学历,中共党员,1990年7月任江苏省盐城市大丰市木材公司办事员;1995年2月至2000年7月先后任江苏省盐城市大丰市新丰镇棉毛织毯厂厂长助理、外经办外经员、新丰镇党委办秘书;2001年9月至2008年10月先后任太平洋财产保险公司盐城中心支公司大丰营销部负责人、中心支公司总经理助理、副总经理;2015年9月任淮安市太平洋财产保险公司总经理。

王胜,男,汉族,1974年4月出生,江苏宿迁人,大学本科学历,中共党员。2008年7月至2012年3月先后任宿迁市人民财产保险公司总经理助理、副总经理;2012年4月至2014年11月任淮安市人民财产保险公司党委书记、总经理。

2012—2013年连续两年获得中国人民财产保险公司江苏省分公司考核一等奖,2014年被淮安市政府评为保险工作先进单位。2014年,公司实现保费收入7.6亿元,比2012年4.1亿元增加3.4亿元。

卞永辉,女,汉族,1974年7月出生,江苏淮安人,大学本科学历。1996年5月至2003年4月先后任建设银行淮阴市杨庄办事处综合柜、储蓄专柜主任;2003年5月至2005年4月任淮安市平安人寿保险公司银保部业务经理;2005年5月至2012年6月先后任淮安市泰康人寿保险公司银保部经理、副总经理;2012年12月起任利安人寿保险公司淮安分公司总经理。

2014年1—4月份保费规模突破了9亿元大关,领跑全系统和当地市场。2014年开门红期间,被总公司授予“卓越贡献奖”。利安人寿淮安分公司被淮安市人民政府金融办评为“保险工作考核成绩突出单位”。

吕春波,男,汉族,1974年9月出生,江苏淮安人,大学本科学历,中共党员。1993年9月至1997年11月任中国银行洪泽县支行营业部副经理;1997年12月至2007年8月先后任市中国人寿保险公司洪泽县支公司副经理、经理;2007年8月至2008年2月任中国人寿财产保险公司淮安市中心支公司筹建组成员;2008年2月起先后任市中国人寿财产保险公司副总经理、副总经理(主持工作)、总经理。

2011年市中国人寿财产保险公司实现保费收入7020.6万元,比上年增长33%。2012年实现保费收入9389.9万元,比上年增长33.7%。2013年,保费收入跨越亿元大关,实现保费收入1.2亿元。2012年度获得淮安市文明行业称号;积极参加社会公益活动,多次获得市政府授予的“社区帮扶”工作先进单位的称号。个人获得中共中国人寿保险(集团)公司授予的2010—2012年度“创先争优”优秀共产党员称号。

闵峰,男,汉族,1974年9月出生,江苏淮安人,大学本科学历,中共党员。1991年12月至1994年12月任广州军区空军87400部队二营文书;1995年5月至2002年6月任淮安市对外经济贸易有限公司办公室副主任;2002年7月至2008年1月任市天安保险公司业务部经理;2008年2月至2012年1月任市都邦财产保险公司副总经理;2012年1月任市英大泰和财产保险公司筹备负责人;2014年4月任市英大泰和财产保险公司总经理。

2012年担任英大泰和财产保险公司淮安中心支公司总经理职务后,积极拓展保险市场,坚持“同心圆”战略,稳步有效地开展电网业务。2014年,市英大泰和财产保险公司实现保费收入1217万元。

万银标,男,汉族,1974年11月出生,江苏淮安人,大学本科学历。1997年7月至2001年6月在市中国人寿保险公司营销部、核保部任职;2001年7月至2013年5月在淮安市太平洋人寿保险公司任部门经理、金湖支公司负责人；2013年6月至2015年10月任市东吴人寿保险公司总经理助理；2015年10月任市东吴人寿保险公司副总经理（主持工作）。

孙亚东，男，汉族，1974年12月出生，江苏金湖人，大学本科学历，中共党员。1992年10月至2009年3月先后任中国人民保险公司农村科办事员、分片主任、科长、副经理、经理；2009年4月至2009年10月任市中国人寿保险公司团险销售部经理；2009年10月至2015年9月任淮安市中国人民人寿保险公司总经理。

市人民人寿保险公司在孙亚东领导下，荣获2013年、2014年淮安市保险工作先进单位称号。

钟小白，男，汉族，1975年1月出生，江苏淮安人，大学本科学历，中共党员。1996年9月至2007年4月先后任中国人寿保险公司淮阴支公司营销部副主任、市区营销部副经理（主持工作）、经理、涟水支公司经理；2007年4月至2016年9月先后任市中国人寿保险公司总经理助理、副总经理、副总经理（主持工作）；2016年9月任总经理。

在主持市中国人寿保险公司工作期间，实现全辖保费收入快速增长，2014年，实现总保费收入15.1亿元，比上年增长5.1%，增幅排全省第三。市中国人寿保险公司是全省唯一一家销售队伍占当地行业总人数之比超过50%的市公司，在激烈的市场竞争中巩固了竞争支撑点和制高点。

朱羿，男，汉族，1975年5月出生，江苏淮安人，大学本科学历，中共党员。1992年7月至2002年6月先后任市平安保险公司营业部经理、业管部经理；2002年6月至2008年任市天安保险公司副总经理；2008年1月至2009年2月先后任市渤海财产保险公司副总经理（主持工作）、总经理；2009年2月至2013年12月任市天安保险公司总经理。

孙强，男，汉族，1975年8月出生，江苏淮安人，研究生学历，中共党员。1996年8月至2015年5月先后任市人民财产保险公司国内保险部业务科长、淮阴支公司经理；2015年6月任市阳光财产保险公司临时负责人。

在市人民财产保险公司工作期间，带领全司干部职工把落后的公司建成人保江苏省公司的标杆公司，个人获得管理精英称号。加入市阳光财产保险公司后，大力拓展营销渠道，非车险、车险业务增长尤为突出。

包加顺，男，汉族，1976年5月出生，江苏连云港人，大学本科学历。1996年9月至2001年8月任平安人寿保险公司连云港中心支公司培训部经理；2001年9月至2003年7月任江苏华邦保险代理公司区域总经理；2003年8月至2006年2月先后任泰康人寿保险公司惠州中心支公司总经理、广东分公司营销部督导；2006年2月至2007年1月任泰康人寿保险公司淮安中心支公司总经理。

在包加顺领导下，2006年市泰康人寿保险公司达成全国前百强机构。由于业务突出，分公司委派包加顺兼任宿迁中心支公司总经理。

王华，女，汉族，1977年7月出生，江苏连云港人，大学本科学历，中共党员。1998年6月至2008年7月先后在平安财产保险公司连云港中心支公司、江苏分公司车险意健险理赔部工作；2008年8月至2014年7月先后任平安财产保险公司江苏分公司车险意健险理赔部主任、淮安市平安财产保险公司副总经理、平安财产保险公司江苏分公司车险意健险理赔部副经理；2014年8月起任淮安市平安财产保险公司总经理。

担任市平安财产保险公司总经理期间，注重外部沟通协调，搭建业务平台，迅速实现业务止跌增长。强化企业内部管理，构建人才成长梯队，大胆培养起用新人，注重平安品牌建设，完善客户服务举措，加快查勘理赔时效，提升客户体验满意度。

张庆，男，汉族，1977年8月出生，江苏滨海人，大学本科学历，中共党员。2003年2月至2011年6月任中国人民财产保险公司滨海支公司业务部经理；2011年7月至2013年12月先后任安邦财产保险公司江苏分公司滨海营销服务部副经理、滨海营销服务部副经理兼江苏盐城中心支公司代理渠道负责人、盐城中心支公司阜宁营销服务部副总经理兼江苏盐城中心支公司代理渠道负责人；2013年12月至2015年7月任紫金财产保险公司滨海支公司总经理；2015年8月起任淮安市安邦财产保险公司总经理。

担任淮安市安邦财产保险公司总经理期间，成功筹建金湖营销服务部，开通代理渠道两家，开拓汽车4S店销售渠道等，为促进业务发展打下了较好基础。

王颂，男，汉族，1977年8月出生，辽宁新民人，硕士研究生学历，中共党员。2000年至2001年任泰康人寿保险公司沈阳分公司行政人事部职员；2001年至2006年先后任泰康人寿总公司人力资源部薪酬管理主管、经理；2006年至2012年任泰康人寿江苏分公司人力资源部总经理；2012年1月至2013年4月任淮安市泰康人寿保险公司总经理；2014年5月任泰康人寿保险公司江苏分公司合规法律部总经理。

丁情，男，汉族，1977年12月出生，江苏铜山人，大学本科学历，中共党员。1996年7月至1998年1月任铜山信用联社刘集信用社储蓄员；1999年6月至2006年12月任太平洋人寿保险公司徐州中心支公司组训；2007年1月至2015年3月先后任华泰人寿保险公司徐州中心支公司组训、淮安市华泰人寿保险公司个险部负责人；2015年3月至2015年8月任淮安市华泰人寿保险公司副总经理（主持工作）。

倪加兵，男，汉族，1978年1月出生，江苏扬中人，大学本科学历。1999年7月至2001年10月任南京远志资讯科技有限公司首席代表；2001年10月至2003年7月任平安人寿保险公司镇江中心支公司组训；2003年7月至2006年12月任平安人寿保险公司江苏分公司培训部讲师；2006年12月至2007年8月任信诚人寿保险公司江苏分公司培训主管；2007年8月至2008年6月任中德安联保险公司江苏分公司培训部负责人；2008年6月至2010年7月任阳光人寿保险公司江苏分公司培训部负责人；2010年8月至2013年10月先后任淮安市阳光人寿保险公司筹备组负责人、总经理。

孙毅，男，汉族，1978年5月出生，江苏南京人，大学本科学历。2001年1月至2002年5月在平安财产保险公司江苏分公司市场部工作；2002年6月至2012年3月任平安财产保险公司江苏分公司意健险部副经理；2012年4月至2014年7月任淮安市平安财产保险公司总经理。

在担任市平安财产保险公司总经理期间，面对市场竞争的困境，调整思路，尽力拓展异地意健险、责任险业务。在企业内部管理中，注意开展工会活动，丰富员工业余生活，建立员工图书角，解决远途员工中午工作餐等问题。为公司的不断发展奠定了较好的基础。

朱晓科,男,汉族,1978年6月出生,江苏响水人,大学本科学历。2000年5月至2003年5月任太平洋保险公司徐州中心支公司个险部经理;2003年6月至2006年12月任新华人寿保险公司徐州中心支公司个险部区经理;2007年1月至2007年12月任徐州国翰保险代理公司铜山支公司负责人;2008年1月至2009年7月任太平人寿保险公司洪泽营销服务部负责人;2009年7月至2012年4月任信诚人寿保险公司南通中心支公司总经理;2012年5月至2013年6月任信诚人寿保险公司江苏分公司营销渠代部负责人;2013年7月至2015年8月任信诚人寿保险公司宿迁市中心支公司营销服务部经理;2015年9月起任淮安市信泰人寿保险公司总经理。

嵇剑波,男,汉族,1979年3月出生,江苏涟水人,硕士研究生学历,中共党员。1999年12月至2004年11月任解放军6543部队排长; 2004年11月至2010年11月先后任新华人寿保险公司南京白下营业部业务员、南京中心支公司玄武营销服务部组训、徐州市区营业部中心支公司办公室主任、江苏分公司业务推动室主任、玄武营销服务部组训、营业部经理、白下支公司(筹)经理、江苏分公司玄武营销服务部经理;2010年12月至2011年5月任淮安市新华人寿保险公司临时负责人;2011年6月任淮安市新华人寿保险公司副总经理(主持工作)。

在主持市新华人寿保险公司工作期间,树立"以人为本"的经营理念。通过几年不懈努力,市新华人寿保险公司的员工队伍已初具规模,有效人力已达500余人,业务量核心指标保费收入由2010年1264万元发展到2015年末1.3亿元,净增加1.2亿元。业绩连年翻番,从最初的全国系统排名垫底,一跃跻身至全国前50强。

刘永军,男,汉族,1979年11月出生,江苏涟水人,2001年6月扬州大学国际贸易专业毕业,大学本科学历。2001年7月至2015年2月,先后在中国人寿淮安分公司、平安人寿淮安中心支公司、新华人寿保险公司淮安中心支公司、阳光人寿保险公司淮安中心支公司任个险负责人;2015年4月至2015年6月任国泰君安证券淮安营业部负责人;2015年7月至2015

年8月任太平人寿江苏分公司个人业务部业务督导;2015年8月任太平人寿保险有限公司淮安中心支公司总经理。

董欣,男,汉族,1980年4月出生,江苏徐州人,大学本科学历。2000年任平安人寿保险公司徐州中心支公司业务主任、教导员;2002年3月至2007年2月任泰康人寿保险公司徐州中心支公司营销部经理;2007年3月至2010年11月先后任嘉禾人寿保险公司徐州中心支公司个险营销总监、个险部经理;2010年12月起先后任英大泰和人寿保险公司徐州中支总经理助理、淮安市英大泰和人寿保险公司副总经理(主持工作)。2015年3月任英大泰和人寿保险公司江苏分公司个险部副经理(主持工作),2015年12月任英大泰和人寿保险公司淮安中心支公司总经理。

孙茂法,男,汉族,1980年5月出生,江苏盱眙人,大学专科学历,中共党员。2001年6月至2009年7月任中国人寿保险公司盱眙支公司经理;2009年8月至2010年7月筹建江苏万联保险代理有限公司;2010年8月起任江苏万联保险代理有限公司总经理。

2005年获中国人寿江苏省分公司优秀共产党员称号。2006年获中国人寿总公司腾飞奖;2008年在中国人寿总公司年度优秀员工评选中获得第一名。

李鹏,男,汉族,1981年6月出生,江苏响水人,大学本科学历。2003年9月至2006年5月就职于响水县森达热电厂任电气运行班长;2006年6月至2007年12月任太平洋人寿保险公司响水支公司专职组训;2008年1月至2011年2月先后任华泰人寿保险公司响水、大丰、建湖营销服务部组训、负责人;2011年3月至2012年5月任信泰人寿保险公司江苏分公司个险督导;2012年6月至2013年5月任淮安市合众人寿保险公司副总经理(主持工作);2013年6月至2015年11月任淮安市东吴人寿保险公司副总经理(主持工作)。

在主持市东吴人寿保险公司工作期间,完成了东吴人寿保险公司淮安区、涟水、洪泽、盱眙四家支公司的组建工作。2014年市东吴人寿保险公司实现保费收入754万元。

王守丽,女,汉族,1981年11月8日出生,2000年9月参加盱眙县明祖陵镇中心幼儿园工作;2005年7月起在盱眙县中医院工作;2008年10月15日起在市中国人寿保险公司盱眙县支公司工作,先后任业务员、收展部经理。淮安市第一例境外骨髓捐献者,2015年度中国人寿十大感动人物荣誉称号获得者。

自加入中国人寿保险公司工作以来,因工作业务突出,屡次获得嘉奖。2010年1月荣获市人寿保险公司"猛虎团"荣誉称号;2010年荣获市人寿保险公司年度诚信标兵荣誉称号;2011年荣获市公司年度诚信标兵荣誉称号及优秀组经理荣誉称号;2012年经济十年期缴总保费收入居全县第一;2014年荣获优秀组经理荣誉称号。

乐于助人,行善施德,成为中华骨髓库志愿者。2014年6月,她的造血干细胞被中国红十字协会选中,和一位韩国患白血病患者成功匹配,成为淮安市第一例中国第156例境外捐献者,受到国家主席习近平赞誉。2014年荣获淮安市红十字爱心志愿者荣誉称号、江苏国寿首届十大感动人物荣誉称号,并第一时间将获得的梦想基金5000元捐给盱眙县第二中学的十名贫困学生。2015年荣获盱眙县好人荣誉称号。

仲祥,男,汉族,1982年7月出生,江苏沭阳人,大学本科学历,中共党员。2007年4月至2012年9月先后任太平洋人寿保险公司沭阳营销服务部经理、宿豫营销服务部经理、宿迁市太平洋人寿保险公司团管部主任、泗洪支公司经理;2012年10月至2013年7月任合众人寿保险公司宿迁中心支公司副总经理;2013年8月任淮安市合众人寿保险公司临时负责人(主持工作)。

邱卫东,男,汉族,1983年2月出生,山东济宁人,大学本科学历。2005年4月至2008年8月先后担任新华人寿济宁中心支公司组训、文秘、企划、营销服务部负责人;2008年8月至2010年5月任中英人寿保险公司济宁中心支公司个险部经理;2010年5月至2013年8月先后任生命人寿保险公司济宁中心支公司营销部经理、兖州支公司经理、淮安市中心支公司总经理助理、连云港中心支公司总经理助理、宿迁中心支公司总经理助理;2013年8月起任淮安市生命人寿保险公司总经理。

在担任生命人寿保险公司淮安中心支公司总经理期间,2014年度被淮安市政府金融办评为“保险工作先进单位”;2014年实现银邮保费收入2亿元。位列淮安银邮保险市场第四名;2014年个险及银邮保险位列全省生命人寿13家中心支公司第一位;2015年前三季度实现银邮保险保费收入3.85亿元,位列淮安银邮保险市场第三名。

谢文国,男,汉族,1983年12月出生,山东聊城人,大学本科学历。2006年5月至2010年3月先后任在新华人寿保险公司聊城中心支公司营销培训部讲师、莘县支公司经理;2010年3月至2010年8月在生命人寿保险总公司营销培训部工作;2010年8月至2011年5月在生命人寿保险公司辽宁分公司工作;2011年5月至2012年9月任淮安市生命人寿保险公司总经理。

2011年11月,在谢文国的领导下,生命人寿保险公司淮安中心支公司组织“长江之战”业务竞赛,当月公司个险保费收入达495万元,位列淮安寿险市场第二名。

第三节 人物表

一、国家部委及总公司表彰人物

表12-1

姓名	性别	所在单位	获奖时间	奖项	授奖单位	备注
张学勤	女	市中国人寿	1991年	全国保险系统先进女职工,“金花奖”	中国人民保险公司	—
			1997年	先进个人	全国总工会	—
			1997年	全国金融系统先进女职工	中央金融工会	—
王　彪	男	市平安财险	2001年 2009年	优秀员工	中国平安财产保险股份有限公司	—
王际波	男	市中国人寿	2002年	优秀组训,二级奖	中国人寿保险股份有限公司	—
			2008年	“优秀园丁”	中国人寿保险股份有限公司	—

续表 12–1

姓名	性别	所在单位	获奖时间	奖项	授奖单位	备注
田立新	男	市人保财险	2004年	优秀员工奖章	中国人民保险股份有限公司	—
许志军	男	市平安财险	2004年	优秀员工	中国平安财产保险股份有限公司	—
丁　昀	女	市中国人寿	2005–2006年度	2005–2006年度全系统“青年岗位能手”	中国人寿保险股份有限公司	—
贺寿富	男	市平保财险	2005年 2007年	2004、2006年度优秀员工	中国平安财产保险股份有限公司	—
朱向阳	男	市泰康人寿	2005年	全国100强营销服务部经理	泰康人寿保险股份有限公司	—
祖忠阳	男	市中华财险	2006年	创业之星	中国农村劳动力资源开发研究会、中国扶贫基金会、国务院发展研究中心农村经济研究部	见本志人物简介
王　华	女	市平安财险	2007年 2008年	优秀员工	中国平安财产保险股份有限公司	—
刘以苏	男	市平安财险	2007年	优秀员工	中国平安财产保险股份有限公司	—
陈巧琴	女	市平安财险	2007年	优秀员工	中国平安财产保险股份有限公司	—
王　华	女	市平安财险	2007年 2008年	优秀员工	中国平安财产保险股份有限公司	—
汪良国	男	市平安财险	2008年 2010年 2011年 2013年	优秀员工	中国平安财产保险股份有限公司	—
			2008年 2011年	优秀员工	中国平安财产保险股份有限公司	—
徐　妍	女	市平安人寿	2010年	优秀员工	中国平安人寿保险股份有限公司	—
陈　刚	男	市平安人寿	2011年	优秀员工	中国平安人寿保险股份有限公司	—
朱爱军	男	市太平人寿	2011年 2012年	《中国太平》优秀作者	中国太平保险集团公司	—
崔冬梅	女	市泰康人寿	2011年	优秀专职讲师	泰康人寿保险股份有限公司	—
郭锦荣	女	市中国人寿	2014年	先进个人	中国人寿保险公司	—

续表 12-1

姓名	性别	所在单位	获奖时间	奖项	授奖单位	备注
王苏芹	女	市中国人寿	2012年	“国寿柜面优质服务先进个人”	中国人寿保险股份有限公司	—
马松伟	女	市中国人寿	2013年	先进个人	中国人寿保险股份有限公司	—
刘　保	男	市平安财险	2014年	优秀员工	中国平安财产保险股份有限公司	—
许志军	男	市平安财险	2004年	优秀员工	中国平安财产保险股份有限公司	—
周　鹏	男	市平安财险	2014年	优秀员工	中国平安财产保险股份有限公司	—
周　芹	女	市人保财险	2014年	先进工作者	中国人民财产保险股份有限公司	—
张京波	男	市中华财险	2014年	优秀基层机构经理	中华联合财产保险股份有限公司	—
刘　保	男	市平安财险	2014年	优秀员工	中国平安财产保险股份有限公司	—
史晓明	女	市人保财险		巾帼模范“百朵金花”	中国人民财产保险股份有限公司	—
张　殷	女	市平安人寿	2015年	优秀员工	中国平安保险（集团）公司	—
刘庆彬	男	市泰康人寿	2015年	优秀员工	泰康人寿保险股份有限公司	—
卞永辉	女	市利安人寿	2015年	总裁特别嘉奖	利安人寿保险股份有限公司	—

二、省政府部门及省公司表彰人物

表 12-2

姓名	性别	所在单位	获奖时间	奖项	授奖单位	备注
左顺成	男	市人保财险	1992年	青年突击手	中国人民保险公司江苏分公司	—
曹金萍	女	市人保财险	2004年	“百亿贡献奖”先进个人	中国人民财产保险股份有限公司江苏分公司	—
丁　昀	女	市中国人寿	2005年	中国人寿江苏省分公司第一届客户服务技能大赛个人一等奖	中国人寿保险股份有限公司江苏省分公司	—

续表 12-2

姓名	性别	所在单位	获奖时间	奖项	授奖单位	备注
胡建国	男	市中华财险	2010年	先进个人	中华联合财产保险股份有限公司江苏分公司	—
王　瑞	男	市太平人寿	2011年	优秀员工	太平人寿保险公司江苏省分公司	—
吉晓霞	女	市中华财险	2011年	先进工作者	中华联合财产保险股份有限公司江苏分公司	—
魏洪兵	男	市中华财险	2011年	先进工作者	中华联合财产保险股份有限公司江苏分公司	—
胡雪婷	女	市中华财险	2011年	先进工作者	中华联合财产保险股份有限公司江苏分公司	—
沈　伟	男	市太平人寿	2012年	优秀员工	太平人寿保险公司江苏省分公司	—
贾岚岚	女	市太平人寿	2012年	优秀员工	太平人寿保险公司江苏省分公司	—
张京波	男	市中华财险	2012年	优秀支公司经理	中华联合财产保险股份有限公司江苏分公司	—
王　锋	男	市太平人寿	2013年	优秀员工	太平人寿保险公司江苏省分公司	—
刘　保	男	市平安财险	2013年	优秀员工	中国平安财产保险股份有限公司江苏省分公司	—
吉晓霞	女	市中华财险	2013年	先进工作者	中华联合财产保险股份有限公司江苏分公司	—
张京波	男	市中华财险	2013年	优秀基层机构经理	中华联合财产保险股份有限公司江苏分公司	—
敖红霞	女	市中华财险	2013年	先进工作者	中华联合财产保险股份有限公司江苏分公司	—
万　鹏	男	市中华财险	2013年	先进工作者	中华联合财产保险股份有限公司江苏分公司	—
郑兆盛	男	市中国人寿	2013年	先进个人	中国人寿保险股份有限公司江苏省分公司	—
张　琼	女	市中国人寿	2013年	先进个人	中国人寿保险股份有限公司江苏省分公司	—
张海梅	女	市中国人寿	2014年	先进个人	中国人寿保险股份有限公司江苏省分公司	—
李　春	男	市中国人寿	2014年	先进个人	中国人寿保险股份有限公司江苏省分公司	—
赵仁宝	男	市中国人寿	2014年	先进个人	中国人寿保险股份有限公司江苏省分公司	—

续表 12-2

姓名	性别	所在单位	获奖时间	奖项	授奖单位	备注
肖　璐	女	市太平人寿	2014年	优秀员工	太平人寿保险公司江苏省分公司	—
林　峰	男	市太平人寿	2014年	优秀员工	太平人寿保险公司江苏省分公司	—
孙　静	女	市中华财险	2014年	先进个人	中华联合财产保险股份有限公司江苏分公司	—
许志军	男	市平安财险	2014年	优秀员工	中国平安财产保险股份有限公司江苏省分公司	—
周　鹏	男	市平安财险	2014年	优秀员工	中国平安财产保险股份有限公司江苏省分公司	—
周　芹	女	市人民财险	2014年	先进工作者	中国人民财产保险股份有限公司	—
汪良国	男	市平安财险	2015年	江苏省五一创新能手	江苏省总工会	—
史家成	男	市太保寿险	2015年	优秀个人	中国太平洋人寿保险股份有限公司江苏省分公司	—

三、市政府表彰人物

表 12-3

姓名	性别	所在单位	获奖时间	奖项	授奖单位	备注
徐洪成	男	市中国人寿	2002年	劳动模范	淮安市人民政府	—
祖忠阳	男	市中华财险	2006年	创新二等奖	淮安市人民政府	—
吉晓霞	女	市中华财险	2012年	淮安市道德模范	淮安市总工会	—
卞永辉	女	市利安人寿	2014年	突出贡献奖	淮安市人民政府金融办	—

附 录

一、中华人民共和国保险法（修订）

（发布时间:2009年3月3日）

（1995年6月30日第八届全国人民代表大会常务委员会第十四次会议通过 根据2002年10月28日第九届全国人民代表大会常务委员会第三十次会议《关于修改〈中华人民共和国保险法〉的决定》修正 2009年2月28日第十一届全国人民代表大会常务委员会第七次会议修订）

目 录

第一章　总　则

第一条　为了规范保险活动，保护保险活动当事人的合法权益，加强对保险业的监督管理，维护社会经济秩序和社会公共利益，促进保险事业的健康发展，制定本法。

第二条　本法所称保险，是指投保人根据合同约定，向保险人支付保险费，保险人对于合同约定的可能发生的事故因其发生所造成的财产损失承担赔偿保险金责任，或者当被保险人死亡、伤残、疾病或者达到合同约定的年龄、期限等条件时承担给付保险金责任的商业保险行为。

第三条　在中华人民共和国境内从事保险活动，适用本法。

第四条　从事保险活动必须遵守法律、行政法规，尊重社会公德，不得损害社会公共利益。

第五条　保险活动当事人行使权利、履行义务应当遵循诚实信用原则。

第六条　保险业务由依照本法设立的保险公司以及法律、行政法规规定的其他保险组织经营，其他单位和个人不得经营保险业务。

第七条　在中华人民共和国境内的法人和其他组织需要办理境内保险的，应当向中华人民共和国境内的保险公司投保。

第八条　保险业和银行业、证券业、信托业实行分业经营、分业管理，保险公司与银行、证券、信托业务机构分别设立。国家另有规定的除外。

第九条　国务院保险监督管理机构依法对保险业实施监督管理。

国务院保险监督管理机构根据履行职责的需要设立派出机构。派出机构按照国务院保险监督管理机构的授权履行监督管理职责。

第二章　保险合同

第一节　一般规定

第十条　保险合同是投保人与保险人约定保险权利义务关系的协议。

投保人是指与保险人订立保险合同，并按照合同约定负有支付保险费义务的人。

保险人是指与投保人订立保险合同，并按照合同约定承担赔偿或者给付保险金责任的保险公司。

第十一条 订立保险合同，应当协商一致，遵循公平原则确定各方的权利和义务。

除法律、行政法规规定必须保险的外，保险合同自愿订立。

第十二条 人身保险的投保人在保险合同订立时，对被保险人应当具有保险利益。

财产保险的被保险人在保险事故发生时，对保险标的应当具有保险利益。

人身保险是以人的寿命和身体为保险标的的保险。

财产保险是以财产及其有关利益为保险标的的保险。

被保险人是指其财产或者人身受保险合同保障，享有保险金请求权的人。投保人可以为被保险人。

保险利益是指投保人或者被保险人对保险标的具有的法律上承认的利益。

第十三条 投保人提出保险要求，经保险人同意承保，保险合同成立。保险人应当及时向投保人签发保险单或者其他保险凭证。

保险单或者其他保险凭证应当载明当事人双方约定的合同内容。当事人也可以约定采用其他书面形式载明合同内容。

依法成立的保险合同，自成立时生效。投保人和保险人可以对合同的效力约定附条件或者附期限。

第十四条 保险合同成立后，投保人按照约定交付保险费，保险人按照约定的时间开始承担保险责任。

第十五条 除本法另有规定或者保险合同另有约定外，保险合同成立后，投保人可以解除合同，保险人不得解除合同。

第十六条 订立保险合同，保险人就保险标的或者被保险人的有关情况提出询问的，投保人应当如实告知。

投保人故意或者因重大过失未履行前款规定的如实告知义务，足以影响保险人决定是否同意承保或者提高保险费率的，保险人有权解除合同。

前款规定的合同解除权，自保险人知道有解除事由之日起，超过三十日不行使而消灭。自合同成立之日起超过二年的，保险人不得解除合同；发生保险事故的，保险人应当承担赔偿或者给付保险金的责任。

投保人故意不履行如实告知义务的，保险人对于合同解除前发生的保险事故，不承担赔偿或者给付保险金的责任，并不退还保险费。

投保人因重大过失未履行如实告知义务，对保险事故的发生有严重影响的，保险人对于合同解除前发生的保险事故，不承担赔偿或者给付保险金的责任，但应当退还保险费。

保险人在合同订立时已经知道投保人未如实告知的情况的，保险人不得解除合同；发生保险事故的，保险人应当承担赔偿或者给付保险金的责任。

保险事故是指保险合同约定的保险责任范围内的事故。

第十七条 订立保险合同，采用保险人提供的格式条款的，保险人向投保人提供的投保单应当附格式条款，保险人应当向投保人说明合同的内容。

对保险合同中免除保险人责任的条款，保险人在订立合同时应当在投保单、保险单或者其他保险凭证上作出足以引起投保人注意的提示，并对该条款的内容以书面或者口头形式向投保人作出明确说明；未作提示或者明确说明的，该条款不产生效力。

第十八条 保险合同应当包括下列事项：

（一）保险人的名称和住所；

（二）投保人、被保险人的姓名或者名称、住所，以及人身保险的受益人的姓名或者名称、住所；

（三）保险标的；

（四）保险责任和责任免除；

（五）保险期间和保险责任开始时间；

(六)保险金额;

(七)保险费以及支付办法;

(八)保险金赔偿或者给付办法;

(九)违约责任和争议处理;

(十)订立合同的年、月、日。

投保人和保险人可以约定与保险有关的其他事项。

受益人是指人身保险合同中由被保险人或者投保人指定的享有保险金请求权的人。投保人、被保险人可以为受益人。

保险金额是指保险人承担赔偿或者给付保险金责任的最高限额。

第十九条　采用保险人提供的格式条款订立的保险合同中的下列条款无效:

(一)免除保险人依法应承担的义务或者加重投保人、被保险人责任的;

(二)排除投保人、被保险人或者受益人依法享有的权利的。

第二十条　投保人和保险人可以协商变更合同内容。

变更保险合同的,应当由保险人在保险单或者其他保险凭证上批注或者附贴批单,或者由投保人和保险人订立变更的书面协议。

第二十一条　投保人、被保险人或者受益人知道保险事故发生后,应当及时通知保险人。故意或者因重大过失未及时通知,致使保险事故的性质、原因、损失程度等难以确定的,保险人对无法确定的部分,不承担赔偿或者给付保险金的责任,但保险人通过其他途径已经及时知道或者应当及时知道保险事故发生的除外。

第二十二条　保险事故发生后,按照保险合同请求保险人赔偿或者给付保险金时,投保人、被保险人或者受益人应当向保险人提供其所能提供的与确认保险事故的性质、原因、损失程度等有关的证明和资料。

保险人按照合同的约定,认为有关的证明和资料不完整的,应当及时一次性通知投保人、被保险人或者受益人补充提供。

第二十三条　保险人收到被保险人或者受益人的赔偿或者给付保险金的请求后,应当及时作出核定;情形复杂的,应当在三十日内作出核定,但合同另有约定的除外。保险人应当将核定结果通知被保险人或者受益人;对属于保险责任的,在与被保险人或者受益人达成赔偿或者给付保险金的协议后十日内,履行赔偿或者给付保险金义务。保险合同对赔偿或者给付保险金的期限有约定的,保险人应当按照约定履行赔偿或者给付保险金义务。

保险人未及时履行前款规定义务的,除支付保险金外,应当赔偿被保险人或者受益人因此受到的损失。

任何单位和个人不得非法干预保险人履行赔偿或者给付保险金的义务,也不得限制被保险人或者受益人取得保险金的权利。

第二十四条 保险人依照本法第二十三条的规定作出核定后,对不属于保险责任的,应当自作出核定之日起三日内向被保险人或者受益人发出拒绝赔偿或者拒绝给付保险金通知书,并说明理由。

第二十五条 保险人自收到赔偿或者给付保险金的请求和有关证明、资料之日起六十日内,对其赔偿或者给付保险金的数额不能确定的,应当根据已有证明和资料可以确定的数额先予支付;保险人最终确定赔偿或者给付保险金的数额后,应当支付相应的差额。

第二十六条 人寿保险以外的其他保险的被保险人或者受益人,向保险人请求赔偿或者给付保险金的诉讼时效期间为二年,自其知道或者应当知道保险事故发生之日起计算。

人寿保险的被保险人或者受益人向保险人请求给付保险金的诉讼时效期间为五年,自其知道或者应当知道保险事故发生之日起计算。

第二十七条 未发生保险事故,被保险人或者受益人谎称发生了保险事故,向保险人提出赔偿或者给付保险金请求的,保险人有权解除合同,并不退还保险费。

投保人、被保险人故意制造保险事故的,保险人有权解除合同,不承担赔偿或者给付保险金的责任;除本法第四十三条规定外,不退还保险费。

保险事故发生后,投保人、被保险人或者受益人以伪造、变造的有关证明、资料或者其他证据,编造虚假的事故原因或者夸大损失程度的,保险人对其虚报的部分不承担赔偿或者给付保险金的责任。

投保人、被保险人或者受益人有前三款规定行为之一,致使保险人支付保险金或者支出费用的,应当退回或者赔偿。

第二十八条 保险人将其承担的保险业务,以分保形式部分转移给其他保险人的,为再保险。

应再保险接受人的要求,再保险分出人应当将其自负责任及原保险的有关情况书面告知再保险接受人。

第二十九条 再保险接受人不得向原保险的投保人要求支付保险费。

原保险的被保险人或者受益人不得向再保险接受人提出赔偿或者给付保险金的请求。

再保险分出人不得以再保险接受人未履行再保险责任为由,拒绝履行或者迟延履行其原保险责任。

第三十条 采用保险人提供的格式条款订立的保险合同,保险人与投保人、被保险人或者受益人对合同条款有争议的,应当按照通常理解予以解释。对合同条款有两种以上解释的,人民法院或者仲裁机构应当作出有利于被保险人和受益人的解释。

第二节 人身保险合同

第三十一条 保人对下列人员具有保险利益:

(一)本人;

(二)配偶、子女、父母;

(三)前项以外与投保人有抚养、赡养或者扶养关系的家庭其他成员、近亲属;

(四)与投保人有劳动关系的劳动者。

除前款规定外,被保险人同意投保人为其订立合同的,视为投保人对被保险人具有保险利益。

订立合同时,投保人对被保险人不具有保险利益的,合同无效。

第三十二条 投保人申报的被保险人年龄不真实，并且其真实年龄不符合合同约定的年龄限制的，保险人可以解除合同，并按照合同约定退还保险单的现金价值。保险人行使合同解除权，适用本法第十六条第三款、第六款的规定。

投保人申报的被保险人年龄不真实，致使投保人支付的保险费少于应付保险费的，保险人有权更正并要求投保人补交保险费，或者在给付保险金时按照实付保险费与应付保险费的比例支付。

投保人申报的被保险人年龄不真实，致使投保人支付的保险费多于应付保险费的，保险人应当将多收的保险费退还投保人。

第三十三条 投保人不得为无民事行为能力人投保以死亡为给付保险金条件的人身保险，保险人也不得承保。

父母为其未成年子女投保的人身保险，不受前款规定限制。但是，因被保险人死亡给付的保险金总和不得超过国务院保险监督管理机构规定的限额。

第三十四条 以死亡为给付保险金条件的合同，未经被保险人同意并认可保险金额的，合同无效。

按照以死亡为给付保险金条件的合同所签发的保险单，未经被保险人书面同意，不得转让或者质押。

父母为其未成年子女投保的人身保险，不受本条第一款规定限制。

第三十五条 投保人可以按照合同约定向保险人一次支付全部保险费或者分期支付保险费。

第三十六条 合同约定分期支付保险费，投保人支付首期保险费后，除合同另有约定外，投保人自保险人催告之日起超过三十日未支付当期保险费，或者超过约定的期限六十日未支付当期保险费的，合同效力中止，或者由保险人按照合同约定的条件减少保险金额。

被保险人在前款规定期限内发生保险事故的，保险人应当按照合同约定给付保险金，但可以扣减欠交的保险费。

第三十七条 合同效力依照本法第三十六条规定中止的，经保险人与投保人协商并达成协议，在投保人补交保险费后，合同效力恢复。但是，自合同效力中止之日起满二年双方未达成协议的，保险人有权解除合同。

保险人依照前款规定解除合同的，应当按照合同约定退还保险单的现金价值。

第三十八条 保险人对人寿保险的保险费，不得用诉讼方式要求投保人支付。

第三十九条 人身保险的受益人由被保险人或者投保人指定。

投保人指定受益人时须经被保险人同意。投保人为与其有劳动关系的劳动者投保人身保险，不得指定被保险人及其近亲属以外的人为受益人。

被保险人为无民事行为能力人或者限制民事行为能力人的，可以由其监护人指定受益人。

第四十条 被保险人或者投保人可以指定一人或者数人为受益人。

受益人为数人的，被保险人或者投保人可以确定受益顺序和受益份额；未确定受益份额的，受益人按照相等份额享有受益权。

第四十一条 被保险人或者投保人可以变更受益人并书面通知保险人。保险人收到变更受益人的书面通知后，应当在保险单或者其他保险凭证上批注或者附贴批单。

投保人变更受益人时须经被保险人同意。

第四十二条 被保险人死亡后，有下列情形之一的，保险金作为被保险人的遗产，由保险人依照《中华人民共和国继承法》的规定履行给付保险金的义务：

（一）没有指定受益人，或者受益人指定不明无法确定的；

（二）受益人先于被保险人死亡，没有其他受益人的；

（三）受益人依法丧失受益权或者放弃受益权，没有其他受益人的。

受益人与被保险人在同一事件中死亡，且不能确定死亡先后顺序的，推定受益人死亡在先。

第四十三条 投保人故意造成被保险人死亡、伤残或者疾病的，保险人不承担给付保险金的责任。投保人已交足二年以上保险费的，保险人应当按照合同约定向其他权利人退还保险单的现金价值。

受益人故意造成被保险人死亡、伤残、疾病的，或者故意杀害被保险人未遂的，该受益人丧失受益权。

第四十四条 以被保险人死亡为给付保险金条件的合同，自合同成立或者合同效力恢复之日起二年内，被保险人自杀的，保险人不承担给付保险金的责任，但被保险人自杀时为无民事行为能力人的除外。

保险人依照前款规定不承担给付保险金责任的，应当按照合同约定退还保险单的现金价值。

第四十五条 因被保险人故意犯罪或者抗拒依法采取的刑事强制措施导致其伤残或者死亡的，保险人不承担给付保险金的责任。投保人已交足二年以上保险费的，保险人应当按照合同约定退还保险单的现金价值。

第四十六条 被保险人因第三者的行为而发生死亡、伤残或者疾病等保险事故的，保险人向被保险人或者受益人给付保险金后，不享有向第三者追偿的权利，但被保险人或者受益人仍有权向第三者请求赔偿。

第四十七条 投保人解除合同的，保险人应当自收到解除合同通知之日起三十日内，按照合同约定退还保险单的现金价值。

第三节　财产保险合同

第四十八条 保险事故发生时，被保险人对保险标的不具有保险利益的，不得向保险人请求赔偿保险金。

第四十九条 保险标的转让的，保险标的的受让人承继被保险人的权利和义务。

保险标的转让的，被保险人或者受让人应当及时通知保险人，但货物运输保险合同和另有约定的合同除外。

因保险标的转让导致危险程度显著增加的，保险人自收到前款规定的通知之日起三十日内，可以按照合同约定增加保险费或者解除合同。保险人解除合同的，应当将已收取的保险费，按照合同约定扣除自保险责任开始之日起至合同解除之日止应收的部分后，退还投保人。

被保险人、受让人未履行本条第二款规定的通知义务的，因转让导致保险标的危险程度显著增加而发生的保险事故，保险人不承担赔偿保险金的责任。

第五十条　货物运输保险合同和运输工具航程保险合同，保险责任开始后，合同当事人不得解除合同。

第五十一条　被保险人应当遵守国家有关消防、安全、生产操作、劳动保护等方面的规定，维护保险标的的安全。

保险人可以按照合同约定对保险标的的安全状况进行检查，及时向投保人、被保险人提出消除不安全因素和隐患的书面建议。

投保人、被保险人未按照约定履行其对保险标的的安全应尽责任的，保险人有权要求增加保险费或者解除合同。

保险人为维护保险标的的安全，经被保险人同意，可以采取安全预防措施。

第五十二条　在合同有效期内，保险标的的危险程度显著增加的，被保险人应当按照合同约定及时通知保险人，保险人可以按照合同约定增加保险费或者解除合同。保险人解除合同的，应当将已收取的保险费，按照合同约定扣除自保险责任开始之日起至合同解除之日止应收的部分后，退还投保人。

被保险人未履行前款规定的通知义务的，因保险标的的危险程度显著增加而发生的保险事故，保险人不承担赔偿保险金的责任。

第五十三条　有下列情形之一的，除合同另有约定外，保险人应当降低保险费，并按日计算退还相应的保险费：

(一)据以确定保险费率的有关情况发生变化，保险标的的危险程度明显减少的；

(二)保险标的的保险价值明显减少的。

第五十四条　保险责任开始前，投保人要求解除合同的，应当按照合同约定向保险人支付手续费，保险人应当退还保险费。保险责任开始后，投保人要求解除合同的，保险人应当将已收取的保险费，按照合同约定扣除自保险责任开始之日起至合同解除之日止应收的部分后,退还投保人。

第五十五条 投保人和保险人约定保险标的的保险价值并在合同中载明的,保险标的发生损失时,以约定的保险价值为赔偿计算标准。

投保人和保险人未约定保险标的的保险价值的,保险标的发生损失时,以保险事故发生时保险标的的实际价值为赔偿计算标准。

保险金额不得超过保险价值。超过保险价值的,超过部分无效,保险人应当退还相应的保险费。

保险金额低于保险价值的,除合同另有约定外,保险人按照保险金额与保险价值的比例承担赔偿保险金的责任。

第五十六条 重复保险的投保人应当将重复保险的有关情况通知各保险人。

重复保险的各保险人赔偿保险金的总和不得超过保险价值。除合同另有约定外,各保险人按照其保险金额与保险金额总和的比例承担赔偿保险金的责任。

重复保险的投保人可以就保险金额总和超过保险价值的部分,请求各保险人按比例返还保险费。

重复保险是指投保人对同一保险标的、同一保险利益、同一保险事故分别与两个以上保险人订立保险合同,且保险金额总和超过保险价值的保险。

第五十七条 保险事故发生时,被保险人应当尽力采取必要的措施,防止或者减少损失。

保险事故发生后,被保险人为防止或者减少保险标的的损失所支付的必要的、合理的费用,由保险人承担;保险人所承担的费用数额在保险标的损失赔偿金额以外另行计算,最高不超过保险金额的数额。

第五十八条 保险标的发生部分损失的,自保险人赔偿之日起三十日内,投保人可以解除合同;除合同另有约定外,保险人也可以解除合同,但应当提前十五日通知投保人。

合同解除的,保险人应当将保险标的未受损失部分的保险费,按照合同约定扣除自保险责任开始之日起至合同解除之日止应收的部分后,退还投保人。

第五十九条 保险事故发生后，保险人已支付了全部保险金额，并且保险金额等于保险价值的，受损保险标的的全部权利归于保险人；保险金额低于保险价值的，保险人按照保险金额与保险价值的比例取得受损保险标的的部分权利。

第六十条 因第三者对保险标的的损害而造成保险事故的，保险人自向被保险人赔偿保险金之日起，在赔偿金额范围内代位行使被保险人对第三者请求赔偿的权利。

前款规定的保险事故发生后，被保险人已经从第三者取得损害赔偿的，保险人赔偿保险金时，可以相应扣减被保险人从第三者已取得的赔偿金额。

保险人依照本条第一款规定行使代位请求赔偿的权利，不影响被保险人就未取得赔偿的部分向第三者请求赔偿的权利。

第六十一条 保险事故发生后，保险人未赔偿保险金之前，被保险人放弃对第三者请求赔偿的权利的，保险人不承担赔偿保险金的责任。

保险人向被保险人赔偿保险金后，被保险人未经保险人同意放弃对第三者请求赔偿的权利的，该行为无效。

被保险人故意或者因重大过失致使保险人不能行使代位请求赔偿的权利的，保险人可以扣减或者要求返还相应的保险金。

第六十二条 除被保险人的家庭成员或者其组成人员故意造成本法第六十条第一款规定的保险事故外，保险人不得对被保险人的家庭成员或者其组成人员行使代位请求赔偿的权利。

第六十三条 保险人向第三者行使代位请求赔偿的权利时，被保险人应当向保险人提供必要的文件和所知道的有关情况。

第六十四条 保险人、被保险人为查明和确定保险事故的性质、原因和保险标的的损失程度所支付的必要的、合理的费用，由保险人承担。

第六十五条 保险人对责任保险的被保险人给第三者造成的损害，可以依照法律的规定或者合同的约定，直接向该第三者赔偿保险金。

责任保险的被保险人给第三者造成损害，被保险人对第三者应负的赔偿责任确定的,根据被保险人的请求,保险人应当直接向该第三者赔偿保险金。被保险人怠于请求的,第三者有权就其应获赔偿部分直接向保险人请求赔偿保险金。

责任保险的被保险人给第三者造成损害,被保险人未向该第三者赔偿的,保险人不得向被保险人赔偿保险金。

责任保险是指以被保险人对第三者依法应负的赔偿责任为保险标的的保险。

第六十六条 责任保险的被保险人因给第三者造成损害的保险事故而被提起仲裁或者诉讼的,被保险人支付的仲裁或者诉讼费用以及其他必要的、合理的费用,除合同另有约定外,由保险人承担。

第三章 保险公司

第六十七条 设立保险公司应当经国务院保险监督管理机构批准。

国务院保险监督管理机构审查保险公司的设立申请时,应当考虑保险业的发展和公平竞争的需要。

第六十八条 设立保险公司应当具备下列条件:

(一)主要股东具有持续盈利能力,信誉良好,最近三年内无重大违法违规记录,净资产不低于人民币二亿元;

(二)有符合本法和《中华人民共和国公司法》规定的章程;

(三)有符合本法规定的注册资本;

(四)有具备任职专业知识和业务工作经验的董事、监事和高级管理人员;

(五)有健全的组织机构和管理制度;

(六)有符合要求的营业场所和与经营业务有关的其他设施;

(七)法律、行政法规和国务院保险监督管理机构规定的其他条件。

第六十九条 设立保险公司,其注册资本的最低限额为人民币二亿元。

国务院保险监督管理机构根据保险公司的业务范围、经营规模,可以调整其注册资本的最低限额,但不得低于本条第一款规定的限额。

保险公司的注册资本必须为实缴货币资本。

第七十条　申请设立保险公司,应当向国务院保险监督管理机构提出书面申请,并提交下列材料:

(一)设立申请书,申请书应当载明拟设立的保险公司的名称、注册资本、业务范围等;

(二)可行性研究报告;

(三)筹建方案;

(四)投资人的营业执照或者其他背景资料,经会计师事务所审计的上一年度财务会计报告;

(五)投资人认可的筹备组负责人和拟任董事长、经理名单及本人认可证明;

(六)国务院保险监督管理机构规定的其他材料。

第七十一条　国务院保险监督管理机构应当对设立保险公司的申请进行审查,自受理之日起六个月内作出批准或者不批准筹建的决定,并书面通知申请人。决定不批准的,应当书面说明理由。

第七十二条　申请人应当自收到批准筹建通知之日起一年内完成筹建工作;筹建期间不得从事保险经营活动。

第七十三条　筹建工作完成后,申请人具备本法第六十八条规定的设立条件的,可以向国务院保险监督管理机构提出开业申请。

国务院保险监督管理机构应当自受理开业申请之日起六十日内,作出批准或者不批准开业的决定。决定批准的,颁发经营保险业务许可证;决定不批准的,应当书面通知申请人并说明理由。

第七十四条　保险公司在中华人民共和国境内设立分支机构,应当经保险监督管理机构批准。

保险公司分支机构不具有法人资格,其民事责任由保险公司承担。

第七十五条　保险公司申请设立分支机构,应当向保险监督管理机构提出书面申请,并提交下列材料:

(一)设立申请书;

（二）拟设机构三年业务发展规划和市场分析材料；

（三）拟任高级管理人员的简历及相关证明材料；

（四）国务院保险监督管理机构规定的其他材料。

第七十六条　保险监督管理机构应当对保险公司设立分支机构的申请进行审查，自受理之日起六十日内作出批准或者不批准的决定。决定批准的，颁发分支机构经营保险业务许可证；决定不批准的，应当书面通知申请人并说明理由。

第七十七条　经批准设立的保险公司及其分支机构，凭经营保险业务许可证向工商行政管理机关办理登记，领取营业执照。

第七十八条　保险公司及其分支机构自取得经营保险业务许可证之日起六个月内，无正当理由未向工商行政管理机关办理登记的，其经营保险业务许可证失效。

第七十九条　保险公司在中华人民共和国境外设立子公司、分支机构、代表机构，应当经国务院保险监督管理机构批准。

第八十条　外国保险机构在中华人民共和国境内设立代表机构，应当经国务院保险监督管理机构批准。代表机构不得从事保险经营活动。

第八十一条　保险公司的董事、监事和高级管理人员，应当品行良好，熟悉与保险相关的法律、行政法规，具有履行职责所需的经营管理能力，并在任职前取得保险监督管理机构核准的任职资格。

保险公司高级管理人员的范围由国务院保险监督管理机构规定。

第八十二条　有《中华人民共和国公司法》第一百四十七条规定的情形或者下列情形之一的，不得担任保险公司的董事、监事、高级管理人员：

（一）因违法行为或者违纪行为被金融监督管理机构取消任职资格的金融机构的董事、监事、高级管理人员，自被取消任职资格之日起未逾五年的；

（二）因违法行为或者违纪行为被吊销执业资格的律师、注册会计师或者资产评估机构、验证机构等机构的专业人员，自被吊销执业资格之日起未逾五年的。

第八十三条　保险公司的董事、监事、高级管理人员执行公司职务时违反法律、行政法规或者公司章程的规定，给公司造成损失的，应当承担赔偿责任。

第八十四条　保险公司有下列情形之一的，应当经保险监督管理机构批准：

（一）变更名称；

（二）变更注册资本；

（三）变更公司或者分支机构的营业场所；

（四）撤销分支机构；

（五）公司分立或者合并；

（六）修改公司章程；

（七）变更出资额占有限责任公司资本总额百分之五以上的股东，或者变更持有股份有限公司股份百分之五以上的股东；

（八）国务院保险监督管理机构规定的其他情形。

第八十五条　保险公司应当聘用经国务院保险监督管理机构认可的精算专业人员，建立精算报告制度。

保险公司应当聘用专业人员，建立合规报告制度。

第八十六条　保险公司应当按照保险监督管理机构的规定，报送有关报告、报表、文件和资料。

保险公司的偿付能力报告、财务会计报告、精算报告、合规报告及其他有关报告、报表、文件和资料必须如实记录保险业务事项，不得有虚假记载、误导性陈述和重大遗漏。

第八十七条　保险公司应当按照国务院保险监督管理机构的规定妥善保管业务经营活动的完整账簿、原始凭证和有关资料。

前款规定的账簿、原始凭证和有关资料的保管期限，自保险合同终止之日起计算，保险期间在一年以下的不得少于五年，保险期间超过一年的不得少于十年。

第八十八条　保险公司聘请或者解聘会计师事务所、资产评估机构、资信评级机构等中介服务机构，应当向保险监督管理机构报告；解聘会计师事务所、资产评估机构、资信评级机构等中介服务机构，应当说明理由。

第八十九条 保险公司因分立、合并需要解散，或者股东会、股东大会决议解散，或者公司章程规定的解散事由出现，经国务院保险监督管理机构批准后解散。

经营有人寿保险业务的保险公司，除因分立、合并或者被依法撤销外，不得解散。

保险公司解散，应当依法成立清算组进行清算。

第九十条 保险公司有《中华人民共和国企业破产法》第二条规定情形的，经国务院保险监督管理机构同意，保险公司或者其债权人可以依法向人民法院申请重整、和解或者破产清算；国务院保险监督管理机构也可以依法向人民法院申请对该保险公司进行重整或者破产清算。

第九十一条 破产财产在优先清偿破产费用和共益债务后，按照下列顺序清偿：

（一）所欠职工工资和医疗、伤残补助、抚恤费用，所欠应当划入职工个人账户的基本养老保险、基本医疗保险费用，以及法律、行政法规规定应当支付给职工的补偿金；

（二）赔偿或者给付保险金；

（三）保险公司欠缴的除第（一）项规定以外的社会保险费用和所欠税款；

（四）普通破产债权。

破产财产不足以清偿同一顺序的清偿要求的，按照比例分配。

破产保险公司的董事、监事和高级管理人员的工资，按照该公司职工的平均工资计算。

第九十二条 经营有人寿保险业务的保险公司被依法撤销或者被依法宣告破产的，其持有的人寿保险合同及责任准备金，必须转让给其他经营有人寿保险业务的保险公司；不能同其他保险公司达成转让协议的，由国务院保险监督管理机构指定经营有人寿保险业务的保险公司接受转让。

转让或者由国务院保险监督管理机构指定接受转让前款规定的人寿保险合同及责任准备金的，应当维护被保险人、受益人的合法权益。

第九十三条 保险公司依法终止其业务活动，应当注销其经营保险业务许可证。

第九十四条 保险公司，除本法另有规定外，适用《中华人民共和国公司法》的规定。

第四章 保险经营规则

第九十五条 保险公司的业务范围：

（一）人身保险业务，包括人寿保险、健康保险、意外伤害保险等保险业务；

（二）财产保险业务，包括财产损失保险、责任保险、信用保险、保证保险等保险业务；

（三）国务院保险监督管理机构批准的与保险有关的其他业务。

保险人不得兼营人身保险业务和财产保险业务。但是，经营财产保险业务的保险公司经国务院保险监督管理机构批准，可以经营短期健康保险业务和意外伤害保险业务。

保险公司应当在国务院保险监督管理机构依法批准的业务范围内从事保险经营活动。

第九十六条 经国务院保险监督管理机构批准，保险公司可以经营本法第九十五条规定的保险业务的下列再保险业务：

（一）分出保险；

（二）分入保险。

第九十七条 保险公司应当按照其注册资本总额的百分之二十提取保证金，存入国务院保险监督管理机构指定的银行，除公司清算时用于清偿债务外，不得动用。

第九十八条 保险公司应当根据保障被保险人利益、保证偿付能力的原则，提取各项责任准备金。

保险公司提取和结转责任准备金的具体办法，由国务院保险监督管理机构制定。

第九十九条 保险公司应当依法提取公积金。

第一百条 保险公司应当缴纳保险保障基金。

保险保障基金应当集中管理,并在下列情形下统筹使用:

(一)在保险公司被撤销或者被宣告破产时,向投保人、被保险人或者受益人提供救济;

(二)在保险公司被撤销或者被宣告破产时,向依法接受其人寿保险合同的保险公司提供救济;

(三)国务院规定的其他情形。

保险保障基金筹集、管理和使用的具体办法,由国务院制定。

第一百零一条 保险公司应当具有与其业务规模和风险程度相适应的最低偿付能力。保险公司的认可资产减去认可负债的差额不得低于国务院保险监督管理机构规定的数额;低于规定数额的,应当按照国务院保险监督管理机构的要求采取相应措施达到规定的数额。

第一百零二条 经营财产保险业务的保险公司当年自留保险费,不得超过其实有资本金加公积金总和的四倍。

第一百零三条 保险公司对每一危险单位,即对一次保险事故可能造成的最大损失范围所承担的责任,不得超过其实有资本金加公积金总和的百分之十;超过的部分应当办理再保险。

保险公司对危险单位的划分应当符合国务院保险监督管理机构的规定。

第一百零四条 保险公司对危险单位的划分方法和巨灾风险安排方案,应当报国务院保险监督管理机构备案。

第一百零五条 保险公司应当按照国务院保险监督管理机构的规定办理再保险,并审慎选择再保险接受人。

第一百零六条 保险公司的资金运用必须稳健,遵循安全性原则。

保险公司的资金运用限于下列形式:

(一)银行存款;

(二)买卖债券、股票、证券投资基金份额等有价证券;

(三)投资不动产;

(四)国务院规定的其他资金运用形式。

保险公司资金运用的具体管理办法,由国务院保险监督管理机构依照前两款的规定制定。

第一百零七条 经国务院保险监督管理机构会同国务院证券监督管理机构批准,保险公司可以设立保险资产管理公司。

保险资产管理公司从事证券投资活动,应当遵守《中华人民共和国证券法》等法律、行政法规的规定。

保险资产管理公司的管理办法,由国务院保险监督管理机构会同国务院有关部门制定。

第一百零八条 保险公司应当按照国务院保险监督管理机构的规定,建立对关联交易的管理和信息披露制度。

第一百零九条 保险公司的控股股东、实际控制人、董事、监事、高级管理人员不得利用关联交易损害公司的利益。

第一百一十条 保险公司应当按照国务院保险监督管理机构的规定,真实、准确、完整地披露财务会计报告、风险管理状况、保险产品经营情况等重大事项。

第一百一十一条 保险公司从事保险销售的人员应当符合国务院保险监督管理机构规定的资格条件,取得保险监督管理机构颁发的资格证书。

前款规定的保险销售人员的范围和管理办法,由国务院保险监督管理机构规定。

第一百一十二条 保险公司应当建立保险代理人登记管理制度,加强对保险代理人的培训和管理,不得唆使、诱导保险代理人进行违背诚信义务的活动。

第一百一十三条 保险公司及其分支机构应当依法使用经营保险业务许可证,不得转让、出租、出借经营保险业务许可证。

第一百一十四条 保险公司应当按照国务院保险监督管理机构的规定,公平、合理拟订保险条款和保险费率,不得损害投保人、被保险人和受益人的合法权益。

保险公司应当按照合同约定和本法规定,及时履行赔偿或者给付保险金义务。

第一百一十五条 保险公司开展业务,应当遵循公平竞争的原则,不得从事不正当竞争。

第一百一十六条 保险公司及其工作人员在保险业务活动中不得有下列行为:

(一)欺骗投保人、被保险人或者受益人;

(二)对投保人隐瞒与保险合同有关的重要情况;

(三)阻碍投保人履行本法规定的如实告知义务,或者诱导其不履行本法规定的如实告知义务;

(四)给予或者承诺给予投保人、被保险人、受益人保险合同约定以外的保险费回扣或者其他利益;

(五)拒不依法履行保险合同约定的赔偿或者给付保险金义务;

(六)故意编造未曾发生的保险事故、虚构保险合同或者故意夸大已经发生的保险事故的损失程度进行虚假理赔,骗取保险金或者牟取其他不正当利益;

(七)挪用、截留、侵占保险费;

(八)委托未取得合法资格的机构或者个人从事保险销售活动;

(九)利用开展保险业务为其他机构或者个人牟取不正当利益;

(十)利用保险代理人、保险经纪人或者保险评估机构,从事以虚构保险中介业务或者编造退保等方式套取费用等违法活动;

(十一)以捏造、散布虚假事实等方式损害竞争对手的商业信誉,或者以其他不正当竞争行为扰乱保险市场秩序;

(十二)泄露在业务活动中知悉的投保人、被保险人的商业秘密;

(十三)违反法律、行政法规和国务院保险监督管理机构规定的其他行为。

第五章 保险代理人和保险经纪人

第一百一十七条 保险代理人是根据保险人的委托,向保险人收取佣金，并在保险人授权的范围内代为办理保险业务的机构或者个人。

保险代理机构包括专门从事保险代理业务的保险专业代理机构和兼营保险代理业务的保险兼业代理机构。

第一百一十八条 保险经纪人是基于投保人的利益，为投保人与保险人订立保险合同提供中介服务，并依法收取佣金的机构。

第一百一十九条 保险代理机构、保险经纪人应当具备国务院保险监督管理机构规定的条件，取得保险监督管理机构颁发的经营保险代理业务许可证、保险经纪业务许可证。

保险专业代理机构、保险经纪人凭保险监督管理机构颁发的许可证向工商行政管理机关办理登记，领取营业执照。

保险兼业代理机构凭保险监督管理机构颁发的许可证，向工商行政管理机关办理变更登记。

第一百二十条 以公司形式设立保险专业代理机构、保险经纪人，其注册资本最低限额适用《中华人民共和国公司法》的规定。

国务院保险监督管理机构根据保险专业代理机构、保险经纪人的业务范围和经营规模，可以调整其注册资本的最低限额，但不得低于《中华人民共和国公司法》规定的限额。

保险专业代理机构、保险经纪人的注册资本或者出资额必须为实缴货币资本。

第一百二十一条 保险专业代理机构、保险经纪人的高级管理人员，应当品行良好，熟悉保险法律、行政法规，具有履行职责所需的经营管理能力，并在任职前取得保险监督管理机构核准的任职资格。

第一百二十二条 个人保险代理人、保险代理机构的代理从业人员、保险经纪人的经纪从业人员，应当具备国务院保险监督管理机构规定的资格条件，取得保险监督管理机构颁发的资格证书。

第一百二十三条 保险代理机构、保险经纪人应当有自己的经营场所，设立专门账簿记载保险代理业务、经纪业务的收支情况。

第一百二十四条 保险代理机构、保险经纪人应当按照国务院保险监督管理机构的规定缴存保证金或者投保职业责任保险。未经保险监督管理机构批准,保险代理机构、保险经纪人不得动用保证金。

第一百二十五条 个人保险代理人在代为办理人寿保险业务时,不得同时接受两个以上保险人的委托。

第一百二十六条 保险人委托保险代理人代为办理保险业务,应当与保险代理人签订委托代理协议,依法约定双方的权利和义务。

第一百二十七条 保险代理人根据保险人的授权代为办理保险业务的行为,由保险人承担责任。

保险代理人没有代理权、超越代理权或者代理权终止后以保险人名义订立合同,使投保人有理由相信其有代理权的,该代理行为有效。保险人可以依法追究越权的保险代理人的责任。

第一百二十八条 保险经纪人因过错给投保人、被保险人造成损失的,依法承担赔偿责任。

第一百二十九条 保险活动当事人可以委托保险公估机构等依法设立的独立评估机构或者具有相关专业知识的人员,对保险事故进行评估和鉴定。

接受委托对保险事故进行评估和鉴定的机构和人员,应当依法、独立、客观、公正地进行评估和鉴定,任何单位和个人不得干涉。

前款规定的机构和人员,因故意或者过失给保险人或者被保险人造成损失的,依法承担赔偿责任。

第一百三十条 保险佣金只限于向具有合法资格的保险代理人、保险经纪人支付,不得向其他人支付。

第一百三十一条 保险代理人、保险经纪人及其从业人员在办理保险业务活动中不得有下列行为:

(一)欺骗保险人、投保人、被保险人或者受益人;

(二)隐瞒与保险合同有关的重要情况;

(三)阻碍投保人履行本法规定的如实告知义务,或者诱导其不履行本法规定的如实告知义务;

(四)给予或者承诺给予投保人、被保险人或者受益人保险合同约定以外的利益;

(五)利用行政权力、职务或者职业便利以及其他不正当手段强迫、引诱或者限制投保人订立保险合同;

(六)伪造、擅自变更保险合同,或者为保险合同当事人提供虚假证明材料;

(七)挪用、截留、侵占保险费或者保险金;

(八)利用业务便利为其他机构或者个人牟取不正当利益;

(九)串通投保人、被保险人或者受益人,骗取保险金;

(十)泄露在业务活动中知悉的保险人、投保人、被保险人的商业秘密。

第一百三十二条 保险专业代理机构、保险经纪人分立、合并、变更组织形式、设立分支机构或者解散的,应当经保险监督管理机构批准。

第一百三十三条 本法第八十六条第一款、第一百一十三条的规定,适用于保险代理机构和保险经纪人。

第六章 保险业监督管理

第一百三十四条 保险监督管理机构依照本法和国务院规定的职责,遵循依法、公开、公正的原则,对保险业实施监督管理,维护保险市场秩序,保护投保人、被保险人和受益人的合法权益。

第一百三十五条 国务院保险监督管理机构依照法律、行政法规制定并发布有关保险业监督管理的规章。

第一百三十六条 关系社会公众利益的保险险种、依法实行强制保险的险种和新开发的人寿保险险种等的保险条款和保险费率,应当报国务院保险监督管理机构批准。国务院保险监督管理机构审批时,应当遵循保护社会公众利益和防止不正当竞争的原则。其他保险险种的保险条款和保险费率,应当报保险监督管理机构备案。

保险条款和保险费率审批、备案的具体办法,由国务院保险监督管理机构依照前款规定制定。

第一百三十七条 保险公司使用的保险条款和保险费率违反法律、

行政法规或者国务院保险监督管理机构的有关规定的，由保险监督管理机构责令停止使用，限期修改；情节严重的，可以在一定期限内禁止申报新的保险条款和保险费率。

第一百三十八条 国务院保险监督管理机构应当建立健全保险公司偿付能力监管体系，对保险公司的偿付能力实施监控。

第一百三十九条 对偿付能力不足的保险公司，国务院保险监督管理机构应当将其列为重点监管对象，并可以根据具体情况采取下列措施：

（一）责令增加资本金、办理再保险；

（二）限制业务范围；

（三）限制向股东分红；

（四）限制固定资产购置或者经营费用规模；

（五）限制资金运用的形式、比例；

（六）限制增设分支机构；

（七）责令拍卖不良资产、转让保险业务；

（八）限制董事、监事、高级管理人员的薪酬水平；

（九）限制商业性广告；

（十）责令停止接受新业务。

第一百四十条 保险公司未依照本法规定提取或者结转各项责任准备金，或者未依照本法规定办理再保险，或者严重违反本法关于资金运用的规定的，由保险监督管理机构责令限期改正，并可以责令调整负责人及有关管理人员。

第一百四十一条 保险监督管理机构依照本法第一百四十条的规定作出限期改正的决定后，保险公司逾期未改正的，国务院保险监督管理机构可以决定选派保险专业人员和指定该保险公司的有关人员组成整顿组，对公司进行整顿。

整顿决定应当载明被整顿公司的名称、整顿理由、整顿组成员和整顿期限，并予以公告。

第一百四十二条 整顿组有权监督被整顿保险公司的日常业务。被整顿公司的负责人及有关管理人员应当在整顿组的监督下行使职权。

第一百四十三条　整顿过程中，被整顿保险公司的原有业务继续进行。但是，国务院保险监督管理机构可以责令被整顿公司停止部分原有业务、停止接受新业务，调整资金运用。

第一百四十四条　被整顿保险公司经整顿已纠正其违反本法规定的行为，恢复正常经营状况的，由整顿组提出报告，经国务院保险监督管理机构批准，结束整顿，并由国务院保险监督管理机构予以公告。

第一百四十五条　保险公司有下列情形之一的，国务院保险监督管理机构可以对其实行接管：

（一）公司的偿付能力严重不足的；

（二）违反本法规定，损害社会公共利益，可能严重危及或者已经严重危及公司的偿付能力的。

被接管的保险公司的债权债务关系不因接管而变化。

第一百四十六条　接管组的组成和接管的实施办法，由国务院保险监督管理机构决定，并予以公告。

第一百四十七条　接管期限届满，国务院保险监督管理机构可以决定延长接管期限，但接管期限最长不得超过二年。

第一百四十八条　接管期限届满，被接管的保险公司已恢复正常经营能力的，由国务院保险监督管理机构决定终止接管，并予以公告。

第一百四十九条　被整顿、被接管的保险公司有《中华人民共和国企业破产法》第二条规定情形的，国务院保险监督管理机构可以依法向人民法院申请对该保险公司进行重整或者破产清算。

第一百五十条　保险公司因违法经营被依法吊销经营保险业务许可证的，或者偿付能力低于国务院保险监督管理机构规定标准，不予撤销将严重危害保险市场秩序、损害公共利益的，由国务院保险监督管理机构予以撤销并公告，依法及时组织清算组进行清算。

第一百五十一条　国务院保险监督管理机构有权要求保险公司股东、实际控制人在指定的期限内提供有关信息和资料。

第一百五十二条　保险公司的股东利用关联交易严重损害公司利益，危及公司偿付能力的，由国务院保险监督管理机构责令改正。在按照要求改正前，国务院保险监督管理机构可以限制其股东权利；拒不改正的，可以责令其转让所持的保险公司股权。

第一百五十三条 保险监督管理机构根据履行监督管理职责的需要，可以与保险公司董事、监事和高级管理人员进行监督管理谈话，要求其就公司的业务活动和风险管理的重大事项作出说明。

第一百五十四条 保险公司在整顿、接管、撤销清算期间，或者出现重大风险时，国务院保险监督管理机构可以对该公司直接负责的董事、监事、高级管理人员和其他直接责任人员采取以下措施：

（一）通知出境管理机关依法阻止其出境；

（二）申请司法机关禁止其转移、转让或者以其他方式处分财产，或者在财产上设定其他权利。

第一百五十五条 保险监督管理机构依法履行职责，可以采取下列措施：

（一）对保险公司、保险代理人、保险经纪人、保险资产管理公司、外国保险机构的代表机构进行现场检查；

（二）进入涉嫌违法行为发生场所调查取证；

（三）询问当事人及与被调查事件有关的单位和个人，要求其对与被调查事件有关的事项作出说明；

（四）查阅、复制与被调查事件有关的财产权登记等资料；

（五）查阅、复制保险公司、保险代理人、保险经纪人、保险资产管理公司、外国保险机构的代表机构以及与被调查事件有关的单位和个人的财务会计资料及其他相关文件和资料；对可能被转移、隐匿或者毁损的文件和资料予以封存；

（六）查询涉嫌违法经营的保险公司、保险代理人、保险经纪人、保险资产管理公司、外国保险机构的代表机构以及与涉嫌违法事项有关的单位和个人的银行账户；

（七）对有证据证明已经或者可能转移、隐匿违法资金等涉案财产或者隐匿、伪造、毁损重要证据的，经保险监督管理机构主要负责人批准，申请人民法院予以冻结或者查封。

保险监督管理机构采取前款第(一)项、第(二)项、第(五)项措施的,应当经保险监督管理机构负责人批准;采取第(六)项措施的,应当经国务院保险监督管理机构负责人批准。

保险监督管理机构依法进行监督检查或者调查,其监督检查、调查的人员不得少于二人,并应当出示合法证件和监督检查、调查通知书;监督检查、调查的人员少于二人或者未出示合法证件和监督检查、调查通知书的,被检查、调查的单位和个人有权拒绝。

第一百五十六条 保险监督管理机构依法履行职责,被检查、调查的单位和个人应当配合。

第一百五十七条 保险监督管理机构工作人员应当忠于职守,依法办事,公正廉洁,不得利用职务便利牟取不正当利益,不得泄露所知悉的有关单位和个人的商业秘密。

第一百五十八条 国务院保险监督管理机构应当与中国人民银行、国务院其他金融监督管理机构建立监督管理信息共享机制。

保险监督管理机构依法履行职责,进行监督检查、调查时,有关部门应当予以配合。

第七章 法律责任

第一百五十九条 违反本法规定,擅自设立保险公司、保险资产管理公司或者非法经营商业保险业务的,由保险监督管理机构予以取缔,没收违法所得,并处违法所得一倍以上五倍以下的罚款;没有违法所得或者违法所得不足二十万元的,处二十万元以上一百万元以下的罚款。

第一百六十条 违反本法规定,擅自设立保险专业代理机构、保险经纪人,或者未取得经营保险代理业务许可证、保险经纪业务许可证从事保险代理业务、保险经纪业务的,由保险监督管理机构予以取缔,没收违法所得,并处违法所得一倍以上五倍以下的罚款;没有违法所得或者违法所得不足五万元的,处五万元以上三十万元以下的罚款。

第一百六十一条 保险公司违反本法规定,超出批准的业务范围经营的，由保险监督管理机构责令限期改正，没收违法所得，并处违法所得一倍以上五倍以下的罚款；没有违法所得或者违法所得不足十万元的，处十万元以上五十万元以下的罚款。逾期不改正或者造成严重后果的，责令停业整顿或者吊销业务许可证。

第一百六十二条 保险公司有本法第一百一十六条规定行为之一的，由保险监督管理机构责令改正，处五万元以上三十万元以下的罚款；情节严重的，限制其业务范围、责令停止接受新业务或者吊销业务许可证。

第一百六十三条 保险公司违反本法第八十四条规定的，由保险监督管理机构责令改正，处一万元以上十万元以下的罚款。

第一百六十四条 保险公司违反本法规定，有下列行为之一的，由保险监督管理机构责令改正，处五万元以上三十万元以下的罚款：

（一）超额承保，情节严重的；

（二）为无民事行为能力人承保以死亡为给付保险金条件的保险的。

第一百六十五条 违反本法规定，有下列行为之一的，由保险监督管理机构责令改正，处五万元以上三十万元以下的罚款；情节严重的，可以限制其业务范围、责令停止接受新业务或者吊销业务许可证：

（一）未按照规定提存保证金或者违反规定动用保证金的；

（二）未按照规定提取或者结转各项责任准备金的；

（三）未按照规定缴纳保险保障基金或者提取公积金的；

（四）未按照规定办理再保险的；

（五）未按照规定运用保险公司资金的；

（六）未经批准设立分支机构或者代表机构的；

（七）未按照规定申请批准保险条款、保险费率的。

第一百六十六条 保险代理机构、保险经纪人有本法第一百三十一条规定行为之一的，由保险监督管理机构责令改正，处五万元以上三十万元以下的罚款；情节严重的，吊销业务许可证。

第一百六十七条 保险代理机构、保险经纪人违反本法规定，有下列行为之一的，由保险监督管理机构责令改正，处二万元以上十万元以下的

罚款;情节严重的,责令停业整顿或者吊销业务许可证:

(一)未按照规定缴存保证金或者投保职业责任保险的;

(二)未按照规定设立专门账簿记载业务收支情况的。

第一百六十八条 保险专业代理机构、保险经纪人违反本法规定,未经批准设立分支机构或者变更组织形式的,由保险监督管理机构责令改正,处一万元以上五万元以下的罚款。

第一百六十九条 违反本法规定,聘任不具有任职资格、从业资格的人员的,由保险监督管理机构责令改正,处二万元以上十万元以下的罚款。

第一百七十条 违反本法规定,转让、出租、出借业务许可证的,由保险监督管理机构处一万元以上十万元以下的罚款;情节严重的,责令停业整顿或者吊销业务许可证。

第一百七十一条 违反本法规定,有下列行为之一的,由保险监督管理机构责令限期改正;逾期不改正的,处一万元以上十万元以下的罚款:

(一)未按照规定报送或者保管报告、报表、文件、资料的,或者未按照规定提供有关信息、资料的;

(二)未按照规定报送保险条款、保险费率备案的;

(三)未按照规定披露信息的。

第一百七十二条 违反本法规定,有下列行为之一的,由保险监督管理机构责令改正,处十万元以上五十万元以下的罚款;情节严重的,可以限制其业务范围、责令停止接受新业务或者吊销业务许可证:

(一)编制或者提供虚假的报告、报表、文件、资料的;

(二)拒绝或者妨碍依法监督检查的;

(三)未按照规定使用经批准或者备案的保险条款、保险费率的。

第一百七十三条 保险公司、保险资产管理公司、保险专业代理机构、保险经纪人违反本法规定的,保险监督管理机构除分别依照本法第一百六十一条至第一百七十二条的规定对该单位给予处罚外,对其直接负责的主管人员和其他直接责任人员给予警告,并处一万元以上十万元以下的罚款;情节严重的,撤销任职资格或者从业资格。

第一百七十四条 个人保险代理人违反本法规定的,由保险监督管理机构给予警告,可以并处二万元以下的罚款;情节严重的,处二万元以上十万元以下的罚款,并可以吊销其资格证书。

未取得合法资格的人员从事个人保险代理活动的,由保险监督管理机构给予警告,可以并处二万元以下的罚款;情节严重的,处二万元以上十万元以下的罚款。

第一百七十五条 外国保险机构未经国务院保险监督管理机构批准,擅自在中华人民共和国境内设立代表机构的,由国务院保险监督管理机构予以取缔,处五万元以上三十万元以下的罚款。

外国保险机构在中华人民共和国境内设立的代表机构从事保险经营活动的,由保险监督管理机构责令改正,没收违法所得,并处违法所得一倍以上五倍以下的罚款;没有违法所得或者违法所得不足二十万元的,处二十万元以上一百万元以下的罚款;对其首席代表可以责令撤换;情节严重的,撤销其代表机构。

第一百七十六条 投保人、被保险人或者受益人有下列行为之一,进行保险诈骗活动,尚不构成犯罪的,依法给予行政处罚:

(一)投保人故意虚构保险标的,骗取保险金的;

(二)编造未曾发生的保险事故,或者编造虚假的事故原因或者夸大损失程度,骗取保险金的;

(三)故意造成保险事故,骗取保险金的。

保险事故的鉴定人、评估人、证明人故意提供虚假的证明文件,为投保人、被保险人或者受益人进行保险诈骗提供条件的,依照前款规定给予处罚。

第一百七十七条 违反本法规定,给他人造成损害的,依法承担民事责任。

第一百七十八条 拒绝、阻碍保险监督管理机构及其工作人员依法行使监督检查、调查职权,未使用暴力、威胁方法的,依法给予治安管理处罚。

第一百七十九条 违反法律、行政法规的规定,情节严重的,国务院保险监督管理机构可以禁止有关责任人员一定期限直至终身进入保险业。

第一百八十条 保险监督管理机构从事监督管理工作的人员有下列情形之一的，依法给予处分：

（一）违反规定批准机构的设立的；

（二）违反规定进行保险条款、保险费率审批的；

（三）违反规定进行现场检查的；

（四）违反规定查询账户或者冻结资金的；

（五）泄露其知悉的有关单位和个人的商业秘密的；

（六）违反规定实施行政处罚的；

（七）滥用职权、玩忽职守的其他行为。

第一百八十一条 违反本法规定，构成犯罪的，依法追究刑事责任。

第八章 附 则

第一百八十二条 保险公司应当加入保险行业协会。保险代理人、保险经纪人、保险公估机构可以加入保险行业协会。

保险行业协会是保险业的自律性组织，是社会团体法人。

第一百八十三条 保险公司以外的其他依法设立的保险组织经营的商业保险业务，适用本法。

第一百八十四条 海上保险适用《中华人民共和国海商法》的有关规定；《中华人民共和国海商法》未规定的，适用本法的有关规定。

第一百八十五条 中外合资保险公司、外资独资保险公司、外国保险公司分公司适用本法规定；法律、行政法规另有规定的，适用其规定。

第一百八十六条 国家支持发展为农业生产服务的保险事业。农业保险由法律、行政法规另行规定。

强制保险，法律、行政法规另有规定的，适用其规定。

第一百八十七条 本法自2009年10月1日起施行。

二、农业保险条例

中华人民共和国国务院令　第629号

第一章　总　则

第一条　为了规范农业保险活动，保护农业保险活动当事人的合法权益，提高农业生产抗风险能力，促进农业保险事业健康发展，根据《中华人民共和国保险法》《中华人民共和国农业法》等法律，制定本条例。

第二条　本条例所称农业保险，是指保险机构根据农业保险合同，对被保险人在种植业、林业、畜牧业和渔业生产中因保险标的遭受约定的自然灾害、意外事故、疫病、疾病等保险事故所造成的财产损失，承担赔偿保险金责任的保险活动。

本条例所称保险机构，是指保险公司以及依法设立的农业互助保险等保险组织。

第三条　国家支持发展多种形式的农业保险，健全政策性农业保险制度。

农业保险实行政府引导、市场运作、自主自愿和协同推进的原则。

省、自治区、直辖市人民政府可以确定适合本地区实际的农业保险经营模式。

任何单位和个人不得利用行政权力、职务或者职业便利以及其他方式强迫、限制农民或者农业生产经营组织参加农业保险。

第四条　国务院保险监督管理机构对农业保险业务实施监督管理。国务院财政、农业、林业、发展改革、税务、民政等有关部门按照各自的职责，负责农业保险推进、管理的相关工作。

财政、保险监督管理、国土资源、农业、林业、气象等有关部门、机构应当建立农业保险相关信息的共享机制。

第五条 县级以上地方人民政府统一领导、组织、协调本行政区域的农业保险工作,建立健全推进农业保险发展的工作机制。县级以上地方人民政府有关部门按照本级人民政府规定的职责,负责本行政区域农业保险推进、管理的相关工作。

第六条 国务院有关部门、机构和地方各级人民政府及其有关部门应当采取多种形式,加强对农业保险的宣传,提高农民和农业生产经营组织的保险意识,组织引导农民和农业生产经营组织积极参加农业保险。

第七条 农民或者农业生产经营组织投保的农业保险标的属于财政给予保险费补贴范围的,由财政部门按照规定给予保险费补贴,具体办法由国务院财政部门商国务院农业、林业主管部门和保险监督管理机构制定。

国家鼓励地方人民政府采取由地方财政给予保险费补贴等措施,支持发展农业保险。

第八条 国家建立财政支持的农业保险大灾风险分散机制,具体办法由国务院财政部门会同国务院有关部门制定。

国家鼓励地方人民政府建立地方财政支持的农业保险大灾风险分散机制。

第九条 保险机构经营农业保险业务依法享受税收优惠。

国家支持保险机构建立适应农业保险业务发展需要的基层服务体系。

国家鼓励金融机构对投保农业保险的农民和农业生产经营组织加大信贷支持力度。

第二章 农业保险合同

第十条 农业保险可以由农民、农业生产经营组织自行投保,也可以由农业生产经营组织、村民委员会等单位组织农民投保。

由农业生产经营组织、村民委员会等单位组织农民投保的,保险机构应当在订立农业保险合同时,制定投保清单,详细列明被保险人的投保信息,并由被保险人签字确认。保险机构应当将承保情况予以公示。

第十一条 在农业保险合同有效期内,合同当事人不得因保险标的的危险程度发生变化增加保险费或者解除农业保险合同。

第十二条 保险机构接到发生保险事故的通知后,应当及时进行现场查勘,会同被保险人核定保险标的的受损情况。由农业生产经营组织、村民委员会等单位组织农民投保的,保险机构应当将查勘定损结果予以公示。

保险机构按照农业保险合同约定,可以采取抽样方式或者其他方式核定保险标的的损失程度。采用抽样方式核定损失程度的,应当符合有关部门规定的抽样技术规范。

第十三条 法律、行政法规对受损的农业保险标的的处理有规定的,理赔时应当取得受损保险标的已依法处理的证据或者证明材料。

保险机构不得主张对受损的保险标的残余价值的权利,农业保险合同另有约定的除外。

第十四条 保险机构应当在与被保险人达成赔偿协议后10日内,将应赔偿的保险金支付给被保险人。农业保险合同对赔偿保险金的期限有约定的,保险机构应当按照约定履行赔偿保险金义务。

第十五条 保险机构应当按照农业保险合同约定,根据核定的保险标的的损失程度足额支付应赔偿的保险金。

任何单位和个人不得非法干预保险机构履行赔偿保险金的义务,不得限制被保险人取得保险金的权利。

农业生产经营组织、村民委员会等单位组织农民投保的,理赔清单应当由被保险人签字确认,保险机构应当将理赔结果予以公示。

第十六条 本条例对农业保险合同未作规定的,参照适用《中华人民共和国保险法》中保险合同的有关规定。

第三章　经营规则

第十七条 保险机构经营农业保险业务,应当符合下列条件,并经国务院保险监督管理机构依法批准:

（一）有完善的基层服务网络；

（二）有专门的农业保险经营部门并配备相应的专业人员；

（三）有完善的农业保险内控制度；

（四）有稳健的农业再保险和大灾风险安排以及风险应对预案；

（五）偿付能力符合国务院保险监督管理机构的规定；

（六）国务院保险监督管理机构规定的其他条件。

未经依法批准，任何单位和个人不得经营农业保险业务。

第十八条 保险机构经营农业保险业务，实行自主经营、自负盈亏。

保险机构经营农业保险业务，应当与其他保险业务分开管理，单独核算损益。

第十九条 保险机构应当公平、合理地拟订农业保险条款和保险费率。属于财政给予保险费补贴的险种的保险条款和保险费率，保险机构应当在充分听取省、自治区、直辖市人民政府财政、农业、林业部门和农民代表意见的基础上拟订。

农业保险条款和保险费率应当依法报保险监督管理机构审批或者备案。

第二十条 保险机构经营农业保险业务的准备金评估和偿付能力报告的编制，应当符合国务院保险监督管理机构的规定。

农业保险业务的财务管理和会计核算需要采取特殊原则和方法的，由国务院财政部门制定具体办法。

第二十一条 保险机构可以委托基层农业技术推广等机构协助办理农业保险业务。保险机构应当与被委托协助办理农业保险业务的机构签订书面合同，明确双方权利义务，约定费用支付，并对协助办理农业保险业务的机构进行业务指导。

第二十二条 保险机构应当按照国务院保险监督管理机构的规定妥善保存农业保险查勘定损的原始资料。

禁止任何单位和个人涂改、伪造、隐匿或者违反规定销毁查勘定损的原始资料。

第二十三条 保险费补贴的取得和使用，应当遵守依照本条例第七条制定的具体办法的规定。

禁止以下列方式或者其他任何方式骗取农业保险的保险费补贴：

（一）虚构或者虚增保险标的或者以同一保险标的进行多次投保；

（二）以虚假理赔、虚列费用、虚假退保或者截留、挪用保险金、挪用经营费用等方式冲销投保人应缴的保险费或者财政给予的保险费补贴。

第二十四条 禁止任何单位和个人挪用、截留、侵占保险机构应当赔偿被保险人的保险金。

第二十五条 本条例对农业保险经营规则未作规定的，适用《中华人民共和国保险法》中保险经营规则及监督管理的有关规定。

第四章 法律责任

第二十六条 保险机构未经批准经营农业保险业务的，由保险监督管理机构责令改正，没收违法所得，并处违法所得1倍以上5倍以下的罚款；没有违法所得或者违法所得不足10万元的，处10万元以上50万元以下的罚款；逾期不改正或者造成严重后果的，责令停业整顿或者吊销经营保险业务许可证。

保险机构以外的其他组织或者个人非法经营农业保险业务的，由保险监督管理机构予以取缔，没收违法所得，并处违法所得1倍以上5倍以下的罚款；没有违法所得或者违法所得不足20万元的，处20万元以上100万元以下的罚款。

第二十七条 保险机构经营农业保险业务，有下列行为之一的，由保险监督管理机构责令改正，处10万元以上50万元以下的罚款；情节严重的，可以限制其业务范围、责令停止接受新业务或者取消经营农业保险业务资格：

（一）编制或者提供虚假的报告、报表、文件、资料；

（二）拒绝或者妨碍依法监督检查；

（三）未按照规定使用经批准或者备案的农业保险条款、保险费率。

第二十八条 保险机构经营农业保险业务，违反本条例规定，有下列行为之一的，由保险监督管理机构责令改正，处5万元以上30万元以下的

罚款;情节严重的,可以限制其业务范围、责令停止接受新业务或者取消经营农业保险业务资格:

(一)未按照规定将农业保险业务与其他保险业务分开管理,单独核算损益;

(二)利用开展农业保险业务为其他机构或者个人牟取不正当利益;

(三)未按照规定申请批准农业保险条款、保险费率。

保险机构经营农业保险业务,未按照规定报送农业保险条款、保险费率备案的,由保险监督管理机构责令限期改正;逾期不改正的,处1万元以上10万元以下的罚款。

第二十九条　保险机构违反本条例规定,保险监督管理机构除依照本条例的规定给予处罚外,对其直接负责的主管人员和其他直接责任人员给予警告,并处1万元以上10万元以下的罚款;情节严重的,对取得任职资格或者从业资格的人员撤销其相应资格。

第三十条　违反本条例第二十三条规定,骗取保险费补贴的,由财政部门依照《财政违法行为处罚处分条例》的有关规定予以处理;构成犯罪的,依法追究刑事责任。

违反本条例第二十四条规定,挪用、截留、侵占保险金的,由有关部门依法处理;构成犯罪的,依法追究刑事责任。

第三十一条　保险机构违反本条例规定的法律责任,本条例未作规定的,适用《中华人民共和国保险法》的有关规定。

第五章　附　则

第三十二条　保险机构经营有政策支持的涉农保险,参照适用本条例有关规定。

涉农保险是指农业保险以外、为农民在农业生产生活中提供保险保障的保险,包括农房、农机具、渔船等财产保险,涉及农民的生命和身体等方面的短期意外伤害保险。

第三十三条　本条例自2013年3月1日起施行。

三、中国保监会关于加强保险消费者权益保护工作的意见

保监发〔2014〕89号

（2014年11月18日）

保险消费者是保险业赖以生存发展的前提和根基。保护消费者合法权益是保险监管机构的核心职能，是保险行业的共同责任。为贯彻落实党的十八届四中全会精神和《国务院关于加快发展现代保险服务业的若干意见》（国发〔2014〕29号），推进依法监管、严格依法保护、倡导依法维权，进一步做好新形势下保险消费者权益保护工作，现提出以下意见。

一、总体要求

（一）指导思想。紧紧围绕“抓服务、严监管、防风险、促发展”的总体要求，以完善制度、健全机制为前提，以实施预防性保护、过程性保护为重点，以强化公司主体责任、实施透明度监管为核心，以加大查处力度、加强监督考核为手段，以注重消费者教育、推进行业诚信建设为基础，着力解决关系消费者切身利益的突出问题，着力提升消费者的保险知识水平和维权能力，切实保护消费者的合法权益。

（二）基本原则。一是坚持依法合理。依照法律规定保护消费者的合法权益，尊重保险合同当事人约定，在法律允许的范围内支持消费者的合理诉求。二是坚持公开透明。注重信息披露，加强透明度监管，及时、主动公开保险企业经营和政府监管中涉及消费者权益的相关情况，为消费者的选择提供充分信息。三是坚持协同推进。加强与政府有关部门、司法机关、消费者组织及新闻媒体的沟通协作，引导社会公众积极参与，共同保护消费者的合法权益。

（三）目标任务。到2020年，努力形成科学有效的消费者权益保护制

度体系，建立起健全完善的消费者权益保护工作机制，搭建起多方参与、协同推进的消费者权益保护工作格局。保险服务质量和水平大幅提升，损害消费者合法权益的行为得到有效遏制。消费者满意度明显提高，消费者的维权意识和能力显著增强，保险行业形象和社会信誉切实改善。

二、强化保险公司主体责任

（四）树立客户第一的经营理念。保险公司要强化服务意识，适应客户需求开发多样化的保险产品，提供个性化、定制化、高品质的保险服务。践行保险行业核心价值理念，诚实守信经营，公平对待消费者。

（五）公平合理设定合同权利义务和厘定产品费率。保险公司要依法制定保险合同条款，不得违反法律法规的禁止性和强制性规定，确保保险合同双方权利义务公平合理；按照结构清晰简单、内容集中明确、利于查找阅读的原则编制保险合同条款，推进合同文本标准化，力求文字表述通俗化；保险合同条款被人民法院裁判认定为无效的，要主动向保险监管机构报告；完善保险产品定价模型，合理确定产品费率。

（六）规范销售行为。保险公司要根据产品特点和消费者风险承受能力建立区分销售制度，将合适的产品销售给有相应需求的消费者。不得利用广告或者其他宣传方式对保险条款内容和服务质量等做引人误解的宣传；不得在销售活动中阻碍消费者履行如实告知义务，或者诱导其不履行如实告知义务；不得伪造、擅自变更保险合同，或者为消费者提供虚假证明材料；不得夸大保险产品收益，隐瞒合同重要内容，提供虚假产品信息；禁止未经消费者书面授权或者追认而代替其签订保险合同以及其他违反法律、行政法规和保监会规定的行为。通过电话或者互联网销售保险产品，保留与双方权利义务相关的电话录音和网络销售痕迹。完善委托合同约定，规范与其有代理关系的保险中介机构的销售行为，并对保险中介机构的违规销售行为承担相应责任。

（七）及时公允理赔给付。保险公司要建立公正透明的理赔给付处理和争议解决程序，优化工作流程，简化理赔给付手续，及时、公道地开展理赔给付。对涉及免赔、拒赔和比例赔付等情况，向索赔人充分说明理由。

建立完善小额赔款快速理赔机制,定期开展积压赔案清理工作,不得拖赔、惜赔和无理拒赔。

(八)提升保险服务质量和水平。保险公司要不断改进服务,创新服务模式,丰富服务内涵,加强服务网络建设。建立销售、承保、回访、保全和理赔给付等各环节的服务标准,制定服务承诺,并将服务标准和承诺公开,接受社会监督。接到消费者出险报案后,要指导其提出索赔申请,告知理赔给付程序、时限、索赔资料等,并及时提供有关理赔给付状态的信息。

(九)保障消费者信息安全。保险公司要建立消费者信息保护制度,确保信息的采集、使用和保存符合法律规定或者征得消费者同意,确保业务系统记录的消费者信息资料真实完整有效。完善信息技术保障手段,防止消费者信息泄露,不得利用非法获取的消费者信息开展经营活动和获取不当利益,不得篡改消费者信息资料。加强对互联网消费者信息使用的管理。建立电话号码屏蔽制度。

三、加强信息披露

(十)及时披露与消费者权益相关的产品和服务信息。保险公司要在官方网站显著位置公布保险产品条款和服务承诺信息,以清晰和通俗的语言向消费者说明保险产品和服务,重点突出保障范围、免责条款、预期收益等与消费者利益密切相关的内容,并对免责条款做出足以引起消费者注意的提示和明确说明。在保险合同存续期间,及时向消费者披露该产品相关的信息。

(十一)加强透明度监管。保监会有关部门、保监局要建立健全消费者权益保护方面的信息披露制度,监督保险公司及时披露与消费者权益相关的产品和服务信息。定期公布保险公司被投诉情况和损害消费者合法权益的典型案例,依法公布行政许可、行政处罚、重要监管措施和损害消费者合法权益行为的查处情况等监管信息。开展保险公司服务质量评价、消费者满意度和消费者信心指数测评,并将评价和测评结果向社会公布。每年组织编写并向社会发布《中国保险消费者权益保护白皮书》。

四、严厉查处损害消费者合法权益的行为

（十二）加大查处力度。保监会有关部门、保监局要加大执法力度，加强对重点领域和薄弱环节的专项检查，依法严肃查处各类损害消费者合法权益的行为。加强市场跟踪，开展对损害消费者合法权益行为的监测。

（十三）强化责任追究。保监会有关部门、保监局要建立健全对各类损害消费者合法权益行为的问责制度，强化保险公司管理人员的管控责任。保险公司要制定内部责任追究制度，除追究违法违规行为人直接责任外，还要追究对违法违规行为的发生负有责任的部门负责人、高级管理人员的间接责任；对造成重大群体性事件等严重后果的损害行为，同时追究行为人所在机构主要负责人的责任。

五、完善消费者维权机制

（十四）健全投诉处理机制。保监会有关部门、保监局要健全投诉事项办理、监督检查、考核和责任追究制度；督促保险公司认真处理保险消费投诉事项，不断提高投诉处理工作规范性和有效性；加大督办和考核力度，对保险公司投诉处理工作中损害消费者合法权益的行为及时采取监管措施，并监督其限期整改。保险公司要设置专门的投诉处理部门和岗位，配备必要的工作人员，建立投诉处理工作责任制；畅通投诉渠道，公布本公司客户服务和消费者投诉电话号码，在营业场所开辟投诉专区，张贴投诉办理须知，建立健全各级机构总经理接待日制度；规范投诉处理程序，严格处理时限，提高处理效率，及时解决消费者的合理诉求。

（十五）完善纠纷调处机制。保监会有关部门、保监局要积极指导推进保险纠纷调处机制建设，并监督其规范运作。地方保险行业协会要做好纠纷调解机构的建设和运行管理，完善制度，规范程序，保障经费，建立多元化、专业化的调解员队伍，保证调解机构具有独立性和中立性。保险公司要支持分支机构积极参与和融入当地纠纷调处体系，根据争议案件的性质、影响等情况适当调整核赔授予权限。

（十六）推进保险纠纷“诉调对接”“仲调对接”机制建设。保监会有关

部门、保监局和地方保险行业协会要建立包括调解、仲裁、诉讼等在内的保险消费纠纷多元化解决机制，提高纠纷调解工作的公信力和有效性。加强与司法机关、仲裁机构的沟通合作，在全国范围内广泛建立保险纠纷诉讼与调解、仲裁与调解对接机制。

六、提高消费者的保险知识水平和风险意识

（十七）有效开展消费者教育。保监会有关部门、保监局要充分利用"3·15"国际消费者权益日"7·8"全国保险公众宣传日集中开展保险宣传教育活动，并持续推动保险知识"进学校、进农村、进社区、进机关、进企业"，形成全社会"学保险、懂保险、用保险"的氛围。保险行业协会要组织会员公司通过多种渠道和方式开展保险知识、风险意识和维权能力的宣传教育活动。保险公司要将消费者及公众教育纳入客户服务体系，在官方网站、地市级及以上机构的营业场所开辟消费者教育专区，并积极开拓新媒体平台开展保险宣传和普及保险知识。

（十八）加强消费风险提示。保监会有关部门、保监局和保险行业协会要建立健全保险消费风险监测和提示工作机制，定期向社会公众提示保险购买、理赔、投诉及争议解决等环节存在的风险及注意事项。保险公司、保险中介机构及保险销售人员在销售保险产品时要及时向消费者提示风险。

七、发挥相关部门和社会组织协同作用

（十九）构建消费者权益保护协同运作机制。保监会有关部门、保监局要建立完善与政府有关部门、司法机关以及保险行业协会、消费者组织等社会团体的协调联动机制，在保险消费者权益保护工作的信息互通、案件移交等方面加强合作。推动成立保险消费者权益保护社会组织，支持其开展保护保险消费者合法权益的活动。

（二十）发挥社会公众和新闻媒体的监督作用。保监会有关部门、保监局要重视发挥好社会监督员作用，充分吸收社会监督员的意见建议；支持并主动借助新闻媒体曝光损害消费者合法权益的行为及典型案件，发

挥其监督作用。保险公司要主动加强与新闻媒体和社会公众的沟通联络，正确对待负面舆论报道，认真听取社会各界和消费者的意见，不断改进服务。

八、加强基础建设

（二十一）加强制度建设。保监会有关部门要推动完善以保险法为核心、以行政法规和部门规章为主体、以规范性文件为补充的法律制度体系，充实消费者权利规定，细化保险公司义务的履行要求，强化损害消费者合法权益行为的法律责任；定期开展法规制度有效性评估，做好制度废改立工作，不断完善相关制度。保险公司要建立健全维护消费者合法权益的各项制度，切实落实法律规定和监管要求。

（二十二）加强行业诚信和信用体系建设。保监会有关部门、保监局要按照国务院《社会信用体系建设规划纲要（2014—2020年）》的总体部署，深入推进保险业信用体系建设和诚信建设，建立保险公司、保险中介机构信用评价体系，充实完善信用记录，健全保险从业人员信用档案制度和失信惩戒机制，形成全行业诚实守信的良好氛围。保险行业协会要建立行业诚信记录查询平台，建立守信激励和失信惩戒制度，组织开展行业诚信服务窗口、服务标兵的评选表彰和宣传活动。保险公司要将诚信融入到企业文化之中，建立健全诚信约束制度，对守信者予以激励，对失信者进行惩戒。

（二十三）加强消费者权益保护工作信息化建设。保监会有关部门要加强保险监管机构投诉管理系统建设，实现其与各保险公司投诉系统的对接；健全“12378”维权热线服务网络，指导中国保险行业协会做好“12378”维权热线系统的运行维护工作；搭建保险业信用信息平台，实现与金融业统一征信平台互联互通。保险公司要充分发挥信息技术对服务消费者、维护消费者合法权益工作的支持作用，将信息技术运用到产品开发、销售、理赔给付、投诉处理各个环节，改进和完善信息披露平台，提高服务效率和改善消费者服务体验。

九、加强组织领导与考核监督

（二十四）加强组织领导。保监会有关部门要建立健全沟通协调、信息共享和协同处理机制，形成保护消费者合法权益的监管合力。保监局要建立消费者权益保护工作“一把手”负责制，健全工作机构，充实人员力量。保险行业协会要设立消费者事务工作机构，推进保险服务标准化，推动成员公司提升服务质量和水平，督促成员公司妥善处理与消费者的争议纠纷。保险公司各级机构要建立以总经理为第一责任人的维护消费者合法权益责任制，并设立由高级管理人员牵头、相关部门组成的消费者事务委员会，负责落实维护消费者合法权益的监管要求，研究制定维护消费者合法权益的制度措施，指导、协调和处理本单位及所属机构与消费者相关的各项事务。

（二十五）强化考核监督。保监会有关部门要加强对保监局、保险公司消费者权益保护工作的考核监督，并定期通报。保监局要建立健全对辖区保险机构和保险中介机构消费者权益保护工作的考核指标体系，督促辖区保险业切实维护消费者合法权益并定期组织考核。保险公司要将维护消费者合法权益情况、服务质量情况、投诉处理工作情况等纳入各级机构经营考核指标体系，并与相关人员的薪酬分配、职务晋升挂钩。

四、淮安市人民政府办公室关于进一步完善城乡居民基本养老保险制度的意见

淮政办发〔2015〕109号

（2015年8月10日）

各县区人民政府，市各委办局，市各直属单位：

2011年12月以来，我市全面整合新型农村社会养老保险和城镇居民社会养老保险，建立统一的城乡居民社会养老保险制度，城乡居民社会养老保险覆盖面进一步扩大，待遇水平不断提升，管理服务更加规范，有力促进了社会保障事业发展。为加快建立更加公平可持续的社会保障体系，根据《国务院关于建立统一的城乡居民基本养老保险制度的意见》（国发〔2014〕8号）、《省政府办公厅关于进一步完善城乡居民基本养老保险制度的意见》（苏政办〔2014〕104号），经市人民政府同意，现就进一步完善城乡居民基本养老保险制度提出以下意见：

一、将淮安市城乡居民社会养老保险制度更名为淮安市城乡居民基本养老保险制度。

二、城乡居民基本养老保险以“全覆盖、保基本、有弹性、可持续”为方针，以增强公平性、适应流动性、保证可持续性为重点，合理分担个人（家庭）与政府责任，科学确定筹资标准和待遇水平，完善保险关系转移接续和制度衔接，强化基金管理监督和经办管理服务，逐步提高基金管理层次，建立完善覆盖全体城乡居民的基本养老保险体系。

三、城乡居民基本养老保险坚持和完善社会统筹与个人账户相结合的制度模式，巩固和拓宽个人缴费、集体补助、政府补贴相结合的资金筹集渠道，完善基础养老金和个人账户养老金相结合的待遇支付政策，强化长缴多得、多缴多得等制度激励机制，完善服务网络，提高管理水平，促进城乡居民基本养老保险平稳可持续发展。

四、具有本市户籍,年满16周岁(不含在校学生),非国家机关和事业单位工作人员及不属于职工基本养老保险制度覆盖范围的城乡居民,应在户籍地参加城乡居民基本养老保险。

五、参加城乡居民基本养老保险人员(以下简称参保人员)个人缴费标准目前设为每年100元、300元、400元、500元、600元、700元、800元、900元、1000元、1500元、2000元、2500元、3000元、3500元14个档次。其中100元的缴费档次,只适用于重度残疾人等缴费困难群体。县(区)政府和(管委会)可以根据经济社会发展水平适当增设缴费档次,最高缴费档次标准原则上不超过当地灵活就业人员参加企业职工基本养老保险的年缴费额,并报市人力资源社会保障局备案。市根据省要求和经济发展及城乡居民收入增长等情况适时调整缴费档次标准。参保人员多缴多得、长缴多得。

六、有条件的村集体经济组织应当对参保人员缴费给予补助,鼓励有条件的社区将集体补助纳入社区公益事业资金筹集范围。鼓励其他社会经济组织、公益慈善组织、个人为参保人员缴费提供资助。补助、资助金额不超过当地设定的最高缴费档次标准。

七、县(区)政府(管委会)应当对参保人员缴费给予补贴,对选择最低档次标准缴费的,补贴标准不低于每人每年30元;对选择较高档次标准缴费的,适当增加补贴金额;对选择500元及以上档次标准缴费的,补贴标准不低于每人每年60元,有条件的可适当提高补贴标准,最高补贴标准不超过100元,分档补贴具体标准和办法由县(区)政府(管委会)确定。对重度残疾人等缴费困难群体,县(区)政府(管委会)为其代缴全部最低标准的养老保险费。

八、政府为每个参保人员建立终身记录的养老保险个人账户,个人缴费、政府对参保人员的缴费补贴、集体补助和其他社会经济组织、公益慈善组织、个人对参保人员的缴费资助以及个人账户利息,全部记入个人账户。个人账户储存额参照我省企业职工基本养老保险个人账户记账利率计息。

九、参保人员年满60周岁、按规定缴费且未领取国家规定的基本养老保障待遇的，可以按月领取城乡居民基本养老保险待遇。

新农保或城居保制度实施时已年满60周岁，未领取国家规定的基本养老保障待遇的，不用缴费，可以按月领取城乡居民养老保险基础养老金；距规定领取年龄不足15年的，应逐年缴费，也允许补缴，累计缴费不超过15年；距规定领取年龄超过15年的，应按年缴费，累计缴费不少于15年，到领取年龄时累计缴费年限不足15年的，延长缴费至15年并延迟领取待遇。基本养老保险待遇包括基础养老金和个人账户养老金。

十、政府对符合领取城乡居民基本养老保险待遇条件的参保人员全额支付基础养老金。按省确定基础养老金最低标准，并建立基础养老金最低标准正常调整机制。县（区）政府（管委会）可根据实际情况适当提高基础养老金标准，对于连续缴费超过15年的参保人员，每超过1年，基础养老金增发2元/月。提高和增发基础养老金部分的资金由地方人民政府支出。

十一、个人账户养老金的月计发标准，目前为个人账户全部储存额除以139。参保人员死亡的，其个人账户资金余额可依法继承。各地应建立丧葬补助金制度，对参保死亡人员每人一次性补助1000元丧葬补助金，丧葬补助金由地方财政支出，若国家和省另有规定的从其规定。社会保险经办机构要完善城乡居民基本养老保险待遇领取人员信息核对机制，确保不虚、不重、不漏、不错。

十二、参保人员在缴费期间户籍迁移、需要跨地区转移城乡居民基本养老保险关系的，可在迁入地申请转移养老保险关系，一次性转移个人账户全部储存额，并按迁入地规定继续参保缴费，缴费年限累计计算；已经按规定领取城乡居民基本养老保险待遇的，无论户籍是否迁移，其养老保险关系不转移。

十三、完善城乡居民基本养老保险基金财务会计制度和各项业务管理规章制度。城乡居民基本养老保险基金纳入社会保障基金财政专户，实行收支两条线管理，单独记账、独立核算，任何地区、部门、单位和个人均不得挤占挪用、虚报冒领。目前，城乡居民基本养老保险以县（区）为统筹地区，条件成熟时逐步向市级、省级统筹过渡。城乡居民基本养老保险基金按照国家统一规定投资运营，实现保值增值。

十四、各级人力资源社会保障部门要会同有关部门加强城乡居民基本养老保险基金监管，健全内控制度和基金稽核监督制度，并按规定披露信息，接受社会监督。财政、审计部门要对基金的收支、管理和投资运营情况实施监督。有关部门要依法严肃查处虚报冒领、挤占挪用等违纪违法行为。

十五、各地要加强城乡居民基本养老保险经办管理，为参保人员提供便捷服务。要在现有业务管理系统基础上，整合形成省级集中的城乡居民基本养老保险信息管理系统，纳入“金保工程”建设，并与其他公民信息管理系统实现信息资源共享。将信息网络向基层延伸，实现省、市、县、乡镇（街道）、社区实时联网，有条件的地区可延伸到行政村。

十六、本意见自2015年1月1日起实施，已有规定与本意见不一致的，按本意见执行。

淮安市人民政府办公室

五、淮安市人民政府关于加快发展现代保险服务业的实施意见

淮政发〔2015〕156号

（2015年9月8日）

各县区人民政府，市各委办局，市各直属单位：

为贯彻落实《国务院关于加快发展现代保险服务业的若干意见》（国发〔2014〕29号）和《省政府关于加快发展现代保险服务业的实施意见》（苏政发〔2014〕124号），全力推进我市现代保险服务业发展，结合我市实际，现提出如下实施意见。

一、总体要求与发展目标

（一）总体要求。认真贯彻落实党的十八大和十八届三中、四中全会精神，按照国务院和省政府加快现代保险服务业发展的决策部署，紧紧围绕市委市政府提出建设苏北重要中心城市和实现全面小康社会“两大目标”，以利企惠民为出发点，加快发展现代保险服务业，满足全社会多元化保险需求，不断提升保险服务地方经济社会发展的能力和水平。

（二）发展目标。加快建设保障全面、功能完善、安全稳健、诚信规范，与我市社会经济发展需求相适应的现代保险服务业体系，使其成为政府、企业、居民风险管理和财富管理的基本手段，成为风险保障、资金融通、社会管理的重要方式，成为政府改进公共服务、提升管理效率的有效工具。到2020年，全市保险深度（保费收入/区域生产总值）达到5%，保险密度（保费收入/总人口）超过3500元/人。其中，责任险保费收入在财产险保费收入占比达到10%，人身保障型保险保费收入在寿险保费收入中占比达到30%。

二、大力发展商业养老健康保险，构筑多元化民生保障网

（三）加快发展商业养老保险。支持有条件的企业建立企业年金制度和商业养老保障计划，支持保险机构大力拓展企业年金保险等业务，支持保险机构投资养老产业，促进保险服务业与养老服务业的融合发展。创新养老产品和服务，支持保险公司提供专业化的护理养老服务。支持个人税收递延性养老保险和老年人住房反向抵押养老保险业务试点。

（四）积极发展商业健康保险。鼓励保险公司根据市情开发与基本医疗保险相衔接的商业健康保险产品，提供疾病预防、健康维护、慢性病管理等全生命周期的健康管理和医疗服务。支持保险机构参与健康服务业产业链整合，设立医疗机构和参与公立医院改制。进一步完善大病保险制度，支持商业保险机构通过公平竞争，参与城镇职工和城市居民大病保险经办管理。

（五）加大特殊人群保险保障力度。探索建立民政部门与商业保险机构合作模式，在民政救助、救济和优抚等领域引入保险机制。统筹设计和制定针对老年人、残疾人、独生子女及家庭、留守儿童、学生、低保困难人员、退休返聘人员等特殊群体养老、医疗、意外保障计划及政策意见。进一步完善社会保障机制，充分发挥财政资金杠杆引导作用，构筑特殊人群综合保障网。

三、提高"三农"保险广度深度，创新支农惠农强农方式

（六）提高农业保险覆盖面和保障水平。鼓励保险机构拓展农业保险服务范围，在巩固扩大传统种养殖保险的基础上，大力发展高效设施农业保险，提高农业保险覆盖面。支持保险机构围绕地方特色开发产量保险、价格指数保险、天气指数保险等新型农业保险产品和特色优势农产品保险，提高农业保险保障水平。鼓励保险机构与银行联合，为专业大户、家庭农场、农业龙头企业、合作社等新型农业经营主体提供综合化金融保险服务，加快推动现代农业发展。

（七）进一步完善农业保险运行机制。强化政策性农业保险推动工作

机制，发挥农业保险“联办共保”模式的优势与活力，借鉴和扩大应用范围，同时完善和规范农业保险经办机构选择和退出机制，促进涉农保险机构加强基层服务网点和队伍体系建设，构建与我市农业保险发展需要相适应的服务体系。进一步健全保险机构与灾害预报部门、农业主管部门的合作机制，搭建信息平台，实现资源共享，提升农业生产防灾减灾工作水平。

（八）鼓励发展涉农商业保险。鼓励保险机构围绕建设现代农业、促进农民增收、推进城乡一体化目标，设计开发保障适度、保费低廉、保单通俗的保险产品，提高“三农”发展的综合保障水平。鼓励各级财政设立“三农”保险专项发展资金，大力推广农村小额人身保险、农民养老健康保险、农村综合治安保险、农房保险、农机保险等普惠型涉农保险业务，切实提升我市农民和农村抵御风险的能力。

四、拓宽保险服务功能，助推实体经济转型升级

（九）鼓励保险资金投资实体经济。积极寻求与保险集团开展战略合作，招引保险资金来淮投资，通过建立保险引资动态项目库，构建保险资金与地方重点项目的常态化对接机制。建立多元化的保险资金投资增信机制，支持保险资金以债券、股权和项目资产支持计划等多种形式广泛参与我市重大项目、基础设施建设和不动产等领域投资，以及为科技型企业、小微企业、战略性新兴产业发展提供资金支持。

（十）推动保险服务经济转型升级。积极发展个人消费贷款保证保险，释放居民消费潜力。稳步推进小微企业贷款保证保险和信用保险，健全财政支持与银保合作的风险共担机制，缓解小微企业融资难问题。大力推广科技保险，完善科技保险政策，鼓励设立科技保险专营机构，重点为处于初创期、成长期的科技企业提供科技金融服务，促进企业创新和科技成果产业化。引导保险与证券、银行、创投等机构加强合作，逐步形成小微金融、科技金融等产业金融。发挥保险对现代服务业等产业的辐射作用，积极发展文化产业保险、物流保险，探索演艺、会展责任险等新兴保险业务，促进第三产业发展。

（十一）加大保险业支持企业“走出去”的力度。鼓励保险公司开展我市进出口、境外投资、对外工程承包和国际合作的承保业务。大力发展出口信用保险，着力发挥出口信用保险促进外贸稳定增长和转型升级的作用。

五、发挥保险社会管理作用，完善社会治理体系

（十二）发挥保险风险管理服务功能。充分发挥保险机构在风险管理方面的专业优势，鼓励保险公司、保险中介机构加大风险管理资源投入和优化，主动介入风险管理领域，为政府、企业和家庭提供专业的风险管理服务。创新公共服务提供方式，通过加强事前预防、事中管理，及时识别、防范、管控风险，增强对风险事故的管控能力，提高应急处理和理赔服务水平。风险管理信息要及时纳入地方征信平台，充分发挥保险机构在安全生产领域的第三方管理作用。

（十三）探索开展强制责任保险试点。紧密结合淮安主导产业发展，把与公众利益关系密切的安全生产、公众安全、食品安全、医疗责任、医疗意外、校园安全、实习安全、电梯安全、养老机构责任、残疾人托养服务机构责任、社区平安综治等领域纳入商业责任保险保障范围，通过政府引导、政策支持、部门落实、协会参与、市场运作的形式推动相关领域责任保险发展，研究探索企业通过购买有关安全或安全责任保险替代缴纳各类保证金的机制。

（十四）扩大保险覆盖面，提高灾害救助参与度。全面提高非煤矿山、危险化学品、烟花爆竹、高风险食品等重点企业的保险覆盖面，继续提高建筑施工、电力、机械、冶金、交通运输等行业和公共聚焦场所的保险覆盖面。开展电梯安全责任保险试点。针对盐化工产业发展和环境污染企业状况，开展环境污染责任险试点。市食药监部门牵头、食品安全协会等参与，针对食品生产加工环节的肉制品、食用油、酒类、液态奶、软饮料、糕点等企业和经营环节的集体用餐配送单位、餐饮连锁企业、学校食堂等单位开展食品安全责任保险试点。完善医疗责任保险制度，实现三级、二级公立医院医疗责任保险100%覆盖并建立保额动态调整激励机制，逐步提高一级公立医院的保险覆盖面。出台我市养老机构责任保险实施方案,将全市养老机构纳入保障范围,并逐步将社区养老中心纳入保障范围。完善老年人、独生子女家庭意外伤害保险制度,探索残疾人托养服务机构综合责任保险补贴制度。开展社区平安综治责任保险试点,建立群防群治保险工作机制。

六、加快保险市场建设,推动保险业持续较快发展

(十五)大力培育发展保险市场主体。积极支持符合条件的企业和社会资本参股投资或发起设立保险公司和保险中介机构,探索成立淮安市法人保险公司的可行性和具体路径。支持保险机构在我市设立总部、健康管理中心、财富管理中心、护理型养老机构、研发中心和数据中心等专属机构。鼓励各类保险公司到我市设立分支公司,引导现有保险公司合理布局,向重点乡镇延伸,增强对县域经济的辐射。积极培育保险中介机构,充分发挥其在业务咨询与招揽、风险管理与安排、价值衡量与评估、损失鉴定与理算等方面的积极作用,为保险消费者提供增值服务。

(十六)积极培育支持互联网保险业务。支持综合型第三方保险电子商务网建设,鼓励多企联办"保险超市"或直销平台,建立涵盖车险、意外险、健康险、家财险等险种的互联网金融保险,让客户可以在线比较多家保险公司的产品,可以在线进行投保,实现一站式保险自助购买体验,达到保费透明,权益清晰,明白消费,自主选择的目标。逐步规范互联网保险经营行为,维护保险消费者合法权益,促进互联网保险业务健康持续发展。

(十七)加快保险专业人才队伍建设。引导保险公司建立健全保险从业人员培养激励考核机制,积极推动基层协保组织建设,提高基层保险服务水平。大力引进和培养风险管理、保险精算、定损理算、核保与理赔、产品研发、资金运用等领域的专业人才,将保险专业人才培养纳入全市金融人才发展战略,并与全市年轻干部素质培优工程有机衔接,为我市金融业健康快速发展提供强有力的智力支撑。

(十八)切实发挥行业协会功用。市保险业协会、食品安全协会等要积极发挥桥梁纽带作用,反映行业需求,对接保险机构,积极牵头引导保险机构为我市相关企业出台量身定做的保险险种和条款,更好的防范降低风险。

七、加强和改进保险监管,防范化解风险

(十九)切实防范化解保险风险。完善保险业自律体系,强化基层保险市场自治自律水平。强化责任追究,严厉打击保险诈骗和侵占、挪用保险资金、非法保险交易等违法活动,防止风险积累,防范风险跨行业、跨区域传递。发挥市金融稳定协调机制的作用,健全保险监管与地方政府以及公安、司法、新闻宣传、食药监等部门的合作机制,提高金融监管协调效率。加强保险业风险管理,完善以防范化解风险为导向的监管制度和手段,优化风险处置流程和制度,提高风险处置能力,守住不发生系统性、区域性金融风险的底线。

(二十)保护保险消费者合法权益。建立保险消费者纠纷多元化解决机制,建立健全保险纠纷诉讼、仲裁与调解对接机制。大力发展和规范保险法律服务市场,加强对司法鉴定和保险诉讼代理的执业行为管理。综合治理理赔难、销售误导等问题,严肃查处各类损害保险消费者合法权益的行为。鼓励保险行业协会开展车险服务质量评级管理,提升车险服务水平。加强保险业信用体系建设,完善保险从业人员信用档案,推广使用职业信用报告,健全保险机构信用评价体系和失信惩戒机制,引导职业道德建设与行为规范,形成诚实守信的良好社会形象。

(二十一)完善保险评价考核机制。建立和改进保险产品和服务评价机制,组织相关机构、专家和客户代表定期开展各保险企业同类产品横向比较与评鉴,向社会公开公布评比结果,促进保险机构结合市情,主动设计或引入惠民产品,引导保险市场公平交易和有序竞争,推动保险赢得全社会的认可和信赖。加强保险业考核工作,将财产险中责任险及寿险中人身保障型保险的保费收入、增速及占比纳入考核的重点内容,对工作成绩突出的保险机构给予表彰。

八、强化基础保障，营造现代保险服务业发展良好环境

（二十二）开展保险宣传教育。大力普及保险知识，开展保险知识进学校、进农村、进社区、进企业、进机关活动。鼓励保险机构与学校结对，通过送教材、办讲座等多种形式，让保险意识培养从校抓起、从小抓起。把现代保险知识纳入学院、讲堂、社区宣传的常规学习培训内容，形成全社会学保险、懂保险、用保险的氛围。

（二十三）加大政策扶持力度。研究制定吸引保险资金投资淮安的优惠政策。加大"三农"保险财税扶持力度，落实农业保险税收优惠政策，完善科技和小微企业保险保费补贴和风险补偿机制，积极研究相关险种保费补贴或风险补偿政策，探索将农业直接财政补贴转化为保费补贴等方式，逐步完善农业保险财政扶持政策。落实健康保险、养老保险、补充医疗保险有关税收政策。各级政府和部门要在符合土地利用总体规划前提下，在年度用地计划中统筹考虑保险投资养老产业、健康服务业的需要，优先保障土地供应。

（二十四）进一步加强组织领导。设立"现代保险服务业发展指导委员会"，分管市长为召集人，市金融办为牵头部门，会同有关部门统一推进保险创新发展相关工作，研究涉及全局性、跨部门等综合事项，定期通报工作进展及落实情况，协调解决保险业发展中问题。

各地、各部门要充分认识现代保险的经济补偿、资金融通和社会管理重要功能和重大意义，切实把加快发展现代保险服务业放在地方经济社会工作整体布局中统筹考虑，作为发展现代服务业重要抓手，加强沟通协作，多级联动，形成推进合力，努力营造现代保险服务业发展良好环境，促进现代保险服务业又好又快发展。

淮安市人民政府

六、保险公司城乡居民大病保险业务管理暂行办法

保监发〔2013〕19号

（2013年3月12日）

第一章　总则

第一条　本办法所称城乡居民大病保险（以下简称“大病保险”），是指为提高城乡居民医疗保障水平，在基本医疗保障的基础上，对城乡居民患大病发生的高额医疗费用给予进一步保障的一项制度性安排。具体做法是从城镇居民基本医疗保险（以下简称“城镇居民医保”）基金、新型农村合作医疗（以下简称“新农合”）基金或城乡居民基本医疗保险（以下简称“城乡居民医保”）基金中划出一定比例或额度作为大病保险资金，通过招投标方式向符合经营资质的商业保险公司购买大病保险。

大病保险是基本医疗保障制度的拓展和延伸。

第二条　本办法适用于与城镇居民医保、新农合或城乡居民医保相衔接的大病保险业务。部分地区建立的覆盖城镇职工、城镇居民、农村居民的统一的大病保险制度也可适用本办法。

第三条　本办法所称投保人为地方政府授权的部门；被保险人为大病保险开展地区参加城镇居民医保、新农合或城乡居民医保的全部参保（合）人；受益人为被保险人本人。

如无特别指明，本办法所称保险公司，包括保险公司及其分支机构。

第四条　保险公司开展大病保险业务，应优先维护被保险人的合法利益，通过提高运行效率、服务质量、风险管理水平、医疗服务和费用监控能力，实现大病保险业务可持续发展，树立良好的市场信誉。

第二章　经营资质

第五条　保险公司总公司开展大病保险业务应当具备以下基本条件：

（一）注册资本不低于人民币20亿元或近三年内净资产均不低于人民币50亿元；专业健康保险公司除外；

（二）满足保险公司偿付能力管理规定，专业健康保险公司上一年度末和最近季度末的偿付能力不低于100%，其他保险公司上一年度末和最近季度末的偿付能力不低于150%；

（三）在中国境内连续经营健康保险专项业务5年以上，具有成熟的健康保险经营管理经验；

（四）依法合规经营，近三年内无重大违法违规行为；

（五）能够对大病保险业务实行专项管理和单独核算；

（六）具备较强的健康保险精算技术，能够对大病保险进行科学合理定价；

（七）具备完善的、覆盖区域较广的服务网络；

（八）配备具有医学等专业背景的人员队伍，具有较强的核保、核赔能力和风险管理能力；

（九）具备功能完整、相对独立的健康保险信息管理系统，能够按规定向保险监管部门报送大病保险相关数据；

（十）中国保监会规定的其他条件。

第六条　同一保险集团公司在一个大病保险统筹地区投标开展大病保险业务的子公司不超过一家。

保险集团公司应当整合资源，加强指导，统筹协调子公司做好大病保险业务。

第七条　保险公司省级分公司（含计划单列市分公司、总公司直管的分公司）开展大病保险业务应当具备以下基本条件：

（一）总公司具有开展大病保险业务资质；

(二)总公司批准同意开展大病保险业务;

(三)近三年内无重大违法违规行为;

(四)在开展大病保险的地区配备熟悉当地基本医保政策,且具有医学等专业背景的专职服务队伍,能够提供驻点、巡查等大病保险专项服务;

(五)当地保监局规定的其他条件。

第八条 中国保监会根据本办法,公布并及时更新具有资质的保险公司总公司名单。

保监局根据本办法和中国保监会公布的保险公司总公司名单,公布并及时更新具有资质的保险公司省级分公司(含计划单列市分公司、总公司直管的分公司)名单。

列入资质名单的保险公司可以依照本办法开展大病保险业务。

第九条 直接保险公司总公司作为大病保险的再保险接受人或转分保接受人时,应具备本办法第五条规定的基本条件,并应具有大病保险经营资质;其分支机构作为大病保险的再保险接受人或转分保接受人时,该分支机构应具备本办法第七条规定的基本条件,并应具有大病保险经营资质。

第三章 投标管理

第十条 具备大病保险经营资质的保险公司,在符合招标文件规定资格条件的基础上,可作为投标人参加大病保险投标。

第十一条 投标人应按照招标文件的要求编制投标文件,对招标文件提出的要求和条件作出实质性响应。投标文件应根据招标人提供的基本医保经验数据及提出的管理服务要求,科学预估承保风险和管理服务成本,合理确定保险费、保险金额、起付金额、给付比例,同时包括大病保障对象、保障期限、责任范围、除外责任、结算方式、医疗管理和服务措施等内容。

投标文件应经保险公司总公司批准同意,并由总公司出具精算意见书、法律意见书和相应授权书。

第十二条　投标人不得弄虚作假，不得相互串通投标报价，不得恶意压价竞争，不得妨碍其他投标人的公平竞争，不得损害招标人或者其他投标人的合法权益，不得以向招标人、评标委员会成员行贿或者采取其他不正当竞争手段谋取中标，不得泄露招标人提供的参保人员信息。

第十三条　投标人应在投标7个工作日之前，向当地保监局报告拟投标大病保险项目的名称、招标人、投标时间等基本情况。

保监局应全程跟踪招投标过程，监督保险公司依法合规参与大病保险投标。对投标价格明显偏低的，保监局要进行综合评估，禁止恶性竞争。

第十四条　投标人在中标后，应按照招投标文件内容规定，与投保人签订大病保险合作协议。大病保险合作协议的期限原则上不低于三年，大病保险合同内容可每年商谈确定一次。

大病保险合作协议签署后，应在一个月内由保险公司省级分公司（含计划单列市分公司、总公司直管的分公司）报送当地保监局。

第四章　业务管理

第十五条　保险公司对大病保险实行专项管理。保险公司总公司对大病保险项目进行统一审核。

第十六条　保险公司可根据中国保险行业协会发布的大病保险示范条款制定大病保险专属产品条款，大病保险专属产品的定名应当符合下列格式：

“保险公司名称”+“说明性文字”+“城乡居民大病团体医疗保险”

大病保险专属产品报中国保监会人身保险监管部备案。

保险公司不得以其他产品承保大病保险。

第十七条　大病保险保险期间为一年。保险公司每年按照大病保险合作协议约定时间向投保人收取保险费。

保险公司承办大病保险后应向社会公布保障责任和服务内容。

第十八条 保险公司应完整准确记录并及时更新被保险人信息，信息应包括被保险人姓名、性别、出生日期、证件类别、有效身份证件号码、社会保障号码、联系方式等，并与当地基本医保对参保人的信息要求保持一致。

保险公司对被保险人信息负有保密责任。

第十九条 保险公司应根据投保人提供的基本医保经验数据，建立大病保险精算模型，科学制定产品参数、厘定费率，审慎定价。

保险公司应在经营周期中加强经验数据积累和分析，准确、真实地分析评估大病保险经营情况，为完善大病保险的经营管理和服务提供依据。

第二十条 保险公司应建立大病保险信息系统，信息系统应具备信息采集、结算支付、信息查询、统计分析等功能。保险公司应加强大病保险信息系统的管理和维护，严格用户权限管理，确保信息安全。

保险公司应与政府有关部门加强沟通合作，实现大病保险信息系统与基本医保信息系统、医疗救助信息系统和医疗机构信息系统的对接。

第二十一条 保险公司应按照行业监管要求和有关规定，及时报送和提供大病保险相关报告、报表、文件、信息和资料。

第二十二条 开展大病保险业务的保险公司出现合并、分立、解散、依法被接管或撤销、破产以及中国保监会规定的其他情况，应妥善处理大病保险业务相关事项，保障被保险人权益不受损失。

第二十三条 大病保险合作协议期满，如果保险公司不再继续承办该大病保险项目，应配合投保人妥善做好衔接过渡工作。

第二十四条 保险公司承办大病保险，不得以任何形式向任何单位或个人支付手续费用或佣金；不得给予或者承诺给予保险合同约定以外的回扣或者其他利益。

第五章　服务管理

第二十五条 保险公司应协同各地政府做好大病保险政策宣传工作。在宣传大病保险时不得误导公众，不得减少或夸大保障范围，不得强制搭售其他商业保险产品。

第二十六条　保险公司应加强服务能力建设，建立大病保险专业队伍，定期进行专业培训和服务质量考评，提升大病保险服务人员的综合素质。

第二十七条　保险公司可会同政府有关部门通过电话、网络等方式为被保险人提供咨询、查询服务，接受投诉，切实维护好被保险人的合法权益。

第二十八条　保险公司应根据被保险人居住和就医分布情况，设立服务网点，为投保人和被保险人提供便捷服务。应加强与基本医保、医疗救助的衔接，提供大病保险的“一站式”即时结算服务。积极利用机构网络优势，为被保险人提供异地就医结算服务。

第二十九条　保险公司应加强与当地政府相关部门的沟通协调，联合制定大病医疗服务评价考核标准，建立大病保险定点医疗机构评审机制，切实加强医疗行为管理。

保险公司应在基本医保主管部门的授权下，依据诊疗规范和临床路径等标准或规定，通过医疗巡查、驻点驻院、抽查病历等方式，做好对医疗行为的监督管理；探索开展疑难案件的医疗专家评审制度。

第三十条　保险公司应遵循实事求是、客观公正的原则，规范审核标准，严格按照当地有关政策规定及保险合同约定对被保险人的医疗费用进行审核给付，及时将发现的冒名就医、挂床住院、过度医疗等违规问题通报投保人和政府有关部门，并提出相关处理建议。

第三十一条　保险公司应积极配合政府有关部门推进医保支付方式改革，探索总额预付、按病种付费等支付方式。

第三十二条　保险公司应积极开发与大病保险相衔接的商业健康保险产品，开展健康管理服务，满足参保群众多层次、多样化的健康保障和服务需求。

鼓励有条件的保险公司积极参与各类基本医保经办服务。

第六章　财务管理

第三十三条　保险公司应按照国家财务会计法规和相关监管规定，单独核算和报告大病保险业务，实现大病保险业务与其他保险业务彻底分开，封闭运行，真实、准确地反映大病保险经营情况。

第三十四条　保险公司应加强大病保险的资金管理，建立大病保险保费收入上划机制，遵循“收支两条线”原则，严格按照账户类型及用途划拨和使用资金。

第三十五条　保险公司经营大病保险业务，应设立独立的大病保险保费账户及赔款账户，并按照收付费管理相关监管规定的要求，积极推动大病保险业务非现金给付，切实保障大病保险资金安全。

第三十六条　保险公司应按照费用分摊的相关监管规定，核算大病保险业务管理成本，严格区分仅在大病保险经营过程中产生的专属费用和按规定分摊公司经营成本的共同费用，合理认定费用归属对象，据实归集和分摊，不得挤占其他业务的成本，不得把其他业务的成本分摊至大病保险业务。

第三十七条　保险公司应据实列支经营大病保险所发生的费用支出，包括人力成本、硬件设备、软件开发、医疗管理、案件调查、办公运营、宣传培训等费用，不断加强费用管控力度，降低大病保险管理成本，提高经营效率。

第三十八条　保险公司应定期核对财务、业务系统中的大病保险数据，保证财务数据与业务数据的一致性。

第三十九条　保险公司应建立大病保险业务的内部监督检查机制，确保财务、业务数据的真实性。

第四十条　保险公司大病保险保费账户和赔款账户的运行情况、费用列支情况应当接受政府有关部门监督，公开透明运行。

第七章 风险调节

第四十一条 保险公司经营大病保险应遵循收支平衡、保本微利原则。

保险公司应合理定价，与投保人协商合理确定大病保险赔付率、费用加利润率。

第四十二条 保险公司应与投保人协商建立动态风险调节机制，采取合理方式，对保险期间的超额结余和政策性亏损等盈亏情况进行风险调节，确保大病保险业务可持续发展。

第四十三条 保险公司应根据大病保险实际经营结果、医保政策调整和医疗费用变化情况，依据大病保险合作协议与投保人协商调整下一保险期间的保险责任、保险费率等。

第四十四条 保险公司应与投保人协商，在一个保险期间内因当地基本医保政策调整或其他政策性因素导致的大病保险业务亏损，应由投保人进行相应补偿。

第八章 监督管理

第四十五条 保险监管机构人身保险监管部门对保险公司经营大病保险业务实行统一监督管理。

人身保险监管部门对保险公司开展大病保险业务进行全流程监管。应加强市场准入和退出监管，加强市场行为监管，确保有序竞争，提升服务质量和水平。应开展定期或不定期检查，对业务经营过程中出现的问题及时予以纠正和解决。

第四十六条 保监局应加大对大病保险业务的监管力度，维护市场秩序。因监管不力导致大病保险业务出现严重问题或重大风险的，要依法追究相关责任人责任。

第四十七条 保监局应探索建立以保障水平和被保险人满意度为核

心的大病保险业务考核评价制度。

第四十八条 保险公司应认真履行保险合作协议，接受当地财政、审计等政府部门和群众的监督。

第四十九条 保险公司开展大病保险业务存在以下行为的，保险监管机构依《保险法》及保监会有关规定给予行政处罚：

（一）拒不依法履行保险合同约定的赔偿或者给付保险金义务；

（二）违反规定泄露被保险人信息；

（三）在投标或承办大病保险业务过程中存在商业贿赂、不正当竞争行为；

（四）未按照规定报送或者保管报告、报表、文件、资料的，或者未按照规定提供有关信息、资料的；

（五）编制或者提供虚假的业务数据和财务报表；

（六）保险监管机构禁止的其他行为。

第九章　市场退出

第五十条 保险公司在开展大病保险过程中应符合本办法第五条、第七条规定的条件，依法合规经营。

第五十一条 保险公司总公司和省级分公司（含计划单列市分公司、总公司直管的分公司）有下列情形之一的，保险监管机构三年内不再将其列入资质名单，期间该保险公司不得开展大病保险业务：

（一）保险公司总公司因大病保险业务受到行政处罚的，或者一年内其省级分公司（含计划单列市分公司、总公司直管的分公司）大病保险业务受到行政处罚达到3家次以上的；

（二）保险公司省级分公司（含计划单列市分公司、总公司直管的分公司）因大病保险业务受到行政处罚的，或者一年内其分支机构大病保险业务受到行政处罚达到3家次以上的；

（三）大病保险投标文件违反有关法律、法规和监管规定的；

（四）违反本办法第十二条规定的；

（五）违反本办法第二十四条规定的；

（六）在大病保险期间内单方中途退出的；

（七）发生足以影响大病保险业务正常经营的其他重大情况。

第五十二条 保险公司地市级分支机构有下列情形之一的，三年内不得开展大病保险业务：

（一）因大病保险业务受到行政处罚的；

（二）大病保险投标文件违反有关法律、法规和监管规定的；

（三）违反本办法第十二条规定的；

（四）违反本办法第二十四条规定的；

（五）在大病保险期间内单方中途退出的；

（六）发生足以影响大病保险业务正常经营的其他重大情况。

第五十三条 已开展大病保险业务的保险公司有本办法第五十一、五十二条所列情形之一的，保险监管机构应建议负责招标的地方政府在该保险年度结束后终止大病保险合作协议，并协助政府选择其他保险公司承接该大病保险合作协议。

第十章 附 则

第五十四条 已开展城乡居民补充医疗保险等业务的保险公司，应配合地方政府有关部门做好与大病保险的衔接过渡工作。

第五十五条 本办法自下发之日起施行。

七、淮安市机动车辆保险行业自律公约（2008年版）

淮保协发〔2008〕39号

（2008年11月12日）

随着我市机动车辆保险业务的快速发展和市场竞争的日益激烈，违规竞争时有发生。为维护我市机动车辆保险市场正常秩序，规范经营行为，保护保险当事人的合法权益，防范和化解经营风险，发挥保险的社会管理功能，促进我市车险业务又快又好发展，经淮安市各财产保险公司（以下简称“各公司”）共同协商，在《江苏省机动车辆保险行业自律公约08版》基础上制定《淮安市机动车辆保险行业自律公约08版》（以下简称“公约”），以资共同遵守。

各公司应严格遵守国家法律、法规和中国保险监督管理委员会（以下简称中国保监会）的有关政策规定，遵守本“公约”，履行《江苏省财产保险依法合规经营自律承诺书》，自觉接受江苏保监局的监督管理，江苏省保险行业协会及淮安市保险行业协会组织的自律检查与违约处理。

凡在淮安市经营机动车辆保险业务的各财产保险公司，必须签订本“公约”，并遵守本“公约”的每一项约定，新成立的财产保险公司必须执行本“公约”的各项约定，各签约公司不得无故退出本“公约”（中国保险监督管理委员会另有特别规定除外）。

第一章　自律约定

第一条　各公司应严格遵守中国保监会、中国保险行业协会、江苏保监局、江苏省保险行业协会及淮安市保险行业协会出台的有关交强险的相关文件规定。

各公司应遵守中国保监会对各类保险单证的管理规定。各公司应严格按照车辆种类、使用性质及其随人因素、随车因素确定的费率及费率系数计算保费。严禁滥用乱用风险调整系数、变更车辆使用性质或套用车辆种类、非正常批单退费等行为来变相降低费率；对符合批准条款费率优惠条件的，应当明折明扣；未经被保险人书面同意不得以特别约定形式变更保险责任（如设定免赔额度）。同一辆车，商业险中的车辆使用性质、车辆类型等承保要素应与交强险保持一致。

各公司通过无赔款优待、随人因素、随车因素等方式给予投保人的所有优惠总和不得超过车险产品基准费率的30%，每个附加险的优惠不得超过其对应附加险基准费率的30%。新车不得使用续保优惠系数；半挂牵引车严格按照《交强险承保、理赔实务规程》的要求承保。

严禁乱用可选免赔额特约条款变相降低保费；可选免赔额条款不能与停驶损失险类、费用补助险类条款同时使用；车损险不足额投保的，应在特别约定中约定出险时按比例赔付，严禁利用不足额承保方式变相降低保费、误导客户。

交强险续保业务执行浮动费率的，必须附有客户本人签名的“机动车交通事故强制责任险浮动费率告知书”。

各公司在开展网上销售车险业务时，应严格遵守中国保监会《关于开展对车险网上销售业务自查的通知》（保监产险[2007]496号）文件的有关规定。严禁出现“交强险保费优惠”“车险最低五折”“投保送现金”“零佣金续保”“赠送车船税”等方式，向投保人、被保险人承诺保险合同规定以外的其他利益。

开展电话营销车险业务的公司，应严格按照中国保监会《关于规范财产保险公司电话营销专用产品开发和管理的通知》（保监发[2007]32号）文件的有关规定开展业务。各公司应严格遵守电话语言规范和销售行为规范，将电销产品的宣传重点放在方便、快捷、省心、省力等方面，不得诋毁同业或其他销售渠道，不得误导欺骗客户，不得以“电销产品比其他公司保费优惠15%”等片面比较方式进行不实宣传或不实承诺，不得以“七折以下再打八五折”等突出价格优惠的方式进行宣传和推销，不得强行推销和骚扰客户，不得赠送其他附加险种。不得将电销产品用于招投标业务及其他销售渠道。电销产品还应严格按照保监会的有关规定提取和使用相关费用。

保险公司与第三方(如车商、银行、电信运营商等)合作或以第三方名义进行的宣传促销,应着重体现保险公司方便客户的各种服务举措和服务创新,严禁出现送交强险、交强险优惠、商业险在7折以外再优惠等体现价格优惠方面的宣传。

保险公司及其代理人在开展各项车险业务时,严禁以服务的名义赠送汽油票、洗车卡、有奖销售等方式变相降低保费。

第二条 严格遵守相关政策法规和财务制度,手续费支出应在成本中据实列支,并全额在"手续费支出"科目中明列。直接业务一律不得提取代理手续费。

交强险业务来源确属代理业务、并具有合法代理资格的前提下,方可提取代理手续费,且手续费支付比例最高不超过4%。

商业车险手续费总体手续费比例与每份车险手续费比例均不得超过各公司向中国保监会备案的标准。

手续费不得支付现金,必须以银行转账支票方式支付给有合法代理资格并已签订代理协议的中介机构(个人代理人除外)。保险公司必须要求中介机构(含个人代理人)在规定时限内将保费(签单保费)全额上缴,不得拖欠保费;保费上划和手续费支付必须实行收支两条线,保险公司在签单保费未全额到账前不得支付手续费。保险公司支付手续费时必须取得中介机构开具的"保险中介服务统一发票"。

个人代理人资格必须真实有效,支付手续费必须经代理人本人签章(手续费通过银行直接打卡支付给代理人本人的支付方式除外)。

第三条 严禁出现下列贴费、变相提高手续费支付比例以及为直接业务套取手续费等行为:

(一)以退费、退保等形式套取资金进行贴费;

(二)以虚列营业费用、虚挂应收保费提高手续费支付标准;

(三)以撕单、埋单、坐扣保费、鸳鸯单等形式进行账外经营套取资金进行贴费;

（四）以编造假赔案、虚增赔案损失和串通修理厂扩大赔案损失等形式套取资金进行贴费；

（五）以虚挂个人代理人的形式为直接业务套取手续费（佣金）；

（六）以其他返还费用的形式进行贴费（个人代理人或代理机构的贴费行为均视同保险公司违约）。

第四条　退保业务必须真实规范。除正常业务变更批改外，其他情况一律不得批退保费。涉及退保、退费的批改，必须经过投保人的书面申请，并取得投保人或委托人的身份证复印件与签章后方可办理。对单位客户所退保费必须以银行转账形式直接支付给投保人。

交强险除实务规定的六种情形外（1.被保险机动车被依法注销登记的；2.被保险机动车办理停驶的；3.被保险机动车经公安机关证实丢失的；4.投保人重复投保交强险的；5.被保险机动车被转卖、转让、赠送至车籍所在地以外的地方（车籍所在地按地市级行政区划划分）；6.新车因质量问题被销售商收回或因相关技术参数不符合国家规定交管部门不予上户的），保险公司不得接受投保人的解除合同申请。其中，除投保人重复投保交强险的可以全额退保之外，其他五种情形保险公司应收取已过责任期的短期保费。退保必须严格按照各公司退保操作规程执行，以转账支票直接支付给投保人或被保险人（被保险人为个人的除外）。

第五条　各公司要加强分险种核算管理，各项保费收入、赔款支出和费用支出必须真实、准确，不得在非车险与车险之间、交强险和商业车险之间调剂、贴补各项费用，确保车险经营业务、财务数据的真实性。

保险公司必须以转账方式从中介机构的保费专收账户中收取保费，不得收取现金，或部分转账、部分现金的形式收取保费。

被保险人为单位的赔款（受益人为个人的除外）应用银行转账支票的形式支付给被保险人，不得支付现金，由业务员代领转账支票的须有被保险人的委托书。被保险人为个人的赔款支付时必须有该被保险人本人的签章（由银行打卡直接支付给被保险人的方式除外）；如由其他人代领，委托手续必须齐全（必须有被保险人的委托书且附被保险人身份证原件和受托人的身份证原件）。

第六条 贯彻落实中国保监会加强应收保费管理的通知要求。2008年11月1日起，各保险公司经营机动车辆保险时，对于个人业务以及同一被保险人支付保费40万元以下的团体业务，应在收到保费后方可出具相应保单。在相应电脑系统改造完成之前的过渡期内，各分支机构商业车险当年签单保费的应收保费率不得超过5%。系统改造完成后，各公司应严格遵守“见费出单”的相关规定。

第七条 招投标业务应严格遵守《关于进一步加强机动车交通事故责任强制保险及商业机动车保险管理工作的通知》(保监发[2006]107号)、《关于进一步加强大型商业保险及各类投标业务管理的通知》(保监发[2007]43号)、中国保险行业协会《关于印发交强险承保、理赔实务规程(2008版)和交强险互碰赔偿处理规则(2008版)的通知》(中保协发[2008]54号)等文件相关规定。

招投标业务一律采用明折明扣的方式进行。各公司通过无赔款优待、随人因素、随车因素等方式给予投保人的所有优惠总和不得超过车险产品基准费率的30%。同一辆车，商业险中的车辆使用性质、车辆类型等承保要素应与交强险保持一致。

严禁向招标方承诺保险合同规定以外的其它利益：以支付安全奖等方式扩大优惠幅度；使用可选免赔额特约条款变相降低保费；在承保条件之外扩大保险责任、赠送其他险种；以其他名义贴费，或以补充协议、约定、备忘录等方式向招标方变相支付费用等。

严禁擅自承诺扩大招标车辆范围，将不符合招标范围或未实施正常招标程序的车辆纳入招标业务进行承保(私人用车不得套用招标条款费率)。

对于一些客户单位通过谈判等其他形式采购的业务，如有公司举报，行业协会将通知客户单位有意向投保保险公司在2日内将谈判有关材料(内容应包括承保险种、保费、车辆明细，承诺条件，费率优惠方式，具体测算方法和交费方式等)报送行业协会审查，审查合格后方可出单承保。如存在违约行为，除按自律公约相关规定处理外，还必须退出此次谈判，由客户单位另行选择其他公司。

第八条 各财产保险公司只能与中国保监会和江苏保监局核准的具有合法资格的持证中介机构(包括兼业代理,专业代理、经纪、公估)发生业务往来,并与其签订委托代理协议书。各公司要建立健全车险中介业务台账和手续费支付台账,支付给保险中介机构的手续费必须取得对方开具的"保险中介服务统一发票"并作为原始入账凭证。对不提供中介发票的中介机构,任何公司不得再与其发生业务往来。

第二章 组织执行

第九条 为履行本"公约"的各项约定,设"淮安市车险行业自律领导小组",领导小组成员由各财产保险公司总经理和行业协会秘书长组成,主要负责车险自律的政策制定、重大事项决策和自律工作的协调。

第十条 设"淮安市保险行业协会车险委员会",负责对本"公约"的履行情况进行监督、检查和违约处理。车险委员会可根据检查需要随时成立"车险行业自律检查小组"。

第十一条 建立自律检查制度,采取明察暗访、定期或不定期的检查方式。检查对象为在淮安市经营机动车辆保险业务的各财产保险公司,检查时采用随机抽取和普查相结合的方式确定,检查小组同时根据举报和市场情况,视实际需要组织突击检查和调查;具体检查的时间和方法由淮安市车险委员会决定,检查标准执行省协会制定的标准。

第十二条 检查小组或由市协会聘请的审计、会计事务所等中介机构有权对各财产保险公司的业务(含理赔)、财务账目及单证进行检查,如需要进入被检查单位核心系统查阅有关资料由行业协会人员或由协会聘请的审计、会计事务所等中介机构进行查阅,各财产保险公司应积极配合,不得寻找任何借口予以拒绝。

第十三条 被检查的财产保险公司应对所检查出来的违约事实进行现场确认,如对其违约事实有异议的,应当场向检查小组提出,由检查小组及时组织现场复查,违约事实以复查结果为准,如再有异议,报请江苏保监局组织复查。

第十四条 违约行为经确认后,由市协会上报车险自律领导小组并向违约公司发出“违约处理及整改通知书”。违约公司必须在“违约处理及整改通知书”中所列明的时限内整改完毕并把整改结果报江苏保监局和淮安保险行业协会,市协会按照“公约”的有关规定向江苏省保险行业协会报告,由省协会将违约金从对应省公司履约保证金中扣除。

第十五条 对拒不接受处理、拒不整改、拒交违约金的,由市协会给予业内通报,并报告江苏保监局。

第十六条 在行业自律检查过程中,对不主动、及时配合,不提供真实资料、隐瞒事实真相或弄虚作假的保险机构和人员,由“淮安市车险行业自律领导小组”讨论决定处理意见,并报告江苏保监局、江苏省保险行业协会。

第十七条 市协会将开通和设立违反车险自律公约举报专线电话(0517-83750962、83750972),举报人需提供书面证据或详细的具体情况,举报情况事实清楚并经查证核实的,将对举报人进行奖励并给予保密。奖励金额为对举报查实违规保费金额的20%(奖金最高不超过1万元,最低不少于1000元),从违约公司扣除的违约金中支付。

第十八条 自律和检查活动的日常费用开支由各财产保险公司分摊。

第三章 违约处理办法

第十九条 淮安市车险自律不设立履约保证金制度,违约金由省协会统一从对应省公司履约保证金中扣除。

第二十条 对违反“公约”第一条、第八条相关规定的,处以该笔违约业务保费相同金额的违约金。

对于公司同一类型的大批量违约行为且违约金额超过10万元的,每次处以违约金以10万元为限。

对违反保监会网上销售和电话销售相关规定,以及违反通过第三方进行保险宣传促销有关规定的,将视情节严重处以1万元以上的违约金。

第二十一条　公司违反“公约”第二条、第三条相关规定的，处以该笔业务保费相同金额三倍的违约金，违约处理金额最高不超过5万元。

公司签约的中介机构或保险个人代理人违反“公约”第二条、第三条相关规定的，对公司处以该笔业务保费相同金额三倍的违约金，违约处理金额最高不超过5万元，并责令其在半年内停止与该中介机构的车险业务合作。

公司超标支付给代理机构或代理人车险手续费（包括交强险和商业险手续费）的，处以该笔业务手续费相同金额三倍的违约金。

第二十二条　对违反“公约”第四条规定的，处以该笔退保业务相同金额的违约金。

第二十三条　对违反“公约”第五条相关规定的，处以该笔违约业务保费或违约涉及金额相同金额的违约金。

第二十四条　对于未按时完成“见费出单”工作或为按时达到验收标准的公司，处以10万元违约金并报江苏保监局暂停其车险业务。对违反“见费出单”相关规定的，处以该笔违约业务应收保费相同金额的违约金，最高违约金额为10万元。

第二十五条　对违反“公约”第七条相关规定的，处以该笔招标业务保费相同金额20%的违约金，最高违约金额为10万元。

第二十六条　对于在业务承保方面违约的公司，在被确认违约（行业协会下发《违约处理及整改意见书》）后的10个工作日内，应对有关违约的保单（包括已做违约处理的和检查中未发现的类似违约保单）进行批改，批改成正确的保单，并加收由此产生的保费。如检查中发现未在规定时间内进行批改的，按“违约处理办法”第二十条处理。

第二十七条　违约情况一律上报江苏保监局，严重违反法律法规和保险监管部门规定的，提请江苏保监局依法处理。

第二十八条　对违约的基层公司及违约责任人给予行业内公开通报批评，情节严重上报江苏保监局处理。

第二十九条　对违约情况严重的公司，将提请江苏保监局撤换相关高管人员并限制其任职资格。

第三十条 对检查中发现的异常情况或遇到没有在自律公约中明确的新情况，且对市场产生较大影响的，由车险行业自律领导小组组长组织研究，决定处理意见。

第四章 附 则

第三十一条 本“公约”经各财产保险公司盖章及总经理签字后，于2008年11月10日起正式生效，以前所签“车险自律公约”自动停止执行。“公约”如需修改，需有财产保险公司提出书面修改意见，并经三分之二以上公司同意，如标准高于本《公约》的，由市保险协会组织审议修改；如标准低于本《公约》的，由市保险协会向省保险协会报告修改意见。

第三十二条 本《自律公约》以省协会车险《自律公约》为蓝本而制定，淮安市保险行业协会负责淮安地区的车险行业自律和检查工作。

第三十三条 由省公司直属机构或通过代理机构在淮安市开展车险业务时应遵守本《公约》。

第三十四条 本“公约”由淮安市保险行业协会负责解释。

淮安市保险行业协会

八、淮安市保险行业协会章程

（2016年3月23日修订）

第一章　总　则

第一条　淮安市保险行业协会（以下简称“协会”）。英文全称为：Insurance Association of Huaian，缩写为：HIA。

第二条　淮安市保险行业协会是经中国保险监督管理委员会江苏监管局（以下简称江苏保监局）审查同意并在淮安市民政局登记注册的淮安市保险业自律组织，是自愿结成的非营利性社会团体法人。

第三条　协会的宗旨：遵守中华人民共和国宪法、中华人民共和国保险法和有关法律法规，遵守社会道德风尚，贯彻执行国家和保险监管机关的有关方针政策；督促会员自律，维护行业利益，促进行业发展，为会员提供服务，促进市场公开、公平、公正。

第四条　协会的业务主管单位是江苏保监局；社团登记管理机关是淮安市民政局。本协会接受业务主管单位和社团登记管理机关的业务指导和监督管理。

第五条　本协会的办公地点设在淮安市淮海东路20号。

第二章　职责范围

第六条　协会的职责范围：自律与服务。重点发挥自律职能，促进市场公平，维护消费公正。同时做好维权、协调、交流、宣传等工作，为会员和消费者提供优质服务。

（一）自律

1.接受业务主管单位委托,制定从业人员道德和行为准则、行规行约,对保险从业人员进行资格管理;

2.督促会员依法合规经营,组织签订自律公约,约束不正当竞争行为,维护公平竞争的市场环境;

3.接受业务主管单位委托,组织制定保险业产品、技术、服务等方面的指导性条款,报业务主管单位审查同意后对外发布;

4.推进行业信用体系建设,探索建立信用评价机制,大力培育诚信文化,加强诚信检查和监督;

5.进行自律管理,对于违反本章程、自律公约、损害投保人和被保险人合法权益、参与不正当竞争的会员,可按照本章程或自律公约的有关规定,实施警告、业内批评、公开谴责、提请业务主管单位依法对其进行处罚等惩戒措施。

(二)服务

1.积极参与政府和业务主管单位的政策论证,提出保险业政策、立法和行业规划等方面的建议;

2.积极开展调查研究,及时向业务主管单位和政府反映保险市场存在的问题,并提出解决意见和建议;

3.加强同政府部门和市场主体的沟通,争取有利于保险业发展的社会环境和政策环境,维护保险业、会员和消费者的合法权益;

4.认真受理保险咨询和投诉,化解各种矛盾,及时上报重大投诉案件,做好业务主管单位批转的投诉案件调查处理工作;

5.组织会员开展业务、技术和工作经验交流。通过刊物、网站等形式,完善信息数据,反映业内动态,建立信息分享机制;

6.整合宣传资源,大力提高公众保险意识,强化市场主体法律意识,正面引导舆论宣传;

7.经业务主管单位授权和委托,开展保险职业与实务方面的教育培训工作;

8.加强与国内外协会组织间的交流和合作,借鉴先进做法;

9.承办业务主管单位委托办理的其他事项。

第三章 会 员

第七条 协会实行会员制。协会会员为单位会员。

第八条 凡在淮安市境内，经过江苏保监局许可，在当地工商行政管理机关登记注册的地市级保险机构，按照《中华人民共和国保险法》和中国保监会《关于加强保险业社团组织建设的指导意见》的规定，应当在设立后加入淮安市保险行业协会，成为协会会员，以体现意愿。各类保险中介机构、保险市场中的其他经营性企业也应积极申请加入本协会。

第九条 入会的时间和程序：

1.保险机构入会的时间为在工商行政管理机关登记注册后正式营业的30日内；

2.保险机构入会应填报入会申请表，对营业后30日内没有提交入会申请表的，协会督促其入会；保险中介机构和保险市场中的其他经营性企业入会应提交入会申请书，以体现自愿原则；

3.经协会理事会讨论通过；

4.按协会理事会相关会议规定交纳入会费并办理入会手续。

第十条 会员享有下列权利

（一）协会的选举权、被选举权、审议权和表决权；

（二）参加协会举办的各项活动；

（三）获得协会服务的优先权；

（四）对协会工作的批评建议权和监督权；

第十一条 会员履行下列义务

（一）遵守协会章程和行业自律公约，执行协会决议和行业自律规章制度；

（二）维护协会合法权益和行业利益；

（三）积极参与协会重大问题的论证决策；

（四）参加协会活动，完成协会委办的工作；

（五）接受协会调查，向协会反映情况、提供有关信息资料和统计报表；

（六）按规定交纳年度会费和协会决议要求分摊的费用。

第十二条 会员发生下列情形之一者，其会员资格经理事会表决通过后予以取消：

（一）经保险监督管理机关批准终止业务；

（二）机构合并、撤销或依法宣告破产；

（三）被保险监督管理机关或工商行政管理机关依法取缔。

第十三条 会员退会应书面通知协会。会员如果一年不交会费、不参加协会活动或有严重违反本章程的行为，协会将采取相应的处罚，直至取消该会员资格。该会员若申请重新入会，则需重新交纳入会费和补交所欠会费。

第四章 组织机构和负责人产生、罢免

第十四条 本协会的最高权力机构是会员大会。其职权是：

（一）制定和修改章程；

（二）选举、罢免理事长、副理事长、理事、监事；

（三）审议理事会的工作报告和财务报告；

（四）审议理事会及会员提议事项；

（五）审议监事的工作报告；

（六）决定终止事宜；

（七）制定或修改会费标准；

（八）决定其他重大事宜。

第十五条 会员大会须有三分之二以上的会员代表出席方能召开，章程修改须经到会会员代表三分之二以上的表决通过，其他决议须经到会会员代表半数以上表决通过方能生效。

第十六条 会员大会每届四年，因特殊情况需提前或延期换届的须由理事会会议表决通过，报业务主管单位审查，并经社团登记管理机关批准同意。但延期换届最长不超过一年。

第十七条 理事会是会员大会的执行机构，在会员大会闭会期间行使职权，领导协会开展日常工作，对会员大会负责。

第十八条 理事会的职权是：

（一）执行会员大会的决议；

（二）选举和罢免秘书长；

（三）筹备召开会员大会；

（四）向会员大会报告工作和财务状况；

（五）决定会员的吸收或除名；

（六）决定设立办事机构和专业委员会；

（七）制定内部管理制度；

（八）决定协会的其他重大事项。

第十九条 理事会由各会员单位法定代表人或主要负责人（需保监局批文）组成，每届四年。各理事因工作调整等原因不再担任会员单位法定代表人或主要负责人的，理事资格由原单位继任者（需保监局批文）担任至任期届满。

第二十条 理事会下设常务理事会、财产险高峰会、寿险高峰会、中介高峰会为相关领域权力机构、执行机构。

第二十一条 协会理事会下设常务理事会，在理事会闭会期间，行使部分权力。常务理事会由7人组成，兼顾产寿险平衡。根据工作需要，经理事会研究决定，可增加或减少名额，原则上不超过理事人数的30%。常务理事由理事会选举产生，对理事会负责，原则上由理事长、副理事长、秘书长、部分财险和寿险理事会会员单位的总经理（主要负责人）组成。常务理事在任期内因工作调整等原因而需更换人选，常务理事资格由原单位继任者（需保监局批文）担任至任期届满。

第二十二条 常务理事会职责：

1. 执行理事会的决议。

2. 筹备召开理事会。

3. 代表行业对外的沟通、交流、宣传工作。

4. 决策行业突发事件的处理意见。

5. 决定理事会授予的其他重大事项。

第二十三条 常务理事会须有三分之二以上常务理事出席方可召开,其决议须经到会常务理事三分之二以上表决通过方能生效。常务理事会每半年召开一次。情况特殊也可临时召开。

第二十四条 各高峰会成员由各会员单位法定代表人或主要负责人担任。高峰会会长由高峰会成员选举产生。

第二十五条 高峰会职责是:

(一)执行理事会的决议;

(二)组织落实本领域相关自律公约或自律文件;

(三)决定设立或撤销本领域专业委员会,选举或罢免专业委员会主任、副主任;

(四)审议、决定本领域专业委员会达成的决议;

(五)审议、决定本领域其它重大事项。

第二十六条 协会可根据工作需要设立财产保险专业委员会、人身保险专业委员会、代理人管理委员会、县(区)自律委员会等专业委员会或工作小组。会员单位根据性质或需要,成为不同专业委员会的成员。专业委员会委员由会员单位选派相关人员组成。

专业领域的发展事项由专业委员会研究,专业委员会会议原则上每季度至少召开1次,由会员选举产生的专业委员会主任委员和委员行使研究专业领域发展的职权。主任委员和委员接受协会理事会的领导,向秘书长负责。专业委员会须有三分之二以上委员或全权代表出席方能召开;其决议须经到会委员或代表半数以上表决通过方能生效。进行研究决定专业委员会组织召开自律协调会议制定自律公约、行业标准、管理规范时,各会员单位必须派出委员参加。对争议较大、事情特别重大或会员单位提出要求时,可提请高峰会或理事会研究决定。

专业委员会不再下设分支机构和办事机构,其需要落实的事项交由协会秘书处办理。

第二十七条 专业委员会职责

(一)负责各专业领域内的事务协调;

(二)组织会员开展专业领域内业务、技术和工作经验交流;

(三)负责起草和执行(高峰会制定)专业领域内的自律公约、行业标准、管理规范;

(四)协商有关专业领域内行业利益的重大问题并做出决议;

(五)负责研究其他专业领域内的发展事项。

第二十八条 会员单位委派其他人员参加理事会、高峰会、专业委员会及其他会议时,等同于委托人参加会议,其法律责任由委托人承担,受托人对有关事项可以赞成、反对和弃权。会员单位委派其他人员参加理事会和高峰会,全年累计不得超过三次。

第二十九条 协会设立秘书处为日常办事机构,其具体职责是:

(一)负责协会的日常办公;

(二)具体承办主管部门授权委托事项;

(三)代表协会进行对外联络;

(四)制定并组织实施年度工作计划;

(五)组织落实理事会、高峰会的决定事项;

(六)组织推动并积极协调各专业委员会开展工作;

(七)组织协会重要会议;

(八)组织开展行业自律,签订自律公约并监督执行,开展行业服务等。

(九)签发协会日常文件;

(十)处理其他日常事务。

第三十条 协会设理事长1名,副理事长1~4名。理事长、副理事长人选可由保监局提名,也可是各会员单位协商后,报保监局初审,经审核同意后由会员单位进行无记名投票表决。选举通过的理事长、副理事长经保监局审查同意后任职,同时报社团组织登记管理机关核准登记。

理事长、副理事长每届任期4年,应在业内享有一定威望,热心协会工作,并符合协会章程规定的其他条件理事长、副理事长在任期内因工作调整等原因而需更换人选,应重新组织选举。理事长、副理事长在任期内年龄一般不得超过60岁,特殊情况经理事会表决,并经业务主管单位审查同意,可以继续担任至任期届满。

协会实行理事长负责制,理事长为协会法定代表人,连续任职不得超过两届。

第三十一条 理事每届任期四年,可以连选连任,秘书长、副秘书长为理事。理事因故缺额的,由该理事所在单位提名补选,其任期为前任理事任期减已任期的剩余任期。理事会原则上每年召开1次,如有特殊情况,根据理事长、副理事长或三分之一以上理事的提议,可以召开临时理事会会议。理事会须有三分之二以上的理事出席方能召开。其决议须经到会理事半数以上表决通过方能生效。

第三十二条 协会理事长行使下列职责:

(一)召开和主持理事会;

(二)组织研究本地保险市场的发展规划和重大问题;

(三)向理事会提交协会工作报告,财务报告;

(四)代表协会签署有关重要文件;

(五)其他应由理事长履行的职责。

第三十三条 秘书长、副秘书长为协会专职职位。秘书长、副秘书长人选可以由保监局提名,也可以由理事长、2名副理事长或3名以上理事提名,也可面向社会公开招聘,报业务主管单位审查同意,由全体会员单位实行无记名投票表决。秘书长协助理事长开展工作,对理事长负责。副秘书长协助秘书长开展工作,对秘书长负责。秘书长、副秘书长不得在业内外兼任其他工作。

秘书长每届任期4年,连续任职不超过两届。秘书长、副秘书长任职需经业务主管单位审查同意,报社团组织登记管理机关核准登记。秘书长、副秘书长在任期内年龄一般不得超过60岁,特殊情况经理事会表决,并经业务主管单位审查同意,可以继续担任至任期届满。

第三十四条 秘书长、副秘书长提前离任的,需经理事会研究,并报江苏保监局审查同意;秘书长提前离任后,应按规定程序重新产生新秘书长,秘书长离任须进行各项审计。

第三十五条 秘书长行使下列职责:

（一）主持秘书处日常工作；

（二）组织与实施协会的年度工作计划和财务预决算，财务预算和决算情况向理事会公开；

（三）贯彻落实理事会、高峰会的决议、决定；

（四）督促会员依法合规经营，组织签订自律公约，进行自律检查，实施自律惩戒，推进行业信用体系建设，大力培育诚信文化，加强诚信检查和监督；

（五）积极开展维权、协调、交流、宣传工作，服务会员单位；

（六）协调各办事机构和各专门委员会开展工作；

（七）完善健全经费、人员、固定资产等方面的规章管理制度，细化各种办事制度，明确岗位职责，理顺工作机制，加强内部管理；

（八）负责将协会的重大事项及时汇报理事会，并提请理事会研究表决；

（九）负责协会理事会、高峰会及其他重大活动的组织、协调；

（十）组织落实江苏保监督局授权委托办理的工作事项；

（十一）签发协会日常文件，处理其它日常事务。

第三十六条　秘书处其他工作人员。协会应本着精简、高效的原则，通过社会公开招聘，选聘专职工作人员，实现职业化。

第三十七条　关于理事会负责人及秘书长在协会专职工作人员管理工作中的职责分工，建议由秘书长负责，本着精简、高效的原则，对秘书处专职工作人员的聘任、聘用及解聘提出方案，商理事长、副理事长后确定并组织实施。

第三十八条　秘书处工作人员由秘书长统一管理。

第三十九条　协会设监事1名。监事任期和理事任期一致，期满可以连任。监事任期内因工作调整不再适合担任的，由会员大会重新选举。

第四十条　协会的负责人、理事、常务理事和财务管理人员不得兼任监事。

第四十一条　监事行使下列职权：

（一）列席理事会、常务理事会会议，对理事会、常务理事会决议事项提出质询或建议；

（二）对理事、常务理事执行协会职务的行为进行监督，对违反法律法规和协会章程或者会员大会决议的负责人、常务理事、理事提出依程序罢免的建议；

（三）检查协会的财务报告，向会员大会报告监事工作和提出建议；

（四）对负责人、常务理事、理事、财务管理人员损害协会利益的行为，及时予以纠正；

（五）向登记管理机关以及税务、会计主管部门反映本协会工作中存在的问题。

（六）决定其他应由监事审议的事项。

第四十二条 会员大会、理事会、常务理事会应当制作会议记录。形成决议的，应当制作书面决议，并由负责人审阅、签名。会议记录、会议决议应当以适当方式向会员通报。

负责人的选举结果须报登记管理机关备案并向会员公开。

第五章 资产管理、使用原则

第四十三条 协会经费来源：

（一）协会按照国家有关规定收取会员会费，会费分别为入会费、年会费。

（二）在核准的业务范围内开展活动或服务收入。

（三）利息。

（四）其他合法收入。

第四十四条 协会经费额度按保监会指导意见要求，在满足工作需要，充分考虑未来发展的前提下收取。各会员单位必须在每年一季度按时足额交纳会费，确保协会工作正常运转。

第四十五条 协会经费必须用于本章程规定的业务范围和事业的发展，不得在会员中分配。

第四十六条 协会建立严格的财务管理制度，保证会计资料合法、真实、准确、完整。

第四十七条　协会配备具有专业资格的会计人员。会计不得兼任出纳。会计人员必须进行会计核算，实行会计监督。会计人员调动工作或离职时，必须与接管人员办清交接手续。

第四十八条　协会资产管理必须执行国家规定的财务管理制度，接受会员代表大会和财政部门的监督。资产来源属于国家拨款或者社会捐赠、资助的，必须接受审计机关的监督，并将有关情况以适当方式向社会公布。

第四十九条　协会更换法定代表人之前必须接受社团登记管理机关和保险监管机关组织的财务审计。

第五十条　凡协会举办大型活动，临时需要筹集经费，须经理事会会议通过。

第五十一条　协会专职工作人员的工资和保险、福利待遇，依照保险监管机关的有关规定执行。

第六章　章程的修改程序

第五十二条　协会修改的章程，须在会员大会表决通过后15日内，经保险监管机关审查同意，并报社团登记管理机关核准后生效。

第七章　终止程序及终止后的财产处理

第五十三条　协会完成宗旨或自行解散或由于分立、合并等原因需要注销的，须经会员大会表决通过，并报保险监管机关审查同意。

第五十四条　协会终止前，须在保险监管机关及有关机关指导下成立清算组织，清理债权债务，处理善后事宜。清算期间，不开展清算以外的活动。

第五十五条　协会经社团登记管理机关办理注销登记手续后即为终止。

第五十六条 协会终止后剩余财产，在保险监管机关和社团登记管理机关的监督下，按照国家有关规定，用于发展与协会宗旨相关的事业。

第八章 附 则

第五十七条 本章程经2016年3月23日五届二次会员大会修订通过。

第五十八条 本章程的解释权属协会理事会。

第五十九条 本章程经江苏保监局审查同意后，报淮安市民政局核准之日起生效。

九、淮安保险行业公约

为全面遵守和执行国家颁布的各项保险法律法规,维护保险市场秩序、规范保险行为、维护保险合同当事人的正当权益,经淮安6家保险公司共同协商,特制定本公约。

一、严格遵守国家有关法律法规,依法经营,自觉接受中国保监会的监督管理,重合同、守信誉,竭诚为广大投保人,被保险人提供热情、周到、翔实的服务,认真履行保险责任、规范保险行为,维护保险业信誉,稳定良好的保险市场秩序,促进我国保险事业的持续、稳定、健康发展。

二、加强联系,相互支持、友好协商、团结合作。注重员工的职业道德教育,不得在宣传发展业务过程中出现不尊重或诋毁其他保险公司的行为。

三、严格按照中国保监会批准的业务范围和地域经营保险业务,并遵守各签约公司间共同达成的业务协议、约定,不得用不正当手段争抢业务。对某些特殊业务可采用联合共保的方式,避免有损行业形象的事件发生,一旦共保协议成立,共保各方均不得单方面改变承保条件,对发生共赔业务各方应一起查勘、定损,先达成共识再与保户磋商,任何一方不得单方与被保险人达成赔款协议,以确保保险当事人的共同利益。

四、要遵守公平竞争原则,反对不正当竞争。严格执行经中国保监会批准的条款、费率。在展业时,不得以降低费率和回扣争揽业务。不得向被保险人(单位或个人)支付手续费。不得采取退费方式变相降低保险费,不得以任何形式进行返还。对不能提供清洁保单或无赔款证明的不得支付无赔款优待,严禁以假批单、假退保、假分期付款等方式变相退费。

五、各签约公司在与保险代理人签定保险代理协议时,应当按照中国保监会的规定办理,严格执行代理人手续费标准的规定,并对保险代理人实行登记造册,建立手续费签收制度,不得从保险费中直接抵扣手续费,不得以现金方式支付手续费。

六、各签约公司不得接受未经中国保监会批准营业的中、外保险经纪人的境内直接业务。

七、允许保险从业人员合理流动，但对因违法、违纪、违规等原因被除名的业务人员和代理人，各签约公司均不得以任何形式聘用和录用。

八、本公约自二〇〇一年七月一日起实施。

十、淮安市保险个人代理人信用管理规定及其实施办法(试行)

淮保协发〔2002〕18号

淮安市保险个人代理人信用管理规定

为贯彻全国、全省金融工作会议精神,积极配合江苏省保险信用体系建设工作,提高我市保险个人代理人的从业素质,规范保险个人代理人的执业行为,有效制止欺诈、误导、故意隐瞒等行为,树立诚信为本、操守为重的良好风尚,促进保险代理业务的健康、快速发展,特制定本管理规定:

一、信用管理对象

指持有保险监管部门颁发的《保险代理从业人员资格证书》、与被代理保险机构签有代理合同、并持有被代理保险机构核发的《保险代理从业人员执业证书》、从事保险代理业务的个人。

二、信用管理内容

1.建立信用档案

(1)优良记录档案:

因代理行为规范、服务优秀、业绩优异,受被代理保险机构或协会等有关单位表彰者,记入该档案。

(2)"黑名单":

因对客户进行欺骗、误导、故意隐瞒或违反保险个人代理人执业守则等违规、违纪、违法者,记入"黑名单"。

2.建立处罚机制

(1)记入“黑名单”

凡已与保险机构签有代理合同从事保险代理业务的保险个人代理人,在与保险机构尚未解除代理合同、未向被代理保险机构交还《执业证书》、收回《资格证书》和办妥其他应尽手续者,不得应聘其他保险机构从事保险代理业务;其他保险机构不得用不正当手段录用尚未与原代理保险机构办理解聘手续的个人代理人。违反者除对保险个人代理人记入个人信用档案外,对违规录用的保险机构同样记入信用 档案。

(2)暂扣《资格证书》,记入“黑名单”,限制行业准入

因违纪、违规而被代理保险机构除名者,在全行业予以通报。被代理保险机构应对被除名者收回其《执业证书》,记入该信用档案,并应将其严重违规、违纪、违法的具体事实,在宣布除名后两个工作日书面报告协会,由协会确认后,在两个工作日内通报各保险机构,被通报者2年内不得从事保险代理业务。各保险机构也不得聘用其从事保险代理业务,满2年后本人提出恢复其展业资格的,原聘用公司或其他公司确认其确已悔改并报告协会核准后方可重新聘用。吊销《资格证书》,记入"黑名单",永久除名。因严重违规、违纪、违法,情节严重需吊销《资格证书》者,被代理保险机构应先按除名处理,同时将其严重违规、违纪、违法事实和处理意见的详实材料,随同其《资格证书》一同报告协会,由协会确认后上报南京保监办或其授权机构审批,核准后由协会向各机构通报,由被代理保险机构正式记入该信用档案,并在媒体公布。凡被吊销《资格证书》者,不得重新进入保险代理从业人员队伍。如构 成违法犯罪者,应移交司法部门追究法律责任。

三、信用管理方式

1.各保险机构和协会必须建立保险个人代理人信用档案,凡保 险个人代理人有奖惩情况和增减、脱落等流动情况出现,各保险机构 应及时详细记入本人信用档案,并同时于每月10日前填表上报协会, 由协会记入该保险个人代理人信用档案。

2.通过协会网站向社会公示保险个人代理人的信用状况。

四、信用管理职责

1.各保险机构必须指定专门的管理部门,专人负责保险个人代理人的信用管理事宜,认真负责地按照本办法做好保险个人代理人信用管理工作和有关资料、表格的上报工作。

2.凡违反本办法,未如实及时记载和上报保险个人代理人的奖惩情况和流动情况,而造成保险个人代理人信用资料不实,给保险信誉带来损害的直接责任人或保险机构,按保险协会的《自律办法》处理,并记入信用档案。

五、本管理规定从2002年6月1日开始执行。

淮安市保险个人代理人信用管理规定实施办法

一、为增强《淮安市保险个人代理人信用管理规定(试行)》的可操作性,特制定本《实施办法》,各会员公司务必高度重视,落实专人,认真负责地做好保险个人代理人信用管理的各项工作。

二、当前急需做好的几件事

1.对持有《资格证书》并已核发《展业证书》仍在从事保险代理业务的个人,登记造册后报送协会一份。如只有《资格证书》而尚未核发《展业证书》,但已在从事保险代理业务者,请在备注栏内注明"尚未核发《展业证书》"。

2.对登入花名册的保险个人代理人,曾经取得过的各项荣誉称号逐一填入《保险个人代理人执业行为情况表》(见附表),报送协会一份。

3.因严重违规已被除名但尚未通报协会的,应按管理规定要求逐一填制《保险个人代理人执业行为情况表》报送协会备案。

以上需报的花名册和情况表,截止日期为2002年6月30日,逾期不报,责任自负。

三、保险个人代理人的下列违规行为除记入信用档案外，应填表 上报协会，记入"黑名单"，在全行业通报。

1.侵占、挪用客户缴纳的保险费，或伪造单证、与人串通骗取保险金的行为。

2.伪造、涂改、买卖、转让保险从业人员资格证书或展业证书的行为。

3.用诱骗、误导等不正当手段，或唆使投保人被保险人故意隐瞒如实告知事项，擅自代签名而损害投保人，被保险人合法利益的行为。

4.对其他保险公司或其从业人员，或其保险产品故意诋毁，或散布中伤言论损害其信誉和形象的行为。

5.因违反服务承诺或泄露投保人、被保险人有关隐私资料而损 害投保人、被保险人的合法利益，或损害保险公司信誉的行为。

6.用不正当的手段唆使其他保险公司代理人“跳槽”，严重干扰 其他保险公司正常工作秩序的行为。

7.违反不得多家代理、兼职代理或采用“回佣”展业的行为。

8.违犯刑律和社会道德准则的行为。

四、试行过程中遇到的新情况、新问题请及时向协会反馈，以便研究改进和完善。

十一、淮安市财产保险投标业务行业自律公约

淮保协发〔2007〕19号

第一章 总 则

第一条 为了维护淮安市保险市场的经营秩序,规范财产保险投标业务(以下简称投标),制止恶性竞争和不规范行为,建立一个公平有序的保险市场,促进保险行业健康稳定的发展。经签约公司协商一致,共同制订本公约,同意遵守本公约的规定,愿意承担违约责任和接受违约处罚。

第二条 本公约适用于签约公司各险种的投标业务。投标业务是指招标人邀请两家以上公司参加,并以标书形式招标的业务。

第三条 各签约公司及其分支机构(以下简称投标人),在投标活动中,应当遵守《中华人民共和国保险法》《中华人民共和国招标投标法》和中国保监会《关于进一步加强大型商业保险及各类投标业务管理的通知》(保监发〔2007〕43号)以及相关的法律、法规和有关规定,自觉维护招投标活动的正常秩序。

第四条 淮安市保险行业协会(以下简称行业协会)参与并监督各签约公司的投标活动。

第二章 组织机构

第五条 成立淮安市财产保险投标业务管理领导小组(以下简称领导小组),行业协会理事长及秘书长分别担任组长和副组长,各签约公司的总经理为成员,负责对财产保险的 投标业务进行监督和管理。

第六条 领导小组下设淮安市财产保险投标业务协调执行小组(以

下简称执行小组),行业协会秘书长担任组长,各签约公司选派一名有关部门负责人为组员。负责协调参与投标活动,审核投标文件,对中标业务进行检查和对查实的违约行为进行处罚。执行小组日常工作由行业协会业务部负责处理。

第三章　投标、中标

第七条　投标人必须是合法的保险机构,必须执行投标的相关监管规定及行业各项自律公约,不得以高手续费、高返还手段进行竞标。

第八条　投标人应当严格执行经批准或报备的条款费率及淮安市保险行业市场指导费率。投标人不得以任何借口降低费率进行投标。

第九条　投标人委托保险中介机构参与投标的,该中介机构必须是合法的保险中介机构,支付的手续费标准应严格遵守自律公约的规定。手续费支付按规定凭手续费专用发票支付,不得给予手续费以外的任何利益。

第十条　投标人主要突出诚信服务,不得以降低保额、挂应收保费、赠送险种、扩展责任、取消或减少免赔额(率)和虚假赔款等方式变相降低费率标准进行竞争。

第十一条　车险招投标业务,应针对每一车辆的实际情况计算承保价格,然后汇总报价,不得按单车均价进行报价。正式的标书中应明确费率总浮动比例及使用的优惠系数目说明,不得向招标单位支付手续费,不得以返还现金、坐扣、埋单或者其它截留保险费形式实现费率折扣,不得有协议以外的与费率、费用、责任有关的一切承诺。

第十二条　投标人接到招标文件后,必须立即报执行小凡保险金额超过人民币3亿元(含3亿元)以上或保费超过30万元的财产险以及投保数量在50辆以上或保费在20万元的机动车辆招标业务的投标必须进行会商。规模未达上述标准,执行小组认为必要时,也可以组织各投标人进行会商。

如招标单位未提供车辆等明细或必要信息,或信息要素背离市场如新车购置价高于或低于市场,公司应与其沟通,取得相应资料后或按车辆市场实际价格再报价参与竞标,如未取得相应资料,各公司必须进行会商后再进行投标。达成会商结果的(即投标原则框架),各投标人必须遵守会商结果。

第十三条 各公司在投标后一个工作日内将招标文件和标书副本报送执行小组,执行小组如发现公司投标中存在违规问题,可通知公司撤标。

中标公司在中标协议签订前必须将承保详细信息和价格报执行小组审核,经执行小组盖章同意后书面通知准予承保;保险协议签署后的3日内将招标业务承保协议副本报送执行小组审核并备案。

第四章 违约处罚

第十四条 签约公司有下列违约行为经查实的,由执行小组将违约情况报领导小组批准同意后,在行业内进行通报并向违约公司下达处罚通知书:

1.违反本公约第七条、第八条规定的,按照签单保费100%处以罚款,但最低不低于10000元,最高不超过50000元。

2.违反本公约第九条、第十条、第十一条、第十二条规定中任何一项的,按照签单保费100%处以罚款,但最低不低于10000元,最高不超过50000元。

3.违反本公约第十三条规定,不按时报送投标材料的,处10000元违约金;报送的材料中有违反本公约的,执行小组将制止其投标,并处20000元违约金;中标公司不经执行小组同意承保的处50000元违约金;中标公司在规定的期限内不向执行小组报送中标协议等资料的,处20000元违约金。

第十五条 签约公司在接到违约处罚通知书后,须作出书面检查,并在五个工作日内将违约金和书面检查材料交到行业协会。逾期不缴纳的,上报江苏保监局处理。

第十六条　各签约公司应督促其下属机构在严格执行公约的基础上,有责任和义务对市场出现一些违反本公约的行为向行业协会反映或举报。协会实行违约举报奖励制度,对举报内容经查证属实并追究其违约责任后,给予举报人以违约金额2000元以上的奖励。

第十七条　对拒不执行行业处理决定的公司报江苏保监局或在新闻媒体上曝光。

第五章　附　则

第十八条　领导小组成员和执行小组成员对于投标人的投标文件内容负有保密的责任和义务,不得向其他人进行披露,如有违反,报江苏保监局按纪律要求严肃处理。

第十九条　本公约于二〇〇七年十月十日正式生效,有效期一年。

第二十条　本公约在有效期内若需修改,须经三分之二以上的签约公司同意后方可修改,修改后需重新签订。本公约有效期满后,各签约公司对本公约未提前提议修改建议,本公约继续有效。

第二十一条　本公约由淮安市保险行业协会负责解释。

十二、淮安市保险诚信单位创建考核办法

淮保诚建〔2006〕3号

为贯彻落实《淮安市"十一五"保险诚信建设规划》,加强对保险诚信创建工作的考核,扎实推动淮安保险诚信创建工作,特制定本办法。

一、基本条件

凡淮安辖区内获得保险经营许可的县(区)级经营单位,在保险业务经营中履行以下义务,均具有参与创建保险诚信单位的资格。(一)执行国家险法律、法规和其他相关法律、法规、政策;(二)服从保险监管部门的领导和管理,并执行保险监管部门批复、备案的保险条款及费率;(三)遵守行业自律公约、决定和有关会议精神;(四)签订保险合同,遵循"公平竞争、协商一致、自愿订立"原则;(五)规范保险执业行为,不欺诈保户,服务品质优良;(六)经营业绩突出不亏损,年内未出现严重违规行为;(七)同业间互学互助、相互监督、不诋毁同业;(八)积极完成监管部门和市保协交办的各项工作。

二、创建种类

保险诚信单位创建分三个种类:一是保险诚信合格单位;二是保险诚信示范单位;三是保险诚信标兵单位。

(一)保险诚信合格单位:按照《淮安市创建保险诚信单位考评标准》(以下简称《考评标准》)打分,分值在93~95(含95分)分之间,结合申报者自查报告和市分(中支)公司验收推荐报告,经市保险诚信建设领导小组(以下简称领导小组)验收合格者。

(二)保险诚信示范单位:按照《考评标准》打分,分值在95~97(含97分)分之间,结合申报者自查报告和市分(中支)公司验收推荐报告,经领

导小组验收合格者。

(三)保险诚信标兵单位:按照《考评标准》打分,分值在97分以上,结合申报者自查报告和市分(中支)公司验收推荐报告,经领导小组验收合格者。

三、创建方式

保险诚信单位按下列程序进行推荐、验收和表彰。

(一)推荐:(1)县(区)级经营单位按照本考核办法中保险诚信单位基本条件和《考评标准》进行自查;县(区)级经营单位将自查情况书面向市分(中支)公司提出申请报告;申报诚信单位,由市分〈中支)公司向领导小组办公室推荐,并附申报者自查报告和市分(中支)公司验收推荐报告。

(二)验收:领导小组根据市分(中支)公司推荐情况,组织专人进行检查验收。验收主要采取听汇报、考试、看现场、查资料、召开座谈会等方式。对验收合格者,领导小组按照民 主集中制原则进行决议。

(三)表彰:经验收合格定为保险诚信单位的,由领导小组通报表彰,制做铜质匾牌,举行授牌仪式,上报省保监局和送市文明办、市消协,作为评选文明单位和诚信单位的基本条件。

四、创建比例

以年内本系统基层公司、营销服务部(营业部)为基数,每年的评选比例分别为:诚信合格单位20%,诚信示范单位10%,诚信标兵单位5%。在考评中如果符合条件的单位超过以上比例时,按照分值从高到低确定。

五、取消资格

在日常业务经营中,有下列情形之一,在行业内部或社会上造成不良影响,情节严重的,经领导小组研究,撤销其荣誉称号。(1)违反保险法规,被保险监管部门查处、罚款或被通报批评;(2)存在商业贿赂行为被查处的;(3)违规经营保险业务,被保险行业协会查处、罚款或被通报批评;(4)服务质量低劣、诋毁同业、欺诈保户、不履行如实告知义务;(5)拒绝或不配合保险监管部门、行业协会进行业务检查和调研;(6)对保险监管部门、行业协会交办的事项不能如期按质完成;(7)其他违法违规行为。

保险诚信单位在经营活动中,出现以上情形之一者,领导小组将下达《限期整改通知书》。当事单位接到通知后在规定时间内到领导小组办公室办理有关限期改正和验收考评、复审等手续。领导小组办公室组织人员验收,经领导小组研究,确定降低级别标准或取消保险诚信单位称号。

六、考核依据

(一)淮安市创建保险诚信单位考评标准;

(二)淮安市保险诚信单位创建基本条件;

(三)淮安市保险诚信建设公约;

(四)保险监管部门的有关法规;

(五)《关于江苏保险业开展治理商业贿赂专项工作的实施意见》;

(六)淮安市保险行业自律公约和规定;

(七)《全国机动车辆保险服务承诺》;

(八)《个人意外伤害保险、健康保险服务承诺》;

(九)《江苏省机动车辆保险理赔服务标准》。

七、考核内容及标准

(一)《淮安市创建保险诚信单位考评标准》分为四大项,共31条,评估基本分为100分。一是组织领导5条,共计20分;二是法律法规、行业规范、职业操守19条,共计40分;三是形象服务6条,共计20分;四是问卷调查,共计20分。每项分数扣完为止。

(二)《淮安市创建保险诚信单位考评标准》以县(区)级经营机构为单位,对其创建保险诚信单位情况进行考评。市分(中支)公司参加考评,但不参与诚信单位创建,根据考评情况评选组织奖,作为文明单位和诚信单位的基本条件。

(三)评选时间:每年进行一次考评,在次年5—6月进行。

附:《淮安市创建保险诚信单位考评标准》

淮安市创建保险诚信单位考评标准

项目	编号	考评内容	考评（每次）	项目合计	总共扣分
组织领导20分	1	未成立保险诚信创建领导组织、未指定专人负责的	扣2分		
	2	未建立相应的诚信创建制度和奖惩考核机制的	扣1分		
	3	对行业协会的诚信建设活动组织配合不力的	扣2分		
	4	未按规定参加市保协组织的相关教育培训的	扣2分		
	5	员工对保险法规、自律制度、服务标准、道德规范重要条文不熟悉的	扣1分		
法律法规行业规范职业操守40分	6	擅自降低保险费率或扩大保险责任范围开展业务的	扣2分		
	7	超标准支付手续费，参与不正当竞争的	扣2分		
	8	委托未取得保险代理从业“资格证书”的人员代理保险业务的	扣1分		
	9	未为本公司的保险代理从业人员办理“展业证书”的	扣1分		
	10	向客户提供虚假资料或误导性的宣传说明，或曲解保险条款、投保规则、保全规则，影响客户投保选择的	扣2分		
	11	在业务招标过程中，非法给予财物或其他利益的	扣1分		
	12	在理赔或给付中刁难客户、索取好处的	扣15分		
	13	不履行条款规定、服务承诺造成客户投诉的	扣1分		
	14	账外暗中、直接给予投保人或其工作人员回扣、物质或其他利益的	扣1分		
	15	不遵守行业协会自律公约及有关决议、规定的	扣1分		
	16	利用回佣或其他利益诱使客户投保，或使之撤销、终止任何保险契约，或引致同仁纠纷的	扣1分		
	17	在推销产品的宣传上，经核实有误导客户行为的	扣1分		
	18	账外暗中向保险中介机构或其工作人员支付手续费、给予财物或其他利益的	扣1分		
	19	对新产品不如实告知义务，使客户产生误解造成损失的	扣3分		
	20	保单中存在代签名问题，或与客户自行签订条款以外舍约的	扣1分		
	21	在与保险兼业代理人、保险中介机构合作中有违规经营行为的	扣0.5分		
	22	对保监局、行业协会的投诉案件未按要求调查或处理不当的	扣0.5分		
形象服务20分	23	保险员工或保险代理人有挪用保费行为的	扣0.5分		
	24	参与投保人、被保险人或受益人制造假保单、假赔案的	扣1分		
	25	进行恶性竞争使行业、公司信誉、经济遭受损失的	扣1分		

续表

项目	编号	考评内容	考评（每次）	项目合计	总共扣分
形象服务20分	26	在新闻媒体和公开场合将本公司的产品与其他公司的产品作比较的	扣1分		
	27	保险从业人员被保险监管部门、行业协会列入“不良记录名单”的	扣1分		
	28	录用已被列入行业“不良记录名单”的人员从事保险工作的	扣1分		
	29	内部人员受监管部门、行业协会、上级公司行政处分、刑事处罚、有损行业形象的	扣1分		
	30	因服务质量低劣，引起客户明显不满或提出投诉玲	扣2分		
问卷调查20分	31	根据问卷调查的结果进行扣减分			

十三、淮安市保险诚信建设公约

（2006年6月8日）

为认真贯彻落实《淮安市“十一五”保险诚信建设规划》，确保诚信建设工作顺利有序开展，全面提升我市保险业诚信意识和行业信誉，形成人人讲诚信，事事讲诚信的良好氛围，实现淮安保险业又快又好地发展，更好地为我市经济社会的和谐发展作出新的更大贡献，特制定本公约。

一、严格执行和遵守国家有关法律法规，依法合规经营，严格执行监管部门批复、备案的保险条款、费率和手续费标准，杜绝各类商业贿赂行为。

二、严格遵守行业制定的各项自律公约、决定和有关会议精神，同业之间互相学习，互相帮助，互相监督，互相尊重，不相互诋毁，不参与不正当竞争。

三、严格履行承保提示和说明义务，签订保险合同时对重要事项进行提示，责任免除条款和犹豫期要取得投保人的签字认同，对投保人提出的条款内容及相关问题作出准确说明和解释，不曲解，不误导客户。

四、严格实施《淮安市“十一五”保险诚信建设规划》《淮安市“保险诚信年”创建方案》《淮安市保险诚信单位创建考核办法》《关于江苏保险业开展治理商业贿赂专项工作的实施意见》《全国机动车辆保险服务承诺》《个人意外伤害保险、健康保险服务承诺》《江苏省机动车辆保险理赔服务标准》。

五、严格按照重合同守信用原则，建立高效的理赔机制。以书面形式告知客户索赔所需要的材料，对保险索赔过程中须注意的事项作必要提醒，索赔材料齐全后，对属于保险责任且不需要调查的案件，在10个工作日内进行理赔兑现；对10个工作日内不能确定结果的理赔案件，要将理赔进展情况通报客户。

六、严格遵照客户投诉处理机制，做好投诉的处理工作。对电话投诉，及时了解情况，在三个工作日内给予解答和回复；对上门投诉，由专门人员进行接待，帮助客户解决存在的问题；对于书面投诉，立即转至相关部门尽快处理，于五个工作日内给予答复；对监管部门或市保险协会转办的投诉案件，按规定时限作出解答和处理。

签约单位：

中国人民财产保险股份有限公司淮安市分公司

中国人寿保险股份有限公司淮安市分公司

中国太平洋财产保险股份有限公司淮安中心支公司

中国太平洋人寿保险股份有限公司淮安中心支公司

中国平安财产保险股份有限公司淮安中心支公司

中国平安人寿保险股份有限公司淮安中心支公司

天安保险股份有限公司淮安中心支公司

中华联合财产保险公司淮安中心支公司

泰康人寿保险股份有限公司淮安中心支公司

中国大地财产保险股份有限公司南京分公司淮安营销服务部

太平人寿保险有限公司淮安中心支公司

安邦财产保险股份有限公司淮安中心支公司

华安财产保险股份有限公司淮安中心支公司

阳光财产保险股份有限公司淮安中心支公司（筹）

江苏盛大众联保险代理有限公司

江苏华邦保险代理有限公司

淮安中诚保险代理有限公司

江苏宏泰保险代理有限公司淮安分公司

后　记

编纂《淮安市保险志》(1991—2008)是淮安市金融系统二轮修志的一项重要任务。在《淮安市保险志》编纂过程中,中国人民银行淮安市中心支行、淮安市保险行业协会、各保险公司,以及全体编纂人员做了大量的工作。

为了做好《淮安市保险志》编纂工作,市人民银行牵头市保险行业协会、市各保险公司成立了市保险志编纂委员会和保险志编写组。编委会制定了《淮安市保险志工作规划》和《淮安市保险志编写思路和提纲》用以指导编纂工作;采取专题讲座、以会代训、以老带新、模板示范等方式对修志人员进行培训辅导;在编写过程中,结合阶段性工作,开展自评、他评、互动点评、专家讲评等活动,以保证编写质量。

《淮安市保险志》编纂工作,主要经历了以下阶段:

一、资料收集阶段。采取个性资料分散收集、共性资料集中收集办法,先后向市各保险机构、档案馆、地方志办、统计局、组织部等部门单位及有关个人收集文字资料600余万字;图片资料800余幅。

二、资料整理编写阶段。先后共抽调有一定编志工作经验和业务能力的同志10人次,对收集的资料进行梳理、归类,并按照保险志目录和编写提纲分工编写,交叉审核,专人统纂,几易其稿,形成了《淮安市保险志》初稿。

三、审查修改阶段。将初稿发送市各保险机构进行审查补充。并召开业务专家座谈会,征求对《淮安市保险志》初稿修改意见。在此基础上形成《淮安市保险志》送审稿。

四、专家评审阶段。邀请市史志界、社科界、金融保险界7名专家对《淮安市保险志》(送审稿)进行审核和评议。2016年10月11日,召开第一次专家评审会,编写组根据专家建议进行修改完善,形成了《淮安市保险志》修订稿。2016年12月12日召开第二次专家评审会,顺利通过专家评审定稿。

《淮安市保险志》设12章36节,另设图片、大事记、附录等,共计50余万字。在编纂过程中,以改革开放为主线,坚持实事求是原则,力求充分体现18年间淮安保险业在体制创新、制度创新、产品创新、管理创新等方面的重要成果;力求充分体现淮安保险人与时俱进、勇于担当的精神风貌;力求充分体现淮安保险业的地方特色和行业特点;力求充分体现淮安保险业在促进地方经济发展和社会事业发展中不可或缺的稳定器和助推器作用。

在《淮安市保险志》编纂过程中,市保险行业协会、各保险公司及市人民银行吴东梅、姚军等为资料搜集、印制做了大量工作;受邀参加保险志评审的7名专家亲临评审会,并提出了许多宝贵的指导意见;市志办对保险志稿作最后审定。在此,一并表示衷心感谢!

修志是一项复杂的系统工程,由于资料收集困难和编纂人员水平有限,本志难免存在错误、疏漏之处,敬请专家、读者批评指正。

编 者

2016年12月